ISBN 978-1-5282-0141-4
PIBN 10367026

1 MONTH OF
FREE
READING

at

www.ForgottenBooks.com

By purchasing this book you are eligible for one month membership to ForgottenBooks.com, giving you unlimited access to our entire collection of over 1,000,000 titles via our web site and mobile apps.

To claim your free month visit:

www.forgottenbooks.com/free367026

English
Français
Deutsche
Italiano
Español
Português

www.forgottenbooks.com

Mythology Photography **Fiction**
Fishing Christianity **Art** Cooking
Essays Buddhism Freemasonry
Medicine **Biology** Music **Ancient**
Egypt Evolution Carpentry Physics
Dance Geology **Mathematics** Fitness
Shakespeare **Folklore** Yoga Marketing
Confidence Immortality Biographies
Poetry **Psychology** Witchcraft
Electronics Chemistry History **Law**
Accounting **Philosophy** Anthropology
Alchemy Drama Quantum Mechanics
Atheism Sexual Health **Ancient History**
Entrepreneurship Languages Sport
Paleontology Needlework Islam
Metaphysics Investment Archaeology
Parenting Statistics Criminology
Motivational

ŒUVRES COMPLÈTES

DE

VOLTAIRE

31

MÉLANGES

X

COMMENTAIRES SUR CORNEILLE

PARIS. — IMPRIMERIE A. QUANTIN ET Cᵢₑ

ANCIENNE MAISON J. CLAYE

7, RUE SAINT-BENOIT

ŒUVRES COMPLÈTES

DE

VOLTAIRE

NOUVELLE ÉDITION

AVEC

NOTICES, PRÉFACES, VARIANTES, TABLE ANALYTIQUE

LES NOTES DE TOUS LES COMMENTATEURS ET DES NOTES NOUVELLES

Conforme pour le texte à l'édition de BEUCHOT

ENRICHIE DES DÉCOUVERTES LES PLUS RÉCENTES

ET MISE AU COURANT

DES TRAVAUX QUI ONT PARU JUSQU'A CE JOUR

PRÉCÉDÉE DE LA

VIE DE VOLTAIRE

PAR CONDORCET

ET D'AUTRES ÉTUDES BIOGRAPHIQUES

Ornée d'un portrait en pied d'après la statue du foyer de la Comédie-Française

---

MÉLANGES

X

COMMENTAIRES SUR CORNEILLE

I

PARIS

GARNIER FRÈRES, LIBRAIRES-ÉDITEURS

6, RUE DES SAINTS-PÈRES, 6

1880

MÉLANGES

DERNIÈRES REMARQUES

SUR LES

PENSÉES DE M. PASCAL

ET SUR QUELQUES AUTRES OBJETS.

(1777)

AVERTISSEMENT DE BEUCHOT.

Voltaire, en 1728, avait fait sur les *Pensées de Pascal* quelques remarques qui furent publiées en 1734, à la suite des *Lettres philosophiques*[1]. Quelques années après, il fit des remarques sur les *Pensées de Pascal qui n'avaient pas encore paru*[2].

Condorcet fit imprimer, longtemps après, un *Éloge et Pensées de Pascal*, 1776, in-8° de trois cents et quelques pages, dont plus d'un tiers est rempli par l'*Éloge de Pascal* et par des *Réflexions sur l'argument de M. Pascal et de M. Locke, concernant la possibilité d'une autre vie à venir, par M. de Fontenelle*. Voltaire doute que ces réflexions soient de Fontenelle[3]. Cependant elles ont été admises dans les *Œuvres* du neveu de Corneille[4], mais seulement parmi les *écrits qui lui sont attribués*.

Condorcet avait mis au bas des pages des notes, les unes de sa façon, les autres de Voltaire. Ces dernières, au nombre de vingt-sept, étaient un choix de celles qui avaient été publiées avec les *Lettres philosophiques*, ou depuis.

1. Voyez tome XXII, page 26.
2. Voyez *ibid.*, page 58.
3. Voyez, page 4, la fin de son *Avertissement*.
4. Tome II, page 617 de l'édition de 1818, en trois volumes.

C'était aussi un choix parmi les *Pensées de Pascal* qu'avait fait Condorcet, et qu'il avait disposé dans un ordre nouveau. Son édition fut longtemps regardée comme la meilleure et la mieux rangée. Ayant consulté les manuscrits de l'auteur, il avait ajouté beaucoup de pensées nouvelles. Ce fut l'objet de remarques nouvelles de la part de Voltaire, qui fit réimprimer l'édition de Condorcet sous ce titre : *Éloge et Pensées de Pascal, nouvelle édition commentée, corrigée, et augmentée, par M. de***; Paris (Suisse), 1778, in-8°.* Voltaire avait prodigué les notes sur la *Préface* de Condorcet, sur son *Éloge* de Pascal, sur les *Pensées* de Pascal, sur les *Réflexions* imprimées sous le nom de Fontenelle, sur les notes mêmes de Condorcet. Il avait gardé l'anonyme, et ce qui est de lui est signé des mots *second éditeur.* Il avait mis en tête un *Avertissement,* qui était tout ce que les éditeurs de Kehl avaient admis de ce volume de 1778 dans leur édition des *Œuvres* de Voltaire.

Je m'étais borné, en 1819, à donner les remarques de Voltaire portant sur le texte de Pascal. L'ordre adopté alors dans la classification des ouvrages de Voltaire ne me semblait pas permettre de faire plus. Il paraît que tous les éditeurs qui m'ont suivi depuis lors ont pensé comme moi, car ils n'ont pas fait autrement que moi.

Ce que je n'ai pu faire en 1819, je le fais en 1834; et l'on trouvera ici, pour la première fois, les notes sur le travail de Condorcet et sur l'écrit attribué à Fontenelle. Quel que soit l'objet des remarques, tout est rangé sous une seule série, et dans l'ordre du volume de 1778. Mais pour éviter la confusion, j'ai signé d'un C les passages qui sont de Condorcet, d'un P les pensées de Pascal, d'un F ce qui fait partie de l'écrit attribué à Fontenelle, d'un V les remarques de Voltaire.

Ainsi des cent vingt-huit remarques que j'ai recueillies, vingt-deux portent sur Condorcet; ce sont les nᵒˢ I à XVII, LXXI, LXXXI, LXXXII, LXXXVI, CXXV ; douze sur l'écrit attribué à Fontenelle, nᵒˢ XLVI à LVII; quatre-vingt-quatorze seulement sur les *Pensées de Pascal.*

Quoique le volume d'où je les ai extraites porte la date de 1778, je les ai datées de 1777, parce qu'il est à croire qu'elles furent au moins livrées à l'impression à la fin de cette année. C'est probablement le dernier ouvrage que Voltaire ait livré lui-même à l'impression. On se rappelle que, le 3 février 1778, il partit de Ferney pour venir à Paris. On sait comment fut rempli le peu de temps qu'il y passa jusqu'à sa mort, arrivée le 30 mai. Il est à croire que c'était avant les préparatifs pour son voyage de Paris qu'il avait mis la dernière main à son travail. On voit, par une lettre à de Vaines, que Voltaire n'avait pas encore d'exemplaires du volume en avril. Il paraît cependant que déjà des exemplaires circulaient à Paris, car les *Mémoires secrets* en parlent à la date du 6 avril.

B.

Paris, 10 avril 1834, centenaire de la condamnation
des *Lettres philosophiques.*

AVERTISSEMENT [1]

Il est un homme de l'ancienne chevalerie et de l'ancienne vertu, constitué dans une espèce de dignité qui ne peut guère être exercée que par un ou deux hommes de son siècle [2].

Cet homme, égal à Pascal en plusieurs choses, et très-supérieur en d'autres, fit présent, en 1776, à quelques-uns de ses amis, d'un recueil nouvellement imprimé de toutes les pensées de ce fameux Pascal.

La plupart de ses monuments de philosophie et de religion, ou avaient été négligés par les rédacteurs pour ne laisser paraître que certains morceaux choisis, ou avaient été supprimés par la crainte d'irriter la fureur des jésuites : car les jésuites persécutaient alors avec autant de pouvoir que d'acharnement la mémoire de Pascal, et Arnauld fugitif, et les débris de Port-Royal détruit, et les cendres des morts, dont on violait la sépulture.

La persécution religieuse qui souilla malheureusement, et en tant de manières, la fin du beau règne de Louis XIV, fit place au règne des plaisirs sous Philippe d'Orléans, régent du royaume, et recommença sourdement après lui, sous le ministère d'un prêtre longtemps abbé de cour.

Fleury ne fut pas un cardinal tyran, mais c'était un petit génie, entêté des prétentions de la cour de Rome, et assez faible pour croire les jansénistes dangereux.

Ces fanatiques avaient autrefois obtenu une assez grande considération par les Pascal, les Arnauld, les Nicole même, et quelques autres chefs de parti, ou éloquents, ou qui en avaient la réputation.

Mais des convulsionnaires des rues ayant succédé aux Pères de cette Église, le jansénisme tomba avec eux dans la fange. Les jésuites insultèrent à leurs ennemis vaincus. Je me souviens que le jésuite Buffier, qui venait quelquefois chez le dernier président de Maisons, mort trop jeune, y ayant rencontré un des plus rudes jansénistes, lui dit : *Et ego in interitu vestro ridebo vos, et subsannabo.* Le jeune Maisons, qui étudiait alors Térence, lui demanda si ce passage était des *Adelphes* ou de *l'Eunuque.* « Non, dit Buffier,

---

1. Il est de Voltaire.
2. Condorcet. Voltaire veut dire que Condorcet était secrétaire perpétuel de l'Académie des sciences.

c'est la Sagesse elle-même qui parle ainsi dans son premier chapitre des *Proverbes* (verset 26). — Voilà un proverbe bien vilain,
dit M. de Maisons; vous vous croyez donc la sagesse, parce que
vous riez à la mort d'autrui ! Prenez garde qu'on ne rie à la
vôtre. »

Ce jeune homme, de la plus grande espérance, a été prophète.
On a ri à la mort du jansénisme et du molinisme, et de la
grâce concomitante, et de la médecinale, et de la suffisante, et de
l'efficace.

Quelle lumière s'est levée sur l'Europe depuis quelques années!
Elle a d'abord éclairé presque tous les princes du Nord ; elle est
descendue même jusque dans les universités. C'est la lumière du
sens commun.

De tant de disputeurs éternels, Pascal est seul resté, parce
que seul il était un homme de génie. Il est encore debout sur les
ruines de son siècle.

. Mais l'autre génie qui a commenté depuis peu quelques-unes
de ses pensées, et qui les a données dans un meilleur ordre, est,
ce me semble, autant au-dessus du géomètre Pascal que la géométrie de nos jours est au-dessus de celle des Roberval, des Fer-
mat et des Descartes.

Je crois rendre un grand service à l'esprit humain en faisant
réimprimer cet *Éloge de Pascal,* qui est un portrait fidèle plutôt
qu'un éloge.

Il n'appartenait qu'à ce peintre de dessiner de tels traits.
Peu de connaisseurs démêleront d'abord l'art et la beauté du
pinceau.

Je joins les pensées du peintre à celles de Pascal, telles qu'il
les a imprimées lui-même. Elles ne sont pas dans le même goût ;
mais je crois qu'elles ont plus de vérité et de force. Pascal est
commenté par un géomètre plus profond que lui, et par un philosophe, j'ose le dire, beaucoup plus sage. Ce philosophe véritable tient Pascal dans sa balance, et il est plus fort que celui
qu'il pèse.

Après le second paragraphe de l'article III des *Pensées,* on trouvera une dissertation attribuée à M. de Fontenelle, sur un objet
qui doit profondément intéresser tous les hommes. Je ne crois
pas que Fontenelle soit l'auteur d'un ouvrage si mâle et si plein.
Ce que je sais, c'est ce qu'il faut le lire comme un juge impartial,
éclairé, et équitable, lirait le procès du genre humain.

Ce livre n'est pas fait pour ceux qui n'aiment que les lectures
frivoles. Et tout homme frivole, ou faible, ou ignorant, qui osera

le lire ou le méditer, sera peut-être étonné d'être changé en un autre homme.

DERNIÈRES REMARQUES

SUR LES PENSÉES DE M. PASCAL

ET SUR QUELQUES AUTRES OBJETS.

I. — Plus un homme a laissé une réputation imposante, plus il est utile d'avertir les jeunes gens des fautes qui lui sont échappées, et c'est pour les jeunes gens qu'il faut écrire. C.

Vous savez, monsieur, que c'est pour les hommes de tout âge. Qui sait mieux que vous qu'on ne doit cacher la vérité à personne? Il y a d'excellentes plaisanteries, sans doute, dans les *Provinciales* et dans *Tartuffe*. Il y a d'admirables traits d'éloquence dans ces deux ouvrages. Mais tout n'est pas parfait. C'est être un sot de souffrir Livie dans *Cinna*, et l'infante dans *le Cid*. C'est à vous de chasser les infantes et les Livies partout où vous les trouverez. V.

II. — Pascal était alors à Rouen, où bientôt il se montra digne de sa réputation par une invention brillante; et ce n'était plus l'ouvrage d'un enfant qui donne des espérances. A dix-neuf ans il conçut l'idée d'une machine arithmétique. C.

J'ignore, monsieur, de qui sont les notes[1] alphabétiques au bas de vos pages, si elles sont de vous ou de l'un de vos savants amis. Mais je sais que dans les montagnes de la Suisse, des Vosges et du Tyrol, on a vu des jeunes gens sans éducation construire des machines arithmétiques à peu près semblables. V.

III. — En sorte que s'il n'y a jamais de preuve convaincante qu'il existe dans la nature un vide absolu, du moins est-on trop avancé maintenant pour croire que des raisonnements métaphysiques puissent en prouver l'impossibilité. C.

Oserai-je vous demander, monsieur, pourquoi vous n'osez pas affirmer que le vide est prouvé? V.

----

1. Ce n'est point dans une note, mais dans le texte même de l'*Éloge de Pascal*, par Condorcet, qu'est la phrase sur laquelle porte la remarque de Voltaire. (B.)

IV. — Dans le cours de ses expériences, Pascal eut occasion de marquer l'élasticité de l'air. C.

Supposé qu'il y ait un élément élastique, distingué des vapeurs continuellement émanées de la terre, et que cet élément soit autre chose que l'atmosphère dans laquelle nous nageons, laquelle est tantôt sèche, tantôt humide, et agit toujours sur les corps. V.

V. — La justice nous oblige d'observer que, dans tout ce récit, l'auteur de l'*Éloge* accorde beaucoup à Descartes, tandis que les éditeurs de Pascal lui ont presque tout refusé. Mais on a rapporté dans cet *Éloge* les faits tels qu'ils résultent des lettres de Descartes et de sa vie, écrite par Baillet.
Les savants italiens trouveront sans doute qu'on est ici trop favorable aux deux philosophes français, et peut-être auront-ils raison. C.

· Que cette note soit de l'illustre et savant auteur de l'*Éloge* ou de son ami, il n'importe. Le fait est que l'académie *del Cimento* fut la première dont les membres découvrirent la plupart de ces vérités [1]. V.

VI. — L'Église de France était alors divisée en deux partis. L'un avait pour chefs les jésuites; et l'autre, les hommes de France les plus savants... (*et en note*) dans la grammaire, dans les langues, dans l'histoire ecclésiastique, dans la théologie, car la France avait alors des hommes bien supérieurs dans les sciences humaines. On aurait dû faire ici une distinction d'autant plus nécessaire que l'enthousiasme ignorant des jansénistes a souvent mis Nicole et Arnauld à côté de Descartes ou de Pascal; à la vérité, dans un siècle où l'on attachait tant de prix à la scolastique, les solitaires de Port-Royal pouvaient être regardés comme de grands hommes; mais la postérité n'a point confirmé ce jugement. L'auteur nous paraît trop favorable aux jansénistes. C.

Il ne faut pas se dissimuler ici que l'auteur de l'*Éloge*, supérieur aux matières qu'il traite, se donne le plaisir de corriger lui-même, dans ses notes, ce qu'il a mis de trop fort dans le texte : cela est rare. Cette méthode n'appartient qu'à un homme passionné pour le vrai. V.

VII. — Arnauld avait approfondi les sciences... (*et en note*) Approfondi, c'est trop fort. Arnauld savait très-peu de géométrie, d'astronomie, d'optique, d'anatomie; de son temps, les autres sciences naturelles étaient encore au berceau, ou étaient demeurées un secret entre les mains de leurs inventeurs.
Ce qu'Arnauld avait approfondi, c'était la partie systématique de la philosophie de Descartes, c'est-à-dire précisément tout ce qui ne valait rien. C.

Oui, c'est trop fort; mais votre note ne l'est pas trop. Arnauld n'était que disert. Pascal était un génie (ardent); Nicole, l'homme

1. Il s'agit des expériences de Pascal sur les fluides.

le plus médiocre. Descartes eût été le meilleur écolier de Galilée s'il eût pu étudier sous lui. V.

VIII. — J'ajouterais volontiers à cette maxime (de Zoroastre : *Dans le doute abstiens-toi*) : Si tu as quelque intérêt à agir; mais si tu n'en as point, agis, de peur que la paresse ou l'indifférence pour le bien ne soient la cause secrète de ton doute. C.

Votre petit commentaire sur Zoroastre est juste et beau. Dites-moi comment on put imputer tant d'horribles extravagances à un législateur qui avait dit : *Dans le doute abstiens-toi?* Quelle sublimité dans les maximes des brachmanes, de Pythagore, leur disciple, de Zaleucus, quelquefois même de Platon! Mais nous avons des casuistes. V.

IX. — (*En note.*) Ils (les casuistes) demandent quelle espèce de péché il y a à coucher avec le diable; si le sexe sous lequel le diable juge à propos de paraître change l'espèce du péché. Ils répondent que non, mais qu'il y a complication; et ils appellent cette espèce *bestialité,* quoique le diable ne soit pourtant pas si bête. Ainsi, lorsque le diable prend la forme d'une religieuse, il y a bestialité avec complication d'inceste spirituel. Ils demandent si une religieuse qui donne un rendez-vous à son amant sur la brèche du monastère, et qui a la précaution de n'avoir hors du couvent que la moitié du corps, échappe par ce moyen au crime d'avoir violé la clôture; si un homme qui entretiendrait cinq filles, et qui, en reconnaissance de leurs services, aurait promis de dire un *Ave Maria* pour chacune, pécherait en accomplissant ce vœu ou en ne l'accomplissant pas, etc.

Tout cela est fort curieux, et surtout fort important pour le bonheur de l'humanité. Cependant c'est ce qu'on a appelé longtemps et ce que, dans les écoles, on appelle encore la *morale.* C.

Il ne reste plus qu'à savoir combien on paya de florins par la taxe apostolique pour ces mésalliances. V.

X. — Pascal, en attaquant ces jésuites si scandaleux et si sots... C.

Sots paraît un peu trop hasardé au vulgaire, qui croit encore que tout jésuite était un fripon; mais *sots* est le mot propre; les habiles, les fins, étaient les chefs de l'ordre, Italiens résidant à Rome, espions dans toute l'Europe, sous le nom de *pères spirituels,* confesseurs des rois et des reines depuis qu'on eut pendu le P. Guignard. La foule des petits jésuites de collége était composée d'écoliers jeunes et vieux, argumentant à toute outrance contre calvinistes, jansénistes, rigoristes, et philosophes; bons grammairiens en latin; ne sachant pas un mot des secrets du père général et de son conseil. C'était parmi eux qu'étaient les *sots.* V.

XI. — (*En note.*) J'aurais désiré qu'en applaudissant à la destruction des jésuites, l'auteur se fût élevé contre l'horrible dureté avec laquelle on a traité tant d'individus, la plupart innocents du fanatisme et des intrigues de leur ordre. On a trop oublié qu'ils avaient été des hommes et des citoyens avant d'être des jésuites; et l'opération la plus utile à la raison et au bonheur de l'humanité a été souillée par les emportements de la vengeance et du fanatisme. C.

Vous êtes trop bon, monsieur; il semble qu'on ait fait une Saint-Barthélemy des jésuites : il n'y a eu pourtant que frère Malagrida de brûlé en Portugal, et le général Ricci de mort en prison à Rome. V.

XII. — Rien ne prouve mieux l'utilité des lumières, et ne donne une espérance mieux fondée que le temps n'est pas éloigné peut-être où les erreurs qui ont fait si longtemps le malheur des hommes disparaîtront enfin de la terre.

(*Et en note.*) Je crains que l'auteur ne se trompe ici, et que la destruction des jésuites n'ait plus été l'ouvrage du jansénisme que de la raison. Peut-être le genre humain est-il condamné à être toujours esclave des préjugés, et ne fera-t-il que changer d'erreurs. Cela peut tenir à la prodigieuse inégalité des esprits, de laquelle il résulte nécessairement qu'il y aura toujours des opinions que la multitude adoptera sans les entendre. C.

Qu'aurait dit à cela notre ami Helvétius, qui assura que tous les esprits étaient égaux, pour dire quelque chose de neuf, et qui fut condamné[1] par gens graves se mêlant peu des choses d'esprit? V.

XIII. — Esprits forts : (*en note*) c'est le nom que, dans le siècle dernier, on donnait à ceux qui ne croyaient pas la religion chrétienne, comme si c'était là une preuve de force d'esprit. Ce mot est devenu de mauvais goût; les noms de libertins, d'incrédules, de matérialistes, de déistes, d'athées, ont passé rapidement, et on s'est arrêté à celui de philosophes ou d'encyclopédistes, dont l'un signifie ami de la vérité, et l'autre, coopérateur de l'*Encyclopédie*. Ces mots dureront longtemps, parce que, les rendant ainsi synonymes d'incrédules, on peut espérer de trouver le moyen de nuire aux véritables philosophes, et aux savants célèbres qui ont travaillé à l'*Encyclopédie*. C.

Il faut toujours en France persécuter quelqu'un : tantôt c'est Vanini, à qui on a fait accroire qu'il est sorcier et athée, parce qu'on a trouvé chez lui un crapaud dans une bouteille; tantôt

---

1. La condamnation par le parlement du livre *de l'Esprit,* par Helvétius, est du 6 février 1759.

c'est un nommé Toussaint, auteur d'un très-plat livre sur *les Mœurs*, qu'on a la sottise de trouver hardi [1]. C'est, dans un autre pays, une société de francs-maçons, gens dangereux, qui portent un tablier à table. Il n'y a pas encore longtemps qu'on pendait en Espagne un Juif entre deux chiens ; en France, on tient Arnauld en exil pour la grâce triomphante, et Fénelon, pour l'amour pur. Autrefois on voulut faire brûler à Paris, comme ayant fait pacte avec le diable, les premiers imprimeurs qui apportèrent des livres. V.

XIV. — Ainsi le sage doit parler comme le peuple, en conservant cependant *une pensée de derrière*. C.

Ces décisions de Pascal sont étonnantes, et la pensée de derrière semble plùs d'un jésuite que de Pascal. On en parlera ailleurs. V.

XV. — Plaignons Pascal d'avoir assez peu senti l'amitié pour croire qu'on peut juger son ami sans prévention, et de n'avoir connu des erreurs des hommes que celles qui les divisent, et non celles qui font qu'ils s'aiment davantage. Les éditeurs n'ont point imprimé la pensée que nous venons de citer [2] ; elle aurait donné une trop mauvaise idée des amis de Pascal. C.

On sent, en lisant ces lignes, qu'on aimerait mieux avoir pour ami l'auteur de l'*Éloge de Pascal* que Pascal lui-même. V.

XVI. — Cela même devait être un grand avantage aux yeux d'un philosophe qui ne voyait dans la morale humaine aucune base fixe sur laquelle on pût appuyer la distinction du juste ou de l'injuste. C.

Rigidæ virtutis amator,
Quære quid est virtus, et posce exemplar honesti. V.

XVII. — De la manière de prouver la vérité, et de l'exposer aux hommes [3]. C.

Ce n'est point ainsi que Pascal avait arrangé ses pensées, car il ne les avait point arrangées du tout ; il les jeta au hasard. Ses amis, après sa mort, les mirent dans un autre ordre ; l'auteur de l'*Éloge* les a mises dans un autre, et ce nouvel ordre est plus méthodique. V.

---

1. *Les Mœurs* (par F.-V. Toussaint), 1748, trois tomes en un volume in-12 ; ouvrage condamné au feu par le parlement, le 6 mai 1748.
2. C'est celle qui est le sujet de la remarque XCI.
3. C'était le titre que Condorcet avait mis en tête des *Pensées*, dont il avait composé son ARTICLE PREMIER.

XVIII. — Ce qui passe la géométrie nous surpasse, et néanmoins il est nécessaire d'en dire quelque chose, quoiqu'il soit impossible de le prati- quer[1]. P.

S'il est impossible de le mettre en pratique, il est donc inutile d'en parler. V.

XIX. — On ne reconnaît en géométrie que les seules définitions que les logiciens appellent définitions de noms, c'est-à-dire que les seules imposi- tions de nom aux choses qu'on a clairement désignées en termes parfaitement connus ; et je ne parle que de celles-là seulement. P.

Ce n'est là qu'une nomenclature, ce n'est pas une définition. Je veux désigner un gros oiseau, d'un plumage noir ou gris, pesant, marchant gravement, qu'on mène paître en troupeau, qui porte un fanon de chair rouge au-dessous du bec, dont la patte est privée d'éperon, qui pousse un cri perçant, et qui étale sa queue comme le paon étale la sienne, quoique celle du paon soit beaucoup plus longue et plus belle. Voilà cet oiseau défini. C'est un dindon ; le voilà nommé. Je ne vois pas qu'il y ait rien là de géométrique. V.

XX. — Il paraît que les définitions sont très-libres, et qu'elles ne sont jamais sujettes à être contredites : car il n'y a rien de plus permis que de donner à une chose qu'on a clairement désignée un nom tel qu'on voudra. P.

Les définitions ne sont point très-libres, il faut absolument définir *per genus proprium et per differentiam proximam*. C'est le nom qui est libre. V.

XXI. — Il paraît que les hommes sont dans une impuissance naturelle et immuable de traiter quelque science que ce soit dans un ordre absolument accompli ; mais il ne s'ensuit pas de là qu'on doive abandonner toute sorte d'ordre. P.

Les hommes ne sont point dans une impuissance insurmon- table de définir ce qu'ils connaissent des objets de leurs pensées, et c'est assez pour raisonner conséquemment. V.

XXII. — Elle (la géométrie) ne définit aucune de ces choses, espace, temps, mouvement, nombre, égalité, ni les semblables qui sont en grand nombre, parce que ces termes-là désignent si naturellement les choses qu'ils signifient à ceux qui entendent la langue que l'éclaircissement qu'on voudrait en faire apporterait plus d'obscurité que d'instruction. P.

1. Les cinq premières pensées sont extraites du traité de l'*Esprit géométrique*.

Apollonius, assurément grand géomètre, voulait qu'on définit tout cela. Un commençant a besoin qu'on lui dise : L'espace est la distance d'une chose à une autre ; le mouvement est le transport d'un lieu à un autre ; le nombre est l'unité répétée ; le temps est la mesure de la durée. Cet article mériterait d'être refondu par le génie de Pascal. V.

[1] XXIII. — L'art de persuader consiste autant en celui d'agréer qu'en celui de convaincre, tant les hommes se gouvernent plus par caprice que par raison. Or, de ces deux méthodes, l'une de convaincre, l'autre d'agréer, je ne donnerai ici les règles que de la première, et encore au cas qu'on ait accordé les principes, et qu'on demeure ferme à les avouer : autrement je ne sais s'il y aurait un art pour accommoder les preuves à l'inconstance de nos caprices. La manière d'agréer est bien, sans comparaison, plus difficile, plus subtile, plus utile, et plus admirable : aussi si je n'en traite pas, c'est parce que je n'en suis pas capable, et je m'y sens tellement disproportionné que je crois pour moi la chose absolument impossible. P.

Il l'a trouvée très-possible dans les *Provinciales*. V.

XXIV. — Il y a un art, et c'est celui que je donne, pour faire voir la liaison des vérités avec leurs principes, soit de vrai, soit de plaisir, pourvu que les principes qu'on a une fois avoués demeurent fermes, et sans être jamais démentis ; mais comme il y a peu de principes de cette sorte, et que hors de la géométrie, qui ne considère que des figures très-simples, il n'y a presque point de vérités dont nous demeurions toujours d'accord, et encore moins d'objets de plaisirs dont nous ne changions à toute heure, je ne sais s'il y a moyen de donner des règles fermes pour accorder les discours à l'inconstance de nos caprices. Cet art, que j'appelle l'art de persuader, et qui n'est proprement que la conduite des preuves méthodiques et parfaites, consiste en trois parties essentielles : à expliquer les termes dont on doit se servir par des définitions claires, à proposer des principes ou axiomes évidents pour prouver les choses dont il s'agit, et à substituer toujours mentalement, dans la démonstration, les définitions à la place des définis. P.

Mais ce n'est pas là l'art de persuader, c'est l'art d'argumenter. V.

XXV. — Pour la première objection, qui est que ces règles sont connues[2] dans le monde, qu'il faut tout définir et tout prouver, et que les logiciens même les ont mises entre les préceptes de leur art, je voudrais que la chose fût véritable, et qu'elle fût si connue que je n'eusse pas eu la peine de

1. Les huit pensées suivantes sont tirées du traité de l'*Art de persuader*.
2. Les éditeurs modernes écrivent *communes*.

rechercher avec tant de soin la source de tous les défauts de nos raisonnements. P.

Locke, le Pascal des Anglais, n'avait pu lire Pascal. Il vint après ce grand homme, et ces pensées paraissent, pour la première fois, plus d'un demi-siècle après la mort de Locke. Cependant Locke, aidé de son seul grand sens, dit toujours : *Définissez les termes*. V.

XXVI. — C'est de cette sorte que la logique a peut-être emprunté les règles de la géométrie sans en comprendre la force ; et ainsi en les mettant à l'aventure parmi celles qui lui sont propres, il ne s'ensuit pas de là qu'ils aient entré dans l'esprit de la géométrie ; et s'ils n'en donnent pas d'autres marques que de l'avoir dit en passant, je serai bien éloigné de les mettre en parallèle avec les géomètres, qui apprennent la véritable manière de conduire la raison.

Je serai au contraire bien disposé à *les* en exclure, et presque sans retour : car de l'avoir dit en passant sans avoir pris garde que tout est renfermé là-dedans, et au lieu de suivre ces lumières, s'égarer à perte de vue après des recherches inutiles pour courir à ce qu'elles offrent et qu'elles ne peuvent donner, c'est véritablement montrer qu'on n'est guère clairvoyant, et bien moins que si l'on n'avait manqué de les suivre que parce qu'on ne les avait pas aperçues. P.

Qui, *les?* C'est sans doute les règles de la géométrie dont il veut parler [1]. V.

XXVII. — La méthode de ne point errer est recherchée de tout le monde. Les logiciens font profession d'y conduire. Les géomètres seuls y arrivent ; et hors de leur science et de ce qui l'imite, il n'y a point de véritables démonstrations : tout l'art en est renfermé dans les seuls préceptes que nous avons dit. Ils suffisent seuls, ils prouvent seuls ; toutes les autres règles sont inutiles ou nuisibles.

Voilà ce que je sais par une longue expérience de toute sorte de livres et de personnes.

Le défaut d'un raisonnement faux est une maladie qui se guérit par les deux remèdes indiqués [2]. On en a composé un autre d'une infinité d'herbes inutiles, où les bonnes se trouvent enveloppées, et où elles demeurent sans effet par les mauvaises qualités de ce mélange.

Pour découvrir tous les sophismes et toutes les équivoques des raisonnements captieux, ils ont inventé des noms barbares qui étonnent ceux qui les entendent ; et au lieu qu'on ne peut débrouiller tous les replis de ce

1. Au lieu de lire dans le premier alinéa : *Il ne s'ensuit pas de là qu'ils aient entré*, lisez : *Il ne s'ensuit pas de là que les logiciens soient entrés*, et l'équivoque cesse. (G. A.)
2. Texte exact : *par ces deux remèdes*.

nœud si embarrassé qu'en tirant les deux bouts que les géomètres assignent, *ils* en ont marqué un nombre étrange d'autres où ceux-là se trouvent compris, sans qu'ils sachent lequel est le bon. P.

Qui, *ils?* Apparemment les rhéteurs anciens de l'école [1]. Mais que cela est obscur! V.

XXVIII. — Rien n'est plus commun que les bonnes choses. P.

Pas si commun ! V.

XXIX. — Les meilleurs livres sont ceux que chaque lecteur croit qu'il aurait pu faire. P.

Cela n'est pas vrai dans les sciences; il n'y a personne qui croie qu'il eût pu faire les principes mathématiques de Newton. Cela n'est pas vrai en belles-lettres : quel est le fat qui ose croire qu'il aurait pu faire *l'Iliade* et *l'Énéide?* V.

XXX. — Je ne fais pas de doute que ces règles, étant les véritables, ne doivent être simples, naïves, naturelles comme elles le sont. Ce n'est pas *Barbara* et *Baralipton* [2] qui forment le raisonnement. Il ne faut pas guinder l'esprit; les manières tendues et pénibles le remplissent d'une sotte présomption par une élévation étrangère et par une enflure vaine et ridicule, au lieu d'une nourriture solide et vigoureuse; et l'une des raisons principales qui éloignent le plus ceux qui entrent dans ces connaissances du véritable chemin qu'ils doivent suivre est l'imagination, qu'on prend d'abord, que les bonnes choses sont inaccessibles, en leur donnant le nom de grandes, élevées, sublimes. Cela perd tout. Je voudrais les nommer basses, communes, familières: ces noms-là leur conviennent mieux; je hais les mots d'enflure. P.

C'est la chose que vous haïssez, car, pour le mot, il en faut un qui exprime ce qui vous déplaît. V.

XXXI. — Les philosophes se croient bien fins d'avoir renfermé toute leur morale sous certaines divisions; mais pourquoi la diviser en quatre plutôt qu'en six? Pourquoi faire plutôt quatre espèces de vertus que dix? P.

On a remarqué, dans un abrégé de l'Inde [3] et de la guerre misérable que l'avarice de la compagnie française soutint contre l'avarice anglaise; on a remarqué, dis-je, que les brames peignent la vertu belle et forte avec dix bras, pour résister à dix péchés

---

1. Mettre comme plus haut le mot *logiciens* au lieu du mot *ils*. (G. A.)
2. Figures de syllogisme, qu'on trouve encore dans la *Logique* de Port-Royal.
3. *Fragments historiques sur l'Inde et sur le général Lally*, article x; voyez tome XXIX, page 117.

capitaux. Les missionnaires ont pris la vertu pour le diable. V.

XXXII. — Il y en a qui masquent toute la nature. Il n'y a point de roi parmi eux, mais un *auguste monarque;* point de Paris, mais une capitale du royaume. P.

> Cet empire absolu sur la terre et sur l'onde,
> Ce pouvoir souverain que j'ai sur tout le monde,
> Cette grandeur sans borne, et cet illustre rang[1].

Ceux qui écrivent en beau français les gazettes, pour le profit des propriétaires de ces fermes dans les pays étrangers, ne manquent jamais de dire : « Cette auguste famille entendit vêpres dimanche, et le sermon du révérend père N. Sa Majesté joua aux dés en haute personne. On fit l'opération de la fistule à Son Éminence. » V.

XXXIII. — Tant il est difficile de rien obtenir de l'homme que par le plaisir, qui est la monnaie pour laquelle nous donnons tout ce qu'on veut! P.

Le plaisir n'est pas la monnaie, mais la denrée pour laquelle on donne tant de monnaie qu'on veut. V.

XXXIV. — La dernière chose qu'on trouve en faisant un ouvrage est de savoir celle qu'il faut mettre la première. P.

Quelquefois. Mais jamais on n'a commencé une histoire ni une tragédie par la fin, ni aucun travail. Si on ne sait souvent par où commencer, c'est dans un éloge, dans une oraison funèbre, dans un sermon, dans tous ces ouvrages de pur appareil, où il faut parler sans rien dire. V.

XXXV. — Que ceux qui combattent la religion apprennent au moins quelle elle est avant que de la combattre. P.

Il ne faut pas commencer d'un ton si impérieux[2]. V.

XXXVI. — Si cette religion se vantait d'avoir une vue claire de Dieu, et de le posséder à découvert et sans voile, etc. P.

Elle serait bien hardie. V.

XXXVII. — Mais puisqu'elle dit au contraire que les hommes sont dans les ténèbres... P.

1. *Cinna*, acte II, scène I.
2. C'est par cette pensée que s'ouvre l'article 2 de l'édition de Condorcet. Pascal y traite *de la Nécessité de s'occuper des preuves de l'existence d'une vie future.*

Voilà une plaisante façon d'enseigner! Guidez-moi, car je marche dans les ténèbres. V.

XXXVIII. — En vérité, je ne puis m'empêcher de leur dire ce que *j'ai dit souvent,* que cette négligence n'est pas supportable. P.

A quoi bon nous apprendre que vous l'avez dit souvent? V.

XXXIX. — L'immortalité de l'âme est une chose qui nous importe si fort et qui nous touche si profondément, qu'il faut avoir perdu tout sentiment pour être dans l'indifférence de savoir ce qui en est. Toutes nos actions et toutes nos pensées doivent prendre des routes si différentes, selon qu'il y aura des biens éternels à espérer ou non, qu'il est impossible de faire une démarche avec sens et jugement qu'en la réglant par la vue de ce point, qui doit être notre dernier objet. P.

Il ne s'agit pas encore ici de la sublimité et de la sainteté de la religion chrétienne, mais de l'immortalité de l'âme, qui est le fondement de toutes les religions connues, excepté de la juive : je dis excepté de la juive, parce que ce dogme n'est exprimé dans aucun endroit du *Pentateuque,* qui est le livre de la loi juive ; parce que nul auteur juif n'a pu y trouver aucun passage qui désignât ce dogme ; parce que, pour établir l'existence reconnue de cette opinion si importante, si fondamentale, il ne suffit pas de la supposer, de l'inférer de quelques mots dont on force le sens naturel ; mais il faut qu'elle soit énoncée de la façon la plus positive et la plus claire ; parce que, si la petite nation juive avait eu quelque connaissance de ce grand dogme avant Antiochus Épiphanes, il n'est pas à croire que la secte des saducéens, rigides observateurs de la loi, eût osé s'élever contre la croyance fondamentale de la loi juive.

Mais qu'importe en quel temps la doctrine de l'immortalité et de la spiritualité de l'âme a été introduite dans le malheureux pays de la Palestine? Qu'importe que Zoroastre aux Perses, Numa aux Romains, Platon aux Grecs, aient enseigné l'existence et la permanence de l'âme? Pascal veut que tout homme, par sa propre raison, résolve ce grand problème. Mais lui-même le peut-il? Locke, le sage Locke, n'a-t-il pas confessé que l'homme ne peut savoir si Dieu ne peut accorder le don de la pensée à tel être qu'il daignera choisir? N'a-t-il pas avoué par là qu'il ne nous est pas plus donné de connaître la nature de notre entendement que de connaître la manière dont notre sang se forme dans nos veines? Jescher a parlé, il suffit.

Quand il est question de l'âme, il faut combattre Épicure,

Lucrèce, Pomponace, et ne pas se laisser subjuguer par une faction de théologiens du faubourg Saint-Jacques [1], jusqu'à couvrir d'un capuce une tête d'Archimède. V.

XL. — Il ne faut pas avoir l'âme fort élevée pour comprendre qu'il n'y a point ici de satisfaction véritable et solide; que tous nos plaisirs ne sont que vanité; que nos maux sont infinis; et qu'enfin la mort, qui nous menace à chaque instant, doit nous mettre dans peu d'années, et peut-être en peu de jours, dans un état éternel de bonheur, ou de malheur, ou d'anéantissement. P.

Il n'y eut ni malheur éternel ni anéantissement dans les systèmes des brachmanes, des Égyptiens, et chez plusieurs sectes grecques. Enfin ce qui parut aux Romains de plus vraisemblable, ce fut cet axiome tant répété dans le sénat et sur le théâtre :

> Que devient l'homme après la mort?
> Ce qu'il était avant de naître [2].

Pascal raisonne ici contre un mauvais chrétien, contre un chrétien indifférent, qui ne pense point à sa religion, qui s'étourdit sur elle ; mais il faut parler à tous les hommes : il faut convaincre un Chinois et un Mexicain, un déiste et un athée ; j'entends des déistes et des athées qui raisonnent, et qui par conséquent méritent qu'on raisonne avec eux : je n'entends pas des petits-maîtres. V.

XLI. — Comme je ne sais d'où je viens, aussi ne sais-je où je vais; et je sais seulement qu'en sortant de ce monde je tombe pour jamais ou dans le néant ou dans les mains d'un Dieu irrité, sans savoir à laquelle de ces deux conditions je dois être éternellement en partage. P.

Si vous ne savez où vous allez, comment savez-vous que vous tombez infailliblement ou dans le néant ou dans les mains d'un Dieu irrité? Qui vous a dit que l'Être suprême peut être irrité? N'est-il pas infiniment plus probable que vous serez entre les mains d'un Dieu bon et miséricordieux? Et ne peut-on pas dire de la nature divine ce que le poëte philosophe des Romains en a dit?

> Ipsa suis pollens opibus, nihil indiga nostri,
> Nec bene promeritis capitur, nec tangitur ira [3]. V.

XLII. — Ce repos brutal entre la crainte de l'enfer et du néant semble si beau que non-seulement ceux qui sont véritablement dans ce doute mal-

---

1. Port-Royal.
2. Voyez tome XXIX, page 522.
3. Lucrèce, chant II, vers 649-50.

heureux s'en glorifient, mais que ceux mêmes qui n'y sont pas croient qu'il leur est glorieux de feindre d'y être. Car l'expérience nous fait voir que la plupart de ceux qui s'en mêlent sont de ce dernier genre, que ce sont des gens qui se contrefont, et qui ne sont pas tels qu'ils veulent paraître. Ce sont des personnes qui ont ouï dire que les belles manières du monde consistent à faire ainsi l'emporté. P.

Cette capucinade n'aurait jamais été répétée par un Pascal si le fanatisme janséniste n'avait pas ensorcelé son imagination. Comment n'a-t-il pas vu que les fanatiques de Rome en pouvaient dire autant à ceux qui se moquaient de Numa et d'Égérie; les énergumènes d'Égypte, aux esprits sensés qui riaient d'Isis, d'Osiris, et d'Horus; le sacristain de tous les pays, aux honnêtes gens de tous les pays? V.

XLIII. — S'ils y pensaient sérieusement, ils verraient que cela est si mal pris, si contraire au bon sens, si opposé à l'honnêteté, et si éloigné en toute manière de ce bon air qu'ils cherchent, que rien n'est plus capable de leur attirer le mépris et l'aversion des hommes, et de les faire passer pour des personnes sans esprit et sans jugement. Et en effet, si on leur fait rendre compte de leurs sentiments, et des raisons qu'ils ont de douter de la religion, ils diront des choses si faibles et si basses qu'ils persuaderont plutôt du contraire. P.

Ce n'est donc pas contre ces insensés méprisables que vous devez disputer, mais contre des philosophes trompés par des arguments séduisants. V.

XLIV. — C'est une chose horrible de sentir continuellement s'écouler tout ce qu'on possède, et qu'on puisse s'y attacher sans avoir envie de chercher s'il n'y a point quelque chose de permanent. P.

> Durum, sed levius fit patientia,
> Quidquid corrigere est nefas [1]. V.

XLV. — De se tromper en croyant vraie la religion chrétienne il n'y a pas grand'chose à perdre; mais quel malheur de se tromper en la croyant fausse! P.

Le flamen de Jupiter, les prêtres de Cybèle, ceux d'Isis, en disaient autant; le muphti, le grand-lama, en disent autant. Il faut donc examiner les pièces du procès. V.

XLVI. — Entreprenez de tirer ces gens-là de cette situation en faisant valoir l'argument de M. Locke, ils vous diront sans doute qu'il y aurait de

---

1. Horace, livre I, ode XXIV.

la folie à sortir de cet état d'une parfaite tranquillité dans laquelle consiste le souverain bonheur en ce monde, pour rentrer dans un autre plein de doutes, de crainte, et d'incertitude. F.

J'ai peur que ce ne soit *ex falso supponente*. V.

XLVII. — Représentez-vous.... un missionnaire qui entreprend de convertir ce philosophe (chinois) à la religion chrétienne. F.

Songez que les autres religions, excepté la juive, menaçaient de l'enfer longtemps avant nous ; songez que les bonzes de la secte de Laokium, à la Chine, menacent d'une espèce d'enfer ; songez que, même du temps de Lucrèce, on menaçait de l'enfer à Rome :

Æternas quoniam pœnas in morte timendum est[1].

L'enfer est bien ancien : les brames disent qu'ils ont inventé leur *ondera*[2] il y a des millions d'années. V.

XLVIII. — Supposons maintenant, par une comparaison sensible, qu'on mette entre les mains d'un enfant les vingt-quatre caractères d'imprimerie qui forment les vingt-quatre lettres de l'alphabet, pour qu'il les arrange à sa fantaisie. F.

Un Chinois, les vingt-quatre lettres de l'alphabet ! C'est sans doute une faute d'impression ; il faut dire : Votre alphabet. V.

XLIX. — Ce que je possède m'est assuré, dussé-je aller jusqu'à cent ans. F.

Ah ! mon ami, dans la révolution du dernier siècle, quel Chinois était sûr un moment de sa fortune et de sa vie ? V.

L. — Il s'ensuit que le plaisir qui naît de l'espérance probable n'a qu'un fondement très-incertain. F.

Donc tu n'avais tout à l'heure qu'un fondement très-incertain que tout ce que tu possèdes t'était assuré, mon cher Chinois. V.

LI. — J'ai aujourd'hui, encore un coup, tout ce qu'il me faut pour mener une vie tranquille, que je regarde comme le souverain bonheur ; et je suis certain d'en jouir jusqu'à la fin de ma carrière. F.

Ah ! et si tu as la goutte et la pierre, mon pauvre Chinois ? V.

LII. — La crainte des accidents ne l'inquiète pas, surtout lorsqu'il se trouve persuadé, comme je le suis moi-même, qu'il y a infiniment plus de

1. Lucrèce, chant I, vers 112.
2. Voyez tome XVIII, page 34.

probabilité pour lui que ces accidents n'arriveront pas, que de raisons de crainte qu'ils n'arrivent. F.

Eh ! comment est-il plus probable que tu n'auras pas la pierre, la goutte, la fistule, la dysenterie, la fièvre putride, qu'il n'est probable que tu ne les auras pas, mon cher Chinois? V.

LIII. — Je conviens encore que je ne vois point d'impossibilité ni de répugnance physique dans la supposition de votre système. F.

Un philosophe chinois devrait voir une répugnance physique, métaphysique, morale, entre un Être bon et des supplices infinis en durée et en douleurs. V.

LIV. — En un mot, au lieu que jusqu'ici je me suis estimé un homme parfaitement heureux, je risque de devenir, par les suites, de toutes les créatures la plus misérable; et s'il se trouvait qu'enfin mon espérance fût vaine, n'est-il pas vrai que j'aurais sacrifié tout ce qu'on peut sacrifier de réel, non-seulement contre le néant, mais même contre la plus grande de toutes les misères? Le beau trait de sagesse! F.

Si j'avais été Chinois, j'aurais ajouté : Mon révérend bonze de Dominique ou d'Ignace, vous ne m'avez proposé que la moitié de la question. Non-seulement vous nous placez ici entre le néant et Dieu, mais entre le néant et votre Dieu. Or, hier un kutuctu de Tartarie, un talapoin de Siam, un brame de Coromandel, un sunnite de Turquie, un bonze du Japon, me tinrent les mêmes discours; je les envoyai tous promener : souffrez que je vous fasse le même compliment. V.

LV. — A risquer un bonheur réel, quelque mince qu'il fût, contre la chimère la plus magnifique et la plus flatteuse que l'esprit humain puisse imaginer, il n'y a aucune proportion, aucune espérance de gagner, ni par conséquent aucune raison qui puisse porter un homme de bon sens à prendre ce parti.
Ce raisonnement de mon ami, ou plutôt de son philosophe chinois, paraît décisif contre l'argument de M. Locke. F.

Aussi Locke ne faisait pas grand cas de cet argument; il ne comparait même qu'un scélérat à un homme de bien. Il est clair en effet qu'il vaut mieux être un Trajan ou un Marc-Aurèle, dans quelque système que ce soit, que d'être un Néron ou un pape Alexandre VI. Ce pape et cet empereur Néron doivent craindre d'avoir une âme immortelle. Les gens de bien n'ont rien à craindre dans aucun système. V.

LVI. — A l'égard d'un homme persuadé d'une certitude géométrique, que le système de notre religion est erroné! F.

Il faut dire aussi que le système des anciens Siamois, des premiers Indiens, des Chaldéens, des Grecs, etc., est erroné. V.

LVII. — Il faut convenir, au surplus, qu'il y a des occasions où notre raison nous est fort incommode, soit que nous la suivions ou que nous l'abandonnions.

Je suis de ce sentiment, et je ne donne pas le raisonnement de mon ami, ni celui de son philosophe chinois, à mes lecteurs pour jeter des scrupules dans leur esprit, fussent-ils même de toute autre religion que la nôtre; mais dans l'espérance que quelqu'un plus habile que moi voudra se donner la peine de le réfuter solidement. Pour moi, je ne l'entreprends pas, de crainte qu'après tous les efforts que j'aurais faits il ne m'arrivât ce qui est arrivé à quelques-uns de ceux qui ont écrit sur l'immortalité de l'âme, qui, ne l'ayant pas prouvée au gré des critiques sévères, ont été soupçonnés de ne la pas croire eux-mêmes. F.

Que cette dissertation, dans laquelle l'auteur est très-réservé, soit de Bernard de Fontenelle ou d'un autre, il n'importe. Mais voici une étrange réflexion. Pascal l'apôtre du jansénisme veut qu'on joue l'immortalité de l'âme à croix et pile, en mettant en jeu l'unité contre l'infini; et Saint-Cyran, fondateur du jansénisme, a fait un livre en faveur du suicide[1], qui suppose l'âme mortelle. Pauvres humains, argumentez maintenant tant qu'il vous plaira. V.

LVIII. — Si un artisan était sûr de rêver, toutes les nuits, douze heures durant, qu'il est roi, je crois qu'il serait plus heureux qu'un roi qui rêverait toutes les nuits, douze heures durant, qu'il serait artisan. P.

Être heureux comme un roi, dit le peuple hébété[2]. V.

LIX. — Je vois bien qu'on applique les mêmes mots dans les mêmes occasions, et que toutes les fois que deux hommes voient, par exemple, de la neige, ils expriment tous deux la vue de ce même objet par les mêmes mots, en disant l'un et l'autre qu'elle est blanche; et de cette conformité d'application on tire une puissante conjecture d'une conformité d'idées; mais cela n'est pas absolument convaincant, quoiqu'il y ait bien à parier pour l'affirmative[3]. P.

---

1. Voyez tome XXV, page 567.
2. Vers de Voltaire dans le premier *Discours sur l'homme*; voyez tome IX, page 380.
3. Voyez la note, tome XXII, page 51, où est rapportée la remarque qu'on trouve sur la même pensée dans l'édition de 1734 des *Lettres philosophiques*.

Il y a toujours des différences imperceptibles entre les choses les plus semblables; il n'y a jamais eu peut-être deux œufs de poule absolument les mêmes; mais qu'importe? Leibnitz devait-il faire un principe philosophique de cette observation triviale? V.

LX. — C'est ce qui a donné lieu à ces titres si ordinaires *des principes des choses, des principes de la philosophie,* et autres semblables, aussi fastueux en effet, quoique non en apparence, que cet autre qui crève les yeux : *de omni scibili* [1]. P.

Qui crève les yeux ne veut pas dire ici se montre évidemment; il signifie tout le contraire. V.

LXI. — Ne cherchons donc point d'assurance et de fermeté. Notre raison est toujours déçue par l'inconstance des apparences; rien ne peut fixer le fini entre les deux infinis qui l'enferment et le fuient. Cela étant bien compris, je crois qu'on s'en tiendra au repos, chacun dans l'état où la nature l'a placé. P.

Tout cet article, d'ailleurs obscur, semble fait pour dégoûter des sciences spéculatives. En effet, un bon artiste en haute-lisse, en horlogerie, en arpentage, est plus utile que Platon. V.

LXII. — La seule comparaison que nous faisons de nous au fini nous fait peine. P.

Il eût plutôt fallu dire à *l'infini.* Mais souvenons-nous que ces pensées jetées au hasard étaient des matériaux informes qui ne furent jamais mis en œuvre. V.

LXIII. — Qu'est-ce que nos principes naturels, sinon nos principes accoutumés? Dans les enfants, ceux qu'ils ont reçus de la coutume de leurs pères, comme la chasse dans les animaux.
Une différente coutume donnera d'autres principes naturels. Cela se voit par expérience; et s'il y en a d'ineffaçables à la coutume, il y en a aussi de la coutume ineffaçables à la nature. Cela dépend de la disposition.
Les pères craignent que l'amour naturel des enfants ne s'efface. Quelle est donc cette nature sujette à être effacée? La coutume est une seconde nature qui détruit la première. Pourquoi la coutume n'est-elle pas naturelle? J'ai bien peur que cette nature ne soit elle-même qu'une première coutume, comme la coutume est une seconde nature. P.

Ces idées ont été adoptées par Locke. Il soutient qu'il n'y a nul principe inné; cependant il paraît certain que les enfants

----

1. C'est le titre des thèses que Pic de la Mirandole soutint avec grand éclat à Rome, à l'âge de vingt-quatre ans.

ont un instinct : celui de l'émulation, celui de la pitié, celui de
mettre, dès qu'ils le peuvent, les mains devant leur visage quand
il est en danger, celui de reculer pour mieux sauter dès qu'ils
sautent. V.

LXIV. — L'affection ou la haine change la justice[1]. En effet, combien un
avocat, bien payé par avance, trouve-t-il plus juste la cause qu'il plaide ! P.

Je compterais plus sur le zèle d'un homme espérant une
grande récompense que sur celui d'un homme l'ayant reçue. V.

LXV. — Je blâme également et ceux qui prennent le parti de louer
l'homme, et ceux qui le prennent de le blâmer, et ceux qui le prennent de
le divertir ; et je ne puis approuver que ceux qui cherchent en gémissant. P.

Hélas! si vous aviez souffert le divertissement, vous auriez
vécu davantage. V.

LXVI. — Les stoïques disent : Rentrez au dedans de vous-même, et
c'est là où vous trouverez votre repos ; et cela n'est pas vrai. Les autres
disent : Sortez dehors, et cherchez le bonheur en vous divertissant ; et cela n'est
pas vrai. Les maladies viennent ; le bonheur n'est ni dans nous ni hors de
nous : il est en Dieu et en nous. P.

En vous divertissant vous aurez du plaisir ; et cela est très-
vrai. Nous avons des maladies ; Dieu a mis la petite vérole et les
vapeurs au monde. Hélas encore! hélas! Pascal, on voit bien
que vous êtes malade. V.

LXVII. — Les principales raisons des pyrrhoniens sont que nous n'avons
aucune certitude de la vérité des principes, hors la foi et la révélation, sinon
en ce que nous les sentons naturellement en nous. P.

Les pyrrhoniens absolus ne méritaient pas que Pascal parlât
d'eux. V.

LXVIII. — Or ce sentiment naturel n'est pas une preuve convaincante
de leur vérité, puisque n'y ayant point de certitude hors la foi, si l'homme
est créé par un Dieu bon ou par un démon méchant, s'il a été de tout temps,
ou s'il s'est fait par hasard[2], il est en doute si ces principes nous sont donnés,
ou véritables, ou faux, ou incertains, selon notre origine. P.

La foi est une grâce surnaturelle. C'est combattre et vaincre
la raison que Dieu nous a donnée ; c'est croire fermement et

1. *De face.*
2. Au lieu de : *S'il a été de tout temps, ou s'il s'est fait par hasard,* lire : *Ou
à l'aventure.*

aveuglément un homme qui ose parler au nom de Dieu, au lieu de recourir soi-même à Dieu. C'est croire ce qu'on ne croit pas[1]. Un philosophe étranger qui entendit parler de la foi, dit que c'était se mentir à soi-même. Ce n'est pas là de la certitude, c'est de l'anéantissement. C'est le triomphe de la théologie sur la faiblesse humaine. V.

LXIX. — Je sens qu'il y a trois dimensions dans l'espace, et que les nombres sont infinis; et la raison démontre ensuite qu'il n'y a point deux nombres carrés dont l'un soit double de l'autre. P.

Ce n'est point le raisonnement, c'est l'expérience et le tâtonnement qui démontrent cette singularité, et tant d'autres. V.

LXX. — Tous les hommes désirent d'être heureux; cela est sans exception. Quelques différents moyens qu'ils y emploient, ils tendent tous à ce but. Ce qui fait que l'un va à la guerre et que l'autre 1'y va pas, c'est ce même désir qui est dans tous les deux accompagné de différentes vues. La volonté ne fait jamais la moindre démarche que vers cet objet C'est le motif de toutes les actions de tous les hommes, jusqu'à ceux qui se tuent et qui se pendent.

Et cependant, depuis un si grand nombre d'années, jamais `personne, sans la foi, n'est arrivé à ce point où tous tendent continuellement. Tous se plaignent, princes, sujets, nobles, roturiers, vieillards, jeunes, forts, faibles, savants, ignorants, sains, malades, de tous pays, de tout temps, de tous âges, et de toutes conditions. P.

Je sais qu'il est doux de se plaindre; que de tout temps on a vanté le passé pour injurier le présent; que chaque peuple a imaginé un âge d'or, d'innocence, de bonne santé, de repos, et de plaisir, qui ne subsiste plus. Cependant j'arrive de ma province à Paris; on m'introduit dans une très-belle salle où douze cents personnes écoutent une musique délicieuse : après quoi toute cette assemblée se divise en petites sociétés qui vont faire un · très-bon souper, et après ce souper elles ne sont pas absolument mécontentes de la nuit. Je vois tous les beaux-arts en honneur dans cette ville, et les métiers les plus abjects bien récompensés, les infirmités très-soulagées, les accidents prévenus; tout le monde y jouit, ou espère jouir, ou travaille pour jouir un jour, et ce dernier partage n'est pas le plus mauvais. Je dis alors à Pascal : Mon grand homme, êtes-vous fou?

Je ne nie pas que la terre n'ait été souvent inondée de malheurs et de crimes, et nous en avons eu notre bonne part. Mais

---

1. Voltaire avait déjà dit (voyez tome XIX, page 156): « La foi divine, sur laquelle on a tant écrit, n'est évidemment qu'une incrédulité soumise. »

ont un instinct : celui de l'émulatioı celui de la pitié, celui de mettre, dès qu'ils le peuvent, les mai devant leur visage quand il est en danger, celui de reculer pı r mieux sauter dès qu'ils sautent. V.

LXIV. — L'affection ou la haine chanzı justice [1]. En effet, combien un avocat, bien payé par avance, trouve-t-ıl ıʼ juste la cause qu'il plaide ! P.

Je compterais plus sur lı zèlı un homme espérant une grande récompense que sur celui dı ı homme l'ayant reçue. V.

LXV. — Je blâme également et ceuˑ ui prennent le parti de louer l'homme, et ceux qui le prennent de lı bl ˑr. et ceux qui le prennent de le divertir ; et je ne puis approuver que cı qui cherchent en gémissant. P.

Hélas! si vous aviez souffert lı ivertissement. vous auriez vécu davantage. V.

LXVI. — Les stoïques disent : Rentı au dedans de vous-même. et c'est là où vous trouverez votre rebos: ı ʼela n'est pas vrai. Les autres disent : Sortez dehors, et cherchez le bonhı en vous divertissant; et cela n'est pas vrai. Les maladies viennent : lı l ır n'est ni dans nous ni hors de nous : il est en Dieu et en nous. Iʼ.

En vous divertissant vous aurı du plaisir ; et cela est très-vrai. Nous avons des maladies: Diı a mis la petite vérole et les vapeurs au monde. Hélas encore ıélas! Pascal, on voit bien que vous êtes malade. V.

LXVII. — Les principales raisonˑ dı yrrhoniens sont que nous n'avons aucune certitude de la vérité des princı , hors la foi et la révélation. sinon en ce que nous les sentons naturellemeı n nous. P.

Les pyrrhoniens absolus nı mıɔtaient pas que Pascal parlât d'eux. V.

LXVIII. — Or ce sentiment naturel est pas une preuve convaincante de leur vérité, puisque n'y ayant pıinı ɔ certitude hors la foi, si l'homme est créé par un Dieu bon ou par un dıu méchant, s'il a été de tout temps, ou s'il s'est fait par hasard [2], il est en dou si ces principes nous sont donnéˑ, ou véritables, ou faux, ou incertains, sıh notre origine. P.

La foi est une grâce surnaturıe. C'est combattre et vaincre la raison que Dieu nous a donnˑ; c'est croire fermement et

1. *De face.*

2. Au lieu de : *S'il a été de tout tem ı u s'il s'est fait par hasard,* lire : *Ou à l'aventure.*

aveuglément un homm   ose parler au nom de Dieu, au lieu
de recourir soi-même a   . C'est croire ce qu'on ne croit pas[1].
Un philosophe étrang   i entendit parler de la foi, dit que
c'était se mentir à soi-   ie. Ce n'est pas là de la certitude,
c'est de l'anéantissemen   est le triomphe de la théologie sur
la faiblesse humaine. \

LXIX. — Je sens qu'il   trois dimensions dans l'espace, et que les
nombres sont infinis; et la   démontre ensuite qu'il n'y a point deux
nombres carrés dont l'un ~   ble de l'autre. P.

Ce n'est point le rai   ment, c'est l'expérience et le tâtonnement qui démontren   singularité, et tant d'autres. V.

LXX. — Tous les hou   sirent d'être heureux; cela est sans exception. Quelques différents i   qu'ils y emploient, ils tendent tous à ce but.
Ce qui fait que l'un va a   e et que l'autre n'y va pas, c'est ce même
désir qui est dans tous le   ccompagné de différentes vues. La volonté
ne fait jamais la moindre   ne que vers cet objet. C'est le motif de toutes
les actions de tous les h   isqu'à ceux qui se tuent et qui se pendent.
Et cependant, depu.-   rand nombre d'années, jamais personne,
sans la foi, n'est arrive a   où tous tendent continuellement. Tous se
plaignent, princes, sujets,   , roturiers, vieillards, jeunes, forts, faibles,
savants, ignorants, sain   es, de tous pays, de tout temps, de tou~
âges, et de toutes conditio

Je sais qu'il est don   se plaindre; que de tout temps on a
vanté le passé pour inji   le présent; que chaque peuple a imaginé un âge d'or. d'in   ice, de bonne santé, de repos, et de
plaisir, qui ne subsiste   . Cependant j'arrive de ma province
à Paris; on m'introduit   s une très-belle salle où douze cents
personnes écoutent u   usique délicieuse : après quoi toute
cette assemblée se div   n petites sociétés qui vont faire un
très-bon souper, et apr   souper elles ne sont pas absolument
mécontentes de la nuit   vois tous les beaux-arts en honneur
dans cette ville, et les n   tars les plus abjects bien **récompensés,**
les **infirmités** très-soul   es, les accidents prévenus; tout **le**
monde y jouit, ou espè   juir, ou travaille pour jouir **un jour,**
et ce dernier partage n   pas le **plus mauvais. Je dis alors à**
Pascal : Mon grand hom   êtes-vous **fou?**
Je ne nie pas que le   re n'ait été souvent inondée de mal-
heurs et de crimes, et n s en avons eu notre bonne part. Mais

---

1. **Voltaire avait déjà dit** z tome XIX
laquelle on a tant écrit, n'est mment qu'

certainement, lorsque Pascal écrivait, nous n'étions pas si à plaindre. Nous ne sommes pas non plus si misérables aujourd'hui.

Prenons toujours ceci, puisque Dieu nous l'envoie ;
Nous n'aurons pas toujours tels passe-temps.   V.

LXXI. — Si donc on peut regarder comme des enthousiastes les sectateurs de cette morale, on ne peut se dispenser de reconnaître dans son inventeur un génie profond et une âme sublime. C.

Il est vrai que c'est le sublime des petites-maisons; mais il est bien respectable. V.

LXXII. — Nous souhaitons la vérité, et ne trouvons en nous qu'incertitude. Nous cherchons le bonheur, et ne trouvons que misère. Nous sommes incapables de ne pas souhaiter la vérité et le bonheur, et nous sommes incapables et de certitude et de bonheur. Ce désir nous est laissé tant pour nous punir que pour nous faire sentir d'où nous sommes tombés. P.

Comment peut-on dire que le désir du bonheur, ce grand présent de Dieu, ce premier ressort du monde moral, n'est qu'un juste supplice? O éloquence fanatique! V.

LXXIII. — Il faut avoir une pensée de derrière, et juger du tout par là, en parlant cependant comme le peuple. P.

L'auteur de l'Éloge[1] est bien discret, bien retenu, de garder le silence sur ces pensées de derrière. Pascal et Arnauld l'auraient-ils gardé s'ils avaient trouvé cette maxime dans les papiers d'un jésuite? V.

LXXIV. — La plupart de ceux qui entreprennent de prouver la Divinité aux impies commencent d'ordinaire par les ouvrages de la nature, et ils y réussissent rarement. Je n'attaque pas la solidité de ces preuves, consacrées par l'Écriture sainte : elles sont conformes à la raison; mais souvent elles ne sont pas assez conformes et assez proportionnées à la disposition de l'esprit de ceux pour qui elles sont destinées.

Car il faut remarquer qu'on n'adresse pas ce discours à ceux qui ont la foi vive dans le cœur, et qui voient incontinent que tout ce qui est n'est autre chose que l'ouvrage du Dieu qu'ils adorent; c'est à eux que toute la nature parle pour son auteur, et que les cieux annoncent la gloire de Dieu. Mais pour ceux en qui cette lumière est éteinte, et dans lesquels on a dessein de la faire revivre, ces personnes destituées de foi et de charité, qui ne trouvent que des ténèbres et obscurité dans toute la nature, il semble que ce ne soit pas le moyen de les ramener que de ne leur donner, pour

1. Condorcet.

preuve de ce grand et important sujet, que le cours de la lune ou des planètes, ou des raisonnements communs, et contre lesquels ils se sont continuellement roidis. L'endurcissement de leur esprit les a rendus sourds à cette voix de la nature qui a retenti continuellement à leurs oreilles ; et l'expérience fait voir que, bien loin qu'on les emporte par ce moyen, rien n'est plus capable, au contraire de les rebuter et de leur ôter l'espérance de trouver la vérité, que de prétendre les en convaincre seulement par ces sortes de raisonnements, et de leur dire qu'ils y doivent voir la vérité à découvert. Ce n'est pas de cette sorte que l'Écriture, qui connait mieux que nous les choses qui sont de Dieu, en parle. P.

Et qu'est-ce donc que le *Cœli enarrant gloriam Dei*[1]? V.

LXXV. — C'est une chose admirable que jamais auteur canonique ne s'est servi de la nature pour prouver Dieu ; tous tendent à le faire croire, et jamais ils n'ont dit : Il n'y a point de vide, donc il y a un Dieu. Il fallait qu'ils fussent plus habiles que les plus habiles gens qui sont venus depuis, qui s'en sont tous servis. P.

Voilà un plaisant argument : Jamais la *Bible* n'a dit comme Descartes : Tout est plein, donc il y a un Dieu. V.

LXXVI. — On ne voit presque rien de juste ou d'injuste qui ne change de qualité en changeant de climat. Trois degrés d'élévation du pôle renversent toute la jurisprudence. Un méridien décide de la vérité. Les lois fondamentales[2] changent ; le droit a ses époques. Plaisante justice qu'une rivière ou une montagne borne ! Vérité en deçà des Pyrénées, erreur au delà. P.

Il n'est point ridicule que les lois de la France et de l'Espagne diffèrent ; mais il est très-impertinent que ce qui est juste à Romorantin soit injuste à Corbeil ; qu'il y ait quatre cents jurisprudences diverses dans le même royaume ; et surtout que, dans un même parlement, on perde dans une chambre le procès qu'on gagne dans une autre chambre. V.

LXXVII. — Se peut-il rien de plus plaisant qu'un homme ait droit de me tuer parce qu'il demeure au delà de l'eau, et que son prince a querelle avec le mien, quoique je n'en aie aucune avec lui ? P.

Plaisant n'est pas le mot propre ; il fallait *démence exécrable.* V.

LXXVIII — La justice est ce qui est établi ; et ainsi toutes nos lois établies seront nécessairement tenues pour justes sans être examinées, puisqu'elles sont établies. P.

1. Psaume XVIII, verset 2.
2. *En peu d'années* les lois fondamentales...

Un certain peuple a eu une loi par laquelle on faisait pendre
un homme qui avait bu à la santé d'un certain prince; il eût été
juste de ne point boire avec cet homme, mais il était un peu
dur de le pendre : cela était établi, mais cela était abominable. V.

LXXIX. — Sans doute que l'égalité des biens est juste. P.

L'égalité des biens n'est pas juste. Il n'est pas juste que, les
parts étant faites, des étrangers mercenaires qui viennent m'aider
à faire mes moissons en recueillent autant que moi. V.

LXXX. — Il est juste que ce qui est juste soit suivi. Il est nécessaire
que ce qui est le plus fort soit suivi. P.

Maximes de Hobbes. V.

LXXXI. — Les crimes regardés comme tels font beaucoup moins de mal à
l'humanité que cette foule d'actions criminelles qu'on commet sans remords,
parce que l'habitude ou une fausse conscience nous les fait regarder comme
indifférentes, ou même comme vertueuses... Il faut allumer, dans ceux que
l'enthousiasme des passions peut égarer, un enthousiasme pour la vertu, capable de les défendre. Alors qu'on laisse à leur raison le soin de juger de
ce qui est juste et de ce qui est injuste, et que leur conscience ne se re-
pose pas sur un certain nombre de maximes de morale adoptées dans le
pays où ils naissent, ou sur un code dont une classe d'hommes, jalouse de
régner sur les esprits, se soit réservé l'interprétation. C.

On voit bien que cette terrible note est de l'auteur de l'*Éloge,*
et que le *louant* est plus véritablement philosophe que le *loué.*
Cet éditeur écrit comme le secrétaire de Marc-Aurèle, et Pascal
comme le secrétaire de Port-Royal. L'un semble aimer la recti-
tude et l'honnêteté pour elles-mêmes; l'autre, par esprit de parti.
L'un est homme, et veut rendre la nature humaine honorable;
l'autre est chrétien, parce qu'il est janséniste; tous deux ont de
l'enthousiasme et embouchent la trompette; l'auteur des notes,
pour agrandir notre espèce, et Pascal, pour l'anéantir. Pascal a
peur, et il se sert de toute la force de son esprit pour inspirer sa
peur. L'autre s'abandonne à son courage, et le communique.
Que puis-je conclure? Que Pascal se portait mal, et que l'autre
se porte bien.

Bonne ou mauvaise santé
Fait notre philosophie [1].   V.

LXXXII. — Les idées de Platon sur la nature de l'homme sont bien plus
philosophiques que celles de Pascal... Ne négligeons rien. C'est l'homme

1. Vers de Chaulieu dans son ode sur sa première attaque de goutte.

tout entier qu'il faut former; et il ne faut abandonner au hasard ni aucun instant de la vie, ni l'effet d'aucun des objets qui peuvent agir sur lui. C.

Platon n'a pas eu ces idées, monsieur; c'est vous qui les avez. Platon fit de nous des androgynes à deux corps, donna des ailes à nos âmes, et les leur ôta. Platon rêva sublimement, comme je ne sais quels autres écrivains ont rêvé bassement[1]. V.

LXXXIII. — Quelle chimère est-ce donc que l'homme! quelle nouveauté! quel chaos! quel sujet de contradiction! Juge de toutes choses, imbécile ver de terre, dépositaire du vrai, amas[2] d'incertitude, gloire et rebut de l'univers. S'il se vante, je l'abaisse; s'il s'abaisse, je le vante, et le contredis toujours, jusqu'à ce qu'il comprenne qu'il est un monstre incompréhensible. P.

Vrai discours de malade. V.

LXXXIV. Tout ce que nous voyons du monde n'est qu'un trait imperceptible dans l'ample sein de la nature. Nulle idée n'approche de l'étendue de ses espaces. Nous avons beau enfler nos conceptions, nous n'enfantons que des atomes au prix de la réalité des choses. C'est une sphère infinie, dont le centre est partout, la circonférence nulle part. P.

Cette belle expression est de Timée de Locres[3]; Pascal était digne de l'inventer, mais il faut rendre à chacun son bien. V.

LXXXV. — Qu'est-ce que l'homme dans la nature? Un néant à l'égard de l'infini, un tout à l'égard du néant, un milieu entre rien et tout. Il est infiniment éloigné des deux extrêmes; et son être n'est pas moins distant du néant d'où il est tiré que de l'infini où il est englouti. Son intelligence tient, dans l'ordre des choses intelligibles, le même rang que son corps dans l'étendue de la nature; et tout ce qu'elle peut faire est d'apercevoir quelque apparence du milieu des choses, dans un désespoir éternel de n'en connaître ni le principe ni la fin. Toutes choses sont sorties du néant et portées jusqu'à l'infini. Qui peut suivre ces étonnantes démarches? L'auteur de ces merveilles les comprend; nul autre ne peut le faire.

Cet état, qui tient le milieu entre les extrêmes, se trouve en toutes nos puissances.

Nos sens n'aperçoivent rien d'extrême. Trop de bruit nous assourdit, trop de lumière nous éblouit, trop de distance et trop de proximité empêchent la vue, trop de longueur et trop de brièveté obscurcissent un discours, trop de plaisir incommode, trop de consonnances déplaisent[4]. Nous ne sentons ni

1. Allusion à l'école de d'Holbach. (G. A.)
2. Pascal a écrit *cloaque*.
3. La pensée attribuée par Voltaire à Timée de Locres est de Mercure Trismégiste; voyez la note, tome XVIII, page 521.
4. *Dans la musique.* Il y a là beaucoup de lacunes.

l'extrême chaud ni l'extrême froid. Les qualités excessives nous sont ennemies, et non pas sensibles. Nous ne les sentons plus, nous en souffrons :
trop de jeunesse et trop de vieillesse empêchent l'esprit[1]; trop et trop peu
de nourriture troublent ses actions; trop et trop peu d'instruction l'abêtis-
sent. Les choses extrêmes sont pour nous comme si elles n'étaient pas, et
nous ne sommes point à leur égard; elles nous échappent, ou nous à elles.

Voilà notre état véritable; c'est ce qui resserre nos connaissances en de
certaines bornes que nous ne passons pas, incapables de savoir tout et d'i-
gnorer tout absolument. Nous sommes sur un milieu vaste, toujours incertains, et flottants entre l'ignorance et la connaissance; et si nous pensons
aller plus avant, notre objet branle, et échappe à nos prises ; il se dérobe,
et fuit d'une fuite éternelle : rien ne peut l'arrêter. C'est notre condition naturelle, et toutefois la plus contraire à notre inclination. Nous brûlons du
désir d'approfondir tout, et d'édifier une tour qui s'élève jusqu'à l'infini;
mais tout notre édifice craque, et la terre s'ouvre jusqu'aux abîmes. P.

Cette éloquente tirade[2] ne prouve autre chose, sinon que
l'homme n'est pas Dieu. Il est à sa place comme le reste de la
nature, imparfait, parce que Dieu seul peut être parfait; ou, pour
mieux dire, l'homme est borné, et Dieu ne l'est pas. V. .

LXXXVI. — Les différents sentiments de désir, de crainte, de ravisse-
ments, d'horreur, etc., qui naissent des passions, sont accompagnés de sensations physiques agréables ou pénibles, délicieuses ou déchirantes. On
rapporte ces sensations à la région de la poitrine; et il paraît que le dia-
phragme en est l'organe. C.

Il est vrai que, dans les mouvements subits des grandes passions, on sent vers la poitrine des convulsions, des défaillances,
des agonies, qui ont quelquefois causé la mort ; et c'est ce qui
fait que presque toute l'antiquité imagina une âme dans la poitrine. Les médecins placèrent les passions dans le foie. Les romanciers ont mis l'amour dans le cœur. V.

LXXXVII. — Ceux qui écrivent contre la gloire veulent avoir la gloire
d'avoir bien écrit, et ceux qui le lisent veulent avoir la gloire de l'avoir lu;
et moi, qui écris ceci, j'ai peut-être cette envie, et peut-être que ceux qui
le liront l'auront aussi. P.

Oui, vous couriez après la gloire de passer un jour pour le
fléau des jésuites, le défenseur de Port-Royal, l'apôtre du jansénisme, le réformateur des chrétiens. V.

---

1. Cela n'est pas dans le texte manuscrit.
2. Cette éloquente tirade n'est qu'une manière de traduction des vraies
expressions de Pascal, qui sont encore plus éloquentes. (G. A.)

LXXXVIII. — Les belles actions cachées sont les plus estimables. Quand j'en vois quelques-unes dans l'histoire, elles me plaisent fort; mais enfin elles n'ont pas été tout à fait cachées, puisqu'elles ont été sues; et ce peu par où elles ont paru en diminue le mérite[1]: car c'est là le plus beau, d'avoir voulu les cacher. P.

Et comment l'histoire en a-t-elle pu parler, si on ne les a pas sues? V.

LXXXIX. — Les inventions des hommes vont en avançant de siècle en siècle. La bonté et la malice du monde en général reste la même. P.

Je voudrais qu'on examinât quel siècle a été le plus fécond en crimes, et par conséquent en malheurs. L'auteur de *la Félicité publique*[2] a eu cet objet en vue, et a dit des choses bien vraies et bien utiles. V.

XC. — La nature nous rendant toujours malheureux en tous états, nos désirs nous figurent un état heureux, parce qu'ils joignent à l'état où nous sommes les plaisirs de l'état où nous ne sommes pas. P.

La nature ne nous rend pas toujours malheureux. Pascal parle toujours en malade qui veut que le monde entier souffre. V.

XCI. — Je mets en fait que si tous les hommes savaient exactement ce qu'ils disent les uns des autres, il n'y aurait pas quatre amis dans le monde. P.

Dans l'excellente comédie du *Plain dealer*, l'homme au franc procédé (excellente à la manière anglaise), le Plain dealer dit à un personnage : « Tu te prétends mon ami ; voyons, comment le prouverais-tu? — Ma bourse est à toi. — Et à la première fille venue. Bagatelle. — Je me battrais pour toi. — Et pour un démenti. Ce n'est pas là un grand sacrifice. — Je dirai du bien de toi à la face de ceux qui te donneront des ridicules. — Oh! si cela est, tu m'aimes. » V.

XCII. — L'âme est jetée dans le corps pour y faire un séjour de peu de durée. P.

Pour dire *l'âme est jetée*, il faudrait être sûr qu'elle est substance et non qualité. C'est ce que presque personne n'a recherché, et c'est par où il faudrait commencer en métaphysique, en morale, etc. V.

1. Texte exact : *Et quoiqu'on ait fait ce qu'on a pu pour les cacher, ce peu par où elles ont paru gâte tout.*
2. Le marquis de Chastellux; voyez tome XXX, page 387, un article de Voltaire sur cet ouvrage.

XCIII. — Le plus grand des maux est les guerres civiles. Elles sont sûres si on veut récompenser le mérite; car tous diraient qu'ils méritent. P.

Cela mérite explication. Guerre civile si le prince de Conti dit : J'ai autant mérite que le prince de Condé ; si Retz dit : Je vaux mieux que Mazarin ; si Beaufort dit : Je l'emporte sur Turenne ; et s'il n'y a personne pour les mettre à leur place. Mais quand Louis XIV arrive et dit : Je ne récompenserai que le mérite, alors plus de guerre civile. V.

XCIV. — Pourquoi suit-on la pluralité? Est-ce à cause qu'ils ont plus de raison? Non; mais plus de force. Pourquoi suit-on les anciennes lois et les anciennes opinions? Est-ce qu'elles sont plus saines? Non ; mais elles sont uniques, et nous ôtent la racine de diversité. P.

Cet article a besoin encore plus d'explication, et semble n'en pas mériter. V.

XCV. — La force est la reine du monde, et non pas l'opinion ; mais l'opinion est celle qui use de la force. P.

Idem. V.

XCVI. — Que l'on a bien fait de distinguer les hommes par l'extérieur plutôt que par les qualités intérieures ! Qui passera de nous deux? qui cédera la place à l'autre? Le moins habile? Mais je suis aussi habile que lui. Il faudra se battre sur cela. Il a quatre laquais, et je n'en ai qu'un. Cela est visible. Il n'y a qu'à compter; c'est à moi à céder. P.

Non. Turenne avec un laquais sera respecté par un traitant qui en aura quatre. V.

XCVII. — La puissance des rois est fondée sur la raison et sur la folie du peuple, et bien plus sur la folie. La plus grande et la plus importante chose du monde a pour fondement la faiblesse, et ce fondement-là est admirablement sûr, car il n'y a rien de plus sûr que cela que le peuple sera faible : ce qui est fondé sur la seule raison est bien mal fondé, comme l'estime de la sagesse. P.

Trop mal énoncé. V.

XCVIII. — Nos magistrats ont bien connu ce mystère. Leurs robes rouges, leurs hermines..., tout cet appareil auguste était nécessaire. P.

Les sénateurs romains avaient le laticlave. V.

XCIX. — Si les médecins[1] n'avaient des soutanes et des mules, et que

_____
1. Voyez tome XXII, page 59.

les docteurs n'eussent des bonnets carrés et des robes trop amples de quatre parties, jamais ils n'auraient dupé le monde, qui ne peut résister à cette montre authentique. Les seuls gens de guerre ne se sont pas déguisés de la sorte, parce qu'en effet leur part est plus essentielle. P.

Aujourd'hui c'est tout le contraire; on se moquerait d'un médecin qui viendrait tâter le pouls et contempler votre chaise percée en soutane. Les officiers de guerre, au contraire, vont partout avec leurs uniformes et leurs épaulettes. V.

C. — Les Suisses s'offensent d'être dits gentilshommes, et prouvent la roture de race pour être jugés dignes de grands emplois. P.

Pascal était mal informé. Il y avait de son temps, et il y a encore dans le sénat de Berne, des gentilshommes aussi anciens que la maison d'Autriche; ils sont respectés, ils sont dans les charges; il est vrai qu'ils n'y sont pas par droit de naissance, comme les nobles y sont à Venise. Il faut même, à Bâle, renoncer à sa noblesse pour entrer dans le sénat. V.

CI. — Les effets sont comme sensibles, et les raisons sont visibles seulement à l'esprit; et quoique ce soit par l'esprit que ces effets-là se voient, cet esprit est, à l'égard de l'esprit qui voit les causes, comme les sens corporels sont à l'égard de l'esprit. P.

Mal énoncé. V.

CII. — Le respect est: Incommodez-vous; cela est vain en apparence, mais très-juste, car c'est dire : Je m'incommoderais bien si vous en aviez besoin, puisque je le fais sans que cela vous serve, outre que le respect est pour distinguer les grands. Or, si le respect était d'être dans un fauteuil, on respecterait tout le monde, et ainsi on ne distinguerait pas; mais étant incommodé on distingue fort bien. P.

Mal énoncé. V.

CIII. — Être brave[1] n'est pas trop vain; c'est montrer qu'un grand nombre de gens travaillent pour soi; c'est montrer par ses cheveux qu'on a un valet de chambre, un parfumeur, etc., par son rabat, le fil, et le passement, etc.
Or, ce n'est pas une simple superficie, ni un simple harnois d'avoir plusieurs bras à son service. P.

Mal énoncé. V.

CIV. — Cela est admirable : on ne veut pas que j'honore un homme vêtu de brocatelle, et suivi de sept à huit laquais. Eh quoi! il me fera donner les

1. Bien mis. (*Note de Condorcet.*)

étrivières, si je ne le salue. Cet habit, c'est une force; il n'en est pas de
même d'un cheval bien enharnaché à l'égard d'un autre[1]. P.

Bas, et indigne de Pascal. V.

CV. — Tout instruit l'homme de sa condition; mais il faut bien entendre:
car il n'est pas vrai que Dieu se découvre en tout, et il n'est pas vrai qu'il
se cache en tout[2]; mais il est vrai tout ensemble qu'il se cache à ceux qui
le tentent, et qu'il se découvre à ceux qui le cherchent, parce que les hommes
sont tout ensemble indignes de Dieu et capables de Dieu; indignes par leur
corruption, capables par leur première nature.

S'il n'avait jamais rien paru de Dieu, cette privation éternelle serait
équivoque, et pourrait aussi bien se rapporter à l'absence de toute Divinité
qu'à l'indignité où seraient les hommes de le connaître; mais de ce qu'il
paraît quelquefois et non toujours, cela ôte l'équivoque. S'il paraît une fois,
il est toujours; et ainsi on ne peut en conclure autre chose sinon qu'il y a
un Dieu, et que les hommes en sont indignes.

S'il n'y avait point d'obscurité, l'homme ne sentirait pas sa corruption.
S'il n'y avait point de lumière, l'homme n'espérerait point de remède.
Ainsi il est non-seulement juste, mais utile pour nous, que Dieu soit caché
en partie et découvert en partie, puisqu'il est également dangereux à l'homme
de connaître Dieu sans connaître sa misère, et de connaître sa misère sans
connaître Dieu.

Il n'y a rien sur la terre qui ne montre ou la misère de l'homme, ou la
miséricorde de Dieu; ou l'impuissance de l'homme sans Dieu, ou la puissance de l'homme avec Dieu.

Tout l'univers apprend à l'homme ou qu'il est corrompu, ou qu'il est
racheté. Tout lui apprend sa grandeur ou sa misère. P.

Ces articles me semblent de grands sophismes. Pourquoi imaginer toujours que Dieu, en faisant l'homme, s'est appliqué à
exprimer grandeur et misère? Quelle pitié! *Scilicet is superis labor
est*[3]! V.

CVI. — S'il ne fallait rien faire que pour le certain, on ne devrait rien
faire pour la religion, car elle n'est pas certaine. Mais combien de choses
fait-on pour l'incertain, les voyages sur mer, les batailles! Je dis donc qu'il
ne faudrait rien faire du tout, car rien n'est certain; et il y a plus de certitude à la religion, qu'à l'espérance que nous voyions le jour de demain. Car
il n'est pas certain que nous voyions demain; mais il est certainement possible que nous ne le voyions pas. On n'en peut pas dire autant de la religion.
Il n'est pas certain qu'elle soit; mais qui osera dire qu'il est certainement

---

1. Dans le texte manuscrit, il y a au contraire : *C'est bien de même qu'un
cheval bien enharnaché à l'égard d'un autre.*

2. Texte exact : *Car il n'est pas vrai que tout découvre Dieu, et il n'est pas
vrai que tout cache Dieu.*

3. Virgile, *Æn.*, IV, 379.

possible qu'elle ne soit pas? Or quand on travaille pour demain et pour l'incertain, on agit avec raison. P.

Vous avez épuisé votre esprit en arguments pour nous prouver que votre religion est certaine, et maintenant vous nous assurez qu'elle n'est pas certaine; et après vous être si étrangement contredit, vous revenez sur vos pas : vous dites qu'on ne peut avancer « qu'il soit possible que la religion chrétienne soit fausse ». Cependant c'est vous-même qui venez de nous dire qu'il est possible qu'elle soit fausse, puisque vous avez déclaré qu'elle est incertaine. V.

CVII. — Commencez par plaindre les incrédules; ils sont assez malheureux : il ne faudrait les injurier qu'au cas que cela servît; mais cela leur nuit. P.

Et vous les avez injuriés sans cesse; vous les avez traités comme des jésuites! En leur disant tant d'injures, vous convenez que les vrais chrétiens ne peuvent rendre raison de leur religion; que s'ils la prouvaient, ils ne tiendraient point parole; que leur religion est une sottise; que si elle est vraie, c'est parce qu'elle est une sottise. O profondeur d'absurdités! V.

CVIII. — A ceux qui ont de la répugnance pour la religion, il faut commencer par leur montrer qu'elle n'est point contraire à la raison; ensuite, qu'elle est vénérable, et en donner du respect; après, la rendre aimable, et faire souhaiter qu'elle fût vraie; et puis montrer, par des preuves incontestables, qu'elle est vraie; faire voir son antiquité et sa sainteté par sa grandeur et par son élévation; et enfin qu'elle est aimable, parce qu'elle promet le vrai bien. P.

Ne voyez-vous pas, ô Pascal! que vous êtes un homme de parti qui cherchez à faire des recrues? V.

CIX. — Il ne faut pas se méconnaître, nous sommes corps[1] autant qu'esprit : et de là vient que l'instrument par lequel la persuasion se fait n'est pas la seule démonstration. Combien y a-t-il peu de choses démontrées! les preuves ne convainquent que l'esprit. La coutume fait nos preuves les plus fortes. Elle incline les sens[2], qui entraînent l'esprit sans qu'il y pense. Qui a démontré qu'il fera demain jour, et que nous mourrons? Et qu'y a-t-il de plus universellement cru? C'est donc la coutume qui nous en persuade; c'est elle qui fait tant de Turcs et de païens; c'est elle qui fait les métiers, les soldats, etc., etc. P.

1. Pascal a écrit *automate*.
2. L'*automate* au lieu de *les sens*.

étrivières, si je ne le salue. Cet habit, c'est un force; il n'en est pas de
même d'un cheval bien enharnaché à l'égard d' autre[1]. P.

Bas, et indigne de Pascal. V.

CV. — Tout instruit l'homme de sa condition mais il faut bien entendre:
car il n'est pas vrai que Dieu se découvre en it, et il n'est pas vrai qu'il
se cache en tout[2]; mais il est vrai tout ensei e qu'il se cache à ceux qui
le tentent, et qu'il se découvre à ceux qui le cl hent, parce que les hommes
sont tout ensemble indignes de Dieu et capabl de Dieu; indignes par leur
corruption, capables par leur première nature
    S'il n'avait jamais rien paru de Dieu, ce privation éternelle serait
équivoque, et pourrait aussi bien se rapporter 'absence de toute Divinité
qu'à l'indignité où seraient les hommes de onnaitre; mais de ce qu'il
parait quelquefois et non toujours, cela ôte e ivoque. S'il parait une fois,
il est toujours; et ainsi on ne peut en conclu autre chose sinon qu'il y a
un Dieu, et que les hommes en sont indignes.
    S'il n'y avait point d'obscurité, l'homme i sentirait pas sa corruption.
S'il n'y avait point de lumière, l'homme n érerait point de remède.
Ainsi il est non-seulement juste, mais utile p r nous, que Dieu soit caché
en partie et découvert en partie, puisqu'il est e ement dangereux à l'homme
de connaître Dieu sans connaître sa misère, e e connaître sa misère sans
connaître Dieu.
    Il n'y a rien sur la terre qui ne montre la misère de l'homme, ou la
miséricorde de Dieu; ou l'impuissance de l mme sans Dieu, ou la puissance de l'homme avec Dieu.
    Tout l'univers apprend à l'homme ou u est corrompu, ou qu'il est
racheté. Tout lui apprend sa grandeur ou sa isère. P.

Ces articles me semblent de grands phismes. Pourquoi imaginer toujours que Dieu, en faisant l'homme, s'est appliqué à
exprimer grandeur et misère? Quelle pié! *Scilicet is superis labor
est*[3]! V.

CVI. — S'il ne fallait rien faire que pour certain, on ne devrait rien
faire pour la religion, car elle n'est pas certaine. Mais combien de choses
fait-on pour l'incertain, les voyages sur mer, les batailles! Je dis donc qu'il
ne faudrait rien faire du tout, car rien n'est certain; et il y a plus de certitude à la religion, qu'à l'espérance que nous voyions le jour de demain. Car
il n'est pas certain que nous voyions demain, mais il est certainement possible que nous ne le voyions pas. On n'en peut dire autant de la religion.
Il n'est pas certain qu'elle soit; mais qui ose dire qu'il est certainement

---

1. Dans le texte manuscrit, il y a au contraire : *C'est bien de même qu'un
cheval bien enharnaché à l'égard d'un autre.*
    2. Texte exact : *Car il n'est pas vrai que tu découvre Dieu, et il n'est pas
vrai que tout cache Dieu.*
    3. Virgile, *Æn.*, IV, 379.

entendre que votre nature é
à chercher votre bien dans !
maux. Ce n'est pas le moyen
donc ni vérité, ni consolati
celle qui vous ai formés, et
Mais vous n'êtes plus main
l'homme saint, innocent, par
Je lui ai communiqué ma gl
alors la majesté de Dieu. Il
dans la mortalité et dans le
tant de gloire sans tomber (

Ce furent les premie
théologique de la chute
cosmogonie, aussi ingé
toutes les fables sacrées
l'Occident, policés si ta
tant de barbaries, n'on
niers temps. Mais il faut
ont copié les anciens br
copies, j'ose dire la plu
qu'à nous. V.

CXIII. — Je vois des n
monde, et dans tous les ten
plaire, ni preuves capables

La morale est partou
chez l'empereur Julien.
admirez, dans saint Lo
chez l'empereur de la Chi

CXIV. — Mais en consi
de mœurs et de croyances
partie[2] du monde un peup
de la terre[3], et dont les hist
ciennes que nous ayons. Je tr
adore un seul Dieu, et qui
main. Ils soutiennent qu'ils
ses mystères; que tous les h

eille à celle des bêtes, et vous ont portés
cupiscences qui sont le partage des ani
us instruire de vos injustices[1]; n'attendez
s hommes. Je (la sagesse de Dieu) suis
uis seule vous apprendre qui vous êtes.
en l'état où je vous ai formés. J'ai créé
l'ai rempli de lumières et d'intelligence.
mes merveilles. L'œil de l'homme voyait
pas dans les ténèbres qui l'aveuglent, ni
s qui l'affligent. Mais il n'a pu soutenir
présomption. P.

chmanes qui inventèrent le roman
omme, ou plutôt des anges : et cette
que fabuleuse, a été la source de
nt inondé la terre. Les sauvages de
après tant de révolutions, et après
n être instruits que dans nos der
rquer que vingt nations de l'Orient
ines, avant qu'une de ces mauvaises
vaise de toutes, soit parvenue jus-

es de religions en plusieurs endroits du
ais elles n'ont ni morale qui puisse me
rêter. P.

même, chez l'empereur Marc-Aurèle,
l'esclave Épictète, que vous-même
t dans Bondocdar son vainqueur,
len-long, et chez le roi de Maroc. V.

ainsi cette inconstante et bizarre variété
s divers temps, je trouve en une petite
iculier, séparé de tous les autres peuples
récèdent de plusieurs siècles les plus an-
donc ce peuple grand et nombreux[4], qui
duit par une loi qu'ils disent tenir de sa
s seuls du monde auxquels Dieu a révélé
s sont corrompus, et dans la disgrâce de

---

1. *De vous guérir de vos in*
suit est un autre fragment.
2. *En un coin.*
3. *Le plus ancien de tous.*
4. *Sorti d'un seul homme.*

s que ces sages n'ont point connues. Ce qui

Coutume n'est pas ici le mot propre. Ce n'est pas par coutume qu'on croit qu'il fera jour demain : c'est par une extrême probabilité. Ce n'est point par les sens, par le corps que nous nous attendons à mourir; mais notre raison, sachant que tous les hommes sont morts, nous convainc que nous mourrons aussi. L'éducation, la coutume fait sans doute des musulmans et des chrétiens, comme le dit Pascal; mais la coutume ne fait pas croire que nous mourrons, comme elle nous fait croire à Mahomet ou à Paul, selon que nous avons été élevés à Constantinople ou à Rome. Ce sont choses fort différentes. V.

CX. — La vraie religion doit avoir pour marque d'obliger à aimer Dieu [1]. Cela est bien juste. Et cependant aucune autre que la nôtre ne l'a ordonné [2]. Elle doit encore avoir connu la concupiscence de l'homme, et l'impuissance où il est par lui-même d'acquérir la vertu. Elle doit y avoir apporté les remèdes, dont la prière est le principal. Notre religion a fait tout cela; et nulle autre n'a jamais demandé à Dieu de l'aimer et de le suivre. P.

Épictète esclave, et Marc-Aurèle empereur, parlent continuellement d'aimer Dieu et de le suivre. V.

CXI. — Dieu étant caché, toute religion qui ne dit pas que Dieu est caché n'est pas véritable. P.

Pourquoi vouloir toujours que Dieu soit caché? On aimerait mieux qu'il fût manifeste. V.

CXII. — C'est en vain, ô hommes! que vous cherchez dans vous-mêmes le remède à vos misères : toutes vos lumières ne peuvent arriver qu'à connaître que ce n'est point en vous que vous trouverez ni la vérité, ni le bien. Les philosophes vous l'ont promis; ils n'ont pu le faire. Ils ne savent ni quel est votre véritable bien, ni quel est votre véritable état. Comment auraient-ils donné des remèdes à vos maux, puisqu'ils ne les ont pas seulement connus? Vos maladies principales sont l'orgueil, qui vous soustrait à Dieu, et la concupiscence, qui vous attache à la terre; et ils n'ont fait autre chose qu'entretenir au moins une de ces maladies. S'ils vous ont donné Dieu pour objet, ce n'a été que pour exercer votre orgueil [3]. Ils vous ont fait penser que vous lui êtes semblables [4] par votre nature. Et ceux qui ont vu la vanité de cette prétention vous ont jetés dans l'autre précipice, en vous faisant

1. *Son Dieu.*
2. Voici quel est ensuite le texte exact : ..... *la nôtre l'a fait. Elle doit encore avoir connu la concupiscence et l'impuissance; la nôtre l'a fait. Elle doit y avoir apporté les remèdes : l'un est la prière. Nulle religion n'a demandé à Dieu de l'aimer et de le suivre.*
3. *Votre superbe.*
4. *Et conformes.*

entendre que votre nature était pareille à celle des bêtes, et vous ont portés à chercher votre bien dans les concupiscences qui sont le partage des animaux. Ce n'est pas le moyen de vous instruire de vos injustices [1]; n'attendez donc ni vérité, ni consolation des hommes. Je (la sagesse de Dieu) suis celle qui vous ai formés, et qui puis seule vous apprendre qui vous êtes. Mais vous n'êtes plus maintenant en l'état où je vous ai formés. J'ai créé l'homme saint, innocent, parfait. Je l'ai rempli de lumières et d'intelligence. Je lui ai communiqué ma gloire et mes merveilles. L'œil de l'homme voyait alors la majesté de Dieu. Il n'était pas dans les ténèbres qui l'aveuglent, ni dans la mortalité et dans les misères qui l'affligent. Mais il n'a pu soutenir tant de gloire sans tomber dans la présomption. P.

Ce furent les premiers brachmanes qui inventèrent le roman théologique de la chute de l'homme, ou plutôt des anges : et cette cosmogonie, aussi ingénieuse que fabuleuse, a été la source de toutes les fables sacrées qui ont inondé la terre. Les sauvages de l'Occident, policés si tard, et après tant de révolutions, et après tant de barbaries, n'ont pu en être instruits que dans nos derniers temps. Mais il faut remarquer que vingt nations de l'Orient ont copié les anciens brachmanes, avant qu'une de ces mauvaises copies, j'ose dire la plus mauvaise de toutes, soit parvenue jusqu'à nous. V.

CXIII. — Je vois des multitudes de religions en plusieurs endroits du monde, et dans tous les temps. Mais elles n'ont ni morale qui puisse me plaire, ni preuves capables de m'arrêter. P.

La morale est partout la même, chez l'empereur Marc-Aurèle, chez l'empereur Julien, chez l'esclave Épictète, que vous-même admirez, dans saint Louis, et dans Bondocdar son vainqueur, chez l'empereur de la Chine Kien-long, et chez le roi de Maroc. V.

CXIV. — Mais en considérant ainsi cette inconstante et bizarre variété de mœurs et de croyances dans les divers temps, je trouve en une petite partie [2] du monde un peuple particulier, séparé de tous les autres peuples de la terre [3], et dont les histoires précèdent de plusieurs siècles les plus anciennes que nous ayons. Je trouve donc ce peuple grand et nombreux [4], qui adore un seul Dieu, et qui se conduit par une loi qu'ils disent tenir de sa main. Ils soutiennent qu'ils sont les seuls du monde auxquels Dieu a révélé ses mystères ; que tous les hommes sont corrompus, et dans la disgrâce de

---

1. *De vous guérir de vos injustices que ces sages n'ont point connues.* Ce qui suit est un autre fragment.
2. *En un coin.*
3. *Le plus ancien de tous.*
4. *Sorti d'un seul homme.*

Dieu; qu'ils sont tous abandonnés à leurs sens et à leur propre esprit, et que de là viennent les étranges égarements et les changements continuels qui arrivent entre eux, et de religion et de coutume, au lieu qu'eux demeurent inébranlables dans leur conduite; mais que Dieu ne laissera pas éternellement les autres peuples dans ces ténèbres; qu'il viendra un libérateur pour tous, qu'ils sont au monde pour l'annoncer, qu'ils sont formés exprès pour être les hérauts de ce grand avénement, et pour appeler tous les peuples à s'unir à eux dans l'attente de ce libérateur. P.

Peut-on s'aveugler à ce point, et être assez fanatique pour ne faire servir son esprit qu'à vouloir aveugler le reste des hommes! Grand Dieu! un reste d'Arabes voleurs, sanguinaires, superstitieux et usuriers, serait le dépositaire de tes secrets! Cette horde barbare serait plus ancienne que les sages Chinois; que les brachmanes, qui ont enseigné la terre; que les Égyptiens, qui l'ont étonnée par leurs immortels monuments! Cette chétive nation serait digne de nos regards pour avoir conservé quelques fables ridicules et atroces, quelques contes absurdes infiniment au-dessous des fables indiennes et persanes! Et c'est cette horde d'usuriers fanatiques qui vous en impose, ô Pascal! Et vous donnez la torture à votre esprit, vous falsifiez l'histoire, et vous faites dire à ce misérable peuple tout le contraire de ce que ses livres ont dit! Vous lui imputez tout le contraire de ce qu'il a fait, et cela pour plaire à quelques jansénistes qui ont subjugué votre imagination ardente, et perverti votre raison supérieure! V.

CXV. — C'est un peuple tout composé de frères; et au lieu que tous les autres sont formés de l'assemblage d'une infinité de familles, celui-ci, quoique si étrangement abondant, est tout sorti d'un seul homme. P.

Il n'est point étrangement abondant; on a calculé qu'il n'existe pas aujourd'hui six cent mille individus juifs. V.

CXVI. — Ce peuple est le plus ancien qui soit dans la connaissance des hommes: ce qui me semble lui devoir attirer une vénération particulière, et principalement dans la recherche que nous faisons, puisque si Dieu s'est de tout temps communiqué aux hommes, c'est à ceux-ci qu'il faut recourir pour en avoir la tradition. P.

Certes, ils ne sont pas antérieurs aux Égyptiens, aux Chaldéens, aux Perses leurs maîtres, aux Indiens, inventeurs de la théogonie. On peut faire comme on veut sa généalogie : ces vanités impertinentes sont aussi méprisables que communes : mais un peuple ose-t-il se dire plus ancien que des peuples qui ont eu des villes et des temples plus de vingt siècles avant lui? V.

CXVII. — La création du monde commençant à s'éloigner, Dieu a pourvu d'un historien [1] contemporain. P.

Contemporain : ah! V.

CXVIII. — Moïse était habile homme, cela est clair. Donc, s'il eût eu dessein de tromper, il eût fait en sorte qu'on n'eût pu le convaincre de tromperie. Il a fait tout le contraire : car s'il eût débité des fables, il n'y eût point eu de Juif qui n'en eût pu reconnaître l'imposture. P.

Oui, s'il avait écrit en effet ses fables dans un désert pour deux ou trois millions d'hommes qui eussent eu des bibliothèques ; mais si quelques lévites avaient écrit ces fables plusieurs siècles après Moïse, comme cela est vraisemblable et vrai...
De plus, y a-t-il une nation chez laquelle on n'ait pas débité des fables? V.

CXIX. — Au temps où il écrivait ces choses, la mémoire devait encore en être toute récente dans l'esprit de tous les Juifs. P.

Les Égyptiens, Syriens, Chaldéens, Indiens, n'ont-ils pas donné des siècles de vie à leurs héros, avant que la petite horde juive, leur imitatrice, existât sur la terre? V.

CXX. — Il est impossible d'envisager toutes les preuves de la religion chrétienne, ramassées ensemble, sans en ressentir la force, à laquelle nul homme raisonnable ne peut résister.
Que l'on considère son établissement : qu'une religion si contraire à la nature se soit établie par elle-même, si doucement, sans aucune force ni contrainte, et si fortement néanmoins qu'aucuns tourments n'ont pu empêcher les martyrs de la confesser ; et que tout cela se soit fait non-seulement sans l'assistance d'aucun prince, mais malgré tous les princes de la terre, qui l'ont combattue. P.

Heureusement il fut dans les décrets de la divine Providence que Dioclétien protégeât notre sainte religion pendant dix-huit années avant la persécution commencée par Galérius, et qu'ensuite Constancius le Pâle, et enfin Constantin, la missent sur le trône. V.

CXXI. — Les philosophes païens se sont quelquefois élevés au-dessus du reste des hommes par une manière de vivre plus réglée, et par des sentiments qui avaient quelque conformité avec ceux du christianisme; mais

1. *Unique.*

ils n'ont jamais reconnu pour vertu ce que les chrétiens appellent humilité. P.

Cela s'appelait *tapeinôma* chez les Grecs : Platon la recommande ; Épictète, encore davantage[1]. V.

CXXII. — Que l'on considère cette suite merveilleuse de prophètes qui se sont succédé les uns aux autres pendant deux mille ans, et qui ont tous prédit, en tant de manières différentes, jusqu'aux moindres circonstances de la vie de Jésus-Christ, de sa mort, de sa résurrection, etc. P.

Mais que l'on considère aussi cette suite ridicule de prétendus prophètes qui tous annoncent le contraire de Jésus-Christ, selon ces Juifs, qui seuls entendent la langue de ces prophètes. V.

CXXIII. — Enfin, que l'on considère la sainteté de cette religion, sa doctrine, qui rend raison de tout, jusqu'aux contrariétés qui se rencontrent dans l'homme, et toutes les autres choses singulières, surnaturelles et divines, qui y éclatent de toutes parts ; et qu'on juge, après tout cela, s'il est possible de douter que la religion chrétienne soit la seule véritable, et si jamais aucune autre a rien eu qui en approchât. P.

Lecteurs sages, remarquez que ce coryphée des jansénistes n'a dit dans tout ce livre sur la religion chrétienne que ce qu'ont dit les jésuites. Il l'a dit seulement avec une éloquence plus serrée et plus mâle. Port-royalistes et ignatiens, tous ont prêché les mêmes dogmes ; tous ont crié : Croyez aux livres juifs dictés par Dieu même, et détestez le judaïsme ; chantez les prières juives, que vous n'entendez point, et croyez que le peuple de Dieu a condamné votre Dieu à mourir à une potence ; croyez que votre Dieu juif, la seconde personne de Dieu, co-éternel avec Dieu le Père, est né d'une vierge juive, a été engendré par une troisième personne de Dieu, et qu'il a eu cependant des frères juifs qui n'étaient que des hommes ; croyez qu'étant mort par le supplice le plus infâme, il a, par ce supplice même, ôté de dessus la terre tout péché et tout mal, quoique depuis lui et en son nom la terre ait été inondée de plus de crimes et de malheurs que jamais.

Les fanatiques de Port-Royal et les fanatiques jésuites se sont réunis pour prêcher ces dogmes étranges avec le même enthousiasme ; et en même temps ils se sont fait une guerre mortelle. Ils se sont mutuellement anathématisés avec fureur, jusqu'à ce qu'une de ces deux factions de possédés ait enfin détruit l'autre.

1. Voyez ci-après le nº CXXIV.

Souvenez-vous, sages lecteurs, des temps mille fois plus horribles de ces énergumènes, nommés *papistes* et *calvinistes*, qui prêchaient le fond des mêmes dogmes, et qui se poursuivirent par le fer, par la flamme, et par le poison, pendant deux cents années pour quelques mots différemment interprétés. Songez que ce fut en allant à la messe que l'on commit les massacres d'Irlande et de la Saint-Barthélemy ; que ce fut après la messe et pour la messe qu'on égorgea tant d'innocents, tant de mères, tant d'enfants, dans la croisade contre les Albigeois ; que les assassins de tant de rois ne les ont assassinés que pour la messe. Ne vous y trompez pas, les convulsionnaires qui restent encore en feraient tout autant s'ils avaient pour apôtres les mêmes têtes brûlantes qui mirent le feu à la cervelle de Damiens.

O Pascal! voilà ce qu'ont produit les querelles interminables sur des dogmes, sur des mystères qui ne pouvaient produire que des querelles. Il n'y a pas un article de foi qui n'ait enfanté une guerre civile.

Pascal a été géomètre et éloquent ; la réunion de ces deux grands mérites était alors bien rare ; mais il n'y joignait pas la vraie philosophie. L'auteur de l'éloge indique avec adresse ce que j'avance hardiment. Il vient enfin un temps de dire la vérité. V.

CXXIV. — Il (Épictète) montre en mille manières ce que l'homme doit faire. Il veut qu'il soit humble. P.

Si Épictète a voulu que l'homme fût humble, vous ne deviez donc pas dire que l'humilité n'a été recommandée que chez nous[1]. V.

CXXV. — Cette expression, *honnêtes gens*, a signifié, dans l'origine, les hommes qui avaient de la probité. Du temps de Pascal, elle signifiait les gens de bonne compagnie ; et maintenant, ceux qui ont de la naissance et de l'argent. C.

Non, monsieur ; les honnêtes gens sont ceux à la tête desquels vous êtes. V.

CXXVI. — L'exemple de la chasteté d'Alexandre n'a pas fait tant de continents que celui de son ivrognerie a fait d'intempérants. On n'a pas de honte de n'être pas aussi vicieux que lui. P.

1. Voyez le n° CXXI.

Il aurait fallu dire d'*être aussi vicieux que lui*[1]. Cet article est trop trivial, et indigne de Pascal. Il est clair que si un homme est plus grand que les autres, ce n'est pas parce que ses pieds sont aussi bas, mais parce que sa tête est plus élevée. V.

CXXVII. — J'ai craint que je n'eusse mal écrit, me voyant condamné; mais l'exemple de tant de pieux écrits me fait croire au contraire. Il n'est plus permis de bien écrire. Toute l'Inquisition est corrompue ou ignorante. Il est meilleur d'obéir à Dieu qu'aux hommes. Je ne crains rien, je n'espère rien[2]. Le Port-Royal craint, et c'est une mauvaise politique de les séparer[3] : car quand ils ne se craindront plus, ils se feront plus craindre[4].

L'Inquisition et la Société[5] sont les deux fléaux de la vérité.

Le silence est la plus grande persécution. Jamais les saints ne se sont tus. Il est vrai qu'il faut vocation. Mais ce n'est pas des arrêts du conseil qu'il faut apprendre si l'on est appelé, c'est de la nécessité de parler. P.

Dans ces quatre derniers articles[6] on voit l'homme de parti un peu emporté. Si quelque chose peut justifier Louis XIV d'avoir persécuté les jansénistes, ce sont assurément ces derniers articles. V.

CXXVIII.— Si mes *Lettres*[7] sont condamnées à Rome, ce que j'y condamne est condamné dans le ciel. P.

Hélas! le ciel, composé d'étoiles et de planètes, dont notre globe est une partie imperceptible, ne s'est jamais mêlé des querelles d'Arnauld avec la Sorbonne, et de Jansénius avec Molina. V.

1. Voltaire, travaillant sur l'édition donnée en 1776 par Condorcet, ne pouvait qu'en suivre le texte. Ici une ligne entière avait été omise à l'impression. Le texte de Pascal porte : « *On n'a pas de honte de n'être pas aussi* vertueux que lui, et il semble excusable de *n'être pas plus vicieux que lui.* » La remarque de Voltaire devient donc nulle ; mais il était bon de la conserver, ne fût-ce que pour avoir occasion de prévenir, par ma note, tout reproche d'infidélité. (B.)
— Le texte exact porte : *Il n'est pas honteux de n'être pas aussi vertueux que lui, et il semble excusable de n'être pas plus vicieux que lui.*
2. *Les évêques ne sont pas ainsi.* Toutes ces phrases ne sont que des notes détachées.
3. Allusion à la dispersion dont les solitaires étaient menacés. (G. A.)
4. Texte exact et plus clair. ..... *Car ils ne craindront plus et se feront plus craindre.* (G. A.)
5. Par la *Société*, Pascal entend la société des jésuites.
6. Y compris celui qui est l'objet spécial de la remarque suivante.
7. Les *Lettres provinciales.*

FIN DES DERNIÈRES REMARQUES SUR LES PENSÉES DE PASCAL.

NOTE[1]

SUR UNE PENSÉE DE VAUVENARGUES.

Vauvenargues a dit dans son ouvrage[2] : « Toutefois, avant qu'il y eût une première coutume, notre âme existait, et avait ses inclinations qui fondaient sa nature ; et ceux qui réduisent tout à l'opinion et à l'habitude ne comprennent pas ce qu'ils disent : toute coutume suppose antérieurement une nature ; toute erreur, une vérité. Il est vrai qu'il est difficile de distinguer les principes de cette première nature de ceux de l'éducation : ces principes sont en si grand nombre et si compliqués que l'esprit se perd à les suivre ; et il n'est pas moins malaisé de démêler ce que l'éducation a épuré ou gâté dans le naturel. On peut remarquer seulement que ce qui nous reste de notre première nature est plus véhément et plus fort que ce qu'on acquiert par étude, par coutume, et par réflexion ; parce que l'effet de l'art est d'affaiblir, lors même qu'il polit et qu'il corrige. »

Le marquis de Vauvenargues semble, dans cette pensée, approcher plus de la vérité que Pascal[3]. C'était un génie peut-être aussi rare que Pascal même ; aimant comme lui la vérité, la cherchant avec autant de bonne foi, aussi éloquent que lui, mais d'une éloquence aussi insinuante que celle de Pascal était ardente et impérieuse. Je crois que les pensées de ce jeune militaire philosophe seraient aussi utiles à un homme du monde fait pour la société

----

1. Cette *Note*, qui était écrite de la main de Voltaire, trouve sa place après les *Remarques sur les Pensées de Pascal*. Elle a été publiée pour la première fois à la suite de la *Notice sur la vie et les écrits de Vauvenargues*, mise par Suard en tête de l'édition qu'il donna en 1806 des *OEuvres de Vauvenargues*. Reproduite aussi dans l'édition des *OEuvres complètes de Vauvenargues*, publiée par M. Brière en 1821, cette note a été admise pour la première fois dans les *OEuvres de Voltaire*, par M. A.-A. Renouard, en 1821, tome XLIII de son édition.

2. *Réflexions sur divers sujets*, n° 4, *de la Nature et la Coutume*.

3. Dans cette pensée, « que ce que nous prenons pour la nature n'est souvent qu'une première coutume ».

que celles du héros de Port-Royal peuvent l'être à un solitaire, qui ne cherche que de nouvelles raisons de haïr et de mépriser le genre humain. La philosophie de Pascal est fière et rude; celle de notre jeune officier, douce et persuasive : et toutes deux également soumises à l'Être suprême.

Je ne m'étonne point que Pascal, entouré de rigoristes, aigri par des persécutions continuelles, ait laissé couler dans ses *Pensées* le fiel dont ses ennemis étaient dévorés ; mais qu'un jeune capitaine au régiment du roi ait pu, dans les tumultes orageux de la guerre de 1741, ne voyant, n'entendant que ses camarades livrés aux devoirs pénibles de leur état, ou aux emportements de leur âge, se former une raison si supérieure, un goût si fin et si juste, tant de recueillement au milieu de tant de dissipations, me cause une grande surprise.

Il a eu une triste ressemblance avec Pascal : affligé comme lui de maux incurables, il s'est consolé par l'étude; la différence est que l'étude a rendu ses mœurs encore plus douces, au lieu qu'elle augmenta l'humeur triste de Pascal.

FIN DE LA NOTE SUR UNE PENSÉE DE VAUVENARGUES.

HISTOIRE

DE L'ÉTABLISSEMENT

DU CHRISTIANISME [1]

(1777)

CHAPITRE I.

QUE LES JUIFS ET LEURS LIVRES EURENT TRÈS-LONGTEMPS IGNORÉS DES AUTRES PEUPLES.

D'épaisses ténèbres envelopperont toujours le berceau du christianisme. On en peut juger par les huit opinions principales qui partagèrent les savants sur l'époque de la naissance de Jésu ou Josuah ou Jeschu, fils de Maria ou Mirja, reconnu pour le fondateur ou la cause occasionnelle de cette religion, quoiqu'il n'ait jamais pensé à faire une religion nouvelle. Les chrétiens passèrent environ six cent cinquante années avant d'imaginer de dater les événements de la naissance de Jésu. Ce fut un moine scythe, nommé Dionysios (Denys le petit), transplanté à Rome, qui proposa cette ère sous le règne de l'empereur Justinien ; mais elle ne fut adoptée que cent ans après lui. Son système sur la date de la naissance de Jésu était encore plus erroné que les huit opinions des autres chrétiens. Mais enfin ce système, tout faux qu'il est, prévalut. Une erreur est le fondement de tous nos almanachs.

L'embryon de la religion chrétienne, formé chez les Juifs sous

1. Cet ouvrage, composé par Voltaire en 1776 (voyez page 99), a été publié pour la première fois dans les éditions de Kehl, où on lui donne la date 1777, que je lui ai laissée. Voltaire voulait le donner comme étant d'un auteur anglais, puisque, dans le chapitre XII, il dit *notre* Dodwell et *notre* roi Jacques ; dans le chapitre XXIII, *notre* roi Charles Ier ; dans le chapitre XXV, *nos* papistes d'Irlande. (B.)

l'empire de Tibère, fut ignoré des Romains pendant plus de deux
siècles. Ils surent confusément qu'il y avait une secte juive appelée galiléenne, ou pauvre, ou chrétienne; mais c'est tout ce
qu'ils en savaient : et on voit que Tacite et Suétone n'en étaient
pas véritablement instruits. Tacite parle des Juifs au hasard, et
Suétone se contente de dire que l'empereur Claude réprima les
Juifs qui excitaient des troubles à Rome, à l'instigation d'un
nommé Christ ou Chrest : *Judeos impulsore Chresto assidue tumul-
tuantes repressit*[1]. Cela n'est pas étonnant. Il y avait huit mille
Juifs à Rome qui avaient droit de synagogue, et qui recevaient
des empereurs les libéralités congiaires de blé, sans que personne
daignât s'informer des dogmes de ce peuple. Les noms de Jacob,
d'Abraham, de Noé, d'Adam, et d'Ève, étaient aussi inconnus du
sénat que le nom de Manco-Capac l'était de Charles-Quint avant
la conquête du Pérou.

Aucun nom de ceux qu'on appelle patriarches n'était jamais
parvenu à aucun auteur grec. Cet Adam, qui est aujourd'hui regardé en Europe comme le père du genre humain par les
chrétiens et par les musulmans, fut toujours ignoré du genre
humain jusqu'au temps de Dioclétien et de Constantin.

C'est douze cent dix ans avant notre ère vulgaire qu'on place
la ruine de Troie, en suivant la chronologie des fameux marbres
de Paros. Nous plaçons d'ordinaire l'aventure du Juif Jephté en
ce temps-là même. Le petit peuple hébreu ne possédait pas encore
la ville capitale. Il n'eut la ville de Shéba que quarante ans après,
et c'est cette Shéba, voisine du grand désert de l'Arabie Pétrée,
qu'on nomma Hershalaïm, et ensuite Jérusalem, pour adoucir la
dureté de la prononciation.

Avant que les Juifs eussent cette forteresse, il y avait déjà une
multitude de siècles que les grands empires d'Égypte, de Syrie,
de Chaldée, de Perse, de Scythie, des Indes, de la Chine, du Japon, étaient établis. Le peuple judaïque ne les connaissait pas,
n'avait que des notions très imparfaites de l'Égypte et de la
Chaldée. Séparé de l'Égypte, de la Chaldée, et de la Syrie, par
un désert inhabitable; sans aucun commerce réglé avec Tyr;
isolé dans le petit pays de la Palestine, large de quinze lieues et
long de quarante-cinq, comme l'affirme saint Hiéronyme ou
Jérôme, il ne s'adonnait à aucune science, il ne cultivait presque

---

1. Suétone (*Claud.*, xxv) dit : *Roma expulit.* Voltaire a lui-même cité exactement ce passage dans son *Traité de la Tolérance*, chapitre viii; voyez tome XXV,
page 45.

aucun art. Il fut plus de six cents ans sans aucun commerce avec les autres peuples, et même avec ses voisins d'Égypte et de Phénicie. Cela est si vrai que Flavius Josèphe, leur historien, en convient formellement, dans sa réponse à Apion d'Alexandrie, réponse faite sous Titus à cet Apion, qui était mort du temps de Néron.

Voici les paroles de Flavius Josèphe au chapitre IV : « Le pays que nous habitons étant éloigné de la mer, nous ne nous appliquons point au commerce, et n'avons point de communication avec les autres peuples ; nous nous contentons de fertiliser nos terres, et de donner une bonne éducation à nos enfants. Ces raisons, ajoutées à ce que j'ai déjà dit, font voir que nous n'avons point eu de communication avec les Grecs, comme les Égyptiens et les Phéniciens, etc. »

Nous n'examinerons point ici dans quel temps les Juifs commencèrent à exercer le commerce, le courtage, et l'usure, et quelle restriction il faut mettre aux paroles de Flavius Josèphe. Bornons-nous à faire voir que les Juifs, tout plongés qu'ils étaient dans une superstition atroce, ignorèrent toujours le dogme de l'immortalité de l'âme, embrassé depuis si longtemps par toutes les nations dont ils étaient environnés. Nous ne cherchons point à faire leur histoire : il n'est question que de montrer ici leur ignorance.

CHAPITRE II.

QUE LES JUIFS IGNORÈRENT LONGTEMPS LE DOGME DE L'IMMORTALITÉ DE L'ÂME.

C'est beaucoup que les hommes aient pu imaginer par le seul secours du raisonnement qu'ils avaient une âme : car les enfants n'y pensent jamais d'eux-mêmes ; ils ne sont jamais occupés que de leurs sens, et les hommes ont dû être enfants pendant bien des siècles. Aucune nation sauvage ne connut l'existence de l'âme. Le premier pas dans la philosophie des peuples un peu policés fut de reconnaître un je ne sais quoi qui dirigeait les hommes, les animaux, les végétaux, et qui présidait à leur vie : ce je ne sais quoi, ils l'appelèrent d'un nom vague et indéterminé qui répond à notre mot d'*âme*. Ce mot ne donna chez aucun peuple une idée distincte. Ce fut, et c'est encore, et ce sera toujours, une faculté, une puissance secrète, un ressort, un germe inconnu par lequel nous vivons, nous pensons, nous sentons ; par

lequel les animaux se conduisent, et qui fait croître les fleurs et les
fruits : de là les âmes végétatives, sensitives, intellectuelles, dont
on nous a tant étourdis. Le dernier pas fut de conclure que
notre âme subsistait après notre mort, et qu'elle recevait dans
une autre vie la récompense de ses bonnes actions ou le châtiment de ses crimes. Ce sentiment était établi dans l'Inde avec la
métempsycose, il y a plus de cinq mille années. L'immortalité
de cette faculté qu'on appelle *âme* était reçue chez les anciens
Perses, chez les anciens Chaldéens : c'était le fondement de la religion égyptienne, et les Grecs adoptèrent bientôt cette théologie.
Ces âmes étaient supposées être de petites figures légères et
aériennes, ressemblantes parfaitement à nos corps. On les appelait dans toutes les langues connues de noms qui signifiaient
ombres, mânes, génies, démons, spectres, lares, larves, farfadets,
esprits, etc.

Les brachmanes furent les premiers qui imaginèrent un
monde, une planète, où Dieu emprisonna les anges rebelles,
avant la formation de l'homme. C'est de toutes les théologies la
plus ancienne.

Les Perses avaient un enfer : on le voit par cette fable si connue qui est rapportée dans le livre *de la Religion des anciens
Perses* de notre savant Hyde [1]. Dieu apparaît à un des premiers
rois de Perse, il le mène en enfer ; il lui fait voir les corps de
tous les princes qui ont mal gouverné : il s'en trouve un auquel
il manquait un pied [2]. « Qu'avez-vous fait de son pied ? dit le Persan
à Dieu.—Ce coquin-là, répond Dieu, n'a fait qu'une action honnête
en sa vie : il rencontra un âne lié à une auge, mais si éloignée de
lui qu'il ne pouvait manger. Le roi eut pitié de l'âne, il donna
un coup de pied à l'auge, l'approcha, et l'âne mangea. J'ai mis ce
pied dans le ciel, et le reste de son corps en enfer. »

On connaît le Tartare des Égyptiens, imité par les Grecs et
adopté par les Romains. Qui ne sait combien de dieux et de fils de
dieux ces Grecs et ces Romains forgèrent depuis Bacchus, Persée,
et Hercule, et comme ils remplirent l'enfer d'Ixions et de Tantales ?

Les Juifs ne surent jamais rien de cette théologie. Ils eurent
la leur, qui se borna à promettre du blé, du vin et de l'huile, à
ceux qui obéiront au Seigneur en égorgeant tous les ennemis
d'Israël, et à menacer de la rogne et d'ulcères dans le gras des

---

1. L'Anglais Hyde (1636-1703) a publié en 1700 : *Veterum Persorum et mago-
rum religionis Historia.*
2. Voyez tome XI, page 198 ; XVII, 161 ; XXIX, 552.

jambes, et dans le fondement, tous ceux qui désobéiront[1] ; mais d'âmes, de punitions dans les enfers, de récompenses dans le ciel, d'immortalité, de résurrection, il n'en est dit un seul mot ni dans leurs lois, ni chez leurs prophètes.

Quelques écrivains, plus zélés qu'instruits, ont prétendu que si le *Lévitique* et le *Deutéronome* ne parlent jamais en effet de l'immortalité de l'âme, et de récompenses ou de châtiments après la mort, il y a pourtant des passages, dans d'autres livres du canon juif, qui pourraient faire soupçonner que quelques Juifs connaissaient l'immortalité de l'âme. Ils allèguent et ils corrompent ce verset de Job : « Je crois que mon protecteur vit, et que dans quelques jours je me relèverai de terre : ma peau, tombée en lambeaux, se consolidera. Tremblez alors, craignez la vengeance de mon épée. »

Ils se sont imaginé que ces mots : « Je me relèverai, » signifiaient « je ressusciterai après ma mort ». Mais alors comment ceux auxquels Job répond auraient-ils à craindre son épée? Quel rapport entre la gale de Job et l'immortalité de l'âme?

Une des plus lourdes bévues des commentateurs est de n'avoir pas songé que ce Job n'était point Juif, qu'il était Arabe ; et qu'il n'y a pas un mot dans ce drame antique de Job qui ait la moindre connexité avec les lois de la nation judaïque.

D'autres, abusant des fautes innombrables de la traduction latine appelée *Vulgate,* trouvent l'immortalité de l'âme et l'enfer des Grecs dans ces paroles que Jacob prononce[2] en déplorant la perte de son fils Joseph, que les patriarches ses frères avaient vendu comme esclave à des marchands arabes, et qu'ils faisaient passer pour mort : *Je mourrai de douleur, je descendrai avec mon fils dans la fosse.* La *Vulgate* a traduit *sheol,* la fosse, par le mot *enfer,* parce que la fosse signifie souterrain. Mais quelle sottise de supposer que Jacob ait dit : « Je descendrai en enfer, je serai damné, parce que mes enfants m'ont dit que mon fils Joseph a été mangé par des bêtes sauvages! » C'est ainsi qu'on a corrompu presque tous les anciens livres par des équivoques absurdes. C'est ainsi qu'on s'est servi de ces équivoques pour tromper les hommes.

Certainement le crime des enfants de Jacob et la douleur du père n'ont rien de commun avec l'immortalité de l'âme. Tous les théologiens sensés, tous les bons critiques en conviennent; tous

---

1. Voyez le *Deutéronome.* (*Note de Voltaire.*)
2. Voyez la *Genèse.* (*Id.*)

avouent que l'autre vie et l'enfer furent inconnus aux Juifs jusqu'au temps d'Hérode. Le docteur Arnauld, fameux théologien
de Paris, dit en propres mots, dans son *Apologie de Port-Royal* :
« C'est le comble de l'ignorance de mettre en doute cette vérité,
qui est des plus communes, et qui est attestée par tous les pères,
que les promesses de l'Ancien Testament n'étaient que temporelles
et terrestres, et que les Juifs n'adoraient Dieu que pour des biens
charnels. » Notre sage Middleton[1] a rendu cette vérité sensible.

Notre évêque Warburton, déjà connu par son *Commentaire de
Shakespeare*, a démontré en dernier lieu que la loi mosaïque ne
dit pas un seul mot de l'immortalité de l'âme, dogme enseigné
par tous les législateurs précédents. Il est vrai qu'il en tire une
conclusion qui l'a fait siffler dans nos trois royaumes. La loi
mosaïque, dit-il, ne connaît point l'autre vie : donc cette loi
est divine. Il a même soutenu cette assertion avec l'insolence
la plus grossière. On sent bien qu'il a voulu prévenir le reproche
d'incrédulité, et qu'il s'est réduit lui-même à soutenir la vérité
par une sottise; mais enfin cette sottise ne détruit pas cette vérité,
si claire et si démontrée.

L'on peut encore ajouter que la religion des Juifs ne fut fixe
et constante qu'après Esdras. Ils n'avaient adoré que des dieux
étrangers et des étoiles, lorsqu'ils erraient dans les déserts, si
l'on en croit Ézéchiel, Amos, et saint Étienne[2]. La tribu de Dan
adora longtemps les idoles de Michas[3]; et un petit-fils de Moïse,
nommé Éléazar, était le prêtre de ces idoles, gagé par toute la
tribu.

Salomon fut publiquement idolâtre. Les melchim ou rois d'Israël adorèrent presque tous le dieu syriaque Baal. Les nouveaux
Samaritains, du temps du roi de Babylone, prirent pour leurs
dieux Sochothbénoth, Nergel, Adramélech, etc.

Sous les malheureux régules de la tribu de Juda, Ézéchias,
Manassé, Josias, il est dit que les Juifs adoraient Baal et Moloch,
qu'ils sacrifiaient leurs enfants dans la vallée de Topheth. On
trouva enfin le *Pentateuque* du temps du melk ou roitelet Josias;
mais bientôt après Jérusalem fut détruite, et les tribus de Juda
et de Benjamin furent menées en esclavage dans les provinces
babyloniennes.

Ce fut là, très-vraisemblablement, que plusieurs Juifs se firent

---

1. Dans son *Examen des discours de Sherlock sur l'usage et l'esprit des prophéties*, 1750.

2. Ézéchiel, ch. xx ; *Amos*, ch. v ; *Actes*, ch. vii. (*Note de Voltaire.*)

3. Voyez l'*Histoire de Michas*, dans les *Juges*, ch. xvii et suiv. (*Id.*)

courtiers et fripiers : la nécessité fit leur industrie. Quelques-uns acquirent assez de richesses pour acheter du roi que nous nommons Cyrus la permission de rebâtir à Jérusalem un petit temple de bois sur des assises de pierres brutes, et de relever quelques pans de murailles. Il est dit, dans le livre d'*Esdras*, qu'il revint dans Jérusalem quarante-deux mille trois cent soixante personnes, toutes fort pauvres. Il les compte famille par famille, et il se trompe dans son calcul, au point qu'en additionnant le tout on ne trouve que vingt-neuf mille neuf cent dix-huit personnes. Une autre erreur de calcul subsiste dans le dénombrement de Néhémie; et une bévue encore plus grande est dans l'édit de Cyrus, qu'Esdras rapporte. Il fait parler ainsi le conquérant Cyrus : « Adonaï le Dieu du ciel m'a donné tous les royaumes de la terre, et m'a commandé de lui bâtir un temple dans Jérusalem, qui est en Judée. » On a très-bien remarqué que c'est précisément comme si un prêtre grec faisait dire au Grand Turc : Saint Pierre et saint Paul m'ont donné tous les royaumes du monde, et m'ont commandé de leur bâtir une maison dans Athènes, qui est en Grèce.

Si l'on en croit Esdras, Cyrus, par le même édit, ordonna que les pauvres qui étaient venus à Jérusalem fussent secourus par les riches qui n'avaient pas voulu quitter la Chaldée, où ils se trouvaient très-bien, pour un territoire de cailloux, où l'on manquait de tout, et où même on n'avait pas d'eau à boire pendant six mois de l'année. Mais, soit riches, soit pauvres, il est constant qu'aucun Juif de ces temps-là ne nous a laissé la plus légère notion de l'immortalité de l'âme.

CHAPITRE III.

COMMENT LE PLATONISME PÉNÉTRA CHEZ LES JUIFS.

Cependant Socrate et Platon enseignèrent dans Athènes ce dogme qu'ils tenaient de la philosophie égyptienne et de celle de Pythagore. Socrate, martyr de la Divinité et de la raison, fut condamné à mort, environ trois cents ans avant notre ère, par le peuple léger, inconstant, impétueux, d'Athènes, qui se repentit bientôt de ce crime. Platon était jeune encore. Ce fut lui qui, le premier chez les Grecs, essaya de prouver, par des raisonnements métaphysiques, l'existence de l'âme et sa spiritualité, c'est-à-dire sa nature légère et aérienne, exempte de tout mélange de ma-

tière grossière; sa permanence après la mort du corps, ses récompenses et ses châtiments après cette mort; et même sa résurrection avec un corps tombé en pourriture. Il réduisit cette philosophie en système dans son *Phédon,* dans son *Timée,* et dans sa
République imaginaire ; il orna ses arguments d'une éloquence
harmonieuse et d'images séduisantes.

Il est vrai que ses arguments ne sont pas la chose du monde
la plus claire et la plus convaincante. Il prouve d'une étrange
manière, dans son *Phédon,* l'immortalité de l'âme, dont il suppose l'existence sans avoir jamais examiné si ce que nous nommons âme est une faculté donnée de Dieu à l'espèce animale, ou
si c'est un être distinct de l'animal même. Voici ses paroles :
« Ne dites-vous pas que la mort est le contraire de la vie? — Oui.
— Et qu'elles naissent l'une de l'autre? — Oui. — Qu'est-ce donc
qui naît du vivant? — Le mort. — Et qu'est-ce qui naît du mort?...
Il faut avouer que c'est le vivant : c'est donc des morts que
naissent toutes les choses vivantes? — Il me le semble. — Et,
par conséquent, les âmes vont dans les enfers après notre mort?
— La conséquence est sûre. »

C'est cet absurde galimatias de Platon (car il faut appeler les
choses par leur nom) qui séduisit la Grèce. Il est vrai que ces
ridicules raisonnements, qui n'ont pas même le frêle avantage
d'être des sophismes, sont quelquefois embellis par de magnifiques images toutes poétiques; mais l'imagination n'est pas la
raison. Ce n'est pas assez de représenter Dieu arrangeant la matière éternelle par son *logos,* par son *verbe;* ce n'est pas assez de
faire sortir de ses mains des demi-dieux composés d'une matière
très-déliée, et de leur donner le pouvoir de former des hommes
d'une matière plus épaisse; ce n'est pas assez d'admettre dans le
grand Dieu une espèce de trinité composée de Dieu, de son verbe,
et du monde; il poussa son roman jusqu'à dire qu'autrefois les
âmes humaines avaient des ailes, que les corps des hommes
avaient été doubles. Enfin, dans les dernières pages de sa *République,* il fit ressusciter Hérès pour conter des nouvelles de l'autre
monde ; mais il fallait donner quelques preuves de tout cela, et
c'est ce qu'il ne fit pas.

Aristote fut incomparablement plus sage : il douta de ce qui
n'était pas prouvé. S'il donna des règles de raisonnement, qu'on
trouve aujourd'hui trop scolastiques, c'est qu'il n'avait pas pour
auditeurs et pour lecteurs un Montaigne, un Charron, un Bacon,
un Hobbes, un Locke, un Shaftesbury, un Bolingbroke, et les
bons philosophes de nos jours. Il fallait démontrer, par une mé-

thode sûre, le faux des sophismes de Platon, qui supposaient toujours ce qui est en question. Il était nécessaire d'enseigner à confondre des gens qui vous disaient froidement : « Le vivant vient du mort : donc les âmes sont dans les enfers. » Cependant le style de Platon prévalut, quoique ce style de prose poétique ne convienne point du tout à la philosophie. En vain Démocrite et ensuite Épicure combattirent les systèmes de Platon : ce qu'il y avait de plus sublime dans son roman de l'âme fut applaudi presque généralement ; et lorsque Alexandrie fut bâtie, les Grecs qui vinrent l'habiter furent tous platoniciens.

Les Juifs, sujets d'Alexandre, comme ils l'avaient été des rois de Perse, obtinrent de ce conquérant la permission de s'établir dans la ville nouvelle dont il jeta les fondements, et d'y exercer leur métier de courtiers, auquel ils s'étaient accoutumés depuis leur esclavage dans le royaume de Babylone. Il y eut une transmigration de Juifs en Égypte, sous la dynastie des Ptolémées, aussi nombreuse que celle qui s'était faite vers Babylone. Ils bâtirent quelques temples dans le Delta, un entre autres nommé l'Onion, dans la ville d'Héliopolis, malgré la superstition de leurs pères, qui s'étaient persuadés que le Dieu des Juifs ne pouvait être adoré que dans Jérusalem.

Alors le système de Platon, que les Alexandrins adoptèrent, fut reçu avidement de plusieurs Juifs égyptiens, qui le communiquèrent aux Juifs de la Palestine.

CHAPITRE IV.

SECTES DES JUIFS.

Dans la longue paix dont les Juifs jouirent sous l'Arabe iduméen Hérode, créé roi par Antoine, et ensuite par Auguste, quelques Juifs de Jérusalem commencèrent à raisonner à leur manière, à disputer, à se partager en sectes. Le fameux rabbin Hillel, précurseur de Gamaliel, de qui saint Paul fut quelque temps le domestique, fut l'auteur de la secte des pharisiens, c'est-à-dire des *distingués*. Cette secte embrassait tous les dogmes de Platon : âme, figure légère enfermée dans un corps ; âme immortelle, ayant son bon et son mauvais démon ; âme punie dans un enfer, ou récompensée dans une espèce d'élysée ; âme transmigraute, âme ressuscitante.

Les saducéens ne croyaient rien de tout cela : ils s'en tenaient à la loi mosaïque, qui n'en parla jamais. Ce qui peut paraître très-singulier aux chrétiens intolérants de nos jours, s'il en est encore, c'est qu'on ne voit pas que les pharisiens et les saducécns, en différant si essentiellement, aient eu entre eux la moindre querelle. Ces deux sectes rivales vivaient en paix, et avaient également part aux honneurs de la synagogue.

Les esséniens étaient des religieux dont la plupart ne se mariaient point, et qui vivaient en commun ; ils ne sacrifiaient jamais de victimes sanglantes ; ils fuyaient non-seulement tous les honneurs de la république, mais le commerce dangereux des autres hommes. Ce sont eux que Pline l'Ancien appelle une nation éternelle dans laquelle il ne naît personne.

Les thérapeutes juifs, retirés en Égypte auprès du lac Mœris, étaient semblables aux thérapeutes des Gentils ; et ces thérapeutes étaient une branche des anciens pythagoriciens. Thérapeute signifie serviteur et médecin. Ils prenaient ce nom de médecin, parce qu'ils croyaient purger l'âme. On nommait en Égypte les bibliothèques la médecine de l'âme, quoique la plupart des livres ne fussent qu'un poison assoupissant. Remarquons, en passant, que chez les papistes les révérends pères carmes ont gravement et fortement soutenu que les thérapeutes étaient carmes : pourquoi non ? Élie, qui a fondé les carmes, ne pouvait-il pas aussi aisément fonder les thérapeutes ?

Les judaïtes avaient plus d'enthousiasme que toutes ces autres sectes. L'historien Josèphe nous apprend que ces judaïtes étaient les plus déterminés républicains qui fussent sur la terre. C'était à leurs yeux un crime horrible de donner à un homme le titre de mon maître, de mylord. Pompée et Sosius, qui avaient pris Jérusalem l'un après l'autre, Antoine, Octave, Tibère, étaient regardés par eux comme des brigands dont il fallait purger la terre. Ils combattaient contre la tyrannie avec autant de courage qu'ils en parlaient. Les plus horribles supplices ne pouvaient leur arracher un mot de déférence pour les Romains, leurs vainqueurs et leurs maîtres ; leur religion était d'être libres.

Il y avait déjà quelques hérodiens, gens entièrement opposés aux judaïtes. Ceux-là regardaient le roi Hérode, tout soumis qu'il était à Rome, comme un envoyé d'Adonaï, comme un libérateur, comme un messie ; mais ce fut après sa mort que la secte hérodienne devint nombreuse. Presque tous les Juifs qui trafiquaient dans Rome, sous Néron, célébraient la fête d'Hérode leur messie. Perse [1]

1. Satire v, vers 180 et suiv.

parle ainsi de cette fête dans sa cinquième satire, où il se moque
des superstitieux :

> Herodis venere dies, unctaque fenestra
> Dispositæ pinguem nebulam vomuere lucernæ,
> Portantes violas, rubrumque amplexa catinum
> Cauda natat thynni, tumet alba fidelia vino :
> Labra moves tacitus, recutitaque sabbata palies;
> Tunc nigri lemures, ovoque pericula rupto.
> Hinc grandes galli, et cum sistro lusca sacerdos,
> Incussere deos inflantes corpora, si non
> Prædictum ter mane caput gustaveris alli.

« Voici les jours de la fête d'Hérode. De sales lampions sont
disposés sur des fenêtres noircies d'huile; il en sort une fumée
puante; ces fenêtres sont ornées de violettes. On apporte des
plats de terre peints en rouge, chargés d'une queue de thon qui
nage dans la sauce. On remplit de vin des cruches blanchies.
Alors, superstitieux que tu es, tu remues les lèvres tout bas ; tu
trembles au sabbat des déprépucés ; tu crains les lutins noirs et
les farfadets ; tu frémis si on casse un œuf. Là sont des galles,
ces fanatiques prêtres de Cybèle ; ici est une prêtresse d'Isis qui
louche en jouant du sistre. Avalez vite trois gousses d'ail consacrées, si vous ne voulez pas qu'on vous envoie des dieux qui vous
feront enfler tout le corps. »

Ce passage est très-curieux, et très-important pour ceux qui
veulent connaître quelque chose de l'antiquité. Il prouve que,
du temps de Néron, les Juifs étaient autorisés à célébrer dans
Rome la fête solennelle de leur messie Hérode, et que les gens de
bon sens les regardaient en pitié, et se moquaient d'eux comme
aujourd'hui. Il prouve que les prêtres de Cybèle et ceux d'Isis,
quoique chassés sous Tibère avec la moitié des Juifs, pouvaient
jouer leurs facéties en toute liberté.

> Dignus Roma locus, quo Deus omnis eat[1].

Tout dieu doit aller à Rome, disait un jour une statue qu'on
y transportait.

Si les Romains malgré leur loi des Douze Tables, souffraient
toutes les sectes dans la capitale du monde, il est clair, à plus forte
raison, qu'ils permettaient aux Juifs et aux autres peuples d'exercer chacun chez soi les rites et les superstitions de son pays. Ces

---

1. Ovide, *Fastes*, IV, 270.

vainqueurs législateurs ne permettaient pas que les barbares
soumis immolassent leurs enfants comme autrefois ; mais qu'un
Juif ne voulût pas manger d'un plat d'un Cappadocien, qu'il eût
en horreur la chair de porc, qu'il priât Moloch ou Adonaï, qu'il
eût dans son temple des bœufs de bronze, qu'il se fît couper un
petit bout de l'instrument de la génération, qu'il fût baptisé par
Hillel ou par Jean, que son âme fût mortelle ou immortelle,
qu'il ressuscitât ou non, et qu'ils répondissent bien ou mal à la
la question que leur fit Cléopâtre, s'il ressusciteraient tout vêtus
ou tout nus : rien n'était plus indifférent aux empereurs de la
terre.

CHAPITRE V.

SUPERSTITIONS JUIVES.

Les hommes instruits savent assez que le peuple juif avait pris
peu à peu ses rites, ses lois, ses usages, ses superstitions, des
nations puissantes dont il était entouré : car il est dans la nature
humaine que le chétif et le faible tâche de se conformer au puissant et au fort. C'est ainsi que les Juifs prirent des prêtres égyptiens la circoncision, la distinction des viandes, les purifications
d'eau, appelées depuis baptême ; le jeûne avant les grandes fêtes,
qui étaient les jours de grands repas ; la cérémonie du bouc Ha-
zazel, chargé des péchés du peuple ; les divinations, les prophéties,
la magie, le secret de chasser les mauvais démons avec des
herbes et des paroles.

Tout peuple, en imitant les autres, a aussi ses propres usages
et ses erreurs particulières. Par exemple, les Juifs avaient imité
les Égyptiens et les Arabes dans leur horreur pour le cochon ;
mais il n'appartenait qu'à eux de dire dans leur *Lévitique*[1] qu'il
est défendu de manger du lièvre, et « qu'il est impur, parce qu'il
rumine et qu'il n'a pas le pied fendu ». Il est visible que l'auteur du *Lévitique*, quel qu'il soit, était un prêtre ignorant les
choses les plus communes, puisqu'il est constant que le pied du
lièvre est fendu, et que cet animal ne rumine pas.

La défense de manger des oiseaux qui ont quatre pattes[2]
montre encore l'extrême ignorance du législateur qui avait
entendu parler de ces animaux chimériques.

1. Chap. xi, verset 6.
2. Chap. xi, verset 23.

C'est ainsi que les Juifs admirent la lèpre des murailles, ne sachant pas seulement ce que c'est que la moisissure. C'est cette même ignorance qui ordonnait, dans le *Lévitique*[1], qu'on lapidât le mari et la femme qui auraient vaqué à l'œuvre de la génération pendant le temps des règles. Les Juifs s'étaient imaginé qu'on ne pouvait faire que des enfants malsains et lépreux dans ces circonstances. Plusieurs de leurs lois tenaient de cette grossièreté barbare.

Ils étaient extrêmement adonnés à la magie, parce que ce n'est point un art, et que c'est le comble de l'extravagance humaine. Cette prétendue science était en vogue chez eux depuis leur captivité dans Babylone. Ce fut là qu'ils connurent les noms des bons et des mauvais anges, et qu'ils crurent avoir le secret de les évoquer et de les chasser.

L'histoire des roitelets juifs, qui probablement fut composée après la transmigration de Babylone, nous conte que le roitelet Saül, longtemps auparavant, avait été possédé du diable, et que David l'avait guéri quelquefois en jouant de la harpe. La pythonisse d'Endor avait évoqué l'ombre de Samuel. Un prodigieux nombre de Juifs se mêlait de prédire l'avenir. Presque toutes les maladies étaient réputées des obsessions de diables ; et du temps d'Auguste et de Tibère, les Juifs, ayant peu de médecins, exorcisaient les malades, au lieu de les purger et de les saigner. Ils ne connaissaient point Hippocrate ; mais ils avaient un livre intitulé *la Clavicule de Salomon*, qui contenait tous les secrets de chasser les diables par des paroles, en mettant sous le nez des possédés une petite racine nommée barath ; et cette façon de guérir était tellement indubitable que Jésus convient de l'efficacité de ce spécifique. Il avoue lui-même, dans l'*Évangile de Matthieu*[2], que les enfants même chassaient communément les diables.

On pourait faire un très-gros volume de toutes les superstitions des Juifs ; et Fleury, écrivain plus catholique que papiste, aurait bien dû en parler dans son livre intitulé *les Mœurs des Israélites*, « où l'on voit, dit-il, le modèle d'une politique simple et sincère pour le gouvernement des États, et la réformation des mœurs ».

On serait curieux de voir par quelle politique *simple et sincère* les Juifs, si longtemps vagabonds, surprirent la ville de Jéricho, avec laquelle ils n'avaient rien à démêler ; la brûlèrent d'un bout

---

1. Chap. xv, versets 19, 24, 25.
2. Matthieu, chapitre xii. (*Note de Voltaire.*)

à l'autre ; égorgèrent les femmes, les enfants, les animaux ; pendirent trente et un rois dans une étendue de cinq ou six milles ; et vécurent, de leur aveu, pendant plus de cinq cents ans dans le plus honteux esclavage ou dans le brigandage le plus horrible. Mais comme notre dessein est de nous faire un tableau véritable de l'établissement du christianisme, et non pas des abominations de la nation juive, nous allons examiner ce qu'était Jésu, au nom duquel on a formé longtemps après lui une religion nouvelle.

CHAPITRE VI.

DE LA PERSONNE DE JÉSU.

Quiconque cherche la vérité sincèrement aura bien de la peine à découvrir le temps de la naissance de Jésu et l'histoire véritable de sa vie. Il paraît certain qu'il naquit en Judée, dans un temps où toutes les sectes dont nous avons parlé disputaient sur l'âme, sur sa mortalité, sur la résurrection, sur l'enfer. On l'appela Jésu, ou Josuah, ou Jeschu, ou Jeschut, fils de Miriah, ou de Maria, fils de Joseph, ou de Panther. Le petit livre juif du *Toldos Jeschut*, écrit probablement au second siècle de notre ère, lorsque le recueil du *Talmud* était commencé, ne lui donne jamais que ce nom de Jeschut. Il le fait naître sous le roitelet juif Alexandre Jannée, du temps que Sylla était dictateur à Rome, et que Cicéron, Caton, et César, étaient jeunes encore. Ce libelle, fort mal fait et plein de fables rabbiniques, déclare Jésu bâtard de Maria et d'un soldat nommé Joseph Panther. Il nous donne Judas, non pas pour un disciple de Jésu qui vendit son maître, mais pour son adversaire déclaré. Cette seule anecdote semble avoir quelque ombre de vraisemblance, en ce qu'elle est conforme à l'*Évangile de saint Jacques,* le premier des Évangiles, dans lequel Judas est compté parmi les accusateurs qui firent condamner Jésu au dernier supplice.

Les quatre *Évangiles* canoniques font mourir Jésu à trente ans et quelques mois, ou à trente-trois ans au plus, en se contredisant comme ils font toujours. Saint Irénée, qui se dit mieux instruit, affirme qu'il avait entre cinquante et soixante années, et qu'il le tient de ses premiers disciples.

Toutes ces contradictions sont bien augmentées par les incompatibilités qu'on rencontre presque à chaque page dans son histoire, rédigée par les quatre évangélistes reconnus. Il est nécessaire d'exposer succinctement une partie des principaux doutes que ces Évangiles ont fait naître.

PREMIER DOUTE.

Le livre qu'on nous donne sous le nom de Matthieu commence par faire la généalogie de Jésu [1] ; et cette généalogie est celle du charpentier Joseph, qu'il avoue n'être point le père du nouveauné. Matthieu, ou celui qui a écrit sous ce nom, prétend que le charpentier Joseph descend du roi David et d'Abraham par trois fois quatorze générations, qui font quarante-deux, et on n'en trouve que quarante et une. Encore dans son compte y a-t-il une méprise plus grande. Il dit que Josias engendra Jéchonias ; et le fait est que Jéchonias était fils de Jéojakim. Cela seul fait croire à Toland que l'auteur était un ignorant ou un faussaire maladroit.

L'*Évangile de Luc* fait aussi descendre Jésu de David et d'Abraham par Joseph, qui n'est pas son père. Mais il compte de Joseph à Abraham cinquante-six têtes, au lieu que Matthieu n'en compte que quarante et une. Pour surcroît de contradiction, ces générations ne sont pas les mêmes, et pour comble de contradiction, Luc donne au père putatif de Jésu un autre père que celui qui se trouve chez Matthieu. Il faut avouer qu'on ne serait pas admis parmi nous dans l'ordre de la Jarretière sur un tel arbre généalogique, et qu'on n'entrerait pas dans un chapitre d'Allemagne.

Ce qui étonne encore davantage Toland, c'est que les chrétiens qui prêchaient l'humilité aient voulu faire descendre d'un roi leur messie. S'il avait été envoyé de Dieu, ce titre était bien plus beau que celui de descendant d'une race royale. D'ailleurs un roi et un charpentier sont égaux devant l'Être suprême.

DEUXIÈME DOUTE.

Suivant le même Matthieu, que nous suivrons toujours, « Maria étant grosse par l'opération du Saint-Esprit.... et son mari Joseph, homme juste, ne voulant pas la couvrir d'infamie, voulut la renvoyer secrètement (ch. 1er, v. 9).... Un ange du Seigneur lui apparut en songe, et lui dit : Joseph fils de David, ne craignez point de revoir votre femme Maria, car ce qui est en elle est l'œuvre

---

1. Voyez l'article GÉNÉALOGIE dans le *Dictionnaire philosophique,* tome XIX page 217.

du Saint-Esprit. Or tout cela se fit pour remplir ce que le Seigneur a dit par son prophète : Une vierge en aura dans le ventre, et elle fera un enfant, et on appellera son nom Emmanuel. »

On a remarqué sur ce passage que c'est le premier de tous dans lequel il est parlé du Saint-Esprit. Un enfant fait par cet esprit est une chose fort extraordinaire ; un ange venant annoncer ce prodige à Joseph dans un songe n'est pas une preuve bien péremptoire de la copulation de Maria avec ce Saint-Esprit. L'artifice de dire que « cela se fit pour remplir une prophétie » paraît à plusieurs trop grossier : Jésu ne s'est jamais nommé Emmanuel. L'aventure du prophète Isaïe, qui fit un enfant à la prophétesse sa femme, n'a rien de commun avec le fils de Maria. Il est faux et impossible que le prophète Isaïe ait dit (voyez ch. VII, v. 14) : « Voici qu'une vierge en aura dans le ventre, » puisqu'il parle de sa propre femme (voyez ch. VIII, v. 3), à qui il en mit dans le ventre. Le mot *alma,* qui signifie jeune fille, signifie aussi femme. Il y en a cent exemples dans les livres des Juifs, et la vieille Ruth, qui vint coucher avec le vieux Booz, est appelée *alma.* C'est une fraude honteuse de tordre et de falsifier ainsi le sens des mots pour tromper les hommes ; et cette fraude a été mise en usage trop souvent et trop évidemment. Voilà ce que disent les savants ; ils frémissent quand ils voient les suites qu'ont eues ces paroles : « Ce qu'elle a dans le ventre est l'œuvre du Saint-Esprit ; » ils voient avec horreur plus d'un théologien, et surtout Sanchez, examiner scrupuleusement si le Saint-Esprit, en couchant avec Marie, répandit de sa semence, et si Marie répandit la sienne avant ou après le Saint-Esprit, ou en même temps. Suarez, Peromato, Silvestre, Tabiena, et enfin le grand Sanchez, décident que « la bienheureuse Vierge ne pouvait devenir mère de Dieu si le Saint-Esprit et elle n'avaient répandu leur liqueur ensemble [1] ».

TROISIÈME DOUTE.

L'aventure des trois mages qui arrivent d'Orient, conduits par une étoile ; qui viennent saluer Jésu dans une étable, et lui donner de l'or, de l'encens, et de la myrrhe, a été un grand sujet de scandale. Ce jour n'est célébré chez les chrétiens, et surtout chez les papistes, que par des repas de débauche et par des chansons. Plusieurs ont dit que si l'*Évangile de Matthieu* était à refaire, on

---

1. Voyez *de Sancto Matrimonii Sacramento,* tome I, page 141. (*Note de Voltaire.*) — Voyez tome XXI, page 336 ; et XXIV, 99.

n'y mettrait pas un tel conte, plus digne de Rabelais et de Sterne que d'un ouvrage sérieux.

QUATRIÈME DOUTE.

L'histoire des enfants de Bethléem égorgés plusieurs milles à la ronde, par l'ordre d'Hérode, qui croit égorger le messie dans la foule, a quelque chose de plus ridicule encore, au jugement des critiques ; mais ce ridicule est horrible. Comment, disent ces critiques, a-t-on pu imputer une action si extravagante et si abominable à un roi de soixante et dix ans, réputé sage, et qui était alors mourant [1] ? Trois mages d'Orient ont-ils pu lui faire accroire qu'ils avaient vu l'étoile d'un petit enfant roi des Juifs, qui venait de naître dans une écurie de village? A quel imbécile aura-t-on pu persuader une telle absurdité, et quel imbécile peut la lire sans en être indigné? Pourquoi ni Marc, ni Luc, ni Jean, ni aucun autre auteur, ne rapporte-t-il cette fable? BOLINGBROKE.

1. Quelques esprits faibles, ou faux, ou ignorants, ou fourbes, ont prétendu trouver dans l'antiquité des témoignages du massacre des enfants qu'on suppose égorgés par l'ordre d'Hérode, de peur qu'un de ces enfants nés à Bethléem n'enlevât le royaume à cet Hérode, âgé de soixante et dix ans, et attaqué d'une maladie mortelle. Ces défenseurs d'une si étrange cause ont trouvé un passage de Macrobe dans lequel il est dit : « Lorsque Auguste apprit qu'Hérode, roi des Juifs en Syrie, avait compris son propre fils parmi les enfants au-dessous de deux ans qu'il avait fait tuer : « Il vaut mieux, dit-il, être le cochon d'Hérode que son fils. »

Ceux qui abusent ainsi de ce passage ne font pas attention que Macrobe est un auteur du Ve siècle, et par conséquent qu'il ne pouvait être regardé par les chrétiens de ce temps-là comme un ancien.

Ils ne songent pas que l'empire romain était alors chrétien, et que l'erreur publique avait pu aisément tromper Macrobe, qui ne s'amuse qu'à raconter de vieilles historiettes. Ils auraient dû remarquer qu'Hérode n'avait point alors d'enfant de deux ans.

Ils pouvaient encore observer qu'Auguste ne put dire qu'il valait mieux être le cochon d'Hérode que son fils, puisque Hérode n'avait point de cochon.

Enfin on pouvait aisément soupçonner qu'il y a une falsification dans le texte de Macrobe, puisque ces mots, *pueros quos infra binatum Herodes jussit interfici* (les enfants au-dessous de deux ans qu'Hérode fit tuer), ne sont pas dans les anciens manuscrits.

On sait assez combien les chrétiens se sont permis d'être faussaires pour la bonne cause. Ils ont falsifié, et maladroitement, le texte de Flavius Josèphe ; ils ont fait parler ce pharisien déterminé, comme s'il eût reconnu Jésus pour messie. Ils ont forgé des Lettres de Pilate, des Lettres de Paul à Sénèque et de Sénèque à Paul, des Écrits des apôtres, des Vers des Sibylles. Ils ont supposé plus de deux cents volumes. Il y a eu de siècle en siècle une suite de faussaires. Tous les hommes instruits le savent et le disent, et cependant l'imposture avérée prédomine. Ce sont des voleurs pris en flagrant délit, à qui on laisse ce qu'ils ont volé. (*Note de Voltaire.*)

— Le mot d'Auguste, cité par Voltaire à la fin du premier alinéa de cette note, a déjà été rapporté par lui tome XXX, page 289-290.

On « vit alors rempli ce qui fut dit par le prophète Jérémie, disant : Une voix s'est entendue dans Rama, des lamentations et des hurlements, Rachel pleurant ses enfants, car ils n'étaient plus ». Quel rapport entre un discours de Jérémie sur des esclaves juifs tués de son temps à Rama, et la prétendue boucherie d'Hérode ! Quelle fureur de prédire ce qui n'a pu arriver ! On se moquerait bien d'un auteur qui trouverait dans une prophétie de Merlin l'histoire de l'homme qui a prétendu se mettre de nos jours dans une bouteille de deux pintes.

Matthieu dit (ch. ii, v. 14) que Joseph et sa femme s'enfuirent, et menèrent le dieu Jésu, fils de Marie, en Égypte ; et c'est là que le petit Jésu désenchante un homme que les magiciens avaient changé en mulet, si on croit l'*Évangile de l'enfance*. Matthieu (ch. ii, v. 23) ajoute qu'après la mort d'Hérode, Joseph et Marie ramenèrent le petit dieu à Nazareth, « afin que la prédiction des prophètes fût remplie : il sera appelé Nazaréen ».

On voit partout ce même soin, ce même grossier artifice de vouloir que les choses les plus indifférentes de la vie de Jésu soient prédites plusieurs siècles auparavant ; mais l'ignorance et la témérité de l'auteur se manifestent trop ici. Ces mots : *il sera appelé Nazaréen,* ne sont dans aucun prophète.

Enfin, pour comble, Luc dit précisément le contraire de Matthieu. Il fait aller Joseph, Maria, et le petit dieu juif, droit à Nazareth, sans passer par l'Égypte. Certainement l'un ou l'autre évangéliste a menti. *Cela ne s'est pas fait de concert,* dit un énergumène. Non, mon ami, deux faux témoins qui se contredisent ne se sont pas entendus ensemble ; mais ils n'en sont pas moins faux témoins. Ce sont là les objections des incrédules.

Jean le Baptiseur, qui gagnait sa vie à verser un peu d'huile sur la tête des Juifs qui venaient se baigner dans le Jourdain par dévotion, instituait alors une petite secte qui subsiste encore vers Mozul, et qu'on appelle les oints, les huilés, les chrétiens de Jean. Matthieu dit que Jésu vint se baigner dans le Jourdain comme les autres. Alors le ciel s'entr'ouvrit ; le Saint-Esprit (dont on a fait depuis une troisième personne de Dieu) descendit du ciel en colombe, sur la tête de Jésu, et cria à haute voix devant tout le monde : « Celui-ci est mon fils bien-aimé, en qui je me suis complu. »

Le texte ne dit pas expressément que ce fut la colombe qui parla, et qui prononça : « Celui-ci est mon fils bien-aimé. » C'est donc Dieu le Père qui vint aussi lui-même, avec le Saint-Esprit et la colombe. C'était un beau spectacle, et on ne sait pas comment les Juifs osèrent faire pendre un homme que Dieu avait déclaré son fils si solennellement devant eux, et devant la garnison romaine qui remplissait Jérusalem. Collins, page 153.

HUITIÈME DOUTE.

Alors « Jésu fut emporté par l'esprit dans le désert, pour être tenté par le diable ; et ayant été quarante jours et quarante nuits sans manger, il eut faim ; et le diable lui dit : Si tu es fils de Dieu, dis que ces pierres deviennent des pains... Le diable aussitôt l'emporta sur le pinacle du temple, et lui dit : Si tu es fils de Dieu, jette-toi en bas... Le diable l'emporta ensuite sur une montagne du haut de laquelle il lui fit voir tous les royaumes de la terre, et lui dit : Je te donnerai tout cela, si tu veux m'adorer. »

Il ne faut pas discuter un tel passage : c'est le parfait modèle de l'histoire. C'est Xénophon, Polybe, Tite-Live, Tacite, tout pur ; ou plutôt c'est la raison même écrite de la main de Dieu ou du diable, car ils y jouent l'un et l'autre un grand rôle. Tindal.

NEUVIÈME DOUTE.

Selon Matthieu, deux possédés sortent des tombeaux, où ils se retiraient, et courent à Jésu. Selon Marc et Luc, il n'y a qu'un possédé. Quoi qu'il en soit, Jésu envoie le diable ou les diables qui tourmentaient ce possédé ou ces possédés dans les corps de deux mille cochons qui vont vite se noyer dans le lac de Tibériade. On a demandé souvent comment il y avait tant de cochons dans un pays où l'on n'en mangea jamais, et de quel droit Jésu et le diable les avaient noyés, et ruiné le marchand auquel ils appartenaient ; mais nous ne faisons point de telles questions. Gordon.

DIXIÈME DOUTE.

Matthieu, dans son chapitre II, dit que Jésu nourrit cinq mille hommes, sans compter les femmes et leurs enfants, avec cinq pains et deux poissons, dont il resta deux pleines corbeilles.

Et au chapitre xv il dit qu'ils étaient quatre mille hommes, et que Jésu les rassasia avec sept pains et quelques petits poissons. Cela semble se contredire, mais cela s'explique. Trenchard.

ONZIÈME DOUTE.

Ensuite Matthieu raconte que Jésu mena Pierre, Jacques et Jean, à l'écart sur une haute montagne qu'on ne nomme pas ; et que là il se transfigura pendant la nuit. Cette transfiguration consista en ce que sa robe devint blanche et son visage brillant. Moïse et Élie vinrent s'entretenir avec lui ; après quoi il chassa le diable du corps d'un enfant lunatique, qui tombait tantôt dans le feu, tantôt dans l'eau. Notre Woolston demande quel était le plus lunatique, ou celui qui se transfigurait en habit blanc pour converser avec Élie et Moïse, ou le petit garçon qui tombait dans le feu et dans l'eau. Mais nous traitons la chose plus sérieusement. Collins.

DOUZIÈME DOUTE.

Jésu, après avoir parcouru la province pendant quelques mois, à l'âge d'environ trente ans, vient enfin à Jérusalem avec ses compagnons, que depuis on nomma apôtres, ce qui signifie *envoyés.* Il leur dit en chemin que « ceux qui ne les écouteront pas doivent être déférés à l'Église, et doivent être regardés comme des païens, ou comme des commis de la douane ».

Ces mots font connaître évidemment que le livre attribué à Matthieu ne fut composé que très-longtemps après, lorsque les chrétiens furent assez nombreux pour former une Église.

Ce passage montre encore que ce livre a été fait par un de ces hommes de la populace, qui pense qu'il n'y a rien de si abominable qu'un receveur des deniers publics ; et il n'est pas possible que Matthieu, qui avait été de la profession, parlât de son métier avec une telle horreur.

Dès que Jésu, marchant à pied, fut à Bethphagé, il dit à un de ses compagnons : « Allez prendre une ânesse qui est attachée avec son ânon, amenez-la-moi ; et si quelqu'un le trouve mauvais, dites-lui : Le maître en a besoin. »

Or tout ceci fut fait, dit l'évangile attribué à Matthieu (chap. xxi, v. 5), pour remplir la prophétie : « Filles de Sion, voici votre doux roi qui vient assis sur une ânesse et sur un ânon. »

Je ne dirai pas ici que parmi nous le vol d'une ânesse a été

longtemps un cas pendable, quand même Merlin aurait prédit
ce vol. LORD HERBERT.

TREIZIÈME DOUTE.

Jésu étant arrivé sur son ânesse, ou sur son ânon, ou sur tous
les deux à la fois, entre dans le parvis du temple tenant un grand
fouet, et chasse tous les marchands légalement établis en cet
endroit pour vendre les animaux qu'on venait sacrifier dans
le temple. C'était assurément troubler l'ordre public, et faire une
aussi grande injustice que si quelque fanatique allait dans Pater-
Noster-Row, et dans les petites rues auprès de notre église de
Saint-Paul, chasser à coups de fouet tous les libraires qui vendent
des livres de prières.

Il est aussi dit que Jésu jeta par terre tout l'argent des marchands. Il n'est guère croyable que tant de gens se soient laissé
battre et chasser ainsi par un seul homme. Si une chose si incroyable est vraie, il n'est pas étonnant qu'avec de tels excès Jésu
fût repris de justice; mais cet emportement fanatique ne méritait
pas le supplice qu'on lui fit souffrir.

QUATORZIÈME DOUTE.

S'il est vrai qu'il ait toujours appelé les prêtres de son temps
et les pharisiens *sépulcres blanchis, race de vipères*, et qu'il ait
prêché publiquement contre eux la populace, il put légitimement
être regardé comme un perturbateur du repos public, et comme
tel être livré à Pilate, alors président de Judée. Il a été un temps
où nous aurions fait pendre ceux qui prêchaient dans les rues
contre nos évêques, quoiqu'il ait été aussi un temps où nous
avons pendu plusieurs de nos évêques mêmes.

Matthieu dit que Jésu fit la pâque juive avec ses compagnons
la veille de son supplice. Nous ne discuterons point ici l'authenticité de la chanson que Jésu chanta à ce dernier souper, selon
Matthieu. Elle fut longtemps en vogue chez quelques sectes des
premiers chrétiens, et saint Augustin nous en a conservé quelques
couplets dans sa lettre à Cérétius. En voici un[1] :

> Je veux délier, et je veux être délié.
> Je veux sauver, et je veux être sauvé.
> Je veux engendrer, et je veux être engendré.

1. Voltaire l'avait déjà cité tome XVII, page 62 ; et XXVI, 235.

Je veux chanter, dansez tous de joie.

Je veux pleurer, frappez-vous tous de douleur.

Je veux orner, et je veux être orné.

Je suis la lampe pour vous qui me voyez.

Je suis la porte pour vous qui y frappez.

Vous qui voyez ce que je fais, ne dites pas ce que je fais.

J'ai joué tout cela, et je n'ai point du tout été joué.

QUINZIÈME DOUTE.

On demande enfin s'il est possible qu'un Dieu ait tenu les discours impertinents et barbares qu'on lui attribue :

Qu'il ait dit : Quand vous donnerez à dîner ou à souper, n'y invitez ni vos amis, ni vos parents riches [1] ;

Qu'il ait dit : Va-t'en inviter les borgnes et les boiteux au festin [2], et contrains-les d'entrer ;

Qu'il ait dit : Je ne suis point venu apporter la paix, mais le glaive [3] ;

Qu'il ait dit : Je suis venu mettre le feu sur la terre [4] ;

Qu'il ait dit : En vérité, si le grain qu'on a jeté en terre ne meurt, il reste seul ; mais quand il est mort, il porte beaucoup de fruits [5].

Ce dernier trait n'est-il pas de l'ignorance la plus grossière, et les autres sont-ils bien sages et bien humains ?

SEIZIÈME DOUTE.

Nous n'examinons point si Jésu fut mis en croix à la troisième heure du jour, selon Jean, ou à la sixième, selon Marc. Matthieu dit que les ténèbres couvrirent toute la terre [6] depuis la troisième

---

1. Luc, ch. xiv. (*Note de Voltaire.*)

2. *Ibid.* (*Id.*)

3. Matthieu, ch. x. (*Id.*)

4. *Ibid.*, ch. xii. (*Id.*)

5. Jean, ch. xii. (*Id.*)

6. Les défenseurs de ces effroyables absurdités, payés pour les défendre, et comblés d'honneurs et de biens pour tromper les hommes, ont osé avancer qu'un Grec, nommé Phlégon, avait parlé de ces ténèbres qui couvrirent toute la terre pendant le supplice de Jésu. Il est vrai qu'Eusèbe, évêque arien, qui a débité tant de mensonges, cite aussi ce Phlégon, dont nous n'avons pas l'ouvrage. Et voici les paroles qu'il rapporte de ce Phlégon :

« La quatrième année de la deux cent deuxième olympiade, il y eut la plus grande éclipse de soleil ; il faisait nuit vers midi ; on voyait les étoiles ; un grand tremblement de terre renversa la ville de Nicée en Bithynie. »

1° Lecteurs sages et attentifs, remarquez qu'un autre auteur qu'Eusèbe, rap-

heure jusqu'à la sixième, c'est-à-dire en cette saison de l'équi-
noxe, selon notre manière de compter, depuis neuf heures jusqu'à midi ; le voile du temple se déchira en deux, les pierres se
fendirent, les sépulcres s'ouvrirent, les morts en sortirent, et
vinrent se promener dans Jérusalem.

Si ces énormes prodiges s'étaient opérés, quelque auteur romain en aurait parlé. L'historien Josèphe n'aurait pu les passer
sous silence. Philon, contemporain de Jésu, en aurait fait mention. Il est assez visible que tous ces *Évangiles*, farcis de miracles
absurdes, furent composés secrètement, longtemps après, par
des chrétiens répandus dans des villes grecques. Chaque petit
troupeau de chrétiens eut son évangile, qu'on ne montrait pas
même aux catéchumènes ; et ces livres, entièrement ignorés
des Gentils pendant trois cents années, ne pouvaient être ré-
futés par des historiens romains qui ne les connaissaient pas.
Aucun auteur parmi les Gentils n'a jamais cité un seul mot de
l'*Évangile*.

Ne nous appesantissons pas sur les contradictions qui fourmillent entre Matthieu, Marc, Luc, Jean, et cinquante autres
évangélistes. Voyons ce qui se passa après la mort de Jésu.

portant le même passage, dit la seconde année de la deux cent deuxième olympiade, et non pas la quatrième année *.

2° Remarquez qu'on n'a jamais pu conjecturer, ni dans quelle année Jésu fut
condamné au supplice, ni dans quelle année il naquit, tant sa vie et sa mort
furent obscures.

3° Remarquez que l'historien qui a pris le nom de Matthieu place la mort de
Jésu au temps de la pleine lune, que tous les chrétiens s'en tiennent à cette
époque, et que cependant il est impossible qu'il arrive vers la pleine lune une
éclipse de soleil.

4° Remarquez que si ce prodige était arrivé, un tel miracle aurait surpris tout
l'univers, et que tous les historiens en auraient parlé depuis la Chine jusqu'à la
Grèce, et jusqu'à Rome.

5° Enfin c'est de ma patrie, c'est de Londres qu'est parti le trait de lumière
qui a dissipé les ténèbres ridicules de Matthieu. C'est notre célèbre Halley qui a
démontré qu'il n'y avait eu d'éclipse de soleil ni dans la seconde ni dans la quatrième année de la deux cent deuxième olympiade, mais qu'il y en avait eu une
de quelques doigts dans la première année. Kepler avait déjà reconnu cette vérité,
et Halley l'a pleinement démontrée. C'est ainsi que la vérité mathématique détruit
l'imposture théologique.

Et cependant un évêque papiste très-fameux, Bossuet, précepteur du fils de
notre ennemi Louis XIV, n'a pas rougi, dans son *Histoire universelle*, ou plutôt
dans sa *Déclamation non universelle*, d'apporter en preuve ces ténèbres de Matthieu. Ce rhéteur de chaire rapporte aussi en preuve les *Semaines de Daniel*, les
Prophéties de Jacob, les *Psaumes* attribués à David, qui n'ont pas plus de rapport à Jésu qu'à Jean Hus et à Jérôme de Prague. (*Note de Voltaire.*)

* Cet auteur, peu connu, est Philipponius. (K.)

CHAPITRE VII.

CHAPITRE VII.

DES DISCIPLES DE JÉSU.

Un homme sensé ne peut voir dans ce Juif qu'un paysan un
peu plus éclairé que les autres, quoiqu'il soit incertain s'il savait
lire et écrire. Il est visible que son seul but était de faire une
petite secte dans la population des campagnes, à peu près comme
l'ignorant et le fanatique Fox [1] en établit une parmi nous, laquelle
a eu depuis des hommes très-estimables.

Tous deux prêchèrent quelquefois une bonne morale. La plus
vile canaille jetterait des pierres en tout pays à quiconque en
prêcherait une mauvaise. Tous deux déclamèrent violemment
contre les prêtres de leur temps. Fox fut pilorié, et Jésu fut pendu.
Ce qui prouve que nous valons mieux que les Juifs.

Jamais ni Jésu ni Fox ne voulurent établir une religion nouvelle. Ceux qui ont écrit contre Jésu ne l'en ont point accusé. Il
est visible qu'il fut soumis à la loi mosaïque depuis sa circoncision jusqu'à sa mort.

Ses disciples, ulcérés du supplice de leur maître, ne purent
s'en venger ; ils se contentèrent de crier contre l'injustice de ses
assassins, et ils ne trouvèrent d'autre manière d'en faire rougir
les pharisiens et les scribes que de dire que Dieu l'avait ressuscité. Il est vrai que cette imposture était bien grossière ; mais
ils la débitaient à des hommes grossiers, accoutumés à croire tout
ce qu'on inventa jamais de plus absurde, comme les enfants croient
toutes les histoires de revenants et de sorciers qu'on leur raconte.

Matthieu a beau contredire les autres évangélistes, en disant
que Jésu n'apparut que deux fois à ses disciples après sa résurrection ; Marc a beau contredire Matthieu, en disant qu'il apparut
trois fois ; Jean a beau contredire Matthieu et Marc en parlant
de quatre apparitions ; en vain Luc dit que Jésu, dans sa
dernière apparition, mena ses disciples jusqu'en Béthanie, et là
monta au ciel en leur présence, tandis que Jean dit que ce fut
dans Jérusalem ; en vain l'auteur des *Actes des apôtres* assure-t-il
que ce fut sur la montagne des Oliviers, et que, Jésu étant monté
au ciel, deux hommes vêtus de blanc descendirent pour leur certifier qu'il reviendrait : toutes ces contradictions, qui frappent

---

1. George Fox (1624-1690), fondateur de la secte des *quakers* ou *amis*, était cordon-
nier. Son plus célèbre disciple fut Guillaume Penn. Voyez tome XXII, pages 88 et 91.

aujourd'hui des yeux attentifs, ne pouvaient être connues des premiers chrétiens. Nous avons déjà remarqué que chaque petit troupeau avait son évangile à part : on ne pouvait comparer ; et quand même on l'aurait pu, pense-t-on que des esprits prévenus et opiniâtres auraient examiné? Cela n'est pas dans la nature humaine. Tout homme de parti voit dans un livre ce qu'il y veut voir.

Ce qui est certain, c'est qu'aucun des compagnons de Jésu ne songeait alors à faire une religion nouvelle. Tous circoncis et non baptisés, à peine le Saint-Esprit était-il descendu sur eux en langues de feu dans un grenier, comme il a coutume de descendre, et comme il est rapporté dans le livre des *actions des apôtres;* à peine eurent-ils converti en un moment dans Jérusalem trois mille voyageurs qui les entendaient parler toutes leurs langues étrangères, lorsque ces apôtres leur parlaient dans leur patois hébreu ; à peine enfin étaient-ils chrétiens qu'aussitôt ces compagnons de Jésu vont prier dans le temple juif, où Jésu allait lui-même. Ils passaient les jours dans le temple, *perdurantes in templo* [1]. Pierre et Jean montaient au temple pour être à la prière de la neuvième heure : *Petrus* [2] *et Joannes ascendebant in templum ad horam orationis nonam.*

Il est dit dans cette histoire étonnante des *actions des apôtres,* qu'ils convertirent et qu'ils baptisèrent trois mille hommes en un jour, et cinq mille en un autre. Où les menèrent-ils baptiser? Dans quel lac les plongèrent-ils trois fois selon le rit juif? La rivière du Jourdain, dans laquelle seule on baptisait, est à huit lieues de Jérusalem. C'était là une belle occasion d'établir une nouvelle religion à la tête de huit mille enthousiastes : cependant ils n'y songèrent pas. L'auteur avoue que les apôtres ne pensaient qu'à amasser de l'argent. « Ceux qui possédaient des terres et des maisons les vendaient, et en apportaient le prix aux pieds des apôtres. »

Si l'aventure de Saphira et d'Ananias était vraie, il fallait, ou que tout le monde, frappé de terreur, embrassât sur-le-champ le christianisme en frémissant, ou que le sanhédrin fît pendre les douze apôtres comme des voleurs et des assassins publics.

On ne peut s'empêcher de plaindre cet Ananias et cette Saphira, tous deux exterminés l'un après l'autre, et mourant subitement d'une mort violente (quelle qu'elle pût être), pour

---

1. *Actes des Apôtres,* ch. ii. (*Note de Voltaire.*)
2. *Actes des Apôtres,* ch. iii. (*Id.*)

avoir gardé quelques écus qui pouvaient subvenir à leurs besoins, en donnant tout leur bien aux apôtres. Milord Bolingbroke a bien raison de dire que « la première profession de foi qu'on attribue à cette secte appelée depuis l'onguent [1], ou christianisme, est : Donne-moi tout ton bien, ou je vais te donner la mort. C'est donc là ce qui a enrichi tant de moines aux dépens des peuples ; c'est donc là ce qui a élevé tant de tyrannies sanguinaires ! »

Remarquons toujours qu'il n'était pas encore question d'établir une religion différente de la loi mosaïque ; que Jésu, né Juif, était mort Juif ; que tous les apôtres étaient Juifs, et qu'il ne s'agissait que de savoir si Jésu avait été prophète ou non.

Une aussi étonnante révolution que celle de la secte chrétienne dans le monde ne pouvait s'opérer que par degrés ; et, pour passer de la populace juive sur le trône des Césars, il fallut plus de trois cent trente années.

CHAPITRE VIII.

DE SAUL, DONT LE NOM FUT CHANGÉ EN PAUL.

Le premier qui sembla profiter de la tolérance extrême des Romains envers toutes les religions, pour commencer à donner quelque forme à la nouvelle secte des galiléens, est ce saint Paul, qui se dit une fois citoyen romain, et qui, selon Hiéronyme ou Jérôme, était natif du village de Giscala en Galilée. On ne sait pourquoi il changea son nom de Saul en Paul. Saint Jérôme, dans son commentaire de l'Épître de Paul à Philémon, dit que ce mot de Paul signifie l'embouchure de la flûte ; mais il paraît qu'il battait le tambour contre Jésu et sa troupe. Saul était alors petit valet du docteur Gamaliel, successeur d'Hillel, et l'un des chefs du sanhédrin. Paul apprit sous son maître un peu de fatras rabbinique. Son caractère était ardent, hautain, fanatique et cruel. Il commença par lapider le nazaréen Étienne, partisan de Jésu le crucifié ; et il est marqué, dans les *actions des apôtres*, qu'il gardait les manteaux des Juifs qui, comme lui, assommaient Étienne à coups de pierres.

Abdias, l'un des premiers disciples de Jésu, et prétendu évêque de Babylone (comme s'il y avait eu alors des évêques), assure dans son Histoire apostolique que saint Paul ne s'en tint pas à

---

1. Christ signifie *oint* ; christianisme, *onguent*. (*Note de Voltaire*.)

l'assassinat de saint Étienne, et qu'il assassina encore saint Jacques le Mineur, Oblia ou le Juste, propre frère de Jésu, que l'ignorance fait premier évêque de Jérusalem. Rien n'est plus vraisemblable que ce meurtre nouveau fut commis par Saul, puisque le livre des *actions des apôtres* dit expressément que *Saul respirait le sang et le carnage*. (Chap. IX, v. 1.)

Il n'y a qu'un fanatique insensé ou qu'un fripon très-maladroit qui puisse dire que saul Paul tomba de cheval pour avoir vu de la lumière en plein midi ; que Jésu-Christ lui cria du milieu d'une nue : « Saul, Saul, pourquoi me persécutes-tu ? » et que Saul changea vite son nom en Paul, et de Juif persécuteur et battant qu'il était, eut la joie de devenir chrétien persécuté et battu. Il n'y a qu'un imbécile qui puisse croire ce *Conte du tonneau;* mais qu'il ait eu l'insolence de demander la fille de Gamaliel en mariage, et qu'on lui ait refusé cette pucelle, ou qu'il ne l'ait pas trouvée pucelle, et que de dépit ce turbulent personnage se soit jeté dans le parti des nazaréens, comme les Juifs et les ébionites l'ont écrit[1], cela est plus naturel, et plus dans l'ordre commun.

Il porta la violence de son caractère dans la nouvelle faction où il entra. On le voit courir comme un forcené de ville en ville ; il se brouille avec presque tous les apôtres ; il se fait moquer de lui dans l'aréopage d'Athènes. S'étant accoutumé à être renégat, il va faire une espèce de neuvaine avec des étrangers dans le temple de Jérusalem, pour montrer qu'il n'est pas du parti de Jésu. Il judaïse après s'être fait chrétien et apôtre ; et, ayant été reconnu, il aurait été lapidé à son tour comme Étienne, dont il fut l'assassin, si le gouverneur Festus ne l'avait pas sauvé en lui disant qu'il était un fou[2].

Sa figure était singulière. Les *Actes de sainte Thècle* le peignent gros, court, la tête chauve, le nez gros et long, les sourcils épais et joints, les jambes torses. C'est le même portrait qu'en fait Lucien dans son *Philopatris*[3], et cependant sainte Thècle le suivait partout déguisée en homme. Telle est la faiblesse de bien des femmes qu'elles courent après un mauvais prédicateur accrédité, quelque laid qu'il soit, plutôt qu'après un jeune homme aimable. Enfin ce fut ce Paul qui attira le plus de prosélytes à la secte nouvelle.

1. Voyez Grabe, *Spicilegium patrum,* page 48. (*Note de Voltaire.*)
2. Voyez les *Actes des apôtres,* ch. XXVI. (*Id.*)
3. Le *Philopatris,* avons-nous dit, n'est pas de Lucien.

Il n'y eut de son temps ni rite établi ni dogme reconnu. La religion chrétienne était commencée, et non formée ; ce n'était encore qu'une secte de Juifs révoltés contre les anciens Juifs.

Il paraît que Paul acquit une grande autorité sur la populace à Thessalonique, à Philippes, à Corinthe, par sa véhémence, par son esprit impérieux, et surtout par l'obscurité de ses discours emphatiques, qui subjuguent le vulgaire d'autant plus qu'il n'y comprend rien.

Il annonce la fin du monde au petit troupeau des Thessaloniciens[1]. Il leur dit qu'ils iront avec lui les premiers dans l'air au-devant de Jésu, qui viendra dans les nuées pour juger le monde ; il dit qu'il le tient de la bouche de Jésu même, lui qui n'avait jamais vu Jésu, et qui n'avait connu ses disciples que pour les lapider. Il se vante d'avoir été déjà ravi au troisième ciel ; mais il n'ose jamais dire que Jésu soit Dieu, encore moins qu'il y ait une trinité en Dieu. Ces dogmes, dans les commencements, eussent paru blasphématoires, et auraient effarouché tous les esprits. Il écrit aux Éphésiens : « Que le Dieu de notre Seigneur Jésu-Christ vous donne l'esprit de sagesse ! » Il écrit aux Hébreux : « Dieu a opéré sa puissance sur Jésu en le ressuscitant. » Il écrit aux Juifs de Rome : « Si, par le délit d'un seul homme, plusieurs sont morts, la grâce et le don de Dieu ont plus abondé par un seul homme, qui est Jésu-Christ.... A Dieu, seul sage, honneur et gloire par Jésu-Christ ! » Enfin il est avéré, par tous les monuments de l'antiquité, que Jésu ne se dit jamais Dieu, et que les platoniciens d'Alexandrie furent ceux qui enhardirent enfin les chrétiens à franchir cet espace infini, et qui apprirent aux hommes à se familiariser avec des idées dont le commun des esprits devait être révolté.

CHAPITRE IX.

DES JUIFS D'ALEXANDRIE, ET DU VERBE.

Je ne sais rien qui puisse nous fournir une image plus fidèle d'Alexandrie que notre ville de Londres. Un grand port maritime, un commerce immense, de puissants seigneurs, et un nombre prodigieux d'artisans, une foule de gens riches, et de gens qui travaillent pour l'être ; d'un côté la Bourse et l'allée du Change ; de l'autre la Société royale et le Muséum ; des écrivains

---

1. Ch. IV. (*Note de Voltaire.*)

de toute espèce, des géomètres, des sophistes, des métaphysiciens, et d'autres faiseurs de romans ; une douzaine de sectes différentes, dont les unes passent, et les autres restent, mais dans toutes les sectes et dans toutes les conditions un amour désordonné de l'argent : telle est la capitale de nos trois royaumes, et l'empereur Adrien nous apprend, par sa lettre au consul Servianus, que telle était Alexandrie. Voici cette lettre fameuse, que Vopiscus nous a conservée :

« J'ai vu cette Égypte que vous me vantiez tant, mon cher Servianus ; je la sais tout entière par cœur. Cette nation est inconstante, incertaine ; elle vole au changement. Les adorateurs de Sérapis se font chrétiens ; ceux qui sont à la tête de la religion du Christ se font dévots à Sérapis. Il n'y a point d'archirabbin juif, point de samaritain, point de prêtre chrétien, qui ne soit astrologue, ou devin, ou m........[1]. Quand le patriarche grec vient en Égypte, les uns s'empressent auprès de lui pour lui faire adorer Sérapis ; les autres, le Christ. Ils sont tous très-séditieux, très-vains, très-querelleurs. La ville est commerçante, opulente, peuplée ; personne n'y est oisif... L'argent est un dieu que les chrétiens, les juifs, et tous les hommes, servent également. »

Quand un disciple de Jésu, nommé Marc, soit l'évangéliste, soit un autre, vint tâcher d'établir sa secte naissante parmi les Juifs d'Alexandrie, ennemis de ceux de Jérusalem, les philosophes ne parlaient que du logos, du verbe de Platon. Dieu avait formé le monde par son verbe ; ce verbe faisait tout. Le Juif Philon, né du vivant de Jésu, était un grand platonicien ; il dit, dans ses opuscules, que Dieu se maria au verbe, et que le monde naquit de ce mariage. C'est un peu s'éloigner de Platon que de donner pour femme à Dieu un être que ce philosophe lui donnait pour fils.

D'un autre côté, on avait souvent, chez les Grecs et chez les nations orientales, donné le nom de fils des dieux aux hommes justes, et même Jésu s'était dit fils de Dieu pour exprimer qu'il était innocent, par opposition au mot *fils de Bélial,* qui signifiait un coupable ; d'un autre côté encore, ses disciples assuraient qu'il était envoyé de Dieu. Il devint bientôt fils, de simple envoyé qu'il était : or le fils de Dieu était son verbe chez les platoniciens ; ainsi donc Jésu devint verbe.

Tous les Pères de l'Église chrétienne ont cru en effet lire un

---

[1]. Voyez le texte de cette lettre au mot ALEXANDRIE du *Dictionnaire philosophique,* tome XVII, page 114.

platonicien en lisant le premier chapitre de l'*Évangile* attribué à
Jean : « Au commencement était le verbe, et le verbe était avec
Dieu, et le verbe était Dieu. » On trouva du sublime dans ce
chapitre. Le sublime est ce qui s'élève au-dessus du reste; mais
si ce premier chapitre est écrit dans l'école de Platon, le second
il faut l'avouer, semble fait sous la treille d'Épicure. Les auteurs
de cet ouvrage passent tout d'un coup du sein de la gloire de
Dieu, du centre de sa lumière, et des profondeurs de sa sagesse,
à une noce de village. Jésu de Nazareth est de la noce avec sa
mère. Les convives sont déjà plus qu'échauffés par le vin, *ine-*
briati; le vin manque, Marie en avertit Jésu, qui lui dit très-dure-
ment : « Femme, qu'y a-t-il entre toi et moi ? » Après avoir ainsi
maltraité sa mère, il fait ce qu'elle lui demande. Il changea seize
cent vingt pintes d'eau, qui étaient là à point nommé dans de
grandes cruches, en seize cent vingt pintes de vin.

On peut observer que ces cruches, à ce que dit le texte,
étaient là « pour les purifications des Juifs, selon leur usage ».
Ces mots ne marquent-ils pas évidemment que ce ne peut être
Jean, né Juif, qui ait écrit cet évangile? Si moi, qui suis né à
Londres, je parlais d'une messe célébrée à Rome, je pourrais
dire : Il y avait une burette de vin contenant environ demi-setier
ou chopine, selon l'usage des Italiens; mais certainement un
Italien ne s'exprimerait pas ainsi. Un homme qui parle de son
pays en parle-t-il comme un étranger?

Quels que soient les auteurs de tous les *Évangiles* ignorés du
monde entier pendant plus de deux siècles, on voit que la philosophie de Platon fit le christianisme. Jésu devint peu à peu un
Dieu engendré par un autre Dieu avant les siècles, et incarné
dans les temps prescrits.

CHAPITRE X.

DU DOGME DE LA FIN DU MONDE, JOINT AU PLATONISME.

La méthode des allégories s'étant jointe à cette philosophie
platonicienne, la religion des chrétiens, qui n'était auparavant
que la juive, en fut totalement différente par l'esprit, quoiqu'elle
en conservât les livres, les prières, le baptême, et même assez
longtemps la circoncision. Je dis la circoncision, car dès que les
chrétiens eurent une espèce d'hiérarchie, les quinze premiers

prêtres, ou surveillants, ou évêques de Jérusalem, furent tous circoncis [1].

Auparavant les Juifs chassaient les prétendus diables, et exorcisaient les prétendus possédés au nom de Salomon ; les chrétiens firent les mêmes cérémonies au nom de Jésu-Christ. Les filles malades des pâles couleurs ou du mal hystérique se croyaient possédées, se faisaient exorciser, et pensaient être guéries. On les inscrivait de bonne foi dans la liste des miracles.

Ce qui contribua le plus à l'accroissement de la religion nouvelle, ce fut l'idée qui se répandait alors que le temps de la fin du monde approchait. La plupart des philosophes, et encore plus le peuple de presque tous les pays, crurent que notre globe périrait un jour *par le sec*, qui l'emporterait sur *l'humide*. Ce n'était pas l'opinion des platoniciens ; Philon même a fait un traité exprès pour prouver que l'univers est incréé et impérissable ; et il n'a guère mieux prouvé l'éternité du monde que ses adversaires n'en ont prouvé l'embrasement futur. Les Juifs, qui ne savaient pas mieux l'avenir que le passé, disaient, et Flavius Josèphe le raconte, que leur Adam avait prédit deux destructions de notre terre, l'une par l'eau, l'autre par le feu ; ils ajoutaient que les enfants de Seth érigèrent une grande colonne de brique pour résister au feu quand le monde serait brûlé, et une de pierre pour résister à l'eau quand il serait noyé : précaution assez inutile quand il n'y aurait plus personne pour voir les deux colonnes.

On sait quels malheurs fondirent sur la Judée du temps de Néron et de Vespasien, et ensuite sous Adrien. Les Juifs furent en droit d'imaginer que la fin de toutes choses arriverait, du moins pour eux. Ce fut vers ce temps que chaque troupeau de demi-Juifs, de demi-chrétiens, eut son petit *Évangile* secret. Celui qui est attribué à Luc parle nettement de la fin du monde qui arrive, et du jugement dernier, que Jésu va prononcer dans les nuées ; il fait parler ainsi Jésu :

« Il y aura des signes dans la lune et dans les étoiles, des bruits de la mer et des flots ; les hommes, séchant de crainte, attendront ce qui doit arriver à l'univers entier. Les vertus des cieux seront ébranlées. Et alors ils verront le fils de l'homme venant dans une nuée avec grande puissance et grande majesté. En vérité, je vous dis que la génération présente ne passera point que tout cela ne s'accomplisse. »

1. Voyez Grabe, Bingham, Fabricius. (*Note de Voltaire.*)

Nous avons déjà vu, au chapitre vɪɪɪ, que Paul écrivait aux
Thessaloniciens qu'ils iraient avec lui dans les nuées au-devant
de Jésu.

Pierre dit dans une épître qu'on lui attribue : « L'Évangile a
été prêché aux morts[1] ; la fin du monde approche... Nous attendons de nouveaux cieux et une nouvelle terre. » C'était apparemment pour vivre sous ces nouveaux cieux et dans cette nouvelle
terre que les apôtres faisaient apporter à leurs pieds tout l'argent
de leurs prosélytes, et qu'ils faisaient mourir Ananias et Saphira
pour n'avoir pas tout donné.

Le monde allant être détruit ; le royaume des cieux étant ouvert ; Simon Barjone en ayant les clefs, ainsi qu'il est d'usage
d'avoir les clefs d'un royaume ; la terre étant prête à se renouveler ; la Jérusalem céleste commençant à être bâtie, comme de
fait elle fut bâtie dans l'*Apocalypse,* et parut dans l'air pendant
quarante nuits de suite : toutes ces grandes choses augmentèrent
le nombre des croyants. Ceux qui avaient quelque argent le donnèrent à la communauté, et on se servit de cet argent pour attirer
des gueux au parti, la canaille étant d'une nécessité absolue pour
établir toute nouvelle secte. Car les pères de famille qui ont
pignon sur rue sont tièdes, et les hommes puissants qui se
moquent longtemps d'une superstition naissante ne l'embrassent
que quand ils peuvent s'en servir pour leurs intérêts, et mener
le peuple avec le licou qu'il s'est fait lui-même.

Les religions dominantes, la grecque, la romaine, l'égyptiaque,
la syriaque, avaient leurs mystères. La secte christiaque voulut
avoir les siens aussi. Chaque société christiaque eut donc ses
mystères, qui n'étaient pas même communiqués aux catéchumènes, et que les baptisés juraient sous les plus horribles serments de ne jamais révéler. Le baptême des morts était un de
ces mystères, et cette singulière superstition dura si longtemps
que Jean Chrysostome ou *Bouche d'or,* qui mourut au vᵉ siècle,
dit à propos de ce baptême des morts qu'on reprochait tant aux
chrétiens : « Je voudrais m'expliquer plus clairement, mais je ne
le puis qu'à des initiés. On nous met dans un triste défilé ; il faut
ou être inintelligible, ou trahir des mystères que nous devons
cacher. »

Les chrétiens, en minant sourdement la religion dominante,
opposaient donc mystères à mystères, initiation à initiation, oracles à oracles, miracles à miracles.

---

1. Ch. ɪv. (*Note de Voltaire.*)

CHAPITRE XI.

DE L'ABUS ÉTONNANT DES MYSTÈRES CHRÉTIENS.

Les sociétés chrétiennes étant partagées dans les premiers siècles en plusieurs Églises, différentes de pays, de mœurs, de rites, de langages, d'étranges infamies se glissèrent dans plusieurs de ces Églises. On ne les croirait pas si elles n'étaient attestées par un saint au-dessus de tout soupçon, saint Épiphane, père de l'Église du vi⁴ siècle, celui-là même qui s'éleva avec tant de force contre l'idolâtrie des images, déjà introduite dans l'Église. Il fait éclater son indignation contre plusieurs sociétés chrétiennes qui mêlaient, dit-il, à leurs cérémonies religieuses les plus abominables impudicités. Nous rapportons ses propres paroles.

« Pendant leur synaxe (c'est-à-dire pendant la messe de ce temps-là), les femmes chatouillent les hommes de la main, et leur font répandre le sperme, qu'elles reçoivent; les hommes en font autant aux jeunes gens. Tous élèvent leurs mains remplies de ce... sperme, et disent à Dieu le père : « Nous t'offrons ce pré-
« sent, qui est le corps du Christ ; c'est là le corps du Christ. »
Ensuite ils l'avalent, et répètent : « C'est le corps du Christ, c'est
« la pâque; c'est pourquoi nos corps souffrent tout cela pour
« manifester les souffrances du Christ. »

« Quand une femme de l'Église a ses ordinaires, ils prennent de son sang et le mangent, et ils disent : « C'est le sang du Christ; »
car ils ont lu dans l'*Apocalypse* ces paroles : « J'ai vu un arbre qui
« porte du fruit douze mois l'année, et qui est l'arbre de vie; » ils en ont conclu que cet arbre n'est autre chose que les menstrues des femmes. Ils ont en horreur la génération : c'est pourquoi ils ne se servent que de leurs mains pour se donner du plaisir, et ils avalent leur propre sperme. S'il en tombe quelques gouttes dans la vulve d'une femme, ils la font avorter ; ils pilent le fœtus dans un mortier, et le mêlent avec de la farine, du miel et du poivre, et prient Dieu en le mangeant[1]. »

L'évêque Épiphane, continuant ses accusations contre d'autres chrétiens, dit qu'ils assistent tout nus à la synaxe (à la messe),

---

1. Saint Épiphane, pages 38 et suivantes, éditions de Paris ; chez Petit, à l'enseigne de Saint Jacques. (*Note de Voltaire.*)

qu'ils y commettent l'acte de sodomie sur les garçons et sur les filles, qu'ils mettent la partie virile tantôt dans le derrière et tantôt dans la bouche, qu'ils consomment ce sacrifice tantôt dans l'un, et tantôt dans l'autre, etc., etc., etc.[1]

Il est vrai que ceux à qui l'évêque reproche ces épouvantables infamies sont appelés par lui hérétiques ; mais enfin ils étaient chrétiens[2]. Et le sénat romain, ni les proconsuls des provinces, ne pouvaient savoir ce que c'est qu'une hérésie, et une erreur dans la foi. Il n'est donc pas surprenant qu'ils aient quelquefois défendu ces assemblées secrètes, accusées par des évêques même de crimes si énormes.

A Dieu ne plaise qu'on reproche à toutes les sociétés chrétiennes des premiers siècles ces infamies, qui n'étaient le partage que de quelques énergumènes ! Comme on allégorisait tout, on leur avait dit que Jésu était le second Adam. Cet Adam fut le premier homme, selon le peuple juif. Il marchait tout nu, aussi bien que sa femme. De là ils conclurent qu'on devait prier Dieu tout nu. Cette nudité donna lieu à toutes les impuretés auxquelles la nature s'abandonne, quand, loin d'être retenue, elle s'autorise de la superstition.

Si de pieux chrétiens ont fait ces reproches à d'autres chrétiens qui se croyaient pieux aussi au milieu de leurs ordures, ne soyons donc pas étonnés que les Romains et les Grecs aient imputé aux chrétiens des repas de Thyeste, des noces d'OEdipe, et des amours de Giton.

N'accusons pas non plus les Romains d'avoir voulu calomnier les chrétiens en leur reprochant d'avoir adoré une tête d'âne. Ils confondaient ces chrétiens demi-Juifs avec les vrais Juifs qui exerçaient le courtage et l'usure dans tout l'empire. Quand Pompée, Crassus, Sosius, Titus, entrèrent dans le temple de Jérusalem avec leurs officiers, ils y virent des chérubins, animaux à deux têtes, l'une de veau, et l'autre de garçon. Les Juifs doivent être de très-mauvais sculpteurs, puisque la loi, à laquelle ils avaient faiblement dérogé, leur défendait la sculpture. Les têtes de veau ressemblèrent à des têtes d'âne, et les Romains furent très-excusables de croire que les Juifs, et par conséquent les chrétiens confondus avec les Juifs, révéraient un âne, ainsi que les Égyptiens avaient consacré un bœuf et un chat.

Sortons maintenant du temple de Jérusalem, où deux veaux

---

1. Saint Épiphane, pages 41, 46, 47. (*Note de Voltaire.*)
2. Ce sont les gnostiques, qu'Épiphane accuse.

ailés furent pris pour des ânons ; sortons de la synaxe de quelques chrétiens, où l'on se livrait à tant d'impuretés, et entrons un moment dans la bibliothèque des Pères.

CHAPITRE XII.

QUE LES QUATRE ÉVANGILES FURENT CONNUS LES DERNIERS.
LIVRES, MIRACLES, MARTYRS SUPPOSÉS.

C'est une chose très-remarquable, et aujourd'hui reconnue pour incontestable, malgré toutes les faussetés alléguées par Abbadie, qu'aucun des premiers docteurs chrétiens nommés Pères de l'Église n'a cité le plus petit passage de nos quatre *Évangiles* canoniques ; et qu'au contraire ils ont cité les autres *Évangiles* appelés *apocryphes*, et que nous réprouvons. Cela seul démontre que ces *Évangiles apocryphes* furent non-seulement écrits les premiers, mais furent quelque temps les seuls canoniques ; et que ceux attribués à Matthieu, à Marc, à Luc, à Jean, furent écrits les derniers.

Vous ne retrouvez chez les Pères de l'Église du premier et du second siècle, ni la belle parabole des filles sages, qui mettaient de l'huile dans leurs lampes, et des folles qui n'en mettaient pas ; ni celle des usuriers qui font valoir leur argent à cinq cents pour cent ; ni le fameux *Contrains-les d'entrer*.

Au contraire, vous voyez dès le premier siècle Clément le Romain, qui cite l'*Évangile* des *Égyptiens*, dans lequel on trouve ces paroles : « On demanda à Jésu quand viendrait son royaume ; il répondit : Quand deux feront un, quand le dehors sera semblable au dedans, quand il n'y aura ni mâle ni femelle. » Cassien rapporte le même passage, et dit que ce fut Salomé qui fit cette question. Mais la réponse de Jésu est bien étonnante. Elle veut dire précisément : Mon royaume ne viendra jamais, et je me suis moqué de vous. Quand on songe que c'est un Dieu qu'on a fait parler ainsi, quand on examine avec attention et sincérité tout ce que nous avons rapporté, que doit penser un lecteur raisonnable ? Continuons.

Justin, dans son dialogue avec Tryphon, rapporte un trait tiré de l'*Évangile des douze apôtres* : c'est que quand Jésu fut baptisé dans le Jourdain, les eaux se mirent à bouillir.

A l'égard de Luc, qu'on regarde comme le dernier en date

des quatre *Évangiles* reçus[1], il suffira de se souvenir qu'il fait ordonner par Auguste un dénombrement de l'univers entier au temps des couches de Marie, et qu'il fait rédiger une partie de ce dénombrement en Judée par le gouverneur Cirénius, qui ne fut gouverneur que dix ans après.

Une si énorme bévue aurait ouvert les yeux des chrétiens mêmes, si l'ignorance ne les avait pas couverts d'écailles. Mais quel chrétien pouvait savoir alors que ce n'était pas Cirénius, mais Varus, qui gouvernait la Judée? Aujourd'hui même y a-t-il beaucoup de lecteurs qui en soient informés? Où sont les savants qui se donnent la peine d'examiner la chronologie, les anciens monuments, les médailles? Cinq ou six, tout au plus, qui sont obligés de se taire devant cent mille prêtres payés pour tromper, et dont la plupart sont trompés eux-mêmes.

Avouons-le hardiment, nous qui ne sommes point prêtres, et qui ne les craignons pas, le berceau de l'Église naissante n'est entouré que d'impostures. C'est une succession non interrompue de livres absurdes sous des noms supposés, depuis la lettre d'un petit toparque d'Édesse à Jésus-Christ, et depuis la lettre de la sainte Vierge à saint Ignace d'Antioche, jusqu'à la donation de Constantin au pape Sylvestre. C'est un tissu de miracles extravagants, depuis saint Jean, qui se remuait toujours dans sa fosse, jusqu'aux miracles opérés par notre roi Jacques[2] lorsque nous l'eûmes chassé. C'est une foule de martyrs qui ne tiendraient pas dans le *Pandemonium* de Milton, quand ils ne seraient pas plus gros que des mouches. Je ne prétends pas essuyer et donner le mortel ennui d'étaler le vaste tableau de toutes ces turpitudes. Je renvoie à notre Middleton, qui a prouvé, quoique avec trop de retenue, la fausseté des miracles; je renvoie à notre Dodwell, qui a démontré la paucité des martyrs.

On demande comment la religion chrétienne a pu s'établir par ces mêmes fraudes absurdes qui devaient la perdre. Je réponds que cette absurdité était très-propre à subjuguer le peuple. On n'allait pas discuter, dans un comité nommé par le sénat romain, si un ange était venu avertir une pauvre Juive de village que le Saint-Esprit viendrait lui faire un enfant; si Énoch, septième homme après Adam, a écrit ou non que les anges avaient couché avec les filles des hommes; et si saint Jude Thaddée a

---

1. C'est l'évangile de saint Jean qu'on regarde aujourd'hui comme le dernier en date des évangiles reçus.

2. Jacques II, à Saint-Germain, avait la prétention de guérir les écrouelles, en touchant les malades; voyez tome XIV, page 300.

rapporté ce fait dans sa lettre. Il n'y avait point d'académie chargée d'examiner si Polycarpe ayant été condamné à être brûlé dans Smyrne, une voix lui cria du haut d'une nuée: *Macte animo, Polycarpe*[1] ! si les flammes, au lieu de le toucher, formèrent un arc de triomphe autour de sa personne; si son corps avait l'odeur d'un bon pain cuit; si, ne pouvant être brûlé, il fut livré aux lions, lesquels se trouvent toujours à point nommé quand on a besoin d'eux ; si les lions lui léchèrent les pieds au lieu de le manger ; et si enfin le bourreau lui coupa la tête. Car il est à remarquer que les martyrs, qui résistent toujours aux lions, au feu, et à l'eau, ne résistent jamais au tranchant du sabre, qui a une vertu toute particulière.

Les centumvirs ne firent jamais d'enquête juridique pour constater si les sept vierges d'Ancyre, dont la plus jeune avait soixante et dix ans, furent condamnées à être déflorées par tous les jeunes gens de la ville; et si le saint cabaretier Théodote obtint de la sainte Vierge qu'on les noyât dans un lac, pour sauver leur virginité.

On ne nous a point conservé l'original de la lettre que saint Grégoire Thaumaturge écrivit au diable, et de la réponse qu'il en reçut.

Tous ces contes furent écrits dans des galetas, et entièrement ignorés de l'empire romain. Lorsque ensuite les moines furent établis, ils augmentèrent prodigieusement le nombre de ces rêveries; et il n'était plus temps de les réfuter et de les confondre.

Telle est même la misérable condition des hommes que l'erreur, mise une fois en crédit, et bien fondée sur l'argent qui en revient, subsiste toujours avec empire, lors même qu'elle est reconnue par tous les gens sensés, et par les ministres mêmes de l'erreur. L'usage alors et l'habitude l'emportent sur la vérité. Nous en avons partout des exemples. Il n'y a guère aujourd'hui d'étudiant en théologie, de prêtre de paroisse, de balayeur d'église, qui ne se moque des oracles des sibylles, forgés par les premiers chrétiens en faveur de Jésu, et des vers acrostiches attribués à ces sibylles. Cependant les papistes chantent encore dans leurs églises des hymnes fondées sur ces mensonges ridi-

---

1. Dans l'ouvrage de Ruinart, intitulé *Acta primorum martyrum sincera et selecta*, traduit par Drouet de Maupertuis, il est dit que Polycarpe, entrant dans l'amphithéâtre pour subir son martyre, « ouît une voix qui lui criait du haut du ciel: *Polycarpe, ayez bon courage!* Cette voix fut entendue des chrétiens, mais les païens n'en entendirent rien ». (B.)

cules. Je les ai entendus, dans mes voyages, chanter à plein
gosier :

> Solvet sæclum in favilla,
> Teste David cum sibylla.

C'est ainsi que j'ai vu le peuple même à Lorette rire de la
fable de cette maison que le détestable pape Boniface VIII dit
avoir été transportée, sous son pontificat, de Jérusalem à la
Marche d'Ancône par les airs. Et cependant il n'y a point de
vieille femme qui, dès qu'elle est enrhumée, ne prie Notre-
Dame de Lorette, et ne mette quelques oboles dans son tronc
pour augmenter le trésor de cette madone, qui est certainement
plus riche qu'aucun roi de la terre, et qui est aussi plus avare,
car il ne sort jamais un schelling de son échiquier.

Il en est de même du sang de San Gennaro, qui se liquéfie
tous les ans à jour nommé dans Naples[1]. Il en est de même de
la sainte ampoule en France. Il faut de nouvelles révolutions
dans les esprits, il faut un nouvel enthousiasme pour détruire
l'enthousiasme ancien, sans quoi l'erreur subsiste, reconnue et
triomphante.

CHAPITRE XIII.

DES PROGRÈS DE L'ASSOCIATION CHRÉTIENNE. RAISONS DE CES PROGRÈS.

Il faut savoir maintenant par quel enthousiasme, par quel
artifice, par quelle persévérance, les chrétiens parvinrent à se
faire, pendant trois cents ans, un si prodigieux parti dans l'empire romain que Constantin fut enfin obligé, pour régner, de
se mettre à la tête de cette religion, dont il n'était pourtant pas,
n'ayant été baptisé qu'à l'heure de la mort, heure où l'esprit
n'est jamais libre. Il y a plusieurs causes évidentes de ce succès
de la religion nouvelle.

Premièrement, les conducteurs du troupeau naissant le flat-
taient par l'idée de cette liberté naturelle que tout le monde
chérit, et dont les plus vils des hommes sont idolâtres. Vous êtes
les élus de Dieu, disaient-ils, vous ne servirez que Dieu, vous ne
vous avilirez pas jusqu'à plaider devant les tribunaux romains;
nous qui sommes vos frères, nous jugerons tous vos différends.
Cela est si vrai qu'il y a une lettre de saint Paul à ses demi-Juifs

---

1. Voyez la note, tome XIII, page 96.

de Corinthe[1], dans laquelle il leur dit : « Quand quelqu'un d'entre vous est en différend avec un autre, comment ose-t-il se faire juger (par des Romains) par des méchants, et non par des saints? Ne savez-vous pas que nous serons les juges des anges mêmes? A combien plus forte raison devons-nous juger les affaires du siècle!... Quoi! un frère plaide contre son frère devant des infidèles! »

Cela seul formait insensiblement un peuple de rebelles, un État dans l'État, qui devait un jour être écrasé, ou écraser l'empire romain.

Secondement, les chrétiens, formés originairement chez les Juifs, exerçaient comme eux le commerce, le courtage et l'usure. Car, ne pouvant entrer dans les emplois qui exigeaient qu'on sacrifiât aux dieux de Rome, ils s'adonnaient nécessairement au négoce, ils étaient forcés de s'enrichir. Nous avons cent preuves de cette vérité dans l'histoire ecclésiastique; mais il faut être court. Contentons-nous de rapporter les paroles de Cyprien, évêque secret de Carthage, ce grand ennemi de l'évêque secret de Rome, saint Étienne. Voici ce qu'il dit dans son traité des tombés : « Chacun s'est efforcé d'augmenter son bien avec une avidité insatiable; les évêques n'ont point été occupés de la religion; les femmes se sont fardées; les hommes se sont teint la barbe, les cheveux, et les sourcils; on jure, on se parjure; plusieurs évêques, négligeant les affaires de Dieu, se sont chargés d'affaires temporelles; ils ont couru de province en province, de foire en foire, pour s'enrichir par le métier de marchands. Ils ont accumulé de l'argent par les plus bas artifices; ils ont usurpé des terres, et exercé les plus grandes usures. »

Qu'aurait donc dit saint Cyprien s'il avait vu des évêques oublier l'humble simplicité de leur état jusqu'à se faire princes souverains ?

C'était bien pis à Rome; les évêques secrets de cette capitale de l'empire s'étaient tellement enrichis que le consul Caïus Prétextatus, au milieu du iii° siècle, disait : « Donnez-moi la place d'évêque de Rome, et je me fais chrétien. » Enfin les chrétiens furent assez riches pour prêter de l'argent au césar Constance le Pâle, père de Constantin, qu'ils mirent bientôt sur le trône.

Troisièmement, les chrétiens eurent presque toujours une pleine liberté de s'assembler et de disputer. Il est vrai que lorsqu'ils furent accusés de sédition et d'autres crimes, on les réprima ; et c'est ce qu'ils ont appelé des persécutions.

---

1. Première aux Corinthiens, ch. vi. (*Note de Voltaire.*)

Il n'était guère possible que quand un saint Théodore s'avisa
de brûler, par dévotion, le temple de Cybèle dans Amasée, avec
tous ceux qui demeuraient dans ce temple, on ne fît pas justice
de cet incendiaire. On devait sans doute punir l'énergumène
Polyeucte, qui alla casser toutes les statues du temple de Méli-
tène, lorsqu'on y remerciait le ciel pour la victoire de l'empereur
Décius. On eut raison de châtier ceux qui tenaient des conven-
ticules secrets dans les cimetières, malgré les lois de l'empire et
les défenses expresses du sénat. Mais enfin ces punitions furent
très-rares. Origène lui-même l'avoue, on ne peut trop le répéter.
« Il y a eu, dit-il, peu de persécutions, et un très-petit nombre de
martyrs, et encore de loin en loin[1]. »

Notre Dodwell[2] a fait main basse sur tous ces faux martyro-
loges inventés par des moines pour excuser, s'il se pouvait, les
fureurs infâmes de toute la famille de Constantin. Élie Dupin,
l'un des moins déraisonnables écrivains de la communion papiste, déclare positivement que les martyres de saint Césaire, de
saint Nérée, de saint Achille, de saint Domitille, de saint Hya-
cinthe, de saint Zénon, de saint Macaire, de saint Eudoxe, etc.,
sont aussi faux et aussi indignement supposés que ceux des onze
mille soldats chrétiens et des onze mille vierges chrétiennes[3].

L'aventure de la légion fulminante et celle de la légion thébaine sont aujourd'hui sifflées de tout le monde. Une grande
preuve de la fausseté de toutes ces horribles persécutions, c'est
que les chrétiens se vantent d'avoir tenu cinquante-huit conciles
dans leurs trois premières centuries: conciles reçus ou non
reçus à Rome, il n'importe. Comment auraient-ils tenu tous ces
conciles s'ils avaient été toujours persécutés?

Il est certain que les Romains ne persécutèrent jamais personne, ni pour sa religion, ni pour son irréligion. Si quelques
chrétiens furent suppliciés de temps à autre, ce ne put être que
pour des violations manifestes des lois, pour des séditions : car on
ne persécutait point les Juifs pour leur religion. Ils avaient leurs
synagogues dans Rome, même pendant le siége de Jérusalem par
Titus, et lorsque Adrien la détruisit après la révolte et les cruautés horribles du messie Barcochébas. Si donc on laissa ce peuple
en paix à Rome, c'est qu'il n'insultait point aux lois de l'empire;
et si on punit quelques chrétiens, c'est qu'ils voulaient détruire

1. *Réponse à Celse*, liv. III. (*Note de Voltaire.*)
2. Dans son traité *de Paucitate martyrum*, que dom Ruinart prétendit réfuter.
3. *Bibliothèque ecclésiastique*, siècle III. (*Note de Voltaire.*)

la religion de l'État, et qu'ils brûlaient les temples quand ils le pouvaient.

Une des sources de toutes ces fables de tant de chrétiens tourmentés par des bourreaux, pour le divertissement des empereurs romains, a été une équivoque. Le mot martyre signifiait témoignage, et on appela également témoins, martyrs, ceux qui prêchèrent la secte nouvelle, et ceux de cette secte qui furent repris de justice.

Quatrièmement, une des plus fortes raisons du progrès du christianisme, c'est qu'il avait des dogmes et un système suivi, quoique absurde, et les autres cultes n'en avaient point. La métaphysique platonicienne, jointe aux mystères chrétiens, formait un corps de doctrine incompréhensible, et par cela même il séduisait, et il effrayait les esprits faibles. C'était une chaîne qui s'étendait depuis la création jusqu'à la fin du monde. C'était un Adam de qui jamais l'empire romain n'avait entendu parler. Cet Adam avait mangé du fruit de la science, quoiqu'il n'en fût pas plus savant; il avait fait par là une offense infinie à Dieu, parce que Dieu est infini; il fallait une satisfaction infinie. Le verbe de Dieu, qui est infini comme son père, avait fait cette satisfaction, en naissant d'une Juive et d'un autre Dieu appelé le Saint-Esprit : ces trois dieux n'en faisaient qu'un, parce que le nombre trois est parfait. Dieu expia au bout de quatre mille ans le péché du premier homme, qui était devenu celui de tous ses descendants; sa satisfaction fut complète quand il fut attaché à la potence, et qu'il y mourut. Mais comme il était Dieu, il fallait bien qu'il ressuscitât après avoir détruit le péché, qui était la véritable mort des hommes. Si le genre humain fut depuis lui encore plus criminel qu'auparavant, il se réservait un petit nombre d'élus, qu'il devait placer avec lui dans le ciel, sans que personne pût savoir en quel endroit du ciel. C'était pour compléter ce petit nombre d'élus, que *Jésus* verbe, seconde personne de Dieu, avait envoyé douze Juifs dans plusieurs pays. Tout cela était prédit, disait-on, dans d'anciens manuscrits juifs qu'on ne montrait à personne. Ces prédictions étaient prouvées par des miracles, et ces miracles étaient prouvés par ces prédictions. Enfin, si on en doutait, on était infailliblement damné en corps et en âme; et, au jugement dernier, on était damné une seconde fois plus solennellement que la première. C'est là ce que les chrétiens prêchaient; et depuis ils ajou-tèrent de siècle en siècle de nouveaux mystères à cette théologie.

Cinquièmement, la nouvelle religion dut avoir un avantage prodigieux sur l'ancienne et sur la juive, en abolissant les sacrifices. Toutes les nations offraient à leurs dieux de la viande. Les temples les plus beaux n'étaient que des boucheries. Les rites des Gentils et des Juifs étaient des fraises de veau, des épaules de mouton, et des rosbifs, dont les prêtres prenaient la meilleure part. Les parvis des temples étaient continuellement infectés de graisse, de sang, de fiente, et d'entrailles dégoûtantes. Les Juifs eux-mêmes avaient senti quelquefois le ridicule et l'horreur de cette manière d'adorer Dieu. Fabricius nous a conservé l'ancien conte d'un Juif qui se mêla d'être plaisant, et qui fit sentir combien les prêtres juifs, ainsi que les autres, aimaient à faire bonne chère aux dépens des pauvres gens. Le grand-prêtre Aaron va chez une bonne femme qui venait de tondre la seule brebis qu'elle avait : « Il est écrit, dit-il, que les prémices appartiennent à Dieu ; » et il emporte la laine. Cette brebis fait un agneau : « Le premier né est consacré; » il emporte l'agneau, et en dîne. La femme tue sa brebis; il vient en prendre la moitié, selon l'ordre de Dieu. La femme, au désespoir, maudit sa brebis : « Tout anathème est à Dieu, » dit Aaron; et il mange la brebis tout entière. C'était là à peu près la théologie de toutes les nations.

Les chrétiens, dans leur premier institut, faisaient ensemble un bon souper à portes fermées. Ensuite ils changèrent ce souper en un déjeuner où il n'y avait que du pain et du vin. Ils chantaient à table les louanges de leur Christ; prêchait qui voulait. Ils lisaient quelques passages de leurs livres, et mettaient de l'argent dans la bourse commune. Tout cela était plus propre que les boucheries des autres peuples, et la fraternité, établie si longtemps entre les chrétiens, était encore un nouvel attrait qui leur attirait des novices.

L'ancienne religion de l'empire ne connaissait, au contraire, que des fêtes, des usages, et les préceptes de la morale commune à tous les hommes. Elle n'avait point de théologie liée, suivie. Toutes ces mythologies fabuleuses se contredisaient, et les généalogies de leurs dieux étaient encore plus ridicules aux yeux des philosophes que celle de Jésu ne pouvait l'être.

CHAPITRE XIV.

AFFERMISSEMENT DE L'ASSOCIATION CHRÉTIENNE SOUS PLUSIEURS EMPEREURS, ET SURTOUT SOUS DIOCLÉTIEN.

Le temps du triomphe arriva bientôt, et certainement ce ne fut point par des persécutions : ce fut par l'extrême condescendance

et par la protection même des empereurs. Il est constant, et tous
les auteurs l'avouent, que Dioclétien favorisa les chrétiens ouvertement pendant près de vingt années. Il leur ouvrit son palais ;
ses principaux officiers, Gorgonius, Dorothéos, Migdon, Mardon,
Pétra, étaient chrétiens. Enfin il épousa une chrétienne nommée
Prisca. Il ne lui manquait plus que d'être chrétien lui-même.
Mais on prétend que Constance le Pâle, nommé par lui césar,
était de cette religion. Les chrétiens, sous ce règne, bâtirent plusieurs églises magnifiques, et surtout une à Nicomédie, qui était
plus élevée que le palais même du prince. C'est sur quoi on ne
peut trop s'indigner contre ceux qui ont falsifié l'histoire et insulté
à la vérité, au point de faire une ère des martyrs commençant à
l'avénement de Dioclétien à l'empire.

Avant l'époque où les chrétiens élevèrent ces belles et riches
églises, ils disaient qu'ils ne voulaient jamais avoir de temples.
C'est un plaisir de voir quel mépris les Justin, les Tertullien, les
Minucius Félix, affectaient de montrer pour les temples ; avec
quelle horreur ils regardaient les cierges, l'encens, l'eau lustrale
ou bénite, les ornements, les images, véritables œuvres du démon.
C'était le renard qui trouvait les raisins trop verts ; mais dès qu'ils
purent en manger, ils s'en gorgèrent.

On ne sait pas précisément quel fut l'objet de la querelle en
302, entre les domestiques de César Galérius, gendre de Dioclétien, et les chrétiens qui demeuraient dans l'enceinte du temple
de Nicomédie ; mais Galérius se sentit si vivement outragé que,
l'an 303 de notre ère, il demanda à Dioclétien la démolition de
cette église. Il fallait que l'injure fût bien atroce, puisque l'impératrice Prisca, qui était chrétienne, poussa son indignation jusqu'à renoncer entièrement à cette secte. Cependant Dioclétien
ne se détermina point encore, et, après avoir assemblé plusieurs
conseils, il ne céda qu'aux instances réitérées de Galérius.

L'empereur passait pour un homme très-sage ; on admirait sa
clémence autant que sa valeur. Les lois qui nous restent de lui
dans le Code sont des témoignages éternels de sa sagesse et de
son humanité. C'est lui qui donna la cassation des contrats dans
lesquels une partie est lésée d'outre moitié ; c'est lui qui ordonna
que les biens des mineurs portassent un intérêt légal ; c'est lui
qui établit des peines contre les usuriers et contre les délateurs.
Enfin on l'appelait *le père du siècle d'or*[1] ; mais dès qu'un prince

---

1. Voyez les *Césars de Julien*, grande édition avec médailles, page 113. (*Note
de Voltaire.*)

devient l'ennemi d'une secte, il est un monstre chez cette secte.
Dioclétien et le césar Galérius, son gendre, ainsi que l'autre
césar Maximien-Hercule, son ami, ordonnèrent la démolition
de l'église de Nicomédie. L'édit en fut affiché. Un chrétien eut la
témérité de déchirer l'édit, et de le fouler aux pieds. Il y a bien
plus : le feu prit au palais de Galérius quelques jours après. On
crut les chrétiens coupables de cet incendie. Alors l'exercice public
de leur religion leur fut défendu. Aussitôt le feu prit au palais
de Dioclétien. On redoubla alors la sévérité. Il leur fut ordonné
d'apporter aux juges tous leurs livres. Plusieurs réfractaires furent
punis, et même du dernier supplice. C'est cette fameuse persécution qu'on a exagérée de siècle en siècle jusqu'aux excès les
plus incroyables, et jusqu'au plus grand ridicule [1]. C'est à ce temps
qu'on rapporte l'histoire d'un histrion nommé Génestus, qui jouait
dans une farce devant Dioclétien. Il faisait le rôle d'un malade.
« Je suis enflé, s'écriait-il. — Veux-tu que je te rabote? lui disait
un acteur. — Non, je veux qu'on me baptise. — Et pourquoi,
mon ami? — C'est que le baptême guérit de tout. » On le baptise
incontinent sur le théâtre. La grâce du sacrement opère. Il devient chrétien en un clin d'œil, et le déclare à l'empereur, qui
de sa loge le fait pendre sans différer.

On trouve dans ce même martyrologe l'histoire des sept belles
pucelles de soixante-dix à quatre-vingts ans, et du saint cabaretier dont nous avons déjà parlé [2]. On y trouve cent autres contes
de la même force, et la plupart écrits plus de cinq cents ans
après le règne de Dioclétien. Qui croirait qu'on a mis dans ce
catalogue le martyre d'une fille de joie, nommée sainte Afre,
qui exerçait son métier dans Augsbourg?

On doit rougir de parler encore du miracle et du martyre
d'une légion thébaine ou thébéenne, composée de six mille sept
cents soldats tous chrétiens, exécutés à mort dans une gorge de
montagnes qui ne peut pas contenir trois cents hommes, et cela
dans l'année 287, temps où il n'y avait point de persécution, et
où Dioclétien favorisait ouvertement le christianisme. C'est Grégoire de Tours qui raconte cette belle histoire; il la tient d'un
Euchérius mort en 454; et il y fait mention d'un roi de Bour-
gogne mort en 523.

Tous ces contes furent rédigés et augmentés par un moine du
XIIᵉ siècle; et il y paraît bien par l'uniformité constante du style.

---

1. Voyez tome XVIII, page 387.
2. Ci-dessus, page 81 ; et tome XXV, page 57.

Quand l'imprimerie fut enfin connue en Europe, les moines d'Italie, d'Espagne, de France, d'Allemagne, et les nôtres, firent à l'envi imprimer toutes ces absurdités, qui déshonorent la nature humaine. Cet excès révolta la moitié de l'Europe; mais l'autre moitié resta toujours asservie. Elle l'est au point que dans la France, notre voisine, où la saine critique s'est établie, Fleury, qui d'ailleurs a soutenu les libertés de son Église gallicane, a trahi le sens commun jusqu'à tenir registre de toutes ces sottises dans son *Histoire ecclésiastique*. Il n'a pas honte de rapporter l'interrogatoire de saint Taraque par le gouverneur Maxime, dans la ville de Mopsueste. Maxime fait mettre du vinaigre, du sel et de la moutarde, dans le nez de saint Taraque, pour le contraindre à dire la vérité. Taraque lui déclare que son vinaigre est de l'huile, et que sa moutarde est du miel. Le même Fleury copie les légendaires qui imputent aux magistrats romains d'avoir condamné au b..... les vierges chrétiennes, tandis que ces magistrats punissaient si sévèrement les vestales impudiques. En voilà trop sur ces inepties honteuses. Voyons maintenant comment, après la persécution de Dioclétien, Constantin fit asseoir la secte chrétienne sur les degrés de son trône.

CHAPITRE XV.

DE CONSTANCE CHLORE, OU LE PALE, ET DE L'ABDICATION DE DIOCLÉTIEN.

Constance le Pâle avait été déclaré césar par Dioclétien. C'était un soldat de fortune, comme Galérius, Maximien-Hercule, et Dioclétien lui-même; mais il était allié par sa mère à la famille de l'empereur Claude. L'empereur Dioclétien lui donna une partie de l'Italie, l'Espagne, et principalement les Gaules, à gouverner. Il fut regardé comme un très-bon prince. Les chrétiens ne furent presque point molestés dans son département. Il est dit qu'ils lui prêtèrent des sommes immenses; et cette politique fut le fondement de leur grandeur.

Dioclétien, qui créait tant de césars, était comme le dieu de Platon, qui commande à d'autres dieux. Il conserva sur eux un empire absolu jusqu'au moment à jamais fameux de son abdication, dont le motif fut très-équivoque.

Il avait fait Maximien-Hercule son collègue à l'empire, dès l'année de notre ère 281. Ce Maximien adopta Constance le Pâle, l'an 293. Mais tous ces princes obéissaient à Dioclétien comme à un père qu'ils aimaient et qu'ils craignaient. Enfin, en 306, se sentant malade, lassé du tumulte des affaires, et détrompé de la vanité des grandeurs, il abdiqua solennellement l'empire, comme fit depuis Charles-Quint; mais il ne s'en repentit pas, puisque son collègue Maximien-Hercule, qui abdiqua comme lui, ayant voulu depuis remonter sur le trône du monde connu, et ayant vivement sollicité Dioclétien d'y remonter avec lui, cet empereur, devenu philosophe, lui répondit qu'il préférait ses jardins de Salone à l'empire romain.

Qu'on nous permette ici une petite digression qui ne sera pas étrangère à notre sujet. D'où vient que dans les plates histoires de l'empire romain, qu'on fait et qu'on refait de nos jours, tous les auteurs disent que Dioclétien fut forcé pas son gendre Galérius de renoncer au trône? C'est que Lactance l'a dit. Et qui était ce Lactance? C'était un avocat véhément, prodigue de paroles, et avare de bon sens : voyons ce que plaide cet avocat.

Il commence par assurer que Dioclétien, contre lequel il plaide, devint fou, mais qu'il avait quelques bons moments. Il rapporte mot pour mot l'entretien que son gendre Galérius eut avec lui, tête à tête, dans le dessein de le faire enfermer :

L'empereur Nerva[1] (lui dit Galérius) abdiqua l'empire. Si vous ne voulez pas en faire autant, je prendrai mon parti.

DIOCLÉTIEN.

Eh bien! qu'il soit donc fait comme il vous plaît. Mais il faut que les autres césars en soient d'avis.

GALÉRIUS.

Qu'est-il besoin de leurs avis? Il faut bien qu'ils approuvent ce que nous aurons fait.

DIOCLÉTIEN.

Que ferons-nous donc?

GALÉRIUS.

Choisissons Sévère pour césar.

DIOCLÉTIEN.

Qui? ce danseur, cet ivrogne, qui fait du jour la nuit, et de la nuit le jour !

GALÉRIUS.

Il est digne d'être césar, car il a donné de l'argent aux troupes ; et j'ai déjà envoyé à Maximien pour qu'il le revête de la pourpre.

---

1. *Lactantius, de Mortibus persecutorum*, page 207, édition de De Bure, in-4°. (*Note de Voltaire.*)

DIOCLÉTIEN.

Soit. Et qui nous donnerez-vous pour l'autre césar?

GALÉRIUS.

Le jeune Daïa, mon neveu, qui n'a presque point de barbe.

DIOCLÉTIEN, en soupirant.

Vous ne me donnez pas là des gens à qui l'on puisse confier les affaires de la république.

GALÉRIUS.

Je les ai mis à l'épreuve, cela suffit.

DIOCLÉTIEN.

Prenez-y garde ; c'est vous de qui tout cela dépend : s'il arrive malheur, ce n'est pas ma faute.

Voilà une étrange conversation entre les deux maîtres du monde. L'avocat Lactance était-il en tiers? Comment les auteurs osent-ils, dans leur cabinet, faire parler ainsi les empereurs et les rois? Comment ce pauvre Lactance est-il assez ignorant pour faire dire à Galérius que Nerva abdiqua l'empire, tandis qu'il n'y a point d'écolier qui ne sache que c'est une fausseté ridicule? On a regardé ce Lactance comme un Père de l'Église, il fait voir qu'un Père de l'Église peut se tromper.

C'est lui qui cite un oracle d'Apollon pour faire connaître la nature de Dieu. « Il est par lui-même : personne ne l'a enseigné; il n'a point de mère ; il est inébranlable ; il n'a point de nom ; il habite dans le feu : c'est là Dieu, et nous sommes une petite portion d'ange. »

Dieu, dit-il dans un autre endroit, « a-t-il besoin du sexe féminin ? Il est tout-puissant, et peut faire des enfants sans femme, puisqu'il a donné ce privilége à de petits animaux ».

Il cite des vers grecs de la sibylle Érythrée, pour prouver que l'astrologie et la magie sont des inventions du diable; et d'autres vers grecs de la même sibylle, pour faire voir que Dieu a eu un fils.

Il trouve dans une autre sibylle le règne de mille ans, pendant lequel le diable sera enchaîné. On voit par là qu'il savait l'avenir tout comme il savait le passé.

Tel est le témoin des conversations secrètes entre deux empereurs romains. Mais que Dioclétien ait abdiqué par grandeur d'âme ou par faiblesse, cela ne change rien aux événements dont nous allons parler.

Nous observerons seulement ici que jamais l'histoire ne fut plus mal écrite que dans les temps qui suivirent la mort de

Dioclétien, et qu'on appelle du bas-empire. Ce fut à qui serait le plus extravagant et le plus menteur des partisans de l'ancienne religion et de la nouvelle. On ne perdait point de temps à discuter les prodiges et les oracles de ses adversaires; chacun s'en tenait aux siens : les prêtres des deux partis ressemblaient à ces deux plaideurs dont l'un produisait une fausse obligation, et l'autre une fausse quittance.

CHAPITRE XVI.

DE CONSTANTIN.

Voici ce qu'on peut recueillir des panégyriques et des satires de Constantin, et de toutes les contradictions dont l'esprit de parti a enveloppé l'époque dans laquelle le christianisme fut solennellement établi.

On ne sait point où Constantin naquit. Tous les auteurs s'accordent à lui donner le césar Constance Chlore ou le Pâle pour père. Tous conviennent qu'on a fait une sainte d'Hélène, sa mère. Mais on dispute encore sur cette sainte. Fut-elle épouse de Constance Chlore, fut-elle sa concubine? Si Constantin fut bâtard, nous pouvons dire qu'il n'est pas le seul homme de cette espèce qui ait fait du mal au monde : témoin le bâtard Guillaume dans notre île, Clovis dans les Gaules, et un autre bâtard qu'il est inutile de nommer.

Quoi qu'il en soit, il était fort triste d'être le beau-père, ou le beau-frère, ou le neveu, l'allié, ou le frère, ou le fils, ou la femme, ou le domestique, ou même, si l'on veut encore, le cheval de Constantin.

A commencer par ses chevaux, lorsqu'il partit de Nicomédie pour aller trouver son père, qu'on disait malade, ou chez les Gaulois, ou chez nous, il fit tuer tous les chevaux qu'il avait montés sur la route, dans la crainte d'être poursuivi sur les mêmes chevaux par l'empereur Galérius, qui ne songeait point du tout à le poursuivre, puisqu'il ne fit courir personne après lui.

Pour ses domestiques, il fallait qu'ils lui baisassent les pieds tous les jours, dès qu'il fut empereur : cela n'était que gênant; mais il fit périr Sopater et les principaux officiers de sa maison : cela est plus dur. A l'égard de son fils Crispus, on sait assez qu'il lui fit couper la tête sans autre forme de procès. Sa femme Fausta, il la fit étouffer dans un bain. Ses trois frères, il les tint longtemps en exil à Toulouse : il ne les tua pas ; mais son fils, l'empereur Constantin II, en tua deux. Pour son neveu Lucinien, il ne le manqua pas : il le fit assassiner à l'âge de douze ans. Son beau-frère Lucinius, il le fit étrangler après avoir dîné avec lui dans Nicomédie, et lui avoir fait le serment de le traiter en frère. Son autre beau-frère Bassien, il était déjà expédié avant Licinius. Son beau-père Maximien-Hercule, ce fut le premier dont il se défit à Marseille, sur le prétexte specieux que ce beau-père, accablé de vieillesse, venait l'assassiner dans son lit. Mais il faut bien pardonner cette multitude de fratricides et de parricides à un homme qui tint le concile de Nicée, et qui d'ailleurs passait ses jours dans la mollesse la plus voluptueuse. Comment ne pas le révérer, après que Jésu-Christ lui-même lui envoya un étendard dans les nuées ; après que l'Église l'a mis au rang des saints, et qu'on célèbre encore sa fête le 21 mai chez les pauvres Grecs de Constantinople, et dans les églises russes ?

Avant d'examiner son concile de Nicée, il faut dire un mot de son fameux *labarum*, qui lui apparut dans le ciel. C'est une aventure très-curieuse.

CHAPITRE XVII.

DU « LABARUM ».

Ce n'est pas ici le lieu de faire une histoire suivie et détaillée de Constantin, quoique les déclamations puériles d'Eusèbe, la partialité de Zonare et de Zosime, leur inexactitude, leurs contrariétés, et la foule de leurs insipides copistes, semblent exiger que la raison écrive enfin cette histoire, si longtemps défigurée par la démence et le pédantisme.

Nous n'avons ici d'autre objet que le *labarum*. C'était un signe militaire qui servait de ralliement, tandis que les aigles romaines étaient la principale enseigne de l'armée. Constantin s'étant fait proclamer césar chez nous par quelques cohortes, sortit vite de notre île pour aller disputer le trône à Maxence, fils de l'empereur Maximien-Hercule, encore vivant. Maxence avait été élu par le sénat romain, par les gardes prétoriennes, et par le peuple. Constantin leva une armée dans les Gaules. Il y avait dans cette armée un très-grand nombre de chrétiens attachés à son père. Jésu-Christ, soit par reconnaissance, soit par politique, lui apparut, et lui montra en plein midi un nouveau *labarum*, placé dans l'air immédiatement au-dessus du soleil. Ce *labarum* était orné de son chiffre, car on sait que Jésu-Christ avait un chiffre. Cet étendard fut vu d'une grande partie des soldats gaulois, et ils en lurent distinctement l'inscription, qui était en grec. Nous ne devons pas douter qu'il n'y eût aussi plusieurs de nos compatriotes dans cette armée, qui lurent cette légende : *Vaincs en ceci;* car nous nous piquons d'entendre le grec beaucoup mieux que nos voisins.

On ne nous a pas appris positivement en quel lieu et en quelle année ce merveilleux étendard parut au-dessus du soleil. Les uns disent que c'était à Besançon, les autres vers Trèves, d'autres près de Cologne ; d'autres, dans ces trois villes à la fois, en l'honneur de la sainte Trinité.

Eusèbe l'arien, dans son *Histoire de l'Église*[1], dit qu'il tenait le conte du *labarum* de la bouche même de Constantin, et que ce véridique empereur l'avait assuré que jamais les soldats qui portaient cette enseigne n'étaient blessés. Nous croyons aisément que Constantin se fit un plaisir de tromper un prêtre : ce n'était qu'un rendu. Scipion l'Africain persuada bien à son armée qu'il avait un commerce intime avec les dieux, et il ne fut ni le premier ni le dernier qui abusa de la crédulité du vulgaire. Constantin était vainqueur, il lui était permis de tout dire. Si Maxence avait vaincu, Maxence aurait reçu sans doute un étendard de la main de Jupiter.

CHAPITRE XVIII.

DU CONCILE DE NICÉE.

Constantin, vainqueur et assassin de tous côtés, protégeait hautement les chrétiens, qui l'avaient très-bien servi. Cette faveur était juste s'il était reconnaissant, et prudente s'il était politique. Dès que les chrétiens furent les maîtres, ils oublièrent le précepte de Jésu et de tant de philosophes, de pardonner à leurs ennemis. Ils poursuivirent tous les restes de la maison de Dioclétien et de ses domestiques. Tous ceux qu'ils rencontrèrent furent massacrés. Le corps sanglant de Valérie, fille de Dioclétien, et celui de sa mère, furent traînés dans les rues de Thessalonique, et jetés dans

---

1. Eusèbe rapporte bien ce fait, mais c'est dans la *Vie de Constantin*, livre I, chap. XXVIII.

la mer. Constantin triomphait, et faisait triompher la religion chrétienne sans la professer. Il prenait toujours le titre de grand-pontife des Romains, et gouvernait réellement l'Église. Ce mélange est singulier, mais il est évidemment d'un homme qui voulait être le maître partout.

Cette Église, à peine établie, était déchirée par les disputes de ses prêtres, devenus presque tous sophistes, depuis que le platonisme avait renforcé le christianisme, et que Platon était devenu le premier Père de l'Église. La principale querelle était entre le prêtre Arions, prêtre des chrétiens d'Alexandrie (car chaque Église n'avait qu'un prêtre), et Alexander, évêque de la même ville. Le sujet était digne des argumentants. Il s'agissait de savoir bien clairement si Jésu, devenu verbe, était de la même substance que Dieu le Père, ou d'une substance toute semblable. Cette question ressemblait assez à cette autre de l'école: *Utrum chimæra bombinans in vacuo possit comedere secundas intentiones.* L'empereur sentit parfaitement tout le ridicule de la dispute qui divisait les chrétiens d'Alexandrie et de toutes les autres villes. Il écrivit aux disputeurs : « Vous êtes peu sages de vous quereller pour des choses incompréhensibles. Il est indigne de la gravité de vos ministères de vous quereller pour un sujet si mince. »

Il paraît par cette expression, *sujet si mince*, que l'assassin de toute sa famille, uniquement occupé de son pouvoir, s'embarrassait très-peu dans le fond si le verbe était consubstantiel ou non, et qu'il faisait peu de cas des prêtres et des évêques, qui mettaient tout en feu pour une syllabe à laquelle il était impossible d'attacher une idée intelligible. Mais sa vanité, qui égala toujours sa cruauté et sa mollesse, fut flattée de présider au grand concile de Nicée. Il se déclara tantôt pour Athanase, successeur d'Alexander dans l'Église d'Alexandrie, tantôt pour Arious ; il les exila l'un après l'autre ; il envenima lui-même la querelle qu'il voulait apaiser, et qui n'est pas encore terminée parmi nous, du moins dans le clergé anglican : car pour nos deux chambres du parlement, et nos campagnards qui chassent au renard, ils ne s'inquiètent guère de la consubstantialité du verbe.

Il y a deux miracles très-remarquables, opérés au concile de Nicée par les Pères orthodoxes, car les Pères hérétiques ne font jamais de miracles. Le premier, rapporté dans l'appendix du concile, est la manière dont on s'y prit pour distinguer les *Évangiles,* et les autres livres recevables, des *Évangiles* et des autres livres apocryphes. On les mit tous, comme on sait, pêle-mêle sur un autel ; on invoqua le Saint-Esprit : les apocryphes tombèrent par terre, et les véritables demeurèrent en place. Ce service que rendit le Saint-Esprit méritait bien que le concile eût fait de lui une mention plus honorable. Mais cette assemblée irréfragable, après avoir déclaré sèchement que le Fils était consubstantiel au Père, se contenta de dire encore plus sèchement : *Nous croyons aussi au Saint-Esprit,* sans examiner s'il était consubstantiel ou non.

L'autre miracle, accrédité de siècle en siècle par les auteurs les plus approuvés jusqu'à Baronius, est bien plus merveilleux et plus terrible. Deux Pères de l'Église, l'un nommé Chrysante, et l'autre Musonius, étaient morts avant la dernière séance où tous les évêques signèrent. Le concile se mit en prière ; Chrysante et Musonius ressuscitèrent ; ils revinrent tous deux signer la condamnation d'Arious ; après quoi ils n'eurent rien de plus pressé que de remourir, n'étant plus nécessaires au monde.

Pendant que le christianisme s'affermissait ainsi dans la Bithynie par des miracles aussi évidents que ceux qui le firent naître, sainte Hélène, mère de saint Constantin, en faisait de son côté qui n'étaient pas à mépriser. Elle alla à Jérusalem, où elle trouva d'abord le tombeau du Christ, qui s'était conservé pendant trois cents ans, quoiqu'il ne fût pas trop ordinaire d'ériger des mausolées à ceux qu'on avait crucifiés. Elle retrouva sa croix, et les deux autres où l'on avait pendu le bon et le mauvais larron. Il était difficile de reconnaître laquelle des trois croix avait appartenu à Jésu. Que fit sainte Hélène? Elle fit porter les trois croix chez une vieille femme du voisinage, malade à la mort. On la coucha d'abord sur la croix du mauvais larron, son mal augmenta. On essaya la croix du bon larron, elle se trouva un peu soulagée. Enfin on l'étendit sur la croix de Jésu-Christ, et elle fut parfaitement guérie en un clin d'œil. Cette histoire se trouve dans saint Cyrille, évêque de Jérusalem, et dans Théodoret ; par conséquent on ne peut en douter, puisqu'on garde dans les trésors des églises assez de morceaux de cette vraie croix pour construire deux ou trois vaisseaux de cent pièces de canon.

Si vous voulez avoir un beau recueil des miracles opérés en ce siècle, n'oubliez pas d'y ajouter celui de saint Alexander, évêque d'Alexandrie, et de saint Macaire son prêtre ; ce miracle n'est pas fait par la charité, mais il l'est par la foi. Constantin avait ordonné qu'Arious serait reçu à la communion dans l'église de Constantinople, quoiqu'il tînt ferme à soutenir que Jésu-Christ est *omoiousios* ; saint Alexander, saint Macaire, sachant qu'Arious était déjà dans la rue, prièrent Jésu avec tant de ferveur et de larmes de le faire mourir, de peur qu'il n'entrât dans l'église, que Jésu, qui est *omousios*, et non pas *omoiousios*, envoya sur-le-champ au prêtre Arious une envie démesurée d'aller à la selle. Toutes ses entrailles lui sortirent par le derrière, et il ne communia pas. Cette émigration des entrailles est physiquement impossible : et c'est ce qui rend le miracle plus beau et plus avéré.

CHAPITRE XIX.

DE LA DONATION DE CONSTANTIN, ET DU PAPE DE ROME SILVESTRE. COURT EXAMEN SI PIERRE A ÉTÉ PAPE A ROME.

On a cru pendant douze cents ans que Constantin avait fait présent de l'empire d'Occident à l'évêque de Rome Silvestre. Ce n'était pas. absolument un article de foi, mais il en approchait tant qu'on faisait brûler quelquefois les gens qui en doutaient, Cette donation n'était en effet qu'une restitution de la moitié de ce qu'on devait à Silvestre, car il représentait Simon Barjone, surnommé Pierre, qui avait tenu vingt-cinq ans le pontificat romain sous Néron, qui n'en régna que treize; et Simon Barjone avait représenté Jésu, à qui tous les royaumes appartiennent.

Il faut d'abord prouver en peu de mots que Simon Barjone tint le siége à Rome.

En premier lieu, le livre des *actions des apôtres* ne dit en aucun endroit que ce Barjone Pierre ait été à Rome ; et Paul, dans ses lettres, insinue le contraire. Donc il y voyagea, et il y régna ' vingt-cinq ans sous Néron ; et si Néron ne régna que treize ans, on n'a qu'à en ajouter douze, cela fera vingt-cinq.

En second lieu, il y a une lettre attribuée à Pierre, dans laquelle il dit expressément qu'il était à Babylone : donc il est clair qu'il était à Rome, comme l'ont démontré plusieurs papistes.

En troisième lieu, des faussaires reconnus, nommés Abdias et Marcel, ont attesté que Simon le Magicien ressuscita à moitié un parent de Néron, et que Simon Barjone Pierre le ressuscita tout à fait; que Simon le Magicien vola dans les airs devant toute la cour, et que Simon Pierre, plus grand Magicien, le fit tomber, et lui cassa les deux jambes; que les Romains firent un dieu de Simon l'estropié; que Simon Pierre rencontra Jésu à une porte de Rome; que Jésu lui prédit sa glorieuse mort, qu'il fut crucifié la tête en bas, et solennellement enterré au Vatican.

Enfin le fauteuil de bois dans lequel il prêcha est encore dans la cathédrale : donc Pierre a gouverné dans Rome toute l'Église, qui n'existait pas, ce qui était à démontrer. Tel est le fondement de la restitution faite au pape de la moitié du monde chrétien.

Cette pièce curieuse est si peu connue dans notre île qu'il est bon d'en donner ici un petit extrait. C'est Constantin qui parle :

« Nous, avec nos satrapes, et tout le sénat et le peuple soumis au glorieux empire, nous avons jugé utile de donner au successeur du prince des apôtres une plus grande puissance que celle que notre sérénité et notre mansuétude ont sur la terre. Nous avons résolu de faire honorer la sacro-sainte Église romaine plus que notre puissance impériale, qui n'est que terrestre ; et nous attribuons au sacré siége du bienheureux Pierre toute la dignité, toute la gloire, et toute la puissance impériale... Nous possédons les corps glorieux de saint Pierre et de saint Paul, et nous les avons honorablement mis dans des caisses d'ambre que la force des quatre éléments ne peut casser. Nous avons donné plusieurs grandes possessions en Judée, en Grèce, dans l'Asie, dans l'Afrique, et dans l'Italie, pour fournir aux frais de leurs luminaires. Nous donnons en outre à Silvestre, et à ses successeurs, notre palais de Latran, qui est plus beau que tous les autres palais du monde.

« Nous lui donnons notre diadème, notre couronne, notre mitre, tous les habits impériaux que nous portons, et nous lui remettons la dignité impériale et le commandement de la cavalerie.... Nous voulons que les révérendissimes clercs de la sacro-sainte romaine Église jouissent de tous les droits du Sénat : nous les créons tous patrices et consuls. Nous voulons que leurs chevaux soient toujours ornés de caparaçons blancs, et que nos principaux officiers tiennent ces chevaux par la bride, comme nous avons conduit nous-même par la bride le cheval du sacré pontife.

« Nous donnons en pur don au bienheureux pontife la ville de Rome, et toutes les villes occidentales de l'Italie, comme aussi les autres villes occidentales des autres pays. Nous cédons la place au saint-père ; nous nous démettons de la domination sur toutes ces provinces ; nous nous retirons de Rome, et transportons le siége de notre empire en la province de Byzance, n'étant pas juste qu'un empereur terrestre ait le moindre pouvoir dans les lieux où Dieu a établi le chef de la religion chrétienne.

« Nous ordonnons que cette notre donation demeure ferme jusqu'à la fin du monde ; et si quelqu'un désobéit à notre décret, nous voulons qu'il soit damné éternellement, que les apôtres Pierre et Paul lui soient contraires en cette vie et en l'autre, et

qu'il soit plongé au plus profond de l'enfer avec le diable. Donné
sous le consulat de Constantin et de Gallicanus. »

Ces lettres patentes étaient la plus juste récompense du service éternel que le pape Silvestre avait rendu à l'empereur. Il est
dit, dans la préface de cette belle pièce, que Constantin, étant
mangé de lèpre, s'était baigné en vain dans le sang d'une multitude d'enfants, par l'ordonnance de ses médecins. Ce remède
n'ayant pas réussi, il envoya chercher le pape Silvestre, qui le
guérit en un moment, en lui donnant le baptême.

On sait qu'après la décadence de l'empire romain, le Goth
qui dressa ces lettres patentes n'avait pas besoin de supposer la
signature de Constantin et du consul Gallicanus, qui ne fut
jamais consul avec Constantin. C'était Jésu-Christ lui-même qui
les devait signer, puisqu'il avait donné à Barjone Pierre les clefs
du royaume du ciel, et que la terre y était visiblement comprise.
On a prétendu que Jésu ne savait pas écrire; mais ce n'est là
qu'une mauvaise difficulté.

Nous n'avons jamais démêlé si c'est sur la donation de Constantin, ou sur celle de Jésu, que se fonda le pape Innocent III
lorsqu'il se déclara roi d'Angleterre en 1213, et qu'il nous envoya
son légat Pandolfe, auquel notre Jean sans Terre remit son
royaume, dont il ne fut plus que le fermier, et dont il lui paya
la première année d'avance. Il réitéra ce bail en 1214, et paya
encore vingt-cinq mille livres pesant d'argent pour pot-de-vin du
marché. Son fils Henri III commença son règne par confirmer
cette donation à genoux. Nous étions alors dans un terrible abru-
tissement. Un grave auteur a dit que nous étions des bœufs qui
labourions pour le pape, et que depuis nous avons été changés en
hommes; mais que nous avons gardé nos cornes, avec lesquelles
nous avons chassé les loups ecclésiastiques qui nous dévoraient.

Au reste, on peut s'enquérir à Naples si la donation de Constantin a servi de modèle à la vassalité où les rois de Naples
veulent bien être encore de la cour de Rome.

CHAPITRE XX.

DE LA FAMILLE DE CONSTANTIN, ET DE L'EMPEREUR JULIEN LE PHILOSOPHE [1].

Après Constantin, qui fut baptisé à l'article de la mort par
l'arien Eusèbe, évêque de Nicomédie, et non par César-Auguste

---

1. Voyez le *Portrait de l'empereur Julien*, tome XXVIII, page 2.

Silvestre, évêque de Rome, ses enfants, chrétiens comme lui, souillèrent comme lui sa famille de sang et de carnage. Constantin II, Constant et Constantius, commencèrent par faire massacrer sept neveux de leur père et deux de leurs oncles ; après quoi l'empereur Constant, bon catholique, fit égorger l'empereur Constantin II, bon catholique aussi. Il ne resta bientôt que l'empereur Constantius l'arien. On croit lire l'histoire des sultans turcs quand on lit celle du grand Constantin et de ses fils. Il est très-vrai que les crimes qui rendirent cette cour si affreuse, et les turpitudes de la mollesse qui la fit si méprisable, ne cessèrent que quand Julien vint à l'empire.

Julien était le petit-fils d'un frère de Constance Chlore ou le Pâle, et par conséquent petit-neveu du premier Constantin. Il avait deux frères : l'aîné fut tué avec son père dans le massacre de la famille ; restaient Gallus et Julien. Gallus, l'aîné, était âgé de vingt-huit ans quand il causa quelque ombrage à l'empereur Constantius. Ce digne fils du grand Constantin fit saisir ses deux cousins, Gallus et Julien. Le premier fut assassiné par son ordre en Dalmatie, à quelques lieues de l'endroit où l'on a élevé depuis le prodige de la ville de Venise ; Julien, traîné pendant sept mois de prison en prison, fut réservé à la même mort ; il n'avait pas alors vingt-trois ans accomplis. On allait le faire périr dans Milan, lorsqu'Eusébie, femme de l'empereur, touchée des grâces et de l'esprit supérieur de ce prince infortuné, lui sauva la vie par ses prières et par ses larmes.

Constantius n'avait point d'enfants, et était même, dit-on, incapable d'en avoir, soit vice de la nature, soit suite de ses débauches. Il fut forcé, comme les Ottomans l'ont été depuis, de ne pas répandre tout le sang de la famille impériale, et de déclarer enfin césar ce même Julien, qu'il avait voulu joindre aux princes massacrés.

On sait assez combien la présence d'un successeur est odieuse, et à quel point la puissance suprême est jalouse. Constantius exila honorablement Julien dans les Gaules, après lui avoir donné sa sœur Hélène en mariage. Telle était la cour de Constantinople ; telles on en a vu d'autres. On assassine ses parents ; on ne sait si on égorgera celui qui reste, ou si on le mariera. Quand on l'a marié, on l'exile ; on voudrait s'en défaire, on l'opprime ; on finit par être détrôné ou tué par celui qu'on a persécuté, ou bien on le tue ; et on est tué par un autre. Dans ce chaos d'horreurs, de faiblesses, d'inconstances, de trahisons, de meurtres, on crie toujours : Dieu ! Dieu ! On est béni par une faction de prêtres, et maudit par une autre. On est dévot ; il y a toujours presque autant de miracles que de scélératesses et de lâchetés. La Constantinople chrétienne n'a pas eu d'autres mœurs jusqu'au temps où elle est devenue la Constantinople turque : alors elle a été aussi atroce, mais moins méprisable, jusqu'à cette année 1776 où nous écrivons ; et il est probable qu'elle sera un jour conquise pour faire place à une troisième non moins méchante, qui succombera à son tour.

Le césar Julien, envoyé dans les Gaules, mais sans pouvoir, sans argent, et presque sans troupes, entouré de ministres qui avaient le secret de la cour, et d'espions qui le trahissaient, déploya alors toute la force de son génie longtemps retenu. Les hordes des Allemands et des Francs ravageaient la Gaule ; elles avaient détruit les villes bâties par les Romains le long du Rhin. Julien se forma une armée malgré ses surveillants, la nourrit sans fouler les peuples, la disciplina, et s'en fit aimer : enfin il vainquit avec peu de troupes des armées innombrables, à l'exemple des plus grands capitaines ; mais il était bien au-dessus d'eux par la philosophie et par les vertus. C'était César pour la conduite d'une campagne ; c'était Alexandre un jour de bataille ; c'était Marc-Aurèle et Épictète pour les mœurs. Sobre, tempérant, chaste, ne connaissant de plaisirs que ses devoirs, ennemi de toute délicatesse, jusqu'à coucher toujours à terre sur une simple peau, et à se nourrir comme un simple soldat : sa vertu allait au delà des forces de la nature humaine.

Le peu de temps qu'il résida dans Paris, notre rivale, rendit les Parisiens plus heureux qu'ils ne l'ont été sous leur bon roi Henri IV, qu'ils regrettent tous les jours. Julien osa chasser les agents de l'empereur, officiers du fisc, maltôtiers, qui tiraient toute la substance des Gaules. Qui croirait qu'il diminua les impôts dans la proportion de vingt-cinq à sept ; et que par cette réduction même, soutenue d'une sage économie, il enrichit à la fois la Gaule et le fisc impérial ? Julien voyait tout par ses yeux, et jugeait les procès de sa bouche, comme il combattait de ses mains. L'Europe se souviendra toujours avec admiration et avec tendresse de ce grand mot qu'il répondit à un avocat, au sujet d'un homme auquel on imputait un crime. « Qui sera coupable, disait cet avocat, s'il suffit de nier ? — Eh ! qui sera innocent, repartit Julien, s'il suffit d'accuser ? » Plût à Dieu qu'il fût venu à Londres comme à Paris ! Mais du moins il nous envoya des secours contre les Pictes, et nous lui avons obligation aussi bien que nos voisins. Quelle fut la récompense de tant de vertus et de

tant de services? Celle qu'on devait attendre de Constantius et des
eunuques qui régnaient sous son nom. On lui retira les troupes
qu'il avait formées, et avec lesquelles il avait étendu les limites
de l'empire. Constantius eut à se repentir de son injustice imprudente. Ces troupes ne voulurent point partir, et déclarèrent
Julien empereur en 360 ; Constantius mourut l'année suivante.
Telle était la probité reconnue de Julien que les plus insignes
calomniateurs de ce grand homme ne l'accusèrent pas d'avoir eu
la moindre part à la mort toute naturelle du bourreau de son
père et de ses frères. Il n'y eut que le déclamateur infâme saint
Grégoire de Nazianze qui osa laisser échapper quelques soupçons
de poison, soupçons qui furent étouffés par le cri universel de
la vérité.

Julien gouverna l'empire comme il avait gouverné la Gaule.
Il commença par faire punir les délateurs et les financiers oppresseurs. Au faste asiatique de la cour des Constantin succéda
la simplicité des Marc-Aurèle. S'il força les tribunaux à être justes,
et s'il rendit la cour plus vertueuse, ce ne fut que par son exemple.
S'il donna la préférence à la religion de ses ancêtres, à cette religion des Scipion, des Caton, et des Antonins, sur une secte
nouvelle échappée d'un village juif, il ne contraignit jamais aucun
chrétien d'abjurer. Au contraire, ses exemples de clémence sont
sans nombre, quoi qu'en ait dit la rage de quelques chrétiens
persécuteurs, qui auraient bien voulu que Julien eût été persécuteur comme eux. Ils n'ont pu s'inscrire en faux contre le pardon qu'il accorda dans Antioche à un nommé Thalassius, qui
avait été son ennemi déclaré du temps de l'empereur Constantius.
Les citoyens se plaignirent que ce Thalassius les avait opprimés.
« Il m'a opprimé aussi, dit Julien, et je l'oublie. » Un autre, nommé
Théodote, vint se jeter à ses pieds, et lui avoua qu'il l'avait calom-
nié sous le précédent règne. « Je le savais, répondit l'empereur;
vous ne me calomnierez plus. »

Enfin dix soldats chrétiens ayant conspiré contre sa vie, il se
content a leur dire : « Apprenez que ma vie est nécessaire, pour
que je marche à votre tête contre les Perses. »

Nous ne nous abaisserons pas jusqu'à réfuter les absurdités
vomies contre sa mémoire, comme la femme qu'il immola à la
lune pour revenir vainqueur des Perses, et son sang qu'il jeta
contre le ciel, en s'écriant : « Tu as vaincu, Galiléen ! » On ne peut
comparer l'horreur et le ridicule des calomnies dont il fut chargé
par des écrivains nommés Pères de l'Église, qu'aux impostures
vomies par nos moines contre Mahomet II, après la prise de

Constantinople. Ces reproches des prêtres, renouvelés d'âge en âge à Julien, de n'avoir pas été de la religion de l'assassin Constantius, sont d'autant plus mal placés que Constantius était hérétique, et que, selon ces prêtres, un hérétique est pire qu'un païen.

CHAPITRE XXI.

QUESTIONS SUR L'EMPEREUR JULIEN.

On a demandé si Julien aimait la religion de l'empire d'aussi bonne foi qu'il détestait la secte chrétienne. On a demandé encore s'il pouvait raisonnablement espérer de détruire cette secte.

Quant à la première question, si un philosophe stoïcien tel que Julien adorait en effet Vénus, Mercure, Priape, Proserpine, et des dieux pénates, nous avons peine à le croire. Ce qui est vraisemblable, c'est que les peuples étant partagés entre deux factions irréconciliables, il fallait que Julien parût être de l'une pour abattre l'autre, sans quoi toutes deux se seraient soulevées contre lui. Nous savons bien qu'il est dans l'Europe un très-grand prince[1], célèbre par ses victoires, par ses lois, et par ses livres, qui, dans ses États de cinq cents lieues en longueur, a pour ses sujets des papistes, des luthériens, des calvinistes, des moraves, des sociniens, des juifs ; qui ne prend parti pour aucune de ces sectes, et qui n'a pas plus de chapelle que de conseil et de maîtresse ; mais il est venu dans un temps où la démence des disputes de religion est entièrement amortie dans son pays. Il a affaire à des Allemands, et Julien avait affaire à des Grecs, capables de nier jusqu'à la mort que deux et deux font quatre.

Il se peut que Julien, né sensible et enthousiaste, abhorrant la famille de Constantin, qui n'était qu'une famille d'assassins ; abhorrant le christianisme, dont elle avait été le soutien, se soit fait illusion jusqu'au point de former un système qui semblait réconcilier un peu avec la raison le ridicule de ce qu'on appelle mal à propos le paganisme. C'était un avocat qui pouvait s'enivrer de sa cause ; mais en voulant détruire la religion de Jésu, ou plutôt la religion de lambeaux mal cousus au nom de Jésu, aurait-il pu parvenir à ce grand ouvrage ? Nous répondrons hardiment : Oui, s'il avait vécu quarante ans de plus, et s'il avait été toujours bien secondé.

1. Frédéric II, roi de Prusse.

Il eût été d'abord nécessaire de faire ce que nous fîmes quand
nous détruisîmes le papisme. Nous étalâmes devant l'Hôtel de ville,
aux yeux et à l'esprit du public, les fausses légendes, les fausses
prophéties, et les faux miracles de moines. L'empereur Julien,
au contraire, subjugué par les idées erronées de son siècle, accorde, dans son discours conservé par Cyrille, que Jesu a fait
quelques prodiges ; mais que tous les théurgistes en font bien
davantage. C'est précisément imiter Jésu, qui, dans le livre de
Matthieu, avoue que tous les Juifs ont le secret de chasser les
diables.

Julien aurait dû faire voir que ces possessions du diable sont
une charlatanerie punissable, et c'est de quoi sont très-persuadés
les magistrats de nos jours, bien qu'ils aient quelquefois la là-
cheté de conniver à ces infamies. Ayant ainsi levé un pan de la
robe de l'erreur, on l'aurait enfin montrée nue dans toute sa turpitude. On aurait pu abolir sagement et peu à peu les sacrifices
de veaux et de moutons, qui changeaient les temples en cuisines,
et instituer à leur place des hymnes et des discours de simple
morale. On aurait pu inculquer dans les esprits l'adoration d'un
Être suprême, dont l'existence était déjà reconnue ; on aurait pu
écarter tous les dogmes, qui ne sont nés que de l'imagination des
hommes, et on aurait prêché la simple vertu, qui est née de Dieu
même.

Enfin les empereurs romains auraient pu imiter les empereurs de la Chine, qui avaient établi une religion pure depuis si
longtemps ; et cette religion, qui eût été celle de tous les magistrats, l'aurait emporté, comme à la Chine, sur toutes les superstitions auxquelles on abandonne la populace[1].

Cette grande révolution était praticable dans un temps où la
principale secte du christianisme n'était pas fondée, comme elle
l'est aujourd'hui, sur des chaires de quatre mille guinées de
rente, de quatre cent mille écus d'Allemagne, ou de piastres
d'Espagne, et surtout sur le trône de Rome. La plus grande difficulté eût été dans l'esprit inquiet, turbulent, contentieux, de la
plupart des peuples de l'Europe, et dans les mœurs de tous ces
peuples, opposées les unes aux autres ; mais aussi il y avait un
fort contre-poids, c'était celui des langues grecque et romaine
que tout l'empire parlait, et des lois impériales, auxquelles toutes

1. C'était l'idée dont Voltaire rêvait l'application en France. Il a déjà manifesté
le même vœu et sous la même forme dans son dernier chapitre du *Siècle de
Louis XIV*.

les provinces étaient également asservies : enfin le temps pouvait établir le règne de la raison, et c'est le temps qui la plongea dans les fers.

Combien de fanatiques ont répété que Jésu punit Julien, et le tua par la main des Perses pour n'avoir pas été de sa religion! Cependant il régna près de trois ans ; et Jovien, son successeur chrétien, ne vécut que six mois après son élection.

Les chrétiens, qui n'avaient cessé de se déchirer sous Constantin et sous ses enfants, ne purent être humanisés par Julien. Ils se plaignaient, dit ce grand homme dans ses Lettres, de n'avoir plus la liberté de s'égorger mutuellement ; ils la reprirent bientôt, cette liberté affreuse, et ils l'ont poussée sans relâche à des excès incroyables, depuis les querelles de la consubstantialité jusqu'à celles de la transsubstantiation : fatale preuve, dit le respectable milord Bolingbroke, mon bienfaiteur [1], que l'arbre de la croix n'a pu porter que des fruits de mort.

CHAPITRE XXII.

EN QUOI LE CHRISTIANISME POUVAIT ÊTRE UTILE.

Nulle secte, nulle école, ne peut être utile que par ses dogmes purement philosophiques : car les hommes en seront-ils meilleurs quand Dieu aura un verbe, ou quand il en aura deux, ou quand il n'en aura point ? Qu'importe au bonheur de la société que Dieu se soit incarné quinze fois vers le Gange, ou cent cinquante fois à Siam, ou une fois dans Jérusalem ?

Les hommes ne pouvaient rien faire de mieux que d'admettre une religion qui ressemblât au meilleur gouvernement politique. Or ce meilleur gouvernement humain consiste dans la juste distribution des récompenses et des peines ; telle devait donc être la religion la plus raisonnable.

Soyez juste, vous serez favori de Dieu ; soyez injuste, vous serez puni. C'est la grande loi dans toutes les sociétés qui ne sont pas absolument sauvages.

L'existence des âmes, et ensuite leur immortalité, ayant été une fois admises chez les hommes, rien ne paraissait donc plus convenable que de dire : Dieu peut nous récompenser ou nous

---

1. Par ce simple mot, Voltaire rend témoignage de ce qu'il doit à Bolingbroke. Voyez sa *Vie*, par Condorcet.

punir après notre mort, selon nos œuvres. Socrate et Platon, qui les premiers développèrent cette idée, rendirent donc un grand service au genre humain en mettant un frein aux crimes que les lois ne peuvent punir.

La loi juive attribuée à Moïse, ne promettant pour récompense que du vin et de l'huile, et ne menaçant que de la rogne et d'ulcères dans les genoux, était donc une loi de barbares ignorants et grossiers.

Les premiers disciples de Jean le Baptiseur et de Jésu, s'étant joints aux platoniciens d'Alexandrie, pouvaient donc former une société vertueuse et utile, à peu près semblable aux thérapeutes d'Égypte.

Il était très-indifférent en soi que cette société pratiquât la vertu au nom d'un Juif nommé Jésu ou Jean, avec qui les premiers chrétiens, soit d'Alexandrie, soit de Grèce, n'avaient jamais conversé, ou au nom d'un autre homme, quel qu'il pût être. De quoi s'agissait-il? D'êtres honnêtes gens, et de mériter d'être heureux après la mort.

On pouvait donc établir une société vertueuse dans quelque canton de la terre, comme Lycurgue avait établi une petite société guerrière dans un coin de la Grèce.

Si cette société, sous le nom de chrétiens, ou de socratiens, ou de thérapeutes, eût été véritablement sage, il est à croire qu'elle eût subsisté sans contradiction : car, supposé qu'elle eût été telle qu'on a peint les thérapeutes et les esséniens, quel empereur romain, quel tyran aurait jamais voulu les exterminer? Je suppose qu'une légion romaine passe par les retraites de ces bonnes gens, et que le tribun militaire leur dise : « Nous venons loger chez vous à discrétion. — Très-volontiers, répondent-ils; tout ce qui est à nous est à vous; bénissons Dieu, et soupons ensemble. — Payez le tribut à César. — Un tribut? Nous ne savons ce que c'est, mais prenez tout. Puisse notre substance engraisser César ! — Venez avec vos pioches et vos pelles nous aider à creuser des fossés et à élever des chaussées. — Allons, l'homme est né pour le travail, puisqu'il a deux mains. Nous vous aiderons tant que nous aurons de la force. » Je demande s'il eût été possible qu'une légion romaine eût été tentée de faire une Saint-Barthélemy d'une colonie si douce et si serviable; l'aurait-on exterminée pour n'avoir pas connu Jupiter et Mercure? Il le faut avouer avec sincérité et avec admiration, les Philadelphiens, que nous nommons quakers, trembleurs, ont été jusqu'à présent ce peuple de thérapeutes, de socratiens, de chrétiens dont nous par-

lons : on dit qu'il ne leur a manqué que de parler de la bouche,
et de gesticuler sans contorsions, pour être les plus estimables
des hommes. Ils sont jusqu'à présent sans temples, sans autels,
comme furent les premiers chrétiens pendant cent cinquante ans;
ils travaillent comme eux ; ils se secourent mutuellement comme
eux ; ils ont comme eux la guerre en horreur. Si de telles mœurs
ne se corrompent pas, ils seront dignes de commander à la terre,
car du sein de leurs illusions ils enseigneront la vertu qu'ils
pratiquent. Il paraît certain que les chrétiens du 1er siècle commencèrent à peu près comme nos Philadelphiens d'aujourd'hui ;
mais la fureur de l'enthousiasme, la rage du dogme, la haine
contre toutes les autres religions, gâtèrent bientôt tout ce que les
premiers chrétiens, imitateurs en quelque sorte des esséniens,
pouvaient avoir de bon et d'utile : ils détestaient d'abord les
temples, l'encens, les cierges, l'eau lustrale, les prêtres ; et bientôt
ils eurent des prêtres, de l'eau lustrale, de l'encens, et des
temples. Ils vécurent cent ans d'aumônes, et leurs successeurs
vécurent de rapines ; enfin, quand ils furent les maîtres, ils se
déchirèrent pour des arguments : ils devinrent calomniateurs,
parjures, assassins, tyrans, et bourreaux.

Il n'y a pas cent ans que le démon de la religion faisait encore couler le sang dans notre Irlande et dans notre Écosse. On
commettait cent mille meurtres, soit sur des échafauds, soit derrière des buissons ; et les querelles théologiques troublaient toute
l'Europe.

J'ai vu encore en Écosse des restes de l'ancien fanatisme, qui
avait changé si longtemps les hommes en bêtes carnassières.

Un des principaux citoyens d'Inverness, presbytérien rigide,
dans le goût de ceux que Butler nous a si bien peints, ayant
envoyé son fils unique faire ses études à Oxford,. affligé de le
voir à son retour dans les principes de l'Église anglicane, et
sachant qu'il avait signé les trente-neuf articles, s'emporta contre
lui avec tant de violence qu'à la fin de la querelle il lui donna
un coup de couteau, dont l'enfant mourut en peu de minutes
entre les bras de sa mère. Elle expira de douleur au bout de
quelques jours, et le père se tua dans un moment de désespoir
et de rage.

Voilà de quoi j'ai été témoin. Je puis assurer que si le fanatisme
n'a pas été porté partout à cet excès d'horreur, il n'y a guère de
familles qui n'aient éprouvé de tristes effets de cette sombre et
turbulente passion. Notre peuple a été longtemps réellement
attaqué de la ·rage. Cette maladie, quoi qu'on en dise, peut

renaître encore. On ne peut la prévenir qu'en adorant Dieu sans superstition, et en tolérant son prochain.

C'est une chose bien déplorable et bien avilissante pour la nature humaine qu'une science digne de *Punch*[1] ait été plus destructive que les inondations des Huns, des Goths et des Vandales, et que dans toute notre Europe il y ait eu un corps d'énergumènes destiné à séduire, à piller, et à faire égorger le reste des hommes. Cet enfer sur la terre a duré quinze siècles entiers. Il n'y a eu enfin d'autre remède que le mépris et l'indifférence des honnêtes gens détrompés.

C'est ce mépris des honnêtes gens, c'est cette voix de la raison entendue d'un bout de l'Europe à l'autre, qui triomphe aujourd'hui du fanatisme sans autre effort que la force de la vérité. Les sages éclairés ont persuadé les ignorants qui n'étaient pas sages. Peu à peu les nations ont été étonnées d'avoir cru si longtemps des absurdités horribles qui devaient épouvanter le bon sens et la nature.

Le colosse élevé sur nos têtes pendant tant de siècles subsiste encore, et comme il fut forgé avec l'or des peuples, il n'est pas possible que la raison seule le détruise ; mais ce n'est plus qu'un fantôme semblable à celui des augures chez les Romains. Un de ces augures, dit Cicéron, ne pouvait aborder un de ses confrères sans rire ; et parmi nous un abbé de moines, riche de cent mille écus de rente, ne peut dîner avec un de ses confrères sans rire des idiots qui se sont dépouillés du nécessaire pour enrichir la fainéantise. On ne croit plus en eux, mais ils jouissent. Le temps viendra où ils ne jouiront plus. Il se trouvera des occasions favorables, on en profitera. Bénissons Dieu, nous autres qui depuis deux cent cinquante ans avons brisé un joug aussi pesant qu'infâme, et qui avons restitué à la nation et au roi les richesses envahies par des imposteurs qui étaient la honte et le fardeau de la terre.

Il y a eu de grands hommes, et surtout des hommes charitables, dans toutes les communions ; mais ils auraient été bien plus véritablement grands et bons si la peste de l'esprit de parti n'avait pas corrompu leur vertu.

Je conjure tout prêtre qui aura lu attentivement toutes les vérités évidentes qui sont dans ce petit ouvrage, de se dire à lui-même : Je ne suis riche que par les fondations de mes compatriotes, qui eurent autrefois la faiblesse de dépouiller leurs fa-

---

1. Punch est le polichinelle de Londres. (*Note de Voltaire.*)

milles pour enrichir l'Église ; serai-je assez lâche pour tromper
leurs descendants, ou assez barbare pour les persécuter? Je suis
homme avant d'être ecclésiastique ; examinons devant Dieu ce
que la raison et l'humanité m'ordonnent. Si je soutenais des
dogmes qui outragent la raison, ce serait dans moi une démence
affreuse; si, pour faire triompher ces dogmes absurdes, que je ne
puis croire, j'employais la voie de l'autorité, je serais un détestable tyran. Jouissons donc des richesses qui ne nous ont rien
coûté, ne trompons et ne molestons personne. Maintenant je
suppose que des laïques et des ecclésiastiques bien instruits des
erreurs énormes sur lesquelles nos dogmes ont été fondés, et de
cette foule de crimes abominables qui en ont été la suite, veuillent
s'unir ensemble, s'adresser à Dieu, et vivre saintement : comment
devraient-ils s'y prendre?

CHAPITRE XXIII.

QUE LA TOLÉRANCE EST LE PRINCIPAL REMÈDE CONTRE LE FANATISME.

A quoi servirait ce que nous venons d'écrire, si on n'en reti-
rait que la connaissance stérile des faits, si on ne guérissait pas
au moins quelques lecteurs de la gangrène du fanatisme? Que
nous reviendrait-il d'avoir fouillé dans les anciens cloaques d'un
petit peuple qui infectait autrefois un coin de la Syrie, et d'en
avoir exposé les ordures au grand jour ?

Que résultera-t-il de la naissance et du progrès d'une superstition si obscure et si fatale[1], dont nous avons fait une histoire
fidèle? Voici évidemment le fruit qu'on peut recueillir de cette
étude :

C'est qu'après tant de querelles sanglantes pour des dogmes
inintelligibles, on quitte tous ces dogmes fantastiques et affreux
pour la morale universelle, qui seule est la vraie religion et la
vraie philosophie. Si les hommes s'étaient battus pendant des
siècles pour la quadrature du cercle et pour le mouvement perpétuel, il est certain qu'il faudrait renoncer à ces recherches absurdes, et s'en tenir aux véritables mécaniques, dont l'avantage
se fait sentir aux plus ignorants comme aux plus savants.

---

1. Toutes les éditions portent : « Que résultera-t-il de la naissance et du progrès
d'une superstition, etc. »

Beuchot a cru devoir corriger ainsi : « Que résultera-t-il de la connaissance de
l'origine et des progrès, etc. »

Quiconque voudra rentrer dans lui-même, et écouter la raison qui parle à tous les hommes, comprendra bien aisément que
nous ne sommes point nés pour examiner si Dieu créa autrefois
des *debta*, des génies, il y a quelques millions d'années, comme
le disent les brachmanes ; si ces *debta* se révoltèrent, s'ils furent
damnés, si Dieu leur pardonna, s'il les changea en hommes et
en vaches. Nous pouvons en conscience ignorer la théologie de
l'Inde, de Siam, de la Tartarie, et du Japon, comme les peuples
de ces pays-là ignorent la nôtre. Nous ne sommes pas plus faits
pour étudier les opinions qui se répandirent vers la Syrie, il n'y
a pas trois mille ans, ou plutôt des paroles vides de sens qui passaient pour des opinions. Que nous importe des ébionites, des
nazaréens, des manichéens, des ariens, des nestoriens, des euty-
chiens, et cent autres sectes ridicules?

Que nous reviendrait-il de passer notre vie à nous tourmenter
au sujet d'Osiris? d'étudier des cinq années entières pour savoir
les noms de ceux qui ont dit qu'une voix céleste annonça la naissance d'Osiris à une sainte femme nommée Pamyle, et que cette
sainte femme l'alla proclamer par tout l'univers? Nous consume-
rons-nous pour expliquer comment Osiris et Isis avaient été
amoureux l'un de l'autre dans le ventre de leur mère[1], et y en-
gendrèrent le dieu Horus? C'est un grand mystère ; mais vingt
générations d'hommes s'égorgeront-elles pour trouver le vrai sens
de ce mystère, et l'entendront-elles mieux après s'être égorgées?

Nulle vérité utile n'est née, sans doute, des querelles sanglantes qui ont désolé l'Europe et l'Asie, pour savoir si l'Être nécessaire, éternel, et universel, a eu un fils plutôt qu'une fille; si
ce fils fut engendré avant ou après les siècles, s'il est la même
chose que son père, et différent en nature; si, étant engendré
dans le ciel, il est encore né sur la terre ; s'il y est mort d'un
supplice odieux, s'il est ressuscité; s'il est allé aux enfers; s'il a
depuis été mangé tous les jours, et si on a bu son sang après
avoir mangé son corps, dans lequel était ce sang ; si ce fils avait
deux natures, si ces deux natures composaient deux personnes ;
si un saint souffle a été produit par la spiration du père ou par
celle du père et du fils, et si ce souffle n'a fait qu'un seul être
avec le père et le fils.

Nous ne sommes pas faits, ce me semble, pour une telle métaphysique, mais pour adorer Dieu, pour cultiver la terre qu'il
nous a donnée, pour nous aider mutuellement dans cette courte

---

1. Voyez *Plutarque*, chapitre *d'Isis et d'Osiris*. (*Note de Voltaire.*)

vie. Tout le monde le sent, tout le monde le dit, soit à haute voix,
soit en secret. La sagesse et la justice prennent enfin la place du
fanatisme et de la persécution dans la moitié de l'Europe.

Si le système humain, et peut-être divin, de la tolérance avait
pu dominer chez nos pères, comme il commence à régner chez
quelques-uns de leurs enfants, nous n'aurions pas la douleur de
dire, en passant devant Whitehall : C'est ici qu'on trancha la tête
de notre roi Charles[1] pour une liturgie ; son fils[2] n'eût pas été
obligé, pour éviter la même mort, de devenir le postillon de
Mlle Lane, et de se cacher deux nuits dans le creux d'un chêne.
Montrose, le plus grand homme de l'Écosse, ma chère patrie,
n'aurait pas été coupé en quartiers par le bourreau, ses membres
sanglants n'auraient pas été cloués aux portes de quatre de nos
villes. Quarante bons serviteurs du roi, parmi lesquels était un de
mes ancêtres, n'auraient pas péri par le même supplice, et servi
au même spectacle.

Je ne veux pas rappeler ici toutes les inconcevables horreurs
que les querelles du christianisme ont amoncelées sur la tête de
nos pères. Hélas! les mêmes scènes de carnage ont ensanglanté
cette Europe, où le christianisme n'était point né. C'est partout
la même tragédie sous mille noms différents. Le polythéisme des
Grecs et des Romains a-t-il jamais rien produit de semblable? Y
eut-il seulement une légère querelle pour les hymnes à Apollon,
pour l'ode des jeux séculaires d'Horace, pour le *Pervigilium
Veneris?* Le culte des dieux n'inspirait point la haine et la discorde.
On voyageait en paix d'un bout de la terre à l'autre. Les Pythagore, les Apollonius de Tyane, étaient bien reçus chez tous les
peuples de l'univers. Malheureux que nous sommes! nous avons
cru servir Dieu, et nous avons servi les furies. Il y avait, au rapport d'Arrien, une loi admirable chez les brachmanes : il ne leur
était pas permis de dîner avant d'avoir fait du bien. La loi contraire a été longtemps établie parmi nous.

Ouvrez vos yeux et vos cœurs, magistats, hommes d'État,
princes, monarques; considérez qu'il n'existe aucun royaume en
Europe où les rois n'aient pas été persécutés par des prêtres. On
vous dit que ces temps sont passés, et qu'ils ne reviendront plus.
Hélas! ils reviendront demain si vous bannissez la tolérance
aujourd'hui, et vous en serez les victimes, comme tant de vos
ancêtres l'ont été.

1. Charles Ier; voyez tome XIII, page 59..
2. Charles II, rétabli en 1660 ; voyez tome XIII, page 83.

CHAPITRE XXIV.

EXCÈS DU FANATISME.

Après ce tableau si vrai des superstitions humaines et des malheurs épouvantables qu'elles ont causés, il ne nous reste qu'à faire voir comment ceux qui sont à la tête du christianisme lui ont toujours insulté, combien ils ont été semblables à ces charlatans qui montrent des ours et des singes à la populace, et qui assomment de coups ces animaux, qui les font vivre.

Je commencerai par la belle et respectable Hypatie, dont l'évêque Synésius fut le disciple au vᵉ siècle. On sait que saint Cyrille fit assassiner cette héroïne de la philosophie, parce qu'elle était de la secte platonicienne et non pas de la secte athanastasienne. Les fidèles traînèrent son corps nu et sanglant dans l'église et dans les places publiques d'Alexandrie. Mais que firent les évêques contemporains de ce Synésius le platonicien? Il était très-riche et très-puissant; on voulut le gagner au parti chrétien, et on lui proposa de se laisser faire évêque. Sa religion était celle des philosophes : il répondit qu'il n'en changerait pas, et qu'il n'enseignerait jamais la doctrine nouvelle; qu'on pouvait le faire évêque à ce prix. Cette déclaration ne rebuta point ces prêtres, qui avaient besoin de s'appuyer d'un homme si considérable : ils l'oignirent, et ce fut un des plus sages évêques dont l'Église chrétienne pût se vanter. Il n'y a point de fait plus connu dans l'histoire ecclésiastique.

Plût à Dieu que les évêques de Rome eussent imité Synésius, au lieu d'exiger de nous deux shellings par chaque maison; au lieu de nous envoyer des légats qui venaient mettre à contribution nos provinces de la part de Dieu; au lieu de s'emparer du royaume d'Angleterre, en vertu de l'ancienne maxime que les biens de la terre n'appartiennent qu'aux fidèles; au lieu de faire enfin le roi Jean sans Terre fermier du pape.

Je ne parle pas de six cents années de guerres civiles entre la couronne impériale et la mitre de saint Jean-de-Latran, et de tous les crimes qui signalèrent ces guerres affreuses; je m'en tiens aux abominations qui ont désolé ma patrie; et je dis, dans l'amertume de mon cœur : Est-ce donc pour cela qu'on a fait naître Dieu d'une Juive? Est-ce en vain que l'esprit de raison et de tolérance, dont j'ai parlé, commence à s'introduire enfin depuis l'Église grecque de Pétersbourg jusqu'à l'Église papiste de Madrid?

CHAPITRE XXV.

CONTRADICTIONS FUNESTES.

Il me semble que nous avons tous un penchant naturel à l'association, à l'esprit de parti. Nous cherchons en cela un appui à notre faiblesse. Cette inclination se remarque dans notre île, malgré le grand nombre de caractères particuliers dont elle abonde. De là viennent nos *clubs* et jusqu'à nos francs-maçons. L'Église romaine est une grande preuve de cette vérité. On voit en Italie beaucoup plus de différents ordres de moines que de régiments. C'est cet esprit d'association qui partagea l'antiquité en tant de sectes ; c'est ce qui produisit cette multitude d'initiations englouties enfin dans celle du christianisme. Il a fait naître de nos jours les moraves, les méthodistes, les piétistes, comme on avait eu auparavant des Syriens, des Égyptiens, des Juifs.

La religion est, après les jours de marchés, ce qui unit davantage les hommes ; le mot seul de religion l'indique : c'est ce qui lie, *quod religat*.

Il est arrivé en fait de religion la même chose que dans notre franc-maçonnerie : les cérémonies les plus extravagantes en ont partout fait la base. Joignez à la bizarrerie de toutes ces institutions l'esprit de partialité, de haine, de vengeance ; ajoutez-y l'avarice insatiable, le fanatisme qui éteint la raison, la cruauté qui détruit toute pitié, vous n'aurez encore qu'une faible image des maux que les associations religieuses ont apportés sur la terre.

Je n'ai jusqu'à présent connu de société vraiment pacifique que celle de la Caroline et de la Pensylvanie[1]. Les deux législateurs de ces pays ont eu soin d'y établir la tolérance comme la principale loi fondamentale. Notre grand Locke a ordonné que dans la Caroline sept pères de famille suffiraient pour former une religion légale. Guillaume Penn étendit la tolérance encore plus loin : il permit à chaque homme d'avoir sa religion particulière, sans en rendre compte à personne. Ce sont ces lois humaines qui ont fait régner la concorde dans deux provinces du

---

1. Cela fut écrit avant la guerre de la métropole contre les colonies. (*Note de Voltaire*.)

CHAPITRE XXI

Après ce tableau si vrai des superst ons humaines et des malheurs épouvantables qu'elles ont caus , il ne nous reste qu'à faire voir comment ceux qui sont à la t du christianisme lui ont toujours insulté, combien ils ont été emblables à ces char-latans qui montrent des ours et des sin à la populace, et qui assomment de coups ces animaux, qui l ont vivre.

Je commencerai par la belle et re ctable Hypatie, dont l'évêque Synésius fut le disciple au v e le. On sait que saint Cyrille fit assassiner cette héroïne de la pl osophie, parce qu'elle était de la secte platonicienne et non pa de la secte athanasta-sienne. Les fidèles traînèrent son corp nu et sanglant dans l'église et dans les places publiques d'Ale ndrie. Mais que firent les évêques contemporains de ce Synésiu le platonicien ? Il était très-riche et très-puissant ; on voulut le g ner au parti chrétien, et on lui proposa de se laisser faire évêqu. Sa religion était celle des philosophes : il répondit qu'il n'en hangerait pas, et qu'il n'enseignerait jamais la doctrine nou Il qu'on pouvait le faire évêque à ce prix. Cette déclaration ne r uta point ces prêtres, qui avaient besoin de s'appuyer d'un ho ne si considérable : ils l'oignirent, et ce fut un des plus sages ev ues dont l'Église chré-tienne pût se vanter. Il n'y a point de fai plus connu dans l'his-toire ecclésiastique.

Plût à Dieu que les évêques de Rom ussent imité Synésius, au lieu d'exiger de nous deux shellings ir chaque maison ; au lieu de nous envoyer des légats qui ven ent mettre à contribu-tion nos provinces de la part de Dieu : l lieu de s'emparer du royaume d'Angleterre, en vertu de l'an nne maxime que les biens de la terre n'appartiennent qu'aux dèles : au lieu de faire enfin le roi Jean sans Terre fermier du pe.

Je ne parle pas de six cents années guerres civiles entre la couronne impériale et la mitre de sai Jean-de-Latran, et de tous les crimes qui signalèrent ces gu res affreuses ; je m'en tie s aux abominations qui ont désolé n. patrie ; et je dis, dans l'amertume de mon cœur : Est-ce don pour cela qu'on a fait naître Dieu d'une Juive ? Est-ce en vain ue l'esprit de raison et de tolérance, dont j'ai parlé, commu e à s'introduire enfin

depuis l'Église gr
Madrid ?

de Pétersbourg jusqu'à l'Église papiste de

HAPITRE XXV.

ADICTIONS FUNESTES.

Il me sembl
l'association, à l'
à notre faiblesse.
malgré le gran
abonde. De là v
L'Église romaine
en Italie beaucou,
régiments. C'est
en tant de sectes
tions englouties
de nos jours les
on avait eu aup au
   La religion
tage les hommes
lié, *quod religat.*
   Il est arrive
franc-maçonneri
partout fait la b
tions l'esprit de
l'avarice insatiabl
qui détruit toute
des maux que
terre.
   Je n'ai jusqu'a
que celle de la C
teurs de ces pays
principale loi for
dans la Caroline
une religion légale
plus loin : il perm
culière, sans en
maines qui ont fa

nous avons tous un penchant naturel à
le parti. Nous cherchons en cela un appui
inclination se remarque dans notre île,
bre de caractères particuliers dont elle
t nos *clubs* et jusqu'à nos francs-maçons.
ne grande preuve de cette vérité. On voit
is de différents ordres de moines que de
orit d'association qui partagea l'antiquité
ce qui produisit cette multitude d'initia-
ans celle du christianisme. Il a fait naître
ves, les méthodistes, les piétistes, comme
des Syriens, des Égyptiens, des Juifs.
s les jours de marchés, ce qui unit davan-
ot seul de religion l'indique : c'est ce qui

le religion la même chose que dans notre
cérémonies les plus extravagantes en ont
gnez à la bizarrerie de toutes ces institu-
lité, de haine, de vengeance ; ajoutez-y
anatisme qui éteint la raison, la cruauté
vous n'aurez encore qu'une faible image
elations religieuses ont apportés sur la

ent connu de société vraiment pacifique
et de la Pensylvanie[1]. Les deux législa-
u soin d'y établir la tolérance comme la
ntale. Notre grand Locke a ordonné que
pères de famille suffiraient pour former
illaume Penn étendit la tolérance encore
haque homme d'avoir sa religion parti-
compte à personne. Ce sont ces lois hu-
gner la concorde d	 provinces du

---

1. Cela fut écrit av	erre de
Voltaire.)	(*Note de*

nouveau monde, lorsque la confusion bouleversait encore le
monde ancien.

Voilà des lois bien directement contraires à celles de Mosé,
dont nous avons si longtemps adopté l'esprit barbare. Locke et
Penn regardent Dieu comme le père commun de tous les hommes;
et Mosé ou Moïse (si on en croit les livres qui courent sous son
nom) veut que le maître de l'univers ne soit que le Dieu du petit
peuple juif, qu'il ne protége que cette poignée de scélérats obscurs, qu'il ait en horreur le reste du monde. Il appelle ce Dieu
« un Dieu jaloux qui se venge jusqu'à la troisième et la quatrième
génération ».

Il ose faire parler Dieu; et comment le fait-il parler?

« Quand vous aurez passé le Jourdain, égorgez, exterminez
tout ce que vous rencontrerez. Si vous ne tuez pas tout, je vous
tuerai moi-même[1]. »

L'auteur du *Deutéronome* va plus loin : « S'il s'élève, dit-il,
parmi vous un prophète ; s'il vous prédit des prodiges, et que ces
prodiges arrivent, et qu'il vous dise (en vertu de ces prodiges):
Suivons un culte étranger, etc.; qu'il soit massacré incontinent.
Et si votre frère, né de votre mère, si votre fils ou votre fille, ou
votre tendre et chère femme, ou votre intime ami vous dit: Allons,
servons des dieux étrangers qui sont servis par toutes les autres
nations ; tuez cette personne si chère aussitôt; donnez le premier
coup, et que tout le monde vous suive[2]. »

Après avoir lu une telle horreur, pourra-t-on la croire? Et si
le diable existait, pourrait-il s'exprimer avec plus de démence et
de rage? Qui que tu sois, insensé scélérat, qui écrivis ces lignes,
ne voyais-tu pas que s'il est possible qu'un prophète prédise des
prodiges, et que ces prodiges confirment ses paroles, c'est visiblement le maître de la nature qui l'inspire, qui parle par lui,
qui agit par lui? Et dans cette supposition, tu veux qu'on l'égorge!
tu veux que ce prophète soit assassiné par son père, par son
frère, par son fils, par son ami! Que lui ferais-tu donc s'il était
un faux prophète? La superstition change tellement les hommes
en bêtes que les docteurs chrétiens ne se sont pas aperçus que
ce passage est la condamnation formelle de leur Jésu-Christ. Il
a, selon eux, prophétisé des prodiges qui sont arrivés ; la religion
introduite par ses adhérents a détruit la religion juive : donc,
selon le texte attribué à Moïse, il était évidemment coupable;

---

1. *Nombres*, ch. xxxiv. (*Note de Voltaire.*)
2. *Deutéronome*, ch. xiii. (*Id.*)

donc, en vertu de ce texte, il fallait que son père et sa mère l'égorgeassent. Quel étrange et horrible chaos de sottises et d'abominations!

Ce qu'il y a de plus déplorable, c'est que les chrétiens eux-mêmes se sont servis de ce passage juif, et de tous les passages qui les condamnent, pour justifier tous leurs crimes sanguinaires. C'est en citant le *Deutéronome* que nos papistes d'Irlande massacrèrent un nombre prodigieux de nos protestants[1]. C'est en criant : Le père doit tuer son fils, le fils doit tuer son père ; Mosé le Juif l'a dit, Dieu l'a dit.

Comment faire quand on est descendu dans cet abîme, et qu'on a vu cette longue chaîne de crimes fanatiques dont les chrétiens se sont souillés? Où recourir? où fuir? Il vaudrait mieux être athée, et vivre avec des athées. Mais les athées sont dangereux. Si le christianisme a des principes exécrables, l'athéisme n'a aucun principe. Des athées peuvent être des brigands sans lois, comme les chrétiens et les mahométans ont été des brigands avec des lois. Voyons s'il n'est pas plus raisonnable et plus consolant de vivre avec des théistes.

CHAPITRE XXVI.

DU THÉISME.

Le théisme est embrassé par la fleur du genre humain, je veux dire par les honnêtes gens, depuis Pékin jusqu'à Londres, et depuis Londres jusqu'à Philadelphie. L'athéisme parfait, quoi qu'on en dise, est rare. Je m'en suis aperçu dans ma patrie et dans tous mes voyages, que je n'entrepris que pour m'instruire, jusqu'à ce qu'enfin je me fixai auprès du lord Bolingbroke, le théiste le plus déclaré.

C'est, sans contredit, la source pure de mille superstitions impures. Il est naturel de reconnaître un Dieu dès qu'on ouvre les yeux : l'ouvrage annonce l'ouvrier.

Confucius et tous les lettrés de la Chine s'en tiennent à cette notion, et ne font pas un pas au delà. Ils abandonnent le peuple aux bonzes et à leur dieu Fô. Le peuple est superstitieux et sot à la Chine comme ailleurs ; mais les lettrés y sont moins remplis

---

1. L'auteur parle des massacres d'Irlande du temps de Charles Ier et de Cromwell. (*Note de Voltaire.*)

de préjugés qu'ailleurs. La grande raison, à mon avis, c'est qu'il n'y a rien à gagner dans ce vaste et ancien royaume à vouloir tromper les hommes, et à se tromper soi-même. Il n'y a point, comme dans une partie de l'Europe, des places honorables et lucratives affectées à la religion : les tribunaux gouvernent toute la nation, et des prêtres ne peuvent rien disputer aux colao, que nous nommons mandarins. Il n'y a ni évéchés, ni cures, ni doyennés pour les bonzes ; ces imposteurs ne vivent que des aumônes qu'ils extorquent de la populace ; le gouvernement les a toujours tenus dans la sujétion la plus étroite. Ils peuvent vendre leur orviétan à la canaille ; mais ils n'entrent jamais dans l'antichambre d'un mandarin ou d'un officier de l'empire.

La morale et la police étant les seules sciences que les Chinois aient cultivées, ils y ont réussi plus que toutes les nations ensemble ; et c'est ce qui a fait que leurs vainqueurs tartares ont adopté toutes leurs lois. L'empereur chinois, sous qui arriva la révolution dernière, était théiste. L'empereur Kien-long, aujourd'hui régnant, est théiste. Gengis-kan et toute sa race furent théistes.

J'ose affirmer que toute la cour de l'empire russe, plus grand que la Chine, est théiste, malgré toutes les superstitions de l'Église grecque, qui subsistent encore.

Pour peu qu'on connaisse les autres cours du Nord, on avouera que le théisme y domine ouvertement, quoiqu'on y ait conservé de vieux usages qui sont sans conséquence.

Dans tous les autres États que j'ai parcourus, j'ai toujours vu dix théistes contre un athée parmi les gens qui pensent, et je n'ai vu aucun homme au-dessus du commun qui ne méprisât les superstitions du peuple.

D'où vient ce consentement tacite de tous les honnêtes gens de la terre ? C'est qu'ils ont le même fonds de raison. Il a bien fallu que cette raison se communiquât et se perfectionnât à la fin de proche en proche, comme les arts mécaniques et libéraux ont fait enfin le tour du monde.

Les apparitions d'un Dieu aux hommes, les révélations d'un Dieu, les aventures d'un Dieu sur la terre, tout cela a passé de mode avec les loups-garous, les sorciers et les possédés. S'il y a encore des charlatans qui disent la bonne aventure dans nos foires pour un schelling, aucun de ces malheureux n'est écouté chez ceux qui ont reçu une éducation tolérable. Nous avons dit que les théistes ont puisé dans une source pure dont tous les ruisseaux ont été impurs. Expliquons cette grande vérité : quelle est cette source pure? C'est la raison, comme nous l'avons dit, laquelle tôt ou tard parle à tous les hommes. Elle nous a fait voir que le monde n'a pu s'arranger de lui-même, et que les sociétés ne peuvent subsister sans vertu. De cela seul on a conclu qu'il y a un Dieu, et que la vertu est nécessaire. De ces deux principes résulte le bonheur général, autant que le comporte la faiblesse de la nature humaine. Voilà la source pure. Quels sont les ruisseaux impurs? Ce sont les fables inventées par les charlatans, qui ont dit que Dieu s'était incarné cinq cents fois dans un pays de l'Inde, ou une seule fois dans une petite contrée de la Syrie; qui ont fait paraître Dieu, tantôt en éléphant blanc, tantôt en pigeon, tantôt en vieillard avec une grande barbe, tantôt en jeune homme avec des ailes au dos, ou sous vingt autres figures différentes.

Je ne mets point, parmi les énormes sottises qu'on a osé débiter partout sur la nature divine, les fables allégoriques inventées par les Grecs. Quand ils peignirent Saturne dévorant ses enfants et des pierres, qui put ne pas reconnaître le temps qui consume tout ce qu'il a fait naître, et qui détruit ce qu'il y a de plus durable? Est-il quelqu'un qui ait pu se méprendre à la sagesse née de la tête du souverain Dieu, sous le nom de Minerve; à la déesse de la beauté qui ne doit jamais paraître sans les Grâces, et qui est la mère de l'Amour; à cet Amour qui porte un bandeau et de petites flèches; enfin à cent autres imaginations ingénieuses, qui étaient une peinture vivante de la nature entière? Ces fables allégoriques sont si belles, qu'elles triomphent encore tous les jours des inventions atroces de la mythologie chrétienne; on les voit sculptées dans nos jardins, et peintes dans nos appartements, tandis qu'il n'y a pas chez nous un homme de qualité qui ait un crucifix dans sa maison. Les papistes eux-mêmes ne célèbrent tous les ans la naissance de leur Dieu entre un bœuf et un âne qu'en s'en moquant par des chansons ridicules. Ce sont là les ruisseaux impurs dont j'ai voulu parler; ce sont des outrages infâmes à la Divinité, au lieu que les emblèmes sublimes des Grecs rendent la Divinité respectable; et quand je parle de leurs emblèmes sublimes, je n'entends pas Jupiter changé en taureau, en cygne, en aigle, pour ravir des filles et des garçons. Les Grecs ont eu plusieurs fables aussi absurdes et aussi révoltantes que les nôtres; ils ont bu comme nous dans une multitude prodigieuse de ruisseaux impurs.

Le théisme ressemble à ce vieillard fabuleux nommé Pélias, que ses filles égorgèrent en voulant le rajeunir.

Il est clair que toute religion qui propose quelque dogme à croire au delà de l'existence d'un Dieu anéantit en effet l'idée d'un Dieu : car dès qu'un prêtre de Syrie me dit que ce Dieu s'appelle Dagon, qu'il a une queue de poisson, qu'il est le protecteur d'un petit pays, et l'ennemi d'un autre pays, c'est véritablement ôter à Dieu son existence ; c'est le tuer comme Pélias en voulant lui donner une vie nouvelle.

Des fanatiques nous disent : Dieu vint en tel temps dans une petite bourgade ; Dieu prêcha, et il endurcit le cœur de ses auditeurs afin qu'ils ne crussent point en lui ; il leur parla, et il boucha leurs oreilles ; il choisit seulement douze idiots pour l'écouter, et il n'ouvrit l'esprit à ces douze idiots que quand il fut mort. La terre entière doit rire de ces fanatiques absurdes, comme dit milord Shaftesbury ; on ne doit pas leur faire l'honneur de raisonner ; il faut les saigner et les purger, comme gens qui ont la fièvre chaude. J'en dirai autant de tous les dieux qu'on a inventés ; je ne ferai pas plus de grâce aux monstres de l'Inde qu'aux monstres de l'Égypte ; je plaindrai toutes les nations qui ont abandonné le Dieu universel pour tant de fantômes de dieux particuliers.

Je me donnerai bien de garde de m'élever avec colère contre les malheureux qui ont perverti ainsi leur raison ; je me bornerai à les plaindre, en cas que leur folie n'aille pas jusqu'à la persécution et au meurtre : car alors ils ne seraient que des voleurs de grand chemin. Quiconque n'est coupable que de se tromper mérite compassion ; quiconque persécute mérite d'être traité comme une bête féroce.

Pardonnons aux hommes, et qu'on nous pardonne. Je finis par ce souhait unique, que Dieu veuille exaucer !

FIN DE L'HISTOIRE DE L'ÉTABLISSEMENT DU CHRISTIANISME.

PENSÉES

REMARQUES, ET OBSERVATIONS

DE VOLTAIRE[1].

———

Inscription pour une estampe représentant des gueux : *Rex fecit.*

Un médecin croit d'abord à toute la médecine ; un théologien, à toute sa philosophie. Deviennent-ils savants, ils ne croient plus rien ; mais les malades croient, et meurent trompés.

Celui qui a dit qu'il était le très-humble et le très-obéissant serviteur de l'occasion a peint la nature humaine.

Aujourd'hui, 23 juin 1754, *dom Calmet,* abbé de Sénones, m'a demandé des nouvelles ; je lui ai dit que la fille de Mme de Pompadour était morte. *Qu'est-ce que madame de Pompadour ?* a-t-il répondu. *Felix errore suo.*

L'orgueil fait autant de bassesses que l'intérêt.

Un malheureux qui se croit célèbre est consolé.

———

1. Il parut en 1802, dans les formats in-12 et in-8°, un volume intitulé *Pensées, Remarques, et Observations de Voltaire; ouvrage posthume.* Il me sembla que Voltaire devait être l'auteur d'une partie de ce volume ; mais qu'on pouvait avoir des doutes sur beaucoup d'articles. Ce fut en ces termes que j'en parlai à Laharpe, que j'étais allé voir dans son exil à Corbeil, et qui, quelques jours après (le 17 juin 1802), m'écrivit : « Je suis absolument de votre avis sur ces informes et misérables rapsodies que l'on nomme *Tablettes de Voltaire.* »

M. A.-A. Renouard a le premier, en 1821, admis dans les *OEuvres de Voltaire* (tome XLIII de son édition) un choix fait par lui de ces *Pensées,* et c'est ce choix que je reproduis aujourd'hui, comme l'ont fait mes prédécesseurs. (B.)

Qui doit être le favori d'un roi? Le peuple[1]: mais le peuple parle trop haut.

L'imagination galope; le jugement ne va que le pas.

Il faut avoir une religion, et ne pas croire aux prêtres; comme il faut avoir du régime, et ne pas croire aux médecins.

En ayant bien dans le cœur que tous les hommes sont égaux, et dans la tête que l'extérieur les distingue, on peut se tirer d'affaire dans le monde.

Plusieurs savants[2] sont comme les étoiles du pôle, qui marchent toujours et n'avancent point.

On dit des gueux qu'ils ne sont jamais hors de leur chemin : c'est qu'ils n'ont point de demeure fixe. Il en est de même de ceux qui disputent sans avoir des notions déterminées.

Nous traitons les hommes comme les lettres que nous recevons; nous les lisons avec empressement, mais nous ne les relisons pas[3].

Ou mon remède est bon, ou il est mauvais : s'il est bon, il faut le prendre; s'il est mauvais... mais il est bon. — Langage de charlatans en plus d'un genre.

Bayle dit quelque part que les courtisans sont comme des laquais, parlant entre eux de leurs gages, de leurs profits, se plaignant, et médisant de leurs maîtres. Et milord Halifax, que les cours sont un assemblage de gueux du bel air et de mendiants illustres. Il dit que quand on n'a pas quelquefois plus d'esprit et de courage qu'il ne faut, on n'en a pas souvent assez.

Cromwell disait qu'on n'allait jamais si loin que quand on ne savait plus où on allait.

L'Estoc le chirurgien avait fait deux enfants à la princesse Élisabeth, et l'avait faite impératrice : pour récompense il lui

1. Voltaire a cité cette pensée comme étant d'un ancien; voyez tome XIX, page 93.

2. Jouy, citant cette pensée comme un propos, écrit: «Nos savants d'Allemagne. »

3. Laharpe remarquait, à l'occasion de cette phrase, qu'on relit les lettres d'amour, et qu'on revoit les personnes qui plaisent. (B.)

demanda la permission de se retirer : *Vous voilà souveraine; si je demeure, je suis perdu.* Il est en Sibérie.

Le plus petit commis eût pu en affaires tromper Corneille et Newton : et les politiques osent se croire de grands génies!

On peut dire de la plupart des compilateurs d'aujourd'hui ce que disait Balzac de la Mothe Le Vayer : *Il fait le dégât dans les bons livres.*

Les rois sont trompés sur la religion et sur les monnaies, parce que sur ces deux articles il faut compter et s'appliquer. La philosophie seule peut rendre un roi bon et sage. La religion peut le rendre superstitieux et persécuteur. Il y a toujours à parier qu'un roi sera un homme médiocre : car sur cent hommes, quatre-vingt-dix sots; sur vingt millions, un roi ; donc dix-huit millions à parier contre deux qu'un roi sera un pauvre homme.

Tous les faits principaux de l'histoire doivent être appliqués à la morale et à l'étude du monde, sans cela la lecture est inutile.

Denys le Tyran traitait les philosophes comme des bouteilles de bon vin : tant qu'il y avait de la liqueur, il s'en servait; n'y avait-il plus rien, il les cassait[1]. Ainsi font tous les grands.

Les beaux dits des héros ne font effet que quand ils sont suivis du succès. — *Tu conduis César et sa fortune...* Mais s'il s'était noyé? — *Et moi aussi si j'étais Parménion?...* Mais s'il avait été battu? — *Prends ces haillons, et rapporte-les-moi dans le palais Saint-James...* Mais *Édouard* est battu.

Tous les siècles se ressemblent-ils? Non, pas plus que les différents âges de l'homme. Il y a des siècles de santé et de maladie.

La raison a fait tort à la littérature comme à la religion : elle l'a décharnée. Plus de prédictions, plus d'oracles, de dieux, de magiciens, de géants, de monstres, de chevaliers, d'héroïnes. La raison seule ne peut faire un poëme épique.

On aime la gloire et l'immortalité comme on aime sa race, qu'on ne peut voir.

---

1. Voilà pourquoi Voltaire donnait à Frédéric le nom de Denys; voyez sa lettre à d'Alembert, du 28 septembre 1763.

Confucius dit : *Jeûner, vertu de bonze ; secourir, vertu de citoyen.*

Les savants entêtés sont comme les Juifs, qui croyaient que l'Égypte était couverte de ténèbres, et qu'il ne faisait jour que dans le petit canton de Gessen.

Les grammairiens sont pour les auteurs ce qu'un luthier est pour un musicien.

Les femmes ressemblent aux girouettes ; quand elles se rouillent, elles se fixent.

César laisse tomber de sa main la condamnation de Ligarius quand Cicéron parle pour lui. Cela est plus beau que le trait d'Alfonse, roi de Naples, qui ne chassa une mouche de dessus son nez qu'après avoir été harangué.

Ce que l'Inquisition a craint le plus, c'est la philosophie. Pourquoi a-t-on persécuté les philosophes, qui ne peuvent faire de mal ? C'est qu'ils méprisent ce qu'on enseigne : c'est l'insolence de l'amour-propre qui persécute. Pays d'Inquisition, pays d'ignorance. La France, plus libre, a été plus savante ; l'Angleterre, plus philosophe.

Pourquoi de tout temps a-t-on crié contre la royauté et contre le sacerdoce, et jamais contre la magistrature ? C'est que la magistrature est fondée sur l'équité, que tout le monde aime ; la royauté, sur la puissance ; et le sacerdoce, sur l'erreur, que tout le monde hait.

Jean Craig, mathématicien écossais, a calculé les probabilités pour la religion chrétienne ; et il a trouvé qu'elle en a encore pour 1350 ans. Cela est honnête.

La faim et l'amour, principe physique pour tous les animaux : amour-propre et bienveillance, principe moral pour les hommes. Ces premières roues font mouvoir toutes les autres, et toute la machine du monde est gouvernée par elles. Chacun obéit à son instinct. Dites à un mouton qu'il dévore un cheval, il répondra en broutant son herbe ; proposez de l'herbe à un loup, il ira manger le cheval. Ainsi personne ne change son caractère. Tout suit les lois éternelles de la nature. Nous avons perfectionné la société : oui ; mais nous y étions destinés, et il a fallu la combinaison de tous les événements pour qu'un maître à danser montrât à faire la révérence. Le temps viendra où les sauvages auront des opéras, et où nous serons réduits à la danse du calumet.

L'intérêt public est partout que le gouvernement empêche la religion de nuire. Impossible de remédier à la rage des sectes que par l'indifférence. La religion n'est bonne qu'autant qu'elle admet des principes dont tout le monde convient ; de même qu'une loi n'est bonne qu'autant qu'elle fait la sûreté de tous les ordres de l'État : donc il faut laisser à la religion ce qui est utile à tous les hommes, et retrancher tout le reste.

La théologie est dans la religion ce que le poison est parmi les aliments.

En Angleterre, peu de fourbes, et point d'hypocrites : c'est la suite de leur gouvernement ; mais ce gouvernement est la suite de l'esprit de la nation.

Les rois et leurs ministres croient gouverner le monde. Ils ne savent pas qu'il est mené par des capucins et gens de cette espèce : ce sont ces prêtres obscurs qui mettent dans les têtes des opinions souveraines des rois.

Le médecin Colladon[1], voyant le père de Tronchin prier Dieu plus dévotement qu'à l'ordinaire, lui dit : « Monsieur, vous allez faire banqueroute ; payez-moi. »

Le comte de Könismarck, depuis général des Vénitiens, pressé par Louis XIV de se faire catholique, lui répondit : « Sire, si vous voulez me donner trente mille hommes, je vous promets de rendre toute la France turque en moins de deux ans. »

J'ai ouï dire au duc de Brancas que Louis XIV, après la bataille de Ramillies, avait dit : « Est-ce que Dieu aurait oublié ce que j'ai fait pour lui ? »

Culte, nécessaire ; vertu, indispensable ; crainte de l'avenir, utile ; dogme, impertinent ; dispute sur le dogme, dangereuse ; persécution, abominable ; martyr, fou. — La religion est, entre l'homme et Dieu, une affaire de conscience ; entre le souverain et le sujet, une affaire de police ; entre homme et homme, de fanatisme et d'hypocrisie. Les petits embrassent les sectes pour

---

1. Voltaire a parlé plusieurs fois des Colladon, ancienne famille de Genève.

devenir égaux aux grands; ils s'en détachent ensuite, parce qu'ils sont écrasés par les grands.

Le rachat des péchés est un encouragement au péché. Il vaut mieux s'en tenir à dire : « Dieu vous ordonne d'être juste, » que d'aller jusqu'à dire : « Dieu vous pardonnera d'avoir été injuste. »

La force et la faiblesse arrangent le monde. S'il n'y avait que force, tous les hommes combattraient; mais Dieu a donné la faiblesse : ainsi le monde est composé d'ânes qui portent, et d'hommes qui chargent.

L'homme n'est point né méchant : tous les enfants sont innocents; tous les jeunes gens, confiants, et prodiguant leur amitié; les gens mariés aiment leurs enfants ; la pitié est dans tous les cœurs : les tyrans seuls corrompirent le monde. On inventa les prêtres pour les opposer aux tyrans; les prêtres furent pires. Que reste-t-il aux hommes? La philosophie.

Les jansénistes ont servi à l'éloquence, et non à la philosophie.

Il est égal pour le peuple non pensant qu'on lui donne des vérités ou des erreurs à croire, de la sagesse ou de la folie; il suivra également l'un ou l'autre : il n'est que machine aveugle. Il n'en est pas ainsi du peuple pensant; il examine quelquefois, il commence par douter d'une légende absurde, et malheureusement cette légende est prise par lui pour la religion; alors il dit : Il n'y a point de religion, et il s'abandonne au crime. Celui qui doute à Naples de la réalité du miracle de saint Janvier[1] est près d'être athée; celui qui s'en moque en d'autres pays peut être un homme très-religieux.

Nous avons beaucoup d'erreurs, dit milord Orrery; mais elles sont humaines, et nos principes sont divins.

La plupart des victoires sont comme celles de Cadmus : il en naît des ennemis.

Un simple imitateur est un estomac ruiné qui rend l'aliment comme il le reçoit : un plagiaire est un faussaire.

1. Voyez la note, tome XIII, pages 96-97.

On propose aux hommes de dompter leurs passions : essayez seulement d'empêcher de prendre du tabac à un homme accoutumé à en prendre.

Il faut s'oublier avec tous les hommes : si vous leur parlez de vous, vous risquez le mépris ou la haine.

L'honneur est un mélange naturel de respect pour les hommes et pour soi-même.

L'homme doit s'applaudir d'être frivole : s'il ne l'était pas, il sécherait de douleur en pensant qu'il est né pour un jour entre deux éternités, et pour souffrir onze heures au moins sur douze.

Quelque parti qu'on embrasse, l'instinct gouverne la terre. Si on avait attendu des notions distinctes de métaphysique et de logique pour former les langues, on n'aurait jamais parlé. Les langues cependant sont toutes fondées sur une métaphysique très-fine dont on a l'instinct. Ainsi les mécaniques existent avant la géométrie.

Si Henri IV avait eu un premier ministre tel que le cardinal de Richelieu, il était perdu ; si Louis XIII n'avait pas eu le cardinal de Richelieu, il était détrôné.

---

¹ La religion fut d'abord aristocratique : plusieurs dieux. La philosophie la fit monarchique : un seul principe. L'inscription d'Isis est du temps de la philosophie : « Je suis tout ce qui est et sera ; nul mortel ne lèvera mon voile. »

Pourquoi dit-on toujours *mon Dieu* et *Notre Dame* ?

Nous sommes esclaves au point que nous ne pouvons nous empêcher de nous croire libres.

Le bonheur est un état de l'âme : par conséquent il ne peut être durable. C'est un nom abstrait composé de quelques idées de plaisir.

Turc, tu crois en Dieu par Mahomet ; Indien, par Fo-hi ; Japonais, par Xa-ca ; etc. — Eh ! misérable, que ne crois-tu en Dieu par toi-même ?

L'amour est de toutes les passions la plus forte, parce qu'elle attaque à la fois la tête, le cœur et le corps.

1. Pensées écartées par Renouard et Beuchot, comme n'étant pas de Voltaire.

devenir égaux aux grands; ils s'en dédisent ensuite, parce qu'ils sont écrasés par les grands.

Le rachat des péchés est un encouragement au péché. Il vaut mieux s'en tenir à dire : « Dieu vous ordonne d'être juste, » que d'aller jusqu'à dire : « Dieu vous pardonne d'avoir été injuste. »

La force et la faiblesse arrangent le monde. S'il n'y avait que force, tous les hommes combattraient; mais Dieu a donné la faiblesse : ainsi le monde est composé d'hommes qui portent, et d'hommes qui chargent.

L'homme n'est point né méchant : tous les enfants sont innocents; tous les jeunes gens, confiants, et dignant leur amitié; les gens mariés aiment leurs enfants : l'amitié est dans tous les cœurs : les tyrans seuls corrompirent le monde. On inventa les prêtres pour les opposer aux tyrans; les prêtres furent pires. Que reste-t-il aux hommes? La philosophie.

Les jansénistes ont servi à l'éloquence, et non à la philosophie.

Il est égal pour le peuple non pensant qu'on lui donne des vérités ou des erreurs à croire, de la sagesse ou de la folie; il suivra également l'un ou l'autre : il n'est qu'une machine aveugle. Il n'en est pas ainsi du peuple pensant; il examine quelquefois, il commence par douter d'une légende absurde, et malheureusement cette légende est prise par lui pour la religion; alors il dit : Il n'y a point de religion, et il s'abandonne au crime. Celui qui doute à Naples de la réalité du miracle de saint Janvier[1] est près d'être athée; celui qui s'en moque en d'autres pays peut être un homme très-religieux.

Nous avons beaucoup d'erreurs, dit milord Orrery; mais elles sont humaines, et nos principes sont divins.

La plupart des victoires sont comme celles de Cadmus : il en naît des ennemis.

Un simple imitateur est un estomac ruiné qui rend l'aliment comme il le reçoit : un plagiaire est un faussaire.

1. Voyez la note, tome XIII, pages 96-97.

On propose aux
seulement d'empê
tumé à en prendre

nes de dompter leurs passions : essayez
e prendre du tabac à un homme accou-

Il faut s'oublier
vous, vous risquez

tous les hommes : si vous leur parlez de
pris ou la haine.

L'honneur est u
et pour soi-même.

ange naturel de respect pour les hommes

L'homme doit
sécherait de doul
deux éternités. et

udir d'être frivole : s'il ne l'était pas, il
pensant qu'il est né pour un jour entre
ouffrir onze heures au moins sur douze.

Quelque parti
Si on avait attend:
logique pour for
langues cependa
très-fine dont on a
la géométrie.

embrasse. l'instinct gouverne la terre.
notions distinctes de métaphysique et de
, langues, on n'aurait jamais parlé. Les
t toutes fondées sur une métaphysique
inct. Ainsi les mécaniques existent avant

Si Henri IV av
de Richelieu, il é
dinal de Richelieu

un premier ministre tel que le cardinal
rdu ; si Louis XIII n'avait pas eu le car-
tait détrôné.

La religion fut
fit monarchique : un
sophie : « Je suis tou

ncipe. L'inscription d'Isis est du temps de la philo-
i est et sera ; nul mortel ne lèvera mon vo.le. »

Pourquoi dit-on

s mon Dieu et Notre Dame ?

Nous sommes e-c
nous croire libres.

au point que nous ne pouvons nous empêcher de

Le bonheur est
C'est un nom abstrait

e l'ame : par conséquent il ne peut être durable.
osé de quelques idées de plaisir.

Turc, tu crois
Xa-ca ; etc. — E

par Mahomet ; Indien, par Fo-hi ;
ble, que ne crois-tu en Dieu par toi-même ?

L'amour est de tou
la fois la tête, le
es passions la plus forte,

L'homme doit être content, dit-on; mais de quoi?

L'abbé de Saint-Pierre a voulu la paix universelle : il ne connaissait pas les lois du monde. Un homme éternue; un chien épouvanté mord un âne; l'âne renverse la faïence d'un pauvre homme; la faïence renversée blesse un petit enfant. Procès.

Qui a dit que les paroles sont les jetons des sages et l'argent des sots?

L'ennuyeux est la torpille qui engourdit, et l'homme d'imagination est la flamme qui se communique.

La plupart des hommes pensent comme entre deux vins. N'est-ce pas, monsieur de M...?

Le lit découvre tous les secrets : *Nox nocti indicat scientiam.*

On s'est réduit partout à la vie simple. La semaine sainte de Rome et le carnaval de Venise n'ont plus de réputation. On va au bal comme à la messe, par habitude.

Les avares sont comme les mines d'or qui ne produisent ni fleurs ni feuillages.

L'honneur est le diamant que la vertu porte au doigt.

Peser le mérite des hommes! il faudrait avoir la main bien forte pour soutenir une telle balance.

La science est comme la terre : *on n'en peut posséder qu'un peu.*

Pénétration, science, invention, netteté, éloquence : voilà l'esprit.

L'âme est un timbre sur lequel agissent cinq marteaux : chacun frappe en un endroit différent. Il n'y a pas de point mathématique : donc l'âme est étendue, donc elle est matérielle.

Dois-je dépouiller un être de toutes les propriétés qui frappent mes sens, parce que l'essence de cet être m'est inconnue ? Il se peut faire que nous devenions quelque chose après notre mort : une chenille se doute-t-elle qu'elle deviendra papillon?

Ceux qui se rendent au dernier avis sont comme ces Indiens qui croyaient qu'on allait au ciel avec ses dernières pensées.

Tout corps animé est un laboratoire de chimie : *Deus est philosophus per quem.*

Quand Roland eut repris son sens commun, il ne fit presque plus rien. Belle leçon pour finir en paix sa vie !

Les poëtes, qui ont tout inventé excepté la poésie, ont inventé les enfers et s'en sont moqués les premiers.

Felix qui potuit rerum cognoscere causas,
Atque metus omnes et inexorabile fatum
Subjecit pedibus, strepitumque Acherontis avari !

On demandait grâce à Épaminondas pour un officier débauché : il la refuse à ses amis, et l'accorde à une courtisane.

Christophe Colomb devine et découvre un nouveau monde ; un marchand, un passager lui donne son nom. Bel exemple des quiproquos de la gloire !

Ambassade d'un peuple de sauvages à Cortez : « Tiens, voilà cinq esclaves : si tu es dieu, mange-les ; si tu es homme, voilà des fruits et des coqs d'Inde. »

Réponse d'un roi de Sparte à des orateurs de Clazomène : « De votre exorde il ne m'en souvient plus ; le milieu m'a ennuyé ; et quant à la conclusion, je n'en veux rien faire. »
C'est la réponse de Dieu aux suppliques des dévots.

Le roi Amasis, parvenu d'une condition servile au trône, fit fondre une cuvette dans laquelle il se lavait les pieds, et en fit un dieu.

On ne dit guère aujourd'hui un *philosophe newtonien*, parce qu'à l'attraction près, qui est si probable, tout est démontré dans Newton, et que la vérité ne peut porter un nom de parti. On disait les *philosophes cartésiens,* parce que Descartes n'avait que des imaginations, et que ceux qui suivaient sa doctrine étaient du parti d'un homme, et non de la vérité.

Aristote était un grand homme, sans doute ; mais que m'importe ? je n'ai rien à apprendre de lui. C'était un grand génie, je le veux ; mais il n'a dit que des sottises en philosophie. — Manco-Capac et Odin, Confucius, Zoroastre, Hermès, auraient peut-être été de nos jours de l'Académie des sciences. L'homme de génie serait tombé aux pieds du savant.

Le siècle présent n'est que le disciple du siècle passé. On s'est fait un magasin d'idées et d'expressions où tout le monde puise.

Qui est-ce qui disait que son fils allait étudier, et qu'il prêchait en attendant ?

La religion est comme la monnaie, les hommes la prennent sans la connaître.

Belles paroles de Susanne de Suse en mourant : « Grand Dieu, je t'apporte quatre choses qui ne sont pas dans toi : le néant, la misère, les fautes et le repentir. »

Les paroles sont aux pensées ce que l'or est aux diamants : il est nécessaire pour les enchâsser, mais il en faut peu.

Lord Peterborough en voyant Marly dit : « Il faut avouer que les hommes et les arbres plient ·ici· à merveille. » Il disait de George Ier : « J'ai beau appauvrir mes idées, je ne puis me faire entendre de cet homme. » Et pourtant milord ne se faisait entendre de Mlle Lecouvreur qu'à force d'or.

Il est aisé de tromper les savants. Michel-Ange fait une statue que tous les connaisseurs prennent pour une antique. Boulogne fait un tableau qu'on vend pour un Paul Véronèse; et Mignard, attrapé, lui dit : « Faites donc toujours des Paul, et jamais des Boulogne ! »

La superstition est tout ce qu'on ajoute à la religion naturelle. Les philosophes platoniciens affermirent la religion chrétienne; les nouveaux philosophes l'ont détruite. Tout auteur d'une religion nouvelle est nécessairement persécuté par l'ancienne; mais la nouvelle persécute à son tour. La morale est la même d'un bout du monde à l'autre. Confucius, Cicéron, Platon, le chancelier de l'Hospital, Locke, Newton, Gassendi, sont de la même Église. Dieu a fait l'or ; les alchimistes veulent en faire.

Les jacobins ont une bulle qui leur ordonne de célébrer la fête de l'Immaculée Conception, et une bulle qui leur permet de n'y pas croire. Quand ils sont docteurs, ils jurent l'Immaculée ; reçus dominicains, ils l'abjurent.

Chaque nation a son grand homme : on fait sa statue d'or; on jette au rebut les autres métaux dont l'idole était composée ; on oublie ses défauts. Voilà comme on canonise les saints; on attend que les témoins de leurs vices soient morts.

L'amour vit de contrastes. La Béjart disait qu'elle ne se consolerait jamais de la perte de ses deux amants : l'un était Gros-René, et l'autre le cardinal de Richelieu [1].

Les protestants ont réformé l'Église romaine en la rendant plus attentive sur elle-même; mais cette Église, devenant plus décente et plus sévère, a anéanti le génie italien. Il n'a plus été permis de penser en Italie. La liberté a enlevé le génie anglais; l'esclavage a flétri l'esprit italien.

Les idées sont précisément comme la barbe; elle n'est point au menton d'un enfant : les idées viennent avec l'âge.

Dryden, dans le *Spanish Friar,* dit : « Il reste à savoir si le mariage est un des sept sacrements, ou un des sept péchés mortels. » C'est l'un et l'autre.

Un protestant avait converti sa première femme; il ne put convertir la seconde : ses arguments n'étaient plus si forts. Newton faisait souvent ce conte.

1. Gros-René (Duparc) mourut le 4 novembre 1664; le duc de Richelieu était mort le 4 décembre 1642. Cet intervalle de vingt-deux ans rend le propos attribué à la Béjart bien peu vraisemblable.

Il ne faut pas forcer le peuple; c'est une rivière qui creuse elle-même son lit : on ne peut faire changer son cours.

Il n'y a point d'avare qui ne compte faire un jour une belle dépense : la mort vient et fait exécuter ses desseins par un héritier. C'est l'histoire de plus d'un roi de ma connaissance.

Πολιτικός signifiait citoyen : il signifie aujourd'hui ennemi des citoyens.

Pourquoi la liberté est-elle si rare ? Parce qu'elle est le premier des biens. Pourquoi est-elle le premier des biens ? Parce qu'elle n'est pas de ce monde.

Il en est des différents ouvrages comme de la vie civile. Les affaires demandent du sérieux, et le repos de la gaieté. Mais aujourd'hui on veut tout mêler : c'est mettre un habit de bal dans un conseil d'État. Il faut qu'il y ait des moments tranquilles dans les grands ouvrages, comme dans la vie après les instants de passion.

L'auteur le plus sublime doit demander conseil. Moïse, malgré sa nuée et sa colonne de feu, demandait le chemin de Jéthro.

O grandeur des gens de lettres ! Qu'un premier commis fasse un mauvais livre, il est excellent ; que leur confrère en fasse un bon, il est honni.

Prière des pèlerins de la Mecque : « Mon Dieu, délivre-nous des visages tristes ! » Ces pèlerins-là avaient été à Pompignan.

La plus grande dignité pour un homme de lettres est sa réputation.

Le père Tournon a fait six volumes de l'*Histoire des dominicains,* — et je n'en ai fait que deux de celle de Louis XIV ! Et j'en ai fait un de trop.

Le Welche me dit qu'on gâte son esprit en voulant l'orner; mais puisque l'esprit est une fête qu'on donne à la pensée, pourquoi ne pas y mettre des fleurs ?

La cause de la décadence des lettres, c'est qu'on a atteint le but ; ceux qui viennent après veulent le passer.
Tout est devenu bien commun. Tout est trouvé; il ne s'agit que d'enchâsser.

Le premier qui a dit que les roses ne sont point sans épines, que la beauté ne plait point sans les grâces, que le cœur trompe l'esprit, a étonné. Le second est un sot.

FIN DES PENSÉES, REMARQUES ET OBSERVATIONS.

REMARQUES

LE CHRISTIANISME DÉVOILÉ, OU EXAMEN DES PRINCIPES ET DES EFFETS DE LA RELIGION CHRÉTIENNE [1].

I. — Titre. *Le Christianisme dévoilé.*

Cet ouvrage est plus rempli de déclamation que méthodique. L'auteur se répète et se contredit quelquefois. On dira que c'est l'impiété dévoilée.

II. — Préface. En un mot, la religion ne change rien aux passions des hommes ; ils ne l'écoutent que lorsqu'elle parle à l'unisson de leurs devoirs.

Qu'est-ce que *parler à l'unisson?* On s'est fait dans ce siècle un style bien étrange.

III. — Malgré l'inutilité et la perversité de la morale que le christianisme enseigne aux hommes, ses partisans osent nous dire que, sans religion, on ne peut avoir des mœurs.

---

1. Voltaire, dans sa lettre au marquis de Villevieille, du 20 décembre 1768, dit que *le Christianisme dévoilé* est de Damilaville ; mais Voltaire le disait après la mort de Damilaville pour la tranquillité de l'auteur réel, qui paraît être le baron d'Holbach.

Le 15 décembre 1766, Voltaire écrivait à Mme de Saint-Julien : « Ma coutume est d'écrire sur la marge de mes livres ce que je pense d'eux. Vous verrez, quand vous daignerez venir à Ferney, les marges du *Christianisme dévoilé* chargées de remarques qui prouvent que l'auteur s'est trompé sur les faits les plus essentiels. »

Quelques-unes seulement de ces *Remarques* ont été publiées dans la *Biographie universelle,* au mot Damilaville, tome X, page 471. Je les donne toutes pour la première fois. J'en ai fait moi-même le relevé sur l'exemplaire qui contient les notes de la main de Voltaire.

Je donne immédiatement après des remarques de Voltaire sur le livre de Nieuwentyt, intitulé *l'Existence de Dieu*, etc. (B.)

Peut-on appeler perversité la morale de Jésus-Christ?

IV. — Chap. 1ᵉʳ. Si les mœurs des peuples n'eurent rien à gagner avec la religion chrétienne, le pouvoir des rois, dont elle prétend être l'appui, n'en retira pas de plus grands avantages.

Quoi! valait-il mieux immoler des hommes à Teutatès?

V. — Chap. ii. Cet homme connu sous le nom de Moïse, nourri dans les sciences de cette région fertile en prodiges, et mère des superstitions, se mit donc à la tête d'une troupe de fugitifs à qui il persuada qu'il était l'interprète des volontés de leur Dieu, qu'il en recevait directement les ordres.

L'auteur admet donc l'authenticité des livres de Moïse?

VI. — La nation juive attendit toujours un *messie,* un monarque, un libérateur qui la débarrassât du joug sous lequel elle gémissait, et qui la fît régner elle-même sur toutes les nations de l'univers.

Non dans leur prospérité, car alors ils[1] n'en avaient pas besoin.

VII. — Chap. iii. *Paix sur la terre, et bonne volonté aux hommes.* C'est ainsi que s'annonce cet Évangile, qui a coûté au genre humain plus de sang que toutes les autres religions du monde prises ensemble.

La citation n'est pas juste.

VIII. — Les châtiments passagers de cette vie sont les seuls dont parle le législateur hébreu : le chrétien voit son Dieu barbare se vengeant avec rage et sans mesure pendant l'éternité. En un mot, le fanatisme des chrétiens se nourrit par l'idée révoltante d'un enfer.

L'auteur oublie que les autres religions admettaient un enfer longtemps auparavant.

IX. — Chap. iv. On ne manquera pas de nous dire que c'est dans une autre vie que la justice de Dieu se montrera : cela posé, nous ne pouvons l'appeler juste dans celle-ci, où nous voyons si souvent la vertu opprimée, et le crime récompensé.

Ceci est contre toutes les religions qui ont admis une autre vie, aussi bien que contre la chrétienne.

X. — Chap. v. Avant de pouvoir juger de la révélation divine, il faudrait avoir une idée juste de la Divinité.

Point du tout pour savoir si on a des preuves.

1. Les Juifs.

XI. — Les incertitudes et les craintes de celui qui examine de bonne foi la révélation adoptée par les chrétiens ne doivent-elles point redoubler, quand il voit que son Dieu n'a prétendu se faire connaître qu'à quelques êtres favorisés, tandis qu'il a voulu rester caché pour le reste des mortels?

Cela n'est pas vrai. Les apôtres se disent envoyés par toute la terre. L'auteur confond continuellement la religion mosaïque et la chrétienne.

XII. — Quel était le tempérament de ce Moïse?

Qu'importe?

XIII. — Enfin quelle preuve avons-nous de sa mission, sinon le témoignage de six cent mille Israélites grossiers et superstitieux, ignorants et crédules?

Si l'auteur admet ce témoignage, il se réfute lui-même.

XIV. — Chap. vi. Ainsi, du côté des prétentions, la religion chrétienne n'a aucun avantage sur les autres superstitions dont l'univers est infecté.

Il n'y a point de superstition dans la secte des lettrés chinois.

XV. — Partout où elle[1] règne, ne voyons-nous pas les peuples asservis, dépourvus de vigueur, d'énergie, d'activité, croupir dans une honteuse léthargie, et n'avoir aucune idée de la vraie morale?

Exagéré.

XVI. — L'effet des miracles de Mahomet fut au moins de convaincre les Arabes qu'il était un homme divin.

Mahomet n'a point fait de miracles. Il n'y a dans l'Alcoran que le miracle du voyage de la Mecque à Jérusalem en une nuit.

XVII. — Chap. vii. On ne peut douter que Moïse n'ait annoncé un Dieu unique aux Hébreux.

L'auteur va toujours contre ses propres principes en attribuant le *Pentateuque* à Moïse.

XVIII. — Est-ce connaître la Divinité que de dire que c'est un *esprit,* un être *immatériel,* qui ne ressemble à rien de ce que les sens nous font

1. La religion chrétienne.

connaître? L'esprit humain n'est-il pas confondu par les attributs négatifs d'*infinité*, d'*immensité*, de *toute-puissance*, d'*omni-science,* etc.?

L'auteur combat bien mal à propos cette idée de Dieu, reçue, non-seulement chez les chrétiens, mais dans toute la terre.

XIX. — Comment concilier la sagesse, la bonté, la justice, et les autres qualités morales que l'on donne à ce Dieu, avec la conduite étrange et souvent atroce que les livres des chrétiens et des Hébreux lui attribuent à chaque page? N'eût-il pas mieux valu laisser l'homme dans l'ignorance totale de la Divinité que de lui révéler un Dieu rempli de contradictions?

Les anciens donnaient à Dieu les mêmes attributions sans révélation et sans contradiction.

XX. — Chez ces Tartares, Dieu s'appelle *Kon-Clocik,* Dieu unique, et *Kon-cio-sum,* Dieu triple. Sur leurs chapelets, ils disent *om, ha, hum,* intelligence, bras, puissance ; ou parole, cœur, amour.

Ce mot *oum* vient des brachmanes.

XXI. — Chap. viii. On ne manquera pas de vous dire que le dogme des récompenses et des peines d'une autre vie est utile et nécessaire aux hommes, qui sans cela se livreraient sans crainte aux plus grands excès. Je réponds que le législateur des Juifs leur avait soigneusement caché ce prétendu mystère, et que le dogme de la vie future faisait partie du secret que dans les mystères des Grecs on révélait aux initiés. Ce dogme fut ignoré du vulgaire.

Non. La vie future était le dogme populaire. C'était l'unité de Dieu qui était le dogme secret.

XXII. — Si les souverains gouvernaient avec sagesse et équité, ils n'auraient pas besoin du dogme des récompenses et des peines futures pour contenir les peuples.

Toutes les républiques grecques admirent ce dogme.

XXIII. — En effet, le christianisme admet des êtres invisibles d'une nature différente de l'homme.

Et les Gentils aussi.

XXIV. — Chap. ix. L'*eau bénite,* qui chez les chrétiens a pris la place de l'*eau lustrale* des Romains.

Il faut dire: chez les catholiques.

XXV. — Chap. x. Les livres postérieurs à Moïse ne sont pas moins remplis d'ignorance. Josué arrête le soleil, qui ne tourne point.

Il tourne sur son axe. Il faut dire : qui ne tourne point autour de la terre.

XXVI. — Chap. xi. Au lieu d'interdire la débauche, les crimes et les vices, parce que Dieu et la religion défendent ces fautes, on devrait dire que tout excès nuit à la conservation de l'homme, le rend méprisable aux yeux de la société, est défendu par la raison, qui veut que l'homme se conserve ; est interdit par la nature, qui veut qu'il travaille à son bonheur durable. En un mot, quelles que soient les volontés de Dieu, indépendamment des récompenses et des châtiments que la religion annonce pour l'autre vie, il est facile de prouver à tout homme que son intérêt, dans ce monde, est de ménager sa santé, de respecter les mœurs.

Pourquoi ôter aux hommes le frein de la crainte de la Divinité? Tous les philosophes, excepté les épicuriens, ont dit qu'il faut être juste pour plaire à Dieu.

XXVII.— Dans les pays qui se vantent de posséder le christianisme dans toute sa pureté, la religion a tellement absorbé l'attention de ses sectateurs qu'ils méconnaissent entièrement la morale, et croient avoir rempli tous leurs devoirs dès qu'ils montrent un attachement scrupuleux à des minuties religieuses totalement étrangères au bonheur de la société.

Cet abus de la religion n'est pas la religion.

XXVIII. — Chap. xii. Suivant le messie, toute la loi consiste *à aimer Dieu par-dessus toutes choses, et le prochain comme soi-même.*

Et suivant Moïse.

XXIX.— Chap. xvi. Le dominicain qui empoisonna l'empereur Henri VI.

Dis donc Henri VII.

REMARQUES

SUR L'OUVRAGE INTITULÉ

L'EXISTENCE DE DIEU DÉMONTRÉE PAR LES MERVEILLES DE LA NATURE, PAR M. NIEUWENTYT [1].

I. — Si quelqu'un a, dès sa jeunesse, eu le bonheur d'être convaincu des perfections adorables de Dieu, de le reconnaître pour son seigneur tout-puissant, son créateur, et son conservateur, et de l'honorer, il lui paraîtra peut-être étrange qu'il se trouve des gens qui, reconnaissant un être éternel ou un Dieu dans l'essence de cet être, le considèrent néanmoins comme dépourvu de toutes les perfections dont on vient de parler [2].

Tu fais toujours Dieu à ton image; tu veux que Dieu soit comme un bourgmestre. Pouvons-nous honorer Dieu?

II. — Ajoutons que les contemplations qui font le sujet du livre que je donne au public ne tendent, si la chose est possible, qu'à ramener ces malheureux et à leur inspirer de meilleurs sentiments.

Verbiage.

---

1. Bernard Nieuwentyt, médecin et mathématicien hollandais, né en 1654, mort en 1718, est auteur de quelques écrits, parmi lesquels un intitulé en hollandais *le Véritable Usage de la contemplation de l'univers pour la conviction des athées et des incrédules.*

Traduit d'abord en anglais, il a été, d'après la cinquième édition de la version anglaise, traduit en français par Noguez, médecin, sous ce titre : *l'Existence de Dieu démontrée par les merveilles de la nature*, Pàris, 1725, in-4°; Amsterdam, 1760, in-4°.

L'exemplaire sur lequel Voltaire avait écrit ses notes, que je publie pour la première fois, est à la bibliothèque de l'Ermitage en Russie. (B.)

— Voltaire a parlé de Nieuwentyt en 1775, dans le chapitre VIII de *Jenni* (voyez tome XXI, page 554); et en 1777, dans l'article XI du *Prix de la justice et de l'humanité* (voyez tome XXX, page 561).

2. Toute-sagesse, toute-puissance, et toute-bonté. (B.)

III. — Cette passion [1] les porte uniquement à souhaiter l'accomplissement de leurs désirs, et de n'être soumis à personne.

C'eût été un plaisant orgueil, dans Spinosa, de vouloir ne pas dépendre de Dieu quand il dépendait d'un bourgmestre.

IV. — Les païens prétendaient que les dieux se plaisaient aux mêmes vices que les hommes, l'ivrognerie, l'adultère, etc.

Cela est faux et ridicule. Les fables des poëtes n'étaient pas la religion. Les anciens enseignèrent la morale la plus sévère.

V. — Or comme tout cet égarement n'est autre chose qu'une impétuosité qui les entraîne, n'ayant pas la moindre ombre de raison pour fondement, on en ramène plusieurs de cette espèce, lorsqu'il plaît à Dieu, qui est la cause suprême de toutes choses, de bénir les moyens dont on s'est servi pour faire cette bonne œuvre.

Verbiage.

VI. — Suivant leur opinion, le monde était gouverné par un hasard inconstant.

Le hasard est un mot vide de sens.

VII. — Car au lieu que la première classe d'athées [2], qui n'est fondée que sur la jouissance des plaisirs, peut être ramenée tout doucement dès que les voies qu'on emploie pour leur persuader le contraire commencent à se faire sentir, l'obstacle qu'il y a outre cela à la conversion de ceux-ci [3] est que, venant à abandonner les sentiments qu'ils avaient embrassés, ils craignent de perdre la gloire de surpasser tous les autres en sagesse et en force d'esprit, et de donner quelque atteinte à leur prétendue réputation.

Verbiage.

VIII. — On doit regarder Spinosa comme un de ces athées qui ne l'est que parce qu'il estime pouvoir de cette manière vivre avec plus de plaisir et de contentement d'esprit.

Spinosa reconnaît une intelligence suprême, universelle, nécessaire ; mais il la joint à la matière : il ne reconnaît dans ces

---

1. Le mouvement impétueux d'un amour-propre mal entendu, et qui va trop loin, est regardé par Nieuwentyt comme la première cause de l'athéisme.
2. Ceux dont il est parlé dans la note précédente.
3. La seconde classe d'athées se compose, selon Nieuwentyt, des gens qui ont la prétention d'être *plus raffinés que les autres,* et se donnent le nom d'*esprits forts.*

deux modes qu'une seule substance, qui est Dieu. Jamais Spinosa n'a passé sa vie dans la joie.

IX. — J'ai connu particulièrement dans ma jeunesse un de ses plus intimes amis [1], qui avait été son disciple... Étant tombé malade, il se tint longtemps tranquille, à l'imitation de son maître, et à la fin il prononça ces terribles paroles : *qu'il croyait enfin tout ce qu'il avait nié auparavant, mais qu'il était trop tard pour espérer grâce.* Un savant de ma connaissance a pris la peine de me marquer cette misérable fin avec toutes ces circonstances, disant qu'il ne doutait pas que comme j'avais connu cet homme depuis plusieurs années...

Nomme-le donc ! Mais qu'importe ?

X. — Le quatrième motif d'athéisme... tire sa source dans d'autres d'une trop bonne opinion d'eux-mêmes, et de ce qu'ils prennent aveuglément pour des vérités les raisonnements que leur entendement ou leur imagination leur suggère.

Tout cela est ridicule : un théologien a autant de présomption qu'un athée pour le moins.

XI. — Voilà la plus pernicieuse espèce d'athées... d'autant plus que plusieurs parmi eux ayant appris les *Éléments* d'Euclide, l'algèbre, et d'autres parties des mathématiques qui ne sont que spéculatives, ils passent à cause de cela pour grands mathématiciens chez les ignorants, ce qui ne leur convient néanmoins pas plus que le nom de grand philosophe à une personne qui n'entendrait pas la logique; puisqu'on peut être fort versé dans ces sciences idéales, sans néanmoins avoir que peu ou point de connaissance de ce qui existe réellement, et qu'on voit arriver.

Verbiage.

XII. — Aussi voyons-nous aujourd'hui que, pour faire passer les écrits mêmes des athées pour des vérités incontestables, leurs auteurs ont tâché d'y donner la forme de démonstrations mathématiques. On en voit un exemple éclatant dans le livre de Spinosa.

Il est le seul.

XIII. — ... C'est-à-dire, pour parler plus clairement, que les mathématiciens raisonnent seulement ou sur leurs idées, ou sur les choses qui existent réellement hors de leurs idées.

Obscur et plat.

1. Un des plus intimes amis de Spinosa.

XIV. — Or ceux qui ont lu Spinosa, et qui l'entendent, savent qu'il pose uniquement ses idées et son entendement pour fondement de toute chose.

Spinosa ne nie point un Dieu ; il nie la création ; il admet la morale.

XV. — Comme ces malheureux philosophes donnent tant à leurs lumières, et ont coutume d'user de toute la subtilité imaginable pour tâcher d'éluder la force des arguments de métaphysique, quoique fondés sur de bons raisonnements, l'unique chose que j'aie vu pratiquer avec succès pour les dépouiller de cette insupportable suffisance de vouloir comprendre toute chose, et les convaincre de la médiocrité de leur pénétration, ce qui est surtout très-nécessaire pour leur conversion, a été de les mener dans un laboratoire de chimiste ou dans un autre endroit où l'on fait ordinairement des expériences de physique, et de leur demander si ceci ou cela se faisait, quelles suites ils pensent qu'il en devrait résulter suivant leur conception et leurs idées?

Très-mauvais raisonnement.

XVI. — Les premiers (acheminements à l'athéisme) sont les préjugés, dont quelques-uns sont nés avec nous, ou tirent leur origine d'un assujettissement à nos sens extérieurs. C'est ainsi, par exemple, qu'on se figure que le soleil n'est pas plus grand qu'une assiette ou qu'un petit plat, et qu'il n'est que très-peu éloigné de nous, etc.

Verbiage et fausseté.

XVII. — Si on leur faisait voir la force inconcevable de l'air dont ils sont entourés, et qu'à moins d'une sagesse suprême qui par une opposition de forces sût tenir en bride celle de l'air ils seraient en un instant réduits en poudre, et qu'on leur fît comprendre le terrible mouvement de la lumière, laquelle, si elle n'était liée à des lois qui la font égarer et dissiper, serait capable de mettre en feu et en flammes tout le globe terrestre en peu de minutes; qui pourrait douter, s'il a quelque étincelle de raison, que ces gens-là ne soient portés par là à louer et à magnifier la grandeur, la sagesse, et le pouvoir d'un Dieu?

Dis donc à remercier.

XVIII. — Et ce qui m'a surpris encore, c'est de voir que des gens, qui ont de l'esprit d'ailleurs, prétendent même expliquer comment ont été faites, dès le commencement, toutes les choses qui sont renfermées entre la circonférence du firmament et son centre.

Il en veut à Descartes ; et il a raison.

XIX. — Sous cette fausse manière de diriger ses pensées doit être comprise aussi *celle de vouloir, par une même hypothèse, expliquer tous les phénomènes de la nature.* Il n'est pas difficile de faire voir que, dès qu'on a reconnu pour vraie cette manière de philosopher, elle nous fait former des idées indécentes de Dieu.

Tu as donc connu de sottes gens? Car ils devaient conclure, comme Platon, que Dieu est le grand, l'éternel géomètre.

XX. — Pour n'être donc pas séduit par cette manière de ne philosopher que par hypothèses, il est nécessaire, en premier lieu, qu'on ne s'attache pas trop à cette étude spéculative, quelque chatouillement secret qu'elle nous cause par la fertilité de ses suppositions, et par le moyen qu'elle nous donne de mettre notre génie dans tout son beau jour; mais il faut plutôt s'appliquer à des expériences réelles, et qu'on examine les choses dans la nature même, et non dans les idées de l'homme.

Ah! tu as raison enfin; mais ta raison est bien bavarde.

XXI. — Pourrait-il tirer de là une autre conséquence, sinon que toutes ces choses avaient été faites dans la vue d'effectuer ce qu'on voit faire par leur moyen?

Cet endroit est bon, quoique mal exprimé.

XXII. — Le livre que les chrétiens appellent Bible a été écrit avec une sagesse très-grande et plus qu'humaine... Elle a Dieu pour auteur... Elle coule d'une source divine... Ce livre traitant des choses naturelles, quoique dans une autre vue et seulement en passant, en rapporte souvent des qualités qui ne sont connues que de grands naturalistes sages et expérimentés.

En second lieu, ce livre propose, dans les termes les plus clairs, certaines propriétés de choses naturelles qui, dans le temps qu'il a été écrit (du moins autant qu'il nous paraît par les histoires et les annales), n'ont été connues à aucun homme vivant, qui n'ont pu l'être non plus faute d'instruments nécessaires, et qui, pour cette raison, n'ont pu avoir été découvertes qu'après beaucoup d'années par les curieux les plus appliqués...

Si l'on veut encore mieux confirmer la divinité de ce livre, on peut y ajouter, en troisième lieu, qu'on voit que ce livre parle expressément des bornes de la connaissance humaine pour l'avenir: vérité qui n'a pu se découvrir qu'à la postérité suivante, et que même jusqu'à présent les plus savants ont dû reconnaître malgré eux.

Dieu est prouvé par toutes les religions. C'est la raison qui le démontre : la Bible raconte ses œuvres. Tu raisonnes comme un sacristain.

XXIII. — Enfin (et cette dernière réflexion est d'une extrême importance) que c'est une extrême imprudence, dans une affaire d'où dépend une éternité bienheureuse ou infiniment misérable, de ne prendre pour soutien de leurs opinions[1] qu'un je ne sais quoi fondé uniquement sur un peut-être ou un possible, et qui, outre cela, a tous les témoignages de l'histoire contre soi.

Tu as oublié la source la plus commune de l'athéisme :

Sæpe mihi dubiam traxit sententia mentem[2], etc.

XXIV. — J'ai souvent pensé que si Adam, notre commun père, revenait sur la terre pour y vivre quelques siècles, il y aurait peu d'apparence qu'aucun de ses descendants lui fît la moindre caresse.

Au contraire, tout le monde voudrait le voir. Il gagnerait beaucoup d'argent à la foire. Mais comment peux-tu être assez bête pour croire l'histoire d'Adam, et pour ne pas la regarder comme une allégorie imitée des six gahambars persans?

XXV. — En ce cas, il[3] devra accorder que s'il est malheureux, il n'y a que le *hasard* qui puisse le tirer de cet état; et, s'il est heureux, comme la cause en est fortuite, et qu'elle ignore ce qu'elle fait, il doit être dans des craintes continuelles qu'à chaque moment le *hasard*[4] ne détruise son bonheur.

Laisse là ton hasard; c'est un mot vide de sens.

XXVI. — Enfin qu'il[5] dise avec sincérité si, après avoir réfléchi sérieusement sur tout ce que nous venons de dire, il ne doit pas estimer infiniment plus heureux ceux qui sont persuadés qu'ils doivent leur origine à un être adorable, qui par sa sagesse a si artistement agencé toutes les parties de leur corps; qui par sa puissance les soutient, et leur donne pour nourriture tant de choses qu'il a créées pour leur usage; qui peut les conserver, et les conserve en effet, parce qu'il est bon, et les garantit de tout accident fâcheux...

Oh, sot! A-t-il préservé d'accidents fâcheux douze millions d'Américains égorgés le crucifix à la main, et la moitié des hommes crucifiée par l'autre?

XXVII. — Quoiqu'il voie tant de personnes dont il ne saurait douter de la sagesse et de la pénétration, et qui suivent une route différente de la

---

1. Les opinions des athées.
2. Claudien, *In Rufinum*, I, I.
3. L'athée.
4. Le mot *hasard* se trouve quatre autres fois dans le même alinéa; et Voltaire l'a souligné les six fois.
5. L'athée.

sienne, néanmoins il fait tous ses efforts pour se persuader qu'il n'y a point de Dieu.

Animal ! qu'importe à Dieu d'être loué par toi ?

XXVIII. — C'est donc avec raison qu'au psaume xiv, verset 1, le prophète royal appelle *insensé* celui qui... travaille à se rendre malheureux... Or voilà l'athée.

Sot ! il est bien question ici de ton prophète royal !

XXIX. — Nous ne nous arrêterons pas tant à prouver sa *toute-présence éternelle,* parce que je ne crois pas que les athées la nient.

Quelle bêtise ! admettre la toute-présence d'un être dont on nie l'existence !

XXX. — Personne ne doit son existence à soi-même ni à ses parents, mais à quelque autre... Un esprit incrédule et incertain, ou qui pour ne pas reconnaître un Dieu ne voudrait pas acquiescer à ce que nous venons de dire, pourra peut-être nous objecter que par voie de génération ses parents sont la cause qu'il est parmi les vivants. Cette objection paraît plausible du premier abord ; mais s'il se veut donner la peine d'examiner plus sérieusement la chose, il sera forcé d'avouer que ses parents, aussi bien que tous les autres hommes, doivent chacun de leur côté leur naissance à ce désir, à ce penchant qui est dans toutes les créatures animées, par lequel les uns et les autres ont reçu leur origine sans savoir s'ils en seraient engendrés ou non. Il devra encore reconnaître qu'aucun de ses parents n'a pu dire, lorsqu'il a été conçu, s'il naîtrait garçon ou fille, bien fait ou mal fait de corps, etc. Bien plus : lorsque sa mère était avancée dans sa grossesse, elle n'a pu que souhaiter que son fruit vînt heureusement à terme, sans savoir quel serait l'enfant qu'elle portait dans son sein. Et même lorsqu'il est venu au monde, son père et sa mère ont-ils connu la disposition des parties de son corps, de ses veines, de ses nerfs, de sa chair, de ses os, de ses humeurs, etc. ?

Si donc ses père et mère ont ignoré tout cela, comment peut-il les regarder comme la véritable cause de leur existence ? Peut-on appeler artiste ou la véritable cause d'un ouvrage celui qui doit avouer qu'il en ignore la fabrique et les proportions, et, qui plus est, qui ignorait ce qu'il faisait lorsque même pour le faire il y employait tout ce qui pouvait dépendre de lui ?

Comme il ne saurait penser que ses parents ont contribué pour sa formation plus que n'ont fait les autres pères et mères pour leurs enfants, il sera obligé de reconnaître, par ce qui vient d'être dit, qu'il n'a lui-même rien contribué pour son existence, et que même ses parents ont agi sans aucune connaissance de ce qu'ils faisaient ; que, par conséquent, ils ne sont que les causes instrumentales de sa formation.

Quel verbiage ! quel manque de méthode ! que d'ennui !

XXXL — Il me paraît presque impossible qu'après cela il puisse se trouver quelqu'un si impie et si opiniâtre que d'oser soutenir que rien de tout ce que nous avons dit ne le touche ni ne trouble sa conscience. Si pourtant il s'en rencontrait quelques-uns de cet ordre, il n'y a pas apparence qu'ils soient tous du même caractère, et qu'ils aient tous renoncé à la raison. Je ne doute pas qu'il ne s'en trouve qui voudront bien se donner la peine de nous suivre dans la recherche des œuvres du Créateur et de toute la nature; et nous espérons que parmi ceux-là il y en aura du moins quelques-uns qui, frappés des merveilles que nous leur développerons, seront guéris de leurs erreurs en voyant briller partout la Divinité.

Ce bavard donnerait envie d'être athée, si on pouvait l'être.

XXXII. — Pouvons-nous, sans être pénétrés de reconnaissance et sans être saisis d'étonnement, observer la manière dont notre Créateur a pourvu avec une sagesse admirable à ces inconvénients, en revêtant[1] le dedans de l'estomac et des intestins d'une matière épaisse et tenace comme du limon, qui empêche que ces matières âcres ne blessent?

Ce limon ne vient point de l'estomac, mais des glandes salivaires et autres.

XXXIII. — Mais lorsque je considère que Dieu, par un effet de sa sagesse et de sa miséricorde infinie, a jugé à propos d'établir la foi par le moyen de l'ouïe l

Quelle extravagance!
Énorme sottise : les oreilles pour la foi!

XXXIV. — Dans l'histoire de l'Académie royale des sciences, de l'année 1707, au chapitre des observations sur la physique en général, il est parlé d'un grand musicien, et dans l'année 1708, d'un fameux maître à danser : le premier fut attaqué d'une fièvre continue accompagnée de délire, et l'autre, d'une fièvre très-violente accompagnée d'une espèce de léthargie qui fut suivie d'une vraie folie; et tous les deux revinrent dans leur bon sens par le moyen de la musique.

Autres chimères.

XXXV. — On trouve aussi beaucoup d'observations qu'on a faites sur des personnes piquées de la tarentule, qui est une espèce d'insecte en Italie de la forme et de la grosseur d'une araignée : ce petit animal produit dans l'esprit des désordres extraordinaires et des mouvements tout à fait surprenants dans le corps. Dans quelques cas le visage devient noir, les pieds

---

1. Voltaire rappelle ce passage dans le chapitre VIII de *Jenni*; voyez tome XXI. page 555.

et les mains sont immobiles; d'autres ne parlent point, ou sont plongés dans une profonde mélancolie; ils cherchent les lieux solitaires et les cimetières; il y en a qui creusent la terre, et font des trous qu'ils remplissent d'eau pour se jeter dans la boue. Enfin, après avoir souffert une infinité de maux, ils meurent de cette maladie.

Quoi! tu es médecin, et tu répètes ces contes !

XXXVI. — Un homme qui jouait du luth à Venise se vantait de priver, en jouant de son instrument, les auditeurs de l'usage de l'entendement, etc.

Encore!

XXXVII. — J'en ai vu [1] qui, étant sujettes à cette affreuse maladie, étaient non-seulement dans des frayeurs continuelles, mais elles se plaignaient de ce qu'il leur semblait entendre le son d'une grande cloche, lorsqu'elles entendaient la voix ordinaire d'un homme; et peu s'en fallait qu'elles ne se trouvassent mal.

Cela peut être; mais est-ce là une preuve des bontés de Dieu?

XXXVIII. — Qu'un athée nous dise donc... (en cas qu'il eût produit quelque chose de semblable, quoique dans un degré de perfection beaucoup moindre) s'il ne prendrait pas pour un grand affront si quelqu'un, voyant son ouvrage, ne remarquait point l'industrie de l'ouvrier? Après cela ne s'apercevra-t-il point de son aveuglement, lui qui refuse de reconnaître la même chose dans une machine aussi surprenante que le corps humain?

Et tous les corps organisés.

XXXIX. — Les sens extérieurs nous conduisent naturellement à l'âme, qui se trouve unie à notre corps d'une manière tout à fait admirable.

Il faudrait d'abord prouver l'existence de l'âme avant de parler de son union; il faudrait savoir si elle est faculté ou substance, si ce n'est pas Dieu qui produit nos idées comme il produit le mouvement.

XL. — L'âme n'est point matérielle.

Eh ! fiacre, presque tous les premiers Pères de l'Église ont cru l'âme matérielle.

XLI. — On observe en premier lieu que l'âme n'opère pas (de quelque manière que cela soit) par sa volonté sur toutes les parties de notre corps;

---

1. Des femmes atteintes de passions hystériques.

ou plutôt que toutes les parties de notre corps ne sont pas sujettes à l'âme quant à leurs mouvements.

Quoi ! tu ne sais pas qu'on retient souvent son urine, son sperme, ses excréments, ses crachats, ses larmes, etc. ?

XLII. — Personne ne saurait raisonnablement attribuer tout cela au pur hasard.

Sot bavard, les Turcs attribuent-ils toutes ces opérations au hasard ?

XLIII. — Nous n'aurions donc jamais su faire de comparaison, si notre âme au dedans n'écrivait, comme dans un livre qu'elle consulte quand il lui plaît, ce qui a été porté jusqu'à elle par les sens.

Bon.

XLIV. — Notre Créateur, afin de multiplier ses merveilles dans l'homme, et de nous rendre entièrement heureux, a voulu suppléer à ce défaut des sens, et nous donner le pouvoir de nous représenter les choses qui sont passées, celles qui doivent arriver, et celles qui sont absentes. Les philosophes ont appelé la première de ces facultés *mémoire,* et l'autre *imagination.*

Bon.

XLV. — CHAP. xv. *Des passions humaines et de la génération en peu de mots.*

Tout ce chapitre paraît faible et ridicule.

XLVI. — N'est-ce pas là l'effet d'une providence qui fait que les hommes s'assistent et s'entr'aident mutuellement dans leurs besoins particuliers ?

Et que deviennent les castes de l'Inde et de l'Égypte ?

XLVII. —Il faut observer dans cette table : 1° que dans Londres, pendant quatre-vingt-deux ans, le nombre des enfants mâles excéda chaque année celui des femelles ; 2° que cette différence s'est toujours trouvée entre deux termes peu éloignés l'un de l'autre, etc...

Lorsque l'on considère le grand nombre d'hommes que les guerres enlèvent, qui périssent sur mer et de cent autres manières..., où sera l'homme assez fou pour oser dire que c'est par un pur hasard, sans le secours de la Providence, que le nombre des enfants mâles excède celui des femelles ?

Vers les quinze ans on trouve toujours qu'il reste plus de femelles que de mâles.

XLVIII. — Les soins heureux des philosophes du dernier siècle nous ont donné sur la nature de l'air deux découvertes remarquables qui étaient entièrement cachées à tous les anciens, savoir : sa *pesanteur* et son *ressort*.

Aristote a connu la pesanteur de l'air, mais non le degré de pesanteur.

XLIX. — Mais si au lieu d'eau on prenait de la lessive (qui, quoiqu'elle eût resté six années exposée à l'air, ne s'était imprégnée d'aucun air, du moins autant qu'il était possible de le découvrir avec le secours de la machine pneumatique), elle pourrait peut-être nous fournir un baromètre utile.

Tes vessies sont des lanternes.

L. — Chacun étant contraint de reconnaître ici[1] une puissance qui le préserve à tous moments d'une entière destruction, et que cette même puissance agit selon les règles d'une sagesse merveilleuse, pouvons-nous nous dispenser d'attribuer cela à un être infiniment sage qui dirige tout ?

Bon.

LI. — Or que l'eau se change en terre par ce moyen, c'est ce que M. Boyle a démontré par des expériences ; M. Newton en parle aussi dans son livre sur l'*Optique,* page 349. Voici les termes dont il se sert : *L'eau se change en une terre solide par des distillations réitérées, comme M. Boyle l'a découvert dans ses expériences.*

Expérience fausse.

LII. — L'Égypte est arrosée par le Nil sans le secours des pluies. Ce pays, qui est uni partout et sans aucune montagne...

Oui, le Delta ; mais le Nil jusqu'au Δ est environné de rochers.

LIII. — Si nous supposons que l'eau s'évapore également dans toute l'étendue de la terre, et qu'il s'en évapore un pouce par jour, selon ce calcul il monterait chaque année dans l'air, par l'évaporation, 365 pouces d'eau en profondeur ; toute cette eau, supposé qu'elle retombe en pluie, serait capable d'inonder, dans une seule année, toute la surface de la terre jusqu'à 365 pouces de hauteur.

Comme si cette eau retombait tout à la fois ! Quel pitoyable raisonnement !

LIV. — Est-ce sans le secours d'aucune sagesse que toute la mer, couverte de tant de grands vaisseaux d'un poids immense, et qui a tant de lieues de largeur, ne presse pas contre la digue avec plus de force, etc. ?

1. Dans la pression de l'air sur nos corps.

Tu t'écartes bien de ton but. Tu ne prouves que l'industrie des hommes.

LV. — Montrez une poignée de sable à quelqu'un qui, pendant tout un voyage, aura vu une mer orageuse rouler ses vagues, et dites-lui que des corps si petits et si méprisables, qu'on peut disperser par le souffle, sont en état d'arrêter la force de ces montagnes d'eau.

As-tu oublié que c'est la gravitation, et non le sable?

LVI. — Ajoutez à cela que la terre a été habitée depuis tant de siècles par tant de millions d'hommes et de bêtes, qui ne sont composés que des productions de la terre, qu'il aurait été impossible, sans le soin d'une sagesse supérieure, que la terre n'eût perdu beaucoup de sa fertilité; de sorte que, quoiqu'on n'eût pas lieu d'appréhender la destruction de ce globe, tous les animaux pourtant, et les créatures vivantes qui y habitent, auraient à la fin péri par le défaut de fertilité de la terre, et par conséquent par le défaut d'aliments.

Tu prouves par tes faux raisonnements que les bêtes ont trouvé tout fait pour elles, et qu'il a fallu que l'homme fît tout.

LVII. — Nous avons déjà fait voir[1] qu'on peut faire de la terre avec de l'eau.

Faux.

LVIII. — On a observé que tous les métaux, étant placés dans le foyer du verre ardent, se changent en verre, et que l'or, en se vitrifiant, prend une belle couleur de pourpre.

Très-douteux.

LIX. — M. Cassini, en traçant le méridien de France jusqu'aux Pyrénées, par ordre du roi, en a mesuré exactement la longueur de chaque degré, et a trouvé, à 7 degrés 1/3 entre les parallèles d'Amiens et de Collioure, qu'il a comparés l'un à l'autre, que leur grandeur augmentait continuellement à mesure qu'ils s'approchaient de la ligne equinoxiale, et qu'elle diminuait par conséquent en approchant des pôles.

Erreur reconnue.

LX. — Le centre de la terre n'est rien.

Si vous ne la considérez que comme un point mathématique, qui n'est qu'une abstraction de l'esprit.

1. Voyez n° LI.

LXI. — Ceux qui examinent de près toutes ces choses peuvent-ils, sans reconnaître la sagesse de Dieu dans sa sainte parole, lire l'expression dont Job se sert, chap. XXVI, verset 7 : *Il suspend la terre sur rien.*

Job n'a rien à faire ici.

LXII. — De là vient que M. Whiston dit que le centre de pesanteur de tous les corps de ce monde est un vrai rien.

Le vrai centre, le centre réel est l'aboutissement physique de toutes les lignes physiques.

LXIII. — Le globe de la terre garde toujours la même obliquité.

Non, et nous changeons de pôle.

LXIV. — Si, par malheur, ces causes qui agissent avec tant de violence ébranlaient la terre, et la faisaient une fois changer de place, que pourrait-on attendre de là qu'une ruine et une destruction générale, où tout changerait absolument, l'air, le climat, etc. ?

Pitoyable. Ne vois-tu pas que ce changement ne pourrait se faire qu'insensiblement dans la suite des siècles, comme la précession des équinoxes ?

LXV. — Voici une chose qu'un philosophe ne saurait expliquer : il faut lui demander pour quelle raison la terre étant plus pesante que l'eau, les eaux ne couvrent point la surface de la terre, et ne l'environnent comme l'air, puisqu'il est hors de doute que l'un devrait arriver aussi bien que l'autre, selon les lois de la pesanteur.

Quelle pitié ! N'est-il pas évident que la loi de la gravitation s'y oppose ?

LXVI. — Il est nécessaire[1] de nous étendre ici un peu plus sur la zone septentrionale (tempérée). Tout ce qui est autour de nous, ou bien tout ce que nous avons décrit dans cet ouvrage, ne tend qu'à une chose, je veux dire à manifester la puissance, la sagesse, et la bonté de Dieu, qui brille d'une manière éclatante dans ce qui compose cet univers ; ce qu'il y a de certain, c'est que cette zone ne cède à aucune autre en rien : elle est fertile, les saisons y sont tempérées, les habitants très-savants, et fort industrieux ; ainsi il n'y a pas lieu de douter qu'elle ne surpasse de beaucoup tous les autres pays dans le commerce, dans la navigation, dans l'art militaire.

Quoi ! l'art de tuer est ta preuve de Dieu !

---

1. Page 304 du livre de Nieuwentyt : le texte sur lequel porte la remarque qui suit est à la page 305. Une bandelette de papier, placée entre les pages 304 et 305, contient, de la main de Voltaire, ces mots : «L'homme placé entre des inondations et des volcans, entre la peste et la vérole. » (B.)

LXVII. — Mais le plus grand de tous les avantages, et celui qui élève cette zone incomparablement au-dessus de toutes les autres parties du globe, c'est la connaissance du vrai Dieu, et du véritable culte qu'on lui doit, puisque ce soleil brillant n'éclaire plus malheureusement l'Asie, où Dieu avait jugé à propos (ce qui surpasse toute la reconnaissance humaine) de se révéler.

Et pourquoi la Chine ne connaît-elle pas le vrai Dieu?

LXVIII. — Vous qui niez la résurrection, dites-nous si les parties qui composent votre corps visible (nous ne dirons rien ici du premier principe ou du germe, qui est d'une petitesse extrême) n'étaient pas aussi écartées l'une de l'autre sur la terre il y a environ 5,000 ans, qu'elles le seront quelques années après votre mort, ou à la fin du monde.

Ah! mon ami, tu gâtes un assez bon ouvrage par des raisonnements bien ridicules.

LXIX. — Simon de Vries nous dit, dans sa description de l'*ancienne Groenlande,* que l'air y est si pur qu'il empêche que les corps ne se corrompent; et le fameux géographe Samson rapporte qu'un colonel espagnol passant du Pérou au Chili sur une montagne fort haute, il y eut quelques-uns de ses gens qui moururent de froid; et que, plusieurs années après, il les trouva dans le même état, c'est-à-dire sur leurs chevaux morts, tenant la bride à la main; leurs corps n'étaient pas corrompus.

Quels contes de bonne vieille! Et tu fais le philosophe!

LXX. — Ils[1] opposent à ces textes[2] quelques expressions du même apôtre, I *Corinth.,* xv, versets 35, 36, 37, 38, et ils prétendent qu'ils ne sauraient s'accorder avec les précédents.

Tu soutiens bien mal une bonne cause.

LXXI. — Si une personne doit ressusciter dans la même grandeur qu'auparavant, le germe n'a qu'à se développer de la même manière qu'il s'était développé durant sa vie, se remplir ensuite de la même matière, qui, lorsque le corps était en vie, et que le volume de ce corps augmentait, aurait servi pour le remplir et le faire croître; dans ce cas, un chacun doit avouer que la même personne ressusciterait avec son propre corps.

Il n'y a rien de si contraire à la physique que ce chapitre[3].

---

1. Les adversaires des partisans de la résurrection.
2. Saint Paul, *Épître aux Romains,* viii, 11, et à *Philipp.,* iii, 21.
3. Le chapitre vi du livre III de l'ouvrage de Nieuwentyt.

LXXII. — On ignore, par exemple, si c'est le soleil ou bien la terre qui se meut.

Comment, on ne le sait pas! La chose est démontrée.

LXXIII. — M. Stevin dit... *qu'il ne paraît pas nécessaire que le soleil soit au centre des étoiles fixes, mais qu'on a de bonnes raisons pour convenir qu'il y est.*

Ou il n'y a point *étoiles fixes* dans le texte, ou Stevin ne sait ce qu'il dit.

LXXIV. — Voici de quelle manière s'exprime le fameux Kepler dans son *Epitom. Astronom.*, p. 448, et ensuite p. 673 : *Lorsqu'on entendra ces choses, quoiqu'on soit éloigné de croire qu'elles sont réelles, et qu'on ne fasse que les supposer, il sera très-facile de s'en servir.*

C'était dans l'aurore de la raison.

LXXV. — Les mathématiciens supposent des lignes et des cercles imaginaires pour la construction de *sinus* et de *tangentes,* etc., et dans celle des logarithmes, que tous les nombres sont vrais; tandis que parmi plusieurs centaines, à peine y en a-t-il quelques-uns qui le soient réellement.

Ridicule.

LXXVI. — C'est ainsi que les arpenteurs ou ceux qui mesurent la terre, lorsqu'ils trouvent des lignes un peu courbes, et qui forment quelquefois de petits angles en avançant en dedans et en dehors, supposent ces mêmes lignes droites.

Eh bien! qu'en résulte-t-il?

LXXVII. — Qui est-ce qui ne sait pas qu'en élargissant les degrés de latitude de plus en plus dans la navigation, on ne fait uniquement qu'une pure fiction? Et cela ne sert qu'à trouver, *d'une manière plus aisée,* le véritable décroissement de chaque degré de longitude.

Non plus aisée.

LXXVIII. — Quoique, quand on est versé dans l'optique, on sache que les verres sphériques ne ramassent jamais les rayons dans un point (excepté dans un ou deux cas), comme font les verres de certaines figures; cependant n'est-ce pas une chose bien commune, en faisant des télescopes ou des microscopes, de les supposer tout autrement qu'ils ne sont?

Quoi! parce que le point central n'est pas un point mathématique?

LXXIX. — Les fameux mathématiciens qui ont écrit sur l'art de jeter les bombes supposent que les boulets, par le moyen de la force de la poudre, et de celle de leur pesanteur, décrivent une ligne qu'ils appellent *parabole;* au lieu que s'ils considéraient la résistance de l'air et les autres causes ci-dessus, ils sauraient que les propriétés de cette ligne sont très-différentes de celles de la parabole.

Faux. Elle est géométriquement parabole, et ne s'en éloigne que par des accessoires étrangers.

LXXX. — Tous les astronomes anciens et modernes ont supposé, pour fondement de leurs calculs, que le mouvement diurne, véritable ou apparent, du soleil, se fait dans un cercle parallèle ou également distant de l'équinoxial, quoique cette ligne, à cause du mouvement annuel du soleil ou de la terre, approche plutôt d'une ligne spirale que d'un cercle, comme tous les astronomes le savent.

Ce n'est donc pas par ignorance[1].

LXXXI. — Venons à présent à la conclusion que nous venons de tirer de ce que nous avons dit jusqu'ici du mouvement ou du repos de la terre.

Ce dernier chapitre[2] est le plus mauvais de tous. Il y a même de la mauvaise foi, et de plus il est absolument inutile au dessein de l'auteur.

1. Le chapitre vii du livre III de l'ouvrage de Nieuwentyt est intitulé *des Choses que nous ignorons.*
2. Le chapitre vii du livre III.

REMARQUES

SUR

LE BON SENS,

OU IDÉES NATURELLES OPPOSÉES AUX IDÉES SURNATURELLES[1]

LONDRES, 1774, IN-8°.

I. — *Le Bon Sens.*

Il y a du bon sens dans ce *Bon Sens;* mais tout ne me paraît pas bon sens. L'auteur abonde en son sens, et prend quelquefois les cinq sens pour du bon sens ; mais en général son *Bon Sens* a un grand sens, et ce serait manquer de sens. que de ne pas tomber souvent dans son sens.

II. — Cet empire, c'est le monde ; le monarque, c'est Dieu : ses ministres sont les prêtres ; ses sujets sont les hommes.

Ce n'était pas la peine de dire le mot d'une énigme si aisée.

III. — Cette science se nomme *théologie,* et cette théologie est une insulte.

Très-vrai.

IV. — A force d'entasser des *si,* des *mais.*

Ce sont nous autres philosophes à qui on reproche les *si* et les *mais.*

V. — L'idée de Dieu nous est innée.

Idées innées, folie de Descartes, assez détruite par Locke.

---

1. Les remarques de Voltaire sur *le Bon Sens* doivent être de juillet 1775 ; Voltaire du moins écrivait alors à d'Alembert « Je viens de lire *le Bon Sens.....* S'il sort de la boutique du *Système de la nature,* l'auteur s'est bien perfectionné. » C'est en effet aussi du baron d'Holbach qu'est *le Bon Sens.* Mais il est probable que d'Holbach n'est pas seul auteur de tous les écrits philosophiques qui lui sont attribués ; et l'expression de *boutique,* employée par Voltaire, est d'autant meilleure. (B.)

VI. — Il faudrait avoir quelque idée de la nature divine.

Et de la nôtre.

VII. — L'idée de l'infinité est pour nous une idée sans modèle, sans prototype, sans objet.

Cela est spécieux.

VIII. — Ainsi, jamais la notion de Dieu n'entrera dans l'esprit humain.

Complète.

IX. — Comment a-t-on pu parvenir à persuader... que la chose la plus impossible à comprendre était la plus essentielle ?

Une chose peut être démontrée et incompréhensible ; l'éternité, les incommensurables, les asymptotes, l'espace.

X. — A besoin de trembler.

Non ; il a besoin de se rassurer.

XI. — Les hommes sont des malades imaginaires.

Et très-réels.

XII. — Plus elles sont incroyables, et plus il s'imagine qu'il y a pour lui de mérite à les croire.

Vrai.

XIII. — Qui souvent ne raisonnent pas plus que leurs pères.

Vrai.

XIV. — Pour endormir les enfants ou les forcer à se taire.

Vrai, mais trivial.

XV. — Peut-on se dire sincèrement convaincu de l'existence d'un être dont on ignore la nature ?

Il est démontré, en rigueur, qu'il existe un être nécessaire, de toute éternité.

Il est démontré qu'il y a une intelligence dans le monde. Spinosa en convient.

XVI. — Ces principes, reconnus de tout le monde, sont en défaut.

Non.

XVII. — Tout ce qu'on a dit jusqu'ici est ou inintelligible, ou se trouve parfaitement contradictoire, et par là même doit paraître impossible à tout le monde de bon sens.

Mens agitat molem ne peut révolter le bon sens.

XVIII. — Les nations les plus civilisées et les penseurs les plus profonds en sont là-dessus au même point que les nations les plus sauvages et les rustres les plus ignorants.

Non; Clarke, Locke, sont au-dessus d'un sauvage.

XIX. — A force de métaphysique on est parvenu à faire de Dieu un pur esprit.

Mens agitat molem; il faut s'en tenir là : toute le reste est *afflictio spiritus.*

XX. — Aucun ne veut s'exposer à courir une chance si dangereuse.

Allégorie plate et défectueuse.

XXI. — L'oiseau aurait-il donc de si grandes obligations à l'oiseleur pour l'avoir pris dans ses filets, et l'avoir mis dans sa volière, afin de s'en nourrir après s'en être amusé?

Cette comparaison n'est pas juste. Dieu a fait l'oiseau, et ne l'a pas déniché.

XXII. — Le dogme de l'immortalité de l'âme suppose que l'âme est une substance simple.

Somnium optantis.

XXIII. — Mais les mouvements les plus simples de nos corps sont, pour tout homme qui les médite, des énigmes aussi difficiles à deviner que la pensée.

Vrai. Toute action est une qualité occulte.

XXIV. — Le théiste nous crie : Gardez-vous d'adorer le Dieu farouche et bizarre de la théologie, etc.

Le théiste ne dit point cela. Il dit : Quelque chose existe, donc quelque chose est de toute éternité. Ce monde est fait avec intelligence, donc par une intelligence. Il s'en tient là, et sur le reste il raisonne comme vous.

XXV. — On ne veut pas qu'un Dieu rempli de contradictions, de bizarreries, de qualités incompatibles, etc.

Le dieu des théistes n'est point bizarre : *Mens agitat molem* est très-sage.

XXVI. — Les opinions religieuses des hommes de tout pays sont des monuments antiques et durables de l'ignorance, de la crédulité, des terreurs, et de la férocité de leurs ancêtres.

L'existence de Dieu n'a rien de commun avec les religions des hommes. Il y a une intelligence répandue dans la nature; il existe un être nécessaire : voilà Dieu. Brama, Sammonocodom, etc., etc., ne sont que des fantômes de notre imagination.

XXVII. — Le dieu-pain n'est-il pas le fétiche de plusieurs nations chrétiennes, aussi peu raisonnables en ce point que les nations les plus sauvages?

Vrai.

XXVIII. — Les nations modernes, à l'instigation de leurs prêtres, ont peut-être même renchéri sur la folie atroce des nations les plus sauvages.

Vrai.

XXIX. — Quand on voit des nations policées et savantes, des Anglais des Français, des Allemands, etc., malgré toutes leurs lumières, continuer à se mettre à genoux devant le Dieu barbare des Juifs, etc.

Tout cela est contre la superstition, non contre Dieu.

XXX. — O hommes! vous n'êtes que des enfants dès qu'il s'agit de religion.

Vrai.

XXXI. — Demandez à tout homme du peuple s'il croit en Dieu : il sera tout surpris que vous puissiez en douter. Demandez-lui ensuite ce qu'il entend par le mot *Dieu,* vous le jetterez dans le plus grand embarras; vous vous apercevrez sur-le-champ qu'il est incapable d'attacher aucune idée réelle à ce mot, qu'il répète sans cesse; il vous dira que Dieu est Dieu.

Mais s'il vous répond : C'est l'être nécessaire, c'est l'intelligence, c'est le principe, c'est la cause de tous les effets?

XXXII. — Dieu a parlé diversement à chaque peuple du globe que nous habitons. L'Indien ne croit pas un mot de ce qu'il a dit au Chinois.

Que Dieu.

XXXIII. — La religion du Christ suppose soit des défauts dans la loi que Dieu lui-même avait donnée par Moïse, soit de l'impuissance ou de la malice dans ce Dieu.

Vrai.

XXXIV. — Comment croire que des missionnaires protégés par un Dieu, et revêtus de sa puissance divine, jouissant du droit des miracles, n'aient pu opérer le miracle si simple de se soustraire à la cruauté de leurs persécuteurs?

Bon.

XXXV. — Un Dieu bon ne permettrait pas d'annoncer que des hommes chargés d'annoncer ses volontés fussent maltraités.

Bon.

XXXVI. — Un missionnaire veut tenter fortune..., tels sont les vrais motifs qui allument le zèle et la charité de tant de prédicateurs.

Bon.

XXXVII. — Le courage d'un martyr enivré de l'idée du paradis n'a rien de plus surnaturel que le courage d'un homme de guerre enivré de l'idée de la gloire, ou retenu par la crainte du déshonneur.

Bon.

XXXVIII. — D'ailleurs, comme nous n'avons pour nous conduire en cette vie que notre raison plus ou moins exercée, que notre raison telle qu'elle est, et nos sens tels qu'ils sont.

Vrai.

XXXIX. — Nos docteurs nous disent que nous devons sacrifier notre raison à Dieu.

Point de raison, disait le P. Canaye[1] !

XL. — Une ignorance profonde, une crédulité sans bornes, une tête très-faible, une imagination emportée, voilà les matériaux avec lesquels se font les dévots, les zélés, les fanatiques et les saints.

Vrai.

XLI. — On assure aujourd'hui que, durant cette période, les peuples les plus florissants n'ont pas eu la moindre idée de la Divinité, idée que l'on dit pourtant si nécessaire à tous les hommes.

Bon.

XLII. — Un plaisant a dit avec raison que la religion véritable n'est jamais que celle qui a pour elle le prince et le bourreau.

Vrai ; mais point du tout plaisant.

XLIII. — Cependant on ne voit pas que la Providence refuse ses bienfaits à une nation dont les chefs prennent si peu d'intérêt au culte qu'on lui rend.

Vrai.

1. Voyez la note, tome XXIII, page 564.

XLIV. — Tout souverain qui se fait le protecteur d'une secte ou d'une faction religieuse se fait communément le tyran des autres sectes, et devient lui-même le perturbateur le plus cruel du repos de ses États.

Vrai.

XLV. — On y voit (chez les nations les plus soumises à la religion) des tyrans orgueilleux, des ministres oppresseurs, des courtisans perfides, des concussionnaires sans nombre.

Vrai.

XLVI. — Tel homme qui croit très-fermement que Dieu voit tout, sait tout, est présent partout, se permettra, quand il est seul, des actions que jamais il ne ferait en la présence du dernier des mortels.

Vrai.

XLVII. — On verra presque partout les hommes gouvernés par des tyrans qui ne se servent de la religion que pour abrutir davantage les esclaves qu'ils accablent sous le poids de leurs vices, ou qu'ils sacrifient sans pitié à leurs fatales extravagances.

Vrai.

XLVIII. — Ce fut toujours aux dépens des nations que la paix fut conclue entre les rois et les prêtres; mais ceux-ci conservèrent leurs prétentions, nonobstant tous les traités.

Vrai.

XLIX. — Que ces lois contiennent également et le puissant et le faible, et les grands et les petits, et le souverain et les sujets.

Le grelot est au cou du chat.

L. — Le christianisme, rampant d'abord, ne s'est insinué chez les nations sauvages et libres de l'Europe qu'en faisant entrevoir à leurs chefs que ses principes religieux favorisaient le despotisme, et mettaient un pouvoir absolu dans leurs mains.

Vrai.

LI. — Si les ministres de l'Église ont souvent permis aux peuples de se révolter pour la cause du ciel, jamais ils ne leur permirent de se révolter pour des maux très-réels ou des violences connues.

Trop vrai.

LII. — Le ciel n'est ni cruel, ni favorable aux vœux des peuples : ce sont leurs chefs orgueilleux qui ont presque toujours un cœur d'airain.

Trop vrai.

LIII. — Un dévot à la tête d'un empire est un des grands fléaux que le ciel dans sa fureur puisse donner à la terre.

Vrai.

LIV. — Le prêtre n'est l'ami du tyran que tant qu'il trouve son compte à la tyrannie

Très-vrai.

LV. — Dites à ce prince qu'il *ne doit compte* de ses actions qu'à Dieu seul, et bientôt il agira comme s'il n'en devait compte à personne.

Vrai.

LVI. — Il reconnaîtra que, pour régner avec gloire, il faut faire de bonnes lois et montrer des vertus, et non pas fonder sa puissance sur des impostures et des chimères.

Plût à Dieu !

LVII. — Un Dieu qui aurait constamment les qualités d'un honnête homme ou d'un souverain débonnaire ne conviendrait nullement à ses ministres.

Vrai.

LVIII. — Nul homme n'est un héros pour son valet de chambre. Il n'est pas surprenant qu'un Dieu habillé par ses prêtres, de manière à faire grande peur aux autres, leur en impose rarement à eux-mêmes.

Mauvaise plaisanterie.

LIX. — Persécuteurs infâmes, et vous dévots anthropophages, ne sentirez-vous jamais la folie et l'injustice de votre humeur intolérante?

Vous avez toujours raison contre les prêtres ; mais vous n'empêcherez pas le *Mens agitat molem.*

LX. — Ce Dieu même ne peut être pour nous un modèle bien constant de bonté : s'il est l'auteur de tout, il est également l'auteur du bien et du mal que nous voyons dans le monde.

Il y a un être nécessaire. Il est nécessairement éternel ; il est principe ; il ne peut être méchant : tenons-nous-en là.

LXI. — Faudra-t-il imiter le Dieu des Juifs? Trouverons-nous dans Jehova un modèle de notre conduite?

Jeova, Jaoh, Iou, Iova, est l'ancien dieu des Syriens, des Égyptiens, adopté par la horde juive.

LXII. — Une morale si sublime n'est-elle pas faite pour rendre la vertu haïssable?

Les premiers chrétiens étaient une espèce de thérapeutes.

LXIII. — On voit dans toutes les parties de notre globe des pénitents, des solitaires, des faquirs, des fanatiques, qui semblent avoir profondément étudié les moyens de se tourmenter en l'honneur d'un être dont tous s'accordent à célébrer la bonté.

Vrai, excepté chez les Romains.

LXIV. — Une morale qui contredit la nature de l'homme n'est point faite pour l'homme.

L'auteur ne devait pas prendre le parti des passions ; la philosophie les réprouve.

LXV. — Ce grand homme[1].

Grand écrivain, non grand homme.

LXVI. — Il faut aux hommes un Dieu qui s'irrite et qui s'apaise.

Dieu à notre image.

LXVII. — Aux yeux d'un amant passionné la présence de sa maîtresse éteint le feu de l'enfer, et ses charmes effacent tous les plaisirs du paradis.

Il ne fallait pas écrire contre le bien que la religion peut faire.

LXVIII. — Mais qu'est-ce que Dieu ?

Dieu est l'être nécessaire.

LXIX. — Fonder la morale sur un Dieu que chaque homme se peint diversement... c'est évidemment fonder la morale sur le caprice et sur l'imagination des hommes.

La morale ne peut être fondée que sur nos besoins mutuels.

LXX. — Demandez-leur s'il faut aimer son prochain ou lui faire du bien, quand il est un impie, un hérétique, un incrédule, c'est-à-dire quand il ne pense pas comme eux.

Cela n'empêche pas que *charitas* n'ait été enseignée par Cicéron[2], Épictète, et tous les bons philosophes. Les prêtres n'ont point de charité ; mais nous devons en avoir.

LXXI. — Les États chrétiens et mahométans sont remplis d'hôpitaux vastes et richement dotés, dans lesquels on admire la pieuse charité des rois et des sultans qui les ont élevés. N'eût-il donc pas été plus humain de bien gouverner les peuples, de leur procurer l'aisance, etc. ?

1. Pascal.
2. Cicéron n'a pas employé cette expression dans le sens que Voltaire lui donne ici ; voyez, tome XVIII, la note 2 de la page 133.

Il y aura toujours des malheureux. Pourquoi décrier une institution qui les soulage ?

LXXII. — Les hommes s'imaginent que l'on peut obtenir du roi du ciel, comme des rois de la terre, la permission d'être injuste et méchant, ou du moins le pardon du mal qu'on peut faire.

« Dieu fit du repentir la vertu des mortels[1] ».

LXXIII. — Les mortels s'imaginent pouvoir impunément se nuire les uns aux autres en faisant une réparation convenable à l'Être tout-puissant.

Mieux vaut repentir que persévérance dans le crime.

LXXIV. — Soit qu'il existe un Dieu, soit qu'il n'en existe point, soit que Dieu ait parlé, soit qu'il n'ait point parlé, les devoirs moraux seront toujours les mêmes, tant qu'ils auront la nature qui leur est propre, c'est-à-dire tant qu'ils seront des êtres sensibles.

Point de devoirs sans châtiment pour le transgresseur.

LXXV. — Un athée peut-il avoir de la conscience? Quels sont ses motifs pour s'abstenir des vices cachés, et des crimes secrets que les autres hommes ignorent, et sur lesquels les lois n'ont pas de prise?

Tout cela ne répond pas à un athée qui, se croyant sûr de l'impunité, vous dit : Je suis un sot si je ne vous égorge pour avoir votre or, votre femme, votre place. Les superstitieux commettent mille crimes avec des remords, et les athées sans remords.

LXXVI. — Ce sont les couleurs noires dont les prêtres se servent pour peindre la Divinité qui révoltent le cœur, forcent à la haïr et à la rejeter.

Triste et vrai.

LXXVII. — Est-il donc bien vrai que la religion soit un frein pour le peuple?

De ce que la religion est souvent impuissante à inspirer la vertu, on ne peut inférer qu'elle est dangereuse.

LXXVIII. — Ceux qui trompent les hommes ne prennent-ils pas souvent eux-mêmes le soin de les détromper ?

Comment ? Expliquez-vous.

LXXIX. — Moïse ne fut qu'un Égyptien schismatique.

S'il y eut jamais un Moïse.

1. Vers de Voltaire dans *Olympie,* acte II, scène II.

LXXX. — Aux causes physiques et simples cette philosophie substitua des causes surnaturelles, ou plutôt des causes vraiment occultes.

Hélas ! tout est occulte.

LXXXI. — Qu'est-ce que Dieu ? On n'en sait rien.

Mens agitat molem.

LXXXII. — Qu'est-ce que créer ? On n'en a nulle idée.

Il se peut qu'il y ait eu toujours *Mens agitat molem.* Il est démontré qu'il a toujours existé quelque chose.

LXXXIII. — Qui est-ce qui engagea cette femme (Ève) à faire une telle sottise ? C'est le diable. Mais qui a créé le diable ? C'est Dieu. Pourquoi Dieu a-t-il créé le diable, destiné à pervertir le genre humain ? On n'en sait rien. C'est un mystère caché dans le sein de la Divinité.

Mais, dans la Bible, le serpent n'est point le diable.

LXXXIV. — Disons, avec un célèbre moderne, que la théologie est la boîte de Pandore ; et s'il est impossible de la réformer, il est au moins utile d'avertir que cette boîte si fatale est ouverte.

Tu nous ôtes l'espérance qu'elle renfermait.

FIN DES REMARQUES SUR LE BON SENS.

PLAN[1]

On propose de faire un dictionnaire qui puisse tenir lieu d'une grammaire, d'une rhétorique, d'une poétique française.

Chaque académicien se chargera de la composition d'une lettre.

A chaque mot de cette lettre on rapportera l'étymologie reçue et l'étymologie probable de ce mot;

Les diverses acceptions de ce mot, les exemples tirés des auteurs approuvés, depuis Amyot et Montaigne.

On remarquera ce qui est d'usage et ce qui ne l'est plus; ce que nos voisins ont pris de nous, et ce que nous avons pris d'eux.

Chaque lettre, ainsi remplie, sera examinée dans les séances publiques[2], où l'on retrancherait et ajouterait ce que l'on jugerait à propos[3].

---

1. J'ai copié moi-même cette pièce sur l'original, écrit tout entier de la main de Voltaire. (B.)

2. Je pense que l'auteur voulait écrire *particulières*. (B.)

3. Voici de la même pièce une autre version qui se trouve dans les *Mémoires de Wagnière, etc.*, tome II, page 540 :

« Il a été résolu unanimement qu'on travaillerait sans délai à un nouveau dictionnaire qui contiendra :

« L'étymologie reconnue de chaque mot, et quelquefois l'étymologie probable ;

« La conjugaison des verbes irréguliers qui sont peu en usage ;

« Les diverses acceptions de chaque terme, avec les exemples tirés des auteurs les plus approuvés, comme : *Il lui fut donné de prévaloir contre les rois. Cette île, plus orageuse que la mer qui l'environne. Point de campagne où la main diligente du laboureur fût imprimée, etc.;*

« Toutes les expressions pittoresques et énergiques de Montaigne, d'Amyot, de Charron, qu'il est à souhaiter qu'on fasse revivre, et dont nos voisins se sont saisis.

« En ne s'appesantissant sur aucun de ces objets, mais en les traitant tous, on peut faire un ouvrage aussi agréable que nécessaire. Ce serait à la fois une grammaire, une rhétorique, une poétique, sans l'ambition d'y prétendre.

« Chaque académicien peut se charger d'une lettre de l'alphabet, et même de deux.

« L'Académie examinera le travail de chacun de ses membres ; elle y fera les changements, les additions, et les retranchements convenables.

« M..... a entrepris la lettre A ;

« M.. ... . . . la lettre B ;

« M..... . . . . la lettre C, etc. »

Wagnière raconte que le jour où Voltaire devait lire ce projet à l'Académie fut précisément celui où il tomba malade.

FIN DU PLAN.

LE SYSTÈME

VRAISEMBLABLE[1]

(FRAGMENT.)

I.

Puisque Brama, Zoroastre, Pythagore, Thalès, et tant de Grecs, et tant de Français et d'Allemands, ont fait chacun leur système, pourquoi n'en ferait-on pas aussi? Chacun a le droit de chercher le mot de l'énigme.

Voici l'énigme. Il faut avouer qu'elle est difficile.

Il y a des milliasses de globes lumineux dans l'espace, et de ces globes nous en connaissons environ douze mille par le secours des télescopes, en comptant les deux mille qu'on a découverts dans l'Orion. Les anciens n'en connaissaient que mille et vingt-deux. Chacun de ces soleils, placé à des distances effroyables, a autour de lui des mondes qu'il éclaire, qui tournent autour de sa sphère, qui gravitent sur lui, et sur lesquels il gravite.

Parmi tous ces globes innombrables, parmi tous ces mondes roulant dans l'espace, asservis tous aux mêmes lois, jouissant de la même lumière, nous roulons nous autres dans notre coin de l'univers autour de notre soleil.

La matière dont notre globe et tous ses habitants sont composés est telle qu'elle contient beaucoup plus de pores, d'interstices, de vide, que de solide. Notre monde et nous, nous ne sommes que des cribles, des espèces de réseaux.

Notre terre et nos mers, tournant perpétuellement d'occident en orient, laissent échapper sans relâche une foule de particules

---

1. Je publie cet écrit d'après un manuscrit, écrit de la main de Wagnière, que m'a communiqué Decroix, l'un des éditeurs de Kehl. L'auteur avait d'abord intitulé son ouvrage *le Système à mon tour*. Mais sur l'original les mots *à mon tour* sont effacés, et on lit au-dessus, de la main de Voltaire, *vraisemblable*, Quelques autres mots sont aussi corrigés de la même main. (B.)

aqueuses, terrestres, métalliques, végétales, qui couvrent le globe jour et nuit, à la hauteur de quelques milles, et qui forment les vents, les pluies, les neiges, les tempêtes, les éclairs, les tonnerres, ou les beaux jours, selon que ces exhalaisons se trouvent disposées, selon que leur électricité, leur attraction, leur élasticité, ont plus ou moins de force.

C'est à travers ce voile continuel, tantôt plus épais, tantôt plus délié, qu'un océan de lumières est dardé à chaque instant de notre soleil. Le rapport constant de nos yeux avec la lumière est tel que nous voyons toujours notre amas de vapeurs sur nos têtes en voûte surbaissée ; que chaque animal est toujours au milieu de son horizon ; que, dans un temps serein, nous distinguons pendant la nuit une partie des étoiles, et que nous croyons toujours être au centre de cette voûte surbaissée, et occuper le milieu de la nature. C'est par cette mécanique de nos yeux et de l'atmosphère que nous voyons le soleil et les astres à l'endroit où ils ne sont pas ; et qu'en regardant un arc-en-ciel nous sommes toujours au centre de ce demi-cercle, en quelque endroit que nous nous placions.

C'est en conséquence des erreurs perpétuelles et nécessaires du sens de la vue que, dans de belles nuits, les étoiles, éloignées l'une de l'autre de tant de millions de degrés, nous paraissent des points d'or attachés sur un fond bleu, à quelques pieds de distance entre eux ; et ces étoiles, placées dans les profondeurs d'un espace immense, et les planètes, et les comètes, et le vide prodigieux dans lequel elles tournent, et notre petite atmosphère qui nous entoure comme le duvet arrondi d'une herbe qu'on nomme dent-de-lion, nous appelons tout cela le ciel ; et nous avons dit : Cette épouvantable fabrique s'est faite uniquement pour nous, et nous sommes faits pour elle.

L'antiquité a cru que tous les globes dansaient en rond autour du nôtre pour nous faire plaisir ; que le soleil se levait le matin comme un géant pour courir dans sa voie, et qu'il venait le soir se coucher dans la mer. On n'a pas manqué de placer un dieu dans ce soleil, dans chaque planète qui semble courir autour de la nôtre ; et on a empoisonné juridiquement Socrate, accusé d'avoir douté que ces planètes fussent des dieux.

Tous les philosophes ont passé leur vie à contempler cette voûte bleue, ces points d'or, ces planètes, ces comètes, ces soleils, ces étoiles innombrables ; et tous ont demandé : A quoi bon tout cela ? Ce grand édifice est-il éternel ? S'est-il construit de lui-même ? Est-ce un architecte qui l'a bâti ? Quel est cet architecte ? A quel dessein a-t-il fait cet ouvrage? Que lui en peut-il revenir?... Chacun a fait son roman ; et, ce qu'il y a de pis, c'est que quelques romanciers ont poursuivi à feu et à sang ceux qui voulaient faire d'autres romans qu'eux.

D'autres curieux s'en sont tenus à ce qui se passe sur notre petit globe terraqué. Ils ont voulu deviner pourquoi les moutons sont couverts de laine, pourquoi les vaches n'ont qu'une rangée de dents, et pourquoi l'homme n'a point de griffes. Les uns ont dit qu'autrefois il avait été poisson ; les autres, qu'il avait eu les deux sexes, avec une paire d'ailes. Il s'en est trouvé qui nous ont assuré que toutes les montagnes avaient été formées des eaux de la mer dans une suite innombrable de siècles. Ils ont vu évidemment que la pierre à chaux était un composé de coquilles, et que la terre était de verre. Cela s'est appelé la physique expérimentale. Les plus sages ont été ceux qui ont cultivé la terre, sans s'informer si elle était de verre ou d'argile, et qui ont semé du blé sans savoir si cette semence doit mourir pour produire des épis ; et malheureusement il est arrivé que ces hommes, toujours occupés à se nourrir et à nourrir les autres, ont été subjugués par ceux qui, n'ayant rien semé, sont venus ravir leurs moissons, égorger la moitié des cultivateurs, et plonger l'autre moitié dans une servitude plus ou moins cruelle. Cette servitude subsiste aujourd'hui dans la plus grande partie de la terre, couverte des enfants des ravisseurs et des enfants des asservis. Les uns et les autres sont également malheureux, et si malheureux qu'il en est peu qui n'aient souvent souhaité la mort. Cependant, de tant d'êtres pensants qui maudissent leur vie, il n'y en a guère qu'un sur cent, chaque année, du moins dans nos climats, qui s'arrache cette vie, détestée souvent avec raison, et aimée par instinct. Presque tous les hommes gémissent : quelques jeunes étourdis chantent leurs prétendus plaisirs, et les pleurent dans leur vieillesse.

On demande pourquoi les autres animaux, dont la multitude surpasse infiniment celle de notre espèce, souffrent encore plus que nous, sont dévorés par nous, et nous dévorent? Pourquoi tant de poisons au milieu de tant de fruits nourriciers? Pourquoi cette terre est d'un bout à l'autre une scène de carnage? On est épouvanté du mal physique et du mal moral qui nous assiégent de toutes parts; on en parle quelquefois à table; on y pense même assez profondément dans son cabinet; on essaye si l'on pourra trouver quelque raison de ce chaos de souffrances, dans lequel est dispersé un petit nombre d'amusements; on lit tout ce

qu'ont écrit ceux qui ont eu le nom de sages ; le chaos redouble
à cette lecture. On ne voit que des charlatans qui vous vendent
sur leurs tréteaux des recettes contre la pierre, la goutte, et la rage ;
ils meurent eux-mêmes de ces maladies incurables qu'ils ont
prétendu guérir, et sont remplacés d'âge en âge par des charlatans nouveaux, empoisonneurs du genre humain, empoisonnés
eux-mêmes de leurs drogues. Tel est notre petit globe. Nous ignorons ce qui se passe dans les autres.

II.

C'est la contemplation de tant de misères et de tant d'horreurs
qui a produit partout des athées, depuis Ocellus Lucanus jusqu'à
l'auteur du *Système de la nature*[1]. Celui dont il nous reste un ouvrage immortel est Lucrèce. Il est immortel sans doute par la
force énergique des vers, bien moins élégants que ceux de Virgile ;
par la richesse et la vérité des descriptions, dans lesquelles Virgile peut-être ne l'a pas surpassé ; par la beauté de sa morale,
qui promet plus qu'elle ne donne ; et même par quelques raisonnements métaphysiques pris dans Démocrite et dans Épicure,
raisonnements qui ne demandaient qu'un peu d'esprit. Mais
quelle ignorante physique! quelle absurde philosophie! Appar-
tenait-il à ceux qui ne connaissaient aucune propriété de la
lumière, de nier l'auteur de la lumière? Était-ce à ceux qui
croyaient que toute génération vient de pourriture, et que le limon
du Nil faisait naître des rats, à nier l'auteur de toute génération?
Par quelle audace des ignorants, qui assuraient que notre soleil
n'a que trois pieds de diamètre, pouvaient-ils enseigner que ces
milliards de soleils qu'ils ne connaissaient pas ne pouvaient être
l'ouvrage d'une intelligence suprême? Comment pouvaient-ils
substituer à un premier moteur le hasard, qui n'est qu'un mot?
Comment pouvaient-ils admettre des effets sans cause? dire que
les yeux étaient placés par hasard au haut de la tête, et qu'alors
les animaux avaient commencé à jouir de la vue? que les mains,
après bien des combinaisons, s'étaient mises au bout des bras, et
qu'enfin les hommes avaient commencé à s'en servir? Au milieu
de toutes ces extravagances, ces pauvres gens admettaient des
dieux dans leurs intermondes ; apparemment pour ne point trop
choquer la superstition du peuple grec et du peuple romain. Et
à quoi bon des dieux qui ne faisaient rien, qui ne se mêlaient de

---

1. Voyez tome XXX, page 471.

rien, qui passaient leur temps à manger, à boire, à dormir, à faire l'amour? Autant aurait-il valu peupler leurs intermondes de ces animaux que les Arabes, les Égyptiens, et les Juifs, ne mangeaient pas, et qui servent chez nous à larder nos perdrix.

J'avouerai que les épicuriens avaient d'excellents préceptes et une très-bonne conduite. Ils voulaient du moins imiter leurs dieux, qui ne faisaient point de mal, et qui n'entraient point dans les querelles misérables de l'espèce humaine. L'amitié était pour eux quelque chose de sacré. Ils cherchaient le bonheur, ils ne le trouvaient pas toujours, puisque le sage Atticus se fit mourir de faim, et que l'ingénieux Lucrèce finit par se pendre ; en quoi il a été imité de nos jours par l'Anglais Creech[1], son commentateur.

III.

DE SPINOSA.

Spinosa n'avait pas l'imagination de Lucrèce ; il ne s'en piquait point : c'était un esprit sec, mais profond ; hardi, mais méthodique, qui conciliait en apparence des contradictions, et qui était très-obscur dans sa méthode ; d'ailleurs vrai philosophe par ses mœurs pures, satisfait de sa pauvreté, généreux dans cette pauvreté même, homme sans reproche, ami serviable, bon citoyen. Il examina toute sa vie l'existence et les attributs de Dieu, comme on étudie l'algèbre et le calcul différentiel, uniquement pour s'instruire. On n'a eu qu'après sa mort son livre, qui passe pour un cours d'athéisme. Je ne sais si son livre mérite ce nom flétrissant ; je l'ai lu avec toute l'attention dont je suis capable : il admet nettement une intelligence suprême ; il ne nie point l'existence de Dieu, mais il se fait de Dieu des idées contradictoires ; il m'a paru géométriquement absurde. Son Dieu est un composé de la nature entière, et sa nature est un composé de la matière et de l'intelligence : ces deux êtres forment un tout qui est unique ; ces deux êtres si différents font un seul être nécessaire, le seul être possible. Une substance (selon lui) n'en peut former une autre. Il n'y a donc qu'une seule substance, et cette substance, dans laquelle est l'intelligence, c'est là son Dieu. Tout

---

1. Voyez tome XVIII, page 92. Thomas Creech, né en 1659, se pendit en juin 1700.

2. Voyez ce que Voltaire a déjà dit de Spinosa, tome XVIII, page 365 ; XXVI, pages 65 et 522.

ce qui existe n'est qu'un mode de Dieu. Ainsi, comme l'a très-bien remarqué Bayle[1], le Dieu de Spinosa étant tout, il se bat lui-même quand les hommes se battent; il se calomnie, il se tue, il se mange, il se boit, il se vide de ses excréments. Le plus énorme ridicule est évidemment renfermé dans les lemmes et les théorèmes métaphysiques de Spinosa ; et avec cela il veut qu'on serve et qu'on aime Dieu sincèrement, et sans intérêt. Il dit expressément qu'il l'aime ainsi. N'est-ce pas une folie raisonnée? Je m'en rapporte à tout homme éclairé et sage.

Ce qui a séduit plusieurs lecteurs, c'est son grand principe qu'une substance n'en peut créer une autre. En effet cette opération ne se conçoit pas par notre faible entendement, et aucun philosophe de l'antiquité ne l'admet. Aussi Spinosa se moque-t-il de la création proprement dite comme de la plus extravagante chimère qui soit passée par la tête des hommes. Il perd sa modération de philosophe quand il en parle. Voici ses paroles :

« On n'est pas excusable de se laisser conduire dans une opinion aussi absurde et aussi essentiellement contradictoire que celle de la création. »

Nous verrons, dans son lieu, ce qu'il est peut-être permis à d'aussi faibles créatures que nous d'oser penser sur la manière dont nous et les autres créatures nous avons pu recevoir l'existence.

IV.

Disons ici un mot du livre intitulé *Système de la nature*[2]. C'est une déclamation, ce n'est point un système. Déclamer contre Dieu n'est point prouver qu'il n'y a point de Dieu.

(*Le reste manque.*)

---

1. *Dictionnaire historique et critique*, article Spinosa, remarque N, paragraphe IV.
2. Voltaire a parlé du *Système de la nature*, tome XVIII, page 369.

LETTRE

DE M. HUDE, ÉCHEVIN D'AMSTERDAM [1]

ÉCRITE EN 1620 [2].

(FRAGMENT.)

Quiconque est dans son bon sens sait assez que toutes les institutions humaines, soit civiles, soit religieuses, ne peuvent être que l'ouvrage des hommes, et que par conséquent toutes ont changé et changeront. Il n'y a personne d'assez fou parmi nous pour vouloir faire croire que notre stathouder, notre grand-pensionnaire, nos bourgmestres, soient établis de droit divin. Je ne crois pas non plus qu'il se trouve un homme assez absurde pour penser que le pédant Gomar, ou le pédant Arminius, ait été inspiré de Dieu [3] : et si ces deux pédants factieux n'ont été que de misérables disputeurs qui voulaient avoir du crédit, il est bien vraisemblable que tous ceux qui les ont précédés dans tous les pays du monde n'ont pas été plus estimables.

Si toutes les institutions et toutes les opinions humaines ont changé, il est clair qu'elles ne peuvent avoir rien de divin ; il n'est pas moins évident qu'il n'y a aujourd'hui sur la terre aucune nation qui n'ait changé plusieurs fois de gouvernement et de religion ; et il est à présumer que celle qui a conservé le plus longtemps et qui conserve encore son ancienne constitution est [4] celle *dont les principes sont les* meilleurs. Les pyramides d'Égypte

1. Ce fragment, que je publie pour la première fois, est écrit de la main de Wagnière. Les cinq mots que j'ai imprimés en italique étaient en interligne, et de la main de Voltaire. (B.)

2. 1680 ? Voyez *Siècle de Louis XIV,* catalogue des écrivains, article Duhalde.

3. Gomar enseignait la doctrine de la prédestination, et Arminius celle du pardon divin pour les repentants. Leur querelle causa des troubles en Hollande au commencement du xviie siècle. Cette lettre est censée avoir été écrite pendant les troubles, et M. Hude devait probablement conclure qu'il ne faut être ni *gomariste* ni *remontrant.* (G. A.)

4. L'original porte *et;* mais il est évident qu'il faut ici *est.* (B.)

ce qui existe n'est qu'un mode de ieu. Ainsi, comme l'a très-
bien remarqué Bayle[1], le Dieu de pinosa étant tout, il se bat
lui-même quand les hommes se l tent; il se calomnie, il se
tue, il se mange, il se boit, il se vit de ses excréments. Le plus
énorme ridicule est évidemment re ermé dans les lemmes et les
théorèmes métaphysiques de Spino ; et avec cela il veut qu'on
serve et qu'on aime Dieu sincèrem t, et sans intérêt. Il dit expressément qu'il l'aime ainsi. N'est e pas une folie raisonnée?
Je m'en rapporte à tout homme éc ré et sage.

Ce qui a séduit plusieurs lecte s, c'est son grand principe
qu'une substance n'en peut créer l e autre. En effet cette opération ne se conçoit pas par notre l ble entendement, et aucun
philosophe de l'antiquité ne l'adme Aussi Spinosa se moque-t-il
de la création proprement dite co ne de la plus extravagante
chimère qui soit passée par la tête s hommes. Il perd sa modération de philosophe quand il en p c. Voici ses paroles :

« On n'est pas excusable de se l ser conduire dans une opinion aussi absurde et aussi essen llement contradictoire que
celle de la création. »

Nous verrons, dans son lieu, c [u'il est peut-être permis à
d'aussi faibles créatures que nous oser penser sur la manière
dont nous et les autres créatures us avons pu recevoir l'existence.

IV.

Disons ici un mot du livre intit é Système de la nature[2]. C'est
une déclamation, ce n'est point l système. Déclamer contre
Dieu n'est point prouver qu'il n'y oint de Dieu.

(Le reste m que.)

1. Dictionnaire historique et critique, icle SPINOSA, remarque N, paragraphe IV.
2. Voltaire a parlé du Système de la nat *, tome XVIII, page 369.

TTRE

DE M. HUDE CHEVIN D'AMSTERDAM [1]

RITE EN 1620 [2].

RAGMENT.)

Quiconque est d..
institutions humain...
être que l'ouvrage des
changé et changeront.
pour vouloir faire cro..
sionnaire, nos bourgo..
crois pas non plus q..
penser que le pédant
spiré de Dieu [3]: et si
misérables disputeur..
vraisemblable que to..
pays du monde n'ont

Si toutes les instit..
changé, il est clair ..
n'est pas moins évide..
nation qui n'ait chan..
ligion; et il est à prés
temps et qui conse..
celle *dont les principes*

.n bon sens sait assez que toutes les
..t civiles, soit religieuses, ne peuvent
..mes, et que par conséquent toutes ont
'y a personne d'assez fou parmi nous
..e notre stathouder, notre grand-pen-
..s, soient établis de droit divin. Je ne
..trouve un homme assez absurde pour
..ar, ou le pédant Arminius, ait été in-
..eux pédants factieux n'ont été que de
..voulaient avoir du crédit, il est bien
..x qui les ont précédés dans tous les
..té plus estimables.
..s et toutes les opinions humaines ont
..es ne peuvent avoir rien de divin; il
..il n'y a aujourd'hui sur la terre aucune
..usieurs fois de gouvernement et de re-
..r que celle qui a conservé le plus long-
..ncore son ancienne constitution est [4]
les meilleurs. Les pyramides d'**Égypte**

1. Ce fragment, que je
Wagnière. Les cinq mots q..
de la main de Voltaire. (B
..e pour la première fois, est écrit de la main de
'ai imprimés en italique étaient en interligne, et

2. 1680 ? Voyez *Siècle de L.. is XIV*, catalogue des écrivains, article Duhalde.

3. Gomar enseignait l.. ..rine de la prédestination, et Arminius celle du
pardon divin pour les re.. ..s. Leur querelle causa des troubles en Hollande
au commencement du .. ..ir été écrite pendant
les troubles, et M. l.. ..g ni *goma-*
riste ni *remontra..*

4. L'original..

subsistent ; mais il ne reste plus la moindre trace ni du gouvernement, ni de la religion, ni de la langue des anciens Égyptiens.
Rome, sous les papes, ne ressemble pas plus à la Rome de Numa
que nous ne ressemblons aux anciens Bataves. Non-seulement
tous les peuples ont éprouvé tôt ou tard ces révolutions entières,
mais la religion que chaque peuple professe a changé de siècle
en siècle, et la secte chrétienne est celle qui, sans contredit, a
éprouvé le plus d'altérations.

Je suppose, par exemple, que Jacques, André, Barthélemy,
Judde, et les autres premiers chrétiens, vinssent faire aujourd'hui
un tour à Rome ou dans quelque autre ville chrétienne que ce
fût, n'est-il pas vrai qu'ils seraient fort étonnés des dogmes et
des rites dont ils seraient les témoins ? On leur présenterait du
boudin et du cochon à manger ; on leur ferait faire la cène le
matin ; ils verraient des temples, des autels, des cérémonies,
dont ils n'avaient pas la moindre idée, et je ne crois pas qu'ils...

(*Le reste manque.*)

FIN DES MÉLANGES.

COMMENTAIRES

SUR CORNEILLE

AVERTISSEMENT

DE BEUCHOT.

En 1760, le poëte P.-D.-E. Lebrun avait recommandé à Voltaire Mlle Corneille, qu'il croyait une descendante du père du théâtre français. « Il convient assez, répondit Voltaire [1], qu'un vieux soldat du grand Corneille tâche d'être utile à la petite-fille [2] de son général; » et après l'avoir accueillie à Ferney, après lui avoir donné une rente de 1,500 livres, il pensa à l'établir, et lui fit une dot de 20,000 livres. « Mais, comme le dit Condorcet [3], il porta la délicatesse jusqu'à ne pas souffrir que l'établissement de Mlle Corneille parût un de ses bienfaits. » Il entreprit une édition du théâtre de Pierre Corneille, avec des notes, et se mit sur-le-champ à l'ouvrage.

Dans son empressement d'être utile à Mlle Corneille, il commença son travail sur le seul volume qu'il put trouver dans le pays [4] d'une petite édition donnée, en 1644, par Pierre Corneille. Ce ne fut qu'en septembre 1761 qu'il parvint à se procurer l'édition in-folio de 1664. Au reste, comme il le dit lui-même [5], il ne pouvait, pour *le Cid,* se servir de cette dernière édition, parce qu'il devait mettre sous les yeux la pièce que l'Académie jugea quand elle prononça entre Corneille et Scudéri.

L'impression fut commencée le 31 janvier 1762 [6], et il y avait la moitié de l'ouvrage d'imprimée en novembre de la même année, lorsque Voltaire suspendit son travail pour achever son *Histoire de Russie sous Pierre le Grand* [7], dont le second volume vit en effet le jour en 1763. Mais il y eut peut-être d'autres causes de cette interruption. Rejetant à une autre place les premières pièces de Corneille, il commença son édition par *Médée,* « la première pièce dans laquelle on trouve quelque goût de l'antiquité [8] », et qui

---

1. Voyez, dans la *Correspondance,* la lettre à Lebrun, du 7 septembre 1760.
2. Mlle Corneille était fille de Jean-François Corneille, dont l'aïeul, appelé aussi Pierre Corneille, était oncle du grand Corneille.
3. Dans sa *Vie de Voltaire,* tome Ier de la présente édition.
4. Lettre à Duclos du 12 juillet 1761 ; voyez aussi page 481 du présent volume.
5. Lettre à Duclos, du 25 décembre 1761.
6. Lettre à d'Argental, du 1er février 1762.
7. Lettre à d'Olivet, du 4 novembre 1762.
8. Préface du commentateur ; voyez page 183 du présent volume.

fut suivie du *Cid*. Il n'eut ainsi d'abord à s'occuper que des chefs-d'œuvre,
et son ardeur avait de quoi se soutenir ; aussi écrivait-il alors : « C'est avec
un plaisir extrême que je commente Corneille [1]. » Mais quand il en fut à *Pertharite*, le dégoût put venir, et Voltaire trouva que « c'est une terrible entreprise de commenter trente-deux pièces [2], dont vingt-deux ne sont pas sup-
portables et ne méritent pas d'être lues [3] ». En reprenant son commentaire,
il ne dut pas y trouver beaucoup de charmes, et l'humeur du commentateur
rejaillit quelquefois sur l'auteur.

Enfin, au bout de trois ans, parut l'édition du *Théâtre de Pierre Corneille, avec des commentaires, etc.*, *etc.*, 1764, douze volumes in-8°.
Cette édition produisit cent mille francs de bénéfice, partagés entre le
libraire et Mlle Corneille [4], dont la dot s'éleva environ à quarante mille
écus [5]. Une seconde édition, augmentée, s'imprimait en 1773 [6], et parut en
1774, en huit volumes in-4°. De Tournes et Panckoucke, qui avaient fait
cette édition, n'en donnèrent qu'un seul exemplaire à Voltaire. « Si j'en
avais deux, écrivait-il à d'Argental, il y a longtemps que vous auriez le
vôtre [7]. »

Ces éditions de 1764, douze volumes in-8°, et de 1774, huit volumes
in-4°, furent les seules que donna Voltaire. Ses *Commentaires* sur le théâtre
ont été admis dans les éditions des *Œuvres de Pierre Corneille*, publiées
par Palissot (qui ajouta des *Observations sur ces Commentaires*), 1801,
douze volumes in-8° ; par M. A.-A. Renouard, 1817, douze volumes in-8° ;
et chez M. Lefèvre, 1824, douze volumes in-8°, faisant partie de sa *Collection des classiques français*.

Du vivant de Voltaire, et dès 1764, on avait imprimé séparément, c'est-
à-dire sans le texte de Corneille, le Commentaire ou les notes de Voltaire.
L'édition encadrée des *Œuvres de Voltaire* (1775, in-8°) ne contient
que les préfaces de Voltaire sur les pièces de Corneille. Les éditions de
Kehl sont les premières qui donnent le Commentaire complet.

Ce Commentaire entrepris, comme je l'ai dit, dans l'intention d'être
utile à une parente éloignée des descendants de Pierre Corneille, ne l'a été,
suivant quelques personnes, que dans l'intention de dénigrer un homme
qui sera toujours le père du théâtre [8]. Le commentateur, il est vrai, ne
dissimule pas les défauts, mais il ne refuse pas les éloges. « Je traite, dit-il,
Corneille tantôt comme un dieu, tantôt comme un cheval de carrosse [9]......

1. Lettre à d'Argental, du 8 juillet 1761.
2. Corneille a composé trente-trois pièces de théâtre, ainsi que le dit Voltaire
au mot Corneille, dans la *Liste des écrivains*, en tête du *Siècle de Louis XIV*,
tome XIV.
3. Lettre à d'Argental, du 28 septembre 1761.
4. Lettre à Laharpe, du 22 janvier 1773.
5. Lettre à Choiseul, du 1er avril 1768.
6. Lettre à Laharpe, du 22 janvier 1773.
7. Lettre du 16 avril 1775.
8. Expressions de Voltaire dans sa *Liste des écrivains*, en tête du *Siècle de
Louis XIV*. Voyez tome XIV.
9. Lettre à d'Argental, du 31 auguste 1761.

Je lui donne des coups de pied dans le ventre, l'encensoir à la main [1]. »
En s'exprimant ainsi, avant la publication de son travail, il devait s'attendre
à bien des reproches. Cependant les notes avaient été envoyées à l'Académie
française, et y avaient été discutées. Duclos, alors secrétaire perpétuel,
disait que s'il était chargé de faire le Commentaire, il remarquerait beaucoup plus de fautes que Voltaire, qui, effrayé de leur quantité, n'avait pas
eu le courage d'en relever la moitié [2]. Un commentaire n'est pas un panégyrique [3]; le travail de Voltaire devait donc contenir des critiques. Mais
on ne doit pas oublier que c'est dans ce Commentaire qu'on lit ces phrases :
« Corneille a réformé la scène tragique et la scène comique [4]..... Ce sont ces
traits qui ont mérité à Corneille le nom de *grand,* non-seulement pour le
distinguer de son frère, mais du reste des hommes [5]. » Dans plusieurs
autres de ses ouvrages, Voltaire parle avec admiration de Corneille [6]; et il
est à remarquer qu'il n'a jamais modifié ces éloges comme il a modifié celui
qu'il avait fait de Bossuet dans le *Temple du Goût* [7].

Voltaire, et avec raison, ne tint pas grand compte des déclamations contre son *Commentaire* [8]. Il écrivait à d'Argental, en lui parlant de sa seconde édition [9], n'avoir eu aucune condescendance pour le mauvais goût et
la mauvaise foi de ceux qui lui avaient fait des reproches trop injustes.

Dans une lettre à Duclos [10], Voltaire avoue que parmi ses notes il y en
avait de trop dures. Aussi en a-t-il, à ce qu'il paraît, retranché quelques-unes
avant ou pendant l'impression. Ce retranchement explique comment il renvoie quelquefois à des remarques qu'on ne trouve pas dans son livre [11].
« De pareils oublis n'arrivent que trop souvent, dit Bayle [12], à ceux qui cor-
rigent un ouvrage; ils ôtent certaines choses en un lieu, et laissent ailleurs
la citation de ces mêmes choses. »

Parmi les écrits que fit naître le *Commentaire* sur Corneille, je citerai
seulement : I. *Lettre sur la nouvelle édition de Corneille,* 1764, in-8°, de
vingt-deux pages. — II. *Réflexions sur la nouvelle édition de Corneille,*
1764, in-8°, de vingt-trois pages : c'est une réponse à la *Lettre.* — III. *Lettre
à M. de Voltaire sur son édition de Corneille,* dans l'*Année littéraire,*
1764, tome III, page 97; on trouve à la suite : *Racine à M. de Voltaire, des
champs Élysées,* épître ironique en vers, dont l'auteur est Dorat; le même
journal, année 1768, tome VI, pages 217-247, contient un article sur les

1. Lettre à d'Olivet, du 16 septembre 1761.
2. Lettre à Laharpe, du 22 janvier 1773.
3. Voltaire ; voyez page 518 du présent volume.
4. Voyez page 481 du présent volume.
5. Voyez le présent volume, page 290.
6. Voyez entre autres, tome XIV, le chapitre XXXII du *Siècle de Louis XIV.*
7. Voyez tome XIX, page 5.
8. Voyez sa *Déclaration,* tome XXXII, page 242, et aussi le dernier alinéa de
ses remarques sur l'acte second de *Sertorius,* même tome, page 204.
9. Lettre du 16 avril 1775.
10. Du 14 septembre 1761.
11. Voyez le présent volume, pages 279 et 467.
12. *Dictionnaire historique et critique,* article TABOUÉ, remarque A.

Commentaires de Voltaire. — IV. *Critique posthume d'un ouvrage de M. de Voltaire,* 1772, in-8°, de *vj* et vingt-sept pages. L'auteur est l'abbé Champion de Nilon. — V. *Cinquième lettre à M. de Voltaire, par Clément,* 1774, in-8° de deux cent trente-sept pages. — VI. *Sixième lettre à M. de Voltaire,* 1774, in-8° de trois cent soixante pages. Voltaire fit à ces deux lettres une réponse dont il sera question plus bas.

L'*Avertissement* mis par les éditeurs de Kehl en tête des volumes qui contiennent les *Commentaires* est de M. Decroix; je le conserve en note [1].

Voici en quoi la présente édition diffère des éditions de Kehl et de celles qui ont paru depuis :

. J'ai, par des renvois, indiqué les endroits de divers ouvrages de Voltaire où sont des observations sur des vers de Corneille.

J'ai disposé autrement ce qui concerne la *Lettre apologétique,* concernant *le Cid*[2]. J'ai dû laisser de côté les remarques et observations qui n'étaient pas de Voltaire.

J'ai mis à la fin des remarques sur les pièces de théâtre : 1° les remarques sur les *Trois Discours;* 2° celles sur la *Vie de Corneille* (par Fontenelle) ; 3° la *Réponse à un détracteur de Corneille,* que M. Decroix avait mise en tête des Commentaires. En les reportant à la fin, je me suis conformé aux dispositions faites par Voltaire lui-même dans ses éditions de 1764 et 1774.

C'est dans les *Mélanges* qu'on trouvera, à leurs dates, la *Réponse à un académicien,* qui est de 1764, et les *Sentiments d'un académicien de Lyon,* 1774. Ce dernier écrit est une réponse aux *Cinquième* et *Sixième lettres de Clément à Voltaire.*

Les notes signées d'un K sont des éditeurs de Kehl, ou, pour mieux dire, de M. Decroix, l'un d'eux; c'est lui qui avait fait tout le travail pour ces volumes.

B.

Ce 4 auguste 1829.

1. « On a eu soin, dans ces *Commentaires,* de citer les passages entiers de Corneille, afin qu'il fût possible de les lire sans avoir son Théâtre sous les yeux; et, pour en faciliter l'usage aux personnes qui ont les différentes éditions de ce poëte, on a numéroté les vers de chaque scène.

« C'est un des ouvrages de M. de Voltaire les plus propres à former le goût des jeunes gens et des étrangers ; et on n'a pas cru pouvoir se permettre de le retrancher de cette édition, ni forcer ceux des souscripteurs qui voudraient avoir les *OEuvres de M. de Voltaire complètes* d'acheter une édition de Corneille avec les *Commentaires.* »

2. Voyez page 250 du présent volume.

COMMENTAIRES

SUR CORNEILLE

A MESSIEURS

DE L'ACADÉMIE FRANÇAISE[1]

MESSIEURS,

J'ai l'honneur de vous dédier cette édition des ouvrages d'un grand génie, à qui la France et notre compagnie doivent une partie de leur gloire. Les *Commentaires* qui accompagnent cette édition seraient plus utiles si j'avais pu recevoir vos instructions de vive voix. Vous avez bien voulu m'éclairer quelquefois par lettres sur les difficultés de la langue ; vous m'auriez guidé non moins utilement sur le goût. Cinquante ans d'expérience m'ont instruit, mais ont pu m'égarer ; quelques-unes de vos séances m'en auraient plus enseigné qu'un demi-siècle de mes réflexions.

Vous savez, messieurs, comment cette édition fut entreprise : ce que j'ai cru devoir au sang de Corneille était mon premier motif ; le second est le désir d'être utile aux jeunes gens qui s'exercent dans la carrière des belles-lettres, et aux étrangers qui apprennent notre langue. Ces deux motifs me donnent quelques droits à votre indulgence. Je vous supplie, messieurs, de me continuer vos bontés, et d'agréer mon profond respect.

VOLTAIRE.

1. Cette dédicace est de 1764.

AVERTISSEMENT

DU COMMENTATEUR

SUR CETTE NOUVELLE ÉDITION [1].

Dans la première édition de ce *Commentaire* [2], je crois avoir remarqué toutes les beautés de Corneille, et même avec enthousiasme : car quiconque ne sent pas vivement n'est pas digne de parler de ces morceaux, d'autant plus admirables que nous n'en avions aucun modèle ni dans notre nation ni dans l'antiquité.

Dans le dessein d'être utile aux jeunes gens, dont le goût peut n'être pas encore formé, je remarquai aussi quelques défauts, et j'eus soin de dire, plus d'une fois, que le temps où vivait Corneille était l'excuse de ces fautes.

Des gens qui, dans le fond du cœur, étaient choqués autant que moi de ces défauts, et qui en parlent tous les jours avec le mépris et la dérision qui ne leur conviennent pas, osèrent me reprocher d'avoir imprimé pour le progrès de l'art, et d'avoir discuté, avec quelque attention, la centième partie des critiques qu'ils débitent eux-mêmes si souvent dans les cafés et dans les réduits qu'ils fréquentent. Pour répondre à leurs reproches, j'examinerai plus sévèrement toutes les pièces de Corneille, tant celles qui auront un succès éternel que celles qui n'ont eu qu'un succès passager ; j'oublierai son nom, et je n'aurai devant les yeux que la vérité : j'ai eu cette hardiesse nécessaire sur des objets plus importants ; je l'aurai sur cette partie de la littérature.

Ceux qui crurent que je voulais exalter Corneille par des louanges se trompèrent ; ceux qui imaginèrent que je voulais le déprimer par des critiques se trompèrent bien davantage : je ne voulus qu'être juste. J'avais assez longtemps réfléchi sur l'art, je l'avais assez exercé pour être en droit de dire mon avis. Je dus le dire, puisque j'étais obligé de faire un *Commentaire*.

Ce fut en partie ce *Commentaire* même qui servit à l'établissement heureux de la descendante de ce grand homme ; mais il

1. Cet Avertissement parut en tête de l'édition nouvelle du *Théâtre de P. Corneille, avec des Commentaires*, 1774, huit vol. in-4°.

2. *Théâtre de Pierre Corneille, avec des Commentaires*, etc., 1764, 12 vol. in-8°.

fallait aussi servir le public. Ce n'est pas la personne de P. Corneille, mort il y a si longtemps, que je respectai : c'était Cinna, .
c'était le vieil Horace, c'étaient Sévère et Pauline, c'était le dernier
acte de *Rodogune*. Ce n'est pas lui que je voulus déprimer quand
je développai les raisons de ses inégalités : quand on préfère une
maison, un jardin, un tableau, une statue, une musique, le connaisseur ne songe ni à l'architecte, ni au jardinier, ni au peintre,
ni au statuaire, ni au musicien ; il n'a que l'art en vue, et non
l'artiste. Au contraire, les contemporains, toujours jaloux, ne
songent qu'à l'artiste et oublient l'art : aucun de ceux qui écrivirent contre Corneille n'avait la moindre connaissance du théâtre ;
l'abbé d'Aubignac même, qui avait tant lu Aristote, et qui disait
tant d'injures à Corneille, n'avait pas la première idée de cette
pratique du théâtre qu'il croyait enseigner.

Un orgueil très-méprisable, un lâche intérêt plus méprisable
encore, sont les sources de toutes ces critiques dont nous sommes
inondés : un homme de génie entreprendra une pièce de théâtre
ou un autre poëme pour acquérir quelque gloire ; un Fréron le
dénigrera pour gagner un écu. Un homme qui fait un honneur
infini à la littérature enrichit la France du beau poëme des
Saisons, sujet dont jusqu'ici notre langue n'avait pu exprimer
les détails ; cet ouvrage joint au mérite extrême de la difficulté
vaincue les richesses de la poésie et les beautés du sentiment :
qu'arrive-t-il ? Un jeune pédant de collège [1], ignorant et étourdi,
pressé par l'orgueil et par la faim, écrit un gros libelle contre
l'auteur et l'ouvrage : il prétend qu'il ne faut jamais faire des
poëmes sur les saisons ; il critique tous les vers sans alléguer la
moindre raison de sa censure, et, après avoir décidé en maître,
ce pauvre écolier va lire aux comédiens sa *Médée*.

Un homme de cette espèce, nommé Sabatier, natif de Castres [2],
fait un Dictionnaire littéraire, et donne des louanges à quelques
personnes pour avoir du pain ; il rencontre un autre gueux qui
lui dit : Mon ami, tu fais des éloges, tu mourras de faim ; fais un
dictionnaire de satires, si tu veux avoir de quoi vivre. Le malheureux travaille en conséquence, et n'en est pas plus à son aise.

Telle était la canaille de la littérature du temps de Corneille ;
telle elle est aujourd'hui, telle on la verra dans tous les temps : il
y aura toujours dans une armée des officiers et des goujats, et
dans une grande ville des magistrats et des filous.

---

1. L'auteur des *Saisons* est Saint-Lambert ; le pédant de collége, Clément.
2. L'édition de 1774 portait seulement les initiales : *S..., natif de C...* C'est
dans l'édition de Kehl que le nom a été mis en entier. (B.)

REMARQUES SUR MÉDÉE

TRAGÉDIE REPRÉSENTÉE EN 1635.

PRÉFACE DU COMMENTATEUR.

Nous commençons ce recueil par la *Médée*, parce que, dans ce poëme, on peut entrevoir déjà le germe des grandes beautés qui brillent dans les autres pièces. Nous rejetons à une autre place les six premières comédies[1], dans lesquelles il n'y a presque rien qui fasse apercevoir les grands talents de Corneille.

J'avoue cependant qu'il serait aujourd'hui inconnu, s'il n'avait fait que cette tragédie. Il était alors confondu parmi les cinq auteurs que le cardinal de Richelieu faisait travailler aux pièces dont il était l'inventeur. Ces cinq auteurs étaient, comme on sait, L'Estoile, fils du grand audiencier, dont nous avons les Mémoires; Boisrobert, abbé de Châtillon-sur-Seine, aumônier du roi et conseiller d'État; Colletet, qui n'est plus connu que par les satires de Boileau, mais que le cardinal regardait alors avec estime; Rotrou, lieutenant civil au bailliage de Dreux, homme de génie; Corneille lui-même, assez subordonné aux autres, qui l'emportaient sur lui par la fortune ou par la faveur.

Corneille se retira bientôt de cette société, sous le prétexte des arrangements de sa petite fortune, qui exigeaient sa présence à Rouen.

Rotrou n'avait encore rien fait qui approchât même du médiocre. Il ne donna son *Venceslas* que quatorze ans après la *Médée*, en 1649, lorsque Corneille, qui l'appelait son père, fut devenu son maître, et que Rotrou, ranimé par le génie de Cor-

---

1. Ces six comédies sont *Mélite* (jouée en 1623); *Clitandre* (1632); *la Veuve* (1639); *la Galerie du Palais* (1634); *la Suivante* (1634); *la Place royale* (1635). Ces six comédies n'ont été le sujet d'aucune remarque de Voltaire, qui les a rejetées à la fin de son édition, ainsi que *l'Illusion*, comédie de Pierre Corneille, jouée en 1636; voyez son Avis à la fin des remarques sur les pièces de théâtre.

neille, devint digne de lui être comparé dans la première scène de *Venceslas*, et dans le quatrième acte. Encore même, cette pièce de Rotrou était-elle une imitation de l'auteur espagnol Francesco de Roxas.

Mais en 1635, temps auquel on joua la *Médée* de Corneille, on n'avait d'ouvrage un peu supportable, à quelques égards, que la *Sophonisbe* de Mairet, donnée en 1633. Il est remarquable qu'en Italie et en France, la véritable tragédie dut sa naissance à une *Sophonisbe*. Le prélat[1] Trissino, auteur de la *Sophonisbe* italienne, eut l'avantage d'écrire dans une langue déjà fixée et perfectionnée; et Mairet, au contraire, dans le temps où la langue française luttait contre la barbarie. On ne connaissait que des imitations languissantes, des tragédies grecques et espagnoles, ou des inventions puériles, telles que *l'Innocente Infidélité* de Rotrou, *l'Hôpital des fous* d'un nommé Beys, le *Cléomédon* de du Ryer, *l'Orante* de Scudéri, *la Pèlerine amoureuse*. Ce sont là les pièces qu'on joua dans cette même année 1635, un peu avant la *Médée* de Corneille.

Avec quelle lenteur tout se forme! Nous avions déjà plus de mille pièces de théâtre, et pas une seule qui pût être soufferte aujourd'hui par la populace des provinces les plus grossières. Il en a été de même dans tous les arts, et dans tout ce qui concerne les agréments de la société et les commodités de la vie. Que chaque nation parcoure son histoire, et elle verra que, depuis la chute de l'empire romain, elle a été presque sauvage pendant dix ou douze siècles.

La *Médée* de Corneille n'eut qu'un succès médiocre, quoiqu'elle fût au-dessus de tout ce qu'on avait donné jusqu'alors. Un ouvrage peut toucher avec les plus énormes défauts, quand il est animé par une passion vive et par un grand intérêt, comme *le Cid*; mais de longues déclamations ne réussissent en aucun pays ni en aucun temps. La *Médée* de Sénèque, qui avait ce défaut, n'eut point de succès chez les Romains; celle de Corneille n'a pu rester au théâtre.

On ne représente d'autre *Médée* à Paris que celle de Longepierre, tragédie à la vérité très-médiocre, et où le défaut des Grecs, qui était la vaine déclamation, est poussé à l'excès; mais lorsqu'une actrice imposante fait valoir le rôle de Médée, cette pièce a quelque éclat aux représentations, quoique la lecture en soit peu supportable.

___

1. Le Trissin ne fut point prélat.

Ces tragédies uniquement tirées de la fable, et où tout est incroyable, ont aujourd'hui peu de réputation parmi nous, depuis que Corneille nous a acoutumés au vrai ; et il faut avouer qu'un homme sensé qui vient d'entendre la délibération d'Auguste, de Cinna, et de Maxime, a bien de la peine à supporter Médée traversant les airs dans un char traîné par des dragons. Un défaut plus grand encore dans la tragédie de *Médée*, c'est qu'on ne s'intéresse à aucun personnage. Médée est une méchante femme qui se venge d'un malhonnête homme. La manière dont Corneille a traité ce sujet nous révolte aujourd'hui ; celles d'Euripide et de Sénèque nous révolteraient encore davantage.

Une magicienne ne nous paraît pas un sujet propre à la tragédie régulière, ni convenable à un peuple dont le goût est perfectionné. On demande pourquoi nous rejetterions des magiciens, et que non-seulement nous permettons que dans la tragédie on parle d'ombres et de fantômes, mais même qu'une ombre paraisse quelquefois sur le théâtre.

Il n'y a certainement pas plus de revenants que de magiciens dans le monde, et si le théâtre est la représentation de la vérité, il faut bannir également les apparitions et la magie.

Voici, je crois, la raison pour laquelle nous souffririons l'apparition d'un mort, et non le vol d'un magicien dans les airs. Il est possible que la Divinité fasse paraître une ombre pour étonner les hommes par ces coups extraordinaires de sa providence, et pour faire rentrer les criminels en eux-mêmes ; mais il n'est pas possible que des magiciens aient le pouvoir de violer les lois éternelles de cette même providence : telles sont aujourd'hui les idées reçues.

Un prodige opéré par le ciel même ne révoltera point ; mais un prodige opéré par un sorcier, malgré le ciel, ne plaira jamais qu'à la populace.

Quodcumque ostendis mihi sic, incredulus odi[1].

Chez les Grecs, et même chez les Romains, qui admettaient des sortiléges, Médée pouvait être un très-beau sujet. Aujourd'hui nous le reléguons à l'Opéra, qui est parmi nous l'empire des fables, et qui est à peu près parmi les théâtres ce qu'est l'*Orlando furioso* parmi les poëmes épiques.

Mais quand Médée ne serait pas sorcière, le parricide qu'elle

1. Horace, *de Arte poetica*, 188.

commet presque de sang-froid sur ses deux enfants, pour se venger de son mari, et l'envie que Jason a, de son côté, de tuer ces
mêmes enfants, pour se venger de sa femme, forment un amas
de monstres dégoûtants, qui n'est malheureusement soutenu que
par des amplifications de rhétorique, en vers souvent durs ou
faibles, ou tenant de ce comique qu'on mêlait avec le tragique sur
tous les théâtres de l'Europe au commencement du xviie siècle.
Cependant cette pièce est un chef-d'œuvre, en comparaison de
presque tous les ouvrages dramatiques qui la précédèrent. C'est
ce que M. de Fontenelle appelle *prendre l'essor, et monter jusqu'au
tragique le plus sublime.* Et en effet il a raison, si on compare
Médée aux six cents pièces de Hardy, qui furent faites chacune
en deux ou trois jours; aux tragédies de Garnier, aux *Amours
infortunés de Léandre et de Héro,* par l'avocat La Selve; à *la Fidèle
Tromperie,* d'un autre avocat nommé Gougenot; au *Pirandre,* de
Boisrobert, qui fut joué un an avant *Médée.*

Nous avons déjà remarqué[1] que toutes les autres parties de la
littérature n'étaient pas mieux cultivées.

Corneille avait trente ans quand il donna sa *Médée;* c'est l'âge
de la force de l'esprit; mais il était subjugué par son siècle. Ce
n'est point sa première tragédie; il avait fait jouer *Clitandre* trois
ans auparavant. Ce *Clitandre* est entièrement dans le goût espagnol et dans le goût anglais : les personnages combattent sur le
théâtre; on y tue, on y assassine; on voit des héroïnes tirer
l'épée; des archers courent après les meurtriers; des femmes se
déguisent en hommes; une Dorise crève un œil à un de ses
amants avec une aiguille à tête. Il y a de quoi faire un roman de
dix tomes, et cependant il n'y a rien de si froid et de si ennuyeux.
La bienséance, la vraisemblance négligées, toutes les règles violées, ne sont qu'un très-léger défaut en comparaison de l'ennui.
Les tragédies de Shakespeare étaient plus monstrueuses encore
que *Clitandre,* mais elles n'ennuyaient pas. Il fallut enfin revenir
aux anciens pour faire quelque chose de supportable, et *Médée* est
la première pièce dans laquelle ou trouve quelque goût de l'antiquité. Cette imitation est sans doute très-inférieure à ces beautés
vraies que Corneille tira depuis de son seul génie.

Resserrer un événement illustre et intéressant dans l'espace
de deux ou trois heures; ne faire paraître les personnages que
quand ils doivent venir; ne laisser jamais le théâtre vide; former
une intrigue aussi vraisemblable qu'attachante; ne rien dire

1. Page 181.

d'inutile ; instruire l'esprit et remuer le cœur ; être toujours éloquent en vers, et de l'éloquence propre à chaque caractère qu'on représente ; parler sa langue avec autant de pureté que dans la prose la plus châtiée, sans que la contrainte de la rime paraisse gêner les pensées ; ne se pas permettre un seul vers ou dur, ou obscur, ou déclamateur : ce sont là les conditions qu'on exige aujourd'hui d'une tragédie pour qu'elle puisse passer à la postérité avec l'approbation des connaisseurs, sans laquelle il n'y a jamais de réputation véritable.

On verra comment, dans les pièces suivantes, Pierre Corneille a rempli plusieurs de ces conditions.

On se contentera d'indiquer, dans cette pièce de *Médée,* quelques imitations de Sénèque, et quelques vers qui annoncent déjà le grand Corneille ; et on entrera dans plus de détails quand il s'agira de pièces dont presque tous les vers exigent un examen réfléchi.

ÉPITRE DÉDICATOIRE

DE CORNEILLE A MONSIEUR P. T. N. G.

Je vous donne Médée, toute méchante qu'elle est, etc.

Je n'ai pu découvrir qui est ce monsieur **P. T. N. G.** à qui Corneille dédie *Médée.* Mais il est assez utile de voir que l'auteur condamne lui-même son ouvrage.

Cette dédicace fut faite plusieurs années après la représentation. Il était alors assez grand pour avouer qu'il ne l'avait pas toujours été.

Dans la portraiture, il n'est pas question si un visage est beau, mais s'il ressemble.

Portraiture est un mot suranné, et c'est dommage : il est nécessaire ; *portraiture* signifie l'art de faire ressembler ; on emploie aujourd'hui *portrait* pour exprimer l'art et la chose. *Portraire* est encore un mot nécessaire que nous avons abandonné.

Et dans la poésie, il ne faut pas considérer si les mœurs sont vertueuses, mais si elles sont pareilles à celles de la personne qu'elle introduit.

Il faut surtout qu'elles soient intéressantes : c'est là le premier
devoir. Des jeunes gens, dont le goût n'était point encore formé,
et qui n'avaient qu'une connaissance confuse du théâtre et de
l'art des vers, se sont souvent étonnés du peu de succès de la tragédie d'*Atrée*. Ils ont cru que la délicatesse de nos dames s'effrayait trop de voir présenter à Thyeste une coupe remplie du
sang de son fils. Ils se sont trompés. Ce sang, qu'on ne voyait
pas, ne pouvait effaroucher les yeux ; et l'action de Cléopâtre,
dans *Rodogune,* est plus criminelle et plus atroce que celle d'Atrée.
Cependant on la voit avec un plaisir mêlé d'horreur. Le grand
défaut d'*Atrée* est qu'on ne peut s'intéresser à la vengeance raffi-
née d'une injure faite il y a vingt ans. On peut exercer une vengeance exécrable dans les premiers mouvements d'une juste
colère ; mais élever le fils d'un adultère sous le nom de son
propre fils pour le faire manger en ragoût à son véritable père,
quand cet enfant sera majeur, ce n'est là qu'une horreur absurde ;
et quand cette horreur est mise en vers obscurs, chevillés et barbares, il est impossible aux gens de goût de la supporter. Nous ne
pouvons trop souvent faire cette remarque[1].

J'espère qu'elles vous satisferont encore aucunement sur le papier.

Aucunement, vieux mot qui signifie *en quelque sorte, en partie,*
et qui valait mieux que ces périphrases.

ACTE PREMIER.

SCÈNE I.

Vers 7.   Quoi ! Médée est donc morte, ami ? — Non, elle vit ;
           Mais un objet plus beau la chasse de mon lit, etc.

Je ne ferai sur ce début qu'une seule remarque, qui pourra
servir pour plusieurs autres occasions. On voit assez que c'est là
le style de la comédie ; on n'écrivait point alors autrement les
tragédies. Les bornes qui distinguent la familiarité bourgeoise et

---

1. Au moment où Voltaire publia cette note qu'il ajouta en 1774, il avait fait la
remarque dont il y parle, dans son *Éloge de Crébillon* (voyez les *Mélanges,*
année 1762) ; il l'a reproduite dans une remarque sur la scène III de l'acte II
d'*Héraclius,* et dans le *Fragment d'une lettre* qui fait la préface de ses *Pélopides.*

la noble simplicité n'étaient point encore posées. Corneille fut
le premier qui eut de l'élévation dans le style comme dans les
sentiments. On en voit déjà plusieurs exemples dans cette pièce.
Il y a de la justice à lui tenir compte du sublime qu'on y trouve
quelquefois, et à n'accuser que son siècle de ce style comique,
négligé et vicieux, qui déshonorait la scène tragique. Je n'insiste
point sur la *meilleure saison*, sur les *mille et mille malheurs*, sur le
Jason *sans conscience*, sur Créuse *possédée autant vaut*, sur une
flamme *accommodée au bien des affaires*. C'était le malheureux style
d'une nation qui ne savait pas encore parler. Et cela même fait
voir quelle obligation nous avons au grand Corneille de s'être
tiré, dans ses beaux morceaux, de cette fange où son siècle l'avait
plongé, et d'avoir seul appris à ses contemporains l'art si longtemps inconnu de bien penser et de bien s'exprimer.

Vers 35.   Et depuis, à Colchos, que fit votre Jason,
            Que cajoler Médéeet gagner la toison ?

On doit dire ici un mot de cette fameuse toison d'or. La Col-
chide, pays de Médée, est la Mingrélie, pays barbare, toujours
habité par des barbares, où l'on pouvait faire un commerce de
fourrures assez avantageux. Les Grecs entreprirent ce voyage
par le Pont-Euxin, qui est très-périlleux ; et ce péril donna de la
célébrité à l'entreprise : c'est là l'origine de toutes ces fables absurdes qui eurent cours dans l'Occident. Il n'y avait alors d'autre
histoire que des fables.

Vers 43.   Et j'ai trouvé l'adresse, en lui faisant la cour,
            De relever mon sort sur les ailes d'Amour.

Ce vers est un exemple de ce mauvais goût qui régnait alors
chez toutes les nations de l'Europe. Les métaphores outrées, les
comparaisons fausses, étaient les seuls ornements qu'on employât ;
on croyait avoir surpassé Virgile et le Tasse quand on faisait
voler un sort sur les ailes de l'Amour. Dryden comparait Antoine
à un aigle qui portait sur ses ailes un roitelet, lequel alors s'élevait au-dessus de l'aigle ; et ce roitelet, c'était l'empereur Auguste.
Les beautés vraies étaient partout ignorées. On a reproché depuis
à quelques auteurs de courir après l'esprit. En effet, c'est un
défaut insupportable de chercher des épigrammes quand il faut
donner de la sensibilité à ses personnages ; il est ridicule de montrer ainsi l'auteur quand le héros seul doit paraître au naturel ;
mais ce défaut puéril était bien plus commun du temps de Corneille que du nôtre. La pièce de *Clitandre*, qui précéda *Médée*, est

remplie de pointes; un amant qui a été blessé en défendant sa
maîtresse, apostrophe ses blessures, et leur dit[1]:

> Blessures, hâtez-vous d'élargir vos canaux.
> Ah! pour l'être trop peu, blessures trop cruelles,
> De peur de m'obliger vous n'êtes point mortelles.

Tel était le malheureux goût de ce temps-là.

Vers 73.   Les sœurs crient miracle.

J'ai remarqué que parmi les étrangers qui s'exercent quelquefois à faire des vers français, et parmi plusieurs provinciaux
qui commencent, il s'en trouve toujours qui font *crient, plient,
croient*, etc., de deux syllabes. Ces mots n'en valent jamais qu'une
seule, et ne peuvent être employés qu'à la fin d'un vers. Corneille fit souvent cette faute dans ses premières pièces; et c'est
ce qui établit ce mauvais usage dans nos provinces.

Vers 87.   Et l'amour paternel, qui fait agir leurs bras,
             Croiroit commettre un crime à n'en commettre pas.

Ce morceau est imité du septième livre des *Métamorphoses*[2].

> His, ut quæque pia est, hortatibus impia prima est;
> Et, ne sit scelerata, facit scelus : haud tamen ictus
> Ulla suos spectare potest, oculosque reflectunt.

Remarquez que Corneille fut le premier qui sut transporter
sur la scène française les beautés des auteurs grecs et latins.

Vers 158. . . . . . . Adieu; l'amour vous presse,
          Et je serois marry qu'un soin officieux
          Vous fit perdre pour moi des temps si précieux.

Le lecteur judicieux s'aperçoit, sans doute, combien la plupart des expressions sont impropres ou familières dans cette
scène. Nous demandons grâce pour cette première tragédie.
Nous tâcherons de ne faire des réflexions utiles que sur les pièces
qui le sont elles-mêmes par les grands exemples qu'on y trouve
de tous les genres de beautés.

---

1. Acte Ier, scène IX.
2. Ovide, *Métam.*, VII, 340-42.

SCÈNE II.

Vers 1.   Depuis que mon esprit est capable de flamme,
           Jamais un trouble égal n'a confondu mon âme.

Cette scène, où Jason débute par dire que son esprit est
capable de flamme, est entièrement inutile. Et ces scènes, qui ne
sont que de liaison, jettent un peu de froid dans nos meilleures
tragédies, qui ne sont point soutenues par le grand appareil du
théâtre grec, par la magnificence des chœurs, et qui ne sont que
des dialogues sur des planches.

SCÈNE III.

Vers 19.   Vous le saurez après, je ne veux rien pour rien.

On sent assez que ce vers est plus fait pour la farce que pour
la tragédie. Mais nous n'insistons pas sur les fautes de style et
de langage.

SCÈNE IV.

Vers 1.   Souverains protecteurs des lois de l'hyménée,
           Dieux, garants de la foi que Jason m'a donnée, etc.

Voici des vers qui annoncent Corneille. Ce monologue est
tout entier imité de celui de Sénèque le Tragique [1] :

> Dii conjugales, tuque genialis tori
> Lucina custos ..

Rien n'est plus difficile que de traduire les vers latins et
grecs en vers français rimés. On est presque toujours obligé de
dire en deux lignes ce que les anciens ont dit en une. Il y a
très-peu de rimes dans le style noble, comme je le remarque
ailleurs [2]; et nous avons même beaucoup de mots auxquels on
ne peut rimer : aussi le poëte est rarement le maître de ses
expressions. J'ose affirmer qu'il n'est point de langue dans laquelle
la versification ait plus d'entraves.

---

1. *Médée*, acte I, scène i.
2. Voyez remarques sur la scène 1re du Ve acte de *Rodogune*.

Vers 6.   Et m'aidez à venger cette commune injure,

n'appartient qu'à Corneille. Racine a imité ce vers dans *Phèdre*[1] :

> Déesse, venge-toi ; nos causes sont pareilles.

Mais, dans Corneille, il n'est qu'une beauté de poésie ; dans Racine, il est une beauté de sentiment. Ce monologue pourrait aujourd'hui paraître une amplification, une déclamation de rhétorique : il est pourtant bien moins chargé de ce défaut que la scène de Sénèque.

Vers 31.   Me peut-il bien quitter après tant de bienfaits ?
            M'ose-t-il bien quitter après tant de forfaits ? etc.

Ces vers sont dignes de la vraie tragédie, et Corneille n'en a guère fait de plus beaux. Si, au lieu d'être noyés dans un long monologue inutile, ils étaient placés dans un dialogue vif et touchant, ils feraient le plus grand effet.

Ces monologues furent très-longtemps à la mode. Les comédiens les faisaient ronfler avec une emphase ridicule ; ils les exigeaient des auteurs qui leur vendaient leurs pièces, et une comédienne qui n'aurait point eu de monologue dans son rôle n'aurait pas voulu réciter. Voilà comme le théâtre, relevé par Corneille, commença parmi nous. Des farceurs ampoulés représentaient, dans des jeux de paume, ces mascarades rimées qu'ils achetaient dix écus : les Athéniens en usaient autrement.

Vers 37.   Lui font-ils présumer mon audace épuisée ?

Le vers de Sénèque[2],

> Adeone credit omne consumptum nefas ?

paraît bien plus fort.

Vers 61.   Soleil, qui vois l'affront qu'on va faire à ta race,
            Donne-moi tes chevaux à conduire en ta place.

Cette prière au Soleil, son père, est encore toute de Sénèque, et devait faire plus d'effet sur les peuples qui mettaient le soleil au rang des dieux que sur nous, qui n'admettons pas cette mythologie.

---

1. Acte III, scène II.
2. *Médée*, II, 122.

SCÈNE V.

Vers 11.   Quoi! madame, est-ce ainsi qu'il faut dissimuler?
            Et faut-il perdre ainsi des menaces en l'air?

J'ai déjà dit[1] que je ne ferais aucune remarque sur le style
de cette tragédie, qui est vicieux presque d'un bout à l'autre.
J'observerai seulement ici, à propos de ces rimes *dissimuler* et *en*
l'air, qu'alors on prononçait *dissimulair* pour rimer à *l'air*. J'ajouterai qu'on a été longtemps dans le préjugé que la rime doit
être pour les yeux. C'est pour cette raison qu'on faisait rimer
cher à *bûcher*. Il est indubitable que la rime n'a été inventée que
pour l'oreille. C'est le retour des mêmes sons, ou des sons à
peu près semblables qu'on demande, et non pas le retour des
mêmes lettres. On fait rimer *abhorre*, qui a deux *rr*, avec *encore*,
qui n'en a qu'une : par la même raison *terre* peut rimer à *père*;
mais *je me hâte* ne peut rimer avec *je me flatte*, parce que *flatte*
est bref, et *hâte* est long[2].

Vers 41.   Cette lâche ennemie a peur des grands courages, etc.

Cela est imité de Sénèque, et enchérit encore sur le mauvais
goût de l'original : *Fortuna fortes metuit, ignavos premit*[3]. Corneille
appelle la Fortune *lâche*. Toutes les tragédies qui précédèrent sa
Médée sont remplies d'exemples de ce faux bel-esprit. Ces puérilités furent si longtemps en vogue que l'abbé Cotin, du temps
même de Boileau et de Molière, donna à la fièvre l'épithète d'*in-*
grate; cette ingrate de fièvre qui attaquait insolemment le beau
corps de Mlle de Guise, où elle était si bien logée.

Vers 48.   Dans un si grand revers que vous reste-t-il? — Moi.
            Moi, dis-je, et c'est assez.

Ce *moi* est célèbre. C'est le *Medea superest* de Sénèque[4]; ce qui
suit est encore une traduction de Sénèque; mais dans l'original
et dans la traduction ces vers affaiblissent la grande idée que

1. Page 184.
2. Palissot dit qu'il ne faut pas adopter sans restriction ce principe que la rime
n'a été inventée que pour l'oreille; autrement, un singulier pourrait très-bien
rimer avec un pluriel. (G. A.)
3. Acte II, vers 159.
4. Acte II, vers 16.

donne *moi, dis-je, et c'est assez.* Tout ce qui explique un grand sentiment l'énerve. On demande si le *Medea superest* est sublime? Je répondrai à cette question que ce serait en effet un sentiment sublime si ce *moi* exprimait de la grandeur de courage. Par exemple si, lorsque Horatius Coclès défendit seul un pont contre une armée, on lui eût demandé : Que vous reste-t-il? et qu'il eût répondu : *Moi,* c'eût été du véritable sublime ; mais ici il ne signifie que le pouvoir de la magie, et, puisque Médée dispose des éléments, il n'est pas étonnant qu'elle puisse seule et sans autre secours se venger de tous ses ennemis.

ACTE DEUXIÈME.

SCÈNE II.

Vers 12.   Ah! l'innocence même, et la même candeur! etc.

C'est dans la scène de Sénèque qui a servi de modèle à celle-ci qu'on trouve ce beau vers[1] :

> Si judicas, cognosce; si regnas, jube.

> N'es-tu que roi? commande. Es-tu juge? examine.

C'est dommage que Corneille n'ait pas traduit ce vers : il l'aurait bien mieux rendu.

« Ah! l'innocence même, et la même candeur! »

> Quæ causa pellat innocens mulier rogat.

Cette ironie est, comme on voit, de Sénèque[2]. La figure de l'ironie tient presque toujours du comique, car l'ironie n'est autre chose qu'une raillerie. L'éloquence souffre cette figure en prose. Démosthène et Cicéron l'emploient quelquefois. Homère et Virgile n'ont pas dédaigné même de s'en servir dans l'épopée ; mais dans la tragédie il faut l'employer sobrement : il faut qu'elle soit nécessaire ; il faut que le personnage se trouve dans des circonstances où il ne puisse s'expliquer autrement, où il soit obligé de cacher sa douleur, et de feindre d'applaudir à ce qu'il déteste.

1. Acte II, vers 194.
2. Acte II, vers 193.

Racine fait parler ironiquement Axiane à Taxile, quand elle
lui dit :

> . . . . . Approche, puissant roi,
> Grand monarque de l'Inde, on parle ici de toi[1].

Il met aussi quelques ironies dans la bouche d'Hermione;
mais, dans ses autres tragédies, il ne se sert plus de cette figure.
Remarquez, en général, que l'ironie ne convient point aux passions : elle ne peut aller au cœur, elle sèche les larmes. Il y a
une autre espèce d'ironie qui est un retour sur soi-même, et qui
exprime parfaitement l'excès du malheur. C'est ainsi qu'Oreste
dit dans l'*Andromaque :*

> Oui, je te loue, ô ciel! de ta persévérance.

C'est ainsi que Guatimozin disait au milieu des flammes : *Et moi,
suis-je sur un lit de roses?* Cette figure est très-noble et très-tragique
dans Oreste, et dans Guatimozin elle est sublime. Observez que
toutes les scènes semblables à celle-ci sont toujours froides ; il
convient rarement au tragique de parler longtemps du passé. Ce
poëme est *natum rebus agendis*[2] ; ce doit être une action[3].

Vers 85.   Vous voulez qu'on l'honore, et que, de deux complices,
            L'un ait votre couronne, et l'autre des supplices.

> Ille crucem sceleris pretium tulit, hic diadema[4].

Vers 133. . . . . . . Soldats, remettez-la chez elle.

Si Médée est une magicienne aussi puissante qu'on le dit, et
que Créon même le croit, comment ne craint-il pas de l'offenser,
et comment même peut-il disposer d'elle? C'est là une étrange
contradiction que l'antiquité grecque s'est permise. Les illusions
de l'antiquité ont été adoptées par nous : les juges ont osé juger
des sorciers ; mais il s'était répandu une opinion aussi ridicule
que celle de la magie même, et qui lui servait de correctif, c'était
que les magiciens perdaient tout leur pouvoir dès qu'ils étaient
entre les mains de la justice. L'Arioste, et le Tasse son heureux
imitateur, prirent un tour plus heureux : ils feignirent que les
enchantements pouvaient être détruits par d'autres enchantements; cela seul mettait de la vraisemblance dans ces fables, qui

---

1. *Alexandre,* acte IV, scène III.
2. Horace, *Art poétique,* 82.
3. Palissot dit que Racine n'a pas cessé d'employer l'ironie toutes les fois que
son sujet l'a demandé, et il cite la réponse d'Abner à Mathan dans *Athalie :* Eh
quoi? Mathan, etc. (G. A.)
4. Juvénal, sat. XIII, 105.

par elles-mêmes, n'en ont aucune. Arioste, tout fécond qu'il était, avait appris cet art d'Homère; il est vrai que son Alcine est prodigieusement supérieure à la Circé de *l'Odyssée;* mais enfin Homère est le premier qui paraît avoir imaginé des préservatifs contre le pouvoir de la magie, et qui par là mit quelque raison dans des choses qui n'en avaient pas.

SCÈNE III.

Vers 5.   Et le sacré respect de ma condition
          En a-t-il arraché quelque soumission?

Il est bien ici question du sacré respect qu'on doit à la condition de ce Créon, qui, d'ailleurs, joue dans cette pièce un rôle trop froid!

SCÈNE IV.

Vers 3.   Nous n'avons désormais que craindre de sa part.

Nous n'avons que craindre est un barbarisme. Cette pièce en a beaucoup; mais, encore une fois, c'est la première de Corneille.

Vers 25. Je voudrois pour tout autre un peu de raillerie:
          Un vieillard amoureux mérite qu'on en rie.

Ces vers montrent qu'en effet on mêlait alors le comique au tragique. Ce mauvais goût était établi dans presque toute l'Europe, comme on le remarque ailleurs [1].

SCÈNE V.

Vers 24. La robe de Médée a donné dans mes yeux.

La robe de Médée, qui a donné dans les yeux de Créuse, et la description de cette robe, ne seraient pas souffertes aujourd'hui; et la réponse de Jason n'est pas moins petite que la demande.

SCÈNE VI.

Vers 23. Souvent je ne sais quoi, qu'on ne peut exprimer,
          Nous surprend, nous emporte, et nous force d'aimer.

1. Voyez page 185, et les Remarques sur *Rodogune,* acte II, scène Ire.

Voilà le germe de ces vers qu'on applaudit autrefois dans
Rodogune[1] :

> Il est des nœuds secrets, il est des sympathies,
> Dont par le doux rapport les âmes assorties, etc.

C'est au lecteur judicieux à décider lequel vaut le mieux de
ces deux morceaux. Il décidera peut-être que de telles maximes
sont plus convenables à la haute comédie, et que les maximes
détachées ne valent pas un sentiment. Cette même idée se retrouve
dans *la Suite du Menteur*[2], et elle y est mieux placée.

SCÈNE VII.

ÆGÉE, seul

Il est inutile de remarquer combien le rôle d'Ægée est froid et
insipide. Une pièce de théâtre est *une expérience sur le cœur humain*.
Quel ressort remuera l'âme des hommes? Ce ne sera pas un
vieillard amoureux et méprisé, qu'on met en prison et qu'une
sorcière délivre. Tout personnage principal doit inspirer un degré
d'intérêt : c'est une des règles inviolables ; elles sont toutes fondées sur la nature. On a déjà averti qu'on ne reprend pas les
fautes de détail.

ACTE TROISIÈME.

SCÈNE I.

Vers 1.   Malheureux instrument du malheur qui nous presse,
           Que j'ai pitié de toi, déplorable princesse !

C'est ici un grand exemple de l'abus des monologues. Une
suivante, qui vient parler toute seule du pouvoir de sa maîtresse,
est d'un grand ridicule. Cette faute de faire dire ce qui arrivera,
par un acteur qui parle seul, et qu'on introduit sans raison,
était très-commune sur les théâtres grecs et latins : ils suivaient
cet usage parce qu'il est facile. Mais on devait dire aux Ménandre,
aux Aristophane, aux Plaute : Surmontez la difficulté ; instruisez-
nous du fait sans avoir l'air de nous instruire ; amenez sur le

---

1. Acte Ier, scène VII.
2. Acte IV, scène Ire.

théâtre des personnages nécessaires qui aient des raisons de se
parler ; qu'ils m'expliquent tout sans jamais s'adresser à moi ; que
je les voie agir et dialoguer : sinon, vous êtes dans l'enfance de
l'art.

SCÈNE II.

Vers 31.   Pour montrer, sans les voir, son courage apaisé,
          Je te dirai, Nérine, un moyen fort aisé, etc.

Convenons que ce n'est pas un trop bon moyen d'apaiser une
femme et une mère que de lui arracher ses enfants, et de lui
prendre ses habits. Cette invention de comédie produit une catastrophe horrible ; mais ce contraste même d'une intrigue faible
et basse avec un dénoûment épouvantable forme une bigarrure
qui révolte tous les esprits cultivés.

SCÈNE III.

Vers 1.   Ne fuyez pas, Jason, de ces funestes lieux ;
          C'est à moi d'en partir ; recevez mes adieux, etc.

Cette scène est toute de Sénèque [1] :

> Fugimus, Jason ; fugimus : hoc non est novum ;
> Mutare sedes. Causa fugiendi nova est, etc.
> Ad quos remittis, Phasin et Colchos petam ? etc.

Il y a dans ce couplet de très-beaux vers qui annonçaient déjà
Corneille. C'est en ce sens, et c'est dans ces morceaux détachés
qu'on peut dire, avec Fontenelle, que Corneille s'éleva jusqu'à
Médée.

Vers 85.   Oui, je te les reproche, et de plus... — Quels forfaits ?
          — La trahison, le meurtre, et tous ceux que j'ai faits.

Médée dit dans Sénèque : *Quodcumque feci* [2].

Vers 90.   Celui-là fait le crime à qui le crime sert.

> Tua illa, tua sunt illa : cui prodest scelus
> Is fecit [3].

1. Acte III, vers 447.
2. Acte III, vers 498.
3. *Ibid.*, vers 500.

Vers 144. Je t'aime encor, Jason, malgré ta lâcheté,

n'est point imité de Sénèque ; et Racine, en cet endroit, s'est rencontré avec Corneille quand il fait dire à Roxane :

> Écoutez, Bajazet, je sens que je vous aime [1], etc.

La situation et la passion amènent souvent des sentiments et
des expressions qui se ressemblent sans qu'elles soient imitées.
Mais quelle différence entre Roxane et Médée ! Le rôle de Médée
est l'essai d'un génie vigoureux et sans art, qui en vain fait déjà
quelques efforts contre la barbarie qui enveloppe son siècle ; et le
rôle de Roxane est le chef-d'œuvre de l'esprit et du goût dans un
temps plus heureux : l'une est une statue grossière de l'ancienne
Égypte ; l'autre est une statue de Phidias.

Vers 150. Que je t'aime, et te baise en ces petits portraits, etc.

On sent assez que le mot *baise* ne serait pas souffert aujour-
d'hui ; mais il y a une réflexion plus importante à faire. Médée
conçoit la vengeance la plus horrible, et qui retombe sur elle-
même. Pour y parvenir, elle a recours à la plus indigne fourberie : elle devient alors exécrable aux spectateurs ; elle attire-
rait la pitié si elle égorgeait ses enfants dans un moment de
désespoir et de démence. C'est une loi du théâtre qui ne souffre
guère d'exception : ne commettez jamais de grands crimes que
quand de grandes passions en diminueront l'atrocité, et vous
attireront même quelque compassion des spectateurs. Cléopâtre,
à la vérité, dans la tragédie de *Rodogune*, ne s'attire nulle compassion ; mais songez que si elle n'était pas possédée de la passion
forcenée de régner on ne la pourrait pas souffrir, et que si elle
n'était pas punie, la pièce ne pourrait être jouée.

SCÈNE IV.

Vers 4.   . . . . Il est en ta puissance
D'oublier mon amour, mais non pas ma vengeance.
Je la saurai graver en tes esprits glacés
Par des coups trop profonds pour en être effacés.

Cette idée détestable de tuer ses propres enfants pour se venger de leur père, idée un peu soudaine, et qui ne laisse voir que

---

1. Racine, *Bajazet*, acte II, scène I.

l'atrocité d'une vengeance révoltante, sans qu'elle soit ici combattue par les moindres remords, est encore prise de Sénèque, dont Corneille a imité les beautés et les défauts.

ACTE QUATRIÈME.

SCÈNE II.

Vers 1. Le charme est achevé, tu peux entrer, Nérine.

Dans la tragédie de *Macbeth*, qu'on regarde comme un chef-d'œuvre de Shakespeare, trois sorcières font leurs enchantements sur le théâtre : elles arrivent au milieu des éclairs et du tonnerre, avec un grand chaudron dans lequel elles font bouillir des herbes. *Le chat a miaulé trois fois,* disent-elles ; *il est temps, il est temps ;* elles jettent un crapaud dans le chaudron, et apostrophent le crapaud en criant en refrain : *Double, double, chaudron, trouble, que le feu brûle, que l'eau bouille, double, double*[1]. Cela vaut bien les serpents qui sont venus d'Afrique en un moment, et ces herbes que Médée a cueillies le pied nu, en faisant pâlir la lune, et ce plumage noir d'une harpie. Ces puérilités ne seraient pas admises aujourd'hui.

C'est à l'Opéra, c'est à ce spectacle consacré aux fables, que ces enchantements conviennent, et c'est là qu'ils ont été le mieux traités. Voyez dans Quinault[2], supérieur en ce genre :

Esprits malheureux et jaloux,
Qui ne pouvez souffrir la vertu qu'avec peine,
Vous, dont la fureur inhumaine
Dans les maux qu'elle fait trouve un plaisir si doux,
Démons, préparez-vous
A seconder ma haine ;
Démons, préparez-vous
A servir mon courroux.

Voyez en un autre endroit ce morceau encore plus fort que chante Médée[3] :

Sortez, ombres, sortez de la nuit éternelle ;
Voyez le jour pour le troubler :

1. Voltaire avait songé un moment à donner ici des fragments de *Macbeth* pour confondre les shakespeariens. (G. A.)
2. *Amadis,* acte II, scène III.
3. Quinault, *Thésée,* acte III, scène VII.

Hâtez-vous d'obéir quand ma voix vous appelle.
Que l'affreux désespoir, que la rage cruelle,
        Prennent soin de vous rassembler :
Sortez, ombres, sortez de la nuit éternelle...
        Venez, peuple infernal, venez;
        Avancez, malheureux coupables,
        Soyez aujourd'hui déchaînés;
Goûtez l'unique bien des cœurs infortunés,
        Ne soyez pas seuls misérables.....
Ma rivale m'expose à des maux effroyables :
Qu'elle ait part aux tourments qui vous sont destinés.
        Tous les enfers impitoyables
Auront peine à former des horreurs comparables
        Aux troubles qu'elle m'a donnés.
Goûtons l'unique bien des cœurs infortunés,
        Ne soyons pas seuls misérables.

Ce seul couplet vaut mieux, peut-être, que toute la *Médée* de
Sénèque, de Corneille, et de Longepierre, parce qu'il est fort et
naturel, harmonieux et sublime. Observons que c'est là ce Quinault que Boileau affectait de mépriser, et apprenons à être
justes[1].

Vers 80.   Avant que sur Créuse ils agiraient sur moi.

Cette suivante, qui craint la brûlure, et qui refuse de porter
la robe, est très-comique, et fournirait de bonnes plaisanteries.
Il était fort aisé d'envoyer la robe par un domestique qui ne fût
pas instruit du poison qu'elle renfermait.

SCÈNE III.

Vers 1.   Nous devons bien chérir cette valeur parfaite, etc.

On voit combien Pollux est inutile à la pièce; Corneille l'appelle un personnage protatique.

SCÈNE IV.

Vers 20.   J'eus toujours pour suspects les dons des ennemis.

Ce vers est la traduction de ce beau vers de Virgile[2] :

. . . . . . Timeo Danaos, et dona ferentes.

---

1. Ce qu'on vient de lire se retrouve presque en entier dans la lettre à Duclos
du 25 décembre 1761.
2. *Æn.*, II, 49.

Et Virgile lui-même a pris ce vers d'Homère mot à mot. Quand on imite de tels vers qui sont devenus proverbes, il faut tâcher que nos imitations deviennent aussi proverbes dans notre langue. On n'y peut réussir que par des mots harmonieux, aisés à retenir. *Pour suspects les dons* est trop rude ; on doit éviter les consonnes qui se heurtent. C'est le mélange heureux des voyelles et des consonnes qui fait le charme de la versification.

SCÈNE V.

ÆGÉE, en prison.

Vers 1.   Demeure affreuse des coupables, etc.

Rotrou avait mis les stances à la mode. Corneille, qui les employa, les condamne lui-même dans ses réflexions sur la tragédie. Elles ont quelque rapport à ces odes que chantaient les chœurs entre les scènes sur le théâtre grec. Les Romains les imitèrent : il me semble que c'était l'enfance de l'art. Il était bien plus aisé d'insérer ces inutiles déclamations entre neuf ou dix scènes qui composaient une tragédie que de trouver dans son sujet même de quoi animer toujours le théâtre, et de soutenir une longue intrigue toujours intéressante. Lorsque notre théâtre commença à sortir de la barbarie, et de l'asservissement aux usages anciens, pire encore que la barbarie, on substitua à ces odes des chœurs qu'on voit dans Garnier, dans Jodelle et dans Baïf, des stances que les personnages récitaient. Cette mode a duré cent années ; le dernier exemple que nous ayons des stances est dans *la Thébaïde*. Racine se corrigea bientôt de ce défaut ; il sentit que cette mesure, différente de la mesure employée dans la pièce, n'était pas naturelle ; que les personnages ne devaient pas changer le langage convenu ; qu'ils devenaient poëtes mal à propos.

Vers 37.   Amour, contre Jason tourne ton trait fatal,
Au pouvoir de tes dards je remets ma vengeance ;
Atterre son orgueil, et montre ta puissance
A perdre également l'un et l'autre rival.

Quand mêmes ces stances ennuyeuses et mal écrites auraient été aussi bonnes que la meilleure ode d'Horace, elles ne feraient aucun effet, parce qu'elles sont dans la bouche d'un vieillard ridicule, amoureux comme un vieillard de comédie. Ce n'est pas assez au théâtre qu'une scène soit belle par elle-même, il faut qu'elle soit belle dans la place où elle est.

SCÈNE VI.

Vers 75.   Un fantôme pareil et de taille et de face,
           Tandis que vous fuirez, remplira votre place.

On voit assez que ce *fantôme pareil et de taille et de face*, et cet anneau enchanté, et ces coups de baguette, ne sont point admissibles dans la tragédie.

ACTE CINQUIÈME.

SCÈNE I.

Vers 1.   Ah! déplorable prince! ah! fortune cruelle!
           Que je porte à Jason une triste nouvelle!

Ce Theudas, qu'on ne connaît point, qu'on n'attend point, et qui ne vient là que pour être pétrifié d'un coup de baguette, ressemble trop à la farce d'Arlequin magicien.

SCÈNE III.

Vers 11.   Quoi! vous continuez, canailles infidèles! etc.

Voilà la seule fois où l'on a vu le mot de *canailles* dans une tragédie. Fontenelle dit que Corneille s'éleva jusqu'à *Médée;* il pouvait dire que, dans tous ces endroits, il s'abaissa jusqu'à *Médée.*

Mais il y a bien pis : c'est que toutes ces lamentations de Créon et de Créuse ne touchent point. Comment se peut-il faire que le spectacle d'un père et d'une fille, mourants d'une mort affreuse, soit si froid? C'est que ce spectacle est une partie de la catastrophe : il fallait donc qu'elle fût courte.

SCÈNE VII.

Vers 1.   Lâche, ton désespoir encore en délibère?

Chose étrange : Médée trouve ici le secret d'être froide en égorgeant ses enfants! C'est qu'après la mort de Créon et de Créuse ce parricide n'est qu'un surcroît de vengeance, une seconde catastrophe, une barbarie inutile.

Vers 2.   Lève les yeux, perfide, et reconnois ce bras
          Qui t'a déjà vengé de ces petits ingrats.

On ne relèvera pas ici l'expression très-vicieuse *de ces petits
ingrats*, parce qu'on n'en relève aucune. Le plus capital de tous
les défauts dans la tragédie est de faire commettre de ces crimes
qui révoltent la nature, sans donner au criminel des remords
aussi grands que son attentat, sans agiter son âme par des combats touchants et terribles, comme on l'a déjà insinué[1]. Médée,
après avoir tué ses deux enfants, au lieu de se venger de son mari,
qui seul est coupable, s'en va en le raillant.

Vers 13.   Va, bienheureux amant, cajoler ta maîtresse.

Lorsqu'à ces crimes commis de sang-froid on joint une telle
raillerie, c'est le comble de l'atrocité dégoûtante. Il fallait, par un
coup de l'art, intéresser pour Médée s'il était possible : c'eût été
l'effort du génie. Le Tasse intéresse pour Armide, qui est magicienne comme Médée, et qui, comme elle, est abandonnée de
son amant. Et lorsque Quinault fait paraître Médée, il lui fait dire
ces beaux vers :

        Le destin de Médée est d'être criminelle,
        Mais son cœur était fait pour aimer la vertu.

Au reste, il ne sera pas inutile de dire ici aux lecteurs qui ne
savent pas le latin, ou qui n'en lisent guère, que c'est dans la
Médée de Sénèque qu'on trouve cette fameuse prophétie qu'un
jour l'Amérique sera découverte, *venient annis sæcula seris*[2]. Il y en
a une dans le Dante encore plus circonstanciée et plus clairement
exprimée : c'est touchant la découverte des étoiles du pôle antarc-
tique. Il suffirait de ces deux exemples pour prouver que les
poëtes méritent en effet le nom de prophètes, *vates*. Jamais, en
effet, il n'y eut de prédiction mieux accomplie. Si Sénèque avait,
en effet, eu l'Amérique en vue, tout l'art qu'on attribue à *Médée*
n'aurait pas approché du sien.

SCÈNE DERNIÈRE.

Vers 1.   O dieux ! ce char volant, disparu dans la nue,
          La dérobe à sa peine aussi bien qu'à ma vue, etc.

1. Page 196.
2. Voyez les vers de Sénèque, tome XVIII, page 310, et leur traduction,
tome XII, page 358.

Voilà encore un monologue plus froid que tout le reste ; rien n'est plus insipide que de longues horreurs.

EXAMEN DE MÉDÉE

PAR CORNEILLE.

Cette tragédie a été traitée en grec par Euripide, et en latin par Sénèque, etc.

Les amateurs du théâtre qui liront cet examen et les suivants s'apercevront assez que Corneille raisonnait plus qu'il ne sentait, au lieu que Racine sentait plus qu'il ne raisonnait : et au théâtre il faut sentir.

Corneille, dans ses réflexions sur *Médée*, ne touche aucun des points essentiels, qui sont les personnages inutiles, les longueurs, les froides déclamations, le mauvais style, et le comique mêlé à l'horreur.

REMARQUES SUR LE CID

PRÉFACE DU COMMENTATEUR.

Lorsque Corneille donna *le Cid*, les Espagnols avaient sur tous les théâtres de l'Europe la même influence que dans les affaires publiques; leur goût dominait, ainsi que leur politique; et même en Italie, leurs comédies ou leurs tragi-comédies obtenaient la préférence chez une nation qui avait l'*Aminte* et le *Pastor fido*, et qui, étant la première qui eût cultivé les arts, semblait plutôt faite pour donner des lois à la littérature que pour en recevoir.

Il est vrai que dans presque toutes ces tragédies espagnoles il y avait toujours quelques scènes de bouffonneries. Cet usage infecta l'Angleterre. Il n'y a guère de tragédie de Shakespeare où l'on ne trouve des plaisanteries d'hommes grossiers à côté du sublime des héros [1]. A quoi attribuer une mode si extravagante et si honteuse pour l'esprit humain qu'à la coutume des princes mêmes, qui entretenaient toujours des bouffons auprès d'eux? coutume digne de barbares qui sentaient le besoin des plaisirs de l'esprit, et qui étaient incapables d'en avoir; coutume même qui a duré jusqu'à nos temps, lorsqu'on en reconnaissait la turpitude. Jamais ce vice n'avilit la scène française: il se glissa seulement dans nos premiers opéras, qui, n'étant pas des ouvrages réguliers, semblaient permettre cette indécence; mais bientôt l'élégant Quinault purgea l'opéra de cette bassesse.

Quoi qu'il en soit, on se piquait alors de savoir l'espagnol, comme on se fait honneur aujourd'hui de parler français. C'était la langue des cours de Vienne, de Bavière, de Bruxelles, de Naples, et de Milan; la Ligue l'avait introduite en France, et le mariage de Louis XIII avec la fille de Philippe III avait tellement mis l'es-

---

1. On voit que Voltaire tient toujours à montrer aux admirateurs du théâtre anglais qu'imiter Shakespeare, c'est revenir à la barbarie. (G. A.)

pagnol à la mode qu'il était alors presque honteux aux gens de
lettres de l'ignorer. La plupart de nos comédies étaient imitées
du théâtre de Madrid.

Un secrétaire de la reine Marie de Médicis, nommé Chalons,
retiré à Rouen dans sa vieillesse, conseilla à Corneille d'apprendre
l'espagnol, et lui proposa d'abord le sujet du *Cid*. L'Espagne avait
deux tragédies du *Cid :* l'une de Diamante, intitulée *el Honrador
de su padre,* qui était la plus ancienne[1]; l'autre, *el Cid*, de Guillem
de Castro, qui était la plus en vogue. On voyait dans toutes les
deux une infante amoureuse du Cid, et un bouffon, appelé le
valet gracieux, personnages également ridicules; mais tous les
sentiments généreux et tendres dont Corneille a fait un si bel
usage sont dans ces deux originaux.

Je n'avais pu encore déterrer *le Cid* de Diamante, quand je
donnai la première édition des *Commentaires sur Corneille;* je mar-
querai dans celle-ci les principaux endroits qu'il traduisit de cet
auteur espagnol.

C'est une chose à mon avis très-remarquable que, depuis la
renaissance des lettres en Europe, depuis que le théâtre était
cultivé, on n'eût encore rien produit de véritablement intéressant sur la scène, et qui fît verser des larmes, si on en excepte
quelques scènes attendrissantes du *Pastor fido* et du *Cid* espagnol.
Les pièces italiennes du XVIᵉ siècle étaient de belles déclamations
imitées du grec ; mais les déclamations ne touchent point le cœur.
Les pièces espagnoles étaient des tissus d'aventures incroyables :
les Anglais avaient encore pris ce goût. On n'avait point su encore
parler au cœur chez aucune nation. Cinq ou six endroits très-
touchants, mais noyés dans la foule des irrégularités de Guillem
de Castro, furent sentis par Corneille, comme on découvre un
sentier couvert de ronces et d'épines.

Il sut faire du *Cid* espagnol une pièce moins irrégulière et non
moins touchante. Le sujet du *Cid* est le mariage de Rodrigue avec

---

1. C'est là une des plus grosses erreurs de Voltaire. Corneille, quoi qu'en aient
dit Voltaire, Laharpe et Sismondi, et comme le fait remarquer M. Hippolyte Lucas
dans son *Histoire du théâtre français,* n'a pu avoir connaissance de la pièce de Juan-
Baptiste Diamante, *el Honrador de su padre* (Celui qui honore son père), puisque
cette pièce n'a paru que vingt-deux ans après son *Cid,* dont elle n'est qu'une
contrefaçon à la mode espagnole, en y ajoutant quelques scènes de Guillem de
Castro, et l'élément comique de plus. Mais Voltaire est excusable de son erreur,
car l'acte de naissance de Diamante n'a été découvert que de nos jours. Diamante
est né en 1626; il n'avait que dix ans lors de la première représentation du *Cid*
(1636). Il ne faut donc tenir aucun compte des remarques de Voltaire sur l'œuvre
de Diamante, qu'il tient pour originale. (G. A.)

Chimène. Ce mariage est un point d'histoire presque aussi célèbre
en Espagne que celui d'Andromaque avec Pyrrhus chez les Grecs;
et c'était en cela même que consistait une grande partie de l'intérêt de la pièce. L'authenticité de l'histoire rendait tolérable aux
spectateurs un dénoûment qu'il n'aurait pas été peut-être permis
de feindre ; et l'amour de Chimène, qui eût été odieux s'il n'avait
commencé qu'après la mort de son père, devenait aussi touchant
qu'excusable, puisqu'elle aimait déjà Rodrigue avant cette mort,
et par l'ordre de son père même.

On ne connaissait point encore, avant *le Cid* de Corneille, ce
combat des passions qui déchire le cœur, et devant lequel toutes
les autres beautés de l'art ne sont que des beautés inanimées.
On sait quel succès eut *le Cid*, et quel enthousiasme il produisit
dans la nation. On sait aussi les contradictions et les dégoûts
qu'essuya Corneille.

Il était, comme on sait, un des cinq auteurs qui travaillaient
aux pièces du cardinal de Richelieu. Ces cinq auteurs étaient
Rotrou, L'Estoile, Colletet, Boisrobert, et Corneille, admis le
dernier dans cette société. Il n'avait trouvé d'amitié et d'estime
que dans Rotrou, qui sentait son mérite ; les autres n'en avaient
pas assez pour lui rendre justice. Scudéri écrivait contre lui avec
le fiel de la jalousie humiliée, et avec le ton de la supériorité. Un
Claveret, qui avait fait une comédie intitulée *la Place royale*, sur
le même sujet que Corneille, se répandit en invectives grossières.
Mairet lui-même s'avilit jusqu'à écrire contre Corneille avec la
même amertume. Mais ce qui l'affligea, et ce qui pouvait priver
la France des chefs-d'œuvre dont il l'enrichit depuis, ce fut de
voir le cardinal, son protecteur, se mettre avec chaleur à la tête
de tous ses ennemis.

Le cardinal, à la fin de 1635, un an avant les représentations
du *Cid*, avait donné dans le Palais-Cardinal, aujourd'hui le Palais-
Royal, la *Comédie des Tuileries*, dont il avait arrangé lui-même
toutes les scènes. Corneille, plus docile à son génie que souple
aux volontés d'un premier ministre, crut devoir changer quelque
chose dans le troisième acte qui lui fut confié. Cette liberté estimable fut envenimée par deux de ses confrères, et déplut beaucoup au cardinal, qui lui dit *qu'il fallait avoir un esprit de suite*. Il
entendait par esprit de suite la soumission qui suit aveuglément
les ordres d'un supérieur. Cette anecdote était fort connue chez
les derniers princes de la maison de Vendôme, petits-fils de
César de Vendôme, qui avait assisté à la représentation de cette
pièce du cardinal.

Le premier ministre vit donc les défauts du *Cid* avec les yeux d'un homme mécontent de l'auteur, et ses yeux se fermèrent trop sur les beautés. Il était si entier dans son sentiment que, quand on lui apporta les premières esquisses du travail de l'Académie sur *le Cid*, et quand il vit que l'Académie, avec un ménagement aussi poli qu'encourageant pour les arts et pour le grand Corneille, comparait les contestations présentes à celles que *la Jérusalem délivrée* et le *Pastor fido* avaient fait naître, il mit en marge, de sa main : « L'applaudissement et le blâme du *Cid* n'est qu'entre les doctes et les ignorants, au lieu que les contestations sur les deux autres pièces ont été entre les gens d'esprit. »

Qu'il me soit permis de hasarder une réflexion. Je crois que le cardinal de Richelieu avait raison, en ne considérant que les irrégularités de la pièce, l'inutilité et l'inconvenance du rôle de l'infante, le rôle faible du roi, le rôle encore plus faible de don Sanche, et quelques autres défauts. Son grand sens lui faisait voir clairement toutes ces fautes, et c'est en quoi il me paraît plus qu'excusable.

Je ne sais s'il était possible qu'un homme occupé des intérêts de l'Europe, des factions de la France, et des intrigues plus épineuses de la cour, un cœur ulcéré par les ingratitudes, et endurci par les vengeances, sentît le charme des scènes de Rodrigue et de Chimène. Il voyait que Rodrigue avait très-grand tort d'aller chez sa maîtresse après avoir tué son père, et, quand on est trop fortement choqué de voir ensemble deux personnes qu'on croit ne devoir pas se chercher, on peut n'être pas ému de ce qu'elles disent.

Je suis donc persuadé que le cardinal de Richelieu était de bonne foi. Remarquons encore que cette âme altière, qui voulait absolument que l'Académie condamnât *le Cid*, continua sa faveur à l'auteur, et que même Corneille eut le malheureux avantage de travailler, deux ans après, à *l'Aveugle de Smyrne*, tragi-comédie des cinq auteurs, dont le canevas était encore du premier ministre.

Il y a une scène de baisers dans cette pièce, et l'auteur du canevas avait reproché à Chimène un amour toujours combattu par son devoir. Il est à croire que le cardinal de Richelieu n'avait pas ordonné cette scène, et qu'il fut plus indulgent envers Colletet, qui la fit, qu'il ne l'avait été envers Corneille.

Quant au jugement que l'Académie fut obligée de prononcer entre Corneille et Scudéri, et qu'elle intitula modestement *Sentiments de l'Académie sur le Cid*, j'ose dire que jamais on ne s'est conduit avec plus de noblesse, de politesse et de prudence, et que jamais on n'a jugé avec plus de goût. Rien n'était plus noble que de rendre justice aux beautés du *Cid,* malgré la volonté décidée du maitre du royaume[1].

La politesse avec laquelle elle reprend les défauts est égale à celle du style, et il y eut une très-grande prudence à se conduire de façon que ni le cardinal de Richelieu, ni Corneille, ni même Scudéri, n'eurent au fond sujet de se plaindre.

Je prendrai la liberté de faire quelques notes sur le jugement de l'Académie comme sur la pièce; mais je crois devoir les prévenir ici par une seule, c'est sur ces paroles de l'Académie : *encore qu&le sujet du Cid ne soit pas bon.* Je crois que l'Académie entendait que le mariage, ou du moins la promesse de mariage entre le meurtrier et la fille du mort, n'est pas un bon sujet pour une pièce morale, que nos bienséances en sont blessées. Cet aveu de ce corps éclairé satisfaisait à la fois la raison et le cardinal de Richelieu, qui croyait le sujet défectueux. Mais l'Académie n'a pas prétendu que le sujet ne fût pas très-intéressant et très-tragique, et quand on songe que ce mariage est un point d'histoire célèbre, on ne peut que louer Corneille d'avoir réduit ce mariage à une simple promesse d'épouser Chimène : c'est en quoi il me semble que Corneille a observé les bienséances beaucoup plus que ne le pensaient ceux qui n'étaient pas instruits de l'histoire.

La conduite de l'Académie, composée de gens de lettres, est d'autant plus remarquable que le déchaînement de presque tous les auteurs était plus violent ; c'est une chose curieuse de voir comme il est traité dans la Lettre sous le nom d'Ariste.

Pauvre esprit qui, voulant paraitre admirable à chacun, se rend ridicule à tout le monde, et qui, le plus ingrat des hommes, n'a jamais reconnu les obligations qu'il a à Sénèque et à Guillem de Castro, à l'un desquels il est redevable de son *Cid,* et à l'autre de sa *Médée.* Il reste maintenant à parler de ses autres pièces qui peuvent passer pour farces, et dont les titres seuls faisaient rire autrefois les plus sages et les plus sérieux; il a fait voir une *Mélite, la Galerie du Palais* et *la Place Royale :* ce qui nous faisait espérer que Mondory annoncerait bientôt le Cimetière de Saint-Jean, la Samaritaine.

---

1. M. Hippolyte Lucas dit que Voltaire a trop loué dans son *Commentaire* la modération du manifeste de l'Académie contre Corneille. Il n'a pas remarqué que le *Commentaire* était soumis par l'auteur au jugement de l'Académie elle-même, et qu'il ne pouvait, en conséquence, se prononcer contre les sentiments qu'elle avait exprimés sur *le Cid.* Tout ce qu'il y avait à faire, c'était de tàcher d'excuser l'Académie, et c'est ce que fit Voltaire. (G. A.)

et la Place aux veaux[1]. L'humeur vile de cet auteur, et la bassesse de son âme, etc.

On voit, par cet échantillon de plus de cent brochures faites contre Corneille, qu'il y avait, comme aujourd'hui, un certain nombre d'hommes que le mérite d'autrui rend si furieux qu'ils ne connaissent plus ni raison ni bienséance. C'est une espèce de rage qui attaque les petits auteurs, et surtout ceux qui n'ont point eu d'éducation. Dans une pièce de vers contre lui, on fit parler ainsi Guillem de Castro :

> Donc, fier de mon plumage, en corneille d'Horace,
> Ne prétends plus voler plus haut que le Parnasse.
> Ingrat, rends-moi mon Cid jusques au dernier mot;
> Après tu connaîtras, corneille déplumée,
> Que l'esprit le plus vain est souvent le plus sot,
> Et qu'enfin tu me dois toute ta renommée.

Mairet, l'auteur de la *Sophonisbe*, qui avait au moins la gloire d'avoir fait la première pièce régulière que nous eussions en France, sembla perdre cette gloire en écrivant contre Corneille des personnalités odieuses. Il faut avouer que Corneille répondit très-aigrement à tous ses ennemis. La querelle même alla si loin entre lui et Mairet que le cardinal de Richelieu interposa entre eux son autorité. Voici ce qu'il fit écrire à Mairet par l'abbé de Boisrobert :

A Charonne, 5 octobre 1637.

Vous lirez le reste de ma lettre comme un ordre que je vous envoie par le commandement de Son Éminence. Je ne vous célerai pas qu'elle s'est fait lire, avec un plaisir extrême, tout ce qui s'est fait sur le sujet du *Cid*, et particulièrement une lettre qu'elle a vue de vous lui a plu jusqu'à tel point qu'elle lui a fait naître l'envie de voir tout le reste. Tant qu'elle n'a connu dans les écrits des uns et des autres que des contestations d'esprit agréables et des railleries innocentes, je vous avoue qu'elle a pris bonne part au divertissement; mais quand elle a reconnu que dans ces contestations naissaient enfin des injures, des outrages, et des menaces, elle a pris aussitôt la résolution d'en arrêter le cours. Pour cet effet, quoiqu'elle n'ait point vu le libelle que vous attribuez à M. Corneille, présupposant, par votre réponse, que je lui lus hier au soir, qu'il devait être l'agresseur, elle m'a commandé de lui remontrer le tort qu'il se faisait, et de lui défendre de sa part de ne

---

1. Il est vrai que ces comédies de Corneille sont très-mauvaises; mais il n'est pas moins vrai qu'elles valaient mieux que toutes celles qu'on avait faites jusqu'alors en France. (*Note de Voltaire.*)

plus faire de réponse, s'il ne voulait lui déplaire; mais d'ailleurs, craignant que des tacites menaces que vous lui faites, vous, ou quelqu'un de vos amis, n'en viennent aux effets, qui tireraient des suites ruineuses à l'un et à l'autre, elle m'a commandé de vous écrire que, si vous voulez avoir la continuation de ses bonnes grâces, vous mettiez toutes vos injures sous le pied, et ne vous souveniez plus que de votre ancienne amitié, que j'ai charge de renouveler sur la table de ma chambre, à Paris, quand vous serez tous rassemblés. Jusqu'ici j'ai parlé par la bouche de Son Éminence; mais, pour vous dire ingénument ce que je pense de toutes vos procédures, j'estime que vous avez suffisamment puni le pauvre M. Corneille de ses vanités, et que ses faibles défenses ne demandaient pas des armes si fortes et si pénétrantes que les vôtres : vous verrez un de ces jours son *Cid* assez malmené par les sentiments de l'Académie.

L'Académie trompa les espérances de Boisrobert. On voit évidemment, par cette lettre, que le cardinal de Richelieu voulait humilier Corneille, mais qu'en qualité de premier ministre il ne voulait pas qu'une dispute littéraire dégénérât en querelle personnelle.

Pour laver la France du reproche que les étrangers pourraient lui faire, que *le Cid* n'attira à son auteur que des injures et des dégoûts, je joindrai ici une partie de la lettre que le célèbre Balzac écrivait à Scudéri, en réponse à la critique du *Cid*, que Scudéri lui avait envoyée :

Considérez néanmoins, monsieur, que toute la France entre en cause avec lui, et que peut-être il n'y a pas un des juges dont vous êtes convenus ensemble qui n'ait loué ce que vous désirez qu'il condamne : de sorte que, quand vos arguments seraient invincibles, et que votre adversaire y acquiescerait, il y aurait toujours de quoi se consoler glorieusement de la perte de son procès, et vous dire que c'est quelque chose de plus d'avoir satisfait tout un royaume que d'avoir fait une pièce régulière. Il n'y a point d'architecte d'Italie qui ne trouve des défauts à la structure de Fontainebleau, et qui ne l'appelle un monstre de pierre; ce monstre, néanmoins, est la belle demeure des rois, et la cour y loge commodément. Il y a des beautés parfaites qui sont effacées par d'autres beautés qui ont plus d'agrément et moins de perfection; et, parce que l'acquis n'est pas si noble que le naturel, ni le travail des hommes que les dons du ciel, on vous pourrait encore dire que savoir l'art de plaire ne vaut pas tant que savoir plaire sans art. Aristote blâme *la Fleur* d'Agathon, quoiqu'il dît qu'elle fût agréable; et l'*Œdipe* peut-être n'agréait pas, quoique Aristote l'approuve. Or, s'il est vrai que la satisfaction des spectateurs soit la fin que se proposent les spectacles, et que les maîtres mêmes du métier aient quelquefois appelé de César au peuple, *le Cid* du poëte français ayant plu aussi bien que *la Fleur* du poëte grec, ne serait-il point vrai qu'il a obtenu la fin de la représentation, et qu'il est arrivé à son but, encore que ce ne soit pas par le chemin d'Aristote, ni par les adresses de sa *Poétique?* Mais vous dites, monsieur, qu'il a ébloui les yeux du monde, et vous l'accusez de charme et d'enchantement : je connais beaucoup de gens qui feraient vanité d'une telle accusation, et vous me confesserez vous-même que si la magie était une chose permise ce serait une chose excellente. Ce serait, à vrai dire, une belle chose de pouvoir faire des prodiges innocemment, de faire voir le soleil quand il est nuit, d'apprêter des festins sans viandes ni officiers, de changer en pistoles les feuilles de chêne, et le verre en diamants. C'est ce que vous reprochez à l'auteur du *Cid,* qui, vous avouant qu'il a violé les règles de l'art, vous oblige de lui avouer qu'il a un secret, qu'il a mieux réussi que l'art même; et, ne vous niant pas qu'il a trompé toute la cour et tout le peuple, ne vous laisse conclure de là, sinon qu'il est plus fin que toute la cour et tout le peuple, et que la tromperie qui s'étend à un si grand nombre de personnes est moins une fraude qu'une conquête. Cela étant, monsieur, je ne doute point que messieurs de l'Académie ne se trouvent bien empêchés dans le jugement de votre procès; et que, d'un côté, vos raisons ne les ébranlent, et, de l'autre, l'approbation publique ne les retienne. Je serais en la même peine si j'étais en la même délibération, et si, de bonne fortune, je ne venais de trouver votre arrêt dans les registres de l'antiquité. Il a été prononcé, il y a plus de quinze cents ans, par un philosophe de la famille stoïque; mais un philosophe dont la dureté n'était pas impénétrable à la joie, de qui il nous reste des jeux et des tragédies, qui vivait sous le règne d'un empereur poëte et comédien, au siècle des vers et de la musique. Voici les termes de cet authentique arrêt, et je vous les laisse interpréter à vos dames, pour lesquelles vous avez bien entrepris une plus longue et plus difficile traduction : *Illud multum est primo aspectu oculos occupasse, etiamsi contemplatio diligens inventura est quod arguat. Si me interrogas, major ille est qui judicium abstulit, quam qui meruit.* Votre adversaire y trouve son compte par ce favorable mot de *major est;* et vous avez aussi ce que vous pouvez désirer, ne désirant rien, à mon avis, que de prouver que *judicium abstulit.* Ainsi vous l'emportez dans le cabinet, et il a gagné au théâtre. Si *le Cid* est coupable, c'est d'un crime qui a eu récompense; s'il est puni, ce sera après avoir triomphé; s'il faut que Platon le bannisse de sa république, il faut qu'il le couronne de fleurs en le bannissant, et ne le traite point plus mal qu'il a traité autrefois Homère. Si Aristote trouve quelque chose à désirer en sa conduite, il doit le laisser jouir de sa bonne fortune, et ne pas condamner un dessein que le succès a justifié. Vous êtes trop bon pour en vouloir davantage : vous savez qu'on apporte souvent du tempérament aux lois, et que l'équité conserve ce que la justice pourrait ruiner. N'insistez point sur cette exacte et rigoureuse justice. Ne vous attachez point avec tant de scrupule à la souveraine raison : qui voudrait la contenter et satisfaire à sa régularité serait obligé de lui bâtir un plus beau monde que celui-ci; il faudrait lui faire une nouvelle nature des choses, et lui aller chercher des idées au-dessus du ciel. Je parle, monsieur, pour mon intérêt : si vous la croyez, vous ne trouverez rien qui mérite d'être aimé, et par conséquent je suis en hasard de perdre vos bonnes grâces, bien qu'elles me soient extrêmement chères, et que je sois passionnément, monsieur, votre, etc.

C'est ainsi que Balzac, retiré du monde et plus impartial qu'un autre, écrivait à Scudéri, son ami, et osait lui dire la vérité. Balzac, tout ampoulé qu'il était dans ses lettres, avait beaucoup d'érudition et de goût, connaissait l'éloquence des vers, et avait introduit en France celle de la prose. Il rendit justice aux beautés du *Cid*, et ce témoignage fait honneur à Balzac et à Corneille.

DÉDICACE DE LA TRAGÉDIE DU CID

A MADAME LA DUCHESSE D'AIGUILLON, ETC.

Marie-Magdeleine de Vignerod, fille de la sœur du cardinal et de René de Vignerod, seigneur de Pont-Courley. Elle épousa le marquis du Roure de Combalet, et fut dame d'atours de la reine; elle fut duchesse d'Aiguillon, de son chef, sur la fin de 1637.
Cette épître dédicatoire lui fut adressée au commencement de 1637; elle y est nommée Mme de Combalet; et dans l'édition de 1638[1], on voit le nom de Mme la duchesse d'Aiguillon.

Votre générosité ne dédaigne pas d'employer, en faveur des ouvrages qui vous agréent,... ce grand crédit, etc.

La duchesse d'Aiguillon avait un très-grand crédit en effet sur son oncle le cardinal, et sans elle Corneille aurait été entièrement disgracié : il le fait assez entendre par ces paroles. Ses ennemis acharnés l'avaient peint comme un esprit altier qui bravait le premier ministre, et qui confondait, dans un mépris général, leurs ouvrages et le goût de celui qui les protégeait. La duchesse d'Aiguillon rendit, dans cette affaire, un aussi grand service à son oncle qu'à Corneille : elle lui sauva, dans la postérité, la honte de passer pour l'approbateur de Colletet et l'ennemi du *Cid* et de *Cinna*.

1. Les éditions de 1637, 1638, 1639, 1644, 1654, 1666, sont toutes dédiées à Mme de Combalet.

FRAGMENT DE L'HISTORIEN MARIANA

ALLÉGUÉ PAR CORNEILLE

DANS L'AVERTISSEMENT QUI PRÉCÈDE LA TRAGÉDIE DU CID.

Mariana. Livre IV *de la Historia de España;* ch. L.

Avia pocos dias antes hecho campo con D. Gomez conde de Gormaz. Ven-
ció le, y dióle la muerte. Lo que resultó de este caso, fue que casó con doña
Ximena, hija y heredera del mismo conde. Ella misma requirió al rey que
se le diesse por marido (ya estaba muy prendada de sus partes), ó le casti-
gasse conforme á las leyes, por la muerte que dió á su padre[1]. Hizóse el
casamiento, que á todos estaba á cuento con el qual por el gran dote de su
esposa, que se allegó al estado que él tenia de su padre, se aumentó en poder
y riquezas.

PERSONNAGES, ETC.

La scène est à Séville.

Remarquez que la scène est tantôt au palais du roi, tantôt
dans la maison du comte de Gormaz, tantôt dans la ville; mais,
comme je le dis ailleurs[2], l'unité de lieu serait observée aux yeux
des spectateurs si on avait eu des théâtres dignes de Corneille,
semblables à celui de Vicence, qui représente une ville, un palais,
des rues, une place, etc. : car cette unité ne consiste pas à représenter toute l'action dans un cabinet, dans une chambre, mais
dans plusieurs endroits contigus que l'œil puisse apercevoir sans
peine.

----

1. Ces paroles de Mariana suffisent pour justifier Corneille : « Chimène
demanda au roi qu'il fît punir le Cid selon les lois, ou qu'il le lui donnât pour
époux. »
On voit combien la vérité historique est adoucie dans la tragédie. (*Note de
Voltaire.*)
2. Dans les remarques sur *Cinna*, acte II, scène Ire.

ACTE PREMIER.

SCÈNE I[1].

LE COMTE, ELVIRE.

ELVIRE.

Entre tous ces amants dont la jeune ferveur [2]
Adore votre fille et brigue ma faveur,
Don Rodrigue et don Sanche à l'envi font paraître
Le beau feu qu'en leurs cœurs ses beautés ont fait naître.
Ce n'est pas que Chimène écoute leurs soupirs,
Ou d'un regard propice anime leurs désirs;
Au contraire, pour tous dedans [3] l'indifférence,
Elle n'ôte à pas un ni donne l'espérance;
Et sans les voir d'un œil trop sévère ou trop doux,
C'est de votre seul choix qu'elle attend un époux.

LE COMTE.

Elle est dans le devoir; tous deux sont dignes d'elle,
Tous deux formés d'un sang noble, vaillant, fidèle,
Jeunes, mais qui font lire aisément dans leurs yeux
L'éclatante vertu de leurs braves aïeux.
Don Rodrigue surtout n'a trait en son visage
Qui d'un homme de cœur ne soit la haute image,
Et sort d'une maison si féconde en guerriers
Qu'ils y prennent naissance au milieu des lauriers :

---

1. *N. B.* Ces deux premières scènes ne se trouvant pas dans plusieurs éditions de Corneille, on les donne ici entières avec les remarques. (*Note de Voltaire.*)

2. *La jeune ferveur.* Scudéri dit que c'est parler français en allemand, de donner de la jeunesse à la *ferveur.* L'Académie réprouve le mot de *ferveur,* qui n'est admis que dans le langage de la dévotion ; mais elle approuve l'épithète *jeune.*

S'il est permis d'ajouter quelque chose à la décision de l'Académie, je dirai que le mot *jeune* convient très-bien aux passions de la jeunesse. On dira bien *leurs jeunes amours,* mais non pas *leur jeune colère, ma jeune haine* : pourquoi? parce que la colère, la haine, appartiennent autant à l'âge mûr, et que l'amour est plus le partage de la jeunesse. (*Id.*)

3.   *Au contraire, pour tous* dedans *l'indifférence.*

Dedans n'est ni censuré par Scudéri, ni remarqué par l'Académie ; la langue n'était pas alors entièrement épurée. On n'avait pas songé que *dedans* est un adverbe : *Il est dans la chambre, il est hors de la chambre. Êtes-vous dedans? êtes-vous dehors? (Id.)*

La valeur de son père en son temps sans pareille,
Tant qu'a duré sa force, a passé pour merveille[1],
Ses rides sur son front[2] ont gravé ses exploits,
Et nous disent encor ce qu'il fut autrefois.
Je me promets du fils ce que j'ai vu du père;
Et ma fille, en un mot, peut l'aimer et me plaire.
Va l'en entretenir; mais dans cet entretien
Cache mon sentiment et découvre le sien.
Je veux qu'à mon retour nous en parlions ensemble :
L'heure à présent m'appelle au conseil qui s'assemble ;
Le roi doit à son fils choisir un gouverneur,
Ou plutôt m'élever à ce haut rang d'honneur.
Ce que pour lui mon bras chaque jour exécute
Me défend de penser qu'aucun me le dispute[3].

SCÈNE II.

CHIMÈNE, ELVIRE.

ELVIRE, à part.

Quelle douce nouvelle à ces jeunes amants!
Et que tout se dispose à leurs contentements!

CHIMÈNE.

Eh bien ! Elvire, enfin, que faut-il que j'espère[4] ?
Que dois-je devenir? et que t'a dit mon père?

---

1.   Tant qu'a duré sa force, a passé pour merveille.

A passé pour merveille a été excusé par l'Académie; aujourd'hui cette expression ne passerait point : elle est commune, froide et lâche. Les premiers qui écrivirent purement, Racine et Boileau, ont proscrit tous ces termes de *merveille, de sans pareille, sans seconde, miracle de nos jours, soleil, etc.;* et plus la poésie est devenue difficile, plus elle est belle. (*Note de Voltaire.*)

2. *Ses rides sur son front.* Voyez le jugement de l'Académie, auquel nous renvoyons pour la plupart des vers qu'elle a censurés ou justifiés.

Racine se moqua de ce vers dans la farce des *Plaideurs;* il y dit d'un vieux huissier (acte Ier, scène v) :

Ses rides sur son front gravaient tous ses exploits.

Cette plaisanterie ne plut point du tout à l'auteur du *Cid.* (*Id.*)

3.   Me défend de penser qu'aucun me le dispute.

Vous voyez que ces deux derniers vers sont le fondement de la querelle qui doit suivre ; et qu'ainsi on fait très-mal de commencer aujourd'hui la pièce par la querelle imprévue du comte et de don Diègue. (*Id.*)

4. Corneille, fatigué de toutes les critiques qu'on faisait du *Cid,* et ne sachant

ELVIRE.

Deux mots dont tous vos sens doivent être charmés :
Il estime Rodrigue autant que vous l'aimez.

CHIMÈNE.

L'excès de ce bonheur me met en défiance.
Puis-je à de tels discours donner quelque croyance?

ELVIRE.

Il passe bien plus outre; il approuve ses feux,
Et vous doit commander de répondre à ses vœux.
Jugez, après cela, puisque tantôt son père
Au sortir du conseil doit proposer l'affaire [1],
S'il pouvoit avoir lieu de mieux prendre son temps,
Et si tous vos désirs seront bientôt contents.

CHIMÈNE.

Il semble toutefois que mon âme troublée
Refuse cette joie, et s'en trouve accablée.
Un moment donne au sort des visages divers [2];
Et dans ce grand bonheur je crains un grand revers.

ELVIRE.

Vous verrez votre crainte heureusement déçue.

CHIMÈNE.

Allons, quoi qu'il en soit, en attendre l'issue.

plus à qui entendre, changea tout ce commencement en 1664. La pièce commençait ainsi :

Elvire, m'as-tu fait un rapport bien sincère?
Ne me déguise rien de ce qu'a dit mon père.

Il me semble que, dans les deux premières scènes, la pièce est beaucoup mieux annoncée, l'amour de Chimène plus développé, le caractère du comte de Gormaz déjà annoncé; et qu'enfin, malgré tous les défauts qu'on reprochait à Corneille, il eût encore mieux valu laisser la tragédie comme elle était que d'y faire ces faibles changements : c'était l'amour de l'infante qu'il devait retrancher; c'étaient les fautes dans le détail qu'il eût fallu corriger. (*Note de Voltaire.*)

1. *Proposer l'affaire* est encore du style comique; nous observons que *le Cid* fut donné d'abord sous le titre de tragi-comédie. (*Id.*)

2. Ces pressentiments réussissent presque toujours. On craint avec le personnage auquel on commence à s'intéresser; mais il faudrait peut-être une autre cause à ce pressentiment que le lieu commun des changements du sort, et une autre expression que les *visages divers*. Ce morceau est traduit de Diamante :

El alma indecisa
Teme llegar á anegarse
En ese profundo abismo
De gloria, y felicidades.
Que en un dia, en un momento,
Muda el hado de semblante,
Y despues de una fortuna,
Suele llegar un desastre.   (*Id.*)

— Il faut dire : Ce morceau a été traduit par Diamante.

SCÈNE III.

UN PAGE.

C'est ici un défaut intolérable pour nous. La scène reste vide;
les scènes ne sont point liées; l'action est interrompue. Pourquoi
les acteurs précédents s'en vont-ils? Pourquoi ces nouveaux
acteurs viennent-ils? Comment l'un peut-il s'en aller et l'autre
arriver sans se voir? Comment Chimène peut-elle voir l'infante
sans la saluer? Ce grand défaut était commun à toute l'Europe,
et les Français seuls s'en sont corrigés. Plus il est difficile de lier
toutes les scènes, plus cette difficulté vaincue a de mérite; mais
il ne faut pas la surmonter aux dépens de la vraisemblance et
de l'intérêt. C'est un des secrets de ce grand art de la tragédie,
inconnu encore à la plupart de ceux qui l'exercent. Non-seulement on a retranché cette scène de l'infante, mais on a supprimé
tout son rôle, et Corneille ne s'était permis cette faute insupportable que pour remplir l'étendue malheureusement prescrite à
une tragédie. Il vaut mieux la faire beaucoup trop courte : un
rôle superflu la rend toujours trop longue.

Vers 5.   Et je vous vois pensive et triste chaque jour,
           Demander avec soin comme va son amour[1].

Voilà une nouvelle excuse du titre de tragi-comédie; *comme
va son amour!* Qu'auraient dit les Grecs, du temps de Sophocle,
à une telle demande? Nous ne ferons point de remarque sur les
défauts de ce rôle, qu'on a retranché entièrement.

SCÈNE IV.

Vers 1.   Enfin vous l'emportez, et la faveur du roi
           Vous élève en un rang qui n'étoit dû qu'à moi.

La dureté, l'impolitesse, les rodomontades[2] du comte, sont, à
la vérité, intolérables; mais songez qu'il est puni.

N. B. Aujourd'hui, quand les comédiens représentent cette
pièce, ils commencent par cette scène. Il paraît qu'ils ont très-

---

1. L'édition de 1664 porte :

       Et dans son entretien je vous vois chaque jour
       Demander en quel point se trouve son amour.

2. Voyez tome XIX, page 47.

grand tort : car peut-on s'intéresser à la querelle du comte et de
don Diègue, si on n'est pas instruit des amours de leurs enfants?
L'affront que Gormaz fait à don Diègue est un coup de théâtre
quand on espère qu'ils vont conclure le mariage de Chimène
avec Rodrigue. Ce n'est point jouer *le Cid*, c'est insulter son auteur que de le tronquer ainsi[1]. On ne devrait pas permettre aux
comédiens d'altérer ainsi les ouvrages qu'ils représentent.

Dans *le Cid* de Diamante, le roi donne la place de gouverneur
de son fils, en présence du comte, et cela est encore plus théâtral. Le théâtre ne reste point vide. Il semble que Corneille aurait
dû plutôt imiter Diamante que Castro dans cette intelligence du
théâtre[2].

Au reste, dans les deux pièces espagnoles, le comte de Gormaz
donne un soufflet à don Diègue ; ce soufflet était essentiel.

Les deux pères disent à peu près les mêmes choses dans ces
deux scènes et dans les suivantes. Castro, qui vint après Diamante, ne fit point difficulté de prendre plusieurs pensées chez
son prédécesseur, dont la pièce était presque oubliée. A plus forte
raison Corneille fut en droit d'imiter les deux poëtes espagnols,
et d'enrichir sa langue des beautés d'une langue étrangère.

Vers 7.   Pour grands que soient les rois, ils sont ce que nous sommes.

Cette phrase a vieilli ; elle était fort bonne alors : il est honteux pour l'esprit humain que la même expression soit bonne en
un temps, et mauvaise en un autre. On dirait aujourd'hui : *tout
grands que sont les rois; quelque grands que soient les rois.*

Vers 17.   Rodrigue aime Chimène, et ce digne sujet
             De ses affections est le plus cher objet[3].

Ce digne sujet ne se dirait pas aujourd'hui ; mais alors c'était
une expression très-reçue : *monsieur* ne se dirait pas non plus
dans une tragédie. *Mettre une vanité au cœur* serait une mauvaise
façon de parler.

1. « C'est Jean-Baptiste Rousseau qui fit ce changement, et qui supprima le
rôle de l'infante », dit Palissot. On a, dans ces derniers temps, rétabli le nom de
l'infante à la Comédie-Française.
2. Encore une fois, ce n'est pas Corneille, mais Diamante, qui est l'imitateur.
Nous ne le répéterons plus.
3. L'édition de 1664 porte :

> Vous n'avez qu'une fille, et moi je n'ai qu'un fils ;
> Leur hymen peut nous rendre à jamais plus qu'amis :
> Faites-nous cette grâce, et l'acceptez pour gendre.

Vers 20.   A de plus hauts partis Rodrigue doit prétendre.

Dans l'édition de 1637 il y a : *A de plus hauts partis ce beau fils doit prétendre.* Vous pouvez juger, par ce seul trait, de l'état où était alors notre langue. Un mélange de termes familiers et nobles défigurait tous les ouvrages sérieux. C'est Boileau qui, le premier, enseigna l'art de parler toujours convenablement : et Racine est le premier qui ait employé cet art sur la scène.

Vers 35.   Pour s'instruire d'exemple, en dépit de l'envie,
           Il lira seulement l'histoire de ma vie.

> De mis hazañas escritas
> Daré al principe un traslado.
> Y aprenderá en lo que hice,
> Si no aprende en lo que hago.

Vers 55.   Loin des froides leçons qu'à mon bras on préfère,
           Il apprendroit à vaincre en me regardant faire[1].

> Podra dalle exemplo,
> Como mil vezes le hago.

Vers 57.   Vous me parlez en vain de ce que je connoi[2].

On prononçait alors *connoi* comme on l'écrivait, et on le faisait rimer avec *moi, toi.* Aujourd'hui on prononce *connais,* et cependant l'usage a prévalu d'écrire *connois*: c'est une inconséquence, ou je suis fort trompé, d'écrire d'une façon et de prononcer d'une autre. Quel étranger pourra deviner qu'on écrit *paon,* la ville de *Caen,* et qu'on prononce *pan,* la ville de *Can?* Il serait à souhaiter qu'on nous délivrât de cette contradiction, autant que l'étymologie des mots pourra le permettre. On s'est déjà aperçu combien il est ridicule d'écrire de la même manière les *François* qu'on prononce *Français,* et saint *François* qu'on prononce *François.* Comment un étranger, en lisant *anglois* et *danois,* devinera-t-il qu'on prononce *danois* avec un *o,* et *anglais* avec un *a?* Mais il faut du temps pour détruire un abus introduit par le temps.

---

1. On lit dans l'édition de 1664 :

> Il apprendroit à vaincre en me regardant faire ;
> Et pour répondre en hâte à son grand caractère,
> Il verroit...

2. Ce vers n'existe pas dans l'édition de 1664.

Vers 73.   Et par là cet honneur n'étoit dû qu'à mon bras.

> Yo lo merezco
> Tambien como tú, y mejor.

Vers 75.   . . . . Ton impudence,
   Téméraire vieillard, aura sa récompense.

On ne donnerait pas aujourd'hui un soufflet sur la joue d'un héros. Les acteurs mêmes sont très-embarrassés à donner ce soufflet : ils font le semblant. Cela n'est plus même souffert dans la comédie, et c'est le seul exemple qu'on en ait sur le théâtre tragique. Il est à croire que c'est une des raisons qui firent intituler *le Cid, tragi-comédie.* Presque toutes les pièces de Scudéri et de Boisrobert avaient été des tragi-comédies. On avait cru longtemps en France qu'on ne pouvait supporter le tragique continu sans mélange d'aucune familiarité. Le mot de *tragi-comédie* est très-ancien : Plante l'emploie pour désigner son *Amphitryon,* parce que si l'aventure de Sosie est comique, Amphitryon est très-sérieusement affligé[1].

Vers 87.   Épargnes-tu mon sang ? — Mon âme est satisfaite,
   Et mes yeux à ma main reprochent ta défaite.
   — Tu dédaignes ma vie ! — En arrêter le cours
   Ne seroit que hâter la Parque de trois jours.

On a retranché ces quatre vers dans les éditions suivantes[2]. Dans la pièce de Diamante, le comte dit à don Diègue : *Vale.*

SCÈNE V.

Vers 15.   Comte, sois de mon prince à présent gouverneur, etc.

> Llamadle, llamad al conde,
> Que venga á exercer el cargo,
> De ayo de vuestro hijo,
> Que podrá mas bien honrarlo,
> Pues que yo sin honra quedo.

Vers 25.   Si Rodrigue est mon fils, il faut que l'amour cède,
   Et qu'une ardeur plus haute à ses flammes succède.

---

1. Plaute, dans le prologue de son *Amphitryon,* dit avoir donné le titre de tragi-comédie à sa pièce parce qu'il y introduit des dieux et des rois, personnages plus élevés que ceux qui paraissent ordinairement dans la comédie.

2. Voltaire avait commencé son travail sur l'édition de 1644 ; et c'est à elle que se rapporte l'expression d'*éditions suivantes.* Ces vers en effet ne sont plus dans l'édition de 1664.

> Mon honneur est le sien, et le mortel affront
> Qui tombe sur mon chef rejaillit sur son front.

On a retranché ces quatre vers comme superflus. Une *ardeur plus haute* était mal ; une ardeur n'est point *haute*. Il eût fallu peut-être : une ardeur plus *noble*, plus *digne*. L'Académie ne reprit aucune de ces fautes, qui échappèrent à la critique de Scudéri ; elle se contenta de juger des choses que Scudéri avait critiquées, et souvent il critiqua mal, parce qu'il était plus jaloux qu'éclairé. L'Académie, au contraire, était plus éclairée que jalouse.

SCÈNE VI.

Vers 1.   Rodrigue, as-tu du cœur ?...

Dans *le Cid* de Diamante, Rodrigue arrive avec le *garçon gracieux* qui a peint le portrait de Chimène. Rodrigue trouve le portrait ressemblant, et dit au *garçon gracieux* qu'il est un grand peintre, *grande pintor;* puis, regardant son père affligé qui tient d'une main son épée et de l'autre un mouchoir, il lui en demande la raison ; don Diègue lui répond : *Aie! aie! l'honneur.* Rodrigue : *Qui est-ce qui vous déplait?* Don Diègue : *Aie! aie! l'honneur, te dis-je.* Rodrigue. *Parlez, espérez, j'écoute.* Don Diègue ? *Aie, aie! as-tu du courage?* Rodrigue répond à peu près comme dans Castro et dans Corneille.

Vers 2.   . . . . Agréable colère! etc.

> Ese sentimiento adoro,
> Esa cólera me agrada...
> Esa sangre alborotada...
> Es lá que me dió Castilla,
> Y la que te dí heredada.

Vers 7.   Viens me venger. — De quoi? — D'un affront si cruel
Qu'à l'honneur de tous deux il porte un coup mortel.

> Esta mancha de mi honor
> Al tuyo se estiende.

Vers. 14.   Ce n'est que dans le sang qu'on lave un tel outrage.

> Lavala
> Con sangre, que sangre sola
> Quita semejantes manchas.

Vers 16.   Je te donne à combattre un homme à redouter.

> Poderoso es el contrario.

Vers 17. Je l'ai vu, tout sanglant au milieu des batailles,
Se faire un beau rempart de mille funérailles.

Dans les éditions suivantes, Corneille a mis :

Je l'ai vu, tout couvert de sang et de poussière,
Porter partout la mort dans une armée entière.

L'Académie avait condamné *funérailles;* je ne sais si ce mot, tout impropre qu'il est, n'eût pas mieux valu que le pléonasme languissant *partout* et *entière.*

Vers 26. Enfin tu sais l'affront, et tu tiens la vengeance.

Aquí ofensa, y allí espada,
No tengo mas que decirte.

Vers 29. Accablé des malheurs où le destin me range,
Je m'en vais les pleurer[1]. Va, cours, vole, et nous venge.

Y voy á llorar afrentas,
Miéntras tú tomas venganzas.

SCÈNE VII.

Vers 1. Percé jusques au fond du cœur...

On mettait alors des stances dans la plupart des tragédies, et on en avait dans *Médée :* on les a bannies du théâtre. On a pensé que les personnages qui parlent en vers d'une mesure déterminée ne devaient jamais changer cette mesure, parce que, s'ils s'expliquaient en prose, ils devraient toujours continuer à parler en prose. Or les vers de six pieds étant substitués à la prose, le personnage ne doit pas s'écarter de ce langage convenu. Les stances donnent trop l'idée que c'est le poëte qui parle. Cela n'empêche pas que ces stances du *Cid* ne soient fort belles, et ne soient encore écoutées avec beaucoup de plaisir.

Vers 8. O Dieu, l'étrange peine! etc.

Mi padre el ofendido! estraña pena!
Y el ofensor el padre de Ximena!

Vers 11. Que je sens de rudes combats!
Contre mon propre honneur mon amour s'intéresse;

---

1. Dans l'édition de 1664, il y a :
Je vais les déplorer.

> Il faut venger un père et perdre une maîtresse.
> L'un m'anime le cœur, l'autre retient mon bras.
> Réduit au triste choix, ou de trahir ma flamme,
>   Ou de vivre en infâme,
>   Des deux côtés mon mal est infini,
>   O Dieu, l'étrange peine !
>   Faut-il laisser un affront impuni ?
>   Faut-il punir le père de Chimène ?

Corneille corrigea depuis cette stance ainsi[1] :

> Il vaut mieux courir au trépas.
> Je dois à ma maîtresse, aussi bien qu'à mon père :
> J'attire en me vengeant sa haine et sa colère ;
> J'attire ses mépris en ne me vengeant pas.
> A mon plus doux espoir l'un me rend infidèle,
>   Et l'autre indigne d'elle.
> Mon mal augmente à le vouloir guérir ;
>   Tout redouble ma peine.
> Allons, mon âme ; et puisqu'il faut mourir,
> Mourons du moins sans offenser Chimène !

Vers 20.   Faut-il punir le père de Chimène ?

> Yo he de matar al padre de Ximena ?

Vers 49.   Allons, mon bras, sauvons du moins l'honneur.

L'Académie avait approuvé *allons, mon âme;* et cependant Corneille le changea, et mit *allons, mon bras*[2]. On ne dirait aujourd'hui ni l'un ni l'autre. Ce n'est point un effet du caprice de la langue, c'est qu'on s'est accoutumé à mettre plus de vérité dans le langage. *Allons* signifie *marchons,* et ni un bras ni une âme ne marchent; d'ailleurs nous ne sommes plus dans un temps où l'on parle à son bras et à son âme.

Vers 58.   Ne soyons plus en peine
> (Puisque aujourd'hui mon père est l'offensé),
> Si l'offenseur est père de Chimène.

> Habiendo sido :
> Mi padre el ofendido ;
> Poco importa que fuese
> El ofensor el padre de Ximena.

---

1. L'édition de 1664 contient les deux stances ; l'une est la seconde, l'autre la quatrième.

2. Dans l'édition de 1664, Corneille a laissé l'un et l'autre. *Allons, mon âme,* est dans la quatrième strophe; *allons, mon bras,* est dans la cinquième.

ACTE DEUXIÈME.

SCÈNE I.

Vers 1.   Je l'avoue entre nous, quand je lui fis l'affront
    J'eus le sang un peu chaud et le bras un peu prompt.

Corneille aurait dû corriger *je lui fis l'affront*, que l'Académie condamna comme une faute contre la langue. De plus, il fallait dire *cet affront*. Il mit à la place :

  Je l'avoue entre nous, mon sang un peu trop chaud
  S'est trop ému d'un mot, et l'a porté trop haut.

Un *sang trop chaud* qui le *porte trop haut* est bien pis qu'une faute contre la grammaire.

   Confieso que fué locura,
   Mas no la quiero enmendar.

Vers 16.   Désobéir un peu n'est pas un si grand crime,
    Et quelque grand qu'il soit, mes services présents
    Pour le faire abolir sont plus que suffisants.

C'est ici qu'il y avait :-

   Les satisfactions n'apaisent point une âme;
   Qui les reçoit a tort, qui les fait se diffame;
   Et de pareils accords l'effet le plus commun
   Est de déshonorer deux hommes au lieu d'un.

Ces vers parurent trop dangereux dans un temps où l'on punissait les duels, qu'on ne pouvait arrêter, et Corneille les supprima :

Vers 23.   Vous vous perdez, monsieur, sur cette confiance.

    Y con ella has de querer
    Perderte!

Vers 26.   Un jour seul ne perd pas un homme tel que moi.

    Los hombres como yo
    Tienen mucho que perder.

Vers 28.   Tout l'État périra s'il faut que je périsse.

    Ha de perderse Castilla
    Antes que yo.

SCÈNE II.

Vers 2.   Connois-tu bien don Diègue?

> Aquel viejo que está allí,
> Sabes quién es?

Ibid.   ... Parlons bas, écoute.

> Habla baxo, escucha.

Vers 3.   Sais-tu que ce vieillard fut la même vertu,
La vaillance et l'honneur de son temps? Le sais-tu?

> No sabes que fué despojos
> De honra y valor?

Vers 5.   Peut-être.

> Si seria.

Ibid.   — Cette ardeur que dans les yeux je porte,
Sais-tu que c'est son sang? Le sais-tu?

> Y que es sangre suya y mia
> La que yo tengo en el ojos?
> Sabes?

Vers 6.   — ... Que m'importe?

> Y el saberlo
> Qué ha de importar?

Vers 7.   A quatre pas d'ici je te le fais savoir.

> Si vamos á otro lugar,
> Sabras lo mucho que importa.

Vers 9.   Je suis jeune, il est vrai; mais aux âmes bien nées
La valeur n'attend point le nombre des années.

Dans la pièce de Diamante, Rodrigue propose au comte de se
battre à la campagne ou dans la ville, de nuit ou de jour, au
soleil ou à l'ombre, avec plastron ou sans plastron, à pied ou à
cheval, à l'épée ou à la lance. «Ah, le plaisant bouffon!» répond
le comte.

RODRIGUE.

> En campaña, en poblado;
> De noche, de dia; al cielo
> Claro, ó á la sombra obscura;
> A cavallo, á pié; con peto,
> Ó sin él; á espada, ó lança.

LE COMTE.

Que bucno
Pucs me retais! quo generoso mozuelo!

Vers 13. Mes pareils à deux fois ne se font pas connoître,
Et pour leurs coups d'essai vculent des coups de maître.

Coups d'essai, coups de maître, termes familiers qu'on ne doit jamais employer dans le tragique; de plus, ce n'est qu'une répétition froide de ce beau vers :

La valeur n'attend pas le nombre des années.

Scudéri censurait des beautés, et ne vit pas ce défaut.

Vers 22. Ton bras est invaincu, mais non pas invincible.

Ce mot *invaincu* n'a point été employé par les autres écrivains; je n'en vois aucune raison : il signifie autre chose qu'*indompté,* un pays est *indompté,* un guerrier est *invaincu.* Corneille l'a encore employé dans *les Horaces.* Il y a un dictionnaire d'orthographe où il est dit que *invaincu* est un barbarisme. Non; c'est un terme hasardé et nécessaire. Il y a deux sortes de barbarismes : celui des mots et celui des phrases. *Égaliser les fortunes* pour *égaler les fortunes; au parfait,* au lieu de *parfaitement; éduquer,* pour *donner de l'éducation, élever :* voilà des barbarismes de mots. *Je crois de bien faire,* au lieu de *je crois bien faire: encenser aux dieux,* pour *encenser les dieux; je vous aime tout ce qu'on peut aimer :* voilà des barbarismes de phrases.

SCÈNE VI.

Vers 23. Don Sanche, taisez-vous, et soyez averti
Qu'on se rend criminel à prendre son parti.

Cette scène paraît presque aussi inutile que celle de l'infante; elle avilit d'ailleurs le roi, qui n'est point obéi[1]. Après que le roi a dit : *Taisez-vous,* pourquoi dit-il, le moment d'après: *Parlez?* et il ne résulte rien de cette scène.

Vers 52.   Au reste, on nous menace fort.

C'est un petit défaut que cette expression familière; mais n'en est-ce point un très-grand de parler avec tant d'indifférence

1. C'est la scène préparatoire de la descente des Maures.

du danger de l'État? N'aurait-il pas été plus intéressant et plus noble de commencer par montrer une grande inquiétude de l'approche des Maures, et un embarras non moins grand d'être obligé de punir, dans le comte, le seul homme dont il espérait des services utiles dans cette conjoncture? N'eût-ce pas même été un coup de théâtre que, dans le temps où le roi eût dit : *Je n'ai d'espérance que dans le comte,* on lui fût venu dire : *Le comte est mort?* Cette idée même n'eût-elle pas donné un nouveau prix au service que rend ensuite Rodrigue, en faisant plus qu'on n'espérait du comte? Corneille ôta depuis

> Au reste, on nous menace fort.

Il mit :

> Au reste, on a vu dix vaisseaux
> De nos vieux ennemis arborer les drapeaux.

Il faut observer que *au reste* signifie *quant à ce qui reste;* il ne s'emploie que pour les choses dont on a déjà parlé, et dont on a omis quelque point dont on veut traiter. Je veux que le comte fasse satisfaction. Au reste, je souhaite que cette querelle puisse ne pas rendre les deux maisons éternellement ennemies. Mais quand on passe d'un sujet à un autre, il faut *cependant,* ou quelque autre transition.

Vers 79. Puisqu'on fait bonne garde aux murs et sur le port[1],
> C'est assez pour ce soir.

Le roi a grand tort de dire : *C'est assez pour ce soir,* puisque en effet les Maures font leur descente le soir même, et que sans le Cid la ville était prise. On demande s'il est permis de mettre sur la scène un prince qui prend si mal ses mesures. Je ne le crois pas; la raison en est qu'un personnage avili ne peut jamais plaire.

Vers 82. Dès que j'ai su l'affront, j'ai prévu la vengeance.

> Como la ofensa sabia,
> Luego cai en la venganza.

SCÈNE VII.

Vers 4. Sire, sire, justice.

> Justicia, justicia pido.

_____

1. L'édition de 1664 porte :

> Faites doubler la garde aux murs et sur le port.

Voyez comme, dès ce moment, les défauts précédents disparaissent. Quelle beauté dans le poëte espagnol et dans son imitateur! Le premier mot de Chimène est de demander justice contre un homme qu'elle adore : c'est peut-être la plus belle des situations. Quand, dans l'amour, il ne s'agit que de l'amour, cette passion n'est pas tragique. Monime aimera-t-elle Xipharès ou Pharnace? Antiochus épousera-t-il Bérénice? Bien des gens répondent : Que m'importe? Mais Chimène fera-t-elle couler le sang du Cid? Qui l'emportera d'elle ou de don Diègue? Tous les esprits sont en suspens, tous les cœurs sont émus.

Vers 2.   Je me jette à vos pieds.

> Rey, á tus piés he llegado.

Ibid.   . . . . J'embrasse vos genoux.

> Rey, á tus piés he venido.

Vers 6.   Il a tué mon père.

> Señor, á mi padre han muerto.

Vers 7.   Au sang de ses sujets un roi doit la justice.

> Habrá en los reyes justicia.

Vers 8.   Une vengeance juste est sans peur du supplice [1].

> Justa venganza he tomado.

Vers 13.   Sire, mon père est mort; mes yeux ont vu son sang...

> Yo vi con mis proprios ojos
> Teñido el luciente acero.

Vers 17.   Ce sang qui, tout sorti, fume encor de courroux [2]
> De se voir répandu pour d'autres que pour vous, etc.

Scudéri ne reprit point ces hyperboles poétiques qui, n'étant point dans la nature, affaiblissent le pathétique de ce discours. C'est le poëte qui dit que *ce sang fume de courroux;* ce n'est pas assurément Chimène : on ne parle pas ainsi d'un père mourant. Scudéri, beaucoup plus accoutumé que Corneille à ces figures outrées et puériles, ne remarqua pas même en autrui, tout éclairé

---

1. On lit dans l'édition de 1664 :

> Pour la juste vengeance il n'est point de supplice.

2. Voltaire cite encore ces vers tome XIX, pages 17 et 46.

qu'il était par l'envie, une faute qu'il ne sentait pas dans lui-
même.

Vers 25.   J'ai couru sur le lieu sans force et sans couleur.

> Yo llégué casi sin vida.

Vers 33.   Il ne me parla point.

Puisqu'il était mort, il n'est pas bien surprenant qu'il n'ait
point parlé. Ce sont là de ces inadvertances qui échappent dans
la chaleur de la composition, et auxquelles les ennemis de l'auteur, et même les indifférents, ne manquent pas de donner du
ridicule. Corneille substitua depuis : *son flanc était ouvert.*

Ibid.   . . . . . . Et pour mieux m'émouvoir...

Les connaisseurs sentent qu'il ne fallait pas même que Chimène dît *pour mieux m'émouvoir.* Elle doit être si émue qu'il ne
faut pas qu'elle prête aux choses inanimées le dessein de la
toucher.

Vers 34.   Son sang sur la poussière...

> Escribió en este papel
> Con sangre mi obligacion.

Ibid.   . . . .'. . . . Écrivoit mon devoir.

L'espagnol dit *parlait par sa plaie.* Vous voyez que ces figures
recherchées sont dans l'original espagnol. C'était l'esprit du
temps; c'était le faux brillant du Marini et de tous les auteurs.

Vers 36.   Me parloit par sa plaie.

> Me habló
> Por la boca de la herida.

Vers 54.   Sacrifiez don Diègue et toute sa famille,
> A vous, à votre peuple, à toute la Castille.
> Le soleil qui voit tout ne voit rien sous les cieux
> Qui vous puisse payer un sang si précieux.

Il n'était pas naturel que Chimène demandât la mort de don
Diègue, offensé si cruellement par son père. De plus, cette fureur
atroce de demander le sang de toute la famille n'était point convenable à une fille qui accusait son amant malgré elle. Corneille
substitua depuis :

> Immolez, non à moi, mais à votre couronne,
> Mais à votre grandeur, mais à votre personne;

> Immolez, dis-je, sire, au bien de tout l'État,
> Tout ce qu'enorgueillit un si haut attentat.

Sa correction est heureuse.

Vers 57.   . . . Qu'un long âge apporte aux hommes généreux
> Avecque sa foiblesse un destin malheureux !

Les éditions suivantes portent :

> Au bout de leur carrière un destin rigoureux [1].

Vers 67.   Et souillé sans respect l'honneur de ma vieillesse,
> Avantagé de l'âge, et fort de ma foiblesse.

Les autres éditions portent :

> Jaloux de votre choix, et fier de l'avantage
> Que lui donnoit sur moi l'impuissance de l'âge.

Vers 77.   Si montrer du courage et du ressentiment, etc.

> La venganza me tocó,
> Y te toca la justicia :
> Hazla en mí, rey soberano.

Vers 80.   Quand le bras a failli, l'on en punit la tête.

> Castigar en la cabeza
> Los delitos de la mano.

Vers 81.   Du crime glorieux qui cause nos débats,
> Sire, j'en suis la tête, etc.

Corneille substitua :

> Qu'on nomme crime ou non ce qui fait nos débats.

Mais ce changement est vicieux. *Ce qui fait nos débats* est très-faible. Il semble que don Diègue parle ici d'un procès de famille.

Vers 82. . . . . Il n'en est que le bras.

> Y sólo fué mano mia·
> Rodrigo.

Vers 87.   Aux dépens de mon sang satisfaites Chimène.

> Con mi cabeza cortada
> Quede Ximena contenta.

---

1. Dans l'édition de 1664 il y a encore *destin malheureux*.

Vers 97.   Prends du repos, ma fille, et calme tes douleurs.

>   Sosiégate, Ximena.

Vers 98.   M'ordonner du repos, c'est croître mes malheurs.
>   Mi llanto crece.

Croître aujourd'hui n'est plus actif : on dit *accroître* ; mais il me semble qu'il est permis en vers de dire : *croître mes tourments, mes ennuis, mes douleurs, mes peines.*

ACTE TROISIÈME.

SCÈNE I.

Vers 1.   Rodrigue, qu'as-tu fait? Où viens-tu, misérable?

>   Qué has hecho, Rodrigo?

Vers 6.   Ne l'as-tu pas tué?

>   No mataste al conde?

Vers 7.   Mon honneur de ma main a voulu cet effort.

>   Importabale á mi honor.

Vers 8.   Mais chercher ton asile en la maison du mort.

>   Pues, señor,
>   Quando fué la casa del muerto
>   Sagrada del matador?

Vers 12.   Je cherche le trépas, après l'avoir donné.

>   Yo busco la muerte,
>   En su casa.

Vers 14.   Je mérite la mort de mériter sa haine, etc.

>   Y por ser justo,
>   Vengo á morir en sus manos,
>   Pues estoy muerto en su gusto.

Vers 21.   Non, non, ce cher objet à qui j'ai pu déplaire
>   Ne peut pour mon supplice avoir trop de colère;
>   Et d'un heur sans pareil je me verrai combler
>   Si pour mourir plus tôt je puis la redoubler.

On voit que cette faute tant reprochée à Corneille, d'avoir violé l'unité de lieu pour violer les lois de la bienséance, et d'avoir fait aller Rodrigue dans la maison même de Chimène, qu'il pouvait si aisément rencontrer au palais; que cette faute, dis-je, est de l'auteur espagnol : quelque répugnance qu'on ait à voir Rodrigue chez Chimène, on oublie presque où il est; on n'est occupé que de la situation. Le mal est qu'il ne parle qu'à une confidente.

On n'a point de *colère pour un supplice :* c'est un barbarisme[1]. Corneille, au lieu de l'*heur sans pareil,* mit depuis :

> Et j'évite *cent morts* qui me vont accabler.

On ne peut guère corriger plus mal. L'idée d'éviter tant de morts ne doit pas se présenter à un homme qui la cherche. Ces *cent morts* sont une expression vague, un vers fait à la hâte ; il ne se donnait ni le temps ni la peine de chercher le mot propre et un tour élégant. On ne connaissait pas encore cette pureté de diction, et cette éloquence sage et vraie que Racine trouva par un travail assidu et par une méditation profonde sur le génie de notre langue.

Vers 25. Chimène est au palais, de pleurs toute baignée.

> Ximena esta
> Cerca en-palacio, y vendrá
> Acompañada.

Vers 31. Elle va revenir, elle vient, je la vois.

> Ella vendrá, ya vienne.

SCÈNE II.

Vers 8. Sous vos commandements mon bras sera trop fort.
— Malheureuse!

Quelque insipidité qu'on ait trouvée dans le personnage de don Sanche, il me semble qu'il fait là un effet très-heureux, en augmentant la douleur de Chimène; et ce mot *malheureuse,* qu'elle prononce sans presque l'écouter, est sublime. Lorsqu'un personnage qui n'est rien par lui-même sert à faire valoir le caractère principal, il n'est point de trop.

---

1. « Ce n'est pas ce que Corneille a dit ou voulu dire, fait observer Palissot. L'expression est vicieuse, mais non dans le sens que Voltaire y donne. »

SCÈNE III.

Vers 8.   La moitié de ma vie a mis l'autre au tombeau.

> La mitad de mi vida
> Ha muerto la otra mitad.

Scudéri trouvait là trois moitiés. Cette affectation, cette apostrophe à ses yeux ont paru à tous les critiques une puérilité
dont on ne trouve aucun exemple dans le théâtre grec,

Et ce n'est point ainsi que parle la nature[1].

Par quel art cependant ces vers touchent-ils? N'est-ce point
que *la moitié de ma vie a mis l'autre au tombeau* porte dans l'âme
une idée attendrissante qui subsiste encore malgré les vers qui
suivent?

Vers 9.   Et m'oblige à venger, après ce couP funeste, etc.

> Si al vengar
> De mi vida la una parte
> Sin las dos he de quedar.

Vers 11.   Reposez-vous, madame.

> Descansa.

Descansa n'est-il pas un mot plus énergique et plus noble que
reposez-vous, madame? Le mot de *reposer* est un peu de la comédie,
et ne peut guère être adressé qu'à une personne fatiguée. Dans
la tragédie, on peut proposer le repos à un conquérant, pourvu
que cette idée soit ennoblie.

Vers 13.   Par où sera jamais mon âme satisfaite,
            Si je pleure ma perte et la main qui l'a faite[2]?

> Que consuelo he de tomar?

Vers 17.   Il vous prive d'un père, et vous l'aimez encore!

> Siempre quieres á Rodrigo?
> Que matá ó tu padre mira.

---

1. Molière, *Misanthrope*, acte I, scène II.
2. Dans l'édition de 1664, on lit:

> Par où sera jamais ma douleur apaisée,
> Si je ne puis haïr celui qui l'a causée?

Vers 18. C'est peu de dire aimer, Elvire, je l'adore.

> Es mi adorado enemigo.

Vers 33. Pensez-vous le poursuivre?

> Piensas perseguirle?

Vers 44. Dans un lâche silence étouffe mon honneur.

Corneille corrigea depuis *sous un lâche silence;* mais un honneur n'est point étouffé *sous un lâche silence;* il semble qu'un *silence* soit un poids qu'on mette sur l'honneur.

Vers 54. . . . . Après tout, que pensez-vous donc faire?

> Pues cómo harás?

Vers 56. Le poursuivre, le perdre, et mourir après lui.

> Seguiréle hasta vengarme,
> Y haure de matar muriendo.

Ce vers excellent renferme toute la pièce, et répond à toutes les critiques qu'on a faites sur le caractère de Chimène. Puisque ce vers est dans l'espagnol, l'original contenait les vraies beautés qui firent la fortune du *Cid* français.

SCÈNE IV.

Vers 1. Eh bien! sans vous donner la peine de poursuivre,
Soûlez-vous du plaisir de m'empêcher de vivre.

> Mejor es que mi amor firme
> Con rendirme,
> Te dé el gusto de matarme
> Sin la pena de seguirme.

Il fallait dire *de me poursuivre. Soûlez* est un terme bas; *m'empêcher de vivre* est languissant, et n'exprime pas *donnez-moi la mort.* Corneille corrigea:

> Assurez-vous l'honneur de m'empêcher de vivre.

Vers 4. Rodrigue en ma maison! Rodrigue devant moi!

> Rodrigo, Rodrigo en mi casa!

Vers 7. . . . . Écoute-moi.

> Escucha.

Vers 7.   Je me meurs.
                        Muero.

Vers 8.   . . . . Quatre mots seulement.

                        Solo quiero
                        Que en oyendo lo que digo
                        Respondas con este acero.

Vers 15. Il est teint de mon sang. — Plonge-le dans le mien ;
          Et fais-lui perdre ainsi la teinture du tien.

Cela n'a point été repris par l'Académie ; mais je doute que
cette teinture réussît aujourd'hui. Le désespoir n'a pas de réflexions si fines et, j'oserais ajouter, si fausses : une épée est également
ment rougie de quelque sang que ce soit ; ce n'est point du tout
une teinture différente. Tout ce qui n'est pas exactement vrai
révolte les bons esprits. Il faut qu'une métaphore soit naturelle,
vraie, lumineuse, qu'elle échappe à la passion.

Vers 25. De la main de ton père un coup irréparable
          Déshonoroit du mien la vieillesse honorable [1].

                        Tu padre el conde Lozano
                        Puso en las canas del mio
                        La atrevida injusta mano.

Vers 31. Ce n'est pas qu'en effet contre mon père et moi
          Ma flamme assez longtemps n'ait combattu pour toi, etc.

                        Y aunque me vi sin honor,
                        Se malogró mi esperanza
                        En tal mudanza,   .
                        Con tal fuerza que tu amor
                        Puso en duda mi venganza.

Vers 36. J'ai retenu ma main, j'ai cru mon bras trop prompt.

La main et le bras faisaient un mauvais effet ; l'auteur a substitué

          J'ai pensé qu'à son tour mon bras était trop prompt.

Peut-être *à son tour* est-il plus mal. C'est là changer un vers
plutôt que le corriger.

---

1. L'édition de 1664 porte :

          L'irréparable effet d'une chaleur trop prompte
          Déshonoroit mon père, et me couvroit de honte.

Vers 38. Et ta beauté, sans doute, emportoit la balance.

> Y tú, señora, vincieras,
> A no aber imaginado
> Que afrentado,
> Por infame aborrecieras
> Quien quisiste por honrado.

Vers 45. Je te le dis encore, et veux, tant que j'expire,
> Sans cesse le penser, et sans cesse le dire.

Tant que j'expire était une faute de langue. Il fallait *jusqu'à ce que j'expire;* mais *jusqu'à ce que* est rude, et ne doit jamais entrer dans un vers. On a mis à la place :

> . . . . Et quoique j'en soupire,
> Jusqu'au dernier soupir je veux bien le redire.

Ces deux mots *soupire* et *soupir*, et ces désinences en *ir*, sont encore plus répréhensibles que les deux vers anciens.

Vers 49. Mais quitte envers l'honneur, et quitte envers mon père,
> C'est maintenant à toi que je viens satisfaire.

> Cobré mi perdido hónor,
> Mas luego á tu amor rendido
> He venido.

Vers 52. J'ai fait ce que j'ai dû, je fais ce que je dois.

> Porque no llames rigor
> Loque obligacion ha sido.

Vers 55. Immole avec courage au sang qu'il a perdu
> Celui qui met sa gloire à l'avoir répandu.

> Haz con brio
> La venganza de tu padre,
> Como hice la del mio.

Vers 60. Je ne t'accuse point, je pleure mes malheurs.

> No te doy la culpa á ti
> De que desdichada soy.

Vers 63. Tu n'as fait le devoir que d'un homme de bien.

> Como caballero hiciste.

Vers 92. Va, je suis ta partie, et non pas ton bourreau.

> Mas soy parte,
> Para solo perseguirte,
> Pero no para matarte.

Vers 113. Ton malheureux amant aura bien moins de peine
A mourir par ta main qu'à vivre avec ta haine.

> Considera
> Que el dexarme es la venganza,
> Que el matarme no lo fuera.

Vers 115. Va, je ne te hais point. — Tu le dois.

> Me aborreces?

Ibid.   — Je ne puis [1].

> No es posible.

Vers 122. Et je veux que la voix de la plus noire envie
Élève au ciel ma gloire et plaigne mes ennuis,
Sachant que je t'adore et que je te poursuis.

> Disculpar á mi decoro
> Con quien piensa que te adoro
> El saber que te persigo.

Vers 127. Dans l'ombre de la nuit cache bien ton départ

> Vete, y mira á la salida
> No te vean.

Vers 128. Si l'on te voit sortir, mon honneur court hasard.

> Es razon
> No quitarme la opinion.

Vers 132. Que je meure.

> Mátame.

Ibid.   — Va-t'en.

> Déxame.

Ibid.   — A quoi te résous-tu?

> Pues tu rigor qué hacer quiere?

Vers 133. Malgré des feux si beaux qui troublent ma colère,
Je ferai mon possible à bien venger mon père, etc.

> Por mi honor, aunque muger
> He de hacer
> Contra ti quanto pudiere
> Deseando no poder.

---

1. Sur ce vers, et sur ceux qui le précèdent, voyez tome XIX, page 210; et encore dans les *Mélanges*, année 1749, l'ouvrage intitulé *Connaissance des beautes et des défauts*, etc., au mot DIALOGUES EN VERS.

Vers 137. O miracle d'amour!

semble affaiblir cette touchante scène, et n'est point dans l'es_pagnol.

Vers 139. Rodrigue, qui l'eût cru?

     Ay, Rodrigo! quién pensara?

Ibid.   — Chimène, qui l'eût dit?

     Ay, Ximena! quién dixera?

Vers 140. Que notre heur fût si proche et sitôt se perdit.

     Que mi dicha se acabara.

Vers 145. Adieu, je vais traîner une mourante vie.

     Quédate, iréme muriendo.

SCÈNE V.

Quoique chez les étrangers, pour qui principalement ces remarques sont faites, on ne soit pas encore parvenu à l'art de lier toutes les scènes, cependant y a-t-il un lecteur qui ne soit choqué de voir Chimène s'en aller d'un côté, Rodrigue de l'autre, et don Diègue arriver sans les voir?

Observez que quand le cœur a été ému par les passions des deux premiers personnages, et qu'un troisième vient parler de lui-même, il touche peu, surtout quand il rompt le fil du discours.

Nous venons d'entendre Chimène dans sa maison; mais où est maintenant don Diègue? Ce n'est pas assurément dans cette maison. Le spectateur ne peut se figurer ce qu'il voit, et c'est là un très-grand défaut pour notre nation, qui veut partout de la vraisemblance, de la suite, de la liaison; qui exige que toutes les scènes soient naturellement amenées les unes par les autres: mérite inconnu sur tous les autres théâtres, et mérite absolument nécessaire pour la perfection de l'art.

SCÈNE VI[1].

Vers 1. Rodrigue, enfin le ciel permet que je te voie.

    Es posible que me hallo·
    Entre tus brazos?

---

1. Sur un vers de cette scène, voyez tome XIX, page 386.

Vers 3.   Laisse-moi prendre haleine afin de te louer.

> Aliento tomo
> Para en tus alabanzas empleallo.

Vers 4.   Ma valeur n'a point lieu de te désavouer.

> Bien mis pasados brios imitaste.

Vers 12.   Touche ces cheveux blancs à qui tu rends l'honneur.

> Toca las blancas canas que me honraste.

Vers 13.   Viens baiser cette joue, et reconnois la place
> Où fut jadis l'affront que ton courage efface.

> Llega la tierna boca á la mexilla
> Donde la mancha de mi honor quitaste.

Vers 15.   L'honneur vous en est dû, les cieux me sont témoins
> Qu'étant sorti de vous je ne pouvois pas moins[1].

> Alza la cabeza,
> A quién como la causa se atribuya,
> Si hay en mí algun valor, y fortaleza.

Vers 30.   Je t'ai donné la vie, et tu me rends ma gloire.

> Si yo te di el ser naturalmente,
> Tú me le has vuelto á pura fuerça suya.

Vers 56·   . . . J'ai trouvé chez moi cinq cents de mes amis, etc.

Vous verrez dans la critique de Scudéri qu'il condamne l'assemblée de ces cinq cents gentilshommes, et que l'Académie l'approuve. C'est un trait fort ingénieux, inventé par l'auteur espagnol, de faire venir cette troupe pour une chose, et de l'employer pour une autre.

Vers 61.   Va marcher à leur tête où l'honneur te demande.

> Con quinientos hidalgos, deudos mios,
> Sal en campaña à exercitar tus brios.

Vers 68.   Ne borne pas ta gloire à venger un affront.

> No dirán que la mano te ha servido
> Para vengar agravios solamente.

---

1. Dans l'édition de 1664 il y a :

> L'honneur vous en est dû ; je ne pouvois pas moins,
> Étant sorti de vous et nourri par vos soins.

ACTE QUATRIÈME.

SCÈNE I.

Vers 1.   N'est-ce point un faux bruit? Le sais-tu bien, Elvire?

Ce combat n'est point étranger à la pièce ; il fait, au contraire, une partie du nœud, et prépare le dénoûment en affaiblissant nécessairement la poursuite de Chimène, et rendant Rodrigue digne d'elle. Il fait, si je ne me trompe, souhaiter au spectateur que Chimène oublie la mort de son père en faveur de sa patrie, et qu'elle puisse enfin se donner un jour à Rodrigue.

SCÈNE II[1].

L'infante. Pour toutes ces scènes de l'infante, on convient unanimement de leur inutilité insipide, et celle-ci est d'autant plus superflue que Chimène y répète avec faiblesse ce qu'elle vient de dire avec force à sa confidente.

Vers 27.   Hier ce devoir te mit en une haute estime.

Cet *hier* fait voir que la pièce dure deux jours dans Corneille : l'unité de temps n'était pas encore une règle bien reconnue. Cependant, si la querelle du comte et sa mort arrivent la veille au soir, et si le lendemain tout est fini à la même heure, l'unité de temps est observée. Les événements ne sont point aussi pressés qu'on l'a reproché à Corneille, et tout est assez vraisemblable.

SCÈNE III.

Toujours la scène vide, et nulle liaison : c'était encore un des défauts du siècle. Cette négligence rend la tragédie bien plus facile à faire, mais bien plus défectueuse.

Vers 10.   J'eusse pu donner ordre à repousser leurs armes.

Le roi ne joue pas là un personnage bien respectable ; il avoue qu'il n'a donné ordre à rien.

---

1. Sur un vers de cette scène, voyez dans les *Mélanges,* année 1749, l'ouvrage intitulé *Connaissance des beautés et des défauts de la poésie et de l'éloquence,* au mot MÉTAPHORE.

Vers 14.   Ils t'ont nommé tous deux leur Cid en ma présence,
Puisque Cid, en leur langue, est autant que seigneur.

> REY DE CASTILLA.
>
> El mio Cid le ha llamado.
>
> REY MORO.
>
> En mi lengua es mi señor.
>
> REY DE CASTILLA.
>
> Ese nombre le está bien.
>
> REY MORO.
>
> Entre Moros le ha tenido.

Ce seul passage du *Cid* espagnol, *el mio Cid le ha llamado*, etc.,
fait voir la supériorité du poëte français en ce point : car que
font là ces trois rois maures que Guillem de Castro introduit?
Rien autre chose que de former un vain spectacle. C'est le principal
défaut de toutes les pièces espagnoles et anglaises de ces temps-
là. L'appareil, la pompe du spectacle, sont une beauté sans
doute ; mais il faut que cette beauté soit nécessaire. La tragédie
ne consiste pas dans un vain amusement des yeux. On représente
sur le théâtre de Londres des enterrements, des exécutions, des
couronnements [1] ; il n'y manque que des combats de taureaux.

Vers 15.   Je ne t'envierai pas ce beau titre d'honneur.

> REY DE CASTILLA.
>
> Pues allá le ha mercido,
> En mis tierras se le den.

Vers 17.   Sois désormais le Cid ; qu'à ce grand nom tout cède,

> Llamarle el Cid es razon.

Vers 21.   Que Votre Majesté, sire, épargne ma honte.

Le mot de *honte* n'est pas le mot propre. Une valeur qui *ne va
point dans l'excès* est plus impropre encore.

Vers 51.   Nous partîmes cinq cents ; mais, par un prompt renfort,
Nous nous vîmes trois mille en arrivant au port.

L'Académie n'a point repris cet endroit, qui consiste à substituer l'aoriste au simple passé. *Je vis, je fis, j'allai, je partis*, ne
peut se dire d'une chose faite le jour où l'on parle. Plût à Dieu

---

1. Voyez les deuxième et troisième parties de la *Dissertation* en tête de *Sémiramis* ; et dans les *Mélanges*, année 1761, *l'Appel à toutes les nations de l'Europe des jugements d'un écrivain anglais.*

que cette licence fût permise en poésie! Car *nous nous sommes
vus cinq cents, nous sommes partis* est bien languissant : on eût pu
dire :

> Nous n'étions que cinq cents; mais, par un prompt renfort,
> Nous nous voyons trois mille en arrivant au port.

L'Académie ne prononça point sur cette faute, uniquement
par la raison que Scudéri ne l'avait pas relevée, et qu'elle se
borna, comme je l'ai déjà dit[1], à juger entre Corneille et Scudéri.

SCÈNE IV.

Vers 2.   La fâcheuse nouvelle et l'importun devoir!

Dès ce moment Rodrigue ne peut plus être puni ; toutes les
poursuites de Chimène paraissent surabondantes. Elle est donc
si loin de manquer aux bienséances, comme on le lui a reproché,
qu'au contraire elle va au delà de son devoir en demandant la
mort d'un homme devenu si nécessaire à l'État.

Vers 5.   Mais avant que sortir, viens, que ton roi t'embrasse.

> En premio destas victorias
> Ha de llevarse este abrazo.

SCÈNE V.

Vers 1.   . . . . Enfin soyez contente,
Chimène, le succès répond à votre attente.

Cette petite ruse du roi est prise de l'auteur espagnol ; l'Académie ne la condamne pas. C'est apparemment le titre de *tragi-
comédie* qui la disposait à cette indulgence : car ce moyen paraît
aujourd'hui peu digne de la noblesse du tragique.

Vers 14.   Sire, on pâme de joie, ainsi que de tristesse.

> Tanto atribula un placer,
> Como congoja un pesar.

On ne dit pas *pâmer, évanouir;* on dit *se pâmer, s'évanouir.* Cette
défaite de Chimène est comique, et fait rire. Voyez les remarques
de l'Académie. La faute est de l'original ; mais ses termes sont
plus convenables.

1. Page 206.

Vers 42. Pour lui tout votre empire est un lieu de franchise, etc.

> Son tus ojos sus espias,
> Tu retrete su sagrado,
> Tu favor sus alas libres.

Vers 55. Et ta flamme en secret rend grâces à ton roi,
Dont la faveur conserve un tel amant pour toi.

> Si he guardado á Rodrigo
> Quizá para vos le guardo.

Vers 58. L'auteur de mes malheurs! l'assassin de mon père!

On met peu de remarques au bas des pages de cette pièce. On renvoie le lecteur à celles de l'Académie. Cependant il faut observer que Chimène a tort d'appeler Rodrigue *assassin;* il ne l'est pas : elle l'a appelé elle-même *brave homme, homme de bien.*

Vers 117. De moi ni de ma cour il n'aura la présence.

Ce tour est très-adroit : il donne lieu à la scène dans laquelle don Sanche apporte son épée à Chimène.

ACTE CINQUIÈME.

SCÈNE I.

Vers 3. Je vais mourir, madame, et vous viens en ce lieu,
Avant le coup mortel, dire un dernier adieu.

En quel lieu? Il est triste que ce mot *adieu* n'ait que *lieu* pour rime[1]. C'est un des grands inconvénients de notre langue.

Vers 35. Je lui vais présenter mon estomac ouvert,
Adorant en sa main la vôtre, qui me perd.

C'est dommage que ces sentiments ne soient point du tout naturels. Il paraît assez ridicule de dire qu'il doit du respect à don Sanche, et qu'il va lui présenter son estomac ouvert. Ces idées sont prises dans ces misérables romans qui n'ont rien de vraisemblable, ni dans les aventures, ni dans les sentiments, ni dans les expressions : tout était hors de la nature dans ces impertinents ouvrages qui gâtèrent si longtemps le goût de la nation. Un héros n'osait ni vivre ni mourir sans le congé de sa dame.

---

1. « Le mot *adieu* a d'autres rimes, » fait observer Palissot.

Scudéri n'avait garde de condamner ces idées romanesques dans Corneille, lui qui en avait rempli ses ridicules ouvrages.

Vers 58.   Et défends ton honneur, si tu ne veux plus vivre.

Ce vers est également adroit et passionné; il est plein d'art, mais de cet art que la nature inspire. Il me paraît admirable. Mais le discours de Chimène est un peu trop long.

Vers 81.   Et cet honneur suivra mon trépas volontaire,
              Que tout autre que moi n'eût pu vous satisfaire.

Cette réponse de Rodrigue paraît aussi alambiquée et allongée: cette dispute sur un sentiment très-peu naturel a quelque chose des conversations de l'hôtel Rambouillet, où l'on quintessenciait des idées sophistiquées.

Vers 92.   Sors vainqueur d'un combat dont Chimène est le prix

est repris par Scudéri. C'est peut-être le plus beau vers de la pièce, et il obtient grâce pour tous les sentiments un peu hors de la nature qu'on trouve dans cette scène, traitée d'ailleurs avec une grande supériorité de génie.

Comment, après ce beau vers, peut-on ramener encore sur la scène notre pitoyable infante?

Vers 95.   Paroissez, Navarrois, Maures et Castillans.

Je ne sais pourquoi on supprime ce morceau dans les représentations. *Paraissez, Navarrois* était passé en proverbe, et c'est pour cela même qu'il faut réciter ces vers. Cet enthousiasme de valeur et d'espérance messied-il au Cid, encouragé par sa maîtresse?

SCÈNE IV.

Chimène qui arrive à la place de l'infante sans la voir, et qui pourrait aussi bien ne pas paraître sur le théâtre que s'y montrer, ne fait ici que renouveler ce défaut dont nous avons tant parlé, qui consiste dans l'interruption des scènes : défaut, encore une fois, qui n'était pas reconnu dans le chaos dont Corneille a tiré le théâtre.

Vers 4.   Et mes plus doux souhaits sont pleins de repentir.

On a corrigé[1] :
      Je ne souhaite rien sans un prompt repentir.

1. La correction est de Corneille, et existe dès 1664.

Vers 9.   D'un et d'autre côté je vous vois soulagée.

Les raisonnements d'Elvire, dans cette scène, semblent un peu se contredire. D'abord, elle dit à Chimène *qu'elle sera soulagée des deux côtés.* Ensuite :

> Et nous verrons du ciel l'équitable courroux
> Vous laisser par sa mort don Sanche pour époux.

Il est probable que ces raisonnements d'Elvire contribuent un peu à refroidir cette scène ; mais aussi ils contribuent beaucoup à laver Chimène de l'affront que les critiques injustes lui ont fait de se conduire en fille dénaturée : car le spectateur est du parti d'Elvire contre Chimène ; il trouve, comme Elvire, que Chimène en a fait assez, et qu'elle doit s'en remettre à l'événement du combat.

SCÈNE V.

L'Académie a condamné cette scène, et on peut voir les raisons qu'elle en rapporte ; mais il n'y a point de lecteur sensé qui ne prévienne ce jugement, et qui ne voie qu'il n'est pas naturel que l'erreur de Chimène dure si longtemps. Ce qui n'est pas dans la nature ne peut toucher. Ce vain artifice affaiblit l'intérêt qu'on pourrait prendre à la scène suivante. Il ne reste que l'impression que Chimène a faite pendant toute la pièce : cette impression est si forte qu'elle remue encore les cœurs, malgré toutes ces fautes.

SCÈNE VI.

Vers 16.   Je lui laisse mon bien, qu'il me laisse à moi-même.
         Qu'en un cloître sacré je pleure incessamment
         Jusqu'au dernier soupir mon père et mon amant.

> Conténtese con mi hacienda,
> Que mi persona, señor,
> Llevaréla á un monasterio.

Vers 29.   Mais puisque mon devoir m'appelle auprès du roi, etc.

Quel devoir l'appelle auprès du roi, au temps de ce combat ?

SCÈNE VII.

Vers 6.   Je viens tout de nouveau vous apporter ma tête.

Rodrigue a offert sa tête si souvent que cette nouvelle offre ne peut plus produire le même effet. Les personnages doivent toujours conserver leur caractère, mais non pas dire toujours les mêmes choses. L'unité de caractère n'est belle que par la variété des idées.

Vers 26. Pour vous en revancher conservez ma mémoire.

Le mot de *revancher* est devenu bas : on dirait aujourd'hui *pour m'en récompenser*.

Vers 38. Vers ces mânes sacrés c'est me rendre perfide[1],
          Et souiller mon honneur d'un reproche éternel,
          D'avoir trempé mes mains dans le sang paternel.

Il semble que ces derniers beaux vers que dit Chimène la justifient entièrement. Elle n'épouse point le Cid ; elle fait même des remontrances au roi. J'avoue que je ne conçois pas comment on a pu l'accuser d'indécence, au lieu de la plaindre et de l'admirer. Elle dit à la vérité au roi : *C'est à moi d'obéir* ; mais elle ne dit point : *J'obéirai*. Le spectateur sent bien pourtant qu'elle obéira, et c'est en cela, ce me semble, que consiste la beauté du dénoûment.

Vers 68. Laisse faire le temps, ta vaillance, et ton roi.

Ce dernier vers, à mon avis, sert à justifier Corneille. Comment pouvait-on dire que Chimène était une fille dénaturée, quand le roi lui-même n'espère rien pour Rodrigue que du temps, de sa protection, et de la valeur de ce héros ?

––––––––––

REMARQUES

SUR LES OBSERVATIONS DE M. DE SCUDÉRI,

GOUVERNEUR DE NOTRE-DAME DE LA GARDE,

SUR LE CID.

Je conjure les honnêtes gens. . . . . de ne condamner pas, sans les ouïr, les *Sophonisbe,* les *César,* etc.

1. Dans l'édition de 1664 on lit :

        Si Rodrigue à l'État devient si nécessaire,
        De ce qu'il fit pour vous dois-je être le salaire,
        Et me livrer moi-même au reproche éternel
        D'avoir trempé mes mains dans le sang paternel ?

La *Sophonisbe* de Mairet, qui ne vaut rien du tout, était bonne pour le temps : elle est de 1633 [1].

Le *César* [2], qui ne vaut pas mieux, était de Scudéri. Il fut joué en 1636.

La *Cléopâtre* de Benserade est aussi de 1636 [3]. Il n'y a guère de pièce plus plate.

Rotrou est l'auteur d'*Hercule* [4], pièce remplie de vaines déclamations.

La *Mariamne* de Tristan, jouée la même année que *le Cid*, conserva cent ans sa réputation, et l'a perdue sans retour. Comment une mauvaise pièce peut-elle durer cent ans? C'est qu'il y a du naturel.

Cléomédon de Du Ryer fut joué en 1636 [5]. On donnait alors trois ou quatre pièces nouvelles tous les ans. Le public était affamé de spectacle; on n'avait ni opéra, ni la farce qu'on a nommée *italienne*.

Je me contentois de connaître l'erreur sans la réfuter, et la vérité sans m'en rendre l'évangéliste, etc.

Le mot d'*évangéliste* est bien singulier en cet endroit.

Je le prie d'en user avec la même retenue, s'il me répond, parce que je ne saurois dire ni souffrir d'injures, etc.

Nous ne ferons aucune réflexion sur le style et les rodomontades de M. de Scudéri : on en connaît assez le ridicule. Ses observations fourmillent de fautes contre la langue.

Mais ils vont droit en saper les fondements, afin que toute la masse du bâtiment croule et tombe en une même heure, etc.

Il n'est pas inutile de remarquer que les censures faites avec passion ont toutes été maladroites. C'est une grande sottise de ne trouver rien d'estimable dans un ennemi estimé du public.

Par ainsi je pense avoir montré bien clairement que le sujet n'en vaut rien du tout, etc.

Vous verrez que l'Académie condamne cette censure; *et par ainsi* le gouverneur de Notre-Dame de la Garde a fort mal démontré.

---

1. Jouée en 1629, elle n'a été imprimée qu'en 1633.
2. La *Mort de César*.
3. Ou de la fin de 1635.
4. Cette pièce est aussi de 1636.
5. Et est de 1635.

Enfin Chimène est une parricide.

Non, elle n'est point parricide, et il est faux qu'elle consente expressément à épouser un jour Rodrigue. Mais que tu es ennuyeux avec ton Aristote !

Il ne pouvoit pas le changer, ni le rendre propre au poëme dramatique. Mais comme une erreur en appelle une autre, etc.

Quelle erreur ?

Ce qui, loin d'être bon dans les vingt-quatre heures, ne seroit pas supportable dans les vingt-quatre ans, etc.

Mais que cet agréable ami fasse réflexion que la défaite des Maures, dans les vingt-quatre heures, aplanit tous les obstacles.

Mais l'auteur du *Cid* porte bien son erreur plus avant, puisqu'il enferme plusieurs années dans ses vingt-quatre heures, et que le mariage de Chimène et la prise de ces rois maures, qui, dans l'histoire d'Espagne, ne se fait que deux ou trois ans après la mort de son père, se fait ici le même jour.

Il suppose toujours le mariage de Chimène, qui ne se fait point.

Le spectateur n'a-t-il pas raison de penser qu'il va partir un coup de foudre du ciel représenté sur la scène, pour châtier cette Danaïde ? etc.

A quel excès d'aveuglement la jalousie porte un auteur ! Quel autre que Scudéri pouvait souhaiter que Chimène mourût d'un coup de foudre ?

Cet auteur n'auroit point enseigné la vengeance.... Chimène n'auroit pas dit :
Les accommodements ne font rien en ce point, etc.

Voilà bien le langage de l'envie ! Scudéri condamne de très-beaux vers que tout le monde sait par cœur, et se condamne lui-même en les répétant.

Je découvre encore des sentiments plus cruels et plus barbares..... C'est où cette fille, mais plutôt ce monstre, etc.

Scudéri appelle Chimène un monstre ! Et on s'étonne aujourd'hui des impudentes expressions des faiseurs de libelles !

Ce malheureux don Sanche devoit être blessé, désarmé, et, pour sauver sa vie, contraint d'accepter cette honteuse condition qui l'oblige à porter lui-même son épée à sa maîtresse de la part de son ennemi.

Remarquez que dans les mœurs de la chevalerie, et dans tous les romans qui en ont parlé, cette condition n'était point honteuse. De plus, cette victoire de Rodrigue et sa générosité sont de nouveaux motifs qui excusent la tendresse de Chimène.

Je parlerois plus clairement de cette divine personne, si je ne craignois de profaner son nom sacré, etc.

Les plus impudents satiriques sont souvent les plus sots flatteurs. A quel propos louer ici la reine, quand il ne s'agit que des rodomontades du comte de Gormaz? Il croyait, par cet artifice, mettre la reine de son parti.

Je vois bien, pour parler aussi des modernes, que dans la belle *Mariamne* ce discours des songes..... n'étoit pas absolument nécessaire; mais..... il y ajoute une beauté merveilleuse, etc.

La belle *Mariamne,* dont parle Scudéri, est un très-mauvais ouvrage, mais très-passable pour le temps où il fut composé. On joua cette *Mariamne* de Tristan quelques mois avant *le Cid.* Voici ce discours de Phérore qui ajoute une beauté merveilleuse :

Quelles fortes raisons apportoit ce docteur,
Qui soutient que le songe est toujours un menteur?
Il disoit que l'humeur qui dans nos corps domine
A voir certains objets souvent nous détermine;
Le flegme humide et froid, se portant au cerveau,
Y vient représenter des brouillards et de l'eau;
La bile ardente et jaune, aux qualités subtiles,
N'y dépeint que combats, qu'embrasements de villes;
Le sang, qui tient de l'air, et répond au printemps,
Rend les moins fortunés en leurs songes contents, etc.

Ces vers, si déplacés dans une tragédie, sont une malheureuse imitation d'un des beaux endroits de Pétrone :

Somnia quæ ludunt animos volitantibus umbris [1].

Cette épouvantable procédure choque directement le sens commun, etc.

Scudéri devait au moins reprocher ce procédé, et non cette procédure, à l'auteur espagnol dont Corneille imita les beautés et les défauts. Mais il était jaloux de Corneille, et non de Guillem de Castro.

Chimène, par un galimatias qui ne conclut rien, dit qu'elle veut perdre Rodrigue, et qu'elle souhaite ne le pouvoir pas, etc.

C'est un des beaux vers de l'espagnol.

1. Chapitre CIV, vers 1.

Ce méchant combat de l'honneur et de l'amour, etc.

Ce combat de l'amour et de l'honneur est ce qu'on a jamais vu de plus naturel et de plus heureux sur le théâtre d'Espagne.

C'est se rendre digne de cette épitaphe d'un homme en vie, mais endormi, qui dit :

> Sous cette casaque noire
> Repose paisiblement
> L'auteur d'heureuse mémoire,
> Attendant le jugement [1].

Il est plaisant de voir Scudéri traiter Corneille d'homme sans jugement.

Elle ajoute avec une impudence épouvantable :

> Sors vainqueur d'un combat dont Chimène est le prix, etc.

Ces vers contribuèrent plus qu'aucun autre endroit au succès du cinquième acte.

Elle dit au misérable don Sanche tout ce qu'elle devoit raisonnablement dire à l'autre quand il eut tué son père, etc.

Quelle pitié! Quoi! Chimène devait dire à Rodrigue qu'il avait pris le comte de Gormaz en traître?

Elle prononce enfin un *oui* si criminel, etc.

Elle ne prononce point ce *oui*, elle parle avec beaucoup de décence.

Je commence par le premier vers :

> Entre tous les amants, dont la jeune ferveur.

C'est parler françois en allemand.

Voyez le jugement de l'Académie [2].

Celui qui n'en est que le traducteur a dit

> Qu'il ne doit qu'à lui seul toute sa renommée.

Voyez l'Épître de Corneille à Ariste [3], à la fin de ces remarques sur *le Cid*.

---

1. Les vers rapportés par Scudéri ne sont qu'une citation, et avaient été faits contre le parasite Montmaur.
2. Voyez la note 2 de la page 213.
3. Elle est intitulée *Excuse à Ariste*. Voyez plus bas, page 267.

REMARQUES

SUR LA LETTRE APOLOGÉTIQUE [1]

OU RÉPONSE DU SIEUR P. CORNEILLE

AUX OBSERVATIONS DU SIEUR DE SCUDÉRI SUR LE CID.

Vous ne vous êtes pas souvenu que vous avez mis un *A qui lit* au-devant de Ligdamon.

Cet *A qui lit* répond à la formule italienne *A chi legge,* et n'est point une bravade [2].

J'en ai porté l'original en sa langue à monseigneur le cardinal, votre maître et le mien.

Corneille appelle ici le cardinal de Richelieu son maître : il est vrai qu'il en recevait une pension, et on peut le plaindre d'y avoir été réduit ; mais on doit le plaindre davantage d'avoir appelé son maître un autre que le roi [3].

REMARQUES

SUR LES PREUVES DES PASSAGES

ALLÉGUÉS DANS LES OBSERVATIONS SUR LE CID PAR M. DE SCUDÉRI,

ADRESSÉES A MESSIEURS DE L'ACADÉMIE FRANÇAISE, POUR SERVIR DE RÉPONSE

A LA LETTRE APOLOGÉTIQUE DE M. CORNEILLE.

On peut voir ce que j'en ai dit dans la traduction qu'en a faite Joseph Scaliger, ou dans Heinsius, etc.

1. Voltaire, en comprenant la *Lettre apologétique* dans son édition de Corneille, avertissait que « les notes qui sont au bas de cette lettre apologétique sont de l'édition de 1739 ». Il aurait pu dire 1714 ; je les trouve du moins dans une édition de Corneille sous cette date, et elles sont peut-être plus anciennes. Je n'ai pas dû conserver ici ces notes de 1739 ou 1714 ; et je m'en suis tenu à celles de Voltaire. (B.)

2. Cette remarque de Voltaire porte non-seulement sur le texte de Corneille, mais aussi sur une note de 1739 (ou 1714) ainsi conçue : « *Ligdamon,* comédie faite par M. Scudéri, au-devant de laquelle il avait mis une espèce de préface qu'il avait intitulée : *A qui lit,* dans laquelle il y a une infinité de bravades ridicules et impertinentes. » (B.)

3. Cette restriction de Voltaire sent un peu le gentilhomme de la chambre du roi. (B.)

Ce Heinsius était, comme Scudéri, un très-mauvais poëte, auteur d'une plate amplification latine appelée *tragédie*, dont le sujet est le massacre de ce qu'on appelle *les Innocents*.

Et l'on verra que la réponse de M. Corneille est aussi foible que ses injures, etc.

Mais n'est-ce pas Scudéri qui le premier a dit des injures? Et n'est-ce pas la méthode de tous ces barbouilleurs de papier, comme les Fréron, les Guyon, et autres malheureux de cette espèce, qui attaquent insolemment ce qu'on estime, et qui ensuite se plaignent qu'on se moque d'eux?

REMARQUES

SUR LA LETTRE DE M. DE SCUDÉRI

A L'ACADÉMIE FRANÇAISE.

J'ai trop accoutumé de paroître parmi les personnes de qualité pour vouloir me cacher.

Ce Scudéri est un modeste personnage.

Mondory, la Villiers, n'étant pas dans le livre comme sur le théâtre, *le Cid* imprimé n'étoit plus *le Cid* que l'on a cru voir.

Mondory, la Villiers, célèbres comédiens du temps des premières représentations du *Cid*, auxquels M. Scudéri prétend attribuer le succès de cette pièce.

L'ingratitude qu'il a fait paroître pour vous, en disant *qu'il ne doit qu'à lui seul toute sa renommée,* etc:

Vers que M. Corneille avait mis dans une pièce intitulée *Excuse à Ariste*, et qui lui attira un très-grand nombre d'ennemis qui écrivirent contre lui.

Qu'il voie et qu'il vainque, s'il peut; soit qu'il m'attaque en soldat, soit qu'il m'attaque en écrivain, il verra que je sais me défendre de bonne grâce..... et qu'il aura besoin de toutes ses forces.

Rodomontades de M. de Scudéri.

REMARQUES

SUR LES SENTIMENTS DE L'ACADÉMIE FRANÇAISE

SUR LA TRAGI-COMÉDIE DU CID.

Ce jugement de l'Académie fut rédigé par Chapelain ; il est écrit tout entier de sa main, et l'original est à la Bibliothèque du roi[1].

Il n'est pas croyable qu'un plaisir puisse être contraire au bon sens, si ce n'est le plaisir de quelque goût dépravé, comme est celui qui fait aimer les aigreurs et les amertumes, etc.

Le goût des aigres et des amers n'est pas contraire au bon sens, mais au goût général.

Il n'est pas question de plaire à ceux qui regardent toutes choses avec un œil ignorant ou barbare, et qui ne seroient pas moins touchés de voir affliger une Clytemnestre qu'une Pénélope, etc.

Il n'y a personne qui puisse s'attendrir pour Clytemnestre, quand elle est donnée pour la meurtrière de son époux : il ne faut pas apporter des exemples qui ne sont pas dans la nature.

Si quelques pièces régulières donnent peu de satisfaction, il ne faut pas croire que ce soit la faute des règles, mais bien celle des auteurs, dont le stérile génie n'a pu fournir à l'art une matière qui fût assez riche.

On devrait dire une forme assez belle.

Car le nœud des pièces de théâtre étant un accident inopiné, etc.

Ce nœud n'est pas toujours un accident inopiné ; souvent il est formé par les combats des passions. Cette manière est la plus heureuse et la plus difficile.

Tant y a qu'il se fait avec surprise, etc.

Tant y a est devenu une expression basse, et ne l'était point alors.

---

1. Ce que l'on conserve à la Bibliothèque du roi, écrit de la main de Chapelain, est la première rédaction, ou, pour employer les expressions de Pellisson, *un premier crayon* ; c'est un cahier in-4° de soixante-quatre pages. La dernière est blanche, ainsi que la moitié de l'avant-dernière. Il y a des apostilles de la main du cardinal de Richelieu. (B.)

Car, ni la bienséance des mœurs d'une fille introduite comme vertueuse n'y est gardée par le poëte, lorsqu'elle se résout à épouser celui qui a tué son père, etc.

Avec le respect que j'ai pour l'Académie, il me semble, comme au public, qu'il n'est point du tout contre la vraisemblance qu'un roi promette pour époux le vengeur de la patrie à une fille qui, malgré elle, aime éperdument ce héros, surtout si l'on considère que son duel avec le comte de Gormaz était, en ce temps-là, regardé de tout le monde comme l'action d'un brave homme, dont il n'a pu se dispenser.

Il y auroit eu moins d'inconvénients dans la disposition du Cid de feindre contre la vérité, ou que le comte ne se fût pas trouvé à la fin véritable père de Chimène.

Si le comte n'eût pas été le père de Chimène, c'est cela qui eût fait un roman contre la vraisemblance, et qui eût détruit tout l'intérêt.

Ou que le salut du roi ou du royaume eût absolument dépendu de ce mariage, etc.

Cette idée, que le salut de l'État eût dépendu du mariage de Chimène, me paraît très-belle; mais il eût fallu changer toute la construction du poëme.

Aristote dit, dans sa *Poétique* que le poëte, pour traiter des choses avenues, ne seroit pas estimé moins poëte : parce que rien n'empêche que quelques-unes de ces choses ne soient telles qu'il est vraisemblable qu'elles soient avenues.

Avec la permission d'Aristote, le vraisemblable ne suffirait pas. On n'est point du tout poëte pour traiter un sujet vraisemblable ; on ne l'est que quand on l'embellit.

Il y a encore eu plus sujet de le reprendre, pour avoir fait consentir Chimène à épouser Rodrigue le jour même qu'il avoit tué le comte.

Il semble qu'elle épouse Rodrigue le jour même que Rodrigue a tué son père? Non : elle consent le jour même à ne plus solliciter la mort de Rodrigue, et elle laisse entendre seulement qu'un jour elle pourra obéir au roi en épousant Rodrigue, sans donner une parole positive. Il me semble que cet art de Corneille méritait les plus grands éloges.

Et la beauté qu'eût produite dans l'ouvrage une si belle victoire de l'honneur sur l'amour eût été d'autant plus grande qu'elle eût été plus raisonnable.

Une chose assez singulière, mais très-vraie, c'est que si Chimène avait continué à poursuivre Rodrigue après qu'il a sauvé Séville, et qu'il a pardonné à don Sanche, cela eût été froid et ridicule. Si jamais on fait une pièce dans ce goût, je réponds de la chute. Les mêmes sentiments qui charmèrent l'Espagne, charmèrent ensuite la France.

> Chimène... poursuit lâchement cette mort, etc.

Aujourd'hui on dirait *faiblement*.

> En un mot, elle a assez d'éclat et de charmes pour avoir fait oublier les règles à ceux qui ne les savent guère bien, etc.

Il me semble qu'il ne s'agit pas ici des règles, mais des mœurs.

> Le comte n'étoit pas obligé de prévoir que l'un d'eux seroit assez lâche pour vouloir racheter sa vie en acceptant la condition de la part de son vainqueur, etc.

Je ne crois pas que dans les temps de la chevalerie ce fût une lâcheté : rien n'était plus commun que des chevaliers qui, ayant été désarmés, allaient porter leurs armes à la maîtresse du vainqueur. L'action de don Sanche ne parut point du tout lâche en Espagne, où l'on était encore enthousiasmé de la chevalerie.

> Ses discours sont plutôt des effets de la prévention d'un vieux soldat que des fanfaronneries d'un capitan de farce, etc.

Il faut remarquer que les fanfaronnades de tous les capitans de comédie étaient alors portées à un excès de ridicule si outré que le comte de Gormaz, tout fanfaron qu'il est, paraît modeste en comparaison.

> La relation qu'Elvire fait à Chimène est très-succincte : elle est même nécessaire pour faire paroître Chimène, etc.

Donc les comédiens ont eu très-grand tort de retrancher cette scène.

> Ayant pu remarquer que don Sanche est rival de don Rodrigue en l'amour de Chimène, etc.

On ne dirait point aujourd'hui *rival en l'amour*.

> La faute de jugement que l'observateur remarque dans la troisième scène nous semble bien remarquée, etc.

Il faut, je crois, considérer le temps où se passe l'action : c'était celui où l'on attachait autant de honte à ne se pas battre, en pareil cas, qu'à trahir sa patrie, et à faire les actions les plus basses. Il était bien plus déshonorant de ne pas tirer raison d'un affront que de voler sur le grand chemin : car, dans ce siècle, presque tous les seigneurs de fief rançonnaient les passants.

Notandi sunt tibi mores[1].

Ajoutez : *Notanda sunt tempora.*

Vouloir qu'il y eût... un quatrième parti de ceux qui ne bougeoient d'auprès de la personne du roi.

Bougeaient est devenu depuis trop familier.

Cela (la ruse du roi qui, pour connoître le sentiment de Chimène, lui assure que Rodrigue a péri dans le combat) se pourroit bien défendre par l'exemple de plusieurs grands princes.

Oui, plusieurs grands princes ont pu employer de pareilles feintes, mais elles n'en sont pas moins puériles au théâtre ; elles tiennent beaucoup plus du comique que du tragique.

Quant à l'ordonnance de Fernand, pour le mariage de Chimène avec celui de ses deux amants qui sortiroit vainqueur du combat, on ne sauroit nier qu'elle ne soit très-inique.

Inique sans doute, mais très-conforme à l'usage du temps.

C'est un défaut (d'unité de lieu) que l'on trouve en la plupart de nos poëmes dramatiques.

C'est aussi souvent le défaut des décorateurs et des comédiens. Une action se passe tantôt dans le vestibule d'un palais, tantôt dans l'intérieur, sans blesser l'unité de lieu ; mais le décorateur blesse la vraisemblance en ne représentant pas ce vestibule et cet appartement. Ce serait un soulagement pour l'esprit, et un plaisir pour les yeux, de changer la scène à mesure que les personnages sont supposés passer d'un lieu à un autre dans la même enceinte.

1. Horace, *Art poétique*, 156.

REMARQUES

ACTE PREMIER.

SCÈNE I.

Vers 8.   Elle n'ôte à pas un ni donne l'espérance.

Il falloit *ni ne donne,* et l'omission de ce *ne* avec la transposition de *pas un,* qui devroit être à la fin, font que la phrase n'est pas françoise.

Peut-être faudrait-il laisser plus de liberté à la poésie, à l'exemple de tous nos voisins. Ce vers serait fort beau :

Je ne vous ai ravi ni donné la couronne.

Il est très-français ; *ni n'ai donné* le gâterait.

Vers 15.   Don Rodrigue surtout n'a trait en son visage,
Qui d'un homme de cœur ne soit la haute image.

C'est une hyperbole excessive de dire que chaque trait d'un visage soit une image, etc.

N'a trait en son visage est familier. Mais l'hyperbole n'est peut-être pas trop forte, car il serait très-permis de dire : *tous les traits de son visage annoncent un héros.*

Vers 20. . . . . A passé pour merveille.

Cette façon de parler a été mal reprise par l'observateur.

A passé pour merveille ne se dirait pas aujourd'hui, parce que cette expression est triviale.

SCÈNE VI.

Vers 33.   Instruisez-le d'exemple.

Cela n'est pas françois ; il falloit dire : *instruisez-le par l'exemple de,* etc.

Instruire d'exemple me paraît faire un très-bel effet en poésie. Cette expression même semble y être devenue d'usage.

> Il m'instruisait d'exemple au grand art des héros[1].

Vers 39. . . . . Ordonner une armée.

> Ce n'est pas bien parler françois, quelque sens qu'on lui veuille donner, etc.

Puisqu'on ne peut rendre ce mot que par une périphrase, il vaut mieux que la périphrase ; il répond à *ordinare*; il est plus énergique qu'*arranger, disposer.*

Vers 54. Gagneroit des combats, etc.

> L'observateur a repris cette façon de parler avec quelque fondement, parce qu'on ne sauroit dire qu'improprement *gagner des combats.*

Si l'on gagne des batailles, pourquoi ne gagnerait-on pas des combats?

Vers 78. Le premier dont ma race ait vu rougir son front.

> L'observateur a eu raison de remarquer qu'on ne peut dire *le front d'une race.*

Pourquoi, si on anime tout en poésie, une race ne pourra-t-elle pas rougir? Pourquoi ne lui pas donner un front comme des sentiments?

Vers 87. Épargnes-tu mon sang?... — Mon âme est satisfaite,
  Et mes yeux à ma main reprochent ta défaite.

> Il y a contradiction en ces deux vers, de dire en même temps que son âme soit satisfaite, et que ses yeux reprochent à sa main une défaite honteuse, etc.

Y a-t-il contradiction? Je suis satisfait, je suis vengé; mais je l'ai été trop aisément.

SCÈNE VII.

Vers 11. Nouvelle dignité fatale à mon bonheur,
  Faut-il de votre éclat voir triompher le comte?

> Triompher de l'éclat d'une dignité, *ce sont de belles paroles qui ne signifient rien.*

N'est-il pas permis en poésie de triompher de l'éclat des grandeurs?

---

1. Vers de Voltaire lui-même, *Henriade*, II, 115.

Vers 28. Qui tombe sur mon chef, etc.

L'observateur est trop rigoureux de reprendre ce mot, qui n'est point tant hors d'usage qu'il le dit.

Ce mot a vieilli.

SCÈNE VIII.

Vers 18. Se faire un beau rempart de mille funérailles.

L'observateur a bien repris cet endroit, car le mot *funérailles* ne signifie point des corps morts.

Funérailles alors signifiait *funus*, et n'était pas uniquement attaché à l'idée d'enterrement.

SCÈNE IX.

Vers 14. L'un échauffe mon cœur, l'autre retient mon bras.

Échauffer est un verbe trop commun à toutes les passions, etc.

Échauffe n'est pas mauvais; *anime* serait plus noble. On l'a corrigé ainsi dans quelques éditions.

Vers 32. Je dois à ma maîtresse aussi bien qu'à mon père.

Je dois *est trop vague,* etc.

L'usage s'est depuis déclaré pour Corneille. On dit très-bien :

Je dois à la nature encor plus qu'à l'amour.

Vers 49. Allons, mon bras...

L'observateur devoit plutôt reprendre *Allons, mon bras,* qu'*allons, mon âme.*

Une âme va-t-elle mieux qu'un bras?

ACTE DEUXIÈME.

SCÈNE II.

Vers 3.   Sais-tu que ce vieillard fut la même vertu,
           La vaillance et l'honneur de son temps? Le sais-tu?

Le comte répond: *Peut-être;* mais c'est mal répondu, etc.

Cette faute est de l'espagnol.

Vers 5.   . . . Cette ardeur que dans les yeux je porte,
         Sais-tu que c'est son sang?

Une ardeur ne peut être appelée sang par métaphore ni autrement.

Si un homme pouvait dire de lui qu'il a de l'ardeur dans les yeux, y aurait-il une faute à dire que cette ardeur vient de son père, que c'est le sang de son père? N'est-ce pas le sang qui, plus ou moins animé, rend les yeux vifs ou éteints?

Vers 6.   A quatre pas d'ici je te le fais savoir.

Après avoir dit ces mots, le grand discours qui suit jusqu'à la fin de la scène devient hors de saison.

Cependant on entend les vers suivants avec plaisir, et *la valeur n'attend pas le nombre des années* est devenu un proverbe.

SCÈNE III.

Vers 26.   Les affronts à l'honneur ne se réparent point.

On dit bien *faire affront à quelqu'un,* mais non pas *faire affront à l'honneur de quelqu'un.*

Cette censure détruirait toute poésie; on dit très-bien : *il outrage mon amour, ma gloire.*

Vers 45. . . . . Quel comble à mon ennui!

Cette phrase n'est pas françoise.

On dit : *c'est le comble de ma douleur, de ma joie;* si ces tours n'étaient pas admis, il ne faudrait plus faire de vers.

SCÈNE V.

Vers 16.   Vous laissez choir ainsi ce glorieux courage.

Contre l'opinion de l'observateur, ce mot de *choir* n'est pas si fort impropre en ce lieu qu'il ne se puisse supporter, etc.

Choir n'est plus d'usage.

Vers 36. . . . . Et ses nobles journées
         Porter delà les mers ses hautes destinées.

L'observateur a bien repris *ses nobles journées,* car on ne dit point *les journées d'un homme* pour exprimer les combats qu'il a faits.

On disait alors *les journées d'un homme,* et il en est resté cette façon de parler triviale : *il a tant fait par ses journées;* mais c'est dans le style comique.

Vers 38. . . . . Arborer ses lauriers.

est bien repris par l'observateur, parce qu'on ne peut pas dire *arborer un arbre,* etc.

Arborer ses lauriers ne veut pas dire *mettre des lauriers en terre pour les faire croître, planter des lauriers ;* mais, comme on coupait des branches de laurier en l'honneur des vainqueurs, c'était les arborer que de les porter en triomphe, les montrer de loin comme s'ils étaient des arbres véritables. Ces figures ne sont-elles pas permises dans la poésie ?

SCÈNE VI.

Vers 3.   Je l'ai de votre part longtemps entretenu.

On dit bien : *je lui ai parlé de votre part;*..... mais on ne peut pas dire : *je l'ai entretenu de votre part.*

Je ne crois pas qu'on puisse trouver la moindre faute dans ce vers.

Vers 18. On l'a pris tout bouillant encor de sa querelle.

On ne peut pas dire *bouillant d'une querelle* comme on dit *bouillant de colère.*

Tout bouillant encor de sa querelle me semble très-poétique, très-énergique, et très-bon.

Vers 31. Il trouve en son devoir un peu trop de rigueur,
          Et vous obéiroit s'il avoit moins de cœur.

Don Sanche pèche fort contre le jugement d'oser dire au roi que le comte trouve trop de rigueur à lui rendre le respect qu'il lui doit, et encore plus quand il ajoute qu'il y auroit de la lâcheté à lui obéir.

Qu'on fasse attention aux mœurs de ce temps-là, à la fierté des seigneurs, au peu de pouvoir des rois, et on verra que ceux qui rédigèrent ces remarques avaient une autre idée de la puissance royale que les guerriers du XIIIe siècle.

Vers pén. A quelques sentiments que son orgueil m'oblige,
          Sa perte m'affoiblit et son trépas m'afflige.

Toutes les parties de ce raisonnement sont mal rangées; il falloit dire :
A quelque ressentiment que son orgueil m'ait obligé, son trépas m'afflige à cause que sa perte m'affoiblit.

M'oblige ne peut-il pas très-bien être substitué à *m'ait obligé? A cause que* ferait tout languir ; et le roi peut très-bien s'affliger de la perte d'un homme qui l'a servi longtemps, sans même songer qu'il pouvait servir encore. Ce sentiment est bien plus noble.

SCÈNE IX.

Vers 38. Par cette triste bouche elle empruntoit ma voix.

Chimène paroit trop subtile en tout cet endroit pour une affligée.

Ce défaut est de l'espagnol ; et, en effet, ces subtilités, ces recherches d'esprit, ces déclamations, refroidissent beaucoup le sentiment.

Vers 59. Moi dont les longs travaux ont acquis tant de gloire,
Moi que jadis partout a suivi la victoire.

Don Diègue devoit exprimer ses sentiments devant son roi avec plus de modestie.

Oui, dans nos mœurs ; oui, dans les règles de nos cours : mais non dans les temps de la chevalerie.

Vers 81. Du crime glorieux qui cause nos débats,
Sire, j'en suis la tête, il n'en est que le bras.

On peut bien donner une tête et des bras à quelques corps figurés, comme, par exemple, à une armée, mais non pas à des actions, etc.

Cette faute est de l'espagnol.

Vers 94. Il est juste, grand roi, qu'un meurtrier périsse.

Ce mot de *meurtrier,* qu'il répète souvent, le faisant de trois syllabes, n'est que de deux.

Meurtrier, sanglier, etc., sont de trois syllabes[1]. Ce serait faire une contraction très-vicieuse, et prononcer *sangler, meurtrer,* que de réduire ces trois syllabes très-distinctes à deux.

---

1. *Meurtrier, sanglier,* étaient de deux syllabes à l'époque de Corneille, et il écrivait en les faisant de trois syllabes. Le temps lui a donné raison.

ACTE TROISIÈME.

SCÈNE I.

ELVIRE.

Vers 8.   Mais chercher ton asile en la maison du mort!
Jamais un meurtrier en fit-il son refuge ?

RODRIGUE.

Et je n'y viens aussi que m'offrir à mon juge.

Soit que Rodrigue veuille consentir au sens d'Elvire, soit qu'il y veuille contrarier, il y a grande obscurité en ce vers, etc.

Y contrarier. Ce verbe ne se dit plus avec le datif ; on dit *contrarier une opinion, s'y opposer, la contredire, etc.*

SCÈNE II.

Vers 6.   Employez mon épée à punir le coupable.

La bienséance eût été mieux observée s'il se fût mis en devoir de venger Chimène sans lui en demander la permission.

Point du tout ; ce n'était pas l'usage de la chevalerie, il fallait qu'un champion fût avoué par sa dame : et de plus, don Sanche ne devait pas s'exposer à déplaire à sa maîtresse, s'il était vainqueur d'un homme que Chimène eût encore aimé.

SCÈNE III.

Vers 39.   Quoi! j'aurai vu mourir mon père entre mes bras !

Elle avoit dit auparavant qu'il étoit mort quand elle arriva sur le lieu.

Le comte venait d'expirer quand Chimène a été témoin de ce spectacle. Elle est très-bien fondée à dire : *je l'ai vu mourir entre mes bras.* Ce n'est pas assurément une hyperbole trop forte, c'est le langage de la douleur.

SCÈNE IV.

Vers 58.   Je ne te puis blâmer d'avoir fui l'infamie.

Fui est de deux syllabes.

Fui est d'une seule syllabe, comme *lui, bruit, cuit*[1].

Vers 75. Mais il me faut te perdre après l'avoir perdu ;
      Et pour mieux tourmenter mon esprit éperdu, etc.

Perdu et *éperdu* ne peuvent rimer, à cause que l'un est le simple et l'autre le composé.

Perdu et *éperdu* signifiant deux choses absolument différentes, laissons aux poëtes la liberté de faire rimer ces mots. Il n'y a pas assez de rimes dans le genre noble pour en diminuer encore le nombre.

Vers 115. Va, je ne te hais point. — Tu le dois. — Je ne puis.

Ces termes *tu le dois* sont équivoques, etc.

Non assurément, ils ne sont point équivoques : le sens est si clair qu'il est impossible de s'y méprendre ; et si c'est une licence en poésie, c'est une très-belle licence.

SCÈNE VI.

Vers 35. L'amour n'est qu'un plaisir, et l'honneur un devoir.

Il falloit dire : *l'amour n'est qu'un plaisir ; l'honneur est un devoir,* etc.

C'est encore ici la même observation : il y a peut-être un léger défaut de grammaire ; mais la force, la vérité, la clarté du sens, font disparaître ce défaut.

Vers 38. Et vous m'osez pousser à la honte du change !

Ce n'est point bien parler que de dire : *Vous me conseillez de changer ;* on ne dit point *pousser à la honte.*

Le mot de *pousser* n'est pas noble, mais il serait beau de dire : *Vous me forcez à la honte, vous m'entraînez dans la honte.*

Vers 53. La cour est en désordre et le peuple en alarmes.

Il falloit dire *en alarme,* au singulier.

On dit encore mieux en *alarmes,* au pluriel qu'au singulier, en poésie.

---

1. Même observation que page 261.

ACTE QUATRIÈME.

SCÈNE III.

Vers 18. Qu'il devienne l'effroi de Grenade et Tolède.

Il falloit répéter le *de,* et dire *de Grenade et de Tolède.*

Il y a bien des occasions où le poëte est obligé de supprimer ce *de*[1].

Vers 41. . . . . Leur brigade étoit prête.

Contre l'avis de l'observateur, le mot de *brigade* se peut prendre pour un plus grand nombre que de cinq cents..... et quelquefois on peut appeler *brigade* la moitié d'une armée.

La moitié d'une armée, un gros détachement même n'est point appelé *brigade,* et ce mot *brigade* n'est plus d'usage en poésie.

Vers 42. Et paroître à la cour eût hasardé ma tête [2].

Il falloit dire : *c'eût été hasarder ma tête;* car on ne peut point faire un substantif de *paraître* pour régir *eût hasardé.*

Il nous semble que cette licence devrait être permise aux poëtes en faveur de la précision, et que cet exemple même en donne la preuve.

Vers 55. J'en cache les deux tiers aussitôt qu'arrivés.

Cette façon de parler n'est pas françoise; il falloit dire : *aussitôt qu'ils furent arrivés, etc.*

Aussitôt qu'arrivés est bien plus fort, plus énergique, plus beau en poésie que cette expression aussi languissante que régulière, *aussitôt qu'ils furent arrivés.*

---

1. Corneille trouva juste la critique de l'Académie, et, dans l'édition de 1664, il mit :

> Qu'il comble d'épouvante et Grenade et Tolède.

2. On lit dans l'édition de 1664 :

> Me montrant à la cour je hasardois ma tête.

SCÈNE IV.

Vers dern. Contrefaites le triste.

L'observateur n'a pas eu raison de reprendre cette façon de parler, qui est en usage; mais il est vrai qu'elle est basse dans la bouche du roi.

Elle est basse dans la bouche de tout personnage tragique[1].

SCÈNE V.

Vers 3.   Si de nos ennemis Rodrigue a le dessus,
            Il est mort à nos yeux des coups qu'il a reçus.

Quand un homme *est mort,* on ne peut dire qu'*il a le dessus* des ennemis, mais bien *il a eu.*

On peut encore observer qu'*avoir le dessus des ennemis* est une expression trop populaire.

ACTE CINQUIÈME.

SCÈNE I.

Vers 5.   Mon amour vous le doit, et mon cœur, qui soupire
            N'ose, sans votre aveu, sortir de votre empire.

Cette expression, *qui soupire,* est imparfaite : il falloit dire *qui soupire pour vous;* et, par le second vers, il semble qu'il demande plutôt permission de changer d'amour que de mourir.

On pourrait dire encore qu'un cœur qui n'ose sortir du monde et de l'empire de sa maîtresse sans l'ordre de sa dame est une idée romanesque qui éteint, dans cet endroit, la chaleur de la passion, et que tout ce qui est guindé, recherché, affecté, est froid.

SCÈNE III.

Vers 24. Que ce jeune seigneur endosse le harnois [2].

L'observateur ne devoit pas reprendre cette phrase, qui n'est point hors d'usage, etc.

1. Aussi Corneille a-t-il mis dans l'édition de 1664 :

> Montrez un œil plus triste.

2. On lit dans l'édition de 1664 :

> Et mérite son choix
> Parce qu'il va s'armer pour la première fois.

On endossait effectivement alors le harnois. Les chevaliers portaient cinquante livres de fer au moins. Cette mode ayant fini, *endosser le harnois* a cessé d'être en usage. Boileau a dit[1] : *dormir en plein champ le harnois sur le dos ;* mais c'est dans une satire.

Vers 27.   Un tel choix et si prompt vous doit bien faire voir
    Qu'elle cherche un combat qui force son devoir,
    Et, livrant à Rodrigue une victoire aisée,
    Puisse l'autoriser à paroître apaisée[2].

Ce dernier vers ne signifie pas bien *puisse lui donner lieu de s'apaiser, sans qu'il y aille de son honneur.*

`   Cette critique paraît trop sévère. Il me semble que l'auteur dit ce qu'on lui reproche de n'avoir pas dit.

SCÈNE V.

Vers 1.   Madame, à vos genoux j'apporte cette épée.

On peut bien *apporter une épée aux pieds de quelqu'un,* mais non pas *aux genoux.*

On apporte aux genoux comme aux pieds.

Le cinquième article des Observations (de Scudéri) comprend les larcins de l'auteur, qui sont ponctuellement ceux que l'observateur a remarqués.

Le mot *larcins* est dur. Traduire les beautés d'un ouvrage étranger, enrichir sa patrie et l'avouer, est-ce là un larcin ?

CONCLUSIONS

DES SENTIMENTS DE L'ACADÉMIE SUR LE CID.

Il n'a pas laissé de faire éclater en beaucoup d'endroits de si beaux sentiments et de si belles paroles qu'il a en quelque sorte imité le ciel, qui, en

---

1. Satire V, vers 48.
2. L'édition de 1664 porte :

    Et sa facilité vous doit bien faire voir
    Qu'elle cherche un combat qui force son devoir,
    Qui livre à son Rodrigue une victoire aisée,
    Et l'autorise enfin à paroître apaisée.

la dispensation de ses trésors et de ses grâces, donne indifféremment la beauté du corps aux méchantes âmes et aux bonnes.

Cette *imitation du ciel* fait voir qu'on était éloigné de la véritable éloquence, et qu'on cherchait de l'esprit à quelque prix que ce fût.

Néanmoins la naïveté et la véhémence de ses passions, la force et la délicatesse de plusieurs de ses pensées, et cet agrément inexplicable qui se mêle dans tous ses défauts, lui ont acquis un rang considérable entre les poëmes françois de ce genre, etc.

Ces dernières lignes sont un aveu assez fort du mérite du *Cid;* on en doit conclure que les beautés y surpassent les défauts, et que, par le jugement de l'Académie, Scudéri est beaucoup plus condamné que Corneille[1].

EXCUSE A ARISTE[2].

Ce n'est donc pas assez, et de la part des muses,
Ariste, c'est en vers qu'il vous faut des excuses;
Et la mienne pour vous n'en plaint pas la façon :
Cent vers lui coûtent moins que deux mots de chanson;
Son feu ne peut agir quand il faut qu'il s'explique[3]
Sur les fantasques airs d'un rêveur de musique,
Et que, pour donner lieu de paroître à sa voix,
De sa bizarre quinte il se fasse des lois;
Qu'il ait sur chaque ton ses rimes ajustées,
Sur chaque tremblement ses syllabes comptées,
Et qu'une foible pointe à la fin d'un couplet
En dépit de Phébus donne à l'art un soufflet :
Enfin cette prison déplaît à son génie :
Il ne peut rendre hommage à cette tyrannie;

----

1. Les deux pièces de vers imprimées à la suite des *Sentiments de l'Académie,* dans l'édition commentée, ne se trouvant pas dans quelques éditions du *Théâtre de Corneille,* on a cru devoir les donner ici en entier avec les remarques au bas des pages. (K.)

2. Voici cette épître de Corneille qu'on prétend qui lui attira tant d'ennemis; mais il est très-vraisemblable que le succès du *Cid* lui en fit bien davantage : elle paraît écrite entièrement dans le goût et dans le style de Régnier, sans grâces, sans finesse, sans élégance, sans imagination; mais on y voit de la facilité et de la naïveté. (*Note de Voltaire.*)

3. *Édit. orig.:* qu'il s'applique.

Il ne se leurre point d'animer de beaux chants,
Et veut pour se produire avoir la clef des champs.
C'est lors qu'il court d'haleine, et qu'en pleine carrière,
Quittant souvent la terre en quittant la barrière,
Puis d'un vol élevé se cachant dans les cieux,
Il rit du désespoir de tous ses envieux.
Ce trait est un peu vain, Ariste, je·l'avoue;
Mais faut-il s'étonner d'un poëte qui se loue [1]?
Le Parnasse, autrefois dans la France adoré,
Faisoit pour ses mignons un autre âge doré :
Notre fortune enfloit du prix de nos caprices,
Et c'étoit une banque [2] à de bons bénéfices;
Mais elle est épuisée, et les vers à présent
Aux meilleurs du métier n'apportent que du vent [3];
Chacun s'en donne à l'aise, et souvent se dispense
A prendre par ses mains toute sa récompense.
Nous nous aimons un peu: c'est notre foible à tous;
Le prix que nous valons, qui le sait mieux que nous?
Et puis la mode en est, et la cour l'autorise.
Nous parlons de nous-même avec toute franchise;
La fausse humilité ne met plus en crédit.
Je sais ce que je vaux, et crois ce qu'on m'en dit.
Pour me faire admirer je ne fais point de ligue :
J'ai peu de voix pour moi, mais je les ai sans brigue;
Et mon ambition, pour faire plus de bruit,
Ne les va point quêter de réduit en réduit [4];
Mon travail sans appui monte sur le théâtre;
Chacun en liberté l'y blâme ou l'idolâtre.
Là, sans que mes amis prêchent leurs sentiments,
J'arrache quelquefois leurs applaudissements [5];

1.　　　　Mais faut-il s'étonner d'un poëte qui se loue ?

Les mots *poete, ouate*, étaient alors de deux syllabes en vers. Boileau, qui a beaucoup servi à fixer la langue, a mis trois syllabes à tous les mots de cette espèce :

　　　Si son astre en naissant ne l'a formé poëte.
　　　　　　　(*Art poétique*, I, 4.)

　　Où sur l'ouate molle éclate le tabis.
　　　　　(*Lutrin*, IV, 44.)
　　　　　　　　　　(*Note de Voltaire.*)

2. *Édit. orig. :* une blanque.
3. *Édit. orig. :* n'apportant que du vent.

4.　　　　Ne les va point quêter de réduit en réduit.

Ce vers désigne tous ses rivaux, qui cherchaient à se faire des protecteurs et des partisans ; et cet endroit les souleva tous. (*Note de Voltaire.*)
5. *Édit. orig. :* trop d'applaudissements.

Là, content du succès que le mérite donne,
Par d'illustres avis je n'éblouis personne;
Je satisfais ensemble et peuple et courtisans;
Et mes vers en tous lieux sont mes seuls partisans :
Par leur seule beauté ma plume est estimée [1] ;
Je ne dois qu'à moi seul toute ma renommée;
Et pense, toutefois, n'avoir point de rival
A qui je fasse tort en le traitant d'égal.
Mais insensiblement je donne ici le change [2],
Et mon esprit s'égare en sa propre louange :
Sa douceur me séduit, je m'en laisse abuser,
Et me vante moi-même au lieu de m'excuser.
Revenons aux chansons que l'amitié demande.
J'ai brûlé fort longtemps d'une amour assez grande [3],
Et que jusqu'au tombeau je dois bien estimer,
Puisque ce fut par là que j'appris à rimer.
Mon bonheur commença quand mon âme fut prise.
Je gagnai de la gloire en perdant ma franchise.
Charmé de deux beaux yeux, mon vers charma la cour;
Et ce que j'ai de nom je le dois à l'amour.
J'adorai donc Phyllis, et la secrète estime
Que ce divin esprit faisoit de notre rime

---

1.   Par leur seule beauté ma plume est estimée ;
       Je ne dois qu'à moi seul toute ma renommée.

Ces vers étaient d'autant plus révoltants qu'il n'avait fait encore aucun de
ces ouvrages qui ont rendu son nom immortel. Il n'était connu que par ses premières comédies et par sa tragédie de *Médée* *, pièces qui seraient ignorées
aujourd'hui si elles n'avaient été soutenues, depuis, par ses belles tragédies. Il
n'est pas permis d'ailleurs de parler ainsi de soi-même. On pardonnera toujours
à un homme célèbre de se moquer de ses ennemis, et de les rendre ridicules ;
mais ses propres amis ne lui pardonneront jamais de se louer. (*Note de Voltaire.*)

2. *Édit. orig.* : je baille ici le change.

3.   J'ai brûlé fort longtemps d'une amour assez grande.

Il avait aimé très-passionnément une dame de Rouen, nommée Mᵐᵉ Dupont,
femme d'un maître des comptes de la même ville, qui était parfaitement belle,
qu'il avait connue toute petite fille pendant qu'il étudiait à Rouen, au collège des
jésuites, et pour qui il fit plusieurs petites pièces de galanterie qu'il n'a jamais
voulu rendre publiques, quelques instances que lui aient faites ses amis. Il les
brûla lui-même environ deux ans avant sa mort. Il lui communiquait la plupart
de ses pièces avant de les mettre au jour, et, comme elle avait beaucoup d'esprit,
elle les critiquait fort judicieusement; en sorte que M. Corneille a dit plusieurs
fois qu'il lui était redevable de plusieurs endroits de ses premières pièces. (Note
ancienne qui se trouve dans les éditions de Corneille.) (*Note de Voltaire.*)

* L'*Excuse à Ariste* a été publiée après le succès du *Cid*, au commencement de 1637.

Me fit devenir poëte aussitôt qu'amoureux;
Elle eut mes premiers vers, elle eut mes premiers feux [1];
Et bien que maintenant cette belle inhumaine
Traite mon souvenir avec un peu de haine,
Je me trouve toujours en état de l'aimer;
Je me sens tout ému quand je l'entends nommer;
Et par le doux effet d'une prompte tendresse,
Mon cœur sans mon aveu reconnoît sa maîtresse.
Après beaucoup de vœux et de soumissions [2],
Un malheur rompt le cours de nos affections;
Mais toute mon amour en elle consommée,
Je ne vois rien d'aimable après l'avoir aimée :
Aussi n'aimé-je plus [3], et nul objet vainqueur
N'a possédé depuis ma veine ni mon cœur.
Vous le dirai-je, ami? tant qu'ont duré nos flammes,
Ma muse également chatouilloit nos deux âmes :
Elle avoit sur la mienne un absolu pouvoir;
J'aimois à le décrire, elle à le recevoir.
Une voix ravissante, ainsi que son visage,
La faisoit appeler le phénix de notre âge,
Et souvent de sa part je me suis vu presser
Pour avoir de ma main de quoi mieux l'exercer.
Jugez vous-même, Ariste, à cette douce amorce.
Si mon génie étoit pour épargner sa force.
Cependant mon amour, le père de mes vers,
Le fils du plus bel œil qui fût en l'univers,
A qui désobéir c'étoit pour moi des crimes,
Jamais en sa faveur n'a pu tirer deux rimes :
Tant mon esprit, alors contre moi révolté,
En haine des chansons sembloit m'avoir quitté;
Tant ma veine se trouve aux airs mal assortie,
Tant avec la musique elle a d'antipathie;
Tant alors de bon cœur elle renonce au jour :
Et l'amitié voudroit ce que n'a pu l'amour!
N'y pensez plus, Ariste; une telle injustice
Exposeroit ma muse à son plus grand supplice.
Laissez-la, toujours libre, agir suivant son choix.
Céder à son caprice, et s'en faire des lois.

---

1. *Édit. orig. :* elle eut mes derniers feux.
2. *Édit. orig. :* submissions.
3. *Édit. orig. :* n'aimai-je plus.

RONDEAU [1].

Qu'il fasse mieux, ce jeune jouvencel,
A qui *le Cid* donne tant de martel,
Que d'entasser injure sur injure,
Rimer de rage une lourde imposture,
Et se cacher ainsi qu'un criminel [2].

Chacun connoît son jaloux naturel,
Le montre au doigt comme un fou solennel.
Et ne croit pas, en sa bonne écriture,
Qu'il fasse mieux.

Paris entier ayant vu son cartel [3],
L'envoie au diable, et sa muse au bordel [4].
Moi, j'ai pitié des peines qu'il endure,
Et, comme ami, je le prie et conjure,
S'il veut ternir un ouvrage immortel,
Qu'il fasse mieux.

1. Ce rondeau fut fait par Corneille, en 1637, dans le temps du différend qu'il eut avec Scudéri, au sujet des *Observations sur le Cid*. (*Note de Voltaire.*)
— Ce n'est point contre Scudéri, mais contre Mairet, qu'est dirigé ce rondeau. C'était à Mairet que Corneille attribuait l'opuscule en vers intitulé *l'Autheur du vrai Cid espagnol à son traducteur françois*.
2. Scudéri n'avait pas d'abord mis son nom à ses *Observations sur le Cid*. Il en fut fait deux éditions sans qu'on sût de quelle part elles venaient. Cela se découvrit néanmoins, et les brouilla ensemble. (*Note de Voltaire.*)
3. *Édit orig. :* ayant lu son cartel.
4. Ce terme grossier n'est pas tolérable ; mais Régnier et beaucoup d'autres l'avaient employé sans scrupule. Boileau même, dans le siècle des bienséances, en 1674, souilla son chef-d'œuvre de l'*Art poétique* par ces deux vers, dans lesquels il caractérisait Régnier (chant II, v. 171) :

> Heureux si, moins hardi dans ses vers pleins de sel,
> Il n'avoit point traîné les muses au bordel !

Ce fut le judicieux Arnauld qui l'obligea de réformer ces deux vers, où l'auteur tombait dans le défaut qu'il reprochait à Régnier.
Boileau substitua ces deux vers excellents :

> Heureux si ses discours, craints du chaste lecteur,
> Ne se sentoient des lieux où fréquentoit l'auteur.

Il eût été à souhaiter que Corneille eût trouvé un Arnauld : il lui eût fait supprimer son rondeau tout entier, qui est trop indigne de l'auteur du *Cid*. (*Note de Voltaire.*)

REMARQUES

SUR LES HORACES

TRAGÉDIE REPRÉSENTÉE EN 1641 [1].

AVERTISSEMENT DU COMMENTATEUR.

Si on reprocha à Corneille d'avoir pris dans des Espagnols les beautés les plus touchantes du *Cid*, on dut le louer d'avoir transporté sur la scène française, dans *les Horaces*, les morceaux les plus éloquents de Tite-Live, et même de les avoir embellis. On sait que quand on le menaça d'une seconde critique sur la tragédie des *Horaces* semblable à celle du *Cid*, il répondit : « Horace fut condamné par les duumvirs, mais il fut absous par le peuple. » *Horace* n'est point encore une tragédie entièrement régulière, mais on y verra des beautés d'un genre supérieur.

ÉPITRE DÉDICATOIRE

DE CORNEILLE AU CARDINAL DE RICHELIEU.

Monseigneur,

Je n'aurois jamais eu la témérité de présenter à Votre Éminence ce mauvais portrait d'Horace, si je n'eusse considéré qu'après tant de bienfaits que j'ai reçus d'elle, le silence où le respect m'a retenu passeroit pour ingratitude.

---

1. *Les Horaces* (comme dit Voltaire), sont de 1639. La première édition est de 1643. L'auteur a intitulé sa pièce *Horace,* et c'est sous ce titre que Voltaire l'a fait réimprimer dans ses deux éditions, quoiqu'il la cite toujours sous le titre des *Horaces,* qui était employé depuis longtemps par les comédiens. (B.)

Ce mot *bienfaits* fait voir que le cardinal de Richelieu savait récompenser en premier ministre, ce même talent qu'il avait un peu persécuté dans l'auteur du *Cid.*

Le sujet étoit capable de plus de grâces, s'il eût été traité d'une main plus savante; mais du moins il a reçu de la mienne toutes celles qu'elle étoit capable de lui donner, et qu'on pouvoit raisonnablement attendre d'une muse de province, etc.

M. Corneille demeurait à Rouen, et ne venait à Paris que pour y faire jouer ses pièces, dont il tirait un profit qui ne répondait point du tout à leur gloire, et à l'utilité dont elles étaient aux comédiens.

Et certes, monseigneur, ce changement visible qu'on remarque en mes ouvrages depuis que j'ai l'honneur d'être à Votre Éminence, qu'est-ce autre chose qu'un effet des grandes idées qu'elle m'inspire? etc.

Je ne sais ce qu'on doit entendre par ces mots *être à Votre Éminence.* Le cardinal de Richelieu faisait au grand Corneille une pension de cinq cents écus, non pas au nom du roi, mais de ses propres deniers. Cela ne se pratiquerait pas aujourd'hui. Peu de gens de lettres voudraient accepter une pension d'un autre que de Sa Majesté ou d'un prince ; mais il faut considérer que le cardinal de Richelieu était roi en quelque façon; il en avait la puissance et l'appareil. *

Cependant une pension de cinq cents écus que le grand Corneille fut réduit à recevoir ne paraît pas un titre suffisant pour qu'il dît : *J'ai l'honneur d'être à Votre Éminence.*

Il faut, monseigneur, que tous ceux qui donnent leurs veilles au théâtre publient hautement avec moi que nous vous avons deux obligations très-signalées : l'une, d'avoir ennobli le but de l'art; l'autre, de nous en avoir facilité les connoissances.

Cette phrase est assez remarquable : ou elle est une ironie, ou elle est une flatterie qui semble contredire le caractère qu'on attribue à Corneille. Il est évident qu'il ne croyait pas que l'ennemi du *Cid,* et le protecteur de ses ennemis, eût un goût si sûr. Il était mécontent du cardinal, et il le loue! Jugeons de ses vrais sentiments par le sonnet fameux qu'il fit après la mort de Louis XIII :

> Sous ce marbre repose un monarque sans vice,
> Dont la seule bonté déplut aux bons François :
> Ses erreurs, ses écarts, vinrent d'un mauvais choix,
> Dont il fut trop longtemps innocemment complice.

L'ambition, l'orgueil, la haine, l'avarice,
Armés de son pouvoir, nous donnèrent des lois :
Et bien qu'il fût en soi le plus juste des rois,
Son règne fut toujours celui de l'injustice.

Fier vainqueur au dehors, vil esclave en sa cour,
Son tyran et le nôtre à peine perd le jour
Que jusque dans sa tombe il le force à le suivre :

Et par cet ascendant ses projets confondus,
Après trente-trois ans sur le trône perdus,
Commençant à régner, il a cessé de vivre [1].

Le sonnet a des beautés; mais avouons que ce n'était pas à un pensionnaire du cardinal à le faire, et qu'il ne fallait ni lui prodiguer tant de louanges pendant sa vie, ni l'outrager après sa mort.

Je suis et je serai toute ma vie très-passionnément, monseigneur, de Votre Éminence, etc.

Cette expression *passionnément* montre combien tout dépend des usages. *Je suis passionnément* est aujourd'hui la formule dont les supérieurs se servent avec les inférieurs. Les Romains ni les Grecs ne connurent jamais ce protocole de la vanité : il a toujours changé parmi nous. Celui qui fait cette remarque est le premier qui ait supprimé les formules dans les épîtres dédicatoires de ce genre, et on commence à s'en abstenir. Ces épîtres, en effet, étant souvent des ouvrages raisonnés, ne doivent point finir comme une lettre ordinaire.

ACTE PREMIER.

SCÈNE I.

SABINE, JULIE.

Corneille, dans l'examen des *Horaces*, dit que le personnage de Sabine est heureusement inventé, mais qu'il ne sert pas plus à l'action que l'infante à celle du *Cid*.

---

1. Il y a plusieurs versions de cette pièce, qui ne fut pas imprimée du vivant de Corneille.

Il est vrai que ce rôle n'est pas nécessaire à la pièce; mais j'ose ici être moins sévère que Corneille. Ce rôle est du moins incorporé à la tragédie. C'est une femme qui tremble pour son mari et pour son frère. Elle ne cause aucun événement, il est vrai : c'est un défaut sur un théâtre aussi perfectionné que le nôtre; mais elle prend part à tous les événements, et c'est beaucoup pour un temps où l'art commençait à naître.

Observez que ce personnage débite souvent de très-beaux vers, et qu'il fait l'exposition du sujet d'une manière très-intéressante et très-noble.

Mais observez surtout que les beaux vers de Corneille nous enseignèrent à discerner les mauvais. Le goût du public se forma insensiblement par la comparaison des beautés et des défauts. On désapprouve aujourd'hui cet amas de sentences, ces idées générales retournées en tant de manières, l'ébranlement qui sied aux *fermes* courages, l'esprit le *plus mâle*, le *moins abattu :* c'est l'auteur qui parle, et c'est le personnage qui doit parler.

Vers 3.   Si près de voir sur soi fondre de tels orages,
            L'ébranlement sied bien aux plus fermes courages.

Si près de voir n'est pas français : *près de* veut un substantif, *près de la ruine, près d'être ruiné* [1].

Vers 8.   Le trouble de mon cœur ne peut rien sur mes larmes.

Un trouble qui a du pouvoir sur des larmes : cela est louche et mal exprimé.

Vers 11.   Quand on arrête là les déplaisirs d'une âme...

Quand on arrête là ne serait pas souffert aujourd'hui ; c'est une expression de comédie.

Vers 12.   Si l'on fait moins qu'un homme, on fait plus qu'une femme.

Cette petite distinction, *moins qu'un homme, plus qu'une femme,* est trop recherchée pour la vraie douleur.

Elle revient encore une troisième fois à la charge pour dire qu'elle ne pleure point.

Vers 25.   Je suis Romaine, hélas! puisque Horace est Romain.

Il y avait dans les premières éditions :

---

1. *Près d'être ruiné* contredit la remarque. Voyez, tome XIV, la note 1 de la page 418.

Je suis Romaine, hélas! puisque mon époux l'est, etc.

Pourquoi peut-on finir un vers par *je le suis*, et que *mon
époux l'est* est prosaïque, faible et dur? C'est que ces trois syllabes *je le suis* semblent ne composer qu'un mot; c'est que l'o-
reille n'est point blessée; mais ce mot *l'est*, détaché et finissant la
phrase, détruit toute harmonie. C'est cette attention qui rend la
lecture des vers ou agréable ou rebutante. On doit même avoir
cette attention en prose. Un ouvrage dont les phrases finiraient
par des syllabes sèches et dures ne pourrait être lu, quelque bon
qu'il fût d'ailleurs.

Vers 30.   Albe, mon cher pays et mon premier amour,
            Lorsque entre nous et toi je vois la guerre ouverte,
            Je crains notre victoire autant que notre perte.

Voyez comme ces vers sont supérieurs à ceux du commencement. C'est ici un sentiment vrai; il n'y a point là de lieux communs, point de vaines sentences, rien de recherché, ni dans les
idées ni dans les expressions. *Albe, mon cher pays;* c'est la nature
seule qui parle. Cette comparaison de Corneille avec lui-même
formera mieux le goût que toutes les dissertations et les poétiques.

Vers 34.   Fais-toi des ennemis que je puisse haïr.

Ce vers admirable est resté en proverbe[1].

Vers 58.   Sa joie éclatera dans l'heur de ses enfants.

Ce mot *heur*, qui favorisait la versification, et qui ne choque
point l'oreille, est aujourd'hui banni de notre langue. Il serait
à souhaiter que la plupart des termes dont Corneille s'est servi
fussent en usage. Son nom devrait consacrer ceux qui ne sont
pas rebutants.

Remarquez que dans ces premières pages vous trouverez
rarement un mauvais vers, une expression louche, un mot hors
de sa place, pas une rime en épithète; et que, malgré la prodigieuse contrainte de la rime, chaque vers dit quelque chose. Il
n'est pas toujours vrai que dans notre poésie il y ait continuelle-

---

1. Un catholique, qui avait épousé une protestante et à qui l'on disait que
par son mariage il trahissait sa religion, répondit par ces deux vers de Corneille:

     Rome, si tu te plains que c'est là te trahir,
     Fais-toi des ennemis que je puisse haïr.

ment un vers pour le sens, un autre pour la rime, comme il est dit dans *Hudibras* [1] :

> For one for sense and one for rime,
> I think sufficient at a time.

> C'est assez, pour des vers méchants,
> Qu'un pour la rime, un pour le sens.

Vers 59.   Et se laissant ravir à l'amour maternelle,
> Ses vœux seront pour toi si tu n'es plus contre elle.

Cette phrase est équivoque et n'est pas française. Le mot de *ravir,* quand il signifie *joie,* ne prend point un datif. On n'est point ravi à quelque chose; c'est un solécisme de phrase.

Vers 61.   Ce discours me surprend, vu que depuis le temps
> Qu'on a contre son peuple armé nos combattants...

Ce *vu que* est une expression peu noble, même en prose; s'il y en avait beaucoup de pareilles, la poésie serait basse et rampante; mais jusqu'ici vous ne trouvez guère que ce mot indigne du style de la tragédie.

Vers 68.   Comme si notre Rome eût fait toutes vos craintes.

On ne *fait* pas une *crainte,* on la cause, on l'inspire, on l'excite, on la fait naître.

Vers 69.   Tant qu'on ne s'est choqué qu'en de légers combats,
> Trop foibles pour jeter un des partis à bas...
> Oui, j'ai fait vanité d'être toute Romaine.

Jeter à bas est une expression familière qui ne serait pas même admise dans la prose. Corneille, n'ayant aucun rival qui écrivît avec noblesse, se permettait ces négligences dans les petites choses, et s'abandonnait à son génie dans les grandes.

Vers 75.   Et si j'ai ressenti dans ses destins contraires
> Quelque maligne joie en faveur de mes frères...
> Soudain pour l'étouffer rappelant ma raison,
> J'ai pleuré quand la gloire entroit dans leur maison.

La joie des succès de sa patrie et d'un frère peut-elle être appelée *maligne?* Elle est naturelle; on pouvait dire : *une secrète joie en faveur de mes frères.*

---

1. Poéme anglais, de Butler, analogue à *Don Quichotte.*

Ce mot de *maligne joie* est bien plus à sa place dans ces deux admirables vers de *la Mort de Pompée* [1] :

Quelque *maligne joie* en son cœur s'élevoit,
Dont sa gloire indignée à peine le sauvoit.

Il faut toujours avoir devant les yeux ce passage de Boileau [2] :

D'un mot mis à sa place enseigna le pouvoir.

C'est ce mot propre qui distingue les orateurs et les poëtes de ceux qui ne sont que diserts et versificateurs.

Vers 83.   J'aurois pour mon pays une cruelle haine,
Si je pouvois encore être toute Romaine,
Et si je demandois votre triomphe aux dieux,
Au prix de tant de sang qui m'est si précieux.

Ce n'est pas ce *tant* qui est précieux, c'est le *sang : c'est au prix d'un sang qui m'est si précieux.* Le *tant* est inutile, et corrompt un peu la pureté de la phrase et la beauté du vers : c'est une très-petite faute.

Vers 91.   Égale à tous les deux jusques à la victoire,
Je prendrai part aux maux sans en prendre à la gloire.

Égale à n'est pas français en ce sens. L'auteur veut dire *juste envers tous les deux,* car Sabine doit être juste, et non pas indifférente.

Vers 93.   Et je garde, au milieu de tant d'âpres rigueurs,
Mes larmes aux vaincus et ma haine aux vainqueurs.

Elle ne doit pas haïr son mari, ses enfants, s'ils sont victorieux : ce sentiment n'est pas permis; elle devrait plutôt dire *sans haïr les vainqueurs.*

Vers 95.   Qu'on voit naître souvent de pareilles traverses,
En des esprits divers, des passions diverses!

Le lecteur se sent arrêté à ces deux vers : ces *de des* embarrassent l'esprit. *Traverses* n'est point le mot propre : les passions ici ne sont point *diverses.* Sabine et Camille se trouvent dans une situation à peu près semblable. Le sens de l'auteur est probable-

---

1. Acte III, scène 1re.
2 *Art poétique,* chant 1er, vers 133.

ment que *les mêmes malheurs produisent quelquefois des sentiments différents.*

Vers 101. Lorsque vous conserviez un esprit tout romain,
    Le sien irrésolu, le sien tout incertain,
    De la moindre mêlée appréhendoit l'orage.

    Les premières éditions portent :

        Le sien, irrésolu, tremblotant, incertain.

Tremblotant n'est pas du style noble, et on doit en avertir les étrangers, pour qui principalement ces remarques sont faites. Corneille changea

        Le sien irrésolu, le sien tout incertain ;

mais comme *incertain* ne dit pas plus qu'*irrésolu*, ce cha ngement n'est pas heureux. Ce redoublement de *sien* fait attendre une idée forte qu'on ne trouve pas.

Vers 107. Mais hier quand elle sut qu'on avoit pris journée...

    On prend *jour*, et on ne prend point *journée*, parce que *jour* signifie temps, et que *journée* signifie bataille. La journée d'Ivry, la journée de Fontenoy.

Vers 111. Hier dans sa belle humeur elle entretint Valère.

    Hier, comme on l'a déjà dit[1], est toujours aujourd'hui de deux syllabes. La prononciation serait trop gênée en le faisant d'une seule, comme s'il y avait *her*. *Belle humeur* ne peut se dire que dans la comédie.

Vers 112. Pour ce rival sans doute elle quitte mon frère.

    Sabine ne doit point dire que sans doute Camille est volage et infidèle, sur cela seul que Camille a parlé civilement à Valère, et paraissait être dans sa belle humeur. Ces petits moyens, ces soupçons, peuvent produire quelquefois de grands mouvements et des intérêts tragiques, comme la méprise peu vraisemblable d'Acomat, dans la tragédie de *Bajazet;* le plus léger incident peut

---

1. Je ne crois pas que Voltaire l'ait déjà dit, quoiqu'il ait cité un vers du *Cid* où se trouve le mot *hier* (voyez page 239); mais il parle du nombre de syllabes de ce mot dans ses remarques sur la scène IV de l'article III du *Menteur*.

causer de grands troubles, mais c'est ici tout le contraire : il ne s'agit que de savoir si Camille a quitté Curiace pour Valère :

> Sur de trop vains objets c'est arrêter la vue.

Cela serait un peu froid, même dans une comédie.

Vers 113. Son esprit, ébranlé par les objets présents,
      Ne trouve point d'absent aimable après deux ans.

Ces deux vers appartiennent plutôt au genre de la comédie qu'à la tragédie.

Vers 117. Je forme des soupçons d'un trop léger sujet.

Ces mots font voir que l'auteur sentait que Sabine a tort; mais il valait mieux supprimer ces soupçons de Sabine que vouloir les justifier, puisqu'en effet Sabine semble se contredire en prétendant que Camille a sans doute quitté son frère, et en disant ensuite que les âmes sont rarement blessées de nouveau. Tout cet examen du sujet de la joie de Camille n'est nullement héroique.

Vers 121. Mais on n'a pas aussi de si doux entretiens,
      Ni de contentements qui soient pareils aux siens

sont de la comédie de ce temps-là. L'art de dire noblement les petites choses n'était pas encore trouvé.

Vers 128. Voyez qu'un bon génie à propos nous l'envoie.

Ce tour a vieilli ; c'est un malheur pour la langue : il est vif et naturel, et mérite, je crois, d'être imité.

Vers 129. Essayez sur ce point à la faire parler.

On essaye *de*, on s'essaye *à*. Ce vers d'ailleurs est trop comique.

SCÈNE II.

Vers 1.   . . . . .   Ma sœur, entretenez Julie,

est encore de la comédie; mais il y a ici un plus grand défaut, c'est qu'il semble que Camille vienne sans aucun intérêt, et seulement pour faire conversation. La tragédie ne permet pas qu'un personnage paraisse sans une raison importante. On est fort dégoûté aujourd'hui de toutes ces longues conversations, qui ne sont amenées que pour remplir le vide de l'action, et qui ne le remplissent pas. D'ailleurs, pourquoi s'en aller quand un bon génie lui envoie Camille, et qu'elle peut s'éclaircir?

Vers 3.   Et mon cœur, accablé de mille déplaisirs,
            Cherche la solitude à cacher ses soupirs.

Cela n'est pas français. On cherche la solitude *pour* cacher ses soupirs, et une solitude *propre à* les cacher. On ne dit point *une solitude, une chambre à pleurer, à gémir, à réfléchir,* comme on dit *une chambre à coucher, une salle à manger;* mais du temps de Corneille presque personne ne s'étudiait à parler purement.

Corneille a ici une grande attention à lier les scènes, attention inconnue avant lui. On pourrait dire seulement que Sabine n'a pas une raison assez forte pour s'en aller; que cette sortie rend son personnage plus inutile et plus froid; que c'était à Sabine, et non à une confidente, à écouter les choses importantes que Camille va annoncer; que cette idée d'entretenir Julie diminue l'intérêt; qu'un simple entretien ne doit jamais entrer dans la tragédie; que les principaux personnages ne doivent paraître que pour avoir quelque chose d'important à dire ou à entendre; qu'enfin il eût été plus théâtral et plus intéressant que Sabine eût reproché à Camille sa joie, et que Camille lui en eût appris la cause.

SCÈNE III.

Vers 1.   Qu'elle a tort de vouloir que je vous entretienne!

Cette formule de conversation ne doit jamais entrer dans la tragédie, où les personnages doivent, pour ainsi dire, parler malgré eux, emportés par la passion qui les anime.

Vers 7.   Je verrai mon amant, mon plus unique bien.

Plus unique ne peut se dire : *unique* n'admet ni de plus, ni de moins.

Vers 12.   On peut changer d'amant, mais non changer d'époux.

Ce vers porte entièrement le caractère de la comédie. Corneille, en ayant fait plusieurs, en conserva souvent le style. Cela était permis de son temps; on ne ne distinguait pas assez les bornes qui séparent le familier du simple; le simple est nécessaire, le familier ne peut être souffert. Peut-être une attention trop scrupuleuse aurait éteint le feu du génie; mais après avoir écrit avec la rapidité du génie, il faut corriger avec la lenteur scrupuleuse de la critique.

Vers 15. Vous serez toute nôtre...

n'est pas du style noble. Ces familiarités étaient encore d'usage.

. Vers 29. Si je l'entretins hier, et lui fis bon visage...

Faire bon visage est du discours le plus familier.

Vers 30. N'en imaginez rien qu'à son désavantage.

Tout cela est d'un style un peu trop bourgeois, qui était admis alors. Il ne serait pas permis aujourd'hui qu'une fille dît que c'est un désavantage de ne lui pas plaire.

Vers 35. Il vous souvient qu'à peine on voyoit de sa sœur
Par un heureux hymen mon frère possesseur, etc.

Il y avait dans les premières éditions :

Quelque cinq ou six mois après que de sa sœur
L'hyménée eut rendu mon frère possesseur.

Corneille changea heureusement ces deux vers de cette façon. Il a corrigé beaucoup de ses vers au bout de vingt années dans ses pièces immortelles ; et d'autres auteurs laissent subsister une foule de barbarismes dans des pièces qui ont eu quelques succès passagers.

Vers 41. Un même instant conclut notre hymen et la guerre,
Fit naître notre espoir, et le jeta par terre.

Non-seulement *un espoir jeté par terre* est une expression vicieuse, mais la même idée est exprimée ici en quatre façons différentes : ce qui est un vice plus grand. Il faut, autant qu'on le peut, éviter ces pléonasmes ; c'est une abondance stérile : je ne crois pas qu'il y en ait un seul exemple dans Racine.

Vers 59. Lui qu'Apollon jamais n'a fait parler à faux.

Parler à faux n'est pas sans doute assez noble, ni même assez juste. Un coup porte à faux, on est accusé à faux, dans le style familier ; mais on ne peut dire *il parle à faux,* dans un discours tant soit peu relevé.

Vers 64. Albe et Rome demain prendront une autre face ;
Tes vœux sont exaucés, elles auront la paix,

> Et tu seras unie avec ton Curiace
> Sans qu'aucun mauvais sort t'en sépare jamais.

On pourrait souhaiter que cet oracle eût été plutôt rendu dans un temple que par un Grec qui fait des prédictions au pied d'une montagne. Remarquons encore qu'un oracle doit produire un événement et servir au nœud de la pièce, et qu'ici il ne sert presque à rien qu'à donner un moment d'espérance.

J'oserais encore dire que ces mots à double entente, *sans qu'aucun mauvais sort t'en sépare jamais*, paraissent seulement une plaisanterie amère, une équivoque cruelle, sur la destinée malheureuse de Camille.

Le plus grand défaut de cette scène, c'est son inutilité. Cet entretien de Camille et de Julie roule sur un objet trop mince, et qui ne sert en rien, ni au nœud, ni au dénoûment. Julie veut pénétrer le secret de Camille, et savoir si elle aime un autre que Curiace : rien n'est moins tragique.

Vers 71. Il me parla d'amour sans me donner d'ennui...
    Je ne lui pus montrer de mépris ni de glace.

On pourrait faire ici une réflexion que je ne hasarde qu'avec la défiance convenable : c'est que Camille était plus en droit de laisser paraître son indifférence pour Valère que de l'écouter avec complaisance ; c'est qu'il était même plus naturel de lui montrer de *la glace*, quand elle se croyait sûre d'épouser son amant, que de *faire bon visage* à un homme qui lui déplaît ; et enfin ce trait raffiné marque plus de subtilité que de sentiment : il n'y a rien là de tragique ; mais ce vers,

> Tout ce que je voyois me sembloit Curiace,

est si beau qu'il semble tout excuser.

Il est vrai que ce petit incident, qui ne consiste que dans la joie que Camille a ressentie, ne produit aucun événement, et n'est pas nécessaire à la pièce ; mais il produit des sentiments. Ajoutons que dans un premier acte on permet des incidents de peu d'importance qu'on ne souffrirait pas dans le cours d'une intrigue tragique.

Vers 76. J'en sus hier la nouvelle, et je n'y pris pas garde.

Elle ne prend pas garde à une bataille qui va se donner ! Le spectacle de deux armées prêtes à combattre, et le danger de son amant, ne devaient-ils pas autant l'alarmer que le discours d'un

Grec au pied du mont Aventin a dû la rassurer? Le premier mouvement, dans une telle occasion, n'est-il pas de dire : *Ce Grec m'a trompée, c'est un faux prophète!* Avait-elle besoin d'un songe pour craindre ce que deux armées rangées en bataille devaient assez lui faire redouter?

Vers 85.   J'ai vu du sang, des morts, et n'ai rien vu de suite...

Ce songe est beau en ce qu'il alarme un esprit rassuré par un oracle. Je remarquerai ici qu'en général un songe, ainsi qu'un oracle, doit servir au nœud de la pièce : tel est le songe admirable d'Athalie; elle voit un enfant en songe; elle trouve ce même enfant dans le temple; c'est là que l'art est poussé à sa perfection.

Un rêve qui ne sert qu'à faire craindre ce qui doit arriver ne peut avoir que des beautés de détail, n'est qu'un ornement passager. C'est ce qu'on appelle aujourd'hui un *remplissage. Mille* songes, *mille* images, *mille* amas, sont d'un style trop négligé, et ne disent rien d'assez positif.

Vers 89.   C'est en contraire sens qu'un songe s'interprète.

Pourquoi un songe s'interprète-t-il en sens contraire? Voyez les songes expliqués par Joseph, par Daniel : ils sont funestes par eux-mêmes et par leur explication.

Vers 95.   Soit que Rome y succombe, ou qu'Albe ait le dessous,
Cher amant, n'attends plus d'être un jour mon époux.

Avoir le dessus ou *le dessous* ne se dit que dans la poésie burlesque; c'est le *di sopra* et le *di sotto* des Italiens. L'Arioste emploie cette expression lorsqu'il se permet le comique; le Tasse ne s'en sert jamais.

SCÈNE IV.

Vers 1.   N'en doutez point, Camille, et revoyez un homme
Qui n'est ni le vainqueur ni l'esclave de Rome.

Camille vient de dire, à la fin de la scène précédente :

Jamais ce nom (d'époux) ne sera pour un homme
Qui soit ou le vainqueur ou l'esclave de Rome.

On ne permet plus de répéter ainsi un vers.

Vers 3.   Cessez d'appréhender de voir rougir mes mains
Du poids honteux des fers ou du sang des Romains.

Rougir est employé ici en deux acceptions différentes. Les mains *rouges de sang;* elles sont rouges en un autre sens que quand elles sont meurtries par le poids des fers; mais cette figure ne manque pas de justesse, parce qu'en effet il y a de la rougeur dans l'un et dans l'autre cas.

Vers 10.   Tu fuis une bataille à tes vœux si funeste.

Il est bien étrange que Camille interrompe Curiace pour le soupçonner et le louer d'être un lâche. Ce défaut est grand, et il était aisé de l'éviter. Il était naturel que Curiace dît d'abord ce qu'il doit dire, qu'il ne commençât point par répéter les vers de Camille, par lui dire qu'*il a cru que Camille aimait Rome et la gloire,* qu'*elle mépriserait sa chaîne et haïrait sa victoire,* et que, *comme il craint la victoire et la captivité,* etc. De tels propos ne sont pas à leur place; il faut aller au fait : *Semper ad eventum festinat*[1].

Vers 13.   Qu'un autre considère ici ta renommée,
            Et te blâme, s'il veut, de m'avoir trop aimée, etc.

Ces vers condamnent trop l'idée de Camille que son amant est traître à son pays. Il fallait supprimer toute cette tirade.

Vers 19.   Mais as-tu vu mon père? Et peut-il endurer
            Qu'ainsi dans sa maison tu t'oses retirer?

Ce mot *endurer* est du style de la comédie ; on ne dit que dans le discours le plus familier : *j'endure que, je n'endure pas que.* Le terme *endurer* ne s'admet dans le style noble qu'avec un accusatif : *les peines que j'endure.*

Vers 42.   Camille, pour le moins, croyez-en votre oracle.

On sent ici combien Sabine ferait un meilleur effet que la confidente Julie. Ce n'est point à Julie à dire *sachons pleinement;* c'est toujours à la personne la plus intéressée à interroger.

Vers 51. .   .   .   .   .   .   Que faisons-nous, Romains?
            Dit-il, et quel démon nous fait venir aux mains?

J'ose dire que, dans ce discours imité de Tite-Live, l'auteur français est au-dessus du romain, plus nerveux, plus touchant ; et quand on songe qu'il était gêné par la rime et par une langue embarrassée d'articles, et qui souffre peu d'inversions ; qu'il a surmonté toutes ces difficultés ; qu'il n'a employé le secours d'au-

---

1. Horace, *Art poétique,* 148.

cune épithète; que rien n'arrête l'éloquente rapidité de son discours : c'est là qu'on reconnaît le grand Corneille. Il n'y a que *tant et tant de nœuds* à reprendre.

Vers 63. Ils ont assez longtemps joui de nos divorces.

Ce mot de *divorces*, s'il ne signifiait que des querelles, serait impropre; mais ici il dénote les querelles de deux peuples unis, et par là il est juste, nouveau et excellent.

Vers 76. Que le parti plus foible obéisse au plus fort.

Ce vers est ainsi dans d'autres éditions :

Que le foible parti prenne loi du plus fort[1].

Il est à croire qu'on reprocha à Corneille une petite faute de grammaire. On doit, dans l'exactitude scrupuleuse de la prose, dire : Que le parti *le* plus faible obéisse au plus fort ; mais si ces libertés ne sont pas permises aux poëtes, et surtout aux poëtes de génie, il ne faut point faire de vers. *Prendre loi* ne se dit pas ; ainsi la première leçon est préférable. Racine a bien dit[2] :

Charger de mon débris les reliques plus chères,

au lieu de *reliques les plus chères*.

Encore une fois, ces licences sont heureuses quand on les emploie dans un morceau élégamment écrit : car si elles sont précédées et suivies de mauvais vers, elles en prennent la teinture et en deviennent plus insupportables.

Vers 100. Chacun va renouer avec ses vieux amis.

On doit avouer que *renouer avec ses vieux amis* est de la prose familière qu'il faut éviter dans le style tragique, bien entendu qu'on ne sera jamais ampoulé.

Vers 103. . . . . L'auteur de vos jours m'a promis à demain...

A demain est trop du style de la comédie. Je fais souvent cette observation ; c'était un des vices du temps. La *Sophonisbe* de Mairet et tout entière dans ce style, et Corneille s'y livrait quand les grandes images ne le soutenaient pas.

---

1. C'est ce qu'on lit dans l'édition de 1664.
2. *Bajazet,* acte III, scène II.

Vers 104. Le bonheur sans pareil de vous donner la main.

Le bonheur sans pareil n'était pas si ridicule qu'aujourd'hui. Ce fut Boileau[1] qui proscrivit toutes ces expressions communes de *sans pareil, sans seconde, à nul autre pareil, à nulle autre seconde.*

Vers 106. Le devoir d'une fille est dans l'obéissance.
    — Venez donc recevoir ce doux commandement.

Ces deux vers sont de pure comédie : aussi les retrouve-t-on mot à mot dans la comédie du *Menteur;* mais l'auteur aurait dû les retrancher de la tragédie des *Horaces.*

Vers 109. Je vais suivre vos pas, mais pour revoir mes frères,
    Et savoir d'eux encor la fin de nos misères.

Il n'est pas inutile de dire aux étrangers que *misère* est, en poésie, un terme noble qui signifie *calamité* et non pas *indigence.*

Hécube près d'Ulysse acheva sa *misère*[2].

Peut-être je devrois, plus humble en ma *misère*[3].

ACTE DEUXIÈME.

SCÈNE I.

Vers 1.   Ainsi Rome n'a point séparé son estime;
    Elle eût cru faire ailleurs un choix illégitime.

Illégitime pourrait n'être pas le mot propre en prose : on dirait *un mauvais choix, un choix dangereux,* etc. *Illégitime* non-seulement est pardonné à la rime, mais devient une expression forte, et signifie qu'il y aurait de l'injustice à ne point choisir les trois plus braves.

Vers 5.   Et son illustre ardeur d'oser plus que les autres
    D'une seule maison brave toutes les nôtres.

Il y avait dans les premières éditions :

Et ne nous opposant d'autres bras que les vôtres.

---

1. Voyez sa satire II, vers 37.
2. Racine, *Andromaque,* acte I, scène II.
3. *Id., Mithridate,* acte I, scène II.

Ni l'une ni l'autre manière n'est élégante, et *illustre ardeur d'oser* n'est pas français. *D'une maison braver les autres* n'est pas une expression heureuse ; mais le sens est fort beau. On voit que quelquefois Corneille a mal corrigé ses vers. Je crois qu'on peut imputer cette singularité, non-seulement au peu de bons critiques que la France avait alors, au peu de connaissance de la pureté et de l'élégance de la langue, mais au génie même de Corneille, qui ne produisait ses beautés que quand il était animé par la force de son sujet.

Vers 9.   Ce choix pouvoit combler trois familles de gloire,
            Consacrer hautement leurs noms à la mémoire.

Remarquez que *hautement* fait languir le vers, parce que ce mot est inutile.

Vers 11.   Oui, l'honneur que reçoit la vôtre par ce choix
            En pouvoit à bon titre immortaliser trois.

Cette répétition *oui, l'honneur* est très-vicieuse. *Omne super-vacuum pleno de pectore manat* [1]... C'est ici ce qu'on appelle une battologie : il est permis de répéter dans la passion, mais non pas dans un compliment.

Vers 40.   Ce noble désespoir périt malaisément.

Un *désespoir* qui *périt malaisément* n'a pas un sens clair ; de plus, Horace n'a point de désespoir. Ce vers est le seul qu'on puisse reprendre dans cette belle tirade.

Vers 59.   La gloire en est pour vous, et la perte pour eux...
            On perd tout quand on perd un ami si fidèle.

Perte suivie de deux fois *perd* est une faute bien légère.

SCÈNE II.

Vers 3.   Vos deux frères et vous. — Qui ? — Vous et vos deux frères.

Ce n'est pas ici une battologie ; cette répétition *vous et vos deux frères* est sublime par la situation. Voilà la première scène au théâtre où un simple messager ait fait un effet tragique, en croyant apporter des nouvelles ordinaires. J'ose croire que c'est la perfection de l'art.

1. Horace, *Art poétique*, 337.

SCÈNE III.

Vers 3.   Que les hommes, les dieux, les démons, et le sort,
           Préparent contre nous un général effort.

Cet entassement, cette répétition, cette combinaison de *ciel*,
de *dieux*, d'*enfer*, de *démons*, de *terre* et d'*hommes*, de *cruel*, d'*horrible*, d'*affreux*, est, je l'avoue, bien condamnable : cependant le
dernier vers fait presque pardonner ce défaut.

Vers 11.   Il épuise sa force à former un malheur
           Pour mieux se mesurer avec notre valeur.

Le sort qui veut se mesurer avec la valeur paraît bien recherché,
bien peu naturel ; mais que ce qui suit est admirable !

Vers 14.   Hors de l'ordre commun il nous fait des fortunes

n'est pas une expression propre. Ce mot de *fortunes* au pluriel
ne doit jamais être employé sans épithète : *bonnes et mauvaises
fortunes, fortunes diverses,* mais jamais *des fortunes.* Cependant le
sens est si beau, et la poésie a tant de priviléges, que je ne crois
pas qu'on puisse condamner ce vers.

Vers 18.   Mille déjà l'ont fait, mille pourroient le faire.

Rien ne fait mieux sentir les difficultés attachées à la rime
que ce vers faible. Ces *mille* qui ont fait, ces *mille* qui pourraient *faire*, pour rimer à *ordinaire*. Le reste est d'une beauté
achevée.

Vers 43.   . . . . . .   Albe montre en effet
           Qu'elle m'estime autant que Rome vous a fait

n'est pas français. On peut dire en prose, et non en vers : *J'ai dû
vous estimer autant que je fais,* ou *autant que je le fais,* mais non
pas *autant que je vous fais ;* et le mot *faire,* qui revient immédiatement après, est encore une faute ; mais ce sont des fautes légères
qui ne peuvent gâter une si belle scène.

Vers 59.   Je rends grâces aux dieux de n'être pas Romain,
           Pour conserver encor quelque chose d'humain.

Cette tirade fit un effet surprenant sur tout le public, et les
deux derniers vers sont devenus un proverbe, ou plutôt une
maxime admirable.

Vers 80.   Albe vous a nommé, je ne vous connois plus.
— Je vous connois encore...

A ces mots : *Je ne vous connais plus.*— *Je vous connais encore*, on
se récria d'admiration ; on n'avait jamais rien vu de si sublime :
il n'y a pas dans Longin un seul exemple d'une pareille grandeur ; ce sont ces traits qui ont mérité à Corneille le nom de
grand, non-seulement pour le distinguer de son frère, mais du
reste des hommes. Une telle scène fait pardonnner mille défauts.

Vers 85.   Non, non, n'embrassez pas de vertu par contrainte, etc.

Un des excellents esprits de nos jours[1] trouvait dans ces vers
un outrage odieux qu'Horace ne devait pas faire à son beau-frère.
Je lui dis que cela préparait au meurtre de Camille, et il ne se
rendit pas. Voici ce qu'il en dit dans son *Introduction à la connaissance de l'esprit humain :* « Corneille apparemment veut peindre
ici une valeur féroce ; mais s'exprime-t-on ainsi avec un ami et
un guerrier modeste? La fierté est une passion fort théâtrale ;
mais elle dégénère en vanité et en petitesse sitôt qu'on la montre
sans qu'on la provoque. » J'ajouterai à cette réflexion, de l'homme
du monde qui pensait le plus noblement, qu'outre la fierté déplacée d'Horace il y a une ironie, une amertume, un mépris,
dans sa réponse, qui sont plus déplacés encore.

Vers 88.   Voici venir ma sœur pour se plaindre avec vous.

Voici venir ne se dit plus. Pourquoi fait-il un si bel effet en
italien : *Ecco venir la barbara reina*, et qu'il en fait un si mauvais
en français? N'est-ce point parce que l'italien fait toujours usage
de l'infinitif? *Un bel tacer* ; nous ne disons pas *un beau taire*. C'est
dans ces exemples que se découvre le génie des langues.

SCÈNE IV.

Vers 1.   Avez-vous su l'état qu'on fait de Curiace?

L'état ne se dit plus, et je voudrais qu'on le dît : notre langue
n'est pas assez riche pour bannir tant de termes dont Corneille
s'est servi heureusement.

SCÈNE V.

Vers 1.   Iras-tu, Curiace? et ce funeste honneur
Te plaît-il aux dépens de tout notre bonheur?

1. Le marquis de Vauvenargues. (K.)

Il y avait dans les éditions anciennes :

> Iras-tu, ma chère âme ? et ce funeste honneur, etc.

Chère âme ne révoltait point en 1639, et ces expressions tendres rendaient encore la situation plus haute. Depuis peu même une grande actrice (Mlle Clairon) a rétabli cette expression, *ma chère âme*.

Vers 12. . . . . . . Mon pouvoir t'excuse à ta patrie

n'est pas français ; il faut *envers ta patrie, auprès de ta patrie.*

Vers 13. Autre n'a mieux que toi soutenu cette guerre,
Autre de plus de morts n'a couvert notre terre.

Ces *autres* ne seraient plus soufferts, même dans le style comique. Telle est la tyrannie de l'usage : *nul autre* donne peut-être moins de rapidité et de force au discours.

Vers 45. Que les pleurs d'une amante ont de puissants discours !

Remarquez qu'on peut dire *le langage des pleurs,* comme on dit *le langage des yeux :* pourquoi ? Parce que les regards et les pleurs expriment le sentiment ; mais on ne peut dire *le discours des pleurs,* parce que ce mot *discours* tient au raisonnement. Les pleurs n'ont point de discours ; et, de plus, *avoir des discours* est un barbarisme.

Vers 46. Et qu'un bel œil est fort avec un tel secours !

Ces réflexions générales font rarement un bon effet : on sent que c'est le poëte qui parle ; c'est à la passion du personnage à parler. Un *bel œil* n'est ni noble ni convenable ; il n'est pas question ici de savoir si Camille a un *bel œil,* et si *un bel œil est fort ;* il s'agit de perdre une femme qu'on adore et qu'on va épouser. Retranchez ces quatre premiers vers, le discours en devient plus rapide et plus pathétique.

Vers 49. N'attaquez plus ma gloire avec tant de douleurs.

Les premières éditions portent :

> N'attaquez plus ma gloire avecque vos douleurs.

Comme on s'est fait une loi de remarquer les plus petites choses dans les belles scènes, on observera que c'est avec raison que nous avons rejeté *avecque* de la langue : ce *que* était inutile et rude.

Vers 59.   Vengez-vous d'un ingrat, punissez un volage.

J'ose penser qu'il y a ici plus d'artifice et de subtilité que de naturel. On sent trop que Curiace ne parle pas sérieusement. Ce trait de rhéteur refroidit ; mais Camille répond avec des sentiments si vrais qu'elle couvre tout d'un coup ce petit défaut.

Vers pén. . . . . . Quel malheur, si l'amour de sa femme
      Ne peut non plus sur lui que le mien sur ton âme !

n'est pas français ; la grammaire demande : *ne peut pas plus sur lui*. Ces deux vers ne sont pas bien faits ; il ne faut pas s'attendre à trouver dans Corneille la pureté, la correction, l'élégance du style : ce mérite ne fut connu que dans les beaux jours du siècle de Louis XIV. C'est une réflexion que les lecteurs doivent faire souvent pour justifier Corneille, et pour excuser la multitude des notes du commentateur.

SCÈNE VI[1].

Vers 5.   Non, non, mon frère, non, je ne viens en ce lieu
      Que pour vous embrasser et pour vous dire adieu.

Ces trois *non*, et *en ce lieu*, font un mauvais effet. On sent que le *lieu* est pour la rime, et les *non* redoublés pour le vers. Ces négligences, si pardonnables dans un bel ouvrage, sont remarquées aujourd'hui. Mais ces termes, *en ce lieu, en ces lieux*, cessent d'être une expression oiseuse, une cheville, quand ils signifient qu'on doit être en ce lieu plutôt qu'ailleurs.

Vers 7.   Votre sang est trop bon, n'en craignez rien de lâche,
      Rien dont la fermeté de ces grands cœurs se fâche.

Se fâche est trop faible, trop du style familier ; mais le lecteur doit examiner quelque chose de plus important : il verra que cette scène de Sabine n'était pas nécessaire, qu'elle ne fait pas un coup de théâtre, que le discours de Sabine est trop artificieux, que sa douleur est trop étudiée, que ce n'est qu'un effort de rhétorique. Cette proposition, qu'un des deux la tue et que l'autre la venge, n'a pas l'air sérieuse ; et d'ailleurs cela n'empê-

---

1. Sur le vers de cette scène :

  Que l'un de vous me tue, et que l'autre me venge,

voyez la remarque sur le vers 61 de la 1ʳᵉ scène de l'acte IV de *Rodogune*.

chera pas que Curiace ne combatte le frère de sa maîtresse, et qu'Horace ne combatte l'époux promis à sa sœur. De plus, Camille est un personnage nécessaire, et Sabine ne l'est pas : c'est sur Camille que roule l'intrigue. Épousera-t-elle son amant? ne l'épousera-t-elle pas? Ce sont les personnages dont le sort peut changer, et dont les passions doivent être heureuses ou malheureuses, qui sont l'âme de la tragédie. Sabine n'est introduite dans la pièce que pour se plaindre.

Vers 30.   Vous feriez peu pour lui si vous vous étiez moins.

Ce *peu* et ce *moins* font un mauvais effet, et *vous vous étiez moins* est prosaïque et familier.

Vers 39.   Quoi! me réservez-vous à voir une victoire
           Où, pour haut appareil d'une pompeuse gloire, etc.

Ces vers échappent quelquefois au génie dans le feu de la composition. Ils ne disent rien ; mais ils accompagnent des vers qui disent beaucoup.

Vers 59.   Que t'ai-je fait, Sabine, et quelle est mon offense?

Il y avait auparavant :

           Femme, que t'ai-je fait, et quelle est mon offense?

La naïveté qui régnait encore en ce temps-là dans les écrits permettait ce mot. La rudesse romaine y paraît même tout entière.

Vers 65.   Tu me viens de réduire en un étrange point.

Notre malheureuse rime arrache quelquefois de ces mauvais vers ; ils passent à la faveur des bons ; mais ils feraient tomber un ouvrage médiocre dans lequel ils seraient en grand nombre.

SCÈNE VII.

Vers 1.   Qu'est-ce ci, mes enfants? écoutez-vous vos flammes..

Qu'est-ce ci ne se dit plus aujourd'hui que dans le discours familier.

Vers 2.   Et perdez-vous encor le temps avec des femmes?

Avec des femmes serait comique en toute autre occasion ; mais je ne sais si cette expression commune ne va pas ici jusqu'à la noblesse, tant elle peint bien le vieil Horace.

SCÈNE VIII.

Vers 10. Ne pensez qu'aux devoirs que vos pays demandent.

Des pays ne demandent point *des devoirs*. La patrie impose *des devoirs*, elle en demande l'accomplissement.

Vers dern. Faites votre devoir, et laissez faire aux dieux.

J'ai cherché, dans tous les anciens et dans tous les théâtres étrangers, une situation pareille, un pareil mélange de grandeur d'âme, de douleur, de bienséance, et je ne l'ai point trouvé : je remarquerai surtout que chez les Grecs il n'y a rien dans ce goût.

ACTE TROISIÈME.

SCÈNE I.

SABINE, seule.

Ce monologue de Sabine est absolument inutile, et fait languir la pièce. Les comédiens voulaient alors des monologues. La déclamation approchait du chant, surtout celle des femmes ; les auteurs avaient cette complaisance pour elles. Sabine s'adresse sa pensée, la retourne, répète ce qu'elle a dit, oppose parole à parole :

> En l'une je suis femme, en l'autre je suis fille.
> En l'une je suis fille, en l'autre je suis femme.
> Songeons pour quelle cause, et non par quelles mains.
> Je songe par quels bras, et non pour quelle cause.

Les quatre derniers vers sont plus dans la passion. (Voyez ci-après, v. 51.)

Vers 20. Leur vertu les élève en cet illustre rang.

Il ne s'agit point ici de rang : l'auteur a voulu rimer à *sang*. La plus grande difficulté de la poésie française et son plus grand mérite est que la rime ne doit jamais empêcher d'employer le mot propre.

Vers 33. Pareille à ces éclairs qui, dans le fort des ombres,
  Poussent un jour qui fuit et rend les nuits plus sombres.

La tragédie admet les métaphores, mais non pas les comparaisons : pourquoi ? Parce que la métaphore, quand elle est natu-

relle, appartient à la passion ; les comparaisons n'appartiennent
qu'à l'esprit.

Vers 31. Quels foudres lancez-vous quand vous vous irritez,
          Si même vos faveurs ont tant de cruautés ?
          Et de quelle façon punissez-vous l'offense,
          Si vous traitez ainsi les vœux de l'innocence ?

Ces quatre derniers vers semblent dignes de la tragédie ;
mais ce monologue ne semble qu'une amplification.

SCÈNE II.

Vers 1.   En est-ce fait, Julie ? et que m'apportez-vous ?

Autant la première scène a refroidi les esprits, autant cette
seconde les échauffe : pourquoi ? C'est qu'on y apprend quelque
chose de nouveau et d'intéressant ; il n'y a point de vaine déclamation, et c'est là le grand art de la tragédie, fondé sur la connaissance du cœur humain, qui veut toujours être remué.

Vers 4.   De tous les combattants a-t-il fait des hosties[1] ?

Hostie ne se dit plus, et c'est dommage ; il ne reste plus que le
mot de *victime*. Plus on a de termes pour exprimer la même
chose, plus la poésie est variée.

Vers 13. Et par les désespoirs d'une chaste amitié,
          Nous aurions des deux camps tiré quelque pitié.

On n'emploie plus aujourd'hui *désespoir* au pluriel ; il fait
pourtant un très-bel effet. *Mes déplaisirs, mes craintes, mes douleurs,
mes ennuis,* disent plus que *mon déplaisir, ma crainte,* etc. Pourquoi ne pourrait-on pas dire *mes désespoirs,* comme on dit *mes
espérances ?* Ne peut-on pas désespérer de plusieurs choses, comme
on peut en espérer plusieurs ?

Vers 40. Ils combattront plutôt et l'une et l'autre armée,
          Et mourront par les mains qui leur font d'autres lois,
          Que pas un d'eux renonce aux honneurs d'un tel choix.

Il y avait :

          Et mourront par les mains qui les ont séparés,
          Que quitter les honneurs qui leur sont déférés.

1. L'édition de 1664 porte :
          De tous les combattants fait-il autant d'hosties ?

Comme il y a ici une faute évidente de langage, *mourront que quitter*, et que l'auteur avait oublié le mot *plutôt*, qu'il ne pouvait pourtant répéter parce qu'il est au vers précédent, il changea ainsi cet endroit ; par malheur la même faute s'y retrouve. Tout le reste de ce couplet est très-bien écrit.

Vers 50.   Puisque chacun, dit-il, s'échauffe en ce discord,
            Consultons des grands dieux la majesté sacrée.

En ce discord ne se dit plus, mais il est à regretter.

Vers 62.   Comme si toutes deux le connoissoient pour roi.

C'est une petite faute. Le sens est : *comme si toutes deux voyaient en lui leur roi. Connaître un homme pour roi,* ne signifie pas le reconnaître pour son souverain.

On peut connaître un homme pour roi d'un autre pays. *Connaître* ne veut pas dire *reconnaître.*

SCÈNE III.

Vers 1.   Ma sœur, que je vous die une bonne nouvelle.

Au lieu de *die* on a imprimé *dise* dans les éditions suivantes. *Die* n'est plus qu'une licence ; on ne l'emploie que pour la rime. *Une bonne nouvelle* est du style de la comédie ; ce n'est là qu'une très-légère inattention. Il était très-aisé à Corneille de mettre : *Ah ! ma sœur, apprenez une heureuse nouvelle,* et d'exprimer ce petit détail autrement ; mais alors ces expressions familières étaient tolérées ; elles ne sont devenues des fautes que quand la langue s'est perfectionnée, et c'est à Corneille même qu'elle doit en partie cette perfection. On fit bientôt une étude sérieuse d'une langue dans laquelle il avait écrit de si belles choses.

Vers 13.   Ils (les dieux) descendent bien moins dans de si bas étages
            Que dans l'âme des rois, leurs vivantes images.

Bas étages est bien bas, et la pensée n'est que poétique. Cette contestation de Sabine et de Camille paraît froide dans un moment où l'on est si impatient de savoir ce qui se passe. Ce discours de Camille semble avoir un autre défaut : ce n'est point à une amante à dire que *les dieux inspirent toujours les rois,* qu'*ils sont des rayons de la Divinité ;* c'est là de la déclamation d'un rhéteur dans un panégyrique.

Ces contestations de Camille et de Sabine sont, à la vérité, des

jeux d'esprit un peu froids ; c'est un grand malheur que le peu
de matière que fournit la pièce ait obligé l'auteur à y mêler ces
scènes qui, par leur inutilité, sont toujours languissantes.

Vers 34.   Adieu, je vais savoir comme enfin tout se passe.

Ce vers de comédie démontre l'inutilité de la scène. La nécessité de savoir comme tout se passe condamne tout ce froid dialogue.

Vers 35.   Modérez vos frayeurs ; j'espère à mon retour
           Ne vous entretenir que de propos d'amour.

Ce discours de Julie est trop d'une soubrette de comédie.

SCÈNE IV.

Vers 1.   Parmi nos déplaisirs souffrez que je vous blâme.

Cette scène est encore froide. On sent trop que Sabine et Julie
ne sont là que pour amuser le peuple, en attendant qu'il arrive
un événement intéressant ; elles répètent ce qu'elles ont déjà dit.
Corneille manque à la grande règle *semper ad eventum festinat*[1] ;
mais quel homme l'a toujours observée ? J'avouerai que Shakespeare est de tous les auteurs tragiques celui où l'on trouve le
moins de ces scènes de pure conversation ; il y a presque toujours quelque chose de nouveau dans chacune de ses scènes :
c'est, à la vérité, aux dépens des règles, et de la bienséance, et de
la vraisemblance ; c'est en entassant vingt années d'événements
les uns sur les autres ; c'est en mêlant le grotesque au terrible :
c'est en passant d'un cabaret à un champ de bataille, et d'un
cimetière à un trône ; mais enfin il attache. L'art serait d'attacher
et de surprendre toujours, sans aucun de ces moyens irréguliers
et burlesques tant employés sur les théâtres espagnol et anglais.

Vers 13.   L'hymen qui nous attache en une autre famille
           Nous détache de celle où l'on a vécu fille.

Il faut : *attache à une autre famille ;* d'ailleurs ces vers sont trop
familiers.

Vers 26.   C'est un raisonnement bien mauvais que le vôtre.

Ce mot seul de *raisonnement* est la condamnation de cette
scène et de toutes celles qui lui ressemblent. Tout doit être action

1. Horace, *De Arte poetica,* 148.

dans une tragédie ; non que chaque scène doive être un événement, mais chaque scène doit servir à nouer ou à dénouer l'intrigue ; chaque discours doit être préparation ou obstacle. C'est en vain qu'on cherche à mettre des contrastes entre les caractères dans ces scènes inutiles, si ces contrastes ne produisent rien.

Vers 34. Et tous maux sont pareils alors qu'ils sont extrêmes.

Ce beau vers est d'une grande vérité. Il est triste qu'il soit perdu dans une amplification.

Vers 35. . . . . L'amant qui vous charme et pour qui vous brûlez,
Ne vous est, après tout, que ce que vous voulez.
Une mauvaise humeur, un peu de jalousie,
En fait assez souvent passer la fantaisie,

sont des vers comiques qui gâteraient la plus belle tirade.

Vers 48. Vous ne connoissez point ni l'amour, ni ses traits.

Ce *point* est de trop. Il faut : *Vous ne connaissez ni l'amour ni ses traits.*

Vers 53. Il entre avec douceur, mais il règne par force, etc.

Ces maximes détachées, qui sont un défaut quand la passion doit parler, avaient alors le mérite de la nouveauté. On s'écriait : *C'est connaître le cœur humain!* Mais c'est le connaître bien mieux que de faire dire en sentiment ce qu'on n'exprimait guère alors qu'en sentences ; défaut éblouissant que les auteurs imitaient de Sénèque.

Vers 55. Vouloir ne plus aimer, c'est ce qu'elle ne peut,
Puisqu'elle ne peut plus vouloir que ce qu'il veut.

Ces deux *peut*, ces syllabes dures, ces monosyllabes *veut* et *peut*, et cette idée de vouloir ce que l'amour veut, comme s'il était question ici du dieu d'amour : tout cela constitue deux des plus mauvais vers qu'on pût faire, et c'était de tels vers qu'il fallait corriger.

Vers dern. Ses chaînes sont pour nous aussi fortes que belles.

Toute cette scène est ce qu'on appelle du remplissage : défaut insupportable, mais devenu presque nécessaire dans nos tragédies, qui sont toutes trop longues, à l'exception d'un très-petit nombre.

SCÈNE V.

Vers 1. Je viens vous apporter de fâcheuses nouvelles.

Comme l'arrivée du vieil Horace rend la vie au théâtre, qui languissait! Quel moment et quelle noble simplicité! On pourrait objecter qu'Horace ne devait pas venir avertir des femmes que leurs époux et leurs frères sont aux mains, que c'est venir les désespérer inutilement et sans raison, qu'on les a même renfermées pour ne point entendre leurs cris, qu'il ne résulte rien de cette nouvelle; mais il en résulte du plaisir pour le spectateur, qui, malgré cette critique, est très-aise de voir le vieil Horace.

Vers 8. Ne nous consolez point contre tant d'infortune[1].

Cela n'est pas français. On console *du* malheur; on s'arme, on se soutient *contre* le malheur.

Vers 12. Nous pourrions aisément faire en votre présence
De notre désespoir une fausse constance.

Faire une fausse constance de son désespoir est du phébus, du galimatias. Est-il possible que le mauvais se trouve ainsi presque toujours à côté du bon!

Vers 14. Mais quand on peut sans honte être sans fermeté,
L'affecter au dehors, c'est une lâcheté.

Ces sentences et ces raisonnements sont bien mal placés dans un moment si douloureux; c'est là le poëte qui parle et qui raisonne.

Vers 42. Ma main bientôt sur eux m'eût vengé hautement...

Ce discours du vieil Horace est plein d'un art d'autant plus beau qu'il ne paraît pas. On ne voit que la hauteur d'un Romain et la chaleur d'un vieillard qui préfère l'honneur à la nature. Mais cela même prépare tout ce qu'il dit dans la scène suivante; c'est là qu'est le vrai génie.

---

1. On lit dans l'édition de 1664 :

   Ne nous consolez point ; contre tant d'infortune
   La pitié parle en vain, la raison importune.

Le second hémistiche du premier vers se rapporte au second vers.

Vers 59.   Un si glorieux titre est un digne trésor.

Notre malheureuse rime n'amène que trop souvent de ces
expressions faibles ou impropres. *Un titre qui est un digne trésor*
ne serait permis que dans le cas où il s'agirait d'opposer ce titre
à la fortune ; mais ici il ne forme pas de sens, et ce mot de *digne*
achève de rendre ce vers intolérable. Quand les poëtes se trouvent ainsi gênés par une rime, ils doivent absolument en chercher deux autres.

SCÈNE VI.

Vers 1.   Nous venez-vous, Julie, apprendre la victoire?

Il semble intolérable qu'une suivante ait vu le combat, et que
ce père des trois champions de Rome reste inutilement avec des
femmes pendant que ses enfants sont aux mains, lui qui a dit
auparavant[1] :

> Qu'est-ce ci, mes enfants? écoutez-vous vos flammes,
> Et perdez-vous encor le temps avec des femmes ?

C'est une grande inconséquence ; c'est démentir son caractère.
Quoi ! cet homme, qui se sent assez de force pour tuer ses trois
enfants *hautement* s'ils donnent un *mol consentement* à un nouveau choix que le peuple est en droit de faire, quitte le champ
où ses trois fils combattent pour venir apprendre à des femmes
une nouvelle qu'on doit leur cacher ! Il ne prétexte pas même
cette disparate sur l'horreur qu'il aurait de voir ses fils combattre
contre son gendre ! Il ne vient que comme messager, tandis que
Rome entière est sur le champ de bataille ; il reste les bras croi-
sés, tandis qu'une soubrette a tout vu ! Ce défaut peut-il se pardonner ? On peut répondre qu'il est resté pour empêcher ces
femmes d'aller séparer les combattants, comme s'il n'y avait pas
tant d'autres moyens.

Vers 22.   Ce bonheur a suivi leur courage invaincu...

Ce mot *invaincu* n'a été employé que par Corneille, et devrait
l'être, je crois, par tous nos poëtes. Une expression si bien mise
à sa place dans *le Cid* et dans cette admirable scène ne doit jamais
vieillir.

Vers 23.   Qu'ils ont vu Rome libre autant qu'ils ont vécu,
            Et ne l'auront point vue obéir qu'à son prince.

1. Acte II, scène VII.

Ce *point* est ici un solécisme ; il faut : *et ne l'auront vue obéir qu'à.*

Vers 30.   Que vouliez-vous qu'il fît contre trois ? — Qu'il mourût[1].

Voilà ce fameux *qu'il mourût,* ce trait du plus grand sublime ; ce mot auquel il n'en est aucun de comparable dans toute l'antiquité. Tout l'auditoire fut si transporté qu'on n'entendit jamais le vers faible qui suit ; et le morceau *n'eût-il que d'un moment retardé sa défaite,* étant plein de chaleur, augmenta encore la force du *qu'il mourût.* Que de beautés! et d'où naissent-elles ? D'une simple méprise très-naturelle, sans complication d'événements, sans aucune intrigue recherchée, sans aucun effort. Il y a d'autres beautés tragiques, mais celle-ci est au premier rang.

Il est vrai que le vieil Horace, qui était présent quand les Horaces et les Curiaces ont refusé qu'on nommât d'autres champions, a dû être présent à leur combat. Cela gâte jusqu'au *qu'il mourût.*

Vers 36.   Il est de tout son sang comptable à sa patrie,
Chaque goutte épargnée a sa gloire flétrie.

Chaque goutte paraît être de trop. Il ne faut pas tant retourner sa pensée.

A sa gloire flétrie; la sévérité de la grammaire ne permet point ce *flétrie :* il faut, dans la rigueur, *a flétri sa gloire ;* mais *a sa gloire flétrie* est plus beau, plus poétique, plus éloigné du langage ordinaire, sans causer d'obscurité.

Vers 38.   Chaque instant de sa vie après ce lâche tour...

Après ce lâche tour est une expression trop triviale.

Vers 39.   Met d'autant plus ma honte avec la sienne au jour.
J'en romprai bien le cours, etc.

Ces derniers mots se rapportent naturellement à la honte ; mais on ne rompt point le cours d'une honte. Il faut donc qu'ils tombent sur *chaque instant de sa vie,* qui est plus haut ; mais *je romprai bien le cours de chaque instant de sa vie* ne peut se dire. *Bien* signifie dans ces occasions *fortement* ou *aisément :* je le punirai *bien,* je l'empêcherai *bien.*

Vers 61.   Dieux! verrons-nous toujours des malheurs de la sorte?

Ce *de la sorte* est une expression du peuple, qui n'est pas convenable ; elle n'est pas même française. Il faudrait *de cette sorte,* ou *d'une telle sorte.*

---

1. Sur ce vers, voyez aussi tome XVII, page 234; et tome XIX, page 270.

Vers 62. Nous faudra-t-il toujours en craindre de plus grands,
    Et toujours redouter la main de nos parents ?

Ce dernier vers est de la plus grande beauté : non-seulement
il dit ce dont il s'agit, mais il prépare ce qui doit suivre.

ACTE QUATRIÈME.

SCÈNE I.

Vers 1.   Ne me parlez jamais en faveur d'un infâme.

Nous avons vu qu'il est très-extraordinaire que le père n'ait
pas été détrompé entre le troisième et le quatrième acte ; qu'un
vieillard de son caractère, qui a assez de force pour tuer son fils
de ses propres mains, à ce qu'il dit, n'en ait pas assez pour être
allé sur le champ de bataille ; qu'il reste dans sa maison tandis
que Rome entière est spectatrice du combat ; comment souffrir
qu'une suivante soit allée voir ce fameux duel, et que le vieil
Horace soit demeuré chez lui ! Comment ne s'est-il pas mieux
informé pendant l'entr'acte ? Pourquoi le père des Horaces ignore-
t-il seul ce que tout Rome sait ? Je ne sais de réponse à cette critique, sinon que ce défaut est presque excusable, puisqu'il amène
de grandes beautés.

Vers 5.   Sabine y peut mettre ordre, ou derechef j'atteste
    Le souverain pouvoir de la troupe céleste...

Derechef et *la troupe céleste* sont hors d'usage. *La troupe céleste*
est bannie du style noble, surtout depuis que Scarron l'a employée dans le style burlesque.

Vers 11.   Le jugement de Rome est peu pour mon regard.

Pour mon regard est suranné et hors d'usage ; c'est pourtant
une expression nécessaire.

SCÈNE II.

Vers 11.   C'est à moi seul aussi de punir son forfait.

Si son fils est coupable d'un *forfait* envers Rome, pourquoi
serait-ce au père seul à le punir ?

Vers 15. Vous redoublez ma honte et ma confusion.

Je ne sais s'il n'y a pas dans cette scène un artifice trop visible, une méprise trop longtemps soutenue. Il semble que l'auteur ait eu plus d'égards au jeu de théâtre qu'à la vraisemblance. C'est le même défaut que dans la scène de Chimène avec don Sanche dans *le Cid*. Ce petit et faible artifice, dont Corneille se sert trop souvent, n'est pas la véritable tragédie.

Vers 22.   Quels honneurs, quel triomphe, et quel empire enfin,
       Lorsque Albe sous ses lois range notre destin?

On ne range point ainsi un destin.

Vers 30.   Quoi! Rome enfin triomphe!

Que ce mot est pathétique! Comme il sort des entrailles d'un vieux Romain!

Vers 56.   L'air résonne des cris qu'au ciel chacun envoie:
       Albe en jette d'angoisse, et les Romains de joie.

On ne dit plus guère *angoisse :* et pourquoi? Quel mot lui a-t-on substitué? *Douleur, horreur, peine, affliction,* ne sont pas des équivalents : *angoisse* exprime la douleur pressante et la crainte à la fois.

Vers 59.   C'est peu pour lui de vaincre, il veut encor braver.

Braver est un verbe actif qui demande toujours un régime : de plus, ce n'est pas ici une bravade; c'est un sentiment généreux d'un citoyen qui venge ses frères et sa patrie.

Vers 84.   C'est où le roi le mène...

Mener à des chants et à des vœux n'est ni noble ni juste; mais le récit de Valère a été si beau qu'on pardonne aisément ces petites fautes.

Vers 85.   . . . . .   Et tandis il m'envoie
       Faire office envers vous de douleur et de joie.

Tandis sans un *que* est absolument proscrit, et n'est plus permis que dans une espèce de style burlesque et naïf qu'on nomme *marotique : Tandis la perdrix vire.*
Faire office de douleur n'est plus français, et je ne sais s'il l'a jamais été : on dit familièrement *faire office d'ami, office de serviteur, office d'homme intéressé;* mais non *office de douleur et de joie.*

Vers 94. Le roi ne sait que c'est d'honorer à demi[1].

﹨ Cette phrase est italienne ; nous disons aujourd'hui *ne sait ce que c'est*. Mais la dignité du tragique rejette ces expressions de comédie.

Vers dern. Je vous devrai beaucoup pour un si bon office.

Ici la pièce est finie, l'action est complétement terminée. Il s'agissait de la victoire, et elle est remportée ; du destin de Rome, et il est décidé.

SCÈNE III.

Vers 1. Ma fille, il n'est plus temps de répandre des pleurs.

Voici donc une autre pièce qui commence ; le sujet en est bien moins grand, moins intéressant, moins théâtral, que celui de la première. Ces deux actions différentes ont nui au succès complet des *Horaces*. Il est vrai qu'en Espagne, en Angleterre, on joint quelquefois plusieurs actions sur le théâtre : on représente dans la même pièce *la Mort de César* et *la bataille de Philippes*. *Nos musas colimus severiores*.

> Qu'en un lieu, qu'en un jour, un seul fait accompli,
> Tienne jusqu'à la fin le théâtre rempli.
>
> (Boileau, *Art poétique*, III, 45.)

Remarquez que Camille a été si inutile sur la fin de la première pièce des *Horaces* qu'elle n'a proféré qu'un *hélas* pendant le récit de la mort de Curiace.

Remarquez encore que le vieil Horace n'a plus rien à dire, et qu'il perd le temps à répéter à Camille qu'il va consoler Sabine.

Vers 3. On pleure injustement des pertes domestiques
Quand on en voit sortir des victoires publiques.

Des victoires qui sortent font une image peu convenable. On ne voit point sortir des victoires, comme on voit sortir des troupes d'une ville[2].

Ver 7. En la mort d'un amant vous ne perdez qu'un homme
Dont la perte est aisée à réparer dans Rome.

---

1. L'édition de 1664 porte :

> Il ne sait ce que c'est d'honorer à demi

2. Palissot s'étonne avec raison que cette critique ait pu s'offrir à la pensée de Voltaire. Le vers en effet est très-beau.

L'auteur répète trop souvent cette idée, et ce n'est pas là le temps de parler de mariage à Camille.

Vers 13.   Et ses trois frères morts par la main d'un époux
            Lui donneront des pleurs bien plus justes qu'à vous.

Lui donneront des pleurs justes n'est pas français. C'est Sabine qui donnera des pleurs; ce ne sont pas ses frères morts qui lui en donneront. Un accident fait couler des pleurs, et ne les donne pas.

Vers 21.   Faites-vous voir sa sœur, et qu'en un même flanc
            Le ciel vous a tous deux formés d'un même sang.

Faites-vous voir..... et qu'en...... est un solécisme : parce que *faites-vous voir* signifie *montrez-vous, soyez ma sœur*; et *montrez-vous, soyez, paraissez*, ne peut régir un *que*.

Ajoutez qu'après lui avoir dit *faites-vous voir sa sœur*, il est très-superflu de dire qu'elle est sortie du même flanc.

SCÈNE IV.

Vers 1.   Oui, je lui ferai voir par d'infaillibles marques
           Qu'un véritable amour brave la main des Parques.

Voici Camille qui, après un long silence dont on ne s'est pas seulement aperçu, parce que l'âme était toute remplie du destin des Horaces et des Curiaces, et de celui de Rome; voici Camille, dis-je, qui s'échauffe tout d'un coup, et comme de propos délibéré; elle débute par une sentence poétique : *Qu'un véritable amour brave la main des Parques. Infaillibles marques* n'est là que pour la rime : grand défaut de notre poésie.

Ce monologue même n'est qu'une vaine déclamation. La vraie douleur ne raisonne point tant, ne récapitule point; elle ne dit point qu'on bâtit *en l'air sur le malheur d'autrui*, et que son père *triomphe* comme son frère de ce malheur. Elle ne s'excite point à *braver la colère*, à essayer de déplaire. Tous ces vains efforts sont froids, et pourquoi? C'est qu'au fond le sujet manque à l'auteur. Dès qu'il n'y a plus de combats dans le cœur, il n'y a plus rien à dire.

Vers 7.   . . . . Et par un juste effort
           Je la veux rendre égale aux rigueurs de mon sort.

Elle dit ici qu'elle veut rendre sa douleur *égale, par un juste effort, aux rigueurs de son sort.* Quand on fait ainsi des efforts pour

proportionner sa douleur à son état, on n'est pas même poéti-
quement affligé.

Vers 17.   Un oracle m'assure, un songe me travaille.

M'assure ne signifie pas *me rassure*, et c'est *me rassure* que
l'auteur entend. Je suis effrayé, on me rassure. Je doute d'une
chose, on m'assure qu'elle est ainsi..... *Assurer* avec l'accusatif
ne s'emploie que pour *certifier : J'assure ce fait ;* et en termes d'art
il signifie *affermir :* Assurez cette solive, ce chevron.

Vers 20.   Pour combattre mon frère on choisit mon amant.

Cette récapitulation de la pièce précédente n'est-elle point
encore l'opposé d'une affliction véritable ? *Curæ leves loquuntur* [1].

Vers 45.   Dégénérons, mon cœur, d'un si vertueux père, etc.

Ce *dégénérons, mon cœur,* cette résolution de se mettre en colère, ce long discours, cette nouvelle sentence mal exprimée,
que *c'est gloire de passer pour un cœur abattu,* enfin tout refroidit,
tout glace le lecteur, qui ne souhaite plus rien. C'est, encore une
fois, la faute du sujet. L'aventure des Horaces, des Curiaces, et
de Camille, est plus propre en effet pour l'histoire que pour le
théâtre.

On ne peut trop honorer Corneille, qui a senti ce défaut,
et qui en parle dans son *Examen* avec la candeur d'un grand
homme.

Vers 55.   Il vient, préparons-nous à montrer constamment
           Ce que doit une amante à la mort d'un amant.

Préparons-nous augmente encore le défaut. On voit une femme
qui s'étudie à montrer son affliction, qui répète, pour ainsi dire,
sa leçon de douleur.

SCÈNE V.

Vers 1.   Ma sœur, voici le bras qui venge nos deux frères, etc.

Ce n'est plus là l'Horace du second acte. Ce *bras* trois fois
répété, et cet ordre de rendre ce *qu'on doit à l'heur de sa victoire,*
témoignent, ce semble, plus de vanité que de grandeur : il ne

---

1. C'est Sénèque qui a dit (*Hipp.*, II, III, vers 607) :

> Curæ leves loquuntur,
> Ingentes stupent.

devrait parler à sa sœur que pour la consoler, ou plutôt il n'a
rien du tout à dire. Qui l'amène auprès d'elle? Est-ce à elle qu'il
doit présenter les armes de ses beaux-frères? C'est au roi, c'est
au sénat assemblé qu'il devait montrer ces trophées. Les femmes
ne se mêlaient de rien chez les premiers Romains. Ni la bienséance, ni l'humanité, ni son devoir, ne lui permettaient de venir
faire à sa sœur une telle insulte. Il paraît qu'Horace pouvait dé-
poser au moins ces dépouilles dans la maison paternelle, en
attendant que le roi vînt; que sa sœur, à cet aspect, pouvait
s'abandonner à sa douleur, sans qu'Horace lui dît *voici ce bras,*
et sans qu'il lui ordonnât de ne s'entretenir jamais que de sa
victoire; il semble qu'alors Camille aurait paru un peu plus coupable, et que l'emportement d'Horace aurait eu quelque excuse.

Vers 18.   O d'une indigne sœur insupportable audace!

Observez que la colère du vieil Horace contre son fils était
très-intéressante, et que celle de son fils contre sa sœur est révoltante et sans aucun intérêt. C'est que la colère du vieil Horace
supposait le malheur de Rome; au lieu que le jeune Horace ne
se met en colère que contre une femme qui pleure et qui crie,
et qu'il faut laisser crier et pleurer. Cela est historique, oui; mais
cela n'est nullement tragique, nullement théâtral.

Vers 19.   D'un ennemi public dont je reviens vainqueur,
        Le nom est dans ta bouche, et l'amour dans ton cœur.

Le reproche est évidemment injuste. Horace lui-même devait
plaindre Curiace, c'est son beau-frère, il n'y a plus d'ennemis,
les deux peuples n'en font plus qu'un. Il a dit lui-même, au
second acte, qu'*il aurait voulu racheter de sa vie le sang de Curiace.*

Vers 28.   Donne-moi donc, barbare, un cœur comme le tien!

Ces plaintes seraient plus touchantes si l'amour de Camille
avait été le sujet de la pièce; mais il n'en a été que l'épisode : on
y a songé à peine; on n'a été occupé que de Rome. Un petit intérêt d'amour interrompu ne peut plus reprendre une vraie force.
Le cœur doit saigner par degrés dans la tragédie, et toujours des
mêmes coups redoublés, et surtout variés.

Vers 54.   Rome, l'unique objet de mon ressentiment! etc.

Ces imprécations de Camille ont toujours été un beau morceau de déclamation, et ont fait valoir toutes les actrices qui ont
joué ce rôle. Plusieurs juges sévères n'ont pas aimé le *mourir de*

plaisir; ils ont dit que l'hyperbole est si forte qu'elle va jusqu'à la plaisanterie[1].

Il y a une observation à faire : c'est que jamais les douleurs de Camille ni sa mort n'ont fait répandre une larme.

> Pour me tirer des pleurs il faut que vous pleuriez[2].

Mais Camille n'est que furieuse ; elle ne doit pas être en colère contre Rome ; elle doit s'être attendue que Rome ou Albe triompherait. Elle n'a raison d'être en colère que contre Horace, qui, au lieu d'être auprès du roi après sa victoire, vient se vanter assez mal à propos à sa sœur d'avoir tué son amant. Encore une fois, ce ne peut être un sujet de tragédie.

Vers 70. Va dedans les enfers plaindre ton Curiace.

On ne se sert plus du mot de *dedans,* et il fut toujours un solécisme quand on lui donne un régime ; on ne peut l'employer que dans un sens absolu : *Êtes-vous hors du cabinet? Non, je suis dedans.* Mais il est toujours mal de dire *dedans ma chambre, dehors de ma chambre.* Corneille au cinquième acte dit :

> Dans les murs, hors des murs, tout parle de sa gloire.

Il n'aurait pas parlé français s'il eût dit *dedans les murs, dehors des murs.*

SCÈNE VI.

PROCULE.

Vers 1. Que venez-vous de faire?

D'où vient ce Procule ? A quoi sert ce Procule, ce personnage subalterne qui n'a pas dit un mot jusqu'ici. C'est encore un très-grand défaut ; non pas de ces défauts de convenance, de ces fautes qui amènent des beautés, mais de celles qui amènent de nouveaux défauts.

Cette scène a toujours paru dure et révoltante. Aristote remarque que la plus froide des catastrophes est celle dans laquelle on commet de sang-froid une action atroce qu'on a voulu com-

---

1. « Mourir de plaisir n'est point une hyperbole qui aille jusqu'à la plaisanterie, réplique fort bien Palissot ; c'est un dernier coup de pinceau plein de vigueur... Que veut dire là *mourir de plaisir,* sinon mourir de l'excès de ravissement qu'une vengeance satisfaite peut faire éprouver ? »

2. Boileau, *Art poétique,* III, 142.

mettre. Addison, dans son *Spectateur*, dit que ce meurtre de Camille est d'autant plus révoltant qu'il semble commis de sang-froid, et qu'Horace, traversant tout le théâtre pour aller poignarder sa sœur, avait tout le temps de la réflexion. Le public éclairé ne peut jamais souffrir un meurtre sur le théâtre, à moins qu'il ne soit absolument nécessaire, ou que le meurtrier n'ait les plus violents remords.

SCÈNE VII.

Vers 1.   A quoi s'arrête ici ton illustre colère?

Sabine, arrivant après le meurtre de Camille seulement pour reprocher cette mort à son mari, achève de jeter de la froideur sur un événement qui, autrement préparé, devait être terrible.

L'illustre colère et *les généreux coups* sont une déclamation ironique. Racine a pourtant imité ce vers dans *Andromaque*[1] :

> Que peut-on refuser à ces généreux coups?

Cette conversation de Sabine et d'Horace, après le meurtre de Camille, est aussi inutile que la scène de Proculus; elle ne produit aucun changement.

Vers 22.   Embrasse ma vertu pour vaincre ta foiblesse.

Est-ce là le langage qu'il doit tenir à sa femme, quand il vient d'assassiner sa sœur dans un moment de colère?

Vers 23.   Participe à ma gloire au lieu de la souiller,
            Tâche à t'en revêtir, non à m'en dépouiller, etc.

Sans parler des fautes de langage, tous ces conseils ne peuvent faire aucun bon effet, parce que la douleur de Sabine n'en peut faire aucun.

Vers 33.   Mais enfin je renonce à la vertu romaine.

C'est une répétition un peu froide des vers de Curiace :

> Je rends grâces aux dieux de n'être pas Romain[2].

Vers 41.   Pourquoi veux-tu, cruel, agir d'une autre sorte?
            Laisse en entrant ici tes lauriers à la porte.

---

1. Acte IV, scène v.
2. Voyez page 289.

On sent assez qu'*agir d'une autre sorte,* et *laisser en entrant les lauriers à la porte,* ne sont des expressions ni nobles ni tragiques, et que toute cette tirade est une déclamation oiseuse d'une femme inutile.

Vers 57.   Quelle injustice aux dieux d'abandonner aux femmes
            Un empire si grand sur les plus belles âmes! etc.

Cette tendresse est-elle convenable à l'assassin de sa sœur, qui n'a aucun remords de cette indigne action, et qui parle encore de sa vertu? Voyez comme ces sentences et ces discours vagues sur le pouvoir des femmes conviennent peu devant le corps sanglant de Camille, qu'Horace vient d'assassiner.

Vers 64.   A quel point ma vertu devient-elle réduite!

Devient réduite n'est pas français. Ce mot *devenir* ne convient jamais qu'aux affections de l'âme : on devient faible, malheureux, hardi, timide, etc.; mais on ne devient pas *forcé à, réduit à.*

Vers dern. Et n'employons après que nous à notre mort.

Sabine parle toujours de mourir : il n'en faut pas tant parler quand on ne meurt point.

ACTE CINQUIÈME.

Corneille, dans son Jugement sur *Horace,* s'exprime ainsi : *Tout ce cinquième acte est encore une des causes du peu de satisfaction que laisse cette tragédie : il est tout en plaidoyers,* etc. Après un si noble aveu, il ne faut parler de la pièce que pour rendre hommage au génie d'un homme assez grand pour se condamner lui-même. Si j'ose ajouter quelque chose, c'est qu'on trouvera de beaux détails dans ces plaidoyers.

Il est vrai que cette pièce n'est pas régulière, qu'il y a en effet trois tragédies absolument distinctes, la Victoire d'Horace, la Mort de Camille, et le Procès d'Horace. C'est imiter en quelque façon le défaut qu'on reproche à la scène anglaise et à l'espagnole; mais les scènes d'Horace, de Curiace, et du vieil Horace, sont d'une si grande beauté qu'on reverra toujours ce poëme avec plaisir quand il se trouvera des acteurs qui auront assez de talent pour faire sentir ce qu'il y a d'excellent, et faire pardonner ce qu'il y a de défectueux.

SCÈNE I.

Vers 5. ˜ Nos plaisirs les plus doux ne vont point sans tristesse;

expression familière dont il ne faut jamais se servir dans le style noble. En effet, des plaisirs ne *vont* point[1].

Vers 21. Si ma main en devient honteuse et profanée,
Vous pouvez d'un seul mot trancher ma destinée.

Une action est honteuse, mais la main ne l'est pas; elle est souillée, coupable, etc.

Vers 23. Reprenez tout ce sang de qui ma lâcheté
A si brutalement souillé la pureté.

Lâcheté...... brutalement. S'il a été lâche et brutal, pourquoi parlait-il à sa femme de *la vertu* avec laquelle il avait tué sa sœur?

Vers 29. Son amour doit se taire où toute excuse est nulle:

Est nulle, expression qui doit être bannie des vers.

SCÈNE II.

Vers 5. Un si rare service et si fort important, etc.

Fort est de trop.

Vers 9. J'ai su par son rapport, et je n'en doutois pas,
Comme de vos deux fils vous portez le trépas.

Il faut *comment,* et *portez* n'est plus d'usage.

Vers 18. Et je doute comment vous portez cette mort.

Répétition vicieuse.

Vers 29. Sire, puisque le ciel entre les mains des rois
Dépose sa justice et la force des lois, etc.

Il faut avouer que ce Valère fait là un fort mauvais personnage: il n'a encore paru dans la pièce que pour faire un compliment; on n'en a parlé que comme d'un homme sans consé-

---

1. Palissot blâme avec raison Voltaire de reprendre cette expression si naïve. (G. A.)

quence. C'est un défaut capital que Corneille tâche en vain de pallier dans son *Examen*.

Vers 36.   Permettez qu'il achève, et je ferai justice.

C'est la loi de l'unité de lieu qui force ici l'auteur à faire le procès d'Horace dans sa propre maison : ce qui n'est ni convenable, ni vraisemblable. J'ajouterai ici une remarque purement historique : c'est que les chefs de Rome, appelés *rois*, ne rendaient point justice seuls ; il fallait le concours du sénat entier, ou des délégués.

Vers 41.   Souffrez donc, ô grand roi ! le plus juste des rois,
          Que tous les gens de bien vous parlent par ma voix, etc.

Ce plaidoyer ressemble à celui d'un avocat qui s'est préparé : il n'est ni dans le génie de ces temps-là, ni dans le caractère d'un amant qui parle contre l'assassin de sa maîtresse.

Vers 79.   Mais je hais ces moyens qui sentent l'artifice.

Ce trait est de l'art oratoire, et non de l'art tragique ; mais quelque chose que pût dire Valère, il ne pouvait toucher.

Vers 115.   Sire, c'est rarement qu'il s'offre une matière
          A montrer d'un grand cœur la vertu tout entière, etc.

Ces vers sont beaux, parce qu'ils sont vrais et bien écrits.

Vers 151.   Que Votre Majesté désormais m'en dispense.

On ne connaissait point alors le titre de *majesté*.

SCÈNE III.

Vers 16.   Il mourra plus en moi qu'il ne mourroit en lui.

Ces subtilités de Sabine jettent beaucoup de froid sur cette scène. On est las de voir une femme qui a toujours eu une douleur étudiée, qui a proposé à Horace de la tuer afin que Curiace la vengeât, et qui maintenant veut qu'on la fasse mourir pour Horace, parce qu'Horace *vit en elle*.

Vers 49.   Tous trois désavoueront la douleur qui te touche...
          L'horreur que tu fais voir d'un mari vertueux.

Cela n'est pas vrai. Sabine, qui veut mourir pour Horace, n'a point montré d'horreur pour lui.

Vers 114. Il m'en reste encore un, conservez-le pour elle, etc.

Quoique en effet tout ce cinquième acte ne soit qu'un plaidoyer hors d'œuvre, et dans lequel personne ne craint pour l'accusé, cependant il y a de temps en temps des maximes profondes, nobles, justes, qu'on écoutait autrefois avec grand plaisir. Pascal même, qui faisait un recueil de toutes les pensées qui pouvaient servir à établir un ouvrage qu'il n'a jamais pu faire, n'a pas manqué de mettre dans son agenda cette pensée de Corneille : *Il faut plaire aux esprits bien faits.*

Vers 137. J'en garde en mon esprit les forces plus pressantes.

Force s'emploie au pluriel pour les forces du corps, pour celles d'un État, mais non pour un discours. *Plus* est une faute.

SCÈNE DERNIÈRE.

JULIE, seule.

Camille, ainsi le ciel t'avoit bien avertie
Des tragiques succès qu'il t'avoit préparés;
Mais toujours du secret il cache une partie
Aux esprits les plus nets et les mieux éclairés.

Il sembloit nous parler de ton proche hyménée,
Il sembloit tout promettre à tes vœux innocents,
Et, nous cachant ainsi ta mort inopinée,
Sa voix n'est que trop vraie en trompant notre sens.

« Albe et Rome aujourd'hui prennent une autre face.
Tes vœux sont exaucés : elles goûtent la paix ;
Et tu vas être unie avec ton Curiace,
Sans qu'aucun mauvais sort t'en sépare jamais. »

Ce commentaire de Julie sur le sens de l'oracle a été retranché dans les éditions suivantes[1]. Il est visiblement imité de la fin du *Pastor fido;* mais dans l'italien cette explication fait le dénoûment: elle est dans la bouche de deux pères infortunés; elle sauve la vie au héros de la pièce. Ici c'est une confidente inutile qui dit une chose inutile. Ces vers furent récités dans les premières représentations.

---

1. Cette scène ne se trouve plus dans l'édition de 1664. (B.)

Les lecteurs raisonnables trouveront bon, sans doute, qu'on ait ainsi remarqué avec une équité impartiale les grandes beautés et les défauts de Corneille, et qu'on poursuive dans cet esprit. Un commentateur n'est pas un avocat qui cherche seulement à faire valoir en tout la cause de sa partie; et ce serait trahir la mémoire de Corneille que de ne pas imiter la candeur avec laquelle il se juge lui-même. On doit la vérité au public.

REMARQUES SUR CINNA

TRAGÉDIE REPRÉSENTÉE EN 1639.

AVERTISSEMENT DU COMMENTATEUR.

Ce n'est pas ici une pièce telle que *les Horaces :* on voit bien le même pinceau, mais l'ordonnance du tableau est très-supérieure. Il n'y a point de double action : ce ne sont point des intérêts indépendants les uns des autres, des actes ajoutés à des actes ; c'est toujours la même intrigue. Les trois unités sont aussi parfaitement observées qu'elles puissent l'être, sans que l'action soit gênée , sans que l'auteur paraisse faire le moindre effort. Il y a toujours de l'art, et l'art s'y montre rarement à découvert.

On donne ici[1] ce chef-d'œuvre du grand Corneille tel qu'il le fit imprimer, avec le chapitre de Sénèque le Philosophe, dont il tira son sujet (ainsi qu'il avait publié *le Cid* avec les vers espagnols qu'il traduisit). On y ajoute son Épître dédicatoire à Montauron, trésorier de l'épargne, et la lettre du célèbre Balzac.

ÉPITRE DÉDICATOIRE

A M. DE MONTAURON.

MONSIEUR,

Je vous présente un tableau d'une des plus belles actions d'Auguste. Ce monarque étoit tout généreux, et sa générosité n'a jamais paru avec tant d'éclat que dans les effets de sa clémence et de sa *libéralité*. Ces deux rares vertus lui étoient si naturelles, et si inséparables en lui, qu'il semble qu'en

---

1. Dans l'édition publiée par Voltaire.

cette histoire, que j'ai mise sur notre théâtre, elles se soient tour à tour entre-produites dans son âme. Il avoit été si *libéral* envers Cinna que, sa conjuration ayant fait voir une ingratitude extraordinaire, il eut besoin d'un extraordinaire effort de clémence pour lui pardonner; et le pardon qu'il lui donna fut la source des nouveaux bienfaits dont il lui fut prodigue, pour vaincre tout à fait cet esprit qui n'avoit pu être gagné par les premiers; de sorte qu'il est vrai de dire qu'il eût été moins clément envers lui s'il eût été moins *libéral,* et qu'il eût été moins *libéral* s'il eût été moins clément. Cela étant, à qui pourrois-je plus justement donner le portrait de l'une de ces héroïques vertus qu'à celui qui possède l'autre en un si haut degré; puisque, dans cette action, ce grand prince les a si bien attachées, et comme unies l'une à l'autre, qu'elles ont été tout ensemble et la cause et l'effet l'une de l'autre?... *Votre* générosité, à l'exemple de ce grand empereur[1], prend plaisir à s'étendre sur les gens de lettres, en un temps où beaucoup pensent avoir trop récompensé leurs travaux quand ils les ont honorés d'une louange stérile. Et certes vous avez traité quelques-unes de nos muses avec tant de magnanimité qu'en elles vous avez obligé toutes les autres, et qu'il n'en est point qui ne vous en doive un remercîment. Trouvez donc bon, monsieur, que je m'acquitte de celui que je reconnois vous en devoir, par le présent que je vous fais de ce poëme, que j'ai choisi comme le plus durable des miens, pour apprendre plus longtemps à ceux qui le liront que le *généreux* M. de Montauron, par une *libéralité* inouïe en ce siècle, s'est rendu toutes les muses redevables, et que je prends tant de part aux bienfaits dont vous avez surpris quelques-unes d'elles que je m'en dirai toute ma vie,

MONSIEUR,

Votre très-humble et très-obligé
serviteur,

CORNEILLE.

1. Voilà une étrange lettre, et pour le style, et pour les sentiments. On n'y reconnaît point *la main qui crayonna l'âme du grand* Pompée *et l'esprit de Cinna.* Celui qui faisait des vers si sublimes n'est plus le même en prose. On ne peut s'empêcher de plaindre Corneille, et son siècle, et les beaux-arts, quand on voit ce grand homme, négligé à la cour, comparer le sieur de Montauron à l'empereur Auguste. Si pourtant la reconnaissance arracha ce singulier hommage, il faut encore plus en louer Corneille que l'en blâmer; mais on peut toujours l'en plaindre. (*Note de Voltaire.*)
— Voyez, en tête des *Remarques sur Œdipe,* les vers à Fouquet, où Corneille parle de *la main qui crayonna,* etc.

EXTRAIT

DU LIVRE DE SÉNÈQUE LE PHILOSOPHE

DONT LE SUJET DE CINNA EST TIRÉ.

SENECA, lib. I, *de Clementia*, cap. IX[1].

Divus Augustus mitis fuit princeps, si quis illum a principatu suo æstimare incipiat : in communi quidem republica duodevicesimum egressus annum, jam pugiones in sinum amicorum absconderat, jam insidiis M. Antonii consulis latus petierat, jam fuerat collega proscriptionis : sed cum annum quadragesimum transisset, et in Gallia moraretur, delatum est ad eum indicium L. Cinnam, stolidi ingenii virum, insidias ei struere. Dictum est et ubi, et quando, et quemadmodum aggredi vellet. Unus ex consciis deferebat; constituit se ab eo vindicare. Consilium amicorum advocari jussit.

Nox illi inquieta erat, cum cogitaret adolescentem nobilem, hoc detracto integrum, Cu. Pompeii nepotem, damnandum. Jam unum hominem occidere non poterat, cum M. Antonio proscriptionis edictum inter cœnam dictaret. Gemens subinde voces emittebat varias et inter se contrarias. « Quid ergo? Ego percussorem meum securum ambulare patiar, me sollicito? Ergo non dabit pœnas, qui tot civilibus bellis frustra petitum caput, tot navalibus, tot pedestribus præliis incolume, postquam terra marique pax parta est, non occidere constituit, sed immolare? » (Nam sacrificantem placuerat adoriri.) Rursus silentio interposito majore multo voce sibi quam Cinnæ irascebatur. « Quid vivis, si perire te tam multorum interest? Quis finis erit suppliciorum? quis sanguinis? Ego sum nobilibus adolescentulis expositum caput, in quod mucrones acuant. Non est tanti vita si, ut ego non peream, tam multa perdenda sunt. » Interpellavit tandem illum Livia uxor; et : « Admittis, inquit, muliebre consilium? Fac quod medici solent, ubi usitata remedia non procedunt, tentant contraria. Severitate nihil adhuc

---

1. L'aventure de Cinna laisse quelque doute. Il se peut que ce soit une fiction de Sénèque, ou du moins qu'il ait ajouté beaucoup à l'histoire pour mieux faire valoir son chapitre *de la Clémence*. C'est une chose bien étonnante que Suétone, qui entre dans tous les détails de la vie d'Auguste, passe sous silence un acte de clémence qui ferait tant d'honneur à cet empereur, et qui serait la plus mémorable de ses actions. Sénèque suppose la scène en Gaule. Dion Cassius, qui rapporte cette anecdote longtemps après Sénèque, au milieu du IIIe siècle de notre ère vulgaire, dit que la chose arriva dans Rome. J'avoue que je croirai difficilement qu'Auguste ait nommé sur-le-champ premier consul un homme convaincu d'avoir voulu l'assassiner.

Mais, vraie ou fausse, cette clémence d'Auguste est un des plus nobles sujets de tragédie, une des plus belles instructions pour les princes. C'est une grande leçon de mœurs; c'est, à mon avis, le chef-d'œuvre de Corneille, malgré quelques défauts. (*Note de Voltaire.*)

profecisti : Salvidienum Lepidus secutus est, Lepidum Muræna, Murænam Cæpio, Cæpionem Egnatius, ut alios taceam quos tantum ausos pudet : nunc tenta quomodo tibi cedat clementia. Ignosce L. Cinnæ : deprehensus est, jam nocere tibi non potest; prodesse famæ tuæ potest. »

Gavisus sibi quod advocatum invenerat, uxori quidem gratias egit : renuntiari autem extemplo amicis quos in consilium rogaverat imperavit, et Cinnam unum ad se accersit dimissisque omnibus e cubiculo, cum alteram poni Cinnæ cathedram jussisset : « Hoc, inquit, primum a te peto ne me loquentem interpelles, ne medio sermone meo proclames : dabitur tibi loquendi liberum tempus. Ego te, Cinna, cum in hostium castris invenissem, non factum tantum mihi inimicum, sed natum, servavi; patrimonium tibi omne concessi; hodie tam felix es et tam dives ut victo victores invideant : sacerdotium tibi petenti, præteritis compluribus quorum parentes mecum militaverant, dedi. Cum sic de te meruerim, occidere me constituisti. »

Cum ad hanc vocem exclamasset Cinna, procul hanc ab se abesse dementiam : « Non præstas, inquit, fidem, Cinna; convenerat ne interloquereris. Occidere, inquam, me paras. » Adjecit locum, socios, diem, ordinem insidiarum, cui commissum esset ferrum. Et cum defixum videret, nec ex conventione jam, sed ex conscientia tacentem : « Quo, inquit, hoc animo facis ? ut ipse sis princeps ? Male me hercule cum populo romano agitur, si tibi ad imperandum nihil præter me obstat. Domum tuam tueri non potes, nuper libertini hominis gratia in privato judicio superatus es. Adeo nihil facilius potes quam contra Cæsarem advocare? Cedo, si spes tuas solus impedio. Paulusne te et Fabius Maximus et Cossi et Servilii ferent, tantumque agmen nobilium, non inania nomina præferentium, sed eorum qui imaginibus suis decori sunt ? » Ne totam ejus orationem repetendo magnam partem voluminis occupem, diutius enim quam duabus horis locutum esse constat, cum hanc pœnam, qua sola erat contentus futurus, extenderet. « Vitam tibi, inquit, Cinna, iterum do, prius hosti, nunc insidiatori ac parricidæ. Ex hodierno die inter nos amicitia incipiat. Contendamus utrum ego meliore fide vitam tibi dederim, an tu debeas. » Post hæc detulit ultro consulatum, questus, quod non auderet petere, amicissimum fidelissimumque habuit, hæres solus fuit illi, nullis amplius insidiis ab ullo petitus est.

LETTRE DE M. DE BALZAC

A M. CORNEILLE.

Monsieur,

[1] J'ai senti un notable soulagement depuis l'arrivée de votre paquet, et je crie miracle dès le commencement de ma lettre. Votre *Cinna* guérit

---

1. Les étrangers verront dans cette lettre quelle était l'éloquence de ce temps-là. Il n'est guère convenable peut-être que l'éloquence soit le partage d'une lettre

les malades : il fait que les paralytiques battent des mains : il rend la parole
à un muet, ce serait trop peu de dire à un enrhumé. En effet, j'avais perdu
la parole avec la voix, et puisque je les recouvre l'une et l'autre par votre
moyen, il est bien juste que je les emploie toutes deux à votre gloire, et à
dire sans cesse : *La belle chose !* Vous avez peur néanmoins d'être de ceux
qui sont accablés par la majesté des sujets qu'ils traitent, et ne pensez pas
avoir apporté assez de force pour soutenir la grandeur romaine. Quoique
cette modestie me plaise, elle ne me persuade pas, et je m'y oppose pour
l'intérêt de la vérité. Vous êtes trop subtil examinateur d'une composition
universellement approuvée, et s'il était vrai qu'en quelqu'une de ses parties
vous eussiez senti quelque faiblesse, ce serait un secret entre vos muses et
vous, car je vous assure que personne ne l'a reconnue. La faiblesse serait de
notre expression, et non pas de votre pensée ; elle viendrait du défaut des
instruments, et non pas de la faute de l'ouvrier : il faudrait en accuser l'in-
capacité de notre langue.

Vous nous faites voir Rome tout ce qu'elle peut être à Paris, et ne l'avez
point brisée en la remuant. Ce n'est point une Rome de Cassiodore[1], et aussi
déchirée qu'elle était aux siècles des Théodorics ; c'est une Rome de Tite-
Live, et aussi pompeuse qu'elle était au temps des premiers Césars. Vous avez
même trouvé ce qu'elle avait perdu dans les ruines de la république, cette
noble et magnanime fierté, et il se voit bien quelques passables traducteurs
de ses paroles et de ses locutions, mais vous êtes le vrai et le fidèle interprète de son esprit et de son courage. Je dis plus, monsieur ; vous êtes souvent son pédagogue, et l'avertissez de la bienséance quand elle ne s'en
souvient pas. Vous êtes le réformateur du vieux temps, s'il a besoin d'embel-
lissement ou d'appui. Aux endroits où Rome est de brique, vous la rebâtissez
de marbre : quand vous trouvez du vide, vous le remplissez d'un chef-
d'œuvre, et je prends garde que ce que vous prêtez à l'histoire est toujours
meilleur que ce que vous empruntez d'elle.

La femme d'Horace et la maîtresse de Cinna, qui sont vos deux véritables enfantements, et les deux pures créatures de votre esprit, ne sont-elles
pas aussi les principaux ornements de vos deux poëmes ? Et qu'est-ce que
la sainte antiquité a produit de vigoureux et de ferme dans le sexe faible qui
soit comparable à ces nouvelles héroïnes que vous avez mises au monde, à
ces Romaines de votre façon ? Je ne m'ennuie point depuis quinze jours
de considérer celle que j'ai reçue la dernière.

Je l'ai fait admirer à tous les habiles de notre province : nos orateurs et
nos poëtes en disent merveilles ; mais un docteur de mes voisins, qui se met
d'ordinaire sur le haut style, en parle certes d'une étrange sorte, et il n'y a
point de mal que vous sachiez jusqu'où vous avez porté son esprit. Il se con-
tentait le premier jour de dire que votre Émilie était la rivale de Caton et

---

familière ; et, comme dit M. l'abbé d'Olivet, Balzac écrivait une lettre comme
Lingendes faisait un sermon ou un panégyrique : il s'étudiait à prodiguer les
figures. (*Note de Voltaire.*)

1. Pourquoi parler de Théodoric et de Cassiodore quand il s'agit d'Auguste ? (*Id.*)

de Brutus dans la passion de la liberté. A cette heure il va bien plus loin : tantôt il la nomme la possédée du démon de la république, et quelquefois la belle, la raisonnable, la sainte[1], et l'adorable furie. Voilà d'étranges paroles sur le sujet de votre Romaine, mais elles ne sont pas sans fondement. Elle inspire en effet toute la conjuration, et donne chaleur au parti par le feu qu'elle jette dans l'âme du chef. Elle entreprend, en se vengeant[2], de venger toute la terre : elle veut sacrifier à son père une victime qui serait trop grande pour Jupiter même. C'est à mon gré une personne si excellente que je pense dire peu à son avantage de dire que vous êtes beaucoup plus heureux en votre race que Pompée n'a été en la sienne, et que votre fille Émilie vaut, sans comparaison, davantage que Cinna son petit-fils. Si celui-ci même a plus de vertu que n'a cru Sénèque, c'est pour être tombé entre vos mains et à cause que vous avez pris soin de lui. Il vous est obligé de son mérite, comme à Auguste de sa dignité. L'empereur le fit consul, et vous l'avez fait *honnête homme*[3]; mais vous l'avez pu faire par les lois d'un art qui polit et orne la vérité, qui permet de favoriser en imitant, qui quelquefois se propose le semblable, et quelquefois le meilleur. J'en dirais trop si j'en disais davantage. Je ne veux pas commencer une dissertation, je veux finir une lettre, et conclure par les protestations ordinaires, mais très-sincères et très-véritables, que je suis,

MONSIEUR,

Votre très-humble serviteur,

BALZAC.

ACTE PREMIER.

SCÈNE I.

ÉMILIE.

Plusieurs actrices ont supprimé ce monologue dans les représentations. Le public même paraissait souhaiter ce retranchement.

1. Voilà une plaisante épithète que celle de *sainte* donnée par ce docteur à Émilie. (*Note de Voltaire.*)

2. Il paraît qu'en effet Émilie était regardée comme le premier personnage de la pièce, et que dans les commencements on n'imaginait pas que l'intérêt pût tomber sur Auguste. (*Id.*)

3. C'est donc Cinna qu'on regardait comme l'honnête homme de la pièce, parce qu'il avait voulu venger la liberté publique. En ce cas, il fallait qu'on ne regardât la clémence d'Auguste que comme un trait de politique conseillé par Livie.

Dans les premiers mouvements des esprits émus par un poëme tel que *Cinna*, on est frappé et ébloui de la beauté des détails; on est longtemps sans former un jugement précis sur le fond de l'ouvrage. (*Id.*)

Or y trouvait de l'amplification. Ceux qui fréquentent·les spectacles disaient qu'Émilie ne devait pas ainsi se parler à elle-même, se faire des objections et y répondre ; que c'était une déclamation de rhétorique ; que les mêmes choses qui seraient très-convenables quand on parle à sa confidente sont très-déplacées quand on s'entretient toute seule avec soi-même ; qu'enfin la longueur de ce monologue y jetait de la froideur, et qu'on doit toujours supprimer ce qui n'est pas nécessaire.

Cependant j'étais si touché des beautés répandues dans cette première scène que j'engageai l'actrice qui jouait Émilie à la remettre au théâtre ; et elle fut très-bien reçue.

Vers 1.　Impatients désirs d'une illustre vengeance, etc.

Quand il se trouve des acteurs capables de jouer *Cinna*, on retranche assez communément ce monologue. Le public a perdu le goût de ces déclamations : celle-ci n'est pas nécessaire à la pièce. Mais n'a-t-elle pas de grandes beautés? n'est-elle pas majestueuse, et même assez passionnée? Boileau trouvait dans ces *impatients désirs, enfants du ressentiment, embrassé par la douleur,* une espèce de famille : il prétendait que les grands intérêts et les grandes passions s'expriment plus naturellement ; il trouvait que le poëte paraît trop ici, et le personnage trop peu.

Vers 5.　Vous prenez sur mon âme un trop puissant empire.

Il y avait dans les premières éditions : *vous régnez sur mon âme avecque trop d'empire; avecque* faisait un son dur et traînant, comme on l'a déjà remarqué[1]. On ne peut corriger mieux.

Vers 9.　Quand je regarde Auguste au milieu de sa gloire.

Il y avait dans les premières éditions : *au trône de sa gloire.*

Vers 10.　Et que vous reprochez à ma triste mémoire
　　　　　Que, par sa propre main, mon père massacré
　　　　　Du trône où je le vois fait le premier degré.

Ces désirs rappellent à Émilie le meurtre de son père, et ne le lui reprochent pas. Il fallait dire : *Vous me reprochez de ne l'avoir pas encore vengé*; et non pas : *Vous me reprochez sa proscription,* car elle n'est certainement pas cause de cette mort.

---

1. Page 201.

Vers 13. Quand vous me présentez cette sanglante image,
          La cause de ma haine, et l'effet de sa rage.

Émilie a déjà dit quelle est la cause de sa haine ; la cause et
l'effet paraissent trop recherchés.

V. 16 et 28. Je crois pour une mort lui devoir mille morts...
          Sans attirer sur moi mille et mille tempêtes.

Mille morts, mille et mille tempêtes, ne sont que de légères négligences auxquelles il ne faut pas prendre garde dans les ouvrages
de génie, et surtout dans ceux du siècle de Corneille, mais qu'il
faut éviter soigneusement aujourd'hui.

Vers 18.   J'aime encor plus Cinna que je ne hais Auguste.

De bons critiques qui connaissent l'art et le cœur humain
n'aiment pas qu'on annonce ainsi de sang-froid les sentiments de
son cœur. Ils veulent que les sentiments échappent à la passion.
Ils trouvent mauvais qu'on dise : *J'aime plus celui-ci que je ne hais
celui-là, je sens refroidir mon mouvement bouillant, je m'irrite contre
moi-même, j'ai de la fureur.* Ils veulent que cette fureur, cet amour,
cette haine, ces bouillants mouvements, éclatent sans que le personnage vous en avertisse. C'est le grand art de Racine. Ni Phèdre,
ni Iphigénie, ni Agrippine, ni Roxane, ni Monime, ne débutent
par venir étaler leurs sentiments secrets dans un monologue, et
par raisonner sur les intérêts de leurs passions ; mais il faut
toujours se souvenir que c'est Corneille qui a débrouillé l'art, et
que si ces amplifications de rhétorique sont un défaut aux yeux
des connaisseurs, ce défaut est réparé par de très-grandes
beautés.

Vers 48.   Amour, sers mon devoir, et ne le combats plus.

Il semble que le monologue devrait finir là. Les quatre derniers
vers ne sont-ils pas surabondants ? Les pensées n'en sont-elles pas
recherchées et hors de la nature ? Qu'importe de la gloire ou de
la honte de l'amour ? Qu'est-ce que ce devoir qui ne triomphera
que pour couronner l'amour ? D'ailleurs, dans le dernier de ces
vers, au lieu de

          Et ne triomphera que pour te couronner,

il faudrait *il ne triomphera ;* mais les vers précédents paraissent
dignes de Corneille, et j'ose croire qu'au théâtre il faudrait réciter
ce monologue en retranchant seulement ces quatre derniers vers,
qui ne sont pas dignes du reste.

SCÈNE II.

Vers 2. Quoique j'aime Cinna, quoique mon cœur l'adore,
       S'il me veut posséder, Auguste doit périr.

Des critiques trouvent ce premier vers languissant, par le soin
même que prend l'auteur de lui donner de la force ; ils disent
qu'*adore* n'est que la répétition de *j'aime*.

Vers 7. Par un si grand dessein vous vous faites juger...

Vous vous faites juger est plus languissant : d'ailleurs c'est un
grand secret ; on ne peut encore le juger.

Vers 8. Digne sang de celui que vous voulez venger.

Toranius était un plébéien inconnu qui n'avait joué aucun
rôle, et qu'Octave sacrifia dans les proscriptions parce qu'il était
riche.

Vers 29. Je recevrois de lui la place de Livie
        Comme un moyen plus sûr d'attenter à sa vie.

Ce sentiment furieux est, à mon gré, une raison pour ne pas
supprimer le monologue qui prépare cette férocité.

Vers 37. Tant de braves Romains, tant d'illustres victimes
        Qu'à son ambition ont immolés ses crimes, etc.

Ambition ont est bien dur à l'oreille.

       Fuyez des mauvais sons le concours odieux [1].

Vers 51. Et tu verrois mes pleurs couler pour son trépas,
        Qui le faisant périr ne me vengeroit pas, etc.

Ce sentiment atroce et ces beaux vers ont été imités par Racine
dans *Andromaque* [2] :

       . . . . . . Ma vengeance est perdue,
       S'il ignore en mourant que c'est moi qui le tue.

Vers 73. Tout beau, ma passion, deviens un peu moins forte.

Tout beau revient au *pian piano* des Italiens. Ce mot familier
est banni du discours sérieux, à plus forte raison de la poésie, et

---

1. Boileau, *Art poétique*, I, 110.
2. Acte IV, scène IV.

l'apostrophe à sa passion sort du ton du dialogue et de la vérité ;
c'est un tour de rhéteur qu'on se permettait encore.

Vers 81.   Quoi qu'il en soit, qu'Auguste ou que Cinna périsse,
            Aux mânes paternels je dois ce sacrifice.

Il semble, par ces expressions, qu'elle doive le sacrifice de
Cinna.

Vers 88.   Et c'est à faire enfin à mourir après lui.

Et c'est à faire est encore une expression bourgeoise hors
d'usage, même aujourd'hui, chez le peuple. Remarquez que dans
cette scène il n'y a presque que ces deux mots à reprendre, et
que la pièce est faite depuis six vingts ans. Ce n'est qu'une scène
avec une confidente, et elle est sublime.

SCÈNE III.

Vers 17.   Plût aux dieux que vous-même eussiez vu de quel zèle
            Cette troupe entreprend une action si belle ! etc.

Ce discours de Cinna est un des plus beaux morceaux d'éloquence que nous ayons dans notre langue.

Vers 28.   Amis, leur ai-je dit, voici le jour heureux
            Qui doit conclure enfin nos desseins généreux.

Le mot *dessein* ne convient pas à *conclure*. Il me semble qu'on
conclut une affaire, un traité, un marché ; que l'on consomme
un dessein, qu'on l'exécute, qu'on l'effectue. Peut-être que le
verbe remplir eût été plus juste et plus poétique que *conclure*.

Vers 33.   Là, par un long récit de toutes les misères
            Que, durant notre enfance, ont enduré nos pères...

Durant et *enduré*, dans le même vers, ne sont qu'une inadvertance ; il était aisé de mettre *pendant notre enfance ;* mais *ont enduré*
paraît une faute aux grammairiens ; ils voudraient *les misères
qu'ont endurées nos pères.* Je ne suis point du tout de leur avis. Il
serait ridicule de dire : *les misères qu'ont soufjertes nos pères,* quoiqu'il faille dire : *les misères que nos pères ont souffertes.* S'il n'est pas
permis à un poëte de se servir en ce cas du participe absolu, il
faut renoncer à faire des vers.

Vers 41.   Où les meilleurs soldats et les chefs les plus braves
            Mettoient toute leur gloire à devenir esclaves ;

> Où, pour mieux assurer la honte de leurs fers,
> Tous vouloient à leur chaîne attacher l'univers.

Les premières éditions portent :

> Où le but des soldats et des chefs les plus braves
> Étoit d'être vainqueurs pour devenir esclaves ;
> Où chacun trahissoit aux yeux de l'univers
> Soi-même et son pays pour se donner des fers.

Ce mot *but*, dans cette place, ne paraissait ni assez noble ni assez juste. *Aux yeux de l'univers* était un faible hémistiche, un de ces vers oiseux qui servaient uniquement à la rime. Corneille corrigea ces deux petites fautes, et mit à la place ces vers dignes du reste de cet admirable récit.

Vers 65. Vous dirai-je les noms de ces grands personnages
Dont j'ai dépeint les morts pour aigrir les courages ?

Dans le temps de Corneille on disait *les courages* pour *les esprits*. On peut même se servir encore du mot *courage* en ce sens: mais *aigrir* n'est pas assez fort. Cinna a peint les proscriptions pour faire horreur, pour enflammer les esprits, pour les irriter, pour les envenimer, pour les saisir d'indignation, pour les remplir des fureurs de la vengeance.

Vers 84. Mais nous pouvons changer un destin si funeste.

Il y avait auparavant :

> Rendons toutefois grâce à la bonté céleste.

Vers 85. Lui mort, nous n'avons point de vengeur ni de maître.

Il veut dire : *mort, il est sans vengeur, et nous sommes sans maître;* en effet, c'est Rome qui a des vengeurs dans les assassins du tyran. Corneille entend donc qu'Auguste restera sans vengeance.

Vers 86. Avec la liberté Rome s'en va renaître.

S'en va renaître. Cette expression n'est point fautive en poésie, au contraire : voyez dans l'*Iphigénie* de Racine[1] :

> Et ce triomphe heureux qui s'en va devenir
> L'éternel entretien des siècles à venir.

1. Acte Ier, scène v.

Cet exemple est un de ceux qui peuvent servir à distinguer le langage de la poésie de celui de la prose.

Vers 110. Demain j'attends la haine ou la faveur des hommes,
Le nom de parricide ou de libérateur,
César celui de prince ou d'un usurpateur.

Il faut *d'usurpateur* dans la règle ; *il aura le nom de prince légitime ou d'usurpateur.* Mais gênons la poésie le moins que nous pourrons.

Vers 113. Et le peuple, inégal à l'endroit des tyrans,
S'il les déteste morts, les adore vivants.

Ce terme *à l'endroit* n'est plus d'usage dans le style noble.

Vers 127. Sont-ils morts tout entiers avec leurs grands desseins...

Il y avait :

Et sont-ils morts entiers avecque leurs desseins.

D'abord l'auteur substitua : *et sont-ils morts entiers avec leurs grands desseins;* ensuite il mit: *sont-ils morts tout entiers.* Cette expression sublime, *mourir tout entier,* est prise du latin d'Horace[1], *non omnis moriar;* et *tout entier* est plus énergique. Racine l'a imité dans sa belle pièce d'*Iphigénie*[2] :

Ne laisser aucun nom, et mourir tout entier.

Vers 133. Va marcher sur leurs pas...

Il faudrait *va, marche;* on ne dit pas plus *allons marcher* qu'*allons aller.*

Ibid.   Où l'honneur te convie.

Convie est une très-belle expression ; elle était très-usitée dans le grand siècle de Louis XIV. Il est à souhaiter que ce mot continue d'être en usage.

Vers 135. Souviens-toi du beau feu dont nous sommes épris...
Que tu me dois ton cœur, que mes faveurs t'attendent.

Ailleurs ce mot de *faveurs* exciterait le ris et le murmure ; mais ce mot est ici confondu dans la foule des beautés de cette scène, si vive, si éloquente, et si romaine.

---

1. Livre III, ode xxx, vers 6.
2. Acte Ier. scène II.

SCÈNE IV.

Vers 1. Seigneur, César vous mande, et Maxime avec vous.

L'intrigue est nouée dès le premier acte ; le plus grand intérêt et le plus grand péril s'y manifestent. C'est un coup de théâtre.

Remarquez que l'on s'intéresse d'abord beaucoup au succès de la conspiration de Cinna et d'Émilie : 1° parce que c'est une conspiration ; 2° parce que l'amant et la maîtresse sont en danger ; 3° parce que Cinna a peint Auguste avec toutes les couleurs que les proscriptions méritent, et que dans son récit il a rendu Auguste exécrable ; 4° parce qu'il n'y a point de spectateur qui ne prenne dans son cœur le parti de la liberté. Il est important de faire voir que, dans ce premier acte, Cinna et Émilie s'emparent de tout l'intérêt. On tremble qu'ils ne soient découverts. Vous verrez qu'ensuite cet intérêt change, et vous jugerez si c'est un défaut ou non.

Vers 23. Je verse assez de pleurs pour la mort de mon père.

Peut-être ces pleurs, disent les critiques sévères, sont un peu trop de commande, peut-être n'est-il pas bien naturel qu'on pleure son père au bout de vingt ans ; et il est certain que les spectateurs ne pleurent point ce Toranius, père d'Émilie. Mais si Corneille s'élève ici au-dessus de la nature, il ne choque point la nature. C'est une beauté plutôt qu'un défaut.

Vers 41. Je mourrai tout ensemble heureux et malheureux :
       Heureux, etc.

Boileau reprenait cet *heureux et malheureux ;* il y trouvait trop de recherche, et je ne sais quoi d'alambiqué. On peut dire *heureux dans mon malheur :* l'exact et l'élégant Racine l'a dit[1] ; mais être à la fois heureux et malheureux, expliquer et retourner cette antithèse, cette énigme, cela n'est pas de la véritable éloquence.

Vers 72. Je fais de ton destin des règles à mon sort

n'est pas, à la vérité, une expression heureuse ; mais y a-t-il des fautes au milieu de tant de beaux vers, avec tant d'intérêt, de grandeur, et d'éloquence ?

1. *Andromaque,* acte III, scène VI.

Vers 73. Et j'obtiendrai ta vie, ou je suivrai ta mort.

Je suivrai ta mort n'exprime pas ce que l'auteur veut dire : *je mourrai après toi.*

Vers dern. Va-t'en, et souviens-toi seulement que je t'aime.

Seulement fait là un mauvais effet, car Cinna doit se souvenir de son entreprise et de ses amis.

On ne remarque ces légères inadvertances qu'en faveur des étrangers et des commençants.

ACTE DEUXIÈME.

SCÈNE I [1].

Corneille, dans son examen de *Cinna*, semble se condamner d'avoir manqué à l'unité de lieu. *Le premier acte*, dit-il, *se passe dans l'appartement d'Émilie, le second dans celui d'Auguste ;* mais il fait aussi réflexion que l'unité s'étend à tout le palais : il est impossible que cette unité soit plus rigoureusement observée. Si on avait eu des théâtres véritables, une scène semblable à celle de Vicence, qui représentât plusieurs appartements, les yeux des spectateurs auraient vu ce que leur esprit doit suppléer. C'est la faute des constructeurs, quand un théâtre ne représente pas les différents endroits où se passe l'action, dans une même enceinte, une place, un temple, un palais, un vestibule, un cabinet, etc. Il s'en fallait beaucoup que le théâtre fût digne des pièces de Corneille. C'est une chose admirable sans doute d'avoir supposé cette délibération d'Auguste avec ceux mêmes qui viennent de faire serment de l'assassiner. Sans cela, cette scène serait plutôt un beau morceau de déclamation qu'une belle scène de tragédie.

Vers 3.   Cet empire absolu sur la terre et sur l'onde,
Ce pouvoir souverain que j'ai sur tout le monde ;
Cette grandeur sans borne et cet illustre rang
Qui m'a jadis coûté tant de peine et de sang, etc.

Cet empire absolu, ce pouvoir souverain, la terre et l'onde, tout le monde, et cet illustre rang, sont une redondance, un pléonasme, une petite faute.

1. Voltaire cite des vers de cette scène, tome XIX, page 67 ; et aussi au mot DIALOGUES EN VERS, dans *Connaissance des beautés et des défauts. etc. ;* voyez les *Mélanges,* année 1749.

Fénelon, dans sa *Lettre* à l'Académie *sur l'éloquence*, dit : « Il
me semble qu'on a donné souvent aux Romains un discours trop
fastueux ; je ne trouve point de proportion entre l'emphase avec
laquelle Auguste parle dans la tragédie de *Cinna*, et la modeste
simplicité avec laquelle Suétone le dépeint. » Il est vrai ; mais
ne faut-il pas quelque chose de plus relevé sur le théâtre que
dans Suétone ? Il y a un milieu à garder entre l'enflure et la
simplicité. Il faut avouer que Corneille a quelquefois passé les
bornes.

L'archevêque de Cambrai avait d'autant plus raison de reprendre cette enflure vicieuse que, de son temps, les comédiens
chargeaient encore ce défaut par la plus ridicule affectation dans
l'habillement, dans la déclamation, et dans les gestes. On voyait
Auguste arriver avec la démarche d'un matamore, coiffé d'une
perruque carrée qui descendait par devant jusqu'à la ceinture ;
cette perruque était farcie de feuilles de laurier, et surmontée
d'un large chapeau avec deux rangs de plumes rouges. Auguste,
ainsi défiguré par des bateleurs gaulois sur un théâtre de marion-
nettes, était quelque chose de bien étrange. Il se plaçait sur
un énorme fauteuil à deux gradins, et Maxime et Cinna étaient
sur deux petits tabourets. La déclamation ampoulée répondait
parfaitement à cet étalage, et surtout Auguste ne manquait pas
de regarder Cinna et Maxime du haut en bas avec un noble
dédain, en prononçant ces vers :

> Enfin tout ce qu'adore en ma haute fortune
> D'un courtisan flatteur la présence importune.

Il faisait bien sentir que c'était eux qu'il regardait comme
des courtisans flatteurs. En effet, il n'y a rien dans le commencement de cette scène qui empêche que ces vers ne puissent être
joués ainsi. Auguste n'a point encore parlé avec bonté, avec
amitié, à Cinna et à Maxime ; il ne leur a encore parlé que de
son pouvoir *absolu sur la terre et sur l'onde*. On est même un
peu surpris qu'il leur propose tout d'un coup son abdication à
l'empire, et qu'il les ait mandés avec tant d'empressement pour
écouter une résolution si soudaine, sans aucune préparation,
sans aucun sujet, sans aucune raison prise de l'état présent des
choses.

Lorsque Auguste examinait avec Agrippa et avec Mécène s'il
devait conserver ou abdiquer sa puissance, c'était dans des occasions critiques qui amenaient naturellement cette délibération ;
c'était dans l'intimité de la conversation, c'était dans des effusions

de cœur. Peut-être cette scène eût-elle été plus vraisemblable,
plus théâtrale, plus intéressante, si Auguste avait commencé par
traiter Cinna et Maxime avec amitié, s'il leur avait parlé de son
abdication comme d'une idée qui leur était déjà connue : alors
la scène ne paraîtrait plus amenée comme par force, uniquement
pour faire un contraste avec la conspiration. Mais, malgré toutes
ces observations, ce morceau sera toujours un chef-d'œuvre par
la beauté des vers, par les détails, par la force du raisonnement,
et par l'intérêt même qui doit en résulter : car est-il rien de plus
intéressant que de voir Auguste rendre ses propres assassins
arbitres de sa destinée ? Il serait mieux, j'en conviens, que cette
scène eût pu être préparée ; mais le fond est toujours le même,
et les beautés de détail, qui seules peuvent faire les succès des
poëtes, sont d'un genre sublime.

Vers 11.   L'ambition déplaît quand elle est assouvie, etc.

Ces maximes générales sont rarement convenables au théâtre
(comme nous le remarquons plusieurs fois), surtout quand leur
longueur dégénère en dissertation ; mais ici elles sont à leur
place. La passion et le danger n'admettent point les maximes.
Auguste n'a point de passion, et n'éprouve point ici de dangers :
c'est un homme qui réfléchit, et ces réflexions mêmes servent
encore à justifier le projet de renoncer à l'empire. Ce qui ne
serait pas permis dans une scène vive et passionnée est ici admirable.

Vers 16.   Et monté sur le faîte il aspire à descendre[1].

Racine admirait surtout ce vers, et le faisait admirer à ses
enfants. En effet ce mot *aspire*, qui d'ordinaire s'emploie avec
s'élever, devient une beauté frappante quand on le joint à *descendre*.
C'est cet heureux emploi des mots qui fait la belle poésie, et qui
fait passer un ouvrage à la postérité.

Vers 21.   Mille ennemis secrets, la mort à tous propos...

La mort à tous propos est trop familier. Si ces légers défauts se
trouvaient dans une tirade faible, ils l'affaibliraient encore ; mais
ces négligences ne choquent personne dans un morceau si supérieurement écrit : ce sont de petites pierres entourées de diamants : elles en reçoivent de l'éclat, et n'en ôtent point.

---

1. Voyez encore sur ce vers, tome XIX, page 173.

Vers 22. Point de plaisir sans trouble, et jamais de repos

est trop faible, trop inutile, après *la mort à tous propos*.

Vers 35.   Et l'ordre du destin qui gêne nos pensées
          N'est pas toujours écrit dans les choses passées

ne fait pas un sens clair ; il veut dire : *le destin que nous cherchons
à connaître n'est pas toujours écrit dans les événements passés qui pourraient nous instruire*. La grande difficulté des vers est d'exprimer
ce qu'on pense.

Vers 40.   Vous qui me tenez lieu d'Agrippe et de Mécène...

Auguste eut en effet, à ce qu'on dit, cette conversation avec
Agrippa et Mécénas. Dion Cassius les fait parler tous deux ; mais
qu'il est faible et stérile en comparaison de Corneille !

Dion Cassius fait parler ainsi Mécénas : *Consultez plutôt les
besoins de la patrie que la voix du peuple, qui, semblable aux enfants,
ignore ce qui lui est profitable ou nuisible. La république est comme un
vaisseau battu de la tempête, etc.* Comparez ces discours à ceux de
Corneille, dans lesquels il avait la difficulté de la rime à surmonter.

· Cette scène est un traité du droit des gens. La différence que
Corneille établit entre l'usurpation et la tyrannie était une chose
toute nouvelle, et jamais écrivain n'avait étalé des idées politiques en prose aussi fortement que Corneille les approfondit en
vers.

Vers 51. Malgré notre surprise, etc.

Ce mot est la critique du peu de préparation donnée à cette
scène. En effet, est-il naturel qu'Auguste veuille ainsi abdiquer
tout d'un coup sans aucun sujet, sans aucune raison nouvelle ?

Vers 67. Rome est dessous vos lois par le droit de la guerre.

Comme il faut des remarques grammaticales, surtout pour
les étrangers, on est obligé d'avertir que *dessous* est adverbe, et
n'est point préposition : *Est-il dessus ? est-il dessous ? il est sous vous ;
il est sous lui.*

Vers 73. C'est ce que fit César ; il vous faut aujourd'hui
          Condamner sa mémoire, ou faire comme lui.

Le mot de *faire* est prosaïque et vague : *régner comme lui* eût
mieux valu.

Vers 77.   Et vous devez aux dieux compte de tout le sang
             Dont vous l'avez vengé pour monter à son rang.

Cela n'est pas français ; il a vengé César *par le sang*, et non *du sang*. Il fallait :

             Et vous devez aux dieux compte de tout le sang
             Que vous avez versé pour monter à son rang.

Vers 79.   N'en craignez point, seigneur, les tristes destinées ;
             Un plus puissant démon veille sur vos années.

Il y avait d'abord :

             Mais sa mort vous fait peur, seigneur; les destinées
             D'un soin bien plus exact veillent sur vos années.

Corneille a changé heureusement ces deux vers. Quelques personnes reprennent *les destinées;* elles prétendent que la mort de César est le destin de César, sa destinée ; et que ce mot au pluriel ne peut signifier un seul événement. Je crois cette critique aussi injuste que fine, car s'il n'est pas permis à la poésie de dire *destinées* pour *destins, grâces, faveurs, dons, inimitiés, haines, etc.,* au pluriel, c'est vouloir qu'on ne fasse pas des vers.

Vers 81.   On a dix fois sur vous attenté sans effet ;
             Et qui l'a voulu perdre au même instant l'a fait.

On ne sait point à quoi se rapporte *le perdre* [1] ; on pourrait entendre par ces vers : *ceux qui ont attenté sur vous se sont perdus.* Il faut éviter ce mot *faire,* surtout à la fin d'un vers : petite remarque, mais utile ; ce mot *faire* est trop vague ; il ne présente ni idée déterminée ni image ; il est lâche, il est prosaïque.

Vers 107.   Votre Rome autrefois vous donna la naissance.

La tyrannie du vers amène très-mal à propos ce mot oiseux *autrefois.*

Vers 109.   Et Cinna vous impute à crime capital
             La libéralité vers le pays natal.

Le pays natal n'est pas du style noble. *La libéralité* n'est pas le mot propre, car *rendre la liberté à sa patrie* est bien plus que *liberalitas Augusti.*

---

1. *L'a voulu perdre,* c'est-à-dire César.

Vers 113. Et ce n'est qu'un objet digne de nos mépris,
    Si de ses pleins effets l'infamie est le prix.

Cette phrase n'a pas la clarté, l'élégance, la justesse nécessaires. La vertu est donc un objet digne de nos mépris, si l'infamie est le prix de ses pleins effets. Remarquez de plus qu'*infamie*
n'est pas le mot propre. Il n'y a point d'infamie à renoncer à
l'empire.

Vers 117. Mais commet-on un crime indigne de pardon,
    Quand la reconnoissance est au-dessus du don ?

La rime a encore produit cet hémistiche, *indigne de pardon :*
ce n'est assurément pas un crime impardonnable de donner plus
qu'on n'a reçu. Les vers, pour être bons, doivent avoir l'exactitude
de la prose en s'élevant au-dessus d'elle.

Vers 125. Et peu de généreux vont jusqu'à dédaigner
    Après un sceptre acquis la douceur de régner.

Après un sceptre acquis, cet hémistiche n'est pas heureux, et
ces deux vers sont de trop après celui-ci :

    Mais pour y renoncer il faut la vertu même.

C'est toujours gâter une belle pensée que de vouloir y ajouter :
c'est une abondance vicieuse.

Vers 131. Il passe pour tyran quiconque s'y fait maître...

Cet *il,* qui était autrefois un tour très-heureux, la tyrannie de
l'usage l'a aboli. *Il est un tyran celui qui asservit son pays, il est un
perfide celui qui manque à sa parole :* on a encore conservé ce tour,
ils sont dangereux ces ennemis du théâtre, ces rigoristes outrés.

Vers 132. Qui le sert pour esclave, et qui l'aime pour traître.

Voilà encore de cette abondance superflue et stérile. Pourquoi
celui qui aime un usurpateur est-il traître? Il n'est certainement
pas traître parce qu'il l'aime. Quand on dit qu'il est esclave, on
a tout dit; le reste est inutile.

Vers 133. Qui le souffre a le cœur lâche, mol, abattu.

On ne se sert plus du terme *mol.* De plus, ces trois épithètes
forment un vers trop négligé ; la précision y perd, et le sens n'y
gagne rien.

Vers 164. Dans le champ du public largement ils moissonnent.

Il y avait auparavant : *Dedans le champ d'autrui.*

Vers 167. Le pire des États, c'est l'État populaire.

Quelle prodigieuse supériorité de la belle poésie sur la prose !
Tous les écrivains politiques ont délayé ces pensées ; aucun a-t-il
approché de la force, de la profondeur, de la netteté, de la précision de ces discours de Cinna et de Maxime ? Tous les corps de
l'État auraient dû assister à cette pièce, pour apprendre à penser et à parler. Ils ne faisaient que des harangues ridicules, qui
sont la honte de la nation. Corneille était un maître dont ils
avaient besoin. Mais un préjugé, plus barbare encore que ne
l'était l'éloquence du barreau et de la chaire, a souvent empêché
plusieurs magistrats très-éclairés d'imiter Cicéron et Hortensius,
qui allaient entendre des tragédies fort inférieures à celles de
Corneille. Ainsi les hommes pour qui ces pièces étaient faites ne
les voyaient pas. Le parterre n'était pas digne de ces tableaux de
la grandeur romaine. Les femmes ne voulaient que de l'amour ;
bientôt on ne traita plus que l'amour, et par là on fournit à ceux
que leurs petits talents rendent jaloux de la gloire des spectacles
un malheureux prétexte de s'élever contre le premier des beaux-
arts. Nous avons eu un chancelier[1] qui a écrit sur l'art dramatique, et on a observé que de sa vie il n'alla au spectacle ; mais
Scipion, Caton, Cicéron, César, y allaient.

Vers 203. Les changements d'état que fait l'ordre céleste
           Ne coûtent point de sang, n'ont rien qui soit funeste.

J'ai peur que ces raisonnements ne soient pas de la force des
autres : ce que dit Maxime est faux ; la plupart des révolutions
ont coûté du sang, et d'ailleurs tout se fait par l'ordre céleste.
La réponse que c'est un ordre immuable du ciel de vendre cher
ses bienfaits semble dégénérer en dispute de sophiste, en question d'école, et trop s'écarter de cette grande et noble politique
dont il est ici question.

Vers 209. Donc votre aïeul Pompée au ciel a résisté
           Quand il a combattu pour notre liberté ?

L'objection de *votre aïeul* Pompée est pressante ; mais Cinna
n'y répond que par un trait d'esprit. Voilà un singulier honneur
fait aux mânes de Pompée, d'asservir Rome pour laquelle il combattait. Pourquoi le ciel devait-il cet honneur à Pompée ? Au con-

---

1. Le chancelier d'Aguesseau. Voyez dans ses *OEuvres*, t. XVI, in-8°, p. 243-288.
les *Remarques sur le Discours* qui a pour titre : de l'Imitation par rapport à la
tragédie.

traire; s'il lui devait quelque chose, c'était de soutenir son parti, qui était le plus juste. Dans une telle délibération, devant un homme tel qu'Auguste, on ne doit donner que des raisons solides; ces subtilités ne paraissent pas convenir à la dignité de la tragédie. Cinna s'éloigne ici de ce vrai si nécessaire et si beau. Voulez-vous savoir si une pensée est naturelle et juste, examinez la proposition contraire : si ce contraire est vrai, la pensée que vous examinez est fausse.

On peut répondre à ces objections que Cinna parle ici contre sa pensée. Mais pourquoi parlerait-il contre sa pensée? Y est-il forcé? Junie, dans *Britannicus*, parle contre son propre sentiment parce que Néron l'écoute; mais ici Cinna est en toute liberté; s'il veut persuader à Auguste de ne point abdiquer, il doit dire à Maxime : Laissons là ces vaines disputes : il ne s'agit pas de savoir si Pompée a résisté au ciel, et si le ciel lui devait l'honneur de rendre Rome esclave; il s'agit que Rome a besoin d'un maître, il s'agit de prévenir des guerres civiles, etc. Je crois enfin que cette subtilité, dans cette belle scène, est un défaut; mais c'est un défaut dont il n'y a qu'un grand homme qui soit capable.

Vers 239· Sylla, quittant la place enfin bien usurpée,
    N'a fait qu'ouvrir le champ à César et Pompée...

Cet *enfin* gâte la phrase.

Vers 241. Que le malheur des temps ne nous eût pas fait voir
    S'il eût dans sa famille assuré son pouvoir.

Il semble que le malheur des temps ne nous eût pas fait voir César et Pompée. La phrase est louche et obscure.

Il veut dire : *Le malheur des temps ne nous eût pas fait voir le champ ouvert à César et à Pompée*.

Vers 252. Votre Rome à genoux vous parle par ma bouche.

Ici Cinna embrasse les genoux d'Auguste, et semble déshonorer les belles choses qu'il a dites par une perfidie bien lâche qui l'avilit. Cette basse perfidie même semble contraire aux remords qu'il aura. On pourrait croire que c'est à Maxime, représenté comme un vil scélérat, à faire le personnage de Cinna. et que Cinna devait dire ce que dit Maxime. Cinna, que l'auteur veut et doit ennoblir, devait-il conjurer Auguste à genoux de garder l'empire pour avoir un prétexte de l'assassiner? On est fâché que Maxime joue ici le rôle d'un digne Romain, et Cinna d'un fourbe qui emploie le raffinement le plus noir pour

empêcher Auguste de faire une action qui doit mêm désarmer
Émilie.

Vers 263. Conservez-vous, seigneur, en lui laissant un maître

Il y avait auparavant :

> Conservez-vous, seigneur, en conservant un maître.

Vers 279. Maxime, je vous fais gouverneur de Sicile.

Cela n'est pas dans l'histoire. En effet, c'eût été lutôt un
exil qu'une récompense : un proconsulat en Sicile es ne puni-
tion pour un favori qui veut rester à Rome et à la ⸱⸱ avec un
'grand crédit.

Vers 283. Pour épouse, Cinna, je vous donne Émilie.

Ceci est bien différent. Tout lecteur voit dans ce ⸱ rs la perfection de l'art. Auguste donne à Cinna sa fille ac otive, que
Cinna veut obtenir par l'assassinat d'Auguste. Le mu.te de ce
vers ne peut échapper à personne.

Vers 287. Mon épargne depuis, en sa faveur ouverte,
> Doit avoir adouci l'aigreur de cette perte.

Épargne signifiait *trésor royal*, et la cassette du ro 'appelait
chatouille. Les mots changent; mais ce qui ne doit pɛ changer,
c'est la noblesse des idées. Il est trop bas de faire dire Auguste
qu'il a donné de l'argent à Émilie, et il est bien ıus bas à
Émilie de l'avoir reçu, et de conspirer contre lui.

Vers 294. De l'offre de vos vœux elle sera ravie.

Il y avait :

> Je présume plutôt qu'elle en sera ravie.

L'un et l'autre sont également faibles, et il impor! peu que
ce vers soit faible ou fort. En général cette scène est 'un genre
dont il n'y avait aucun exemple chez les anciens ɪ chez les
modernes : détachez-la de la pièce, c'est un chef-d'œuvre d'éloquence; incorporée à la pièce, c'est un chef-d'œuvre ecore plus
grand. Il est vrai que ces beautés n'excitent ni terreu. ni pitié,
ni grands mouvements ; mais ces mouvements, cette ıtié, cette
terreur, ne sont pas nécessaires dans le commenceıent d'un
second acte.

Cette scène est beaucoup plus difficile à jouer ɑ'aucune

autre. Elle exige
eussent autant d
en a dans les ve

ois acteurs d'une figure imposante, et qui
lesse dans la voix et dans les gestes qu'il y
st ce qui ne s'est jamais rencontré.

SCÈNE II.

Vers 1. Quel est
— Le m

dessein après ces beaux discours?
ue j'avois, et que j'aurai toujours.

Ces beaux dis
pas ici les remo
ce cas une aut
je propose, et
long.

st trop familier. Pourquoi Cinna n'aurait-il
u'il a dans le troisième acte? Il eût fallu en
struction dans la pièce. C'est un doute que
s remarques suivantes exposeront plus au

Vers 5. Je veux
Que je

ome libre. — Et vous pouvez juger
ffranchir ensemble et la venger.

Pourquoi p
dans une fourl
dans ce momei
devaient faire i
digne petit-fils
et de sens répr
pour qui on s
rait ne pas l'ét
parce que cette
rival de Cinna.
qu'en ôtant ce
faut pardonn
actes, nécessit

r dans des principes qu'il va démentir, et
nteuse dont il va se repentir? N'était-ce pas
même que ces mots : *je vous donne Émilie,*
ssion sur un homme qu'on nous donne pour
rand Pompée? J'ai vu des lecteurs de goût
cette scène, non-seulement parce que Cinna,
ssait, commence à devenir odieux, et pour-
disait tout le contraire de ce qu'il dit; mais
est inutile pour l'action, parce que Maxime,
aisse échapper aucun sentiment de rival, et
ène le reste marche plus rapidement. Il la
nécessité de donner quelque étendue aux
acrée par l'usage.

Vers 7. Octav

lonc vu ses fureurs assouvies....

Il y avait :

Augu~t

soûlé ses damnables envies.

On remarq
style se perfect
tions furent fa
tion.

s changements pour faire voir comment le
ia avec le temps. La plupart de ces correc-
plus de vingt années après la première édi-

Vers 12. Un lâc

entir garantira sa tête !

C'est propr
même *en ser*

it un simple repentir. Le mot *repentir,* le mot
te, indiquent qu'on ne doit pas pardonner à

empêcher Auguste de faire une action qui doit même désarmer
Émilie.

Vers 263. Conservez-vous, seigneur, en lui laissant un maître.

Il y avait auparavant :

> Conservez-vous, seigneur, en conservant un maître.

Vers 279. Maxime, je vous fais gouverneur de Sicile.

Cela n'est pas dans l'histoire. En effet, c'eût été plutôt un
exil qu'une récompense : un proconsulat en Sicile est une puni-
tion pour un favori qui veut rester à Rome et à la cour avec un
'grand crédit.

Vers 283. Pour épouse, Cinna, je vous donne Émilie.

Ceci est bien différent. Tout lecteur voit dans ce vers la perfection de l'art. Auguste donne à Cinna sa fille adoptive, que
Cinna veut obtenir par l'assassinat d'Auguste. Le mérite de ce
vers ne peut échapper à personne.

Vers 287. Mon épargne depuis, en sa faveur ouverte,
> Doit avoir adouci l'aigreur de cette perte.

Épargne signifiait *trésor royal*, et la cassette du roi s'appelait
chatouille. Les mots changent; mais ce qui ne doit pas changer,
c'est la noblesse des idées. Il est trop bas de faire dire à Auguste
qu'il a donné de l'argent à Émilie, et il est bien plus bas à
Émilie de l'avoir reçu, et de conspirer contre lui.

Vers 291. De l'offre de vos vœux elle sera ravie.

Il y avait :

> Je présume plutôt qu'elle en sera ravie.

L'un et l'autre sont également faibles, et il importe peu que
ce vers soit faible ou fort. En général cette scène est d'un genre
dont il n'y avait aucun exemple chez les anciens ni chez les
modernes : détachez-la de la pièce, c'est un chef-d'œuvre d'éloquence; incorporée à la pièce, c'est un chef-d'œuvre encore plus
grand. Il est vrai que ces beautés n'excitent ni terreur, ni pitié,
ni grands mouvements ; mais ces mouvements, cette pitié, cette
terreur, ne sont pas nécessaires dans le commencement d'un
second acte.

Cette scène est beaucoup plus difficile à jouer qu'aucune

autre. Elle exigerait trois acteurs d'une figure imposante, et qui eussent autant de noblesse dans la voix et dans les gestes qu'il y en a dans les vers : c'est ce qui ne s'est jamais rencontré.

SCÈNE II.

Vers 1.　Quel est votre dessein après ces beaux discours?
　　　　— Le même que j'avois, et que j'aurai toujours.

Ces beaux discours est trop familier. Pourquoi Cinna n'aurait-il pas ici les remords qu'il a dans le troisième acte? Il eût fallu en ce cas une autre construction dans la pièce. C'est un doute que je propose, et que les remarques suivantes exposeront plus au long.

Vers 5.　Je veux voir Rome libre. — Et vous pouvez juger
　　　　Que je veux l'affranchir ensemble et la venger.

Pourquoi persister dans des principes qu'il va démentir, et dans une fourbe honteuse dont il va se repentir? N'était-ce pas dans ce moment-là même que ces mots : *je vous donne Émilie*, devaient faire impression sur un homme qu'on nous donne pour digne petit-fils du grand Pompée? J'ai vu des lecteurs de goût et de sens réprouver cette scène, non-seulement parce que Cinna, pour qui on s'intéressait, commence à devenir odieux, et pourrait ne pas l'être s'il disait tout le contraire de ce qu'il dit; mais parce que cette scène est inutile pour l'action, parce que Maxime, rival de Cinna, ne laisse échapper aucun sentiment de rival, et qu'en ôtant cette scène le reste marche plus rapidement. Il la faut pardonner à la nécessité de donner quelque étendue aux actes, nécessité consacrée par l'usage.

Vers 7.　Octave aura donc vu ses fureurs assouvies....

Il y avait :

　　　　Auguste aura soûlé ses damnables envies.

On remarque ces changements pour faire voir comment le style se perfectionna avec le temps. La plupart de ces corrections furent faites plus de vingt années après la première édition.

Vers 12.　Un lâche repentir garantira sa tête !

C'est proprement un simple repentir. Le mot *repentir*, le mot même *en sera quitte*, indiquent qu'on ne doit pas pardonner à

Octave pour un simple repentir : il n'y a nulle lâcheté à sentir,
au comble de la gloire, des remords de toutes les violences com-
mises pour arriver à cette gloire.

Vers 22. S'il n'eût puni César, Auguste eût moins osé.

Maxime veut retourner le beau vers de Cinna : *s'il eût puni
Sylla, César eût moins osé*, et répondre en écho sur la même rime;
il dit une chose qui a besoin d'être éclaircie. Si César n'eût pas
été assassiné, Auguste, son fils adoptif, eût été bien plus aisément le maître, et beaucoup plus maître. Il est vrai qu'il n'y eût
point eu de guerre civile, et c'est par cela même que l'empire
d'Auguste eût été mieux affermi, et qu'il eût osé davantage. Il
est vrai encore que, sans le meurtre de César, il n'y eût point
eu de proscriptions. Il reste donc à discuter quelle a été la véritable cause du triumvirat et des guerres civiles. Or il est indubitable que ces dissertations ne conviennent guère à la tragédie.
Quoi! après ces vers : *Mais je le retiendrai pour vous en faire part....
Je vous donne Émilie.....* Cinna disserte! il n'est pas troublé, et il
le sera ensuite! Quel est le lecteur qui ne s'attend pas à de violentes agitations dans un tel moment? Si Cinna les éprouvait, si
Maxime s'en apercevait, cette situation ne serait-elle pas plus
naturelle et plus théâtrale? Encore une fois, je ne propose cette
idée que comme un doute; mais je crois que les combats du
cœur sont toujours plus intéressants que des raisonnements politiques, et ces contestations, qui au fond sont souvent un jeu d'esprit assez froid. C'est au cœur qu'il faut parler dans une tragédie.

Vers 49. Mais quand j'aurai vengé Rome des maux soufferts,
          Je saurai le braver jusque dans les enfers.

L'esprit de notre langue ne permet guère ces participes; nous
ne pouvons dire *des maux soufferts*, comme on dit *des maux passés.*
Soufferts suppose *par quelqu'un; les maux qu'elle a soufferts :* il serait
à souhaiter que cet exemple de Corneille eût fait une règle; la
langue y gagnerait une marche plus rapide.

Vers 52. Je veux joindre à sa main ma main ensanglantée,
          L'épouser sur sa cendre...

Cet affermissement de Cinna dans son crime, cette fureur
d'épouser Émilie sur le tombeau d'Auguste, cette persévérance
dans la fourberie avec laquelle il a persuadé Auguste de ne
point abdiquer, ne font espérer aucun remords; il était naturel

qu'il en eût quand Auguste lui a dit qu'il partagerait l'empire
avec lui. Le cœur humain est ainsi fait : il se laisse toucher par
le sentiment présent des bienfaits, et le spectateur n'attend pas,
d'un homme qui s'endurcit lorsqu'il devrait être attendri, qu'il
s'attendrira après cet endurcissement. Nous donnerons plus de
jour à ce doute dans la suite.

Vers 58.   Ami, dans ce palais on peut nous écouter.

Et que peut-il dire de plus fort que ce qu'il a déjà dit? N'a-
t-il pas, dans ce même palais, déclaré qu'il veut épouser Émilie
sur la cendre d'Auguste? Cette conclusion de l'acte paraît un peu
fautive. On sent assez qu'il n'est pas vraisemblable que l'on conspire et qu'on rende compte de la conspiration dans le cabinet
d'Auguste.

Les acteurs sont supposés avoir passé d'un appartement dans
un autre ; mais si le lieu où ils sont est *si mal propre à cette confidence,* il ne fallait donc pas y dire tous ses secrets. Il valait mieux
motiver la sortie par la nécessité d'aller tout préparer pour la
mort d'Auguste : c'eût été une raison valable et intéressante, et
le péril d'Auguste en eût redoublé.

·   L'observation la plus importante, à mon avis, c'est qu'ici l'intérêt change. On détestait Auguste; on s'intéressait beaucoup à
Cinna : maintenant c'est Cinna qu'on hait, c'est en faveur d'Auguste que le cœur se déclare. Lorsqu'ainsi on s'intéresse tour à
tour pour les partis contraires, on ne s'intéresse en effet pour
personne : c'est ce qui fait que plusieurs gens de lettres[1] regardent *Cinna* plutôt comme un bel ouvrage que comme une tragédie intéressante.

ACTE TROISIÈME.

SCÈNE I.

Vers 2.   Il adore Émilie, il est adoré d'elle ;
        Mais sans venger son père il n'y peut aspirer.

Cependant Maxime a été temoin qu'Auguste a donné Émilie
à Cinna; il peut donc croire que Cinna peut aspirer à elle sans
tuer Auguste. Cinna et Maxime peuvent présumer qu'Émilie ne

---

1. Entre autres d'Alembert. Voyez sa lettre en date du 10 octobre 1761.

tiendra pas contre un tel bienfait. Maxime surtout n'a nulle
raison de penser le contraire, puisqu'il ne sait point encore si
Émilie cède ou non à la bonté d'Auguste; et Cinna peut penser
qu'Émilie sera touchée comme il commence lui-même à l'être.
Cinna doit sans doute l'espérer, et Maxime doit le craindre. Il
doit donc dire : Émilie sera à lui, soit qu'il cède aux bienfaits
d'Auguste, soit qu'il l'assassine.

Vers 5.   Je ne m'étonne plus de cette violence,
               Dont il contraint Auguste à garder sa puissance.

Le mot de *violence* est peut-être trop fort. Cinna a étalé un
faux zèle, une fourbe éloquente : est-ce là de la violence?

Vers 7.   La ligue se romproit s'il s'en étoit démis.

On se démet d'une charge, d'un emploi, d'une dignité; mais
on ne se démet pas d'une puissance. L'auteur veut dire ici que
la ligue se dissiperait si Auguste renonçait à l'empire. Mais ce
vers fait entendre *si Cinna s'était démis de cette ligue*, parce que
cet *il* tombe sur *Cinna*. C'est une faute très-légère.

Vers 9.   Ils servent à l'envi la passion d'un homme...

Il y avait *abusés*, on a substitué *à l'envi*.

Vers 13.   Vous êtes son rival ! — Oui, j'aime sa maîtresse,
               Et l'ai caché toujours avec assez d'adresse.

Ces vers de comédie, et cette manière froide d'exprimer qu'il
est rival de Cinna, ne contribuent pas peu à l'avilissement de ce
personnage. L'amour qui n'est pas une grande passion n'est pas
théâtral.

Vers 21.   Que l'amitié me plonge en un malheur extrême!

Ni son amitié ni son amour n'intéresse. J'ai toujours remarqué
que cette scène est froide au théâtre; la raison en est que l'amour
de Maxime est insipide. On apprend au troisième acte que ce
Maxime est amoureux. Si Oreste, dans *Andromaque*, n'était rival
de Pyrrhus qu'au troisième acte, la pièce serait froide. L'amour
de Maxime ne fait aucun effet, et tout son rôle n'est que celui
d'un lâche sans aucune passion théâtrale.

Vers 24.   Gagnez une maîtresse accusant un rival.

Il semble, par la construction, que ce soit Émilie qui accuse :
il fallait *en accusant* pour lever l'équivoque; légère inadvertance
qui ne fait aucun tort.

Vers 28. Un véritable amant ne connoît point d'amis.

En général, ces maximes et ce terme de *véritable amant* sont tirés des romans de ce temps-là, et surtout de l'*Astrée,* où l'on examine sérieusement ce qui constitue le véritable amant. Vous ne trouverez jamais ni ces maximes, ni ces mots, *véritables amants, vrais amants,* dans Racine. Si vous entendez par *véritable amant* un homme agité d'une passion effrénée, furieux dans ses désirs, incapable d'écouter la raison, la vertu, la bienséance, Maxime n'est rien de tout cela : il est de sang-froid ; à peine parle-t-il de son amour. De plus, il est l'ami de Cinna et son confident ; il doit s'être douté que Cinna aime Émilie : il voit qu'Auguste a donné Émilie à Cinna ; c'était alors qu'il devait éprouver le sentiment de la jalousie. Ni les remords de Cinna ni la jalousie de Maxime ne remuent l'âme : pourquoi ? c'est qu'ils viennent trop tard, comme on l'a déjà dit ; c'est qu'ils ont disserté au lieu de sentir.

Vers 61. Nous disputons en vain, et ce n'est que folie
De vouloir par sa perte acquérir Émilie ;
Ce n'est pas le moyen de plaire à ses beaux yeux
Que de priver du jour ce qu'elle aime le mieux.

Ce n'est que folie, vers comique, indigne de la tragédie.
Plaire à ses beaux yeux, expression fade. *Ce qu'elle aime le mieux,*
encore pire.

Vers 66. Je veux gagner son cœur plutôt que sa personne.

Remarquez qu'on ne s'intéresse jamais à un amant qu'on est sûr qui sera rebuté. Pourquoi Oreste intéresse-t-il dans *Andromaque ?* c'est que Racine a eu le grand art de faire espérer qu'Oreste serait aimé. Un amant toujours rebuté par sa maîtresse l'est toujours aussi par le spectateur, à moins qu'il ne respire la fureur de la vengeance. Point de vraie tragédie sans grandes passions.

Vers 71. Je conserve le sang qu'elle veut voir périr.

Périr un sang est un barbarisme. Ces fautes sont d'autant plus senties que la scène est froide.

Vers 73. C'est ce qu'à dire vrai je vois fort difficile.

Cette manière de répondre à une objection pressante sent un peu plus le valet de comédie que le confident tragique.

Vers 85.   Cinna vient, et je veux en tirer quelque chose...

On ne voit pas ce qu'il veut tirer de Cinna; s'il veut être instruit que Cinna est son rival, il le sait déjà.

SCÈNE II.

Vers 2.   Puis-je d'un tel chagrin savoir quel est l'objet?
— Émilie et César. L'un et l'autre me gêne.

C'est là peut-être ce que Cinna devait dire immédiatement
après la conférence d'Auguste. Pourquoi a-t-il à présent des
remords? S'est-il passé quelque chose de nouveau qui ait pu lui
en donner? Je demande toujours pourquoi il n'en a point senti
quand les bienfaits et la tendresse d'Auguste devaient faire sur
son cœur une si forte impression. Il a été perfide; il s'est obstiné
dans sa perfidie. Les remords sont le partage naturel de ceux
que l'emportement des passions entraîne au crime, mais non pas
des fourbes consommés. C'est sur quoi les lecteurs qui connaissent le cœur humain doivent prononcer. Je suis bien loin de
porter un jugement.

Vers 22.   Des deux côtés j'offense et ma gloire et mes dieux.

Pourquoi les dieux? Est-ce parce qu'il a fait serment à sa maîtresse? Il est utile d'observer ici que dans beaucoup de tragédies
modernes on met ainsi les dieux à la fin du vers à cause de la
rime. Manlius dit qu'un homme tel que lui partage la vengeance
avec les dieux[1] ; un autre, qu'il punit à l'exemple *des dieux*[2] ; un
troisième, qu'il s'en prend *aux dieux*. Corneille tombe rarement
dans cette faute puérile.

Vers 25.   Vous n'aviez point tantôt ces agitations.

Vous voyez que Corneille a bien senti l'objection. Maxime
demande à Cinna ce que tout le monde lui demanderait. Pourquoi avez-vous des remords si tard? Qu'est-il survenu qui vous
oblige à changer ainsi? Il veut en *tirer quelque chose,* et cependant il n'en tire rien. S'il voulait s'éclaircir de la passion
d'Émilie, n'aurait-il pas été convenable que d'abord il eût soupçonné leur intelligence; que Cinna la lui eût avouée; que cet
aveu l'eût mis au désespoir, et que ce désespoir, joint aux con-

1. Lafosse, *Manlius,* acte II, scène i.
2. Crébillon, *Électre,* acte IV, scène iv.

seils d'Euphorbe, l'eût déterminé, non pas à être délateur, car cela est bas, petit et sans intérêt, mais à laisser deviner la conspiration par ses emportements?

Vers 28. On ne les sent aussi que quand le coup approche;
           Et l'on ne reconnoît de semblables forfaits
           Que quand la main s'apprête à venir aux effets.

Oui, si vous n'avez pas reçu des bienfaits de celui que vous vouliez assassiner; mais si, entre les préparatifs du crime et la consommation, il vous a donné les plus grandes marques de faveur, vous avez tort de dire qu'on ne sent des remords qu'au moment de l'assassinat.

Un coup n'approche pas; *reconnaître des forfaits* n'est pas le mot propre; *en venir aux effets* est faible et prosaïque.

Il sera peut-être utile de faire voir comment Shakespeare, soixante ans auparavant, exprima le même sentiment dans la même occasion. C'est Brutus prêt à assassiner César.

« Entre le dessein et l'exécution d'une chose si terrible, tout l'intervalle n'est qu'un rêve affreux. Le génie de Rome et les instruments mortels de sa ruine semblent tenir conseil dans notre âme bouleversée : cet état funeste de l'âme tient de l'horreur de nos guerres civiles :

      Between the acting of a dreadful thing
      And the first motion, all the interim is
      Like a fantasma, or a hideous dream, etc.

Je ne présente point ces objets de comparaison pour égaler les irrégularités sauvages et pernicieuses de Shakespeare à la profondeur du jugement de Corneille, mais seulement pour faire voir comment des hommes de génie expriment différemment les mêmes idées. Qu'il me soit seulement permis d'observer encore qu'à l'approche de ces grands événements l'agitation qu'on sent est moins un remords qu'un trouble dont l'âme est saisie : ce n'est point un remords que Shakespeare donne à Brutus.

Vers 44. Et formez vos remords d'une plus juste cause,
           De vos lâches conseils, qui seuls ont arrêté
           Le bonheur renaissant de notre liberté.

Voilà la plus forte critique du rôle qu'a joué Cinna dans la conférence avec Auguste; aussi Cinna n'y répond-il point. Cette scène est un peu froide, et pourrait être très-vive : car deux rivaux doivent dire des choses intéressantes, ou ne pas paraître

ensemble; ils doivent être à la fois défiants et animés; mais ici
ils ne font que raisonner. *Arrêter un bonheur renaissant,* l'expression est trop impropre.

Vers 53.   Mais entendez crier Rome à votre côté.

Cela est plus froid encore, parce que Maxime fait ici l'enthousiaste mal à propos. Quiconque s'échauffe trop refroidit. Maxime
parle en rhéteur : il devrait épier avec une douleur sombre toutes
les paroles de Cinna, paraître jaloux, être prêt d'éclater, se retenir. Il est bien loin d'être un *véritable amant,* comme le disait
son confident; il n'est ni un vrai Romain, ni un vrai conjuré, ni
un vrai amant; il n'est que froid et faible. Il a même changé
d'opinion, car il disait à Cinna, au second acte : Pourquoi voulez-
vous assassiner Auguste, plutôt que de recevoir de lui la liberté
de Rome? Et à présent il dit : Pourquoi n'assassinez-vous pas Auguste? Veut-il, par là, faire persévérer Cinna dans le crime afin
d'avoir une raison de plus pour être son délateur, comme Cinna
a voulu empêcher Auguste d'abdiquer afin d'avoir un prétexte
de plus de l'assassiner? En ce cas, voilà deux scélérats qui cachent leur basse perfidie par des raisonnements subtils.

Vers 57.   Ami, n'accable plus un esprit malheureux
           Qui ne forme qu'en lâche un dessein généreux [1].

Voilà Cinna qui se donne lui-même le nom de *lâche,* et qui
par ce seul mot détruit tout l'intérêt de la pièce, toute la grandeur qu'il a déployée dans le premier acte. Que veulent dire les
abois d'une vieille amitié qui lui fait pitié? Quelle façon de
parler? et puis il parle de sa *mélancolie!*

Vers dern. Adieu, je me retire en confident discret.

Maxime finit son indigne rôle dans cette scène par un vers de
comédie, et en se retirant comme un valet à qui on dit qu'on veut
être seul. L'auteur a entièrement sacrifié ce rôle de Maxime : il
ne faut le regarder que comme un personnage qui sert à faire
valoir les autres.

SCÈNE III.

Vers 1.   Donne un plus digne nom au glorieux empire
          Du noble sentiment que la vertu m'inspire, etc.

---

1. L'édition de 1664 porte :

   ... un acte généreux.

Voici le cas où un monologue est convenable. Un homme dans une situation violente peut examiner avec lui-même le danger de son entreprise, l'horreur du crime qu'il va commettre, écouter ou combattre ses remords ; mais il fallait que ce monologue fût placé après qu'Auguste l'a comblé d'amitiés et de bienfaits, et non pas après une scène froide avec Maxime.

Vers 11. Qu'une âme généreuse a de peine à faillir !

Ce vers ne prouve-t-il pas ce que j'ai déjà dit, que ce n'était pas à Cinna à donner à l'empereur des conseils du fourbe le plus déterminé ? S'il a une âme si généreuse, s'il a tant de *peine à faillir*, pourquoi n'a-t-il pas affermi Auguste dans le dessein de quitter l'empire ? S'il a tant de peine à faillir, pourquoi n'a-t-il pas senti les plus cuisants remords au moment qu'Auguste lui donnait Émilie ?

Vers 17. S'il faut percer le flanc d'un prince magnanime
Qui du peu que je suis fait une telle estime, etc.

Ce discours est d'un vil domestique, et non pas d'un sénateur romain : il achève d'avilir son rôle, qui était si mâle, si fier, si terrible au premier acte. On s'intéressait à Cinna, et à présent on ne s'intéresse qu'à Auguste.

Vers 21. O coup ! ô trahison trop indigne d'un homme !

J'en reviens toujours à ce remords trop tardif ; je soupçonne qu'il serait très-touchant, très-intéressant, s'il avait été plus prompt, s'il n'était pas contradictoire avec la rage d'épouser Émilie sur la cendre d'Auguste. Metastasio, dans sa *Clemenza di Tito*, imitée de *Cinna*, commence par donner des remords à Sestus, qui joue le rôle de Cinna.

Vers 29. Mais je dépens de vous, ô serment téméraire !

Non, sans doute, il ne dépend pas de ce serment : c'est chercher un prétexte, et non pas une raison. Voilà un plaisant serment que la promesse faite à une femme de hasarder le dernier supplice pour faire une très-vilaine action ! Il devait dire : Les conjurés et moi nous avons fait serment de venger la patrie. Voilà un serment respectable.

Vers 30. O haine d'Émilie ! ô souvenir d'un père !
Ma foi, mon cœur, mon bras, tout vous est engagé,
Et je ne puis plus rien que par votre congé.

Par votre congé ne se dit plus, et en effet ne devait pas se dire, puisque ce mot vient de *congédier*, qui ne signifie pas *per-*

mettre. Comment un homme qui n'a pas les fureurs de l'amour, un petit-fils de Pompée, qui a assemblé tant de Romains pour rendre la liberté à la patrie, peut-il dire en langage de ruelle: Je ne peux rien que par le congé d'une femme? Il fallait donc le peindre dès le premier acte comme un homme éperdu d'amour, forcé par une maîtresse qu'il idolâtre à conspirer contre un maître qu'il aime. C'est ainsi que Metastasio peint Sestus dans la *Clemenza di Tito,* en donnant à ce Sestus le caractère de l'Oreste de Racine. Ce n'est pas que je préfère ce Sestus à Cinna, il s'en faut beaucoup; mais je dis que le rôle de Cinna serait beaucoup plus touchant si on l'avait peint dès le premier acte aveuglé par une passion furieuse; mais il a joué à ce premier acte le rôle d'un Brutus, et au troisième il n'est plus qu'un amant timide.

Vers 38. Rendez-la, comme à vous, à mes vœux exorable.

Exorable devrait se dire; c'est un terme sonore, intelligible, nécessaire, et digne des beaux vers que débite Cinna. Il est bien étrange qu'on dise *implacable,* et non *placable; âme inaltérable,* et non pas *âme altérable; héros indomptable,* et non *héros domptable,* etc.

Vers dern. Mais voici de retour cette aimable inhumaine.

Aimable inhumaine fait quelque peine à cause de tant de fades vers de galanterie où cette expression commune se trouve.

SCÈNE IV.

Vers 20. Je vous aime, Émilie, et le ciel me foudroie
        Si cette passion ne fait toute ma joie,

fait toujours un peu rire. *Avec toute l'ardeur qu'un digne objet peut attendre d'un grand cœur* est du style de Scudéri. Ce n'est que depuis Racine qu'on a proscrit ces fades lieux communs.

Vers 28. Les faveurs du tyran emportent tes promesses.

Des faveurs qui emportent des promesses. Cette figure n'a pas de sens en français. Les faveurs d'Auguste peuvent l'emporter sur les promesses de Cinna, les faire oublier; mais elles ne les emportent pas. Quinault[1] a dit avec élégance et justesse :

        Mais le zéphyr léger et l'onde fugitive
        Ont bientôt emporté les serments qu'elle a faits.

---

1. *Isis,* acte I, scène II.

Vers 34. Il peut faire trembler la terre sous ses pas,
Mettre un roi hors du trône, et donner ses États.

Il y avait :

Jeter un roi du trône, et donner ses États.

Mettre hors est bien moins énergique que *jeter,* et n'est pas même une expression noble. *Roi hors* est dur à l'oreille. Pourquoi ne dirait-on pas *jeter du trône?* On dit bien *jeter du haut du trône :* en tout cas *chasser* eût été mieux que *mettre hors.* Quelquefois en corrigeant on affaiblit.

Vers 38. Mais le cœur d'Émilie est hors de son pouvoir.

Voilà une imitation admirable de ces beaux vers d'Horace :

Et cuncta terrarum subacta,
Præter atrocem animum Catonis[1].

Cette imitation est d'autant plus belle qu'elle est en sentiment. Plusieurs s'étonnent qu'Émilie, affectant de penser comme Caton, ait cependant reçu pendant quinze ans les bienfaits et l'argent d'Auguste, dont *l'épargne lui a été ouverte.* Cette conduite ne semble pas s'accorder avec cette inflexibilité héroïque dont elle fait parade.

Vers 40. Je suis toujours moi-même, et ma foi toujours pure.

Il faut *ma foi est toujours pure. Ma foi* ne peut être gouverné par *je suis. Foi pure* ne se dit qu'en théologie.

Vers 43. Et prends vos intérêts par delà mes serments.

Par delà mes serments, expression dont je ne trouve que cet exemple ; et cet exemple me parait mériter d'être suivi.

Vers 48. La conjuration s'en alloit dissipée,
Vos desseins avortés, votre haine trompée.

Votre haine s'en allait trompée. C'est un barbarisme.

Vers 54. Que je sois le butin de qui l'ose épargner!...

Butin n'est pas le mot propre.

Vers 58. Et malgré ses bienfaits je rends tout à l'amour,
Quand je veux qu'il périsse ou vous doive le jour.

1. Livre II, ode 1re, vers 23-24.

La scène se refroidit par ces arguments de Cinna ; il veut prouver qu'il a satisfait à l'amour, parce qu'il veut que le sort d'Auguste dépende de sa maitresse. Toute cette tirade paraît un peu obscure.

Vers 61.   Souffrez ce foible effort de ma reconnoissance,
                Que je tâche de vaincre un indigne courroux,
                Et vous donner pour lui l'amour qu'il a pour vous.

Il faut *et de vous donner*. Le mot d'*amour* n'est point du tout convenable.

Vers 64.   Une âme généreuse, et que la vertu guide,
                Fuit la honte des noms d'ingrate et de perfide ;
                Elle en hait l'infamie attachée au bonheur,
                Et n'accepte aucun bien aux dépens de l'honneur.

Toutes ces sentences refroidissent encore. Voyez si Oreste et Hermione parlent en sentences.

Vers 71.   Les cœurs les plus ingrats sont les plus généreux.

Elle a déjà retourné cette pensée plus d'une fois.

Vers 73.   Je me fais des vertus digne d'une Romaine.

Ce vers est beau, et ces sentiments d'Émilie ne se démentent jamais. Plusieurs demandent encore pourquoi cette Émilie ne touche point ; pourquoi ce personnage ne fait pas au théâtre la grande impression qu'y fait Hermione : elle est l'âme de toute la pièce, et cependant elle inspire peu d'intérêt. N'est-ce point parce qu'elle n'est pas malheureuse ? N'est-ce point parce que les sentiments d'un Brutus, d'un Cassius, conviennent peu à une fille ? N'est-ce point parce que sa facilité à recevoir l'argent d'Auguste dément la grandeur d'âme qu'elle affecte ? N'est-ce point parce que ce rôle n'est pas tout à fait dans la nature ? Cette fille, que Balzac appelle une *adorable furie*, est-elle si adorable ? C'est Émilie que Racine avait en vue lorsqu'il dit, dans une de ses préfaces[1], qu'il ne veut pas mettre sur le théâtre de ces femmes qui font des leçons d'héroïsme aux hommes. Malgré tout cela, le rôle d'Émilie est plein de choses sublimes ; et quand on compare ce qu'on faisait alors à ce seul rôle d'Émilie, on est étonné, on admire.

1. Première préface de *Britannicus*.

Vers 80.   Il abaisse à nos pieds l'orgueil des diadèmes;
           Il nous fait souverains sur leurs grandeurs suprêmes.

Il faut remarquer les plus légères fautes de langage. On est
souverain de, on n'est pas *souverain sur*, encore moins *souverain
sur une grandeur*; mais ce qui est bien plus digne de remarque,
c'est que le second vers n'est qu'une faible répétition du premier.

Vers 85.   Pour être plus qu'un roi, tu te crois quelque chose [1].

Ce beau vers est une contradiction avec celui que dit Auguste
au cinquième acte :

           Qu'en te couronnant roi je t'aurois donné moins.

Ou Émilie ou Auguste a tort [2]. Il n'est pas douteux que le
vers d'Émilie étant plus romain, plus fort, et même étant devenu
proverbe, ne dût être conservé, et celui d'Auguste sacrifié ; mais
il faut surtout remarquer que ces hyperboles commencent à déplaire, qu'on y trouve même du ridicule, qu'il y a une distance
infinie entre un grand roi et un marchand de Rome ; que ces
exagérations d'une fille à qui Auguste fait une pension révoltent
bien des lecteurs, et que ces contestations entre Cinna et sa
maîtresse sur la grandeur romaine n'ont pas toute la chaleur de
la véritable tragédie.

Vers 86.   Aux deux bouts de la terre en est-il un si vain
           Qu'il prétende égaler un citoyen romain?

Il y avait :

           Aux deux bouts de la terre en est-il d'assez vain
           Pour prétendre égaler un citoyen romain?

Vers 90.   Attale, ce grand roi, dans la pourpre blanchi,
           Qui du peuple romain se nommoit l'affranchi,
           Quand de toute l'Asie il se fût vu l'arbitre,
           Eût encor moins prisé son trône que ce titre.

Cet exemple du roi Attale serait peut-être plus convenable
dans un conseil que dans la bouche d'une fille qui veut venger
son père. Mais la beauté de ces vers et ces traits tirés de l'histoire

---

1. Voyez aussi sur ce vers, tome XIX, page 47.
2. « Ce vers, remarque avec raison Palissot, serait en contradiction avec
l'autre si Corneille les eût placés tous deux dans la bouche du même personnage ; mais il convient à Émilie républicaine de parler avec mépris des rois, et
Auguste doit croire qu'il est glorieux de régner, puisqu'il a tant sacrifié à cette
ambition. »

romaine font un très-grand plaisir aux lecteurs, quoique au théâtre ils refroidissent un peu la scène. Au reste, cet Attale était un très-petit roi de Pergame, qui ne possédait pas un pays de trente lieues.

Vers 98.   Le ciel a trop fait voir en de tels attentats
            Qu'il hait les assassins et punit les ingrats.

Cette réplique de Cinna ne paraît pas convenable. Un sujet parle ainsi dans une monarchie; mais un homme du sang de Pompée doit-il parler en sujet?

Vers 106.   Dis que de leur parti toi-même tu te rends,
             De te remettre au foudre à punir les tyrans.

Cela n'est ni français ni clairement exprimé, et ces dissertations sur la foudre ne sont plus tolérées.

Vers 112.   Sans emprunter ta main pour servir ma colère,
             Je saurai bien venger mon pays et mon père.

Le mot de *colère* ne paraît peut-être pas assez juste. On ne sent point de colère pour la mort d'un père mis au nombre des proscrits il y a trente ans. Le mot de *ressentiment* serait plus propre ; mais en poésie *colère* peut signifier *indignation, ressentiment, souvenir des injures, désir de vengeance*.

Vers 124. Et, comme pour toi seul l'amour veut que je vive, etc.

Je remarque ailleurs[1] que toutes les phrases qui commencent par *comme* sentent la dissertation, le raisonnement, et que la chaleur du sentiment ne permet guère ce tour prosaïque. Mais est-ce un sentiment bien touchant, bien tragique, que celui d'Émilie? « Je n'ai pas voulu tuer Auguste moi-même, parce qu'on m'aurait tuée; je veux vivre pour toi, et je veux que ce soit toi qui hasardes ta vie, etc. »

Vers 125. Quand j'ai pensé chérir un neveu de Pompée,
        . . . d'un faux semblant mon esprit abusé,
          A fait choix d'un esclave en son lieu supposé.

Il est trop dur d'appeler Cinna *esclave* au propre, de lui dire qu'il est un fils supposé, qu'il est fils d'un esclave : cette condition était au-dessous de celle de nos valets[2].

---

1. Remarques sur *le Menteur*, acte I⁰ʳ, scène II; sur *Nicomède*, acte I⁰ʳ, scène V, et acte II, scène IV; sur *Sertorius*, acte III, scène II.

2. « Émilie lui reproche en républicaine, dit Palissot, le sentiment de bassesse qui paraît le familiariser avec l'idée d'un maître. »

Vers 130. Mille autres à l'envi recevroient cette loi.

Doit-elle lui dire que mille autres assassineraient l'empereur pour mériter les bonnes grâces d'une femme? Cela ne révolte-t-il pas un peu? Cela n'empêche-t-il pas qu'on ne s'intéresse à Émilie? Cette présomption de sa beauté la rend moins intéressante. Une femme emportée par une grande passion touche beaucoup; mais une femme qui a la vanité de regarder sa possession comme le plus grand prix où l'on puisse aspirer révolte au lieu d'intéresser. Émilie a déjà dit au premier acte qu'on publiera dans toute l'Italie qu'on n'a pu la mériter qu'en tuant Auguste; elle a dit à Cinna : « Songe que mes faveurs t'attendent. » Ici elle dit que « mille Romains tueraient Auguste pour mériter ses bonnes grâces ». Quelle femme a jamais parlé ainsi? Quelle différence entre elle et Hermione, qui dit dans une situation à peu près semblable :

> Quoi! sans qu'elle employât une seule prière,
> Ma mère en sa faveur arma la Grèce entière!
> Ses yeux pour leur querelle, en dix ans de combats,
> Virent périr vingt rois qu'ils ne connaissoient pas.
> Et moi, je ne prétends que la mort d'un parjure,
> Et je charge un amant du soin de mon injure;
> Il peut me conquérir à ce prix, sans danger;
> Je me livre moi-même, et ne puis me venger[1]!

C'est ainsi que s'exprime le goût perfectionné; et le génie, dénué de ce goût sûr, bronche quelquefois. On ne prétend pas, encore une fois, rien diminuer de l'extrême mérite de Corneille; mais il faut qu'un commentateur n'ait en vue que la vérité et l'utilité publique. Au reste, la fin de cette tirade est fort belle.

Vers 148. S'il nous ôte à son gré nos biens, nos jours, nos femmes,
Il n'a point jusqu'ici tyrannisé nos âmes.

Mais en ce cas, Auguste est donc un monstre à étouffer. Cinna ne devait donc pas balancer : il a donc très-grand tort de se dédire; ses remords ne sont donc pas vrais? Comment peut-il aimer un tyran qui ôte aux Romains leurs biens, leurs femmes, et leurs vies? Ces contradictions ne font-elles pas tort au pathétique aussi bien qu'au vrai, sans lequel rien n'est beau?

1. Racine, *Andromaque*, acte V, scène II.

Vers 150. Mais l'empire inhumain qu'exercent vos beautés
    Force jusqu'aux esprits et jusqu'aux volontés.

C'est ici une idée poétique, ou plutôt une subtilité. *Vos beautés
sont plus inhumaines qu'Auguste!* ce n'est pas ainsi que la vraie
passion parle. Oreste, dans une circonstance semblable, dit à
Hermione :

> Non, je vous priverai d'un plaisir si funeste,
> Madame ; il ne mourra que de la main d'Oreste [1].

Il ne s'amuse point à dire que les beautés inhumaines d'Hermione sont des tyrans ; il le fait sentir en se déterminant malgré
lui à un crime. Ce n'est pas là le poëte qui parle, c'est le personnage.

Vers 152. Vous me faites priser ce qui me déshonore ;
    Vous me faites haïr ce que mon âme adore.

Priser n'est plus d'usage. Cinna ne prise point ici son action,
puisqu'il la condamne. Il dit qu'il adore Auguste ; cela est beaucoup trop fort : il n'adore point Auguste ; *il devrait*, dit-il, *donner
son sang pour lui mille et mille fois :* il devait donc être très-
touché au moment que ce même Auguste lui donnait Émilie. Il
lui a conseillé de garder l'empire pour l'assassiner, et il voudrait
donner mille vies pour lui par réflexion.

Vers 157. Mais ma main aussitôt contre mon sein tournée...
    A mon crime forcé joindra mon châtiment.

Ces derniers vers réconcilient Cinna avec le spectateur : c'est
un très-grand art. Racine a imité ce morceau dans l'*Andromaque*[2] :

> Et mes sanglantes mains sur moi-même tournées, etc.

Vers pén. . . . . . Qu'il achève et dégage sa foi,
    Et qu'il choisisse après de la mort ou de moi.

Ce sont là de ces traits qui portaient le docteur cité par Balzac
à nommer Émilie *adorable furie*. On ne peut guère finir un acte
d'une manière plus grande ou plus tragique, et si Émilie avait une
raison plus pressante de vouloir faire périr Auguste, si elle n'avait
appris que depuis peu qu'Auguste a fait mourir son père, si elle
avait connu ce père, si ce père même avait pu lui demander ven-

---

1. *Andromaque*, acte IV, scène III.
2. Acte IV, scène III.

geance, ce rôle serait du plus grand intérêt. Mais ce qui peut détruire tout l'intérêt qu'on prendrait à Émilie, c'est la supposition de l'auteur qu'elle est adoptée par Auguste. On devait, chez les Romains, autant et plus d'amour filial à un père d'adoption qu'à un père qui ne l'était que par le sang. Émilie conspire contre Auguste, son père et son bienfaiteur, au bout de trente ans, pour venger Toranius, qu'elle n'a jamais vu. Alors cette furie n'est point du tout adorable ; elle est réellement parricide. Cependant gardons-nous bien de croire qu'Émilie, malgré son ingratitude, et Cinna, malgré sa perfidie, ne soient pas deux très-beaux rôles ; tous deux étincellent de traits admirables.

ACTE QUATRIÈME.

SCÈNE I.

Vers 1. Tout ce que tu me dis, Euphorbe, est incroyable.
— Seigneur, le récit même en paroît effroyable.

Il est triste qu'un si bas et si lâche subalterne, un esclave affranchi, paraisse avec Auguste, et que l'auteur n'ait pas trouvé dans la jalousie de Maxime, dans les emportements que sa passion eût dû lui inspirer, ou dans quelque autre invention tragique, de quoi fournir des soupçons à Auguste. Si le trouble de Cinna, celui de Maxime, celui d'Émilie, ouvraient les yeux de l'empereur, cela serait beaucoup plus noble et plus théâtral que la dénonciation d'un esclave, qui est un ressort trop mince et trop trivial.

Vers 13. . . . . . Cinna seul dans sa rage s'obstine,
Et contre vos bontés d'autant plus se mutine.

Le second vers est faible après l'expression *il s'obstine dans sa rage*. L'idée la plus forte doit toujours être la dernière. De plus, *se mutiner contre des bontés* est une expression bourgeoise ; on ne l'emploie qu'en parlant des enfants. Ce n'est pas que ce mot *mutiné*, employé avec art, ne puisse faire un très-bel effet. Racine a dit[1] :

Enchaîner un captif de ses fers étonné,
Contre un joug qui lui plaît vainement mutiné.

1. *Phèdre*, acte II, scène I.

D'autant plus exige un *que;* c'est une phrase qui n'est pas achevée.

SCÈNE II.

Vers 1.   Il l'a jugé trop grand pour ne pas s'en punir.

On ne peut nier que ce lâche et inutile mensonge d'Euphorbe ne soit indigne de la tragédie. Mais, dira-t-on, on a le même reproche à faire à Œnone, dans *Phèdre.* Point du tout : elle est criminelle, elle calomnie Hippolyte ; mais elle ne dit pas une fausse nouvelle : c'est cela qui est petit et bas.

SCÈNE III[1].

Vers 1.   Ciel, à qui voulez-vous désormais que je fie
           Les secrets de mon âme et le soin de ma vie ?

Voilà encore une occasion où un monologue est bien placé ; la situation d'Auguste est une excuse légitime. D'ailleurs il est bien écrit, les vers en sont beaux, les réflexions sont justes, intéressantes ; ce morceau est digne du grand Corneille.

Vers 12.   Songe aux fleuves de sang où ton bras s'est baigné,
            De combien ont rougi les champs de Macédoine.

Cela n'est pas français. Il fallait : *quels flots j'en ai versés aux champs de Macédoine,* ou quelque chose de semblable.

Vers 27.   Rends un sang infidèle à l'infidélité.

Ce vers est imité de Malherbe :

> Fait de tous les assauts que la rage peut faire
> Une fidèle preuve à l'infidélité [2].

Un tel abus de mots et quelques longueurs, quelques répétitions, empêchent ce beau monologue de faire tout son effet. A mesure que le public s'est plus éclairé, il s'est un peu dégoûté des longs monologues. On s'est lassé de voir des empereurs qui parlaient si longtemps tout seuls. Mais ne devrait-on pas se prêter à l'illusion du théâtre ? Auguste ne pouvait-il pas être supposé au milieu de sa cour, et s'abandonner à ses réflexions devant ses confidents, qui tiendraient lieu du chœur des anciens ?

---

1. Sur quatre vers de cette scène, voyez tome XIX, page 54.
2. Stance première des *Larmes de saint Pierre.*

Il faut avouer que le monologue est un peu long. Les étrangers ne peuvent souffrir ces scènes sans action, et il n'y a peut-être pas assez d'action dans *Cinna*.

Vers 57.　La vie est peu de chose, et le peu qui t'en reste
　　　　　Ne vaut pas l'acheter par un prix si funeste.

Ne vaut pas l'acheter par un prix si funeste. C'est ici le tour de phrase italien. On dirait bien *non vale il comprar;* c'est un trope dont Corneille enrichissait notre langue.

Vers 65.　Mais jouissons plutôt nous-mêmes de sa peine.

Peine ici veut dire *supplice.*

Vers 74.　Qui des deux dois-je suivre, et duquel m'éloigner ?
　　　　　Ou laissez-moi périr, ou laissez-moi régner.

Ces expressions, *qui des deux, duquel,* n'expriment qu'un froid embarras ; elles peignent un homme qui veut résoudre un problème, et non un cœur agité. Mais le dernier vers est très-beau, et est digne de ce grand monologue.

SCÈNE IV.

AUGUSTE, LIVIE.

On a retranché toute cette scène au théâtre depuis environ trente ans. Rien ne révolte plus que de voir un personnage s'introduire sur la fin sans avoir été annoncé, et se mêler des intérêts de la pièce sans y être nécessaire. Le conseil que Livie donne à Auguste est rapporté dans l'histoire ; mais il fait un très-mauvais effet dans la tragédie. Il ôte à Auguste la gloire de prendre de lui-même un parti généreux. Auguste répond à Livie : *Vous m'aviez bien promis des conseils d'une femme; vous me tenez parole;* et après ces vers comiques, il suit ces mêmes conseils. Cette conduite l'avilit. On a donc eu raison de retrancher tout le rôle de Livie, comme celui de l'infante dans *le Cid.* Pardonnons ces fautes au commencement de l'art, et surtout au sublime, dont Corneille a donné beaucoup plus d'exemples qu'il n'en a donné de faiblesses dans ses belles tragédies.

Vers 27.　J'ai trop par vos avis consulté là-dessus.

Là-dessus, là-dessous, ci-dessus, ci-dessous, termes familiers qu'il faut absolument éviter, soit en vers, soit en prose.

Vers 37. Assez et trop longtemps son exemple vous flatte ;
Mais gardez que sur vous le contraire n'éclate,

n'exprime pas assez la pensée de l'auteur, ne forme pas une image assez précise. Le contraire d'un exemple ne peut se dire.

Vers 53. Vous m'aviez bien promis des conseils d'une femme,
Vous me tenez parole : et c'en sont là, madame.

Corneille devait d'autant moins mettre un reproche si injuste et si avilissant dans la bouche d'Auguste que cette grossièreté est manifestement contraire à l'histoire. *Uxori gratias egit*, dit Sénèque le Philosophe, dont le sujet de *Cinna* est tiré.

Vers 56. Depuis vingt ans je règne, et j'en sais les vertus.

Les vertus de régner est un barbarisme de phrase, un solécisme ; on peut dire *les vertus des rois, des capitaines, des magistrats*, mais non *les vertus de régner, de combattre, de juger*.

Vers 64. Une offense qu'on fait à toute sa province,
Dont il faut qu'il la venge ou cesse d'être prince.

La rime de *prince* n'a que celle de *province* en substantif : cette indigence est ce qui contribue davantage à rendre souvent la versification française faible, languissante, et forcée. Corneille est obligé de mettre *toute sa province*, pour rimer à *prince ; et toute sa province* est une expression bien malheureuse, surtout quand il s'agit de l'empire romain.

Vers 67. . . . . . Je ne vous quitte point,
Seigneur, que mon amour n'ait obtenu ce point.

Ce mot *point* est trivial et didactique. Premier *point*, second *point, point* principal.

Vers 69. C'est l'amour des grandeurs qui vous rend importune

augmente encore la faute qui consiste à faire rejeter par Auguste un très-bon conseil qu'en effet il accepte.

SCÈNE V.

ÉMILIE, FULVIE.

La scène reste vide ; c'est un grand défaut aujourd'hui, et dans lequel même les plus médiocres auteurs ne tombent pas. Mais Corneille est le premier qui ait pratiqué cette règle si belle et si nécessaire de lier les scènes, et de ne faire paraître sur le théâtre aucun personnage sans une raison évidente. Si le législateur manque ici à la loi qu'il a introduite, il est assurément bien excusable. Il n'est pas vraisemblable qu'Émilie arrive avec sa confidente pour parler de la conspiration dans la même chambre dont Auguste sort : ainsi elle est supposée parler dans un autre appartement.

Vers 1.   D'où me vient cette joie, et que mal à propos
Mon esprit malgré moi goûte un entier repos?

On ne voit pas trop en effet d'où lui vient cette prétendue joie; c'était, au contraire, le moment des plus terribles inquiétudes. On peut être alors atterré, immobile, égaré, accablé, insensible à force d'éprouver des sentiments trop profonds ; mais de la joie! Cela n'est pas dans la nature.

Vers 9.   Et je vous l'amenois, plus traitable et plus doux,
Faire un second effort contre votre courroux.

Je vous l'amenais...... faire un second effort contre un grand courroux n'est ni français, ni intelligible; de plus, comment cette Fulvie n'est-elle pas effrayée d'avoir vu Cinna conduit chez Auguste, et des complices arrêtés? Comment n'en parle-t-elle pas d'abord? Comment n'inspire-t-elle pas le plus grand effroi à Émilie? Il semble qu'elle dise par occasion des nouvelles indifférentes.

Vers 16.   Chacun diversement soupçonne quelque chose.

Ces termes lâches et sans idées, ces familiarités de conversation, doivent être soigneusement évités.

Vers 22.   Que même de son maître on dit je ne sais quoi.

Je ne sais quoi est du style de la comédie; et ce n'est pas assurément un *je ne sais quoi* que la mort de Maxime, principal conjuré.

Vers 23.   On lui veut imputer un désespoir funeste.

On lui veut imputer est de la Gazette suisse, *on veut dire qu'il s'est donné une bataille.*

Vers 24.   On parle d'eaux, de Tibre, et l'on se tait du reste.

Il est bien singulier qu'elle dise que Maxime s'est noyé, et qu'on se tait du reste. Qu'est-ce que le reste? Et comment Cor-

neille, qui corrigea quelques vers dans cette pièce, ne réforma-
t-il pas ceux-ci ? N'avait-il pas un ami ?

Vers 25. Que de sujets de craindre et de désespérer,
       Sans que mon triste cœur en daigne murmurer !

Cela n'est pas naturel. Émilie doit être au désespoir d'avoir
conduit son amant au supplice. Le reste n'est-il pas un peu de
déclamation ? On entend toujours ces vers d'Émilie sans émotion ; d'où vient cette indifférence ? C'est qu'elle ne dit pas ce que
toute autre dirait à sa place ; elle a forcé son amant à conspirer,
à courir au supplice, et elle parle de sa gloire ! et elle est *fumante*
d'un *courroux* généreux ! Elle devrait être désespérée, et non pas
fumante.

Vers 37. Et je veux bien périr comme vous l'ordonnez,
       Et dans la même assiette où vous me retenez.

Pourquoi les dieux voudraient-ils qu'elle mourût dans cette
assiette ? Qu'importe qu'elle meure dans cette *assiette* ou dans une
autre ? Ce qui importe, c'est qu'elle a conduit son amant et ses
amis à la mort.

SCÈNE VI.

Vers 1. Mais je vous vois, Maxime, et l'on vous faisoit mort !

Ne dissimulons rien, cette résurrection de Maxime n'est pas
une invention heureuse. Qu'un héros qu'on croyait mort dans
un combat reparaisse, c'est un moment intéressant ; mais le public ne peut souffrir un lâche que son valet avait supposé s'être
jeté dans la rivière. Corneille n'a pas prétendu faire un coup de
théâtre, mais il pouvait éviter cette apparition inattendue d'un
homme qu'on croit mort, et dont on ne désire point du tout la
vie ; il était fort inutile à la pièce que son esclave Euphorbe eût
feint que son maître s'était noyé.

Vers 48. En faveur de Cinna je fais ce que je puis.

Maxime joue le rôle d'un misérable : pourquoi l'auteur, pouvant l'ennoblir, l'a-t-il rendu si bas ? Apparemment il cherchait
un contraste ; mais de tels contrastes ne peuvent guère réussir
que dans la comédie.

Vers 23. Cinna dans son malheur est de ceux qu'il faut suivre,
Qu'il ne faut pas venger, de peur de leur survivre [1].

Que veut dire *de peur de leur survivre?* Le sens naturel est qu'il
ne faut pas venger Cinna, parce que si on le vengeait on ne
mourrait pas avec lui; mais en voulant le venger on pourrait
aller au supplice, puisque Auguste est maître, et que tout est
découvert. Je crois que Corneille veut dire: *Tu feins de le venger,
et tu veux lui survivre.*

Vers 33. C'est un autre Cinna qu'en lui vous regardez.

Cela est comique, et achève de rendre le rôle de Maxime
insupportable.

Vers 35. Et puisque l'amitié n'en faisoit plus qu'une âme,
Aimez en cet ami l'objet de votre flamme.

L'auteur veut dire: *Cinna et Maxime n'avaient qu'une âme;* mais
il ne le dit pas.

Vers 38. . . . . . . Tu m'oses aimer, et tu n'oses mourir !

est sublime.

Vers 58. Maxime, en voilà trop pour un homme avisé.

Avisé n'est pas le mot propre; il semble qu'au contraire Maxime
a été trop peu avisé; il paraît trop évidemment un perfide, Émilie
l'a déjà appelé lâche.

Vers 69. Fuis sans moi, tes amours sont ici superflus.

Superflus n'est pas encore le mot propre; ces amours doivent
être très-odieux à Émilie.

Cette scène de Maxime et d'Émilie ne fait pas l'effet qu'elle
pourrait produire, parce que l'amour de Maxime révolte, parce
que cette scène ne produit rien, parce qu'elle ne sert qu'à remplir un moment vide, parce qu'on sent bien qu'Émilie n'acceptera
point les propositions de Maxime, parce qu'il est impossible de
rien produire de théâtral et d'attachant entre un lâche qu'on
méprise, et une femme qui ne peut l'écouter.

1. « *De peur de leur survivre,* remarque Palissot, veut dire: parce qu'il serait
honteux de leur survivre. »

SCÈNE VII.

MAXIME, seul.

Autant que le spectateur s'est prêté au monologue important d'Auguste, qui est un personnage respectable, autant il se refuse au monologue de Maxime, qui excite l'indignation et le mépris. Jamais un monologue ne fait un bel effet que quand on s'intéresse à celui qui parle ; que quand ses passions, ses vertus, ses malheurs, ses faiblesses, font dans son âme un combat si noble, si attachant, si animé, que vous lui pardonnez de parler trop longtemps à soi-même.

Vers 3.   . . . . . Et quel est le supplice
               Que ta vertu prépare à ton vain artifice ?

Ce mot de *vertu* dans la bouche de Maxime est déplacé, et va jusqu'au ridicule.

Vers 7.   Sur un même échafaud la perte de sa vie
               Étalera sa gloire et ton ignominie.

Il n'y avait point d'échafauds chez les Romains pour les criminels. L'appareil barbare des supplices n'était point connu, excepté celui de la potence en croix pour les esclaves.

Vers 11.   Un même jour t'a vu par une fausse adresse
               Trahir ton souverain, ton ami, ta maîtresse.

Fausse adresse est trop faible, et Maxime n'a point été adroit.

Vers 19.   Jamais un affranchi n'est qu'un esclave infâme.

Il ne paraît pas convenable qu'un conjuré, qu'un sénateur reproche à un esclave de lui avoir fait commettre une mauvaise action ; ce reproche serait bon dans la bouche d'une femme faible, dans celle de Phèdre par exemple à l'égard d'Œnone, dans celle d'un jeune homme sans expérience ; mais le spectateur ne peut souffrir un sénateur qui débite un long monologue pour dire à son esclave, qui n'est pas là, qu'il espère qu'il pourra se venger de lui, et le punir de lui avoir fait commettre une action infâme.

Vers 25.   Mon cœur te résistoit, et tu l'as combattu
               Jusqu'à ce que la fourbe ait souillé sa vertu.

Il faut éviter cette cacophonie[1] en vers, et même dans la prose soutenue.

Vers 29.	Mais les dieux permettront à mes ressentiments
		De te sacrifier aux yeux des deux amants.

On se soucie fort peu que cet esclave Euphorbe soit mis en croix ou non. Cet acte est un peu défectueux dans toutes ses parties : la difficulté d'en faire cinq est si grande, l'art était alors si peu connu, qu'il serait injuste de condamner Corneille. Cet acte eût été admirable partout ailleurs dans son temps ; mais nous ne recherchons pas si une chose était bonne autrefois : nous recherchons si elle est bonne pour tous les temps.

Vers 31.	Et je m'ose assurer qu'en dépit de mon crime
		Mon sang leur servira d'assez pure victime.

On ne peut pas dire *en dépit de mon crime*, comme on dit *malgré mon crime, quel qu'ait été mon crime*, parce qu'un crime n'a point de dépit. On dit bien *en dépit de ma haine, de mon amour*, parce que les passions se personnifient.

ACTE CINQUIÈME.

SCÈNE I[2].

Vers 1.	Prends un siége, Cinna, prends ; et sur toute chose
		Observe exactement la loi que je t'impose.

Sede, inquit, Cinna; hoc primum a te peto ne loquentem interpelles. Toute cette scène est de Sénèque le Philosophe. Par quel prodige de l'art Corneille a-t-il surpassé Sénèque, comme dans *les Horaces* il a été plus nerveux que Tite-Live ? C'est là le privilége de la belle poésie ; et c'est un de ces exemples qui condamnent bien fortement ces auteurs, d'Aubignac et La Motte, qui ont voulu faire des tragédies en prose : d'Aubignac, homme sans talents, qui, pour avoir mal étudié le théâtre, croyait pouvoir faire une bonne tragédie dans la prose la plus plate ; La Motte, homme d'esprit et de génie, qui, ayant trop négligé le style et la langue

---

1. C'est depuis 1664 que Corneille a mis :

	Jusqu'à ce que ta fourbe ait souillé ma vertu.

2. Sur quatre vers de cette scène, voyez tome XIX, page 47.

dans la poésie, pour laquelle il avait beaucoup de talent, voulut faire des tragédies en prose, parce que la prose est plus aisée que la poésie.

Vers 13. Au milieu de leur camp tu reçus la naissance,
Et lorsqu'après leur mort tu vins en ma puissance,
Leur haine enracinée au milieu de ton sein
T'avoit mis contre moi les armes à la main.

Il y avait auparavant :

Ce fut dedans leur camp que tu pris la naissance ;
Et quand après leur mort tu vins en ma puissance,
Leur haine héréditaire, ayant passé dans toi,
T'avoit mis à la main les armes contre moi.

Leur haine héréditaire était bien plus beau que *leur haine enracinée.*

Vers 24. Ma cour fut ta prison, mes faveurs tes liens.

On sous-entend *furent.* Ce n'est point une licence ; c'est un trope en usage dans toutes les langues.

Vers 35. De la façon enfin qu'avec toi j'ai vécu,
Les vainqueurs sont jaloux du bonheur du vaincu.

De la façon est trop familier et trop trivial.

Vers 48. En te couronnant roi je t'aurois donné moins.

Voilà ce vers qui contredit celui d'Émilie ; d'ailleurs, quel royaume aurait-il donné à Cinna ? Les Romains n'en recevaient point. Ce n'est qu'une inadvertance qui n'ôte rien au sentiment et à l'éloquence vraie et sans enflure dont ce morceau est rempli.

Vers 63. Ai-je de bons avis, ou de mauvais soupçons ?

Bons et *mauvais* n'est-il pas un peu trop antithèse ? Et ces antithèses en général ne sont-elles pas trop fréquentes dans les vers français et dans la plupart des langues modernes ?

Vers 97. Mais tu ferois pitié, même à ceux qu'elle irrite,
Si je t'abandonnois à ton peu de mérite.

Ces vers et les suivants occasionnèrent un jour une saillie singulière. Le dernier maréchal de La Feuillade, étant sur le théâtre, dit tout haut à Auguste : « Ah ! tu me gâtes le *Soyons amis, Cinna.* » Le vieux comédien qui jouait Auguste se déconcerta, et crut avoir mal joué. Le maréchal, après la pièce, lui dit :

« Ce n'est pas vous qui m'avez déplu, c'est Auguste, qui dit à
Cinna qu'il n'a aucun mérite, qu'il n'est propre à rien, qu'il fait
pitié, et qui ensuite lui dit : *Soyons amis.* Si le roi m'en disait
autant, je le remercierais de son amitié. »

Il y a un grand sens et beaucoup de finesse dans cette plaisanterie. On peut pardonner à un coupable qu'on méprise, mais
on ne devient pas son ami ; il fallait peut-être que Cinna, très-
criminel, fût encore grand aux yeux d'Auguste. Cela n'empêche
pas que le discours d'Auguste ne soit un des plus beaux que nous
ayons dans notre langue.

Vers 127. N'attendez point de moi d'infâmes repentirs.

Le *repentir* ne peut admettre ici de pluriel.

Vers 130. Je sais ce que j'ai fait, et ce qu'il vous faut faire.

Le sens est : *ce que vous devez faire* ; mais l'expression est trop
équivoque : elle semble signifier ce que Cinna doit faire à Auguste.

SCÈNE II.

Vers 1.   Vous ne connoissez pas encor tous les complices ;
           Votre Émilie en est, seigneur, et la voici.

Les acteurs ont été obligés de retrancher Livie, qui venait
faire ici le personnage d'un exempt, et qui ne disait que ces deux
vers. On les fait prononcer par Émilie, mais ils lui sont peu convenables ; elle ne doit pas dire à Auguste *votre Émilie* ; ce mot la
condamne : si elle vient s'accuser elle-même, il faut qu'elle débute en disant : *Je viens mourir avec Cinna.*

Vers 6.   Quoi ! l'amour qu'en ton cœur j'ai fait naître aujourd'hui
           T'emporte-t-il déjà jusqu'à mourir pour lui ?
           Ton âme à ces transports un peu trop s'abandonne :
           Et c'est trop tôt aimer l'amant que je te donne.

Cette petite ironie est-elle bien placée dans ce moment tragique ? Est-ce ainsi qu'Auguste doit parler ?

Vers 19. Le ciel rompt le succès que je m'étois promis.

On ne rompt point un succès, encore moins un succès qu'on
s'est promis ; on rompt une union, on détruit des espérances,
on fait avorter des desseins, on prévient des projets. Le ciel

ne m'a pas accordé, m'ôte, me ravit le succès que je m'étais
promis.

Vers 33.   L'une fut impudique, et l'autre parricide.

Il est ici question de Julie et d'Émilie. Ce mot *impudique* ne
se dit plus guère dans le style noble, parce qu'il présente une
idée qui ne l'est pas ; on n'aime point d'ailleurs à voir Auguste
se rappeler cette idée humiliante et étrangère au sujet. Les gens
instruits savent trop bien qu'Émilie ne fut même jamais adoptée
par Auguste ; elle ne l'est que dans cette pièce.

Vers 34.   O ma fille ! est-ce là le prix de mes bienfaits ?
            — Ceux de mon père en vous firent mêmes effets.

Il y avait dans les premières éditions :

> Mon père l'eut pareil de ceux qu'il vous a faits [1].

On a corrigé depuis :

> Ceux de mon père en vous firent mêmes effets.

Mais *firent mêmes effets* n'est recevable ni en vers ni en prose.

LIVIE.

Vers 44.   C'en est trop, Émilie, etc.

Les comédiens ont retranché tout le couplet de Livie, et il
n'est pas à regretter. Non-seulement Livie n'était pas nécessaire,
mais elle se faisait de fête mal à propos, pour débiter une
maxime aussi fausse qu'horrible, qu'il est permis d'assassiner
pour une couronne, et qu'on est absous de tous les crimes quand
on règne.

Vers 50.   Et dans le sacré rang où sa faveur l'a mis,
            Le passé devient juste, et l'avenir permis.

Ce vers n'a pas de sens. *L'avenir* ne peut signifier *les crimes à
venir ;* et s'il le signifiait, cette idée serait abominable.

Vers 61.   Si j'ai séduit Cinna, j'en séduirai bien d'autres.

Il semble qu'Émilie soit toujours sûre de faire conspirer qui
elle voudra, parce qu'elle se croit belle. Doit-elle dire à Auguste
qu'elle aura d'autres amants qui vengeront celui qu'elle aura
perdu ?

---

1. C'est ce qu'on lit encore dans l'édition de 1664.

Vers 72. Que la vengeance est douce à l'esprit d'une femme !

Ce vers paraît trop du ton de la comédie, et est d'autant plus déplacé qu'Émilie doit être supposée avoir voulu venger son père, non pas parce qu'elle a le caractère d'une femme, mais parce qu'elle a écouté la voix de la nature.

Vers 73. Je l'attaquai par là, par là je pris son âme.

Expression trop familière.

Vers 77. J'en suis le seul auteur, elle n'est que complice.

Pourquoi toute cette contestation entre Cinna et Émilie est-elle un peu froide ? C'est que, si Auguste veut leur pardonner, il importe fort peu qui des deux soit le plus coupable ; et que, s'il veut les punir, il importe encore moins qui des deux a séduit l'autre.

Ces disputes, ces combats à qui mourra l'un pour l'autre, font une grande impression quand on peut hésiter entre deux personnages, quand on ignore sur lequel des deux le coup tombera, mais non pas quand tous les deux sont condamnés et condamnables.

Vers 80. Mourez, mais en mourant ne souillez point ma gloire...
          Et la mienne se perd si vous tirez à vous
          Toute celle qui suit de si généreux coups.

Tirez à vous est une expression trop peu noble. *Généreux coups* ne peut se dire d'une entreprise qui n'a pas eu d'effet.

Vers 84. Eh bien ! prends-en ta part, et me laisse la mienne.

Eh bien ! prends-en ta part est du ton de la comédie.

Vers 87. Tout doit être commun entre de vrais amants.

Ce vers est encore du ton de la comédie, et cette expression de *vrais amants* revient trop souvent.

Vers 102. Mais enfin le ciel m'aime, et ses bienfaits nouveaux
           Ont enlevé Maxime à la fureur des eaux.

Maxime vient ici faire un personnage aussi inutile que Livie. Il paraît qu'il ne doit point dire à Auguste qu'on l'a fait passer pour noyé, de peur qu'on n'eût envoyé après lui, puisqu'il n'avait révélé la conspiration qu'à condition qu'on lui pardonnerait.

N'eût-il pas été mieux qu'il se fût noyé en effet de douleur d'avoir joué un si lâche personnage ? On ne s'intéresse qu'au sort de Cinna et d'Émilie, et la grâce de Maxime ne touche personne.

SCÈNE DERNIÈRE.

Vers 11.   Euphorbe vous a feint que je m'étois noyé.

Feindre ne peut gouverner le datif ; on ne peut dire *feindre à quelqu'un.*

Vers 15.   Je pensois la résoudre à cet enlèvement,
Sous l'espoir d'un retour pour venger son amant.

Sous l'espoir du retour....... expression de comédie ; *retour pour venger,* expression vicieuse.

Vers 18.   Sa vertu combattue a redoublé ses forces.

On dit *les forces d'un État, la force de l'âme.* De plus, Émilie n'avait besoin ni de force ni de vertu pour mépriser Maxime.

Vers 22.   Si pourtant quelque grâce est due à mon indice...

Indice est là pour rimer à *artifice :* le mot propre est *aveu.*

Vers 23.   Faites périr Euphorbe au milieu des tourments.

C'est un sentiment lâche, cruel, et inutile.

Vers 37.   Soyons amis, Cinna, c'est moi qui t'en convie.

C'est ce que dit Auguste, qui est admirable ; c'est là ce qui fit verser des larmes au grand Condé, larmes qui n'appartiennent qu'à de belles âmes.

De toutes les tragédies de Corneille, celle-ci fit le plus grand effet à la cour, et on peut lui appliquer ces vers du vieil Horace[1] :

C'est aux rois, c'est aux grands, c'est aux esprits bien faits...
. . . .
C'est d'eux seuls qu'on reçoit la véritable gloire.

De plus, on était alors dans un temps où les esprits, animés par les factions qui avaient agité le règne de Louis XIII, ou plutôt du cardinal de Richelieu, étaient plus propres à recevoir les

1. Acte V, scène III.

sentiments qui règnent dans cette pièce. Les premiers spectateurs furent ceux qui combattirent à la Marfée, et qui firent la
guerre de la Fronde. Il y a d'ailleurs dans cette pièce un vrai
continuel, un développement de la constitution de l'empire romain, qui plaît extrêmement aux hommes d'État; et alors chacun
voulait l'être.

J'observerai ici que dans toutes les tragédies grecques, faites
pour un peuple si amoureux de sa liberté, on ne trouve pas un
trait qui regarde cette liberté, et que Corneille, né Français, en est
rempli.

Vers 47. . Aime Cinna, ma fille, en cet illustre rang ;
　　　　　Préfères-en la pourpre à celle de mon sang.

La pourpre d'un rang est intolérable : cette pourpre comparée
au sang, parce qu'il est rouge, est puérile.

Vers 59.　J'ose avec vanité me donner cet éclat,
　　　　　Puisqu'il change mon cœur, qu'il veut changer l'état,

n'est pas français.

Vers 77.　Si tu l'aimes encor, ce sera ton supplice.
　　　　　— Je n'en murmure point, il a trop de justice.

Un supplice est juste ; on l'ordonne avec justice ; celui qui
punit a de la justice ; mais le supplice n'en a point, parce qu'un
supplice ne peut être personnifié.

Vers 89. . . . . Une céleste flamme
　　　　　D'un rayon prophétique illumine mon âme.

Un rayon prophétique ne semble pas convenir à Livie. La juste
espérance que la clémence d'Auguste préviendra désormais toute
conspiration vaut bien mieux qu'un rayon prophétique.

On retranche aux représentations ce dernier couplet de Livie
comme les autres, par la raison que tout acteur qui n'est pas
nécessaire gâte les plus gandes beautés.

EXAMEN DE CINNA

IMPRIMÉ PAR CORNEILLE A LA SUITE DE SA TRAGÉDIE.

Ce poëme a tant d'illustres suffrages qui lui donnent le premier rang parmi les miens que je me ferois trop d'importants ennemis si j'en disois du mal. Je ne le suis pas assez de moi-même pour chercher des défauts où ils n'en ont pas voulu voir, etc.

Quoique j'aie osé y trouver des défauts, j'oserais dire ici à Corneille : Je souscris à l'avis de ceux qui mettent cette pièce au-dessus de tous vos autres ouvrages ; je suis frappé de la noblesse, des sentiments vrais, de la force, de l'éloquence, des grands traits de cette tragédie. Il y a peu de cette emphase et de cette enflure qui n'est qu'une grandeur fausse. Le récit que fait Cinna au premier acte, la délibération d'Auguste, plusieurs traits d'Émilie, et enfin la dernière scène, sont des beautés de tous les temps, et des beautés supérieures. Quand je vous compare surtout aux contemporains qui osaient alors produire leurs ouvrages à côté des vôtres, je lève les épaules, et je vous admire comme un être à part. Qui étaient ces hommes qui voulaient courir la même carrière que vous ? Tristan, La Case, Grenaille, Rosiers, Boyer, Colletet, Gaulmin, Gillet, Provais, La Menardière, Magnon, Picou, de Brosse. J'en nommerais cinquante, dont pas un n'est connu, ou dont les noms ne se prononcent qu'en riant. C'est au milieu de cette foule que vous vous éleviez au delà des bornes connues de l'art. Vous deviez avoir autant d'ennemis qu'il y avait de mauvais écrivains ; et tous les bons esprits devaient être vos admirateurs. Si j'ai trouvé des taches dans *Cinna,* ces défauts même auraient été de très-grandes beautés dans les écrits de vos pitoyables adversaires ; je n'ai remarqué ces défauts que pour la perfection d'un art dont je vous regarde comme le créateur. Je ne peux ni ajouter ni ôter rien à votre gloire : mon seul but est de faire des remarques utiles aux étrangers qui apprennent votre langue, aux jeunes auteurs qui veulent vous imiter, aux lecteurs qui veulent s'instruire.

(*Fin de l'examen.*) C'est l'incommodité des pièces embarrassées, qu'en termes de l'art on nomme *implexes,* par un mot emprunté du latin, telles que sont *Rodogune* et *Héraclius.* Elle ne se rencontre pas dans les simples ; mais comme celles-là ont sans doute besoin de plus d'esprit pour les imaginer, et de plus d'art pour les conduire, celles-ci n'ayant pas le même secours du côté du sujet, demandent plus de force de vers, de raisonnement, et de sentiments pour les soutenir.

On peut conclure de ces derniers mots que les pièces simples ont beaucoup plus d'art et de beauté que les pièces implexes. Rien n'est plus simple que l'*OEdipe* et l'*Électre* de Sophocle, et ce sont avec leurs défauts les deux plus belles pièces de l'antiquité. *Cinna* et *Athalie,* parmi les modernes, sont, je crois, fort au-dessus d'*Électre* et d'*OEdipe.* Il en est de même dans l'épique : qu'y a-t-il de plus simple que le quatrième livre de Virgile ? Nos romans, au contraire, sont chargés d'incidents et d'intrigues[1].

1. C'est à la suite de *Cinna* que venait, dans l'édition de 1764, la traduction du *Jules César* de Shakespeare. Voyez tome VII de cette édition.

REMARQUES

SUR POLYEUCTE

TRAGÉDIE REPRÉSENTÉE EN 1643[1].

PRÉFACE DU COMMENTATEUR.

Quand on passe de *Cinna* à *Polyeucte*, on se trouve dans un monde tout différent. Mais les grands poëtes, ainsi que les grands peintres, savent traiter tous les sujets. C'est une chose assez connue que, Corneille ayant lu sa tragédie de *Polyeucte* chez Mme de Rambouillet, où se rassemblaient alors les esprits les plus cultivés, cette pièce y fut condamnée d'une voix unanime, malgré l'intérêt qu'on prenait à l'auteur dans cette maison. Voiture fut député de toute l'assemblée pour engager Corneille à ne pas faire représenter cet ouvrage. Il est difficile de démêler ce qui put porter les hommes du royaume qui avaient le plus de goût et de lumières à juger si singulièrement. Furent-ils persuadés qu'un martyr ne pouvait jamais réussir sur le théâtre ? C'était ne pas connaître le peuple. Croyaient-ils que les défauts que leur sagacité leur faisait remarquer révolteraient le public ? C'était tomber dans la même erreur qui avait trompé les censeurs du *Cid*; ils examinaient *le Cid* par l'exacte raison, et ils ne voyaient pas qu'au spectacle on juge par sentiment. Pouvaient-ils ne pas sentir les beautés singulières des rôles de Sévère et de Pauline ? Ces beautés, d'un genre si neuf et si délicat, les alarmèrent peut-être. Ils purent craindre qu'une femme qui aimait à la fois son amant et son mari n'intéressât pas ; et c'est précisément ce qui fit le succès de la pièce. On trouvera dans les *Remarques* quelques anecdotes concernant ce jugement de l'hôtel de Rambouillet.

---

1. *Polyeucte* est de 1640 ; 1643 est la date de l'impression.

Ce qui est étonnant, c'est que tous ces chefs-d'œuvre se suivaient d'année en année. *Cinna* fut joué au commencement de 1643, et *Polyeucte* à la fin[1]. Il est vrai que Lope de Vega, Garnier, Calderon, composaient encore plus vite, *stantes pede in uno*[2]; mais quand on ne s'asservit à aucune règle, qu'on n'est gêné ni par la rime, ni par la conduite, ni par aucune bienséance, il est plus aisé de faire dix tragédies que de faire *Cinna* et *Polyeucte*.

ÉPITRE DÉDICATOIRE

A LA REINE RÉGENTE.

Permettez..... que je m'écrie dans mon transport :

> Que vos soins, grande reine, enfantent de miracles! etc.

Corneille n'était pas fait pour les sonnets et pour les madrigaux. Il aurait mieux fait de ne se point *écrier dans son transport*. Les vers que Voiture fit cette année-là même pour la reine, en sa présence, sont dans un autre goût et un peu meilleurs :

> . . . .
> Mais que vous étiez plus heureuse
> Lorsque vous étiez autrefois,
> Je ne veux pas dire amoureuse,
> La rime le dit toutefois!

C'est un assez plaisant contraste que Voiture loue la reine d'avoir été un peu galante, et que Corneille fasse l'éloge de sa dévotion.

ACTE PREMIER.

SCÈNE I.

Vers 1.   Quoi! vous vous arrêtez aux songes d'une femme!
           De si foibles sujets troublent cette grande âme!

---

1. *Cinna* est de 1639; *Polyeucte*, de 1640.
2. Horace, livre Ier, sat. IV, vers 10.

Des songes qui sont des sujets; il était aisé de commencer avec plus d'exactitude et d'élégance ; mais la faute est très-légère.

Vers 3.   Et ce cœur tant de fois dans la guerre éprouvé
            S'alarme d'un péril qu'une femme a rêvé !

Le mot de *rêver* est devenu trop familier ; peut-être ne l'était-il pas du temps de Corneille ; il faut observer qu'il avait déjà l'art de varier son style ; il nous avertit même dans ses *Examens* qu'il l'a proportionné à ses sujets. Toutes les pièces des autres auteurs paraissent jetées dans le même moule. Il faut convenir pourtant qu'un connaisseur reconnaîtra toujours le même fonds de style dans les pièces de Corneille qui paraissent le plus diversement écrites. C'est en effet le même tour dans les phrases, toujours un peu de raisonnement dans la passion, toujours des maximes détachées, toujours des pensées retournées en plus d'une manière. C'est le style de Rotrou, avec plus de force, d'élégance et de richesse. La manière du peintre est visible, quelque sujet que traite son pinceau.

Vers 5.   Je sais ce qu'est un songe, et le peu de croyance
            Qu'un homme doit donner à son extravagance ;

termes de la haute comédie. De plus, *donner de la croyance* n'est pas d'un français pur.

Vers 9.   Mais vous ne savez pas ce que c'est qu'une femme

est du style bourgeois de la comédie.

Vers 10.   Vous ignorez quels droits elle a sur toute l'âme.

Ce mot *toute* est inutile, et fait languir le vers ; une vaine épithète affaiblit toujours la diction et la pensée.

Vers 13.   Pauline, sans raison, dans la douleur plongée,
            Craint et croit déjà voir ma mort qu'elle a songée.

On ne peut dire que dans le burlesque *songer une mort.*

Vers 19.   Et mon cœur, attendri sans être intimidé,
            N'ose déplaire aux yeux dont il est possédé ;

expression impropre, vicieuse ; on ne peut dire *être possédé des yeux.*

Vers 23.   Par un peu de remise épargnons son ennui,
            Pour faire en plein repos ce qu'il trouble aujourd'hui.

Cela est à peine intelligible. Ce style est trop à la fois négligé et forcé. Pour juger si des vers sont mauvais, mettez-les en prose[1] ; si cette prose est incorrecte, les vers le sont. *Épargnons son ennui par un peu de remise, pour faire en plein repos ce qu'il trouble.* Vous voyez combien une telle phrase révolte. Les vers doivent avoir la clarté, la pureté de la prose la plus correcte ; et l'élégance, la force, la hardiesse, l'harmonie de la poésie.

Ce qui est assez singulier, c'est que Corneille, dans la première édition de *Polyeucte*, avait mis :

> Remettons ce dessein qui l'accable d'ennui :
> Nous le pourrons demain aussi bien qu'aujourd'hui ;

et dans toutes les autres éditions qu'il fit faire, il corrigea ces deux vers de la manière dont nous les imprimons dans le texte. Apparemment on avait critiqué *remettre un dessein,* parce qu'on remet à un autre jour l'accomplissement, l'exécution, et non pas le dessein. On avait pu blâmer aussi *nous le pourrons demain,* parce que ce *le* se rapporte à *dessein,* et que *pouvoir un dessein* n'est pas français ; mais en général il vaut mieux pécher un peu contre l'exactitude de la syntaxe que de faire des vers obscurs et mal tournés. La première manière était, à la vérité un peu fautive ; mais elle vaut beaucoup mieux que la seconde. Tout cela prouve que la versification française est d'une difficulté presque insurmontable.

Vers 27.   Et Dieu, qui tient votre âme et vos jours dans sa main,
            Promet-il à vos vœux de le vouloir demain [2] ?

Est-ce Dieu qui *promet de vouloir demain,* ou qui promet que Polyeucte voudra ? Un écrivain ne doit jamais tomber dans ces amphibologies ; on ne les permet plus.

Vers 29.   Il est toujours tout juste et tout bon ; mais sa grâce
            Ne descend pas toujours avec même efficace.
            Après certains moments que perdent nos longueurs,
            Elle quitte ces traits qui pénètrent les cœurs.

Tous ces vers sont rampants, trop négligés, trop de style familier des livres de dévotion. *Après certains moments, etc,* cela sent plus le style comique que le tragique.

---

1. Voltaire développe cette idée dans le *Sentiment d'un académicien de Lyon* (voyez les *Mélanges,* année 1774).

2. Dans l'édition de 1664 il y a :

> ... de le pouvoir demain.

Vers 34. Le bras qui la versoit en devient plus avare.

Il y avait dans les premières éditions :

> Le bras qui la versoit s'arrête et se courrouce ;
> Notre cœur s'endurcit, et sa pointe s'émousse.

Il faut avouer qu'aujourd'hui on ne souffrirait pas *un bras qui verse une grâce.*

Vers 39. Et pour quelques soupirs qu'on vous a fait ouïr,
Sa flamme se dissipe, et va s'évanouir.

Ce mot *ouïr* ne peut guère convenir à des *soupirs.* Quand Racine, dans son style châtié, toujours élégant, toujours noble, et d'autant plus hardi qu'il le paraît moins, fait dire à Andromaque[1] :

> . . . . Ah ! seigneur, vous entendiez assez
> Des soupirs qui craignoient de se voir repoussés,

le mot *d'entendre* signifie là *comprendre, connaître. Vous connaissiez mon cœur par mes soupirs.*

Vers 53. Ainsi du genre humain l'ennemi vous abuse.

Ce langage familier de la dévotion parut d'abord extraordinaire ; on venait de jouer *Sainte Agnès,* d'un Puget de La Serre. Elle était tombée ; sa chute donna mauvaise opinion de *Saint Polyeucte* à l'hôtel de Rambouillet. Le cardinal de Richelieu le condamna comme *le Cid.* C'est ce que nous apprend l'abbé Hedelin d'Aubignac, ennemi de Corneille, et qui croyait être son maître.

Remarquez que cette périphrase, *l'ennemi du genre humain,* est noble, et que le nom propre eût été ridicule. Le vulgaire se représente le diable avec des cornes et une longue queue. *L'ennemi du genre humain* donne l'idée d'un être terrible qui combat contre Dieu même. Toutes les fois qu'un mot présente une image, ou basse, ou dégoûtante, ou comique, ennoblissez-la par des images accessoires ; mais aussi ne vous piquez pas de vouloir ajouter une grandeur vaine à ce qui est imposant par soi-même. Si vous voulez exprimer que le roi vient, dites *le roi vient ;* et n'imitez pas le poëte qui, trouvant ces mots trop communs, dit :

> Ce grand roi roule ici ses pas impérieux.

Vers 54. Ce qu'il ne peut de force, il l'entreprend de ruse.

De force, de ruse, cela est lâche, et n'est pas d'un français pur. On n'entreprend point de ruse.

---

1. Acte III, scène VI.

Vers 55. Jaloux des bons desseins qu'il tâche d'ébranler,
    Quand il ne peut les rompre, il pousse à reculer.

Les rompre, demi-rompu, rompez. Ce mot *rompre*, si souvent répété, est d'autant plus vicieux qu'on ne dit ni *rompre un dessein,* ni *rompre un coup.*

Vers 57. D'obstacle sur obstacle il va troubler le vôtre,
    Aujourd'hui par des pleurs, chaque jour par quelque autre.

Après *par des pleurs,* il fallait spécifier un autre obstacle. *Chaque jour par quelque autre;* il semble que ce soit par quelque autre pleur. Le sens est clair, à la vérité, mais la phrase ne l'est pas.

Ici le sens me choque, et plus loin c'est la phrase.

(Boileau, *Art poét.*, 204.)

Ces petites négligences multipliées se font plus sentir à la lecture qu'au théâtre; rien ne doit échapper aux lecteurs qui veulent s'instruire. Quand Virgile eut appris aux Romains à faire des vers toujours nobles et élégants, il ne fut plus permis d'écrire comme Ennius.

Vers 87. Sur mes pareils, Néarque, un bel œil est bien fort.

On ne dirait plus aujourd'hui *sur mes pareils,* ni *un bel œil.* Ce terme de *pareil,* dont Rotrou et Corneille se sont toujours servis, et que Racine n'employa jamais, semble caractériser une petite vanité bourgeoise. *Un bel œil* est toujours ridicule, et beaucoup plus dans un mari que dans un amant. *Fâcher un bel œil* est encore pis.

Vers 101. . . . . Apaisez donc sa crainte.

On apaise la colère, et non la crainte.

Vers 104. Fuyez un ennemi qui sait votre défaut,
    Qui le trouve aisément, qui blesse par la vue,
    Et dont le coup mortel vous plaît quand il vous tue.

Plusieurs personnes ont cru que Néarque ne devait pas parler ainsi d'une épouse. Que dirait-il de plus si c'était une maîtresse? Le mot *tue* semble ici un peu trop fort, car, après tout, une complaisance de quelques heures pour sa femme tuerait-elle l'âme de Polyeucte?

SCÈNE II.

Vers 7.   Mais enfin il le faut.

Voilà trois fois de suite *il le faut*. Cette inadvertance n'ôte rien
à l'intérêt qui commence à naître dès la première scène ; et
quoique le style soit souvent incorrect et négligé, il est toujours
au-dessus de son siècle.

Vers 15.   Ne craignez rien de mal pour une heure d'absence

est encore du style comique.

SCÈNE III.

Vers 5.   Tu vois, ma Stratonice, en quel siècle nous sommes.
            Voilà notre pouvoir sur les esprits des hommes.

Ces deux vers sentent la comédie. Le peu de rimes de notre
langue fait que, pour rimer à *hommes*, on fait venir comme on
peut *le siècle où nous sommes, l'état où nous sommes, tous tant que
nous sommes.*

Cette gêne ne se fait que trop sentir en mille occasions, et
c'est une des preuves de la prodigieuse supériorité des langues
grecque et latine sur les langues modernes. La seule ressource
est d'éviter, si l'on peut, ces malheureuses rimes, et de chercher
un autre tour : la difficulté est prodigieuse ; mais il la faut
vaincre.

Vers 11.   Mais après l'hyménée ils sont rois à leur tour.

Ce vers a passé en proverbe. Il n'est pas, à la vérité, de la
haute tragédie ; mais cette naïveté ne peut déplaire.

  Et tragicus plerumque dolet sermone pedestri [1].

Il y a ici une remarque bien plus importante à faire. Il s'agit
de la vie de Polyeucte. Pauline croit que le fanatique Néarque
va livrer son mari aux mains des assassins, et elle s'amuse à
dire : *Voilà notre pouvoir sur les hommes dans le siècle où nous sommes, etc.* Si elle est réellement si effrayée, si elle craint pour la
vie de Polyeucte, c'est de cette crainte qu'elle devait d'abord parler : elle devait même la confier à son mari, et ne pas attendre
son départ pour raconter son rêve à une confidente.

—————————

1. Horace, *Art poétique*, 95.

Vers 12. Polyeucte pour vous ne manque point d'amour.

Manquer d'amour est d'une prose trop faible.

Vers 13. S'il ne vous traite ici d'entière confidence...

Cela n'est pas français ; c'est un barbarisme de phrase.

Vers 14. S'il part malgré vos pleurs, c'est un trait de prudence ;

expression de la haute comédie, mais que la tragédie peut souffrir.

Vers 15. Sans vous en affliger, présumez avec moi
     Qu'il est plus à propos qu'il vous cèle pourquoi.

Ce dernier vers ou cette ligne tient trop du bourgeois. C'est une règle assez générale qu'un vers héroïque ne doit guère finir par un adverbe, à moins que cet adverbe se fasse à peine remarquer comme adverbe ; je ne le verrai *plus*, je ne l'aimerai *jamais. Pourquoi* pourrait-être employé à la fin d'un vers quand le sens est suspendu.

> Eh ! comment et pourquoi
> Voulez-vous que je vive,
> Quand vous ne vivez pas pour moi ?
>   (Quinault [1].)

Mais alors ce *pourquoi* lie la phrase. Vous ne trouverez jamais dans le style noble : *Il m'a dit pourquoi, je sais pourquoi* ; la nuance du simple et du familier est délicate, il faut la saisir.

Vers 18. Il est bon qu'un mari nous cache quelque chose.

Ce vers est absolument comique, et même burlesque.

Vers 21. On n'a tous deux qu'un cœur qui sent mêmes traverses.

Cette expression ne parait pas d'abord française, elle l'est cependant. *Est-on allé là ? on y est allé deux* ; mais c'est un gallicisme qui ne s'emploie que dans le style très-familier. *Mêmes traverses, fonctions diverses* ; cela n'est pas assez élégamment écrit, et l'idée est un peu subtile ; rien n'est véritablement beau que ce qui est écrit naturellement, avec élégance et pureté : on ne saurait trop avoir ces règles devant les yeux.

Vers 23. Et la loi de l'hymen qui vous tient assemblés
     N'ordonne pas qu'il tremble alors que vous tremblez.

---

1. *Atys,* acte I, scène vi.

Le mot propre est *unis;* on ne peut se servir de celui d'*as-sembler* que pour plusieurs personnes.

Vers 29. Un songe en notre esprit passe pour ridicule...
          Mais il passe dans Rome, avec autorité,
          Pour fidèle miroir de la fatalité.

Les mots de *ridicule* et de *miroir* doivent être bannis des vers héroïques ; cependant on pourrait se servir du terme *ridicule* pour jeter de l'opprobre sur quelque chose que d'autres respectent. Tout dépend de l'art avec lequel les mots sont placés.

Il est à remarquer que, du temps de l'empereur Décie, les Romains n'avaient nulle foi aux songes ; les honnêtes gens ne connaissaient plus de superstitions. On dit bien *miroir de l'a-venir,* parce qu'on est supposé voir l'avenir comme dans un miroir ; mais on ne peut dire *miroir de la fatalité,* parce que ce n'est pas cette fatalité qu'on voit, mais les événements qu'elle amène.

Vers 33. Quelque peu de crédit que chez vous il obtienne, etc.

Le mot de *crédit* est impropre. Un songe n'obtient point de crédit[1].

Vers 37. A raconter ses maux souvent on les soulage.

Ce vers est un peu familier, et il faut *en racontant,* et non *à raconter.*

Vers 43. Ce n'est qu'en ces assauts qu'éclate la vertu,
          Et l'on doute d'un cœur qui n'a pas combattu.

Plusieurs personnes ont trouvé que Pauline ne devait pas débuter par dire un peu crûment qu'elle a eu d'*autres amours,* et qu'une coquette ne s'exprimerait pas autrement[2]. D'autres disent que Corneille avait la simplicité d'un grand homme, et qu'il la donne à Pauline.

On peut remarquer ici que Corneille étale presque toujours en maxime ce que Racine mettait en sentiment. Il y a peut-être une espèce d'appareil, une petite affectation dans une nouvelle mariée, à dire ainsi qu'une femme d'honneur peut raconter ses amours. On sent que c'est le poëte qui débite ses pensées et qui

---

1. « Ce mot est encore très-usité dans le sens où Corneille l'emploie, dit Palissot. *Crédit* est l'équivalent d'autorité. »

2. Palissot remarque que, dans l'*Examen de Polyeucte,* Corneille avait réfuté d'avance cette objection.

prépare une excuse pour Pauline. Si Pauline n'avait pas combattu, voudrait-elle qu'on doutât de sa conduite? Une femme est-elle moins estimée pour n'avoir aimé que son mari? Faut-il absolument qu'elle ait un autre amour pour qu'on ne doute pas de sa vertu?

Vers 45.   Dans Rome où je naquis, ce malheureux visage
    D'un chevalier romain captiva le courage.

Cette expression est condamnée comme burlesque.

Vers 49.   Est-ce lui...
    Qui leur tira mourant la victoire des mains?

Tirer la victoire des mains, expression impropre et un peu basse aujourd'hui ; peut-être ne l'était-elle pas alors.

Vers 52.   Et fit tourner le sort des Perses aux Romains?

Le sort ne peut être employé pour *la victoire;* mais le sens est si clair qu'il ne peut y avoir d'équivoque. *Tourner le sort* n'est pas heureux.

Vers 65.   La digne occasion d'une rare constance!

Stratonice pourrait parler ainsi avant le mariage, mais non après. Ce vers est trop d'une soubrette.

Vers 66.   Dis plutôt d'une indigne et folle résistance.
    Quelque fruit qu'une fille en puisse recueillir,
    Ce n'est une vertu que pour qui veut faillir.

Le fruit recueilli par une fille ne présente pas un sens clair ; et si par ce fruit Pauline entend la possession d'un amant, ce discours paraît peu convenable à une nouvelle mariée. Racine a employé cette expression dans *Phèdre*[1] :

    Hélas! du crime affreux dont la honte me suit
    Jamais mon triste cœur n'a recueilli le fruit.

Mais cela veut dire : *je n'ai jamais goûté de douceur dans ma passion criminelle.*

Vers 69.   Parmi ce grand amour que j'avois pour Sévère,
    J'attendois un époux de la main de mon père.

Parmi ce grand amour est un solécisme. *Parmi* demande toujours un pluriel ou un nom collectif.

  1. Acte IV, scène VI.

Vers 81. Et lui, désespéré, s'en alla dans l'armée
Chercher d'un beau trépas l'illustre renommée.

La *renommée* ne convient point à *trépas*. Ce mot ne regarde jamais que la personne : parce que *renommée* vient de *nom*. La renommée d'un guerrier, la gloire d'un *trépas;* mais la poésie permet ces licences.

Vers 91. Je donnai par devoir à son affection
Tout ce que l'autre avoit par inclination.

Rien ne paraît plus neuf, plus singulier, et d'une nuance plus délicate. Quoi qu'on en dise, ce sentiment peut être très naturel dans une femme sensible et honnête. Ceux qui ont dit qu'ils ne voudraient de Pauline ni pour femme ni pour maîtresse ont dit un bon mot qui ne dérobe rien à la beauté extraordinaire du caractère de Pauline. Il serait à souhaiter que ces vers fussent aussi délicats par l'expression que par le sentiment. *Affection, inclination,* ne terminent pas un vers heureusement.

Vers 93. Si tu peux en douter, juge-le par la crainte
Dont en ce triste jour tu me vois l'âme atteinte.

Il faut éviter ces *le* après les verbes. *Jugez-en* ne serait pas moins dur.

Fuyez des mauvais sons le concours odieux.
(Boileau, *Art poét.,* I, 110.)

Vers 114. Hélas! c'est de tout point ce qui me désespère...
Là, ma douleur trop forte a brouillé ces images,
Le sang de Polyeucte a satisfait leurs rages.

De tout point, brouiller des images, sont des termes bannis du tragique. *Rages* ne se dit plus au pluriel; je ne sais pourquoi, car il faisait un très-bel effet dans Malherbe et dans Corneille. Craignons d'appauvrir notre langue.

Plusieurs personnes ont entendu dire au marquis de Sainte-Aulaire, mort à l'âge de cent ans, que l'hôtel de Rambouillet avait condamné ce songe de Pauline. On disait que, dans une pièce chrétienne, ce songe est envoyé par Dieu même, et que dans ce cas Dieu, qui a en vue la conversion de Pauline, doit faire servir ce songe à cette même conversion; mais qu'au contraire il semble uniquement fait pour inspirer à Pauline de la haine contre les chrétiens; qu'elle voit des chrétiens qui assassinent son mari, et qu'elle devait voir tout le contraire.

.... Des chrétiens une impie assemblée
A jeté Polyeucte aux pieds de son rival.

Ce qu'on pourrait encore reprocher peut-être à ce songe, c'est qu'il ne sert de rien dans la pièce; ce n'est qu'un morceau de déclamation. Il n'en est pas ainsi du songe d'Athalie, envoyé exprès par le Dieu des Juifs: il fait entrer Athalie dans le temple, pour lui faire rencontrer ce même enfant qui lui est apparu pendant la nuit, et pour amener l'enfant même, le nœud et le dénoûment de la pièce. Un pareil songe est à la fois sublime, vraisemblable, intéressant, et nécessaire. Celui de Pauline est à la vérité un peu hors d'œuvre, la pièce peut s'en passer. L'ouvrage serait sans doute meilleur s'il y avait le même art que dans *Athalie;* mais, si ce songe de Pauline est une moindre beauté, ce n'est point du tout un défaut choquant; il y a de l'intérêt et du pathétique. On fait souvent des critiques judicieuses qui subsistent; mais l'ouvrage qu'elles attaquent subsiste aussi. Je ne sais qui a dit que ce songe est envoyé par le diable.

Vers 121. Voilà quel est mon songe.
STRATONICE.
Il est vrai qu'il est triste.

Cette naïveté fait toujours rire le parterre; je n'en ai jamais trop connu la raison. On pouvait s'exprimer avec un tour plus noble; mais la simplicité n'est-elle pas permise dans une confidente? Ses expressions ici ne sont point comiques.

A l'égard du songe, s'il n'a pas l'extrême mérite de celui d'Athalie, qui fait le nœud de la pièce, il a celui de Camille; il prépare.

Vers 123. La vision de soi peut faire quelque horreur.

La vision est banni du genre noble, et *de soi* l'est de tous les genres.

SCÈNE IV.

Vers 5.   Sévère n'est point mort.
PAULINE.
Quel mal nous fait sa vie?

Sévère n'est point mort... Ce mot seul fait un beau coup de théâtre. Et combien la réponse de Pauline est intéressante! Que le lecteur me pardonne de remarquer quelquefois ces beautés, qu'il sent assez sans qu'on les lui indique.

Vers 9.   Le destin aux grands cœurs si souvent mal propice
        Se résout quelquefois à leur faire justice.

Il n'y a que ce mot *mal propice* qui gâte cette belle et naturelle réflexion de Pauline. *Mal* détruit *propice*. Il faut *peu propice*.

Vers 11.   Il vient ici lui-même. — Il vient! — Tu vas le voir.
        — C'en est trop; mais comment le pouvez-vous savoir?

Il n'est pas naturel qu'un gouverneur d'Arménie ne sache pas de si grands événements arrivés dans la Perse, qui touche à l'Arménie, et qu'il ne les apprenne que par l'arrivée de Sévère. Il ne paraît pas convenable qu'il ne soit instruit que par un subalterne, à qui les gens de Sévère ont parlé. Il est encore assez extraordinaire que Sévère (devenu tout d'un coup favori, sans que le gouverneur d'Arménie en ait rien su) quitte la cour et l'armée pour aller faire sans raison un sacrifice qu'il pouvait mieux faire sur les lieux. Qu'eût-on dit de Turenne s'il eût quitté l'Alsace pour aller faire chanter un *Te Deum* en Champagne? Mais Sévère vient pour épouser Pauline. L'Arménie est frontière de Perse; il a dû savoir que Pauline était mariée; il a dû s'informer d'elle tous les jours. Félix n'a point marié sa fille sans en avertir l'empereur. Il fallait inventer une fable qui fût plus vraisemblable. Toutefois le défaut de vraisemblance laisse souvent subsister l'intérêt. Le spectateur est entraîné par les objets présents, et on pardonne presque toujours ce qui amène de grandes beautés.

Vers 14.   Un gros de courtisans en foule l'accompagne.

Ce vers convient moins à un gouverneur de province qu'à un homme du commun, que cette foule de suivants éblouit. Le récit de toutes ces aventures, arrivées dans le voisinage de Félix, fait trop voir que Félix devait en être instruit. Cette cure secrète de Sévère est un mauvais artifice, qui n'empêche pas que la cure ne soit publique. L'auteur, en voulant ménager une surprise, a oublié toute la vraisemblance.

Vers 22.   Vous savez les honneurs qu'on fit faire à son ombre.

Il faudrait *qu'on rendît*.

Vers 23.   Après qu'entre les morts on ne le put trouver;
        Le roi de Perse aussi l'avoit fait enlever.

Ces vers sont trop négligés; la syntaxe y est violée. *Le roi de Perse l'avait fait enlever; qu'on ne put le trouver;* c'est un solécisme: ce *que* ne se rapporte à rien. Ce récit d'ailleurs est trop dans la forme d'une relation. C'est dans ces détails qu'il faut déployer les richesses et les ressources de la langue.

Vers 33. Il en fit prendre soin, la cure en fut secrète.

Pourquoi la cure en fut-elle secrète? Cela n'est point du tout vraisemblable. On ne fait point guérir secrètement un guerrier dont on honore la valeur publiquement.

Vers 49. L'empereur, qui lui montre une amour infinie,
Après ce grand' succès l'envoie en Arménie.

Il n'est point du tout naturel que l'empereur envoie son libérateur et son favori en Arménie porter une nouvelle.

Vers 55. Et j'ai couru, seigneur, pour vous y disposer.

Ce *disposer* ne se rapporte à rien; il veut dire *pour vous disposer à le recevoir*.

Vers 56. Ah! sans doute, ma fille, il vient pour t'épouser.

Cette idée de Félix, que Sévère vient pour épouser sa fille, condamne encore son ignorance. Sévère ne devait-il pas lui expédier un exprès de la frontière, lui écrire, l'instruire de tout, et lui demander Pauline[1]? N'était-il pas infiniment plus raisonnable que Félix dît à sa fille : Sévère n'est point mort, il arrive, il m'écrit, il vous demande pour épouse? En ce cas, Pauline ne lui aurait pas répondu par ce vers comique : *Cela pourrait bien être*. Mais ici elle doit répondre : *Cela ne doit pas être;* il fait trop peu de cas de vous, il ne vous écrit point; vous ne savez sa victoire que par ses valets : s'il voulait m'épouser, il ne vous traiterait pas avec tant de mépris.

Vers 68. Ton courage étoit bon, ton devoir l'a trahi.

On dit bien dans le style familier *tu as bon courage*, mais non pas *ton courage est bon*. L'auteur veut dire *tu pensais mieux que moi.... le ciel t'inspirait... ton cœur ne se trompait pas*.

Vers 73. Ménage en ma faveur l'amour qui le possède,
Et d'où provient mon mal fais sortir le remède.

Félix n'annonce-t-il pas par ce vers le caractère le plus bas et le plus lâche? Ces expressions bourgeoises, *fais sortir le remède,*

---

1. « Non ! répond Palissot, si Sévère, comme c'est en effet son dessein, veut auparavant voir Pauline et s'assurer s'il en est toujours aimé. »

ne portent-elles pas dans l'esprit l'idée que sa fille doit faire des
caresses à Sévère pour l'apaiser? Devait-il craindre qu'un cour-
tisan poli d'un empereur juste vînt persécuter le père et la fille,
parce qu'il n'a pas épousé Pauline? Ne serait-ce pas en partie la
raison pour laquelle l'hôtel de Rambouillet et le cardinal de
Richelieu refusèrent leur suffrage à *Polyeucte?*

Vers 82.   Il est toujours aimable, et je suis toujours femme.

Ce combat de Pauline, qui dit deux fois qu'elle est femme, et
de Félix, qui, malgré ce danger, veut absolument que Pauline
voie son ancien amant, n'aurait-il pas quelque chose de comique
plus que de tragique? *Je suis toujours femme* est une expression
bourgeoise.

Vers 84.   Je n'ose m'assurer de toute ma vertu.

Cela contredit ce bel hémistiche : *elle vaincra sans doute.* Il
n'est point du tout convenable qu'une femme dise : *je ne réponds
pas de ma vertu;* mais qu'elle le dise après quinze jours de mariage, cela paraît bien peu décent[1].

Vers 85.   Je ne la verrai point. — Il faut le voir, ma fille,
            Ou tu trahis ton père et toute ta famille.

Malheureuse preuve de l'esclavage de la rime. *Toute ta famille*
pour rimer à *fille;* toute la *province* pour rimer à *prince :* on ne
tombe plus guère aujourd'hui dans ces fautes ; mais la rime gêne
toujours, et met souvent de la langueur dans le style.

Vers 96.   Jusqu'au-devant des murs je vais le recevoir.

On va au-devant de quelqu'un, mais non au-devant des murs.
On va le recevoir hors des murs, au delà des murs.

Vers 97.   Rappelle cependant tes forces étonnées.

On n'a jamais dit les *forces* d'une femme en pareil cas.

ACTE DEUXIÈME.

SCÈNE I[2].

Vers 1.   Cependant que Félix donne ordre au sacrifice,
           Pourrai-je prendre un temps à mes vœux si propice?

---

1. « Qu'on lise la scène avec attention, dit Palissot, et on sentira combien
cette critique est peu fondée. »
2. Sur deux vers de cette scène, voyez tome XIX, page 92.

Il est bien peu décent, bien peu naturel, que Sévère n'ait pas encore vu le gouverneur, et que ce gouverneur aille faire l'office de prêtre au lieu de recevoir Sévère. Mais si Félix est allé le recevoir *hors des murs*, comment Polyeucte ne l'a-t-il pas accompagné? Comment n'a-t-on point parlé de Pauline? Il est inconcevable que Sévère ignore que Pauline est mariée, et qu'il l'apprenne par son écuyer Fabian. Où parle ici Sévère? Dans la maison du gouverneur, dans un appartement où Pauline va bientôt le trouver; et il n'a point vu ce gouverneur, et il ignore que ce gouverneur a marié sa fille! Tout cela, encore une fois, justifierait le cardinal de Richelieu et l'hôtel de Rambouillet, si leur jugement n'était condamné par les beautés de cette pièce. Il y a surtout de l'intérêt, et l'intérêt fait tout passer. Le cœur oublie toutes les inconséquences quand il en est touché[1].

Vers 3.   Pourrai-je voir Pauline, et rendre à ses beaux yeux
          L'hommage souverain que l'on va rendre aux dieux?

Sont-elles des expressions convenables? Tout cela ne justifie-t-il pas l'hôtel de Rambouillet? Il a des lettres *de faveur* pour épouser Pauline, et il ne les a pas montrées! Il vient pourtant *immoler toutes ses volontés aux beautés* de sa maîtresse.

Vers 25.   Portez en lieu plus haut l'honneur de vos caresses:
           Vous trouverez à Rome assez d'autres maîtresses.

Cela est-il de la dignité de la tragédie? Corneille retourne ici ce vers du vieil Horace[2]:

          . . . . . . Vous ne perdez qu'un homme
          Dont la perte est aisée à réparer dans Rome;

et cet autre de don Diègue: *Il est tant de maîtresses* [3]. Mais *porter l'honneur de ses caresses en lieu plus haut* est intolérable.

Vers 37.   Ainsi ce rang est sien, cette faveur est sienne.

Comment ce rang peut-il être sien, c'est-à-dire appartenir à Pauline? C'est, dit-il, parce qu'il a voulu mourir quand on n'a pas voulu de lui. Est-ce ainsi que Didon parle dans Virgile? Un homme passionné épuise-t-il ainsi son esprit à chercher de si fausses raisons? Les Italiens, à qui on reproche les *concetti*, en

---

1. Palissot proteste encore contre cette remarque et la suivante, et il trouve justifiable toute la conduite de la pièce. (G. A.)
2. Acte IV, scène III.
3. *Le Cid*, acte III, scène VI.

ont-ils de plus condamnables? *Rang sien, faveur sienne,* expressions de comédie. Voyez avec quelle noble élégance Titus, dans Racine, dit qu'il doit tout à Bérénice[1] :

> Bérénice me plut. Que ne fait point un cœur
> Pour plaire à ce qu'il aime, et gagner son vainqueur !
> Je prodiguai mon sang. Tout fit place à mes armes.
> Je revins triomphant; mais le sang et les larmes
> Ne me suffisoient pas pour mériter ses vœux.
> J'entrepris le bonheur de mille malheureux.
> On vit de toutes parts mes bontés se répandre.
> Heureux et plus heureux que tu ne peux comprendre,
> Quand je pouvois paraître à ses yeux satisfaits,
> Chargé de mille cœurs conquis par mes bienfaits !
> Je lui dois tout, Paulin...

Cette élégance est absolument nécessaire pour constituer un ouvrage parfait. Je ne prétends pas dépriser Corneille; mon commentaire n'est ni un panégyrique, ni une censure, mais un examen impartial. La perfection de l'art est mon seul objet.

Vers 41.   As-tu vu des froideurs quand tu l'en as priée ?

Ce petit artifice de ne pas apprendre tout d'un coup à Sévère que Pauline est mariée est peut-être un ressort indigne de la tragédie : on voit trop que l'auteur prend ses avantages pour ménager une surprise; et encore la surprise n'est pas naturelle, car il n'est pas possible qu'on ignore un moment dans la maison de Félix le mariage de sa fille : il a dû le savoir en mettant le pied dans l'Arménie.

Vers 42.   Je tremble à vous le dire; elle est... — Quoi? — Mariée.

Comment s'exprimerait-on autrement dans la comédie? Quelle idée peut avoir Sévère en disant *quoi?* Que peut-il soupçonner? Il sait que Pauline est vivante, qu'elle est honorée. Ce *quoi* n'est là que pour faire dire à Fabian : *Mariée;* et Sévère devait le savoir tout aussi bien que Fabian. Remarquez toutefois que, malgré tous ces défauts contre la vraisemblance, il règne dans cette scène un très-grand intérêt; et c'est là ce qui fait le succès des tragédies. Ce mouvement d'intérêt diminuerait beaucoup si les spectateurs étaient tous des censeurs éclairés. Mais le public est composé d'hommes qui se laissent entraîner au sentiment.

---

1. *Bérénice,* acte II, scène II.

Vers 43. Soutiens-moi, Fabian; ce coup de foudre est grand.
> Et frappe d'autant plus que plus il me surprend.

Ce coup de foudre est d'un héros de roman. Quand l'expression est trop forte pour la situation, elle devient comique. Et comment un coup de foudre *frappe-t-il d'autant plus qu'il surprend?* Il faut que la métaphore soit juste.

Vers 47. De pareils déplaisirs accablent un grand cœur;
> La vertu la plus mâle en perd toute vigueur;
> Et quand d'un feu si beau les âmes sont éprises,
> La mort les trouble moins que de telles surprises.

Ces quatre vers refroidissent. C'est l'auteur qui parle, et non pas le personnage. On ne débite pas des lieux communs quand on est profondément affligé. Corneille tombe trop souvent dans ce défaut.

Vers 52. Pauline est mariée! — Oui, depuis quinze jours.

Quoi! elle est mariée depuis quinze jours, et Sévère n'en a rien su en venant en Arménie? Plus j'y réfléchis, plus cela me paraît absurde; et cependant on se sent remué, attendri à la représentation : grande preuve qu'il ne s'agit pas au théâtre d'avoir raison, mais d'émouvoir.

Vers 73. Vous vous échapperez sans doute en sa présence.

Expression bourgeoise.

Vers 75. Dans un tel entretien il suit sa passion,
> Et ne pousse qu'injure et qu'imprécation.

Cela n'est ni noble ni français.

Vers 82. Son devoir m'a trahi, mon malheur, et son père.

Voilà où il est beau de s'élever au-dessus des règles de la grammaire. L'exactitude demanderait *son devoir, et son père, et mon malheur, m'ont trahi;* mais la passion rend ce désordre de paroles très-beau; on peut dire seulement que *trahi* n'est pas le mot propre.

Vers 83. Mais son devoir fut juste, et son père eut raison;
> J'impute à mon malheur toute la trahison.

Un devoir ne peut être ni juste ni injuste; mais la justice consiste à faire son devoir : il n'y a point eu là de trahison.

Vers 85.   Un peu moins de fortune, et plus tôt arrivée,
            Eût gagné l'un par l'autre, et me l'eût conservée.

L'un par l'autre ne se rapporte à rien ; on devine seulement qu'il eût gagné Félix par Pauline. Il faut éviter en poésie ces termes, *celui-ci, celui-là, l'un, l'autre, le premier, le second,* tous termes de discussion, tous d'une prose rampante, qui ne peuvent être employés qu'avec une extrême circonspection.

Vers 88.   Laisse-la-moi donc voir, soupirer, et mourir.

Un général d'armée qui vient en Arménie *soupirer et mourir,* en rondeau, parait très-ridicule aux gens sensés de l'Europe. Cette imitation des héros de la chevalerie infectait déjà notre théâtre dans sa naissance : c'est ce que Boileau appelle *mourir par métaphore*[1]. L'écuyer Fabian, qui parle des *vrais amants,* est encore un écuyer de roman. Tout cela est vrai ; et il n'est pas moins vrai que l'amour de Sévère intéresse, parce que tous ses sentiments sont nobles.

On n'insiste pas ici sur *la douceur infinie de l'hymen,* sur ces expressions : *Éclaircis-moi ce point ; vous vous échapperez ; ne pousse qu'injure ;* et *les premiers mouvements des vrais amants.* Il est peut-être un peu étrange que Pauline ait parlé de ces premiers mouvements à l'écuyer Fabian ; mais enfin tout cela n'ôte rien à l'intérêt théâtral.

SCÈNE II.

Vers 3.   Pauline a l'âme noble, et parle à cœur ouvert.

Plus on a l'âme noble, moins on doit le dire. L'art consiste à faire voir cette noblesse sans l'annoncer. Racine n'a jamais manqué à cette règle. Corneille fait toujours dire à ses héros qu'ils sont grands : ce serait les avilir, s'ils pouvaient l'être. L'opposé de la magnanimité est de se dire magnanime. Ce n'est guère que dans un excès de passion, dans un moment où l'on craint d'être avili, qu'il est permis de parler ainsi de soi-même.

Vers 4.   Le bruit de votre mort n'est point ce qui vous perd.

Ce qui vous perd n'est pas tout à fait le mot propre. Une femme qui a manqué un mariage si avantageux ne doit pas dire à un homme tel que Sévère : *Vous êtes perdu* parce que vous n'êtes pas à moi.

1. Satire IX, vers 264.

Vers 9.   Je découvrois en vous d'assez illustres marques
           Pour vous préférer même aux plus heureux monarques.

Ces *marques* pour rimer à *monarques* reviennent souvent, et ne doivent jamais paraître dans la poésie, à moins que ces *marques* ne signifient quelque chose. La plus grande de toutes les difficultés est de faire tellement ses vers que le lecteur n'aperçoive pas qu'on a été occupé de la rime. Dirait-on en prose : Le prince Eugène avait des marques qui l'égalaient aux monarques?

Vers 12.   De quelque amant pour moi que mon père eût fait choix,
           Quand à ce grand pouvoir que la valeur vous donne
           Vous auriez ajouté l'éclat d'une couronne,
           Quand je vous aurois vu, quand je l'aurois haï,
           J'en aurois soupiré, mais j'aurois obéi.

Pauline, Romaine, parle peut-être trop de monarque et de couronne à un Romain; il semble qu'elle parle à un Perse. Elle vivait, à la vérité, sous un empereur; mais jamais empereur ne donna de royaume à un Romain. C'est un discours ordinaire que l'auteur met ici dans la bouche de Pauline; mais c'est précisément à Pauline qu'il ne convenait pas.

Vers 19.   Que vous êtes heureuse, et qu'un peu de soupirs
           Fait un aisé remède à tous vos déplaisirs!

On ne peut dire correctement : *un peu de soupirs, un peu de larmes, un peu de sanglots,* comme on dit, *un peu d'eau, un peu de pain.* On dira bien : *elle a versé peu de larmes,* mais non pas *un peu de larmes; elle a peu de douleur, peu d'amour,* non *un peu de douleur, un peu d'amour; elle a peu de chagrin,* et non *un peu de chagrin, etc.*

Fait un aisé remède à n'est pas français. On remédie à des maux, on les répare, on les adoucit, on en console. *Remède* n'est admis dans la poésie noble qu'avec une épithète qui l'ennoblit :

           D'un incurable amour remèdes impuissants[1].

Vers 27.   Qu'un peu de votre humeur, ou de votre vertu,
           Soulagerait les maux de ce cœur abattu !

On voit assez qu'*un peu de votre humeur* tient du style comique

Vers 43.   Et quoique le dehors soit sans émotion,
           Le dedans n'est que trouble et que sédition.

Le dehors et *le dedans* ne sont pas du style noble.

---

1. Racine, *Phèdre,* acte I, scène III.

Vers 54. . . . . Il n'a point déçu
        Le généreux espoir que j'en avois conçu ;
        Mais ce même devoir qui le vainquit dans Rome, etc.

On cherche à quoi se rapporte ce *le*, et on trouve que c'est à *espoir*; c'est donc le devoir qui a vaincu un *espoir*[1]. Ces phrases obscures, ces expressions impropres et forcées, ne seraient pas pardonnées aujourd'hui dans de bons ouvrages, c'est-à-dire dans des ouvrages dignes de la critique. On a substitué *me* à *le* dans quelques éditions.

Vers 57.   C'est cette vertu même à nos désirs cruelle,
        Que vous louïez alors en blasphémant contre elle.

Louïez, louer, blasphémer, termes qu'on eût dû corriger : car *louïez* est désagréable à l'oreille ; *blasphémer* n'est point convenable. *Vous blasphémiez contre ma vertu;* cela ne peut se dire ni en vers ni en prose. Une femme doit faire sentir qu'elle est vertueuse, et ne jamais dire *ma vertu.* Voyez si Monime, dont Mithridate voulut faire sa concubine, et qui est attaquée par les deux enfants de ce prince, dit jamais *ma vertu.*

Vers 61.   Et voyez qu'un devoir moins ferme et moins sincère
        N'auroit pas mérité l'amour du grand Sévère.

Un devoir ne peut être ni *ferme* ni *faible;* c'est le cœur qui l'est. Mais le sens est si clair que le sentiment ne peut être affaibli.

Vers 71.   Faites voir des défauts qui puissent à leur tour
        Affoiblir ma douleur avecque mon amour.

Des critiques sévères, mais justes, peuvent dire que cela est d'une galanterie un peu comique. *Madame, faites-moi voir des défauts, afin que je vous aime moins.* De plus, le seul défaut que Pauline montre serait trop d'amour pour Sévère ; certainement il n'en aimerait pas moins sa maîtresse. La pensée est donc fausse, recherchée, alambiquée.

Vers 75.   Ces pleurs en sont témoins....

Ils en sont la preuve : Sévère est témoin ; mais *témoin* peut signifier *preuve.*

Vers 77.   Trop rigoureux effets d'une aimable présence !...

1. *Le* se rapporte au charme qui entrainait Pauline vers Sévère.

D'une aimable présence est une expression d'idylle. Monime, en exprimant le même sentiment, dit[1] :

> .... Je verrai mon âme, en secret déchirée,
> Revoler vers le bien dont elle est séparée.

Plus une situation est délicate, plus l'expression doit l'être.

Vers 93.   Il n'est rien que sur moi cette gloire n'obtienne.
  Elle me rend les soins que je dois à la mienne....
  ... Je vais .. remplir .. par une mort pompeuse
  De mes premiers exploits l'attente avantageuse.

Rend les soins, mort pompeuse, etc., tous mots impropres.

Vers 99.   Si toutefois, après ce coup mortel du sort,
  J'ai de la vie assez pour chercher une mort.

Ces pensées affectées, ces idées plus recherchées que naturelles, étaient les vices du temps.

Vers 107. Puisse trouver Sévère, après tant de malheur,
  Une félicité digne de sa valeur !
  — Il la trouvoit en vous. — Je dépendois d'un père.

Ces sentiments sont touchants ; ce dernier vers convient aussi bien à la tragédie qu'à la comédie, parce qu'il est noble autant que simple ; il y a tendresse et précision.

Vers 111. Adieu, trop vertueux objet et trop charmant[1].
  — Adieu, trop malheureux et trop parfait amant.

Ces vers-ci sont un peu de l'églogue. Quand les malheurs de l'amour ne consistent qu'à aller dans sa chambre, et à vivre avec son mari, ce sont des malheurs de comédie ; nulle pitié, nulle terreur, rien de tragique. Cette scène ne contribue en rien au nœud de la pièce ; mais elle est intéressante par elle-même. Corneille sentait bien que l'entrevue de deux personnes qui s'aiment et qui ne doivent pas s'aimer ferait un très-grand effet ; et l'hôtel de Rambouillet ne sentit pas ce mérite.

Jusqu'ici on ne voit, à la vérité, dans Pauline qu'une femme qui n'a point épousé son amant, qui l'aime encore, et qui le lui dit quinze jours après ses noces. Mais c'est une préparation à ce qui doit suivre, au péril de son mari, à la fermeté que montrera

---

1. Racine, *Mithridate,* acte II, scène VI.
2. Voyez aussi sur ces vers le paragraphe IX du *Pot-pourri* (dans les *Mélanges,* année 1764).

Pauline·en parlant à Sévère pour ce mari même, à la grandeur d'âme de Sévère : voilà ce qui rend l'amour de Pauline infiniment théâtral, et digne de la tragédie.

SCÈNE III.

Vers 2. . . . . . . Votre esprit est hors de ses alarmes.

On dit *hors d'alarmes, hors de crainte, hors de danger;* mais non *hors de ses alarmes, de sa crainte, de son danger,* parce qu'on n'est pas hors de quelque chose qu'on a. Il est *hors de mesure,* et non *hors de sa mesure;* cet mot *hors,* bien employé, peut devenir noble :

> Mais le cœur d'Émilie est hors de son pouvoir [1].

Vers 17. Mais soit cette croyance ou fausse ou véritable,
Son séjour en ces lieux m'est toujours redoutable.

Soit cette croyance n'est pas français; il faut : *Que cette croyance soit fausse ou véritable.*

Je ne sais, au reste, si ce passage subit de la tendresse pour Sévère à la crainte pour son mari est bien naturel, si cela n'est pas ce qu'on appelle ajusté au théâtre. Le spectateur n'est point du tout ému de ce renouvellement de crainte pour Polyeucte. Ne sent-on pas qu'une femme qui sort d'une conversation tendre avec son amant ne s'afflige que par bienséance pour son mari ?

SCÈNE IV.

Vers 1. C'est trop verser de pleurs; ils est temps qu'ils tarissent.

Si Pauline verse des pleurs, c'est son amour pour Sévère, et le combat de cet amour et de son devoir, qui la font pleurer. Il est clair qu'elle ne peut pleurer de ce que Polyeucte est sorti pendant une heure. Cette méprise de Polyeucte peut jeter un peu d'avilissement sur le rôle d'un mari qui croit qu'on a pleuré son absence, tandis qu'on a entretenu un amant.

Vers 3. Malgré les faux avis par vos dieux envoyés,
Je suis vivant, madame, et vous me revoyez.

Il faut sous-entendre *que vous croyez envoyés par vos dieux,* car Polyeucte, chrétien, ne doit pas croire que les dieux des Romains envoient des songes.

---

1. *Cinna,* acte III, scène IV.

Vers 13. On m'avoit assuré qu'il vous faisoit visite.

Discours trop familier. Polyeucte, à la vérité, joue un rôle un peu désagréable, et n'intéresse encore en rien : revenir pour dire qu'*il n'est pas mort*, cela n'est pas tragique, et il est bien étrange que Polyeucte ait appris que Sévère faisait visite à sa femme avant d'avoir vu ni Polyeucte ni Félix. Cela n'est ni décent ni vraisemblable. Une telle conduite est révoltante dans un homme comme Sévère. Félix aurait dû aller au-devant de lui, ou Sévère aurait dû rendre visite à Félix, et demander du moins à voir Polyeucte.

Vers 18. Je ferois à tous trois un trop sensible outrage

est admirable. Le reste n'affaiblit-il pas ce beau vers? Pauline doit-elle dire en face à son époux que le vrai mérite de Sévère a dû l'*enflammer*, qu'il a droit de la *charmer?* Quel mari ne serait très-offensé de ce discours outrageant et très-indécent? Il répond à cette insulte : *O vertu trop parfaite!* Cette vertu aurait été bien plus parfaite si elle n'avait pas dit à son mari qu'il lui est *pénible* de résister à son amant.

Vers 29. O vertu trop parfaite! et devoir trop sincère!

Un devoir n'est ni *sincère* ni *dissimulé*, et Polyeucte ne doit pas dire que sa femme doit coûter des regrets à Sévère : c'est l'encourager à l'aimer. Qui jamais a parlé à sa femme *du beau feu de l'amant* de sa femme? Pauline a un étrange père et un étrange mari. Sans l'amour et le caractère de Sévère, la pièce était très-hasardée, et l'hôtel de Rambouillet pouvait avoir pleinement raison. Jusqu'ici il n'y a encore rien de tragique : c'est une femme qui veut que son mari ménage son amant, et qui se ménage elle-même entre l'un et l'autre.

Vers 31. Qu'aux dépens d'un beau feu vous me rendez heureux!

Les dépens d'un beau feu ne devraient avoir place que dans les romans de Scudéri.

SCÈNE V.

Vers 8. Et ressouvenez-vous que sa faveur est grande.

Le sens est : *songez, mon mari, que mon amant est un grand seigneur qu'il ne faut pas choquer.* Cela semble avilir son mari.

Vers 11. Nous ne nous combattrons que de civilité;

vers de comédie.

SCÈNE VI.

Vers 7.   Fuyez donc leurs autels. — Je les veux renverser.

C'est une tradition que tout l'hôtel de Rambouillet, et particulièrement l'évêque de Vence, Godeau, condamnèrent cette entreprise de Polyeucte. On disait que c'est un zèle imprudent ; que
plusieurs évêques et plusieurs synodes avaient expressément
défendu ces attentats contre l'ordre et contre les lois ; qu'on re-
fusait même la communion aux chrétiens qui, par des témérités
pareilles, avaient exposé l'Église entière aux persécutions. On
ajoutait que Polyeucte et même Pauline auraient intéressé bien
davantage si Polyeucte avait simplement refusé d'assister à un
sacrifice idolâtre fait en l'honneur de la victoire de Sévère. Ces
réflexions me paraissent judicieuses ; mais il me paraît aussi que
le spectateur pardonne à Polyeucte son imprudence, comme
celle d'un jeune homme pénétré d'un zèle ardent que le baptême
fortifie en lui ; il n'examine pas si ce zèle est selon la science. Au
théâtre on se prête toujours aux sentiments naturels des personnages ; on devient enthousiaste avec Polyeucte, inflexible avec
Horace, tendre avec Chimène ; le dialogue est vif, et il entraîne.
Il est vrai que les esprits philosophes, dont le nombre est fort
augmenté, méprisent beaucoup l'action de Polyeucte et de Néarque. Ils ne regardent ce Néarque que comme un convulsionnaire
qui a ensorcelé un jeune imprudent. Mais le parterre entier ne
sera jamais philosophe. Les idées populaires seront toujours admises au théâtre.

Vers 31.   Je suis chrétien, Néarque, et le suis tout à fait ;
              La foi que j'ai reçue aspire à son effet.

Tout à fait ne doit jamais entrer dans la poésie, et *une foi qui
aspire à son effet* n'est pas un vers correct et élégant.

Vers 67.   Mais Dieu, dont on ne doit jamais se défier,
              Me donne votre exemple à me fortifier.

Il fallait *pour me fortifier.* J'ai cru apercevoir dans le public,
aux représentations, une secrète joie que Polyeucte allât commettre cette action, parce qu'on espérait qu'il en serait puni,
et que Sévère épouserait sa femme. En effet, c'est à Sévère qu'on
s'intéresse ; et le public prend toujours, sans qu'il s'en aperçoive,
le parti du héros amant contre le mari qui n'est pas héros.

Vers 77. Allons fouler aux pieds ce foudre *ridicule.*

Voilà un exemple d'un mot bas noblement employé.

Vers 79   Allons en éclairer l'aveuglement fatal.

En éclairer est dur à l'oreille. Il faut éviter ces cacophonies; de plus, on éclaire des yeux, on n'éclaire point un aveuglement, on le dissipe, on le guérit.

Vers. 80. Allons briser ces dieux de pierre et de métal.

C'est, sans doute, une action très-ridicule et très-coupable. Un seigneur turc qui, dans Constantinople, irait briser les statues de l'église chrétienne, pendant la grand'messe, passerait pour un fou, et serait sévèrement puni par les Turcs mêmes.
Nous renvoyons le lecteur aux notes précédentes.

Vers pén. Allons faire éclater sa gloire aux yeux de tous,
  Et répondre avec zèle à ce qu'il veut de nous.

Néarque ne fait ici que répéter en deux vers languissants ce qu'a dit Polyeucte; aussi j'ai vu souvent supprimer ces vers à la représentation.

ACTE TROISIÈME.

SCÈNE I.

Vers 13. Sévère incessamment brouille ma fantaisie.

Cette fantaisie devrait-elle être *brouillée,* après les assurances de *civilités* réciproques? Pauline doit-elle craindre que Sévère et Polyeucte se querellent au temple? Ce monologue, qui n'est qu'une répétition de ses terreurs, et même des terreurs qu'elle ne peut avoir qu'en vertu de son rêve, languit un peu à la représentation : non-seulement il est long et sans chaleur; mais si Pauline est encore effrayée par son rêve, elle ne doit craindre qu'une assemblée de chrétiens, puisque c'est *de chrétiens une impie assemblée* qui a tué son mari en songe, et qu'elle ne doit pas présumer que cette impie assemblée soit dans le temple de Jupiter. Je crois que si elle avait craint un assassinat de la part des chrétiens, cela produirait un coup de théâtre quand on vient lui dire que son mari est chrétien lui-même.

Vers 19. L'un voit aux mains d'autrui ce qu'il croit mériter,
Ŕ   L'autre un désespéré qui peut tout attenter, etc.

Cette dissertation paraît bien froide. Le grand défaut de Corneille est de faire des raisonnements quand il faut du sentiment. Le public ne s'aperçut pas d'abord de ce défaut, qui était caché par tant de beautés; mais il augmenta avec l'âge, et jeta dans toutes ses dernières pièces une langueur insupportable. Ici cette faute est un peu couverte par l'intérêt qu'on prend au rôle si neuf et si singulier de Pauline.

Vers 33. Leurs âmes à tous deux, d'elles-mêmes maîtresses,
Ŕ   Sont d'un ordre trop haut pour de telles bassesses.

Leurs âmes à tous deux; cette expression n'est pas française.

Vers 36. Mais las! ils se verront, et c'est beaucoup pour eux.

On dirait bien de deux rivaux ennemis : C'est beaucoup pour eux de se voir, c'est-à-dire ils ont fait un grand effort; ils ont surmonté leur aversion; ils ont pris sur eux de se voir. Ici l'auteur veut dire : *il est dangereux qu'ils se voient,* mais il ne le dit pas.

Vers 40. (Il) se repent déjà du choix de mon mari;

vers de comédie.

Vers 41. Si peu que j'ai d'espoir ne luit qu'avec contrainte

n'est pas français; il faut *le peu.*

Vers pén. Dieux, faites que ma peur puisse enfin se tromper!
Ŕ   Mais sachons-en l'issue.

Cette *issue* se rapporte à *peur.* Une peur n'a point d'issue.

SCÈNE II.

Vers 17. Un méchant, un infâme, un rebelle, un perfide, etc., etc.

Ce couplet fait toujours un peu rire; mais la réponse de Pauline est belle, et répare incontinent le ridicule produit par cet entassement d'injures.

Vers 30. Et si de tant d'amour tu peux être ébahie,
Ŕ   Apprends que mon devoir ne dépend point du sien.

Ebahie ne s'emploie que dans le bas comique ; je crois qu'on a mis à la place :

> Je l'aimerois encor, m'eût-il abandonnée ;
> Et si de tant d'amour tu parois étonnée.....

Vers 33. Quoi ! s'il aimoit ailleurs, serois-je dispensée
>   A suivre, à son exemple, une ardeur insensée ?

Ce qu'elle dit ici d'amour n'est-il pas un peu déplacé ? Elle doit trembler pour les jours de son mari, et elle demande s'il serait permis de lui faire une infidélité. D'ailleurs, *dispensée à* n'est pas français ; elle veut dire *serais-je autorisée à. A suivre une ardeur* est un barbarisme ; on ne suit point une ardeur.

Vers 41. Il ne veut point sur lui faire agir sa justice.

Cela n'est pas français ; il faut *agir contre lui*, ou *déployer sur lui*.

Vers 52. Il me faut essayer la force de mes pleurs.

Il faut *le pouvoir ;* mais un autre tour serait beaucoup mieux. De plus, doit-elle se préparer ainsi à pleurer ? Les pleurs sont involontaires ; elle aurait dû dire : *Il aura peut-être pitié de mes pleurs.*

Vers 59. Je ne puis y penser sans frémir à l'instant.

On ne peut remarquer avec trop d'attention ces mots inutiles que la rime arrache. *Sans frémir* dit tout ; *à l'instant* est ce qu'on appelle *cheville*.

Vers 73. Ici dispensez-moi du récit des blasphèmes.....

Je ne répondrai point à cette fausse opinion où l'on est que les Romains adoraient du bois et de la pierre. Il est bien sûr que leur *Deus optimus maximus,* que *Deum sator atque hominum rex* [1] n'était point une statue, et que Polyeucte avait très-grand tort de leur reprocher une sottise dont ils n'étaient point coupables ; mais c'est une opinion commune. Polyeucte était dans cette erreur. Il parle comme il doit parler, conformément aux préjugés. La poésie n'est pas de la philosophie, ou plutôt la philosophie consiste à faire dire ce que les caractères des personnages comportent.

---

1. Virgile, *Énéide*, X, 2 et 743.

Vers 74. Qu'ils ont vomis tous deux contre Jupiter mêmes.

Corneille emploie indifféremment cet adverbe *même* avec une *s* et sans *s*. Les poëtes, tant gênés d'ailleurs, peuvent avoir la liberté d'ôter ou d'ajouter une *s* à ce mot.

Vers 76. Oyez, dit-il ensuite, oyez, peuple, oyez, tous.

Oyez n'est plus employé qu'au barreau. On a conservé ce mot en Angleterre. Les huissiers disent *ois*, sans savoir ce qu'ils disent. Nous n'avons gardé de ce verbe que l'infinitif *ouïr;* et nous disions autrefois *oyer*. Les sessions de l'échiquier de Normandie s'appelaient *oyer et terminer*.

Vers 96. Nous voyons... les clameurs d'un peuple mutiné...

Voir des clameurs; c'est une inadvertance qui n'empêche pas que ce récit ne soit animé et bien fait.

Vers 98. Félix... Mais le voici qui vous dira le reste.

Il y a là un grand intérêt. C'est là, encore une fois, ce qui fait le succès des pièces de théâtre.

SCÈNE III.

Vers 17. Au spectacle sanglant d'un ami qu'il faut suivre,
        La crainte de mourir et le désir de vivre
        Ressaisissent une âme avec tant de pouvoir
        Que qui voit le trépas cesse de le vouloir, etc.

Voilà où les maximes générales sont bien placées; elles ne sont point ici dans la bouche d'un homme passionné qui doit parler avec sentiment, et éviter les sentences et les lieux communs. C'est un juge qui parle, et qui dit des raisons prises dans la connaissance du cœur humain.

Vers 33. Je devois même peine à des crimes semblables,
        Et, mettant différence entre ces deux coupables,
        J'ai trahi la justice à l'amour paternel.

Cette suppression des articles n'est permise que dans le style burlesque, qu'on nomme *marotique:* et *trahir la justice à l'amour paternel* n'est pas français.

Vers 48. Qu'il fasse autant pour soi comme je fais pour lui.

Ce vers est un barbarisme. On dit *autant que*, et non pas *autant comme*. *Soi* ne se dit qu'à l'indéfini; il faut faire quelque chose pour *soi*, il travaille pour *lui*.

Vers 53. Ils écoutent nos vœux. — Eh bien! qu'il leur en fasse, etc.

Le lecteur voit, sans doute, combien tout ce dialogue est vif, pressé, naturel, intéressant : c'est un chef-d'œuvre.

Vers 75. Outre que les chrétiens ont plus de dureté,
Vous attendez de lui trop de légèreté.

Outre que, expression qui ne doit jamais entrer dans la poésie. *Plus de dureté*, ce *plus* ne se rapporte à rien. On peut demander pourquoi elle dit que Polyeucte sera inébranlable, quand elle espère le fléchir par ses pleurs? Peut-être que si elle espérait un retour de Polyeucte à la religion de ses pères, la situation en deviendrait plus touchante quand elle verrait ensuite son espérance trompée. Cette scène d'ailleurs est supérieurement dialoguée.

SCÈNE IV.

Vers 10. Vous aimez trop, Pauline, un indigne mari.
— Je l'ai de votre main, mon amour est sans crime.

On est toujours un peu étonné que Pauline prononce le mot d'amour en parlant de son mari, elle qui a avoué à ce mari qu'elle en aimait un autre. Mais *je l'ai de votre main* est admirable.

Dans le vers qui suit, *la glorieuse estime de votre choix* est un barbarisme.

Vers 20. Par ces beaux sentiments qu'il m'a fallu contraindre,
Ne m'ôtez pas vos dons, ils sont chers à mes yeux.

Il ne paraît guère convenable que Pauline demande la grâce de son mari au nom de l'amour qu'elle a eu pour un autre que son mari.

Vers 24. Je n'aime la pitié qu'au prix que j'en veux prendre.

Que veut dire *aimer la pitié au prix qu'on en veut prendre?* Qu'est-ce que ce prix? Cette phrase était autrefois triviale, et jamais noble ni exacte.

SCÈNE V.

Vers 1. Albin, comme est-il mort? —

Il faut *comment*.

Ibid.   En brutal...

Mauvaise expression.

Vers 13. De pensers sur pensers mon âme est agitée,
          De soucis sur soucis elle est inquiétée.

Il n'y a pas là d'élégance, mais il y a de la vivacité de sentiments.

Vers 15. Je sens l'amour, la haine, et la crainte et l'espoir,
          La joie et la douleur tour à tour l'émouvoir.

La joie: ce mot ne découvre-t-il pas trop la bassesse de Félix?
Quel moment pour sentir de la joie!

Vers 31. A punir les chrétiens son ordre est rigoureux.

Un *ordre à punir* est un solécisme.

Vers 44. Et de tant de mépris son esprit indigné...
          Du courroux de Décie obtiendroit ma ruine.

Cette crainte n'est-elle pas aussi frivole que celle où était Pauline que son mari et son amant ne se querellassent au temple?
Personne ne craint pour Félix; il n'a rien à redouter en demandant l'ordre de l'empereur; il affecte une terreur qui parait peu
naturelle.

Vers 62. Mais si par son trépas l'autre épousoit ma fille [1],
          J'acquerrois bien par là de plus puissants appuis, etc.

Voici le sentiment le plus bas qu'on puisse jamais développer ;
mais il est ménagé avec art.

Ces expressions, *l'autre épousait ma fille, j'acquerrais par là, cent
fois plus haut,* sont aussi basses que le sentiment de Félix. Cependant j'ai toujours remarqué qu'on n'écoutait pas sans plaisir
l'aveu de ces sentiments, tout condamnables qu'ils sont. On
aimait en secret ce développement honteux du cœur humain ;
on sentait qu'il n'est que trop vrai que souvent les hommes sacrifient tout à leur propre intérêt. Enfin Félix dit au moins qu'il
déteste ces pensers si lâches; on lui pardonne un peu. Mais
pardonne-t-on à Albin, qui lui dit qu'il a *l'âme trop haute?*

C'est ici le lieu d'examiner si on peut mettre sur la scène
tragique des caractères bas et lâches. Le public en général ne les
aime pas. Le parterre murmure quand Narcisse dit dans *Bri_
tannicus* [2] : *Et pour nous rendre heureux perdons les misérables.* On

---

1. Voyez encore sur ces vers le paragraphe ix du *Pot-pourri* (dans les *Mélanges,*
année 1764).

2. Acte II, scène VIII.

n'aime point le prêtre Mathan, qui veut *à force d'attentats perdre tous ses remords* [1]. Cependant, puisque ces caractères sont dans la nature, qu'il soit permis de les peindre ; et l'art de les faire contraster avec les personnages héroïques peut quelquefois produire des beautés.

Vers 77. Je dois vous avertir, en serviteur fidèle,
          Qu'en sa faveur déjà la ville se rebelle.

Rebeller ne se dit plus, et devrait se dire, puisqu'il vient de *rebelle, rébellion*. Mais comment cette ville païenne peut-elle se révolter en faveur d'un chrétien, après que l'on a dit que ce même peuple a été indigné de son sacrilége, et qu'il s'est enfui du temple si épouvanté qu'il a craint d'être écrasé par la foudre ? Il eût donc fallu expliquer comment on a passé sitôt de l'exécration pour l'action de Polyeucte à l'amour pour sa personne.

ACTE QUATRIÈME.

SCÈNE I.

Vers 17. L'autre m'obligeroit d'aller querir Sévère.

Querir ne se dit plus.

Vers 21. Si vous me l'ordonnez, j'y cours en diligence.

Il n'est pas naturel que Polyeucte envoie prier Sévère de venir lui parler. Il ne doit rien avoir à lui dire ; mais le public est dans l'attente qu'il dira quelque chose d'important. On ne se doute pas que Polyeucte envoie chercher Sévère pour lui donner sa femme.

SCÈNE II.

Quatre ans [2] après *Polyeucte*, Rotrou donna *Saint Genest*, comme une tragédie sainte. On sait que ce Genest était un comédien qui se convertit sur le théâtre en jouant dans une farce contre les chrétiens. Rotrou, dans cette pièce, a imité ces stances de Polyeucte :

Vers 6.   Toute votre félicité,
               Sujette à l'instabilité,
               En moins de rien tombe par terre.

1. *Athalie,* acte III, scène III.
2. Six ans. Le véritable *Saint Genest* est de 1646.

Tombe par terre est toujours mauvais ; la raison en est que *par terre* est inutile, et n'est pas noble. Cette manière de parler est de la conversation familière : *il est tombé par terre.*

Vers 9.
> Et comme elle a l'éclat du verre,
> Elle en a la fragilité.

C'est là un de ces *concetti*, un de ces faux brillants qui étaient tant à la mode. Ce n'est pas l'éclat qui fait la fragilité ; les diamants, qui éclatent bien davantage, sont très-solides. On remarqua, dès les premières représentations de *Polyeucte*, que ces trois vers étaient pris entièrement de la trente-deuxième strophe d'une ode de l'évêque Godean à Louis XIII :

> Mais leur gloire tombe par terre,
> Et comme elle a l'éclat du verre,
> Elle en a la fragilité.

Cette ode était oubliée, comme le sont toutes les odes aux rois, surtout quand elles sont trop longues ; mais on la déterra pour accuser Corneille de ce petit plagiat. Sa mémoire pouvait l'avoir trompé ; ces trois vers purent se présenter à lui dans la foule de ses autres enfants ; il eût été mieux de ne les pas employer : il était assez riche de son propre fonds. C'est peut-être une plus grande faute de les avoir crus bons que de se les être appropriés.

Vers 17.
> Et les glaives qu'il tient pendus
> Sur les plus fortunés coupables,
> Sont d'autant plus inévitables
> Que leurs coups sont moins attendus.

Qu'il tient suspendus serait mieux. *Pendus* n'est pas agréable.

Vers 55.
> Et mes yeux éclairés des célestes lumières
> Ne trouvent plus aux siens leurs grâces coutumières.

C'est dommage que ce dernier mot ne soit plus d'usage que dans le burlesque.

SCÈNE III.

Vers 4.   Vient-il à mon secours, vient-il à ma défaite ?

Cela n'est pas français.

Vers 7.   Vous n'avez point ici d'ennemis que vous-même.

Point est ici une faute contre la langue ; il faut : *vous n'avez d'ennemis que vous-même.*

Vers 9. Seul vous exécutez tout ce que j'ai rêvé.

On a déjà dit[1] que les mot *rêver, songer, faire un rêve, un songe,* ne sont pas du style de la tragédie.

Vers 16. Gendre du gouverneur de toute la province.

Ce *toute* gâte le vers, parce qu'il est à la fois inutile et emphatique.

Vers 19. Mais après vos exploits, après votre naissance,
Après votre pouvoir, voyez notre espérance.

On ne peut dire *après votre naissance, après votre pouvoir,* comme on dit *après vos exploits. Voyez notre espérance* est le contraire de ce qu'elle entend, car elle entend : Voyez la juste terreur qui nous reste, voyez où vous nous réduisez ; vous, d'une si grande naissance, vous qui avez tant de pouvoir !

Vers 23. . . . . Je sais mes avantages,
Et l'espoir que sur eux forment les grands courages.

L'espoir que les *grands courages forment sur des avantages* n'est pas une faute contre la syntaxe, mais cela n'est pas bien écrit. La raison en est qu'il ne faut pas un grand courage pour espérer une grande fortune, quand on est gendre du gouverneur de *toute la province,* et *estimé chez le prince.*

Vers 35. Est-ce trop l'acheter que d'une triste vie,
Qui tantôt, qui soudain me peut être ravie ?

Tantôt est ici pour *bientôt.* J'ai vu des gens traiter de capucinade ce discours de Polyeucte ; mais il faut toujours se mettre à la place du personnage qui parle. Polyeucte ne dit que ce qu'il doit dire.

Vers 39. Voilà de vos chrétiens les ridicules songes.

C'est ici que le mot de *ridicule* est bien placé dans la bouche de Pauline. Les termes les plus bas, employés à propos, s'ennoblissent. Racine, dans *Athalie*[2], se sert des mots de *bouc* et *chien* avec succès.

Vers 55. Quel Dieu? — Tout beau, Pauline, il entend vos paroles.

Tout beau ne peut jamais être ennobli, parce qu'il ne peut être accompagné de rien qui le relève ; mais presque tout ce que dit Polyeucte dans cette scène est du genre sublime.

1. Page 372.
2. Acte Ier, scène Ire.

Vers 66. Il m'ôte des périls que j'aurois pu courir.

On n'ôte point *des périls*. On vous sauve d'un péril ; on détourne un péril ; on vous arrache à un péril.

Vers 67. Et, sans me laisser lieu de tourner en arrière...

Sans me laisser lieu, expression de prose rampante.

Vers 68. Sa faveur me couronne entrant dans la carrière ;
  Du premier coup de vent il me conduit au port ;
  Et, sortant du baptême, il m'envoie à la mort.

Observez que voilà quatre vers qui disent tous la même chose : c'est une *carrière,* c'est un *port,* c'est la *mort.* Cette superfluité fait quelquefois languir une idée ; une seule image la fortifierait. Une seule métaphore se présente naturellement à un esprit rempli de son objet ; mais deux ou trois métaphores accumulées sentent le rhéteur. Que dirait-on d'un homme qui, en revenant dans sa patrie, dirait : *Je rentre dans mon nid, j'arrive au port à pleines voiles, je reviens à bride abattue ?* C'est une règle de la vraie éloquence, qu'une seule métaphore convient à la passion.

Vers 75. Cruel ! car il est temps que ma douleur éclate...
  Est-ce là ce beau feu ? Sont-ce là tes serments ? etc.

Il me semble que ce couplet est tendre, animé, douloureux, naturel, et très à sa place.

Vers 98. Hélas ! — Que cet hélas a de peine à sortir !

Cet hélas est un peu familier, mais il est attendrissant, quoique le mot *sortir* ne soit pas noble.

Vers 107. Seigneur, de vos bontés il faut que je l'obtienne.

Je me souviens qu'autrefois l'acteur qui jouait Polyeucte, avec des gants blancs et un grand chapeau, ôtait ses gants et son chapeau pour faire sa prière à Dieu. Je ne sais pas si ce ridicule subsiste encore [1].

Vers 108. Elle a trop de vertu pour n'être pas chrétienne

est un vers admirable. On a beau dire qu'un mahométan en dirait autant à Constantinople de sa femme si elle était chrétienne :

---

1. Voltaire écrit tout cela à Ferney, loin de Paris. Mais il savait bien que ce ridicule ne subsistait plus, puisque c'était lui-même qui avait réformé le théâtre. (G. A.)

Elle a trop de vertu pour n'être pas musulmane; c'est par cela même que cette idée est très-belle, parce qu'elle est dans la nature. C'est ce qu'Horace appelle *bene morata fabula*[1].

Vers 129. Va, cruel, va mourir, tu ne m'aimas jamais.

Pauline doit-elle tant insister sur l'amour qu'elle exige d'un mari pour lequel elle n'a point d'amour ?

Peut-être ce dépit ne sied qu'à une amante qu'on dédaigne, et non à une épouse dont le mari va être exécuté. Tout sentiment qui n'est pas à sa place sèche les larmes qu'une situation attendrissante faisait couler. Il ne s'agit pas ici que Pauline soit aimée, il s'agit qu'on ne tranche pas la tête à son mari. Cependant, comme les femmes veulent toujours être aimées, ce vers est dans la nature, et il doit plaire.

SCÈNE IV.

Vers 5.   A ma seule prière il rend cette visite.
          Je vous ai fait, seigneur, une incivilité.

Rendre visite et *incivilité* ne doivent jamais être employés dans la tragédie.

Vers 8.   Possesseur d'un trésor dont je n'étois pas digne,
          Souffrez avant ma mort que je vous le résigne.

Cette étrange idée de prier Sévère de venir pour lui céder sa femme ne serait pas tolérable en toute autre occasion. On ne peut l'approuver que dans un chrétien qui n'aime que le martyre. Cette cession, d'ailleurs lâche et ridicule, peut devenir héroïque par le motif. Le philosophe même peut être touché, car le philosophe sait que chacun doit parler suivant son caractère. Cependant on peut dire que cette cession n'a rien d'attendrissant, parce qu'elle n'a rien de nécessaire ; que c'est une chose que Polyeucte peut également faire ou ne faire pas, qui n'est point fondée dans l'intrigue de la pièce, un hors-d'œuvre qui ne va point au cœur. Il semble qu'il cède sa femme pour avoir le plaisir de la céder. Mais cela produit de très-grandes beautés dans la scène suivante.

1. *Art poétique*, 308 ; et livre Ier, épître VI, vers 62.

SCÈNE V[1].

Vers 2·   Je suis confus pour lui de son aveuglement.

Cette résignation de Polyeucte fait naître une des plus belles scènes qui soient au théâtre. C'est là surtout ce qui soutient cette tragédie. Remarquez que si l'acte finissait par la proposition étrange de Polyeucte de laisser sa femme à son rival[2] par testament, rien ne serait plus ridicule et plus froid ; mais le grand art de relever cette espèce de bassesse par la scène entre Sévère et Pauline est d'un génie plein de ressources.

Vers 5. . . . . Mais quel cœur assez bas
Auroit pu vous connoître et ne vous chérir pas ?

Assez bas n'est pas le mot propre. *Assez* ne se rapporte à rien.

Vers 9.   Et comme si vos feux étaient un don fatal,
Il en fait un présent lui-même à son rival.

C'est dommage qu'*un présent de vos feux* gâte un peu ces vers excellents.

Vers 19.   On m'auroit mis en poudre, on m'auroit mis en cendre,
Avant que... — Brisons là.

En poudre, en cendre ; c'est une petite négligence qui n'affaiblit point les sublimes et pathétiques beautés de cette scène.

Vers 20.   Brisons là ; je crains de trop entendre,
Et que cette chaleur qui sent vos premiers feux
Ne pousse quelque suite indigne de tous deux.

Une chaleur qui sent des premiers feux et qui pousse une suite, cela est mal écrit, d'accord ; mais le sentiment l'emporte ici sur les termes, et le reste est d'une beauté dont il n'y eut jamais d'exemple. Les Grecs étaient des déclamateurs froids en comparaison de cet endroit de Corneille.

Vers 31.   Il n'est point aux enfers d'horreurs que je n'endure
Plutôt que de souiller une gloire si pure,
Que d'épouser un homme, après son triste sort,
Qui de quelque façon soit cause de sa mort.

---

1. Sur un vers de cette scène, voyez tome XIX, page 95.
2. L'édition de 1774, dans laquelle Voltaire ajouta cette phrase, porte ici *mari;* mais il est trop évident qu'il faut *rival.* Aussi n'ai-je pas hésité à adopter ce dernier mot, qui était déjà dans quelques éditions récentes. (B.)

Par la construction, c'est le triste sort de cet homme qu'elle épouserait en secondes noces ; et par le sens, c'est le triste sort de Polyeucte dont il s'agit.

Vers 35. Et si vous me croyiez d'une âme si peu saine,
L'amour que j'eus pour vous tourneroit tout en haine.

Si peu saine n'est pas le mot propre, il s'en faut beaucoup.

Vers dern. Pour vous priser encor, je le veux ignorer.

Il n'est point du tout naturel que Pauline sorte sans recevoir une réponse qu'elle attend avec tant d'empressement. Mais le dernier vers est si beau, et en même temps si adroit, qu'il fait tout pardonner.

SCÈNE VI.

Vers 1. Qu'est-ce ci, Fabian? Quel nouveau coup de foudre
Tombe sur mon bonheur et le réduit en poudre !

Si on ôtait ce *qu'est-ce ci* et ce *coup de foudre* qui réduit un espoir en poudre, et les deux vers faibles qui suivent ; et si on commençait la scène par ces mots : *Quoi! toujours la fortune, etc.*, elle en serait plus vive.

Vers 45. Je te dirai bien plus, mais avec confidence :
La secte des chrétiens n'est pas ce que l'on pense, etc.

On sait assez que c'est là un des plus beaux endroits de la pièce ; jamais on n'a mieux parlé de la tolérance. C'est la condamnation de tous les persécuteurs.

Vers 69. Peut-être qu'après tout ces croyances publiques
Ne sont qu'inventions de sages politiques
Pour contenir un peuple, ou bien pour l'émouvoir,
Et dessus sa foiblesse affermir leur pouvoir.

Ces quatre vers sont retranchés dans l'édition de 1664 et dans les suivantes.

Vers 75. Jamais un adultère, un traître, un assassin,
Jamais d'ivrognerie, et jamais de larcin,
Ce n'est qu'amour entre eux, que charité sincère ;
Chacun y chérit l'autre, et le secourt en frère.

Ces quatre vers trop simples ont aussi été retranchés.

Vers 79. Ils font des vœux pour nous qui les persécutons.

Remarquez ici que Racine, dans *Esther*[1], exprime la même chose en cinq vers :

> Tandis que votre main, sur eux appesantie,
> A leurs persécuteurs les livroit sans secours,
> Ils conjuroient ce Dieu de veiller sur vos jours,
> De rompre des méchants les trames criminelles,
> De mettre votre trône à l'ombre de ses ailes.

Sévère, qui en parle en homme d'État, ne dit qu'un mot, et ce mot est plein d'énergie. Esther, qui veut toucher Assuérus, étend davantage cette idée. Sévère ne fait qu'une réflexion ; Esther fait une prière : ainsi l'un doit être concis, et l'autre déployer une éloquence attendrissante. Ce sont des beautés différentes, et toutes deux à leur place. On peut souvent faire de ces comparaisons ; rien ne contribue davantage à épurer le goût.

ACTE CINQUIÈME.

SCÈNE I.

Vers 1.   Albin, as-tu bien vu la fourbe de Sévère?

Je ne doute pas que Corneille n'ait voulu faire contraster la bassesse de Félix avec la grandeur de Sévère. Les oppositions sont belles en peinture, en poésie, en éloquence. Homère a son Thersite ; l'Arioste a son Brunel : il n'en est pas ainsi au théâtre. Les caractères lâches ne sont presque jamais tolérés ; on ne veut pas voir ce qu'on méprise.

Non-seulement Félix est méprisable, mais il se trompe toujours dans ses raisonnements[2]. Il prétend que Sévère méprise dans Pauline les restes de Polyeucte. Cependant Sévère aime passionnément *ces restes*. Il a beau dire que Sévère *tempête*, qu'il

1. Acte III, scène IV.
2. « C'est précisément, dit fort bien Palissot, ce qui décèle le pinceau du maître dans le caractère de Félix. » — En travaillant à ces commentaires, Voltaire reconnaissait lui-même qu'il allait souvent trop loin : « Il y a des notes trop dures, écrivait-il ; je me suis laissé emporter à trop d'indignation contre les fadeurs de César et de Cléopâtre dans *Pompée*, et contre le rôle de Félix dans *Polyeucte*. Il faut être juste, mais il faut être poli et dire la vérité avec douceur. » Comme on le voit, ce n'était pas de parti pris qu'il frappait fort, c'était par tempérament. (G. A.)

tranche du *généreux*, et qu'au fond c'est *un fourbe*; il devrait bien voir que Sévère n'a pas besoin de l'être. En général, tout ce qui n'est que politique est froid au théâtre, et la politique de Félix est aussi fausse que lâche. S'il croit que Sévère se soucie peu de Pauline, il ne doit pas croire qu'il veuille se venger. Pourquoi ne pas donner à Félix un grand zèle pour sa religion? Cela ferait un bien meilleur contraste avec le zèle de Polyeucte pour la sienne [1].

Vers 2.   As-tu bien vu sa haine, et vois-tu ma misère?

Le mot de *misère*, qu'on emploie souvent en vers pour *malheur*, peut n'être pas convenable ici, parce qu'il peut être entendu de la misère, c'est-à-dire de la bassesse des sentiments.

Vers 5.   Que tu discernes mal le cœur d'avec la mine!

est trop du ton de la comédie.

Vers 7.   Et s'il l'aima jadis, il estime aujourd'hui
          Les restes d'un rival trop indignes de lui;

expression toujours déshonnête, et du discours familier.

Vers 11.   Tranchant du généreux, il croit m'épouvanter;
           L'artifice est trop lourd pour ne pas l'éventer.
           Je sais des gens de cour quelle est la politique;
           J'en connois mieux que lui la plus fine pratique.

Tranchant du généreux... l'artifice est trop lourd... la plus fine pratique; tout cela est bourgeois et comique.

Vers 15.   C'est en vain qu'il tempête...

Ce mot n'est que burlesque.

Vers 19.   Et s'il avoit affaire à quelque maladroit,
           Le piége est bien tendu; sans doute il le perdroit.

Toute cette tirade et ces expressions bourgeoises: *j'en ai tant vu de toutes les façons*, et *j'en ferais des leçons au besoin*, et *s'il avait affaire à un maladroit,* sont absolument mauvaises. Il faut savoir avouer les fautes comme admirer les beautés.

Vers 26.   Pour subsister en cour c'est la haute science.

Pour subsister en cour est une expression bourgeoise. *La haute science pour subsister en cour* n'est pas de faire couper le cou à son

---

1. On verra à la scène II pourquoi Voltaire voudrait cela.

gendre avant de demander l'ordre de l'empereur. Il faut des raisons plus fortes. Le zèle de la religion suffisait, et pouvait fournir
des choses sublimes.

ALBIN.

Vers 33.   Grâce, grâce, seigneur, que Pauline l'obtienne.

FÉLIX.

Celle de l'empereur ne suivroit pas la mienne.

Qui lui a dit que la grâce de l'empereur ne suivrait pas la
sienne? Au contraire, il doit présumer que l'empereur trouvera
fort bon qu'il n'ait pas fait couper le cou à son gendre, et qu'il
attende des ordres positifs.

Vers 47.   Je vois le peuple ému pour prendre son parti.

Cette raison ne parait guère meilleure que les autres. Il est
difficile, comme on l'a déjà remarqué[1], que le peuple, qui a eu
tant d'horreur pour le fanatisme punissable de Polyeucte, se révolte sur-le-champ en sa faveur. Ce qu'il y a de triste, c'est que
les défauts du rôle de Félix ne sont rachetés par aucune beauté;
il parle presque toujours aussi bassement qu'il pense. On ne dit
point *ému pour*, cela n'est pas français.

Vers 53.   Et Sévère aussitôt, courant à sa vengeance,
          M'iroit calomnier de quelque intelligence...

Calomnier de n'est pas français.

SCÈNE II.

Vers 4.   Je ne hais point la vie, et j'en aime l'usage,
          Mais sans attachement qui sente l'esclavage.

L'esclavage n'est pas le mot propre, parce qu'on n'est pas esclave de la vie.

Vers 10.   Te suivre dans l'abîme où tu veux te jeter!

POLYEUCTE.

Mais plutôt dans la gloire où je m'en vais monter.

Ce dernier vers fait un mauvais effet, parce qu'il affaiblit le
beau vers de la scène suivante. *Où le conduisez-vous?— A la mort.*
— A la gloire. Voyez comme ces mots *où je m'en vais monter* gâtent,

1. Page 401.

énervent ce sentiment, comme ce qui est superflu est toujours mauvais.

Vers 28. Mais ces secrets pour vous sont fâcheux à comprendre.

Ce mot *fâcheux* n'est pas le mot propre, c'est *difficile.*

Vers 33. Pour lui seul contre toi j'ai feint d'être en colère.

Cet artifice est de *mauvaise grâce,* comme le dit très-bien Polyeucte.

Rotrou, dans son *Saint Genest,* fait parler ainsi Marcel, qui veut persuader à Genest de ne pas renoncer à la religion de ses pères :

> O ridicule erreur de vanter la puissance
> D'un Dieu qui donne aux siens la mort pour récompense,
> D'un imposteur, d'un fourbe, et d'un crucifié !
> Qui l'a mis dans le ciel ? Qui l'a déifié ?
> Un ramas d'ignorants et d'hommes inutiles,
> De malheureux, la lie et l'opprobre des villes,
> De femmes et d'enfants, dont la crédulité
> S'est forgé à plaisir une divinité ;
> De gens qui, dépourvus des biens de la fortune,
> Trouvant dans leur malheur la lumière importune,
> Sous le nom de chrétiens s'exposent au trépas,
> Et méprisent des biens qu'ils ne possèdent pas.

On ne fit aucune difficulté de réciter ces vers, convenables à un païen. Ses raisons sont aisément réfutées par Genest :

> Si mépriser vos dieux c'est leur être rebelle,
> Croyez qu'avec raison je leur suis infidèle ..
> Vous verrez si ces dieux de métal et de pierre
> Seront puissants au ciel comme on les croit en terre.
> Alors les sectateurs de ce crucifié
> Vous diront si sans cause ils l'ont déifié, etc.

Une telle scène entre Polyeucte et Félix, écrite avec force, aurait certainement fait un très-grand effet.

Vers 36. Portez à vos païens, portez à vos idoles
Le sucre empoisonné que sèment vos paroles.

Ce mot de *sucre* n'est admis que dans le discours très-familier.

Vers 48. En vous ôtant un gendre, on vous en donne un autre
Dont la condition répond mieux à la vôtre.

La condition est du style de la comédie.

Vers 51. Cesse de me tenir ce discours outrageux.

Outrageux n'est pas un mot usité ; mais plusieurs auteurs s'en sont heureusement servis. Nous ne sommes pas assez riches pour devoir nous priver de ce que nous avons.

Vers 64. Je voulais gagner temps pour ménager ta vie,
         Après l'éloignement d'un flatteur de Décie.

Gagner temps, style de comédie. *Flatteur de Décie;* ce n'est pas ainsi qu'il doit caractériser Sévère.

SCÈNE III.

Vers 5.   Parlez à votre époux. — Vivez avec Sévère.

On est un peu révolté que Polyeucte ne parle à sa femme que de l'amour qu'elle a pour Sévère. Cette répétition peut déplaire. Le christianisme n'ordonne point qu'on cède sa femme. Mais ici Polyeucte semble lui reprocher qu'elle en aime un autre.

Vers 8.   Il voit quelle douleur dans l'âme vous possède,
         Et sait qu'un autre amour en est le seul remède.

Ces maximes d'amour sont ici un peu révoltantes. Il n'est pas convenable que Polyeucte l'encourage à aimer un autre amant, et ce n'est pas à un homme uniquement occupé du bonheur du martyre à dire qu'il n'y a qu'un autre amour qui puisse remédier à l'amour. Un martyr enthousiaste doit-il débiter ces fades maximes de comédie?

Vers 10. Puisqu'un si grand mérite a pu vous enflammer,
         Sa présence toujours a droit de vous charmer.

Un si grand mérite, style de comédie.

Vers 13. Que t'ai-je fait, cruel, pour être ainsi traitée,
         Et pour me reprocher, au mépris de ma foi,
         Un amour si puissant que j'ai vaincu pour toi?

Elle l'a déjà dit bien souvent.

Vers 17. Quels efforts à moi-même il a fallu me faire...

On dit bien *se faire des efforts*, mais non pas *faire des efforts à soi*, il faut sur *soi*.

Vers 18. Quels combats j'ai donnés pour te donner un cœur
         Si justement acquis à son premier vainqueur!

Donnés pour te donner, répétition vicieuse.

Vers 22.   Apprends d'elle à forcer ton propre sentiment.

Le mot propre est *dompter*.

Vers 28.   Ne désespère pas une âme qui t'adore.

Comment Pauline peut-elle dire qu'elle adore Polyeucte? Elle lui donne *par devoir* et *par affection* tout ce que l'autre avait *par inclination*. Mais *l'adorer*, c'est trop ; certainement elle ne l'adore pas.

Vers 30.   Vivez avec Sévère, ou mourez avec moi.

Cette troisième apostrophe, cet empressement extrême de lui donner un mari, ne paraissent pas naturels. Tout cela n'empêche pas que cette scène ne soit écoutée avec un grand plaisir. L'obstination de Polyeucte, sa résignation, son transport divin, plaisent beaucoup. Ceux qui assistent au spectacle étant persuadés, pour la plupart, des vérités qui enflamment Polyeucte, sont saisis de son transport : ils ne sont pas fort attendris, mais ils s'intéressent à la situation.

Vers 32.   Mais de quoi que pour vous notre amour m'entretienne,
           Je ne vous connois plus si vous n'êtes chrétienne.

De quoi que notre amour m'entretienne pour vous. Ce vers est un barbarisme. *Un amour qui entretient, et qui entretient pour ! et de quoi qu'il entretienne!* Il n'est pas permis de parler ainsi.

Vers 37.   Mais s'il est insensé, vous êtes raisonnable.

Ce vers est du style de la comédie.

Vers 46.   .   .   . Elle changera, par ce redoublement,
           En injuste rigueur un juste châtiment.

Il est triste que *redoublement* ne puisse se dire en cette occasion ; le sens est beau. Mais on n'a jamais appelé *redoublement* la mort d'un mari et d'une femme.

Vers 52.   Un cœur à l'autre uni jamais ne se retire.

Ces maximes générales conviennent peu à la douleur. C'est là parler de sentiments ; ce n'est pas en avoir. Comment se peut-il que cette scène ne fasse jamais verser de larmes? N'est-ce point qu'on sent que Pauline n'agit que par devoir, et qu'elle s'efforce d'aimer un homme pour lequel elle n'a point d'amour ? D'ailleurs, elle parle ici de désunion après avoir parlé de *redoublement* de mort qui les sépare.

Vers 62. Peux-tu voir tant de pleurs d'un œil si détaché?

Le cœur peut être détaché, mais l'œil ne l'est pas.

Vers 68. Que tout cet artifice est de mauvaise grâce!

est du style de la comédie.

Vers 71. Après avoir tenté l'amour et son effort.

Cela n'est ni d'un français exact, ni d'un français agréable.

Vers 74. Vous vous joignez ensemble! Ah! ruses de l'enfer!
          Faut-il tant de fois vaincre avant que triompher?

Expression pardonnable au personnage qui parle, mais qui n'est pas d'un style noble. *Enfer* ne rime avec *triompher* qu'à l'aide d'une prononciation vicieuse : grande preuve que l'on ne doit rimer que pour les oreilles.

Vers 76. Vos résolutions usent trop de remise;

phrase qui n'a point d'élégance. *User de remise,* expression prosaïque : *user* d'ailleurs suppose *usage;* une résolution n'a point d'usage.

Vers 92. Je le ferois encor si j'avois à le faire.

Ce vers est dans *le Cid*[1], et est à sa place dans les deux pièces.

Vers 96. Adore-les, ou meurs. — Je suis chrétien. — Impie,
          Adore-les, te dis-je, ou renonce à la vie.

Renonce à la vie n'enchérit point sur *mourir;* quand on répète la pensée, il faut fortifier l'expression.

Vers 100. Où le conduisez-vous? — A la mort. — A la gloire[2].

Dialogue admirable, et toujours applaudi.

SCÈNE IV.

Vers 7.   Vois-tu comme le sien des cœurs impénétrables?

Impénétrable n'est pas le mot propre; il signifie *caché, dissimulé, qu'on ne peut découvrir, qu'on ne peut pénétrer,* et ne peut jamais être mis à la place d'*inflexible.*

1. Acte III, scène IV.
2. Voltaire cite encore ce vers, tome XIX, page 265.

Vers 18. Répandant votre sang par votre propre main.

FÉLIX.

Ainsi l'ont autrefois versé Brute et Manlie.

On est un peu surpris que cet homme se compare aux Brutus et aux Manlius, après avoir avoué les sentiments les plus lâches.

Vers 21. Et quand nos vieux héros avoient du mauvais sang,
Ils eussent pour le perdre ouvert leur propre flanc.

C'est une vieille erreur qu'en se faisant saigner on se délivrait de son mauvais sang. Cette fausse métaphore a été souvent employée, et on la retrouve dans la tragédie de *Don Carlos,* sous le nom d'Andronic.

Quand j'ai de mauvais sang je me le fais tirer [1].

On a dit que Philippe II fit cette abominable plaisanterie à son fils en le condamnant.

Vers 25. Quand vous verrez Pauline, et que son désespoir
Par ses pleurs et ses cris saura vous émouvoir.

Remarquez que nous employons souvent ce mot *savoir* en poésie assez mal à propos : *J'ai su le satisfaire,* pour *je l'ai satisfait; j'ai su lui plaire,* au lieu de *je lui ai plu.* Il ne faut employer ce mot que quand il marque quelque dessein.

Vers 31. Romps ce que ses douleurs y donneroient d'obstacle;
Tire-la, si tu peux, de ce triste spectacle.

Romps, tire-la, mauvaises expressions. *Des douleurs qui donnent obstacle* est un barbarisme, et *ce qu'ils donneraient d'obstacle* est un barbarisme encore plus grand.

SCÈNE V.

Vers 2. Cette seconde hostie est digne de ta rage.

Ce mot *hostie* signifiait alors *victime.*

Vers 5. Ta barbarie en elle a les mêmes matières.

Ce vers est trop négligé, et n'est pas français. *Une barbarie qui a des matières* et *matières en elle,* cela est un peu barbare.

---

1. Je n'ai pas trouvé ce vers dans l'*Andronic* de Campistron. (B.)

Vers 7. Son sang, dont tes bourreaux viennent de me couvrir,
  M'a dessillé les yeux, et me les vient d'ouvrir ;

pléonasme.

Vers 13. Redoute l'empereur, appréhende Sévère.

D'où sait-elle que Félix a sacrifié Polyeucte à la crainte qu'il
a de Sévère? Est-ce une révélation ?

Vers 25. Le faut-il dire encor? Félix, je suis chrétienne.

Ce miracle soudain a révolté beaucoup de gens : *Quodcumque
ostendis mihi sic, incredulus odi*[1]. Mais le parterre aimera longtemps ce prodige : il est la récompense de la vertu de Pauline;
et s'il n'est pas dans l'histoire, il convient parfaitement au théâtre
dans une tragédie chrétienne.

Vers 27. Le coup à l'un et l'autre en sera précieux,
  Puisqu'il t'assure en terre en m'élevant aux cieux.

T'assure en terre n'est pas français. Il veut dire *affermit ton
pouvoir sur la terre*.

SCÈNE DERNIÈRE.

La pièce semble finie quand Polyeucte est mort. Autrefois,
quand les acteurs représentaient les Romains avec le chapeau et
une cravate, Sévère arrivait le chapeau sur la tête, et Félix l'é-
contait chapeau bas : ce qui faisait un effet ridicule.

Vers 2. Esclave ambitieux d'une peur chimérique,
  Polyeucte est donc mort? Et par vos cruautés
  Vous pensez conserver vos tristes dignités?

D'où sait-il que Félix a immolé son gendre à la peur méprisable qu'il avait de Sévère? Ce Sévère ne pouvait le savoir, à
moins que Polyeucte, par un second miracle, ne le lui eût
révélé. Le reste est fort juste et fort beau; il doit être irrité que
Félix n'ait pas déféré à sa noble prière.

Vers 24. Je cède à des transports que je ne connois pas.

Ce nouveau miracle n'est pas si bien reçu du parterre que
les deux autres: il ne faut pas surtout prodiguer coup sur coup

---

1. Horace, *Art poétique*, 188.

les prodiges de même espèce. Quand on pardonnerait la conversion incroyable de ce lâche Félix, on n'en serait pas touché, parce qu'on ne s'intéresse pas à lui comme à Pauline, et qu'il est même odieux.

Vers 25.   Et par un mouvement que je ne puis entendre,
           De ma fureur je passe au zèle de mon gendre.

Comprendre semblerait plus juste qu'*entendre*.

Vers 29.   Son amour épandu sur toute la famille
           Tire après lui le père aussi bien que la fille.

Tirer après soi est devenu bas avec le temps.

Vers 42.   De pareils changements ne vont point sans miracle.

Des changements ne *vont* point. On mène une vie innocente, et non pas *avec innocence*. Mais *J'approuve que chacun ait ses dieux*, et *servez votre monarque*, reçoivent toujours des applaudissements. La manière dont le fameux Baron récitait ces vers, en appuyant sur *servez votre monarque*, était reçue avec transport. Plusieurs n'approuvent pas que Sévère dise à Félix : *Gardez votre pouvoir*, *reprenez-en la marque*, parce que ce n'est pas lui qui donne les gouvernements, et que Félix n'a pas quitté le sien; il n'appartient qu'à l'empereur de parler ainsi.

Vers 45.   Ils mènent une vie avec tant d'innocence
           Que le ciel leur en doit quelque reconnoissance.

Style trop familier; et d'ailleurs cela n'est pas français, comme on l'a déjà dit.

Vers 47.   Se relever plus forts, plus ils sont abattus,
           N'est pas aussi l'effet des communes vertus.

Se relever n'est pas l'effet; cela n'est pas exact, mais c'est une licence que je crois permise.

Vers 52.   J'approuve cependant que chacun ait ses dieux.

Ce vers est toujours très-bien reçu du parterre. C'est la voix de la nature.

Vers 53.   Qu'il les serve à sa mode

est du style comique; *à son choix* eût peut-être été mieux placé.

Vers 56. Je n'en veux pas sur vous faire un persécuteur.

Il y avait auparavant *en vous :* cela paraissait un contre-sens; il semblait que ce fût Félix chrétien qui pût être persécuteur. Corneille corrigea *sur vous,* mais c'est une faute de langage : on persécute un homme, et non *sur* un homme.

Vers 65. Nous autres, bénissons notre heureuse aventure.

Notre heureuse aventure, immédiatement après avoir coupé le cou à son gendre, fait un peu rire, et *nous autres* y contribue.

L'extrême beauté du rôle de Sévère, la situation piquante de Pauline, sa scène admirable avec Sévère, au quatrième acte, assurent à cette pièce un succès éternel. Non-seulement elle enseigne la vertu la plus pure, mais la dévotion, et la perfection du christianisme. *Polyeucte* et *Athalie* sont la condamnation éternelle de ceux qui, par une jalousie secrète, voudraient proscrire un art sublime dont les beautés n'effacent que trop leurs ouvrages. Ils sentent combien cet art est au-dessus du leur; ne pouvant y atteindre, ils le veulent proscrire, et par une injustice aussi absurde que barbare ils confondent Tabarin et Guillot Gorju avec saint Polyeucte et le grand-prêtre Joad [1].

Dacier, dans ses Remarques sur la *Poétique d'Aristote,* prétend que Polyeucte n'est pas propre au théâtre, parce que ce personnage n'excite ni la pitié, ni la crainte; il attribue tout le succès à Sévère et à Pauline. Cette opinion est assez générale; mais il faut avouer aussi qu'il y a de très-beaux traits dans le rôle de Polyeucte, et qu'il a fallu un très-grand génie pour manier un sujet si difficile.

---

1. Les prédicants de Genève. Excités par Jean-Jacques, ils empêchaient les jeunes gens d'aller jouer la comédie au château de Voltaire. (G. A.)

REMARQUES SUR POMPÉE

TRAGÉDIE REPRÉSENTÉE EN 1644[1].

REMERCIEMENT DE P. CORNEILLE

A M. LE CARDINAL MAZARIN.

Vers 1.   Non, tu n'es point ingrate, ô maîtresse du monde,
Qui de ce grand pouvoir sur la terre et sur l'onde,
Malgré l'effort des temps, retiens sur nos autels
Le souverain empire et des droits immortels.

Sur la terre et sur l'onde est devenu, comme on l'a déjà remarqué[2], un lieu commun qu'il n'est plus permis d'employer.

Vers 5.   Si de tes vieux héros j'aime encor la mémoire,
Tu relèves mon nom sur l'aile de leur gloire.

On dirait bien *sur l'aile de la Gloire*, parce que la gloire est personnifiée; mais *leur gloire* ne peut l'être.

Vers 9.   C'est toi, grand cardinal, homme au-dessus de l'homme.

Homme au-dessus de l'homme est bien fort pour le cardinal Mazarin. Que dirait-on de plus des Antonins?

Vers 19.   Et c'est je ne sais quoi d'abaissement secret,
Où quiconque a du cœur ne consent qu'à regret,

n'est pas français.

Vers 29.   Ainsi le grand Auguste autrefois dans ta ville
Aimoit à prévenir l'attente de Virgile.

---

1. Représentée en 1641, imprimée en 1644. Voltaire parle de quelques vers de cette pièce dans sa *Réponse à un académicien.* Voyez les *Mélanges,* année 1764.
2. Page 328, *Remarques sur Cinna,* acte II, scène I.

Il est triste que Corneille ait comparé Mazarin et Montauron
à Auguste.

Vers 37. Quand j'ai peint un Horace, un Auguste, un Pompée,
          Assez heureusement ma muse s'est trompée,
          Puisque, sans le savoir, avecque leur portrait,
          Elle tiroit du tien un admirable trait.

Il est encore plus triste qu'il *tire un admirable trait* du portrait
du cardinal Mazarin, en peignant Horace, César, et Pompée.

Vers 44. · Les Scipions vainqueurs, et les Catons mourants,
          Les Pauls, les Fabiens ; alors de tous ensemble
          On en verra sortir un tout qui te ressemble,

Les Scipions achèvent cette étonnante flatterie.

Boileau avait en vue ces fausses louanges prodiguées à un
ministre, quand il dit à M. de Seignelai [1] :

Si pour faire sa cour à ton illustre père,
Seignelai, quelque auteur d'un faux zèle emporté,
Au lieu de peindre en lui la noble activité,
La solide vertu, la vaste intelligence,
Le zèle pour son roi, l'ardeur, la vigilance,
La constante équité, l'amour pour les beaux-arts,
Lui donnoit des vertus d'Alexandre ou de Mars ;
Et pouvant justement l'égaler à Mécène,
Le comparoit au fils de Pélée ou d'Alcmène :
Ses yeux, d'un tel discours foiblement éblouis
Bientôt dans ce tableau reconnoîtroient Louis.

Horace avait dit la même chose dans sa seizième Épître du
premier livre [2] :

Si quis bella tibi terra pugnata marique, etc.

Vers 65. Mais ne te lasse point d'illuminer mon âme,
          Ni de prêter ta vie à conduire ma flamme.

On ne prête point une vie à conduire une flamme. Il veut
dire : *ne cesse d'échauffer mon génie par tes illustres actions.*

Vers 69. Délasse en mes écrits ta noble inquiétude

On se délasse de ses travaux par des écrits agréables ; on ne
délasse point une inquiétude.

---

1. Épître IX, vers 24.
2. Vers 26.

Ajoutons à ces remarques qu'on peut trop flatter un cardinal, et faire des tragédies pleines de sublime.

ACTE PREMIER.

SCÈNE I.

Que devant Troie en flamme Hécube désolée
Ne vienne point pousser une plainte ampoulée,
Ni sans raison décrire en quels affreux pays
Par sept bouches l'Euxin reçoit le Tanaïs.

(Boileau, *Art poétique*, III, 135-38.)

A plus forte raison, un roi d'Égypte qui n'a point vu Pharsale, et à qui cette guerre est étrangère, ne doit point dire que les dieux étaient étonnés en se partageant, qu'ils n'osaient juger, et que la bataille a jugé pour eux. Dès qu'on reconnaît des dieux, on doit convenir qu'ils ont jugé par la bataille même. *Ces champs empestés, ces montagnes de morts qui se vengent, ces débordements de parricides, ces troncs pourris,* étaient notés par Boileau comme un exemple d'enflure et de déclamation [1]. Il fallait dire simplement :

Le destin se déclare, et le droit de l'épée,
Justifiant César, a condamné Pompée.

C'était parler en roi. Les vers ampoulés ne conviennent pas dans un conseil d'État. Il n'y a donc qu'à retrancher des vers sonores et inutiles, pour que la pièce commence noblement : car l'ampoulé n'est pas plus noble que convenable.

Vers 14. Justifiant César, et condamnant Pompée, etc.

Il y avait dans la première édition :

Justifie César et condamne Pompée.

On ne trouve guère, dans toutes les pièces de Corneille, que cette seule faute contre les règles de notre versification.

---

1. Voltaire a cité le texte des vers de Corneille, tome XVII, page 192; il en reparle tome XIX, page 432. Il en est question, ainsi que de beaucoup d'autres passages de la même pièce, dans l'opuscule intitulé *Connaissance des beautés et des défauts de la poésie et de l'éloquence,* article Langage; voyez les *Mélanges,* année 1749.

Vers 23.   Sa déroute orgueilleuse en cherche aux mêmes lieux
            Où contre les Titans en trouvèrent les dieux.

Une déroute orgueilleuse qui cherche un asile ne présente ni une
idée vraie, ni une idée nette. *Où les dieux en trouvèrent contre les
Titans* est une idée qui pourrait être admise dans une ode, où le
poëte se livre à l'enthousiasme; mais dans un conseil, on parle
sérieusement. De plus, Pompée serait ici le Dieu, et César le
Titan; et si une comparaison poétique était une raison, c'en
serait une en faveur de Pompée.

Vers 25.   Il croit que ce climat, en dépit de la guerre.....
            Pourra prêter l'épaule au monde chancelant,

est dans ce même genre de déclamation ampoulée. Lucain lui-
même n'est pas tombé dans ce défaut. Observez que, dans cette
déclamation, *prêter l'épaule* est du genre familier. Enfin un climat
qui *prête l'épaule* forme une image trop incohérente. Comment
l'auteur de *Cinna* put-il se livrer à un pareil phébus? C'est qu'il
y eut de mauvais critiques qui ne trouvèrent pas les beaux vers
de *Cinna* assez relevés; c'est que de son temps on n'avait ni connaissance, ni goût : cela est si vrai que Boileau fut le premier
qui fit connaître combien ce commencement est défectueux.

Vers 30.   Il veut que notre Égypte, en miracles féconde,
            Serve à sa liberté de sépulcre ou d'appui.

Appui n'est pas l'opposé de *sépulcre;* mais c'est une très-légère
faute.

Vers 45.   . . . . .Nous aurons la gloire
            D'achever de César ou troubler la victoire.

On peut dire également ici *de troubler* ou *troubler,* parce que
le *de* répété est désagréable. Mais *troubler* n'est pas le mot propre;
une *victoire troublée* n'a pas un sens assez déterminé, assez clair.

Vers 47.   Et jamais potentat n'a vu sous le soleil
            Matière plus illustre agiter son conseil.

Dans les éditions subséquentes, il y a :

            Et je puis dire enfin que jamais potentat
            N'eut à délibérer d'un si grand coup d'État.

L'usage veut aujourd'hui que *délibérer* soit suivi de *sur;* mais
le *de* est aussi permis. On délibéra du sort de Jacques II dans le
conseil du prince d'Orange. Mais je crois que la règle est de

pouvoir employer le *de* quand on spécifie les intérêts dont on parle. On délibère aujourd'hui *de* la nécessité, ou *sur* la nécessité d'envoyer des secours en Allemagne; on délibère *sur* de grands intérêts, *sur* des points importants.

Vers 49.   Sire, quand par le fer les choses sont vidées,
            La justice et le droit sont de vaines idées [1].

Les choses vidées n'est pas du style noble : de plus, on vide un procès, une querelle; on ne vide pas une chose.

Vers 51.   Et qui veut être juste en de telles saisons,
            Balance le pouvoir et non pas les raisons.
            Voyez donc votre force, etc.

En de telles saisons est pour la rime. *Balance le pouvoir et non pas les raisons;* il veut dire : *examine ce qu'il peut, et non pas ce qu'il doit;* mais il ne l'exprime pas. On ne balance point le pouvoir; cette expression est impropre et obscure, et c'est précisément les raisons politiques qu'on balance. Le dernier vers est imité de Lucain :

    Metiri sua regna decet, viresque fateri [2].

Vers 53.   César n'est pas le seul qu'il fuie en cet état;
            Il fuit et le reproche et les yeux du sénat,
            Dont plus de la moitié piteusement étale
            Une indigne curée aux vautours de Pharsale.

    Nec soceri tantum arma fugit : fugit ora senatus [3],
    Cujus Thessalicas saturat pars magna volucres ;
    Et metuit gentes quas uno in sanguine mixtas
    Deseruit, regesque timet quorum omnia mersit.

Piteusement, curée, expressions basses en poésie.

Vers 59.   Il fuit Rome perdue; il fuit tous les Romains
            A qui par sa défaite il met les fers aux mains.

Perdue n'est pas le mot propre; on ne fuit pas ce qu'on a perdu.

Vers 65.   Auteur des maux de tous, il est à tous en butte,
            Et fuit le monde entier écrasé sous sa chute.

1. Voltaire parle de ce vers dans le paragraphe xxxii du *Philosophe ignorant.* Voyez les *Mélanges,* année 1766.
2. Lucain, P*hars.,* VIII, 527.
3. *Ibid.,* 506-9.

Comment peut-on fuir l'univers écrasé? Comment et où fuir, quand on est écrasé avec cet univers? Cette métaphore n'est pas plus juste qu'un *climat qui prête l'épaule*.

Vers 70.   Soutiendrez-vous un faix sous qui Rome succombe?

> Tu, Ptolomæe, potes Magni fulcire ruinam
> Sub qua Roma jacet [1].

Vers 71.   Sous qui tout l'univers se trouve foudroyé.

Un faix sous qui l'on se trouve foudroyé est encore une de ces figures fausses, une de ces images incohérentes qu'on ne peut admettre. Un faix ne foudroie pas.

Vers 73.   Quand on veut soutenir ceux que le sort accable,
            A force d'être juste on est souvent coupable.

> Jus et fas multos faciunt, Ptolomæe, nocentes [2].

Vers 75.   Et la fidélité qu'on garde imprudemment,
            Après un peu d'éclat traîne un long châtiment...

> Dat pœnas laudata fides, cum sustinet, inquit,
> Quos fortuna premit [3].

Vers 77.   Trouve un noble revers, dont les coups invincibles,
            Pour être glorieux, ne sont pas moins sensibles.

Ces termes ne paraîtront pas justes à ceux qui exigent la pureté du langage et la justesse des figures. En effet, un coup n'est pas *invincible,* parce qu'un coup ne combat pas.

Vers 80.   Rangez-vous du parti des destins et des dieux.

> . . . . Fatis accede, diisque [4].

Vers 81.   Et sans les accuser d'injustice et d'outrage...

Accuse-t-on les destins d'outrage?

Vers 82.   Puisqu'ils font les heureux, adorez leur ouvrage...
            Et pour leur obéir perdez le malheureux.

> Et cole felices; miseros fuge [5].

---

1. Lucain, P*hars.*, VIII, 528-29.
2. *Ibid.*, 484.
3. *Ibid.*, 485-86.
4. Lucain, *Phars.*, 486.
5. *Ibid.*, 487.

Vers 85.   Pressé de toutes parts des colères célestes...

Colère, substantif, n'admet point le pluriel.

Vers 86.   Il en vient dessus vous faire fondre les restes.

Dessus vous est une faute contre la langue, et *faire fondre* en est une contre l'harmonie : et quelle expression que les *restes des colères !*

Vers 87.   Et sa tête qu'à peine il a pu dérober,
           Toute prête de choir, cherche avec qui tomber.

           Postquam nulla manet rerum fiducia, quærit
           Cum qua gente cadat [1].

Vers 89.   Sa retraite chez vous en effet n'est qu'un crime...

La retraite de Pompée peut-elle être représentée comme un crime et comme un effet de sa haine contre Ptolomée? Est-ce ainsi que s'exprime un ministre d'État? N'est-ce point aller au delà du but? Tout le reste de ce morceau est d'une beauté achevée, et plus le fond du discours est naturel et vrai, plus les exagérations emphatiques sont déplacées.

Vers 90.   Elle marque sa haine, et non pas son estime.

Cette exagération d'un ministre d'État est trop évidemment fausse. Est-ce une preuve de haine que de demander un asile?

Vers 91.   Il ne vient que vous perdre en venant prendre port.

Venant prendre port, expression trop triviale pour la tragédie.

Vers 93.   Il devoit mieux remplir nos vœux et notre attente.

           . . . . .Votis tua fovimus arma [2].

Vers 95.   Il n'eût ici trouvé que joie et que festins.

On pourrait encore dire que *joie et festins* ne sont pas l'expression convenable dans la bouche d'un ministre d'État. C'est ainsi qu'on parlerait de la réception d'une bourgeoise.

Vers 97.   J'en veux à sa disgrâce, et non à sa personne.
           J'exécute à regret ce que le ciel ordonne, etc.

           Hoc ferrum, quod fata jubent proferre, paravi [3],

1. Lucain, *Phars.*, 504-5.
2. *Ibid.*, VIII, 519.
3. *Ibid.*, 520-22.

> Non tibi, sed victo. Feriam tua viscera, Magne;
> Malueram soceri.

Vers 101. Vous ne pouvez enfin qu'aux dépens de sa tête
Mettre à l'abri la vôtre et parer la tempête.

On ne pare point une tempête.

Vers 105. Le choix des actions ou mauvaises ou bonnes
Ne fait qu'anéantir la force des couronnes.

> Sceptrorum vis tota perit, si pendere justa [1]
> Incipit.

Ces deux vers obscurs et entortillés affaiblissent cette tirade.
C'est d'ailleurs trop retourner, trop répéter la même chose.

Vers 107. Le droit des rois consiste à ne rien épargner;
La timide équité détruit l'art de régner.

Cette maxime horrible n'est point du tout convenable ici; il
ne s'agit point du droit des rois contre d'autres rois, ni avec
leurs sujets; il ne s'agit que de mériter la faveur de César. Ptolomée est lui-même une espèce de sujet, un vassal, à qui on propose de flatter son maître par une action infâme. Ainsi la dernière
partie du discours de Photin pèche contre la raison autant que
contre la morale.

Vers 109. Quand on craint d'être injuste, on a toujours à craindre.

> . . . . Semper metuet, quem sæva pudebunt [2].

Vers 110. Et qui veut tout pouvoir doit oser tout enfreindre,
Fuir comme un déshonneur la vertu qui le perd,
Et voler sans scrupule au crime qui le sert.

C'est ce qu'on a dit quelquefois des ministres; mais ils ne
parlent jamais ainsi. Un homme qui veut faire passer son avis
ne lui donne point de si abominables couleurs. La Saint-Barthélemy même ne fut point présentée dans le conseil de Charles IX
comme un crime, mais comme une sévérité nécessaire. La tragédie est une imitation des mœurs, et non pas une amplification
de rhétorique.

Cette faute de Corneille a perdu plusieurs auteurs. Leurs personnages débitent, avec un enthousiasme de poëte, des maximes

---

1. Lucain, *Phars.*, VIII, 489-90.
2. *Ibid.*, 495.

atroces, et de fades lieux communs d'horreurs insipides, qui séduisent quelquefois le parterre dans un roman barbarement dialogué. On a récité sur le théâtre ces vers :

> Chacun a ses vertus ainsi qu'il a ses dieux [1].
> Le sceptre absout toujours la main la plus coupable.
> Le crime n'est forfait que pour les malheureux.

> Telle est donc de ces lieux l'influence cruelle [2]
> Que jusqu'à la vertu s'y rendra criminelle.

> Oui, lorsque de ses soins la justice est l'objet [3],
> Elle y doit emprunter le secours du forfait....

> Vertu! c'est à ce prix qu'on te doit dédaigner [4].

Voilà des sentences dignes de la Grève, dont plusieurs de nos pièces ont été remplies : voilà les vers barbares dignes de ces maximes qui ont retenti sur nos théâtres. Nous avons vu une mère amoureuse de son fils, qui disait hardiment :

> Dieu qui m'abandonnez à ces honteux transports,
> N'en attendez, cruels, ni douleurs, ni remords.
> Je ne tiens mon amour que de votre colère;
> Mais pour vous en punir mon cœur veut s'y complaire [5].

Les dieux qui n'*attendent pas les douleurs* de cette vieille, et qui sont punis par la *complaisance* de la vieille dans son inceste, doivent être bien étonnés ; et les gens de goût doivent l'être bien davantage de la vogue qu'ont eue pendant quelque temps ces infamies absurdes, écrites en gaulois.

Nous avons entendu dans *Catilina* [6] des vers encore plus révoltants et plus ridicules :

> Qu'il soit cru fourbe, ingrat, parjure, impitoyable,
> Il sera toujours grand s'il est impénétrable.
> Tel on déteste avant que l'on adore après.

Ce n'est que depuis quelque temps que le parterre a senti l'horreur et le ridicule de ces maximes. Narcisse, dans *Britannicus*, ne dit point à Néron : Commettez un crime, c'est à vous qu'il appartient d'en faire. Il ne débite aucune de ces maximes d'un vain déclamateur.

---

1. Crébillon, *Xerxès*, IV, ii.
2. *Id., Sémiramis*, III, iii.
3. *Ibid.*, III, iii.
4. Crébillon, *Xerxès*, IV, iii.
5. *Id., Sémiramis*, V, i.
6. Acte Ier, scène ire.

Vers 124. Qui n'est point au vaincu ne craint point le vainqueur

> Quidquid non fuerit Magni, dum bella geruntur,
> Nec victoris erit [1].

Vers 126. Vous pouvez adorer César, si l'on l'adore.

Il faut éviter ces syllabes désagréables de *l'on l'a.*

Vers 127. Mais quoique vos encens le traitent d'immortel,
Cette grande victime est trop pour son autel.

Encens ne souffre point le pluriel. On offre de l'encens aux immortels, mais l'encens ne traite point d'immortel.

On peut observer ici qu'en aucune langue les métaux, les minéraux, les aromates, n'ont jamais de pluriel. Ainsi, chez toutes les nations on offre de l'or, de l'eucens, de la myrrhe, et non des *ors,* des *encens,* des *myrrhes.*

Vers 132. En usant de la sorte on ne vous peut blâmer

n'est ni français ni noble. On dit, dans le langage familier, *en user de la sorte,* mais non pas *user de la sorte.*

Vers 137. Quoi que doive un monarque, et dût-il sa couronne,
Il doit à ses sujets encor plus qu'à personne.
Il cesse de devoir quand la dette est d'un rang
A ne point l'acquitter qu'aux dépens de leur sang.

Une dette est trop forte, trop grande, elle n'est pas *d'un rang à ne point l'acquitter qu'aux;* ce *point* est de trop, jamais on ne l'emploie que dans le sens absolu : *Je n'irai point, je n'irai qu'à cette condition.*

Vers 145. Il le servit enfin, mais ce fut de la langue.
La bourse de César fit plus que sa harangue.

La langue, la bourse, sont des expressions trop familières. Voyez comme il est difficile de dire noblement les petites choses, et comme il est aisé de traiter les autres avec emphase. Le grand art des vers consiste à n'être jamais ni ampoulé ni bas.

Vers 147. . . . . Pompée et ses discours,
Pour rentrer en Égypte, étoient un froid secours.

Un secours n'est ni chaud ni froid. Le mot propre est souvent difficile à rencontrer, et quand il est trouvé, la gêne du vers et de la rime empêche qu'on ne l'emploie.

1. Lucain, *Phars.,* VIII, 502-3.

Vers 152. Comme il parla pour vous, vous parlerez pour lui.
  Ainsi vous le pouvez et devez reconnoître.

On reconnaît un bienfait, mais non pas la personne. *Je vous reconnais* n'est pas français, et ne forme point de sens, à moins qu'il ne signifie au propre : *Je ne vous remettais pas, et je vous reconnais;* ou bien *je reconnais là votre caractère.*

Vers 161. Sire, je suis Romain, etc.

Le raisonnement de Septime est encore plus fort que celui d'Achillas. Cette scène est au fond parfaitement traitée, et à quelques fautes près (qu'on est toujours obligé de remarquer pour l'utilité des jeunes gens et des étrangers), elle est très-forte de raisonnement.

Vers 169. . . . . C'est lui laisser, et sur mer et sur terre,
  La suite d'une longue et difficile guerre.

Il faut éviter autant qu'on peut ces hémistiches trop communs, *et sur mer et sur terre,* qui ne sont que pour la rime, et qui font tout languir; *laisser la suite d'une guerre* n'est pas français.

Vers 173. Le livrer à César n'est que la même chose;

expression trop familière et trop triviale : de plus, livrer Pompée à César n'est pas la même chose que le renvoyer. Il y a une différence immense entre laisser un homme en liberté, et le mettre dans les mains de son ennemi.

Vers 180. Aussi bien qu'à Pompée il vous voudra du mal.

Il vous voudra du mal est une expression de comédie.

Vers 181. Il faut le délivrer du péril et du crime,
  Assurer sa puissance et sauver son estime.

Sauver son estime ne forme aucun sens. Veut-il dire que Ptolomée conservera l'estime qu'on a pour César, ou l'estime que César a pour Ptolomée, ou l'estime que César fait de lui-même? Dans les trois cas, *sauver l'estime* est trop impropre. *J'évite d'être long, et je deviens obscur*[1].

Vers 189. N'examinons donc plus la justice des causes,
  Et cédons au torrent qui roule toutes choses.

Des causes est un terme de barreau. *Toutes choses* est trop prosaïque, quoique dans les délibérations la poésie tragique ne

1. Boileau, *Art poétique,* I, 66.

doive point s'élever au-dessus de la prose soutenue ; et d'ailleurs *toutes choses,* et *la même chose,* dans une page, est d'un style trop négligé. On ne peut trop répéter qu'on est dans l'obligation de remarquer ces fautes, de peur que les jeunes gens, qui n'auraient pas la même excuse que Corneille, n'imitent des défauts qu'on devait lui pardonner, mais qu'on ne pardonne plus aujourd'hui.

Vers 195. Abattons sa superbe avec sa liberté.

La superbe ne se dit plus dans la poésie noble ; il est aisé d'y substituer *orgueil.* On n'abat point la liberté, on la détruit ; rien . n'est beau sans le mot propre.

Ces remarques ne portent point sur l'essentiel de la pièce ; mais il faut avertir de tout les lecteurs qui veulent s'instruire, et ceux qui nous font l'honneur d'apprendre notre langue.

Vers 205. Allez donc, Achillas, allez avec Septime,
　　　Nous immortaliser par cet illustre crime.

Cette pensée est trop emphatique. Ptolomée peut-il dire qu'il s'immortalisera par un assassinat ? Cette illusion qu'il se fait est-elle bien dans la nature ? Les raisons qu'il en apporte sont-elles de vraies raisons ? Les nations seront-elles moins esclaves pour être esclaves du maître de Rome ? S'exprimer ainsi, c'est substituer une amplification de rhétorique à la solidité d'un conseil d'État. Quel est le souverain qui dirait : Allons nous immortaliser par un illustre crime ? La tragédie doit être l'imitation embellie de la nature. Ces défauts dans le détail n'empêchent pas que le fond de cette première scène ne soit une des plus belles expositions qu'on ait vues sur aucun théâtre ; les anciens n'ont rien qui en approche ; elle est auguste. intéressante, importante ; elle entre tout d'un coup en action ; les autres expositions ne font qu'instruire du sujet de la pièce, celle-ci en est le nœud : placez-la dans quelque acte que vous vouliez, elle sera toujours attachante. C'est la seule qui soit dans ce goût.

SCÈNE II.

Vers 2.　De l'abord de Pompée elle espère autre issue.

Autre issue ne se dit que dans le style comique. Il faut, dans le style noble, *une autre issue.* On ne supprime les articles et les pronoms que dans ce familier qui approche du style marotique :

Sentir joie, faire mauvaise fin, etc. Observez encore qu'*issue* n'est pas le mot propre. Un abord n'a point d'*issue*. Il faut toujours ou le mot propre, ou une métaphore noble.

Vers 5. Elle se croit déjà souveraine maîtresse
D'un sceptre partagé que sa bonté lui laisse.

On ne sait, par la construction, à quoi se rapporte *sa bonté*.

Vers 8. De mon trône en son âme elle prend la moitié.

Ce mot *prend* n'est pas assez noble.

Vers 9. Où de son vain orgueil les cendres rallumées
Poussent déjà dans l'air de nouvelles fumées.

Jamais un orgueil n'eut de cendres. Ces fumées poussées par les cendres de l'orgueil ne sont guère plus admissibles. Tout ce qui n'est pas naturel doit être banni de la poésie et de la prose.

Vers 13. Sans doute il jugeroit de la sœur et du frère
Suivant le testament du feu roi votre père,
Son hôte et son ami, qui l'en daigna saisir.

Le feu roi votre père est trop prosaïque, et il y a un enjambement que les règles de notre poésie ne souffrent point dans le style sérieux des vers alexandrins. *Qui l'en daigna saisir* est un terme de chicane. Ma partie est saisie de ce testament. On a saisi ma partie de ces pièces.

Vers 16. Jugez, après cela, de votre déplaisir.

Ce vers n'a pas un sens clair. Est-ce du déplaisir qu'a eu Ptolomée? On ne peut dire à un homme : Jugez de la peine que vous avez eue ; est-ce du déplaisir qu'il aura? Il fallait donc l'exprimer, et dire : Jugez de votre déplaisir si Pompée venait mettre Cléopâtre sur le trône ; de plus, cette raison de Photin peut être alléguée contre César bien plus que contre Pompée.

Vers 20. Car c'est ne régner pas qu'être deux à régner.

C'est exprimer bassement ce qui demande de l'élévation.

SCÈNE III.

Vers 3. Je lui viens d'envoyer Achillas et Septime.
— Quoi! Septime à Pompée! à Pompée Achillas!

Ce vers en dit plus que vingt n'en pourraient dire. La simple exposition des choses est quelquefois plus énergique que les plus grands mouvements de l'éloquence. Voilà le véritable dialogue de la tragédie : il est simple, mais plein de force; il fait penser plus qu'il ne dit. Corneille est le premier qui ait eu l'idée de cette vraie beauté; mais elle est très-difficile à saisir, et il ne l'a pas toujours employée.

Vers 13. Il est toujours Pompée, et vous a couronné.
    — Il n'en est plus que l'ombre, et couronna mon père,
    Dont l'ombre, et non pas moi, lui doit ce qu'il espère.

Il n'en est plus que l'ombre : donc c'est à *l'ombre* de mon père à le payer. Quel raisonnement ! et quel mauvais jeu de mots !

Vers 23. Mais songez qu'au port même il peut faire naufrage.

Ptolomée ne commet-il pas ici une indiscrétion, en faisant entendre à sa sœur, dont il se défie, qu'il va faire assassiner Pompée ? Ne doit-il pas craindre qu'elle ne l'en avertisse ? Je ne crois pas qu'il soit permis de mettre sur la scène tragique un prince imprudent et indiscret, à moins d'une grande passion qui excuse tout. L'imprudence et l'indiscrétion peuvent être jouées à la comédie; mais sur le théâtre tragique il ne faut peindre que des défauts nobles. Britannicus brave Néron avec la hauteur imprudente d'un jeune prince passionné; mais il ne dit pas son secret à Néron imprudemment.

Vers 36. Après tout, c'est ma sœur, oyez sans repartir.

Oyez ne se dit plus. L'usage fait tout.

Vers 40. Cette haute vertu dont le ciel et le sang
    . Enflent toujours les cœurs de ceux de notre rang.

Le ciel et le sang qui enflent le cœur de vertu n'est pas une expression convenable. Le mot *enfler* est fait pour l'orgueil. On pourrait encore dire *enfler d'une vaine espérance.*

Vers 46. Confessez-le, ma sœur, vous sauriez vous en taire,
    N'étoit le testament du feu roi notre père.

N'était est une expression du style le plus familier, et prise encore du barreau. *Le feu roi notre père,* deux fois répété, n'est pas d'un style assez châtié. Ces façons de parler ne sont plus permises. La poésie ne doit pas être enflée, mais elle ne doit pas être trop familière : c'est une observation qu'on est obligé de faire souvent. C'est un défaut trop grand dans cette pièce que ce mélange continuel d'enflure et de familiarité.

Vers 57. Il fut jusques à Rome implorer le sénat.

Il fut implorer; c'était une licence qu'on prenait autrefois. Il y a même encore plusieurs personnes qui disent: Je *fus* le voir, je fus lui parler; mais c'est une faute, par la raison qu'on *va* parler, qu'on *va* voir; on n'*est* point parler, on n'*est* point voir. Il faut donc dire: *J'allai le voir, j'allai lui parler, il alla l'implorer.* Ceux qui tombent dans cette faute ne diraient pas: Je *fus* lui remontrer, je *fus* lui faire apercevoir.

Vers 58. Il nous mena tous deux pour toucher son courage.

Quand on parle du courage de César, on entend toujours sa valeur. Mais ici Cléopâtre entend son âme, son cœur. Le mot de *courage* était entendu en ce sens du temps de Corneille; nous avons vu que Félix dit à Pauline : *Ton courage était bon*[1].

Vers 60. ..... Ce peu de beauté que m'ont donné les cieux
D'un assez vif éclat faisoit briller mes yeux;
César en fut épris.

Il n'est guère dans les bienséances qu'une princesse parle ainsi devant des ministres. La décence est une des premières lois de notre théâtre : on n'y peut manquer qu'en faveur du grand tragique, dans les occasions où la passion ne ménage plus rien.

Vers 70. Après avoir pour nous employé ce grand homme,
Qui nous gagna soudain toutes les voix de Rome,
Son amour en voulut seconder les efforts.

Que veut dire *en seconder les efforts?* Est-ce aux efforts des voix de Rome que cet *en* se rapporte ? Sont-ce les efforts de l'amour de ce grand homme ? Cet *en* est également vicieux dans l'un et l'autre sens.

Vers 73. Et nous ouvrant son cœur, nous ouvrit ses trésors.

Ouvrir son cœur et ses trésors semble un jeu de mots. Tout ce qui a l'air de pointe est l'opposé du style sérieux.

Vers 74. Nous eûmes de ses feux, encore en leur naissance,
Et les nerfs de la guerre et ceux de la puissance.

Nous eûmes de ses feux les nerfs de la guerre; cette expression n'est pas française : qu'est-ce qu'un nerf qu'on a d'un feu? L'idée est plus répréhensible que l'expression. Une femme ne se vante

1. Voyez page 383.

point ainsi d'avoir un amant ; cela n'est permis que dans les rôles comiques.

Vers 86.   Certes, ma sœur, le conte est fait avec adresse.
— César viendra bientôt, et j'en ai lettre expresse.

Ces vers sont de la pure comédie.

Cette scène eût été bien plus belle si Cléopâtre n'eût fait parler que sa fierté et sa vertu, et si elle ne se fût point vantée que César était amoureux d'elle.

J'en ai lettre expresse, style familier et bourgeois.

Vers 87.   Je n'ai reçu de vous que mépris et que haine.

On ne dit point : *Je n'ai reçu que haine.* On ne reçoit point haine ; c'est un barbarisme.

Vers 88.   Et de ma part du sceptre indigne ravisseur,
Vous m'avez plus traitée en esclave qu'en sœur.

Part du sceptre est hasardé, parce qu'on ne coupe point un sceptre en deux. Mais cette figure, qui ne présente rien de louche et d'obscur, est très-admissible.

Vers 96.   Cependant mon orgueil vous laisse à démêler
Quel étoit l'intérêt qui me faisoit parler.

Elle ne le laisse point à démêler ; elle le fait entendre trop nettement.

SCÈNE IV.

Vers 2.   Sire, cette surprise est pour moi merveilleuse.

Merveilleuse, pour *étonnante, surprenante,* est du style de la comédie ; l'on ne peut dire *une surprise étonnante, merveilleuse ;* ce n'est pas la surprise qui est merveilleuse, c'est la chose qui surprend.

Vers 3.   Je n'en sais que penser, et mon cœur étonné
D'un secret que jamais il n'auroit soupçonné....

Mon cœur n'est pas le mot propre ; on ne l'emploie que dans le sentiment. Le cœur n'a jamais de part aux réflexions politiques. Il fallait *mon esprit ;* de plus, quand on vient de dire qu'on est surpris, il ne faut pas ajouter qu'on est étonné.

Vers 5.   Inconstant et confus dans son incertitude,
           Ne se résout à rien qu'avec inquiétude.

Inconstant est encore moins convenable. *Le cœur inconstant* n'exprime point du tout un homme embarrassé.

Vers 7.   Sauverons-nous Pompée? — Il faudroit faire effort,
           Si nous l'avions sauvé, pour conclure sa mort.

Il faudrait faire effort pour conclure. C'est le contraire de ce que Photin veut dire. Il ne faudrait point d'effort pour conclure la mort de Pompée : on aurait une raison de plus pour la conclure; il faudrait s'efforcer de la hâter.

Vers 18.   Consultez-en encore Achillas et Septime.

En encore : on doit éviter ce bâillement, ces *hiatus* de syllabes, désagréables à l'oreille.

Cet acte ne finit point avec la pompe et la noblesse qu'on attendait du commencement.

Vers 19.   Allons donc les voir faire, et montons à la tour

est du ton bourgeois, et l'acte a commencé dans un style emphatique. Il faut, autant qu'on le peut, finir un acte par de beaux vers qui fassent naître l'impatience de voir l'acte suivant.

ACTE DEUXIÈME.

SCÈNE I.

Vers 1.   Je l'aime ; mais l'éclat d'une si belle flamme,
           Quelque brillant qu'il soit, n'éblouit point mon âme.

Ce sentiment de Cléopâtre est fort beau ; mais on affaiblit toujours son propre sentiment quand on l'exprime par des maximes générales.

Vers 3.   Et toujours ma vertu retrace dans mon cœur
           Ce qu'il doit au vaincu, brûlant pour le vainqueur.

Les héroïnes de Corneille parlent toujours de leur vertu.

Vers 4.   Ce qu'il doit au vaincu, brûlant pour le vainqueur.

Il semble, par la construction, que le vaincu brûle pour le vainqueur. Toutes ces négligences sont pardonnables à Corneille,

mais ne le seraient pas à d'autres ; c'est pour cette raison que je
les remarque soigneusement.

VerS 7.   Et je le traiterois avec indignité
           Si j'aspirois à lui par une lâcheté.

Je le traiterais avec indignité ne dit pas ce que Cléopâtre veut
dire. Son idée est qu'elle serait indigne de César si elle ne pensait pas noblement. *Traiter avec indignité* signifie *maltraiter, acca-
bler d'opprobre.*

Vers 14.   Les princes ont cela de leur haute naissance.

Les princes ont cela gâte la noblesse de cette idée. C'est ici le
lieu de rapporter le sentiment du marquis de Vauvenargues. *Les
héros de Corneille,* dit-il, *parlent toujours trop, et pour se faire connaître ; ceux de Racine se font connaître parce qu'ils parlent.* Cette
réflexion est très-juste. Les vaines maximes, les lieux communs,
disent toujours peu de chose ; et un mot qui échappe à propos,
qui part du cœur, qui peint le caractère, en dit bien davantage.

Vers 15.   Leur âme dans leur sang prend des impressions
           Qui dessous leur vertu rangent leurs passions.

Dessous leur vertu ; cette expression n'est pas heureuse.

Vers 17.   Leur générosité soumet tout à leur gloire

a un sens trop vague, qui ôte à ce couplet sa précision, et lui
dérobe par conséquent sa force.

Vers 18.   Tout est illustre en eux quand ils osent se croire.

Tout est illustre n'est pas le mot propre ; c'est *noble* qu'il fallait.

Vers 23.   Il croit cette âme basse et se montre sans foi ;
           Mais s'il croyoit la sienne, il agiroit en roi.

Ce dernier vers est beau, et semble demander grâce pour les
autres.

Vers 29.   Apprends qu'une princesse aimant sa renommée,
           Quand elle dit qu'elle aime, est sûre d'être aimée.

Il y avait d'abord :

           Quand elle avoue aimer, s'assure d'être aimée.

Voilà encore une maxime générale, qui a même le défaut de
n'être pas vraie, car l'infante du *Cid* avoue qu'elle aime et n'en

est pas plus aimée. Hermione est dans la même situation : il est
vrai que si une princesse disait publiquement qu'elle aime et
qu'elle n'est point aimée, elle pourrait être avilie ; mais il n'est
pas vrai qu'une princesse n'avoue à sa confidente sa passion que
quand elle est sûre d'être aimée. En général, il faut s'interdire ce
ton didactique dans une tragédie : on doit le plus qu'on peut
mettre les maximes en sentiment. Ce qu'il y a de pis, c'est que
l'amour de Cléopâtre est très-froid, et contre les lois de la tragédie ; il n'inspire ni terreur, ni pitié : ce n'est précisément que de
la galanterie, sans aucun intérêt ; et cette galanterie est des plus
indécentes. C'est un très-grand défaut [1].

Vers 31.   Et que les plus beaux feux dont son cœur soit épris
           N'oseroient l'exposer aux hontes d'un mépris.

Soit épris est un solécisme ; mais *de beaux feux qui exposent à
des hontes* sont pis qu'un solécisme.

Vers 39.   Son bras ne dompte point de peuples ni de lieux
           Dont il ne rende hommage au pouvoir de mes yeux.

Lieux, après *peuples*, est inutile et languisssant. *Un bras qui
dompte des lieux* révolte l'esprit et l'oreille.

Vers 43.   Il trace des soupirs, et d'un style plaintif
           Dans son champ de victoire il se dit mon captif.

César qui trace des soupirs d'un style plaintif n'est point
César, et ce ridicule augmente encore par celui de l'expression.
On ne parlerait pas autrement de Corydon dans une églogue.
Est-il possible qu'on ait dit que Corneille a banni la galanterie
de ses pièces ? Il ne l'a traitée que trop : elle était alors la base
de tous les ouvrages d'imagination. Horatius Coclès chante à
l'écho dans *Clélie*, et fait des anagrammes. Tout héros est galant.
Remarquons que Dacier, dans ses notes sur l'*Art poétique* d'Horace, censura fortement la plupart de ces fautes où Corneille
tombe trop souvent. Il rapporte plusieurs vers dont il fait la critique. Le seul amour du bon goût le portait à cette juste sévérité
dans un temps où il ne semblait pas encore permis de censurer
un homme presque universellement applaudi. Boileau avait bien
fait sentir que Corneille péchait souvent par le style, par l'obscurité des pensées, quelquefois par leur fausseté, par l'inégalité,

---

1. Voyez *Dictionnaire philosophique*, au mot ESPRIT, IVe section, tome XIX,
page 21.

par des termes bas, et par des expressions ampoulées ; mais il le disait avec ménagement, jusqu'à ce qu'enfin dans son *Art poétique* il alla jusqu'à dire :

> Et si le roi des Huns ne lui charme l'oreille,
> Traiter de visigoths tous les vers de Corneille[1].

Il n'aurait jamais parlé ainsi de Racine, le seul qui eut toujours un style noble et pur.

Vers 45. Oui, tout victorieux il m'écrit de Pharsale.

Il faut dire *oui, tout vainqueur qu'il est.*

Vers 46. Et si sa diligence à ses feux est égale,
Ou plutôt si la mer ne s'oppose à ses feux,
L'Égypte le va voir me présenter ses vœux.

Cette opposition de la *mer* et des *feux* est un jeu de mots puéril auquel l'auteur n'a peut-être pas pensé. Ce n'est pas assez de ne pas chercher ces petitesses, il faut prendre garde que le lecteur ne puisse les soupçonner.

Vers 53. Si bien que ma rigueur, ainsi que le tonnerre,
Peut faire un malheureux du maître de la terre.

L'expression familière *si bien que* est à peine tolérée dans la comédie. La rigueur d'une femme comparée au tonnerre est d'un gigantesque puéril. Un tonnerre qui fait un malheureux est petit. Le tonnerre fait pis, il tue, et les rigueurs de Cléopâtre qui tueraient César comme le tonnerre sont quelque chose de plus outré, de plus faux, et de plus choquant que les exagérations de tous nos romans. On ne peut trop s'élever contre ce faux goût.

Vers 55. J'oserois bien jurer que vos divins appas
Se vantent d'un pouvoir dont ils n'useront pas

est un discours de soubrette ; mais Cléopâtre, qui espère avoir un enfant de César, s'exprime en femme abandonnée[2].

Vers 57. Et que le grand César n'a rien qui l'importune,
Si vos seules rigueurs ont droit sur sa fortune.

Toutes ces expressions sont fausses et alambiquées. Des rigueurs n'ont point de droit, elles n'en ont point sur la fortune

---

1. Ces vers ne sont pas de *l'Art poétique*, mais de la satire ix, vers 179-180.
2. Ce qui termine cette remarque s'applique à des vers qui ne se trouvent que dans les premières éditions de Corneille.

de César ; et ce César qui *n'a rien qui importune* est comique.
J'avoue qu'on est étonné de tant de fautes, quand on y regarde
de près. Remarquons-les, puisqu'il faut être utile ; mais songeons
toujours que Corneille a des beautés admirables, et que s'il a
bronché dans la carrière, c'est lui qui l'a ouverte en quelque
façon, puisqu'il a surpassé ses contemporains jusqu'à l'époque
d'*Andromaque.*

Vers 69. Peut-être mon amour aura quelque avantage
          Qui saura mieux que moi ménager son courage.

Son amour qui a un avantage, lequel ménagera mieux le
courage de César qu'elle-même, est une idée obscure exprimée
obscurément.

Il y avait auparavant :

> Et si jamais le ciel favorisoit ma couche
> De quelque rejeton de cette illustre souche,
> Cette heureuse union de mon sang et du sien
> Uniroit à jamais son destin et le mien.

L'auteur retrancha ces vers, qui présentaient une image révoltante.

Vers 85. Ne pouvant rien de plus pour sa vertu séduite,
          Dans mon âme en secret je l'exhorte à la fuite.

Il semble, par la phrase, qu'il s'agisse de la vertu séduite de
Pompée, et c'est de la vertu séduite de l'âme de Cléopâtre. *Je
l'exhorte à la fuite dans mon âme.* Cette expression n'est pas heureuse. Mais si Cléopâtre veut secourir Pompée, que ne lui dépêche-
t-elle un exprès pour l'avertir de son danger? Elle en dit trop
quand elle ne fait rien.

Vers dern. . . . J'en apprendrai la nouvelle assurée.

On apprend des nouvelles sûres, et non une nouvelle assurée;
on dit bien : *Cette nouvelle m'a été assurée par tels et tels.*

SCÈNE II.

Si Cléopâtre, au lieu de parler en femme galante, avait su
donner de la noblesse à son amour pour César, et montrer en
même temps la plus grande reconnaissance pour Pompée, et une
véritable crainte de sa mort, le récit d'Achorée ferait bien un
autre effet. Le cœur n'est point assez ému quand le récit des

infortunes n'est fait qu'à des personnes indifférentes. Le nom de Pompée et de beaux vers suppléent à l'intérêt qui manque. Cléopâtre a montré assez d'envie de sauver Pompée pour que le récit qu'on lui fait la touche; mais non pas pour que ce récit soit un coup de théâtre, non pas pour qu'il fasse répandre des larmes.

Vers 4.   J'ai vu la trahison, j'ai vu toute sa rage.

La rage de la trahison!

Vers 5.   Du plus grand des mortels j'ai vu trancher le sort.

On tranche la vie, on tranche la tête, on ne tranche point un sort.

Vers 6.   J'ai vu dans son malheur la gloire de sa mort.

La gloire d'une mort! Et cette *gloire* deux fois répétée! quelle négligence!

Vers 9.   Écoutez, admirez, et plaignez son trépas.

On n'admire point un *trépas*, mais la manière héroïque dont un homme est mort. Cependant cette expression est une beauté, et non une faute; c'est une figure très-admissible.

Vers 13.   Mais voyant que ce prince ingrat à ses mérites
           N'envoyoit qu'un esquif rempli de satellites,
           Il soupçonne dès lors son manquement de foi.

           Quippe fides si pura foret, si regia Magno
           Sceptrorum auctori vera pietate parèret;
           Venturum tota Pharium cum classe tyrannum [1].

Ingrat à ses mérites; nous disons *ingrat envers quelqu'un*, et non pas *ingrat à quelqu'un* [2]. Aujourd'hui que la langue semble commencer à se corrompre, et qu'on s'étudie à parler un jargon ridicule, on se sert du mot impropre *vis-à-vis*. Plusieurs gens de lettres ont été ingrats *vis-à-vis de moi*, au lieu de *envers moi*. Cette compagnie s'est rendue difficile *vis-à-vis du roi*, au lieu de *envers le roi* ou *avec le roi*. Vous ne trouverez le mot *vis-à-vis* employé en ce sens dans aucun auteur classique du siècle de Louis XIV.

Vers 17. . . . . son manquement de foi.

1. Lucain, P*hars.*, VIII, 572-74.
2. Dans *la Mort de César*, Voltaire a dit lui-même : *ingrat à tes bontés.*

Manquement n'est plus d'usage, nous disons *manque*; et ce *manque de foi* est une expression trop faible pour exprimer l'horrible perfidie que Pompée soupçonne.

Vers 23.   N'exposons, lui dit-il, que cette seule tête
           A la réception que l'Égypte m'apprête, etc.

           . . . . . . Longeque a littore casus
           Expectate meos, et in hac cervice tyranni
           Explorate fidem[1].

Vers 29.   Mais quand tu les verrois descendre chez Pluton,
           Ne désespère point, du vivant de Caton.

Pompée ne se servit certainement pas de cette figure, *descendre chez Pluton*. Il ne faut pas faire parler un héros en poëte.

Vers 33.   Septime se présente, et, lui tendant la main,
           Le salue empereur, etc.

           Romanus Pharia miles de puppe salutat
           Septimius[2].

Vers 39.   Ce héros voit la fourbe, et s'en moque dans l'âme.

S'en moque est comique et trivial. Je ne sais pourquoi Corneille feint que Pompée s'aperçoit du dessein de Septime : car s'il le devine il ne doit pas quitter son vaisseau, dans lequel sans doute il a des soldats. Il doit prendre le chemin de Carthage.

Vers 48.   Mes yeux ont vu le reste, et mon cœur en soupire
           Et croit que César même à de si grands malheurs
           Ne pourra refuser des soupirs et des pleurs.

Un cœur qui croit; cela ne serait pas souffert aujourd'hui.

Vers 57.   Il se lève, et soudain par derrière Achillas,
           Comme pour commencer tirant son coutelas,
           Septime et trois des siens, lâches enfants de Rome,
           Percent à coups pressés les flancs de ce grand homme.

Par derrière est d'une prose trop basse.

Vers 61.   Tandis qu'Achillas même, épouvanté d'horreur,
           De ces quatre enragés admire la fureur.

1. Lucain, *Phars.*, VIII, 580-82.
2. *Ibid.*, 596-97.

Ces quatre enragés est aujourd'hui du bas comique; il ne l'était pas alors. *Enragé* faisait le même effet que l'*arrabiato* des Italiens, et l'*enrag'd* des Anglais ; *admire* est insoutenable.

Vers 68.   D'un des pans de sa robe il couvre son visage,
         A son mauvais destin en aveugle obéit, etc.

         Involvit vultus, atque indignatus apertum
         Fortunæ præbere caput, tunc lumina pressit[1].

Vers 70.   Et dédaigne de voir le ciel qui le trahit.

J'ai vu autrefois admirer ce vers, et depuis j'ai vu tous les connaisseurs le condamner comme une exagération, comme un vain ornement, et même comme une pensée fausse. On peut dédaigner de regarder un ami perfide; mais dédaigner de regarder le ciel, parce qu'on se suppose trahi par le ciel, cela est d'un capitan plutôt que d'un héros.

Vers 73.   Aucun gémissement à son cœur échappé...

     . . . . . Nullo gemitu consensit ad ictum[2].

Vers 74.   Ne le montre en mourant digne d'être frappé.

N'est-ce pas là encore une fausse idée? Pourquoi Pompée aurait-il été *digne d'être frappé* s'il eût gémi? Et que veut dire *digne d'être frappé?* Quelle enflure! quelle fausse grandeur !

Vers 75.   Immobile à leurs coups, en lui-même il rappelle
         Ce qu'eut de beau sa vie et ce qu'on dira d'elle.

Immobile n'a et ne peut avoir de régime, car, en toute langue, on n'est immobile ni *à* quelque chose ni *en* quelque chose.

Vers 77.   Et tient la trahison que le roi leur prescrit
         Trop au-dessous de lui pour y prêter l'esprit.

Quoi! Pompée ne daigne pas songer qu'on l'assassine? Quoi! il ne daigne pas *prêter l'esprit* à vingt coups de poignard qu'il reçoit? Il n'y a rien au monde de plus faux, de plus romanesque. Et *cette vertu qui augmente ainsi son lustre dans leur crime!* Quelles peines l'auteur se donne pour montrer de l'esprit faux et pour s'expliquer en énigmes!

---

1. Lucain, *Phars.*, VIII, 614-15.
2. *Ibid.*, 619.

Vers 80.   Et son dernier soupir est un soupir illustre.

> Seque probat moriens[1].

Ce mot *illustre* ne peut convenir à un *soupir;* de plus, un *soupir* n'est-il pas une espèce de gémissement? Achorée vient de dire que Pompée n'a poussé aucun gémissement. Et comment un *soupir* peut-il *étaler tout Pompée?* Corneille a voulu traduire le *seque probat moriens* de Lucain. *Il prouve en mourant qu'il est Pompée.* Ce peu de mots est vrai, simple et noble; mais un *soupir illustre* n'est pas tolérable.

Vers 83.   Sa tête sur les bords de la barque penchée.

Est-ce la barque, ou la tête, qui est penchée[2]?

Vers 84.   Par le traître Septime indignement tranchée,
           Passe au bout d'une lance en la main d'Achillas.

> Septimius. . . . .
> ...Retegit... scisso velamine vultus....
> Collaque in obliquo ponit languentia transtro;
> Tunc nervos venasque secat....
> Vindicat hoc Pharius dextra gestare satelles[3].

Vers 88.   On donne à ce héros la mer pour sépulture.

> Littora Pompeium feriunt, truncusque vadosis
> Huc, illuc, jactatur aquis[4].

Vers 94.   Je l'ai vue élever ses tristes mains aux cieux.

On sait bien que des mains ne sont pas tristes. Cependant cette épithète peut être soufferte en poésie, et surtout dans cette occasion[5].

Vers 95.   Puis cédant aussitôt à la douleur plus forte,
           Tomber dans sa galère évanouie ou morte.

---

1. Lucain, *Phars.*, VIII, 621.
2. Le vers, tel que le cite Voltaire, existait encore dans l'édition de 1664; mais dans l'édition de 1682 on lit :

> Sur les bords de l'esquif sa tête enfin penchée.

3. Lucain, *Phars.*, VIII, 668-69, 671-72, 675.
4. *Ibid.*, 698-99.
5. Dans l'édition de 1664 on lit :

> Puis n'espérant plus rien, lève les mains aux cieux.

> . . . . Interque suorum
> Lapsa manus rapitur trepida fugiente carina [1].

Vers 116. Dans quelque urne chétive en ramasser la cendre.

Le mot de *chétive* ne passerait pas aujourd'hui. Il me paraît qu'il fait ici un très-bel effet, par l'opposition d'une fin si déplorable à la grandeur passée de Pompée.

Vers 124. Cléopâtre a de quoi vous mettre tous en poudre.

Cléopâtre a de quoi; on évite aujourd'hui de tels hémistiches. La situation n'en est pas moins intéressante : rien n'est plus grand que ce moment où Pompée périt, où Cornélie fuit, et où César arrive.

On évite aujourd'hui ces lieux communs, *mettre en poudre,* qui n'étaient employés que pour rimer à *foudre.*

Vers 127. Admirons cependant le destin des grands hommes ;
Plaignons-les, et par eux jugeons ce que nous sommes, etc.

Cela serait froid en toute autre occasion. On est peu touché quand on se prépare ainsi, quand on s'arrange pour faire des réflexions. Il vaudrait mieux montrer plus de sentiment.

Vers 131. Lui que sa Rome a vu, plus craint que le tonnerre,
Triompher en trois fois des trois parts de la terre.

On voit bien là le misérable esclavage de la rime. Ce *tonnerre* n'est mis que pour rimer à *terre;* on s'est imaginé, grâce à ces malheureuses rimes, si souvent rebattues, qu'il n'y avait que tonnerre et guerre qui pussent rimer à terre, à cause des deux *rr* qui se trouvent dans ces mots. On n'a pas fait réflexion que ce double *r* ne se prononce pas. *Abhorre,* qui a deux *r,* rime très-bien avec *adore* et *honore,* qui n'en ont qu'un. L'usage fait tout, mais c'est un usage bien condamnable de se donner des entraves si ridicules. La rime est faite pour l'oreille. On prononce *terre* comme *père, mère;* et puisque *abhorre* rime avec *adore; terre* doit rimer avec *mère.*

Vers 141. Ainsi finit Pompée, et peut-être qu'un jour
César éprouvera même sort à son tour.

Cette idée est fort belle, et d'autant plus convenable que le jour même on conspire contre César.

---

1. Lucain, *Phars.*, VIII, 661-2.

SCÈNE III.

Vers 4. Vous haïssez toujours ce fidèle sujet?
— Non, mais en liberté je ris de son projet.

Le spectateur est indigné qu'après la mort du grand Pompée, dont il est rempli, Ptolomée et Cléopâtre s'amusent à parler de Photin, et que Cléopâtre dise, en vers de comédie, qu'elle *rit de son projet*.

Il faut, autant qu'on le peut, fixer toujours l'attention du public sur les grands objets, et parler peu des petits, mais avec dignité.

Cette froide scène devient encore moins tragique par les petites ironies du frère et de la sœur.

Vers 15. Il en coûte la vie et la tête à Pompée.

Quand on dit *la vie, la tête* est de trop.

Vers 22. Je ferai mes présents; n'ayez soin que des vôtres.

Je ferai mes présents est de la dernière indécence, surtout dans la bouche d'un femme galante. *N'ayez soin que des vôtres* paraît encore plus insupportable quand il s'agit de la tête de Pompée.

Vers 35. Je connois ma portée, et ne prends point le change...
V. 43, 44. Et je suis bonne sœur si vous m'êtes bon frère.
— Vous montrez cependant un peu bien du mépris, etc.

Tout cela est d'un comique si froid que plusieurs personnes sont étonnées que Corneille ait pu passer si rapidement du pathétique et du sublime à ce style bourgeois, et qu'il n'ait point eu quelque ami qui l'ait fait apercevoir de ces disparates. On l'a déjà dit[1] : Corneille n'était plus le même quand il n'était plus soutenu par la majesté du sujet, et il ne vivait pas dans un temps où l'on connût encore toutes les bienséances du dialogue, la pureté du style, l'art, aussi nécessaire que difficile, de dire les petites choses avec une noblesse élégante. On ne peut trop répéter que la plupart des défauts de Corneille sont ceux de son siècle.

. . . . . Je suis bonne sœur si vous m'êtes bon frère;

vers de comédie, et mauvais vers. *Un peu bien du mépris* n'est pas français.

---

1. Voltaire le dit dans ses Remarques sur *Pompée*, acte V, scène II; sur *Théodore*, acte III, scène III.

SCÈNE IV.

Vers 1.   J'ai suivi tes conseils; mais plus je l'ai flattée,
          Et plus dans l'insolence elle s'est emportée.

Elle s'est emportée dans l'insolence est un barbarisme et un solécisme. Il faut *jusqu'à l'insolence elle s'est emportée.*

Vers 4.   Je m'allois emporter dans les extrémités.

On s'emporte *à* quelque extrémité, et non *dans* les extrémités.
Ptolomée doit-il dire qu'il a été tenté de tuer sa sœur? Il me
semble qu'au théâtre on ne doit parler de meurtre que dans les
grandes passions, ou dans les grands intérêts, et non pas après
une scène d'ironie et de picoterie.

Vers 7.   (Il) l'eût mise en état, malgré tout son appui,
          De s'en plaindre à Pompée auparavant qu'à lui.

Auparavant qu'à lui n'est pas français. Cet adverbe absolu
n'admet aucune relation, aucun régime. Il faut *avant qu'à lui.*

Vers 17.   Et ne permettons pas qu'après tant de bravades
          Mon sceptre soit le prix d'une de ses œillades.

Ces deux vers sont du style comique. On peut trouver de telles
observations minutieuses ; mais elles sont faites pour les étrangers. Il ne faut rien omettre.

Vers 19.   Sire, ne donnez point de prétexte à César
          Pour attacher l'Égypte aux pompes de son char.

Attacher l'Égypte à des pompes !

Vers 23.   Enflé de sa victoire et des ressentiments
          Qu'une perte pareille imprime aux vrais amants...

Un ministre d'État, et même un scélérat, qui parle de vrais
amants, et des ressentiments qu'une perte imprime aux vrais
amants!

Vers 30.   Si Cleopâtre meurt, votre perte est certaine....
          Pour la perdre avec joie il faut vous conserver.

Cet *avec joie* est ridicule; il devait dire : Pour la perdre sans
vous nuire, pour vous venger avec sûreté.

Vers 34.   Sceptre, s'il faut enfin que ma main t'abandonne,
          Passe, passe plutôt en celle du vainqueur.

Il faut avoir l'attention d'éviter ces façons de parler, employées dans le style bas ; *passe, passe* fait un effet ridicule.

Vers 39. L'amour à ses pareils ne donne point d'ardeur
          Qui ne cède aisément aux soins de leur grandeur.

L'amour qui donne de *l'ardeur!*

Vers 47. Et s'il donnoit loisir à des cœurs si hardis
          De relever du coup dont ils sont étourdis...

On relève de maladie ; on ne relève pas d'un coup.

Vers 49. S'il les vainc, s'il parvient où son désir aspire...

Évitez toujours ces syllabes rudes et sèches.

Vers 57. Remettez en ses mains, trône, sceptre, couronne.

Ce ne sont point trois choses différentes, c'est la même idée sous trois diverses figures, c'est un pléonasme, une négligence.

Vers pén. Avec toute ma flotte allons le recevoir,
          Et par ces vains honneurs séduire son pouvoir.

Notre langue ne permet guère qu'on applique à des choses inanimées des verbes qui ne sont appropriés qu'à des choses animées. On séduit un homme, et par une métaphore très-juste on séduit sa passion ; mais quand on séduit un homme puissant, ce n'est pas son pouvoir qu'on séduit. Cette impropriété de termes est souvent ce qui révolte le lecteur, sans qu'il s'aperçoive d'où naît son dégoût. Les poëtes comme Boileau et Racine, qui n'emploient jamais que des métaphores justes, qui écrivent toujours purement, sont lus de tout le monde, et il n'y a pas un seul de leurs vers que les amateurs ne relisent cent fois, et ne sachent par cœur ; mais on ne lit des autres que quelques endroits de génie, dont la beauté supérieure s'élève au-dessus des règles de la syntaxe et de la correction du style.

ACTE TROISIÈME.

SCÈNE I.

Corneille, dans l'examen de *Pompée,* dit qu'on a trouvé mauvais qu'Achorée fasse le récit intéressant qui suit, à une simple suivante. Il donne pour réponse que cette suivante tient lieu de la reine ; mais, encore une fois, les récits intéressants ne doivent être faits qu'aux principaux personnages. On est mécontent de voir une suivante qui dit que sa maîtresse, *dans son appartement, de César attend le compliment sans s'en émouvoir.* Ces scènes inutiles, et par conséquent froides, prouvent que presque toutes les tragédies françaises sont trop longues. On les appelle des scènes de *remplissage.* Ce mot est leur condamnation.

Vers 1.   Oui, tandis que le roi va lui-même en personne
Jusqu'aux pieds de César prosterner sa couronne,
Cléopâtre s'enferme en son appartement.

On ne prosterne point une couronne : on se prosterne, on dépose une couronne[1] ; on la dépose aux pieds, et non jusqu'aux pieds.

Vers 5.   Comment nommerez-vous une humeur si hautaine ?

Humeur n'est pas plus noble que *beau présent.*

Vers 9. . . . . Elle m'envoie
Savoir à cet abord ce qu'on a vu de joie.

Ce qu'on a vu de joie ne peut se dire dans le style tragique, quoique ce soit une suivante qui parle.

Vers 11.   Ce qu'à ce beau présent César a témoigné.

Ce beau présent est comique.

Vers 13.   S'il traite avec douceur, s'il traite avec empire.

Traite exige un régime ; ce verbe n'est neutre que lorsqu'on parle d'un traiteur.

Vers 15.   La tête de Pompée a produit des effets
Dont ils n'ont pas sujet d'être fort satisfaits.

Ce dernier vers est un peu de comédie.

Vers 21.   Ses vaisseaux en bon ordre ont éloigné la ville.

Ont éloigné la ville est un solécisme. Il fallait *se sont éloignés de,* ou plutôt une autre expression, un autre tour.

Vers 23.   Il venoit à plein voile, etc.

est un solécisme : *voile* de vaisseau a toujours été féminin ; *voile* qui couvre, masculin.

---

1. « *Prosterner sa couronne,* dit au contraire Palissot, est une figure hardie qui sera toujours applaudie de tous ceux qui se connaissent en poésie ; eh ! qui devait mieux s'y connaître que Voltaire ? »

Vers 25.   Sa flotte qu'à l'envi favorisoit Neptune,
    Avoit le vent en poupe ainsi que sa fortune.

N'est-ce pas là une réflexion inutile, et en même temps trop recherchée? Pourquoi dire que son vaisseau avait le vent en poupe? Pourquoi comparer la fortune de César à ce vaisseau? Quel rapport de ces idées avec la réception dont il s'agit?

La peinture de l'humiliation de Ptolomée est admirable, parce qu'elle est vraie. Celle de la tête de Pompée, qui semble s'apprêter à parler, n'est pas si vraie. Cela sent le poëte, et dès lors on n'est plus si touché. Un mort n'a pas la vue égarée.

Vers 40.   Mais avec six vaisseaux un des miens la poursuit.

Un des miens; il semble que ce soit un de ses vaisseaux, et Ptolomée entend un de ses officiers. Ces méprises sont assez communes dans notre langue; il faut y prendre garde soigneusement.

Vers 41.   A ces mots Achillas découvre cette tête :
    Il semble qu'à parler encore elle s'apprête,
    Qu'à ce nouvel affront un reste de chaleur
    En sanglots mal formés exhale sa douleur.

  . . . . . .Atque os in murmura pulsant
  Singultus animæ [1].

Vers 47.   Et son courroux mourant fait un dernier effort
    Pour reprocher aux dieux sa défaite et sa mort.

    Iratamque Deis faciem [2].

Vers 49.   César à cet aspect, comme frappé du foudre...

Ce n'est pas un coup de foudre pour César que la mort de Pompée.

Vers 50.   Et comme ne sachant que croire ou que résoudre...
    Nous tient assez longtemps ses sentiments cachés.

Il doit savoir certainement *que croire* en voyant la tête de Pompée.

    Non primo Cæsar damnavit munera visu.
  . . . . . .Vultus dum crederet, hæsit [3].

---

1. Lucain, P*hars.*, VIII, 682-3.
2. *Ibid.*, 665.
3. *Ibid.*, 1035-36.

Vers 33.   Et jo dirai, si j'ose en faire conjecture...

Expression un peu triviale.

Vers 54.   Que par un mouvement commun à la nature
         Quelque maligne joie en son cœur s'élevoit [1],
         Dont sa gloire indignée à peine le sauvoit.

Quelle peinture et quelle vérité! Que ces grands traits effacent de fautes! Rien n'est plus beau que cette tirade : elle fait voir en même temps qu'il fallait mettre ce récit intéressant dans la bouche d'un personnage plus important qu'Achorée.

Vers 64.   Examine, choisit, laisse couler des pleurs, etc.

      • . . . . . .Lacrymas non sponte cadentes
    Effudit [2].

Vers 67.   Ensuite il fait ôter ce présent de ses yeux.

     Aufer ab aspectu nostro funesta, satelles,
     Regis dona tui [3].

Vers 75.   Met des gardes partout, et des ordres secrets.

Cela est impropre ; on met des gardes, et on donne des ordres.

Vers 81.   Je vais bien la ravir avec cette nouvelle.

Vers familier de comédie. *La ravir avec une nouvelle!*

SCÈNE II.

Vers 2.   Connoissez-vous César, de lui parler ainsi? etc.

Beaucoup de bons juges ont trouvé que César affecte ici un peu trop de rodomontade, que la véritable grandeur est plus simple, que les Romains ne regardaient point le trône comme une infamie, qu'ils avaient au contraire aboli chez eux le nom de roi comme trop dangereux à Rome ; que les Romains n'avaient aucun mépris pour un roi d'Égypte ; que César joue un peu sur le mot ; que quand Ptolomée lui dit : *Montez au trône,* il veut dire seulement : Soyez ici le maitre ; et non pas : Faites-vous couronner roi d'Égypte ; qu'enfin César répond à un compliment très-raisonnable

---

1. Sur ces vers voyez aussi ci-dessus, pages 277-278.
2. Lucain, P*hars.,* VIII, 1038-39.
3. *Ibid.,* 1064-65.

par des hauteurs qui sentent plus la vanité que la grandeur. Ces critiques peuvent être fondées; mais peut-être est-il nécessaire d'enfler un peu la grandeur romaine sur le théâtre, comme on place des figures colossales dans de vastes enceintes. Il est bien certain que quand Ptolomée dit à César: *Commandez ici,* il ne lui dit pas : Prenez le titre de roi d'Égypte, au lieu de celui d'*impe-rator,* de *consul,* de *triumvir;* mais César veut humilier Ptolomée. Le spectateur est charmé de voir ce roi abaissé et confondu, et les reproches sur la mort de Pompée sont admirables.

Vers 3.　Que m'offriroit de pis la fortune ennemie,
　　　　A moi qui tiens le trône égal à l'infamie?

Jamais on n'a tenu *le trône égal à l'infamie;* il n'y a là qu'un faux air de grandeur, et tout faux air est puéril. César tenait si peu le trône égal à l'infamie qu'il voulut depuis être reconnu roi. Les Romains craignaient chez eux la royauté; mais le trône ailleurs n'était point infâme.

Vers 12.　S'il en eût aimé l'offre, il eût su s'en défendre.

Ce vers n'est pas trop intelligible; le reste fait un très-bel effet. Ptolomée joue là un indigne rôle; mais on aime à voir un roi abaissé devant César. Lorsque Corneille fait parler Ptolo-mée, les vers sont faibles; César s'exprime fortement : tel était le génie de Corneille. Le sublime de César passe jusque dans l'âme du lecteur.

Vers 22.　Vous qui devez respect au moindre des Romains.

Cela n'est pas vrai, puisque Ptolomée avait des chevaliers romains à son service.

Vers 23.　Ai-je vaincu pour vous dans les champs de Pharsale?

　　　　Ergo in thessalicis pellæo fecimus arvis
　　　　Jus gladio [1].

Vers 27.　Moi, qui n'ai jamais pu la souffrir à Pompée,
　　　　La souffrirai-je en vous sur lui-même usurpée ?

　　　　Non tuleram Magnum mecum romana regentem :
　　　　Te, Ptolomæa, feram [2] ?

---

1. Lucain, P*hars.,* VIII, 1073-74.
2. *Ibid.,* 1075-76.

Vers 32.   Ce coup où vous tranchez du souverain de Rome,
Et qui sur un seul chef lui fait bien plus d'affront
Que sur tant de milliers ne fit le roi de Pont.

Un coup qui fait affront sur un chef n'est pas élégant.

Vers 35.   Pensez-vous que j'ignore ou que je dissimule
Que vous n'auriez pas eu pour moi plus de scrupule,
Et que, s'il m'eût vaincu, votre esprit complaisant
Lui faisoit de ma tête un semblable présent ?

. . . . .Nec fallere vos me
Credite victorem : nobis quoque tale paratum
Littoris hospitium [1].

Cela est beau, parce que cela est vrai. Il n'y a là ni déclamation ni enflure.

Vers 39.   Grâces à ma victoire on me rend des hommages
Où ma fuite eût reçu toutes sortes d'outrages.

. . . . Ne sic mea colla gerantur
Thessaliæ fortuna facit [2].

Vers 49.   Ici, dis-je, où ma cour tremble en me regardant,
Où je n'ai point encore agi qu'en commandant.....

est un solécisme ; le *point* est de trop.

Vers 67.   Mais de ce grand sénat les saintes ordonnances
Eussent peu fait pour nous, seigneur, sans vos finances.

Le mot de *finances* n'est pas plus fait pour la tragédie que celui de *caissier*.

Vers 70.   Et, pour en bien parler, nous vous devons le tout.

Expression trop faible, trop commune. Ne finissez jamais un vers par ces mots *le tout :* ils ne sont ni harmonieux ni nobles.
Le tout est du style de bureau.

Vers 72.   Jusqu'à ce qu'à vous-même il ait osé se prendre.

On ne peut trop remarquer avec quel soin pénible il faut éviter ce concours de syllabes dures, dont les auteurs ne s'aperçoivent pas dans la chaleur de la composition. *Jusqu'à ce qu'à* révolte l'oreille ; *se prendre à quelqu'un* est du discours familier,

---

1. Lucain, P*hars.*, VIII, 1081-83.
2. *Ibid.*, 1083-84.

et *s'en prendre* est quelquefois fort noble : *Répondez du succès, ou je m'en prends à vous.* De plus, *se prendre* ne signifie pas attaquer, comme Corneille le prétend ici ; il signifie le contraire, chercher un appui, un secours : en tombant il se prit à un arbre, qui le garantit. Dans le malheur on se prend à tout, c'est-à-dire : on se fait une ressource de tout ce qu'on trouve. *Dans le malheur on s'en prend à tout* signifie : on accuse tout, on se plaint de tout.

Vers 73.   Mais voyant son pouvoir de vos succès jaloux.....

Un pouvoir jaloux d'un succès !

Vers 75.   Tout beau; que votre haine en son sang assouvie
           N'aille point à sa gloire; il suffit de sa vie.

On a déjà remarqué ailleurs[1] que ce mot familier *tout beau* ne doit jamais entrer dans la tragédie.

Vers 84.   J'ai cru sa mort pour vous un malheur nécessaire,
           Et que sa haine injuste, augmentant tous les jours....

Et que, n'ayant point été précédé d'un autre *que*, est une faute de grammaire, mais de ces fautes qui cessent de l'être dans la poésie animée.

Vers 86.   Jusque dans les enfers chercheroit du secours.

Les enfers sont ici d'un déclamateur, et non pas d'un homme qui donne de bonnes raisons.

Vers 93.   Et sans attendre d'ordre en cette occasion,
           Mon zèle ardent l'a prise à ma confusion.

Il veut dire : mon zèle ardent a pris cette occasion; mais c'est une expression bien étrange : *J'ai pris cette occasion pour assassiner Pompée.*

Vers 103. Vous cherchez, Ptolomée, avecque trop de ruses,
           De mauvaises couleurs et de froides excuses.

Les comédiens disent *avec de faibles ruses : avecque* était trop dur[2].

Vers 105. Votre zèle étoit faux, si seul il redoutoit
           Ce que le monde entier à pleins vœux souhaitoit.

A pleins vœux ne se dit plus.

---

1. Page 323, *Cinna*, acte I, scène II ; et 403, *Polyeucte*, acte IV, scène III. Voyez aussi, tome XXXII, une des remarques sur *Don Sanche*, acte Ier, scène III.
2. Voyez pages 291 et 321.

Vers 107. Et s'il vous a donné ces craintes trop subtiles
Qui m'ôtent tout le fruit de nos guerres civiles,
Où l'honneur seul m'engage, et que pour terminer,
Je ne veux que celui de vaincre et pardonner.

. . . . Unica belli
Præmia civilis, victis donare salutem,
Perdidimus [1].

Où l'honneur seul m'engage, et que pour, etc. Cela n'est pas français ; il fallait : *guerres où l'honneur m'engage, où je ne veux que vaincre et pardonner, où mes plus grands ennemis*, etc.

Vers 115. O combien d'allégresse une si triste guerre
Auroit-elle laissé dessus toute la terre,
Si l'on voyoit marcher dessus un même char,
Vainqueurs de leur discorde, et Pompée et César !

Thomas Corneille, dans l'édition qu'il fit des œuvres de son frère, mit *marcher en même char*. La correction n'est pas heureuse. Ces minuties (on ne peut trop le dire) n'empêchent point un morceau sublime d'être sublime ; il les faut regarder comme des fautes d'orthographe.

Vers 121. Vous craigniez ma clémence ; ah ! n'ayez plus ce soin :
Souhaitez-la plutôt ; vous en avez besoin.

Souhaitez-la plutôt est sublime, et quoique les vers suivants étendent peut-être un peu trop cette pensée, ils ne la déparent pas, tant on aime à voir le crime puni et un roi confondu par un Romain.

Vers 133. Cependant à Pompée élevez des autels, etc.

. . . . Justo date tura sepulcro,
Et placate caput [2].

SCÈNE III.

Vers 1. Antoine, avez-vous vu cette reine adorable ?
— Je l'ai vue, ò César ! elle est incomparable.

Après ce discours noble et vigoureux de César, le lecteur est indigné de voir Antoine faire le personnage d'entremetteur, et de

1. Lucain, *Phars.*, VIII, 1066-68.
2. *Ibid.*, 1091-92.

lui entendre dire que *cette reine adorable est incomparable, que son corps est si beau qu'il la voudrait aimer ;* ce n'est pas là César, ce n'est pas là Antoine : c'est un amoureux de comédie qui parle à un valet. On a substitué à ce demi-vers : *Je l'ai vue, ô César !* cet autre : *Oui, seigneur, je l'ai vue. L'incomparable* exigeait plutôt une correction.

Vers 3.   Le ciel n'a point encor, par de si doux accords,
             Uni tant de vertus aux grâces d'un beau corps.

Par de si doux accords, hémistiche d'églogue, qui, joint aux *grâces d'un beau corps,* rend tout ce morceau indigne de la tragédie.

Vers 9.   Comme a-t-elle reçu les offres de ma flamme ?

Au moins il fallait *comment a-t-elle reçu ?*

Vers 12.   Elle s'en dit indigne, et la croit mériter.

Madrigal de comédie.

Vers 13.   En pourrai-je être aimé ?

est trop comique.

Vers 15. . . . . Douter de ses ardeurs,
           Vous qui la pouvez mettre au faîte des grandeurs !

est au-dessous du style de la comédie.

Vers 23.   Vous ferez succéder un espoir assez doux,
           Lorsque vous daignerez lui dire un mot pour vous.

Il faut toujours un régime à *succéder.* On *succède à.* Tout cet endroit est mal écrit.

Vers 31.   Sitôt qu'ils ont pris port.....

expression de marin, et non de poëte.

Vers 33.   Qu'elle entre. Ah ! l'importune et fâcheuse nouvelle !

Voici un trait de comédie qui fait un grand tort à la belle scène de Cornélie. Tout ce que lui dit César de noble et de grand est gâté par ce vers si déplacé. On voit qu'il voudrait être auprès de sa maîtresse, qu'il ne fera à Cornélie que de vains compliments, et cela répand du froid sur la pièce. D'ailleurs, après la mort de Pompée, la tragédie ne roule plus que sur un rendez-vons de César avec Cléopâtre, sur une bonne fortune ; tout devient hors-d'œuvre : il n'y a ni nœud ni intrigue. Cornélie n'arrive que

pour déplorer la mort de son mari ; mais telle est la beauté de
son rôle qu'elle soutient presque seule la dignité de la pièce.

SCÈNE IV.

Vers 1.　... Allez, Septime, allez vers votre maître ;
　　　　César ne peut souffrir la présence d'un traître,
　　　　D'un Romain lâche assez pour servir sous un roi,
　　　　Après avoir servi sous Pompée et sous moi.

Ces quatre vers de César à Septime relèvent tout d'un coup le
caractère de César, et le rendent digne d'écouter Cornélie.

Vers 5.　César, car le destin qui m'outre et que je brave [1]
　　　　Me fait ta prisonnière, et non pas ton esclave.

Cornélie doit-elle dire à César qu'elle est sa prisonnière, et
non pas son esclave ? N'est-ce pas une chose assez reconnue par
César ? Jamais les Romains vaincus par des Romains ne furent
mis dans l'esclavage. Elle se vante d'appeler César par son nom,
et de ne point l'appeler *seigneur* ; mais le nom de *seigneur* n'était
donné à personne : c'est un terme dont nous nous servons au
théâtre français, et dont Cornélie abuse ; il vient du mot latin
senior, et nous l'avons adopté pour en faire un titre honorifique.
Cornélie peut-elle s'excuser de ne pas donner à un Romain un titre
français ? Doit-elle enfin faire remarquer à César qu'elle parle
comme tout le monde parlait alors ? N'est-ce pas une petite attention de Cornélie à faire voir qu'elle veut mettre de la grandeur
où il n'y a rien que de très-ordinaire ?

Cette affectation, dit le judicieux marquis de Vauvenargues,
homme trop peu connu et qui a trop peu vécu, cette affectation
est le principal défaut de notre théâtre, et l'écueil ordinaire des
poëtes.

Vers 15.　J'ai vu mourir Pompée et ne l'ai pas suivi ;
　　　　Et, bien que le moyen m'en aye été ravi,
　　　　Qu'une pitié cruelle à mes douleurs profondes
　　　　M'aye ôté le secours et du fer et des ondes....

Aye été pour *ait été.* Cet *aye* à la troisième personne est un solécisme très-commun. On a mis *ait* dans les dernières éditions. On
doit surtout remarquer que Cornélie devrait commencer par

---

1. Voltaire, dans ses *Questions sur l'Encyclopédie* (voyez tome XIX, page 18),
a fait encore de observations sur cette scène.

remercier César, qui vient de chasser ignominieusement de sa
présence Septime, l'un des assassins de Pompée.

Vers 19.   Je dois rougir pourtant après un tel malheur
           De n'avoir pu mourir d'un excès de douleur.

           Turpe mori post te solo non posse dolore [1].

Vers 33.   Je l'ai porté pour dot chez Pompée et chez Crasse;
           Deux fois du monde entier j'ai causé la disgrâce.

           Bis nocui mundo [2].

Je l'ai porté pour dot, etc., et ce *bis nocui mundo,* et tous ces
sentiments, ne sont-ils pas un peu trop chargés d'ostentation?
Pourquoi Cornélie a-t-elle fait le malheur du monde? Elle n'entra
jamais dans les affaires publiques. C'était une jeune veuve que
Pompée fut blâmé d'avoir épousée. Elle eut deux maris malheureux, mais ne fut cause du malheur d'aucun.

Vers 35.   Deux fois de mon hymen le nœud mal assorti
           A chassé tous les dieux du plus juste parti.

           . . . . Cunctosque fugavi
           A causa meliore deos [3].

Vers 37.   Heureuse en mes malheurs, si ce triste hyménée
           Pour le bonheur de Rome à César m'eût donnée,
           Et si j'eusse avec moi porté dans ta maison
           D'un astre envenimé l'invincible poison!

           O utinam in thalamos invisi Cæsaris issem,
           Infelix conjux, et nulli læta marito [4]!

Ce souhait d'être la femme de César pour lui porter l'invincible poison d'un astre paraît trop recherché. Cela est imité
de Lucain, et n'en paraît pas meilleur : il n'est point du tout
naturel qu'elle pense être la cause des malheurs de Rome, puisqu'elle n'a point été la cause des guerres civiles. Elle rend grâce
aux dieux d'avoir trouvé César, elle lui demande la vengeance
de la mort de son mari, et elle lui dit en même temps qu'elle voudrait l'épouser pour le rendre malheureux. De pareils jeux d'esprit dégraderaient beaucoup le rôle de Cornélie si quelque chose
pouvait l'avilir. On pourrait dire que cette entrevue de Cornélie

1. Lucain, P*hars.*, VIII, 108.   3. Lucain, P*hars.*, VIII, 93-94.
2. *Ibid.*, 90.   4. *Ibid.*, 88-89.

et de César est inutile à l'intrigue de la pièce. Cette tragédie, qui est en effet d'un genre particulier, qu'il serait très-dangereux d'imiter, se soutient par les beaux morceaux de détail. Il y a des choses admirables dans ce discours de Cornélie. Il serait à souhaiter qu'il y eût moins de cette enflure qui est contraire à la vraie dignité et à la vraie douleur.

Vers 42. Je te l'ai déjà dit, César, je suis Romaine.

Pourquoi le répéter? Parle-t-elle à un autre qu'à un Romain [1]?

Vers 51. Et l'on juge aisément, au cœur que vous portez,
Où vous êtes entrée et de qui vous sortez.

C'est une répétition de ces deux vers qui précèdent :

Certes, vos sentiments font assez reconnoître
Qui vous donna la main et qui vous donna l'être.

En général toute répétition affaiblit l'idée.

Vers 69. Alors, foulant aux pieds la discorde et l'envie,
Je l'eusse conjuré de se donner la vie, etc.

Ut te complexus, positis civilibus armis,
Affectus a te veteres, vitamque rogarem,
Magne, tuam; dignaque satis mercede laborum
Contentus par esse tibi. Tunc pace fideli
Fecissem ut victus posses ignoscere divis,
Fecisses ut Roma mihi [2].

Vers 78. Le sort a dérobé cette allégresse au monde.

Læta dies rapta est populis [3].

Vers 84. Prenez donc en ces lieux liberté tout entière.

Prenez liberté est trop familier, trop trivial, trop du style de la comédie : de plus, on ne prend point liberté.

Vers 87. Je vous laisse à vous–même, et vous quitte un moment.

Il est triste que César finisse une si belle scène par dire : *Je vous quitte un moment,* surtout après l'avoir commencée en disant

1. « Elle veut dire qu'elle a les sentiments d'une Romaine, observe Palissot. C'est ainsi que Brutus, dans la tragédie de Voltaire, dit à Proculus : *Je suis un consul de Rome,* non pour lui apprendre qu'il est en effet consul, ce que Proculus sait très-bien, mais pour lui dire que son devoir est de penser et d'agir en consul romain. »
2. Lucain, *Phars.*, IX, 1099-1104.
3. *Ibid.*, 1097.

que la visite de Cornélie était très-importune. On sent trop qu'il va voir sa maîtresse ; et le détail du *digne appartement* achèverait d'affaiblir ce beau morceau, sans l'admirable vers de Cornélie, qui termine l'acte.

Vers 88. Choisissez-lui, Lépide, un digne appartement.

On pouvait se passer de ce digne appartement.

Vers dern. O ciel ! que de vertus vous me faites haïr !

Me sera-t-il permis de rapporter ici que Mlle de Lenclos, pressée de se rendre aux offres d'un grand seigneur [1] qu'elle n'aimait point, et dont on lui vantait la probité et le mérite, répondit :

O ciel ! que de vertus vous me faites haïr !

C'est le privilége des beaux vers d'être cités en toute occasion, et c'est ce qui n'arrive jamais à la prose.

ACTE QUATRIÈME.

SCÈNE I.

Vers 5. Il est mort ; et mourant, sire, il doit vous apprendre
La honte qu'il prévient et qu'il vous faut attendre.

Dans les éditions suivantes, au lieu de *il est mort ; et mourant,* etc., on a mis :

Oui, seigneur, et sa mort a de quoi vous apprendre, etc.

Vers 12. Par adresse il se fâche après s'être assuré.

Il faut dire de quoi. *S'assurer* ne signifie rien quand il est sans régime. *Par adresse il se fâche* est du style comique négligé.

Vers 15. Et veut tirer à soi, par un courroux accort,
L'honneur de sa vengeance et le fruit de sa mort.

Accort signifie *conciliant,* il vient d'*accorder* ; il ne signifie pas *feint.* C'est d'ailleurs un mot qui n'est plus en usage dans le style noble, et on doit regretter qu'il n'y soit plus. *Tirer à soi* est bas,

---

1. Le maréchal de Choiseul ; voyez dans les *Mélanges,* année 1751, l'écrit *Sur mademoiselle de Lenclos.*

Vers 21. Le destin les aveugle au bord du précipice ;
   Ou si quelque lumière en leur âme se glisse,
   Cette fausse clarté, dont il les éblouit,
   Les plonge dans un gouffre, et puis s'évanouit.

Glisse n'est pas heureux, mais il est si difficile de trouver des termes nobles et convenables, et de les accorder avec la rime, qu'on doit pardonner à ces petites fautes, inséparables d'un art dans lequel on éprouve autant d'obstacles qu'on fait de pas.

Vers 25. J'ai mal connu César ; mais puisqu'en son estime
   Un si rare service est un énorme crime,
   Sire, il porte en son flanc de quoi nous en laver.

Estime signifie ici *opinion*. C'est un terme qui n'est en usage que dans la marine. L'*estime du pilote* veut dire le calcul présumé.

Vers 32. Justifions sur lui la mort de son rival ;
   Et notre main alors également trempée
   Et du sang de César et du sang de Pompée,
   Rome, sans leur donner de titres différents,
   Se croira par vous seul libre de deux tyrans.

   . . . . Placemus cæde secunda
   Hesperias gentes ; jugulus mihi Cæsaris haustus
   Hoc præstare potest, Pompei cæde nocentes
   Ut populus romanus amet [1].

Vers 37. Oui, oui, ton sentiment enfin est véritable ;
   C'est trop craindre un tyran que j'ai fait redoutable.

   Usque adeone times quem tu facis ipse timendum [2] ?

On a corrigé le premier de ces deux vers, et on a mis :

   Oui, par là seulement ma perte est évitable.

Pourquoi *évitable* n'est-il pas en usage, puisque *inévitable* est reçu ? C'est une grande bizarrerie des langues, d'admettre le mot composé et d'en rejeter la racine.

Vers 44. Pompée étoit mortel, et tu ne l'es pas moins.

   Quem metuis, par hujus erat [3].

Vers 46. Tu n'as, non plus que lui, qu'une âme et qu'une vie.

Jamais personne n'en a eu deux.

1. Lucain, *Phars.*, X, 386-89.
2. *Ibid.*, IV, 185.
3. *Ibid.*, X, 382.

Vers 47. Et son sort que tu plains te doit faire penser
    Que ton cœur est sensible et qu'on peut le percer.

C'est une équivoque. Le mot *sensible* est pris ici au physique. Ptolomée entend que César n'est pas invulnérable ; jamais le mot *sensible* ne souffre cette acception. De plus, cette pensée est trop répétée, trop délayée ; il ne faut jamais rien ajouter quand on a dit assez.

Vers 51. C'est à moi de punir ta cruelle douceur....
    Je n'abandonne plus ma vie et ma puissance
    Au hasard de sa haine ou de ton inconstance.

Il veut dire *au caprice; hasard* n'est pas le mot propre.

Vers 69. Nous pouvons beaucoup, sire, en l'état où nous sommes ;
    A deux milles d'ici vous avez six mille hommes..

Il ne faut jamais être ampoulé ; mais il faut éviter ces expressions de gazette, et ces tours languissants qui ne servent qu'à la rime, comme *en l'état où nous sommes*.

Vers 77. Car contre sa fortune aller à force ouverte,
    Ce seroit trop courir vous-même à votre perte.

Car contre est trop rude. C'est une petite remarque, mais il ne faut rien négliger,

Vers 79. Il nous le faut surprendre au milieu du festin,
    Enivré des douceurs de l'amour et du vin.

    Plenum epulis, madidumque mero, venerique paratum
    Invenies [1].

De l'amour et du vin, ces expressions ne sont permises que dans une chanson ; il faut chercher des tours qui ennoblissent ces idées : c'est là le grand mérite de Racine.

Vers 81. Tout le peuple est pour nous. Tantôt à son entrée
    J'ai remarqué l'horreur qu'il a soudain montrée,
    Lorsqu'avec tant de faste il a vu ses faisceaux
    Marcher arrogamment et braver nos drapeaux.

    Sed fremitu vulgi, fasces et jura querentis
    Inferri romana suis, discordia sensit
    Pectora [2].

---

1. Lucain, P*hars.*, X, 396-97.   2. Lucain, P*hars.*, X, 11-13.

Vers 93. Les gens de Cornélie, etc.

Cette expression ne doit jamais entrer dans la tragédie.

Vers 104. Pour de ce grand dessein assurer le succès.

Cette inversion est trop rude, et il n'est pas permis de mettre
ainsi une préposition à côté de l'article *de : Pour de lui me servir*,
et d'elle me défaire. Cela n'est toléré tout au plus que dans le style
plaisant, qu'on appelle marotique.

Vers 105. Mais voici Cléopâtre; agissez avec feinte,
        Sire, et ne lui montrez que foiblesse et que crainte.

Ce conseil achève d'avilir le roi.

SCÈNE II.

Cette scène met le comble au caractère méprisable de Ptolomée. On ne s'intéresse ni à lui, ni à Cléopâtre ; on se soucie
peu que Ptolomée ait vécu dans la gloire *où vivaient ses pareils*,
et qu'il demande la grâce de Photin. Mais le plus grand défaut,
c'est qu'à ce quatrième acte une nouvelle pièce commence. Il
s'agissait d'abord de la mort de Pompée ; on veut actuellement
assassiner César, parce qu'on craint qu'il ne fasse mettre en croix
les ministres du roi. Le péril même de César n'est pas assez grand
pour que cette nouvelle tragédie intéresse. Ce n'est point comme
dans *Cinna*, où les mesures des conjurés sont bien prises ; on
ne craint ici pour personne, on ne s'intéresse à personne : la
bassesse du roi révolte les esprits, les amours de Cléopâtre
glacent le cœur, et les ironies de Ptolomée dégoûtent.

Vers 3.   Vous êtes généreuse, et j'avois attendu
        Cet office de sœur que vous m'avez rendu.
        Mais cet illustre amant vous a bientôt quittée.

Est-ce de l'ironie ? Parle-t-il sérieusement ?

Vers 6.   Sur quelque brouillerie en la ville excitée...

Brouillerie, ce mot trop familier ne doit jamais entrer dans la
tragédie.

Vers 7.   Il a voulu lui-même apaiser les débats
        Qu'avec nos citoyens ont pris quelques soldats.

Cela n'est pas français; on dit *prendre querelle*, et non *prendre
débat*.

Vers 13. Ainsi que la naissance ils ont les esprits bas.

Le mot *esprit* en ce sens ne peut guère être employé au pluriel. Il fallait *le cœur bas*, pour la régularité ; et il faut un autre tour pour l'élégance. On pourrait dire : *il n'y eut jamais des cœurs plus durs et des esprits plus bas;* mais non : *ils ont les esprits bas.*

Vers 33. Je vous ai maltraitée, et vous êtes si bonne
  Que vous me conservez la vie et la couronne.

Est-ce de l'ironie ? Mais soit qu'il raille, soit qu'il parle sérieusement, il s'exprime en termes bien bas, ou du moins bien familiers.

Vers 35. Vainquez-vous tout à fait, etc.

et plus bas :

. . . . Mais il a su gauchir.
  Et tournant le discours sur une autre matière, etc.

Toutes expressions qu'on doit éviter; elles sont trop familières, trop comiques.

Vers 45. . . . . . . César cherche à vous plaire ;
  Vous pouvez d'un coup d'œil désarmer sa colère.

Rien n'est plus petit et plus désagréable au théâtre qu'un roi qui prie sa sœur d'intercéder auprès de son amant, pour qu'on ne perde pas ses ministres.

SCÈNE III.

L'amour régna toujours sur le théâtre de France dans les pièces qui précédèrent celles de Corneille, et dans les siennes. Mais, si vous en exceptez les scènes de Chimène, il ne fut jamais traité comme il doit l'être. Ce ne fut point une passion violente, suivie de crimes et de remords ; il ne déchira point le cœur, il n'arracha point de larmes. Ce ne fut guère que dans le cinquième acte d'*Andromaque*, et dans le rôle de Phèdre, que Racine apprit à l'Europe comment cette terrible passion, la plus théâtrale de toutes, doit être traitée. On ne connut longtemps que de fades conversations amoureuses, et jamais les fureurs de l'amour.

Cette scène de César et de Cléopâtre est un des plus grands exemples du ridicule auquel les mauvais romans avaient accou-

tumé notre nation[1]. Il n'y a presque pas un vers dans cette scène
de César qui ne fasse souhaiter au lecteur que Corneille eût en effet
secoué ce joug de l'habitude, qui le forçait à faire parler d'amour
tous ses héros. « Ce moment qu'il l'a quittée — a d'un trouble
plus grand son âme agitée — que tout le tumulte et le trouble
excité dans la ville. Mais il pardonne à ce tumulte en faveur du
simple souvenir du bonheur dont il a une haute espérance, qui
le flatte d'une illustre apparence. Il n'est pas tout à fait indigne
des feux de Cléopâtre, et il en peut prétendre une juste conquête,
n'ayant que les dieux au-dessus de sa tête. Son bras ambitieux
a combattu dans Pharsale, non pas pour vaincre Pompée, mais
pour mériter Cléopâtre. Ce sont ses divins appas qui enflaient
le courage de César ; ce sont ses beaux yeux qui ont gagné la
bataille. »

La pureté de la langue est aussi blessée que le bon goût dans
toute cette tirade. Le reste de la scène enchérit encore sur ces
défauts ; il veut que cette *ingrate* de Rome prie Cléopâtre de se
livrer à lui, et d'en avoir des enfants. Il ne voit que ce chaste
amour ; *mais las ! contre son feu son feu le sollicite,* etc.

Ne perdons point de vue que les héros ne parlaient point autrement dans ce temps-là ; et même lorsque Racine donna son
Alexandre, il fit tenir les mêmes discours à Cléophile ; les vers
étaient plus purs à la vérité, mais Alexandre n'en était pas moins
avili. Pardonnons à Corneille de ne s'être pas toujours élevé au-
dessus de son siècle. Imputons à nos romans ces défauts du
théâtre, et plaignons le plus beau génie qu'eut la France d'avoir
été asservi aux plus ridicules usages.

> Gardez-vous de donner, ainsi que dans *Clélie,*
> L'air ni l'esprit français à l'antique Italie,
> Et, sous des noms romains faisant notre portrait,
> Peindre Caton galant et *César* dameret.
>
> (BOILEAU, *Art poétique,* III, 115-118.)

Vers 1.   Reine, tout est paisible ; et la ville calmée,
          Qu'un trouble assez léger avoit trop alarmée,
          N'a plus à redouter le divorce intestin
          Du soldat insolent et du peuple mutin.

Divorce intestin, expression impropre et désagréable.

---

1. Voyez *Dictionnaire philosophique,* au mot ESPRIT, section IV, tome XIX,
page 21 et suiv. ; et au mot GOUT, page 280.

Vers 36. Et vos beaux yeux enfin m'ayant fait soupirer,
          Pour faire que votre àme avec gloire y réponde,
          M'ont rendu le premier et de Rome et du monde.
          C'est ce glorieux titre, à présent effectif,
          Que je viens ennoblir par celui de captif.

Ce glorieux titre à présent effectif, etc. C'est un mauvais vers de comédie, et l'esprit de Cléopâtre que César prie d'estimer le titre de premier du monde, et de permettre celui de captif, est une chose intolérable.

Vers 43. Je sais ce que je dois au souverain bonheur
          Dont me comble et m'accable un tel excès d'honneur.

Elle doit à César, et non au souverain bonheur, cet excès d'honneur qui comble et accable.

Vers 45. Je ne vous tiendrai plus mes passions secrètes

On ne dit point *mes passions* au pluriel pour signifier *mon amour*.

Vers 55. Ce sceptre par vos mains dans les miennes remis,
          A mes vœux innocents sont autant d'ennemis.

Cela n'est pas français ; on n'est pas ennemi *à*, mais ennemi *de*.

Vers 59. Et si Rome est encor telle qu'auparavant,
          Le trône où je me sieds m'abaisse en m'élevant.

Elle veut dire : *si Rome persévère dans son horreur pour le trône;* mais *telle qu'auparavant* est trop prosaïque.

Vers 71. Votre bras dans Pharsale a fait de plus grands coups.

Un bras qui fait de grands coups! quelle expression! Elle est digne du rôle de Cléopâtre. Faut-il que le très-mauvais soit à tout moment à côté du très-bon! Mais ce très-bon n'appartenait qu'à Corneille, et le très-mauvais appartenait à tous les auteurs de son temps, jusqu'à ce que l'inimitable Racine parût.

Vers 79. Et vos yeux la verront par un superbe accueil
          Immoler à vos pieds sa haine et son orgueil.

Par un superbe accueil veut dire ici *réception favorable;* mais *immoler son orgueil par un superbe accueil* n'est pas une expression élégante et juste.

Vers 81. Encore une défaite, et dans Alexandrie
          Je veux que cette ingrate en ma faveur vous prie.

Cette ingrate de Rome qui *prie dans Alexandrie*, et dont un juste *respect conduit les regards !* On voit combien ce style est forcé.

Vers 86.   C'est le fruit que j'attends des lauriers qui m'attendent.

Ce n'est pas là que la répétition a de l'énergie et de la grâce.

Vers 93.   Permettez cependant qu'à ces douces amorces
         Je prenne un nouveau cœur et de nouvelles forces.

César qui prend un nouveau cœur à ces douces amorces ; quelles expressions !

Vers 95.   Pour faire dire encore aux peuples pleins d'effroi
         Que venir, voir et vaincre, est même chose en moi.

Il faudrait *pour moi ;* mais ce qui est bien plus à observer, c'est qu'on fait dire à César, par un orgueil révoltant, ce qu'il dit en effet par modestie dans la guerre contre Pharnace. *Veni, vidi, vici,* ne signifiait que le peu de peine qu'il avait eu contre un ennemi presque sans défense. Voyez les *Commentaires de César.* Jamais grand homme ne fut plus modeste. La grandeur romaine, encore une fois, ne consista jamais dans de vaines paroles, dans des discours emphatiques : elle ne fut jamais boursouflée. Des actions fermes, et des paroles simples : voilà le vrai caractère des anciens Romains. Nous y avons été souvent trompés : on a pris plus d'une fois des discours de capitan pour des discours de héros.

Vers 105. Faites grâce, seigneur, ou souffrez que j'en fasse,
         Et montre à tous par là que j'ai repris ma place.

Jamais dans la poésie on ne doit employer *par là, par ici,* si ce n'est dans le style comique.

Vers 107. Achillas et Photin sont gens à dédaigner.

Ce mot *gens* ne doit jamais entrer dans le style noble. On voit par le grand nombre de ces expressions vicieuses, combien l'art de la poésie est difficile.

Vers 113. Ne vous donnez sur moi qu'un pouvoir légitime,
         Et ne me rendez point complice de leur crime.

Je reconnais là le véritable César, et c'était sur ce ton qu'il devait toujours parler.

Vers 115. C'est beaucoup que pour vous j'ose épargner le roi.

Que j'ose épargner n'est pas le mot propre : c'est *que je daigne épargner.*

SCÈNE IV.

Vers 1. . . . . César, prends garde à toi.

Que cette scène répare bien la précédente ! Que cette générosité de Cornélie élève l'âme ! Ce n'est point de la terreur et de
la pitié ; mais c'est de l'admiration. Corneille est le premier de
tous les tragiques du monde qui ait excité ce sentiment, et qui
en ait fait la base de la tragédie. Quand l'admiration se joint à la
pitié et à la terreur, l'art est poussé alors au plus haut point où
l'esprit puisse atteindre. L'admiration seule passe trop vite.
Boileau dit :

> Inventez des ressorts qui puissent m'attacher [1].

Que ceux qui travaillent pour la scène tragique aient toujours
ce précepte gravé dans leur mémoire.

Vers 12. Mettant leur haine bas....

Mettre bas ne se dit plus, comme on l'a déjà observé [2], et n'a
jamais été un terme noble.

Vers 14. Quoi que la perfidie ait osé sur sa trame,
          Il vit encore en vous. _

On dit bien *la trame de la vie :* cela est pris de la fable allégo-
rique des Parques ; mais comme on ne dirait pas *le fil de Pompée,*
on ne doit point dire non plus *la trame de Pompée,* pour signifier
sa vie.

Vers 26· Mais avec cette soif que j'ai de ta ruine,
          Je me jette au-devant du coup qui t'assassine.

Plusieurs critiques prétendent que Cornélie en dit trop, qu'elle
ne doit point montrer tant de *soif* de la ruine d'un homme qui vient
de venger son époux ; qu'elle retourne ce sentiment en trop de
manières ; que la grandeur vraie ou apparente de ce sentiment
est affaiblie par trop de déclamation et par trop de sentences ;
qu'elle ne devrait pas même dire à César : *Le sang de mon époux a
rompu tout commerce entre nous,* parce qu'il semble, par ces mots,
que César ait tué Pompée.

Je crois qu'il est important de remarquer que si Cornélie

1· *Art poétique,* III, 26.
2· Il est à croire que Voltaire a supprimé, lors d'une révision de son travail,
la première observation sur les mots *mettre bas,* dont il parle ici. Je ne l'ai pas
trouvée dans l'édition de 1764. (B.)

s'était réduite, dans une pareille scène, à parler seulement avec
la bienséance de sa situation, c'est-à-dire à ne pas trop menacer
un homme tel que César, à ne se pas mettre au-dessus de lui ;
en un mot, si elle n'eût dit que ce qu'elle devait dire, la scène
eût été un peu froide. Il faut peut-être, dans ces occasions, aller
un peu au delà de la vérité. Une critique très-juste, c'est que
tous ces discours de vengeance sont inutiles à la pièce.

Vers 40.   Quelque espoir qui d'ailleurs me l'ose ou puisse offrir,
           Ma juste impatience auroit trop à souffrir.

Un espoir qui ose offrir, et cette alternative d'*ose* ou *puisse*, ne
sont ni convenables ni justes.

Vers 44.   Je n'irai point chercher sur les bords africains
           Le foudre souhaité que je vois en tes mains, etc.

Il y avait d'abord *le foudre punisseur : punisseur* est un beau
terme qui manquait à notre langue. *Puni* doit fournir *punisseur*,
comme *vengé* fournit *vengeur*. J'ose souhaiter, encore une fois,
qu'on eût conservé la plupart de ces termes qui faisaient un si
bel effet du temps de Corneille ; mais il a mis lui-même à la
place *le foudre souhaité*, épithète qui est bien plus faible.

En tes mains ; comment ce foudre souhaité contre César est-il
dans les mains de César[1] ? Quelques éditions portent *en ses
mains ;* mais *en ses mains* ne se rapporte à rien.

Vers 46.   La tête qu'il menace en doit être frappée ;
           J'ai pu donner la tienne au lieu d'elle à Pompée.

On ne voit pas d'abord à quoi se rapporte cet *au lieu d'elle*.
C'est à Ptoléméc.

Vers 52.   Rome le veut ainsi : son adorable front
           Auroit de quoi rougir d'un trop honteux affront....

L'adorable front de Rome qui rougirait! Est-ce ainsi que doit
s'exprimer la noble douleur d'une femme profondément affligée?
Cela n'est-il pas un peu trop recherché ?

Vers 60.   Comme autre qu'un Romain n'a pu l'assujettir,
           Autre aussi qu'un Romain ne l'en doit garantir.

Cette antithèse, ce raisonnement, ces expressions, ne sont-elles
pas encore moins naturelles ?

---

1. Palissot fait remarquer que ce n'est pas contre César que Cornélie invoque
ici la foudre ; au contraire, c'est dans les mains de ce même César qu'elle croit déjà
voir la foudre menaçant la tête de Ptolomée, et prête à tomber sur cet assassin.

Vers 63.   Au lieu d'un châtiment ta mort seroit un crime;
           Et sans que tes pareils en conçussent d'effroi,
           L'exemple que tu dois périroit avec toi.

           In scelus it Pharium Romani pœna tyranni,
           Exemplumque perit [1].

Vers 68. . . . . Adieu, tu peux
         Te vanter qu'une fois j'ai fait pour toi des vœux.

Ces derniers vers que prononce Cornélie frappent d'admiration, et quand ce couplet est bien récité, il est toujours suivi
d'applaudissements. Quelques personnes ont prétendu que ces
mots, *tu peux te vanter*, ne conviennent pas, qu'ils contiennent
une espèce d'ironie, que c'est affecter sur César une supériorité
qu'une femme ne peut avoir. On a remarqué que cette tirade, et
toutes celles dans lesquelles la hauteur est poussée au delà des
bornes, faisaient toujours moins d'effet à la cour qu'à la ville.
C'est peut-être qu'à la cour on avait plus de connaissance et plus
d'usage de la manière dont les personnes du premier rang
s'expriment, et que dans le parterre on aime les bravades, on
se plaît à voir la puissance abaissée par la grandeur d'âme. On
croit que la veuve de Pompée devait parler comme Brutus et
Caton; et les grands sentiments de Cornélie font oublier combien
les menaces d'une femme sont peu de chose aux yeux de César;
et peut-être même ces menaces sont-elles un peu déplacées envers
un homme qui venge Pompée, et à qui Cornélie ne doit que des
remerciements.

SCÈNE V.

Vers 7.   Leur rage pour l'abattre attaque mon soutien,
          Et par votre trépas cherche un passage au mien.

Cléopâtre songe ici plus à elle qu'au péril de César. On ne
cherche point *un passage au trépas par un autre trépas*. Cette scène
est sans intérêt; il ne s'agit guère que d'Achillas et de Photin. Il
est triste que l'acte finisse si froidement.

Vers 13. Oui, je me souviendrai que ce cœur magnanime
          Au bonheur de son sang veut pardonner son crime.

Ce dernier vers est trop obscur. César veut dire que Ptolomée
est heureux d'être frère de Cléopâtre, et qu'il sera épargné; mais
pardonner un crime au bonheur d'un sang n'est pas intelligible.

1. Lucain, *Phars.*, X, 343-44.

ACTE CINQUIÈME.

SCÈNE I.

Par quel art une scène inutile est-elle si belle? Cornélie a
déjà dit sur la mort de Pompée tout ce qu'elle devait dire. Que
les cendres de Pompée soient enfermées dans une urne ou non,
c'est une chose absolument indifférente à la construction de la
pièce : cette urne ne fait ni le nœud ni le dénoûment. Retranchez cette scène, la tragédie (si c'en est une) marche tout de
même ; mais Cornélie dit de si belles choses, Philippe fait parler
César d'une manière si noble, le nom seul de Pompée fait une
telle impression, que cette scène même soutient le cinquième
acte, qui est assez languissant. Ce qui, dans les règles sévères de
la tragédie, est un véritable défaut, devient ici une beauté frappante par les détails, par les beaux vers.

Vers 1.   Mes yeux, puis-je vous croire, et n'est-ce point un songe
           Qui sur mes tristes vœux a formé ce mensonge?

Il est triste, dans notre poésie, que *songe* fasse toujours attendre la rime de *mensonge*. Un *mensonge* formé sur des vœux n'est
pas intelligible, n'est pas français.

Vers 6.   O vous! à ma douleur objet terrible et tendre[1]!

Tendre à ma douleur ne peut se dire, et cependant ce vers est
beau : c'est qu'il est plein de sentiment, c'est qu'il est composé,
comme les bons vers doivent l'être, d'un assemblage harmonieux
de consonnes et de voyelles. Ce morceau, qui est un peu de déclamation, serait déplacé dans le premier moment où Cornélie
apprend la mort de son époux ; mais après les premiers transports de la douleur, on peut donner plus de liberté à ses sentiments. Peut-être ne devrait-elle pas dire *ma divinité seule, etc.;*
car est-ce à une femme vertueuse à blasphémer les dieux ?

Garnier, du temps de Henri III, fit paraître Cornélie tenant
en main l'urne de Pompée[2]. Elle dit :

O douce et chère cendre! ô cendre déplorable!
Qu'avecque vous ne suis-je, ô femme misérable!

C'est la même idée, mais elle est grossièrement rendue dans

---

1. Sur ce vers voyez aussi tome XIX, page 20.
2. Dans la tragédie de ce nom, jouée en 1602.

Garnier, et admirablement dans Corneille. L'expression fait la poésie.

Vers 23.   Et je n'entrerai point dans tes murs désolés
Que le prêtre et le dieu ne lui soient immolés.

Peut-être *le prêtre et le dieu* sont peu convenables à la vraie douleur. Elle a dit que la cendre de Pompée est son seul *dieu:* et puis elle dit que César est le *dieu*, et Ptolomée le *prêtre*. Tout cela est-il bien conséquent? Peut-être encore ce sentiment serait plus digne de Cornélie, si elle ignorait avec quelle grandeur d'âme César a promis de venger la mort de Pompée. N'est-on pas un peu fâché que Cornélie ne parle que de faire tuer César? Ce sont des nuances délicates que les connaisseurs aperçoivent sans en approuver moins la force et la fierté du pinceau de l'auteur.

Vers 26.   O cendres! mon espoir aussi bien que ma peine.

C'est la répétition de ce vers, *objet terrible et tendre;* mais *aussi bien que ma peine* affaiblit encore cette répétition, et *des cendres qui versent ce qu'un cœur ressent* ne sont pas une image naturelle.

Vers 29.   Toi qui l'as honoré, sur cette infâme rive,
D'une flamme pieuse autant comme chétive,

n'est ni français ni noble. On ne dit point *autant comme*, mais *autant que*. Ce mot de *chétive* a été heureusement employé au second acte ; *dans quelque urne chétive en ramasser la cendre.* Le même terme peut faire un bon et un mauvais effet, selon la place où il est. Une urne chétive qui contient la cendre du grand Pompée présente à l'esprit un contraste attendrissant ; mais une flamme n'est point chétive. Ces deux vers que Philippe met dans la bouche de César,

Restes d'un demi-dieu dont à peine je puis
Égaler le grand nom, tout vainqueur que j'en suis,

sont d'un sublime si touchant qu'on dit avec raison que Corneille, dans ses bonnes pièces, faisait quelquefois parler les Romains mieux qu'ils ne parlaient eux-mêmes.

Vers 49.   Et n'y voyant qu'un tronc dont la tête est coupée,
A cette triste marque il reconnoît Pompée.

Una nota est Magno capitis jactura revulsi [1].

Vers 85.   O soupirs! ô respect! ô qu'il est doux de plaindre
Le sort d'un ennemi quand il n'est plus à craindre

1. Lucain, P*hars.*, VIII, 711.

Ces beaux vers font un très-grand effet, parce que la maxime est courte, et qu'elle est en sentiment. Peut-être Cornélie est toujours trop occupée de rabaisser le mérite de César. Elle doit savoir que César a parlé de punir le meurtre de Pompée en arrivant en Égypte, et avant que Ptolomée conspirât contre lui ; mais que ne pardonne-t-on point à la veuve de Pompée gémissante !

Les curieux ne seront pas fâchés de savoir que Garnier avait donné les mêmes sentiments à Cornélie[1]. Philippe lui dit :

> César plora sa mort.

Cornélie répond :
> Il plora mort celui
> Qu'il n'eût voulu souffrir être vif comme lui.

Vers 95.   Pour grand qu'en soit le prix, son péril en rabat.

Pour grand ne se dit plus. *Son péril en rabat* est trop familier.

Vers 101.   Si comme par soi-même un grand cœur juge un autre,
> Je n'aimois mieux juger sa vertu par la nôtre....

Par la nôtre gâte un peu ce dernier vers. On ne dit *nous* et *nôtre*, en parlant de soi, que dans un édit ; et si Cornélie juge César si vertueux, si généreux, il semble qu'elle aurait dû souhaiter un peu moins sa mort. Elle ne paraît pas toujours d'accord avec elle-même.

Vers 103.   Et croire que nous seuls armons ce combattant,
> Parce qu'au point qu'il est j'en voudrois faire autant.

Au point qu'il est ne se dit plus.

. SCÈNE II.

Après cette scène de Cornélie, qui est un chef-d'œuvre de génie, on est fâché de voir celle-ci. Quand le sujet baisse, l'auteur baisse nécessairement, et Cléopâtre n'est pas digne de parler à Cornélie. Ces scènes d'ailleurs ne servent ni au nœud ni au dénoûment. Ce sont des entretiens, et non pas des scènes.

Vers 1.   Je ne viens pas ici pour troubler une plainte
> Trop juste à la douleur dont vous êtes atteinte.

Juste à la douleur n'est pas français ; il fallait *permise à la douleur*.

---

1. Dans la pièce de *Cornélie*, acte III.

Vers 20. Vous êtes satisfaite, et je ne la suis pas.

On sait aujourd'hui qu'il faut *je ne le suis pas;* ce *le* est neutre. Êtes-vous satisfaites ? Nous *le* sommes ; et non pas : Nous *les* sommes.

Vers 23. L'ardeur de le venger dans mon âme allumée...

L'ardeur de le venger ne se rapporte à rien : elle veut dire Pompée ; mais ce régime est trop éloigné.

Vers 25. En attendant César, demande Ptolomée.

Pourquoi tant répéter qu'elle veut la tête de César, le vengeur de son mari ? Que dirait-elle de plus s'il en était l'assassin ? Pompée lui-même eût-il demandé la tête de César ? Est-ce ainsi qu'on doit traiter le plus généreux des vainqueurs ? Ce sentiment eût été lâche dans Pompée ; pourquoi serait-il beau dans Cornélie ?

Vers 32. Par la main l'un de l'autre ils périront tous deux.

Encore des souhaits pour la mort de César ! Qu'un sentiment contraire serait plus noble !

Vers 37. Le ciel sur nos souhaits ne règle pas les choses

est trop prosaïque.

Vers 38. Le ciel règle souvent les effets sur les causes.

Vers trop didactique ; et tous ces discours sont, de plus, très-inutiles.

Vers 45. Chacune a son sujet d'aigreur ou de tendresse

est trop du style de la comédie.

SCÈNE III.

Vers 5. Aussitôt que César eut su la perfidie...

Il faut *a su la perfidie.*

Vers 6. Ah ! ce n'est pas ces soins que je veux qu'on me die.

Die était en usage ; mais on ne *dit* pas *des soins :* cela n'est pas français.

Vers 7.   Je sais qu'il fit trancher et clore ce conduit
Par où ce grand secours devoit être introduit.

Il faut *qu'il a fait trancher*, parce que la chose s'est passée
aujourd'hui.

Si Ptolomée avait pu intéresser, ce qui était presque impossible, le récit de sa mort pourrait émouvoir ; mais ce récit est
aussi froid que son rôle. La pièce d'ailleurs est finie quand Pto-
loméc est mort; tout le reste n'est qu'une *superstructure* inutile à
l'édifice.

Toute la petite dispute entre Cornélie et Cléopâtre est très-
froide, par cette raison-là même que Ptolomée n'intéresse point
du tout.

Vers 24.   Du moins César l'eût fait s'il l'avoit consenti.

Ce verbe alors gouvernait l'accusatif comme le datif. On
consent aujourd'hui *à* une chose, on ne *la* consent pas. Corneille
mit depuis :

> Il faudroit qu'à nos vœux il eût mieux consenti.

Vers 29.   Mais il est mort, madame, avec toutes les marques
Dont éclatent les morts des plus dignes monarques.

Mourir avec toutes les marques dont les morts des plus dignes
monarques éclatent !

Vers 41.   Son esprit alarmé les croit un artifice
Pour réserver sa tête aux hontes du supplice.

On ne dit point *les hontes*, et il n'est pas trop vraisemblable
que Ptolomée craignît que l'amant de sa sœur le fît mourir par
la main du bourreau. Il fallait donner un plus noble motif à son
courage.

SCÈNE IV.

Vers 1.   César, tiens-moi parole, et me rends mes galères.

Il est évident que Cornélie, qui redemande ses galères, est absolument inutile. La pièce est finie, et ces galères ne sont point
le sujet de la tragédie.

Vers 3.   Leur roi n'a pu jouir de ton cœur adouci.

Il veut dire *n'a pu profiter de la clémence de César*, mais *jouir
du cœur de César* est une expression impropre.

Vers 4.   Et Pompée est vengé ce qu'il peut l'être ici.

N'est-ce pas dommage que cette expression ait entièrement vieilli? On dirait aujourd'hui *autant qu'il peut l'être;* mais *ce qu'il peut l'être* n'est-il pas plus énergique?

V. 5, 7, 8. Je n'y puis plus rien voir qu'un funeste rivage...
          Ta nouvelle victoire, et le bruit éclatant
          Qu'aux changements de roi pousse un peuple inconstant.

Un peuple qui pousse un bruit est un barbarisme.

Vers 12.   Et souffre que ma haine agisse en liberté.

Elle parle toujours de sa *haine* quand elle ne devrait parler que de sa reconnaissance.

Vers 14.   Vois l'urne de Pompée, il y manque sa tête.

La tête pour rejoindre à l'urne est un accessoire qui, ne pouvant être refusé, ne mérite peut-être pas d'être demandé : c'est une circonstance étrangère, et les compliments de César paraissent superflus quand l'action est entièrement finie.

Vers 21.   Qu'un bûcher allumé par ma main et la vôtre
          Le venge pleinement de la honte de l'autre. ·

On ne voit pas à quoi se rapporte cet *autre.* Il veut dire apparemment *l'autre bûcher.*

Vers 30.   Il ne recevra point d'honneurs que légitimes

est trop dur et trop négligé.

Vers 33.   Faites un peu de force à votre impatience

n'est pas français. Il faut, ou *modérez votre impatience,* ou *mettez un frein à votre impatience,* ou quelque autre tour.

Vers 37.   Il faut que ta défaite et que tes funérailles
          A cette cendre aimée en ouvrent les murailles.

On se lasse à la fin d'entendre Cornélie qui demande toujours les *funérailles de César,* et qui le lui dit en face. *Quid deceat, quid non* [1]?

Vers 39.   Et, quoiqu'elle la tienne aussi chère que moi,
          Elle n'y doit rentrer qu'en triomphant de toi.

Ces vers déparent la beauté et l'harmonie des autres : c'est à quoi il faut toujours prendre garde. Voyez que ces deux *elle* font

1. Horace, *de Arte poetica,* 308.

un mauvais effet, parce que l'une se rapporte à Rome, et l'autre à la cendre de Pompée, sans que la construction indique ces rapports nécessaires. Voyez combien ce vers est rude, *et, quoiqu'elle la tienne aussi chère que...*

Tout vers qui n'est pas aussi harmonieux qu'exact et correct doit être banni de la poésie ; voilà pourquoi il est si prodigieusement difficile d'en faire de bons dans toutes les langues, et surtout dans la nôtre.

Vers 49. Je veux que de ma haine ils reçoivent des règles,
  Qu'ils suivent au combat des urnes au lieu d'aigles.

Cela est trop impropre et trop vicieux. Qu'est-ce qu'une *haine qui donne des règles à des aigles* [1] ? Que ce vers affaiblit le précédent, qui est admirable! De plus, faut-il que Cornélie parle toujours à César de sa haine pour lui? Il serait bien plus beau, à mon gré, de lui dire qu'elle sera toujours son ennemie sans pouvoir haïr un si grand homme.

Vers 56. Mais ne présume pas par là toucher mon cœur.

Cela serait bon si César avait tâché de l'engager à suivre son parti ; mais il n'y a jamais pensé, il n'a pas dit à Cornélie un seul mot qui pût lui donner cette présomption.

Vers 61. Je t'avouerai pourtant, comme vraiment Romaine,
  Que pour toi mon estime est égale à ma haine.

Elle a déjà dit plusieurs fois qu'elle est Romaine, et cette affectation diminue beaucoup de la vraie grandeur.

Vers 63. Que l'une et l'autre est juste et montre le pouvoir,
  L'une de ta vertu, l'autre de mon devoir ;
  Que l'une est généreuse, et l'autre intéressée,
  Et que dans mon esprit l'une et l'autre est forcée.

Toutes ces antithèses et cette petite dissertation dégradent la noblesse de ce rôle, et les répétitions continuelles affaiblissent le sentiment.

Vers 69. Juge ainsi de la haine où mon devoir me lie.

Un devoir qui la lie à la haine, et toujours la haine!

Vers 76. Ils connoîtront leur faute, et le voudront venger.

Ces dieux qui connaîtront leur faute, et ce zèle qui saura bien sans eux arracher la victoire, sont une déclamation si

---

1. Ce n'est point aux aigles, c'est aux soldats qu'elle prétend donner des règles.

ampoulée et si puérile qu'on ne peut s'empêcher de s'élever avec force contre ce faux goût. On admirait autrefois ce galimatias : tant le bon goût est rare, tant l'esprit des nations septentrionales de l'Europe est difficile à former !

Vers 79.   Et quand tout mon effort se trouvera rompu,
          Cléopâtre fera ce que je n'aurai pu.

Un effort qui se trouve rompu !

Vers 81.   Je sais quelle est ta flamme, et quelles sont ses forces.

Les forces de sa flamme ! Et on a pu applaudir à tous ces faux sentiments, exprimés en solécismes et en barbarismes !

Vers 89.   J'empêche ta ruine, empêchant tes caresses.

Ce vers pèche à la fois contre l'harmonie, contre la langue, contre les convenances, et contre la vérité. Il ne convient point à Cornélie de parler des caresses que César peut faire à Cléopâtre ; elle n'empêche point ses caresses, elle ne peut les empêcher ; elle pourrait seulement dire à César que l'amour d'une Égyptienne peut lui être fatal ; mais il serait encore plus décent de ne lui en point parler. De quoi se mêle-t-elle ? Est-ce l'affaire de la veuve de Pompée, pour qui César a eu tant d'égards, tant de générosité ? Cela n'est ni convenable ni intéressant. Il est ridiculé que Cornélie prononce ces paroles, que César les entende, et que Cléopâtre les souffre.

SCÈNE DERNIÈRE.

Vers 3.   Sacrifiez ma vie au bonheur de la vôtre ;
          Le mien sera trop grand, et je n'en veux point d'autre.

Cléopâtre parle aussi mal que César a parlé. Elle ne veut point d'autre bonheur que d'être tuée par César, parce que Cornélie a manqué à toute bienséance, à toute honnêteté devant elle.

Vers 7.   Reine, ces vains projets sont le seul avantage
          Qu'un grand cœur impuissant a du ciel en partage.

De vains projets qui sont le seul avantage qu'on ait du ciel en partage ! Et un grand cœur impuissant ! César vise au galimatias aussi bien que Cornélie.

Vers 9.   Comme il a peu de force, il a beaucoup de soins.

Beaucoup de soins ; ce n'est pas là le mot propre. César veut dire que Cornélie ne menace beaucoup que parce qu'elle a peu de pouvoir ; mais le mot de *soins* ne remplit point du tout cette idée.

Vers 12.   Et mes félicités n'en seront pas moins pures,
            Pourvu que votre amour gagne sur vos douleurs.

Un amour qui gagne sur des douleurs !

Vers 18.   J'ai vu le désespoir qu'il a voulu choisir.

On ne choisit point un désespoir ; au contraire, le désespoir
ôte la liberté du choix, ou, si l'on veut, le désespoir force à
choisir mal.

Vers 23.   O honte pour César qu'avec tant de puissance,
            Tant de soins pour vous rendre entière obéissance,
            Il n'ait pu toutefois en ces événements
            Obéir au premier de vos commandements !

Rendre entière obéissance : ces termes signifient la sujétion d'un
vassal. César veut dire qu'il a fait ce qu'il a pu pour obéir à la
volonté de Cléopâtre. Ce n'est pas là rendre obéissance : cette
expression ne lui convient pas ; *tant de soins pour* ne se dit pas.

Vers 27.   Prenez-vous-en au ciel, dont les ordres sublimes,
            Malgré tous nos efforts, savent punir les crimes.

Ordres sublimes ne se dit plus ; on se sert des épithètes *suprê-
mes, souverains, inévitables, immuables. Sublime* est affecté aux
grandes idées, aux grands sentiments.

Vers 33.   Mais comme il est, seigneur, de la fatalité
            Que l'aigreur soit mêlée à la félicité...

Le mot propre serait *amertume,* au lieu d'*aigreur.*

Vers 43.   Un grand peuple, seigneur, dont cette cour est pleine,
            Par des cris redoublés demande à voir sa reine.

Il importe peu que le peuple soit ou non dans la cour pour
voir Cléopâtre. La pièce s'appelle *Pompée ;* les assassins sont punis :
tous les compliments de César et de Cléopâtre sont peut-être plus
inutilesque le dernier discours de Cornélie dans lequel du moins
il y a toujours de la grandeur. Cette dernière scène est la plus
froide de toutes, et dans une tragédie elle doit être, s'il se peut,
la plus touchante. Mais *Pompée* n'est point une véritable tragédie,
c'est une tentative que fit Corneille pour mettre sur la scène des
morceaux excellents qui ne faisaient point un tout ; c'est un
ouvrage d'un genre unique, qu'il ne faudrait pas imiter, et que
son génie, animé par la grandeur romaine, pouvait seul faire

réussir. Telle est la force de ce génie que cette pièce l'emporte encore sur mille pièces régulières, que leur froideur a fait oublier. Trente beaux vers de Cornélie valent beaucoup mieux qu'une pièce médiocre.

Vers 50.　Que ces longs cris de joie étouffent vos soupirs,
　　　　　Et puissent ne laisser dedans votre pensée
　　　　　Que l'image des traits dont mon âme est blessée !

Voilà de ces métaphores qui ne paraissent pas naturelles. Comment peut-on avoir dans sa pensée l'image d'un trait qui a blessé une âme ? Ces figures forcées expriment toujours mal le sentiment. César veut dire : Puissiez-vous ne vous occuper que de mon amour ! Il pouvait y ajouter encore *de sa gloire*. Ces sentiments doivent être toujours exprimés noblement, mais jamais d'une manière recherchée.

EXAMEN DE POMPÉE

PAR CORNEILLE.

Pour le style, il est plus élevé en ce poëme qu'en aucun des miens, et ce sont, sans contredit, les vers les plus pompeux que j'aie faits.

Il est important de faire ici quelques réflexions sur le style de la tragédie. On a accusé Corneille de se méprendre un peu à cette pompe des vers, et à cette prédilection qu'il témoigne pour le style de Lucain ; il faut que cette pompe n'aille jamais jusqu'à l'enflure et à l'exagération ; on n'estime point dans Lucain : *Bella per Emathios plus quam civilia campos*[1]. On estime : *Nil actum reputans si quid superesset agendum*[2].

De même les connaisseurs ont toujours condamné, dans *Pompée, les fleuves rendus rapides par le débordement des parricides*, et tout ce qui est dans ce goût. Mais ils ont admiré :

O ciel ! que de vertus vous me faites haïr !

. . . .
Restes d'un demi-dieu dont à peine je puis
Égaler le grand nom, tout vainqueur que j'en suis.

1. *Phars.*, I, 1.
2. *Ibid.*, II, 657.

Voilà le véritable style de la tragédie ; il doit être toujours d'une simplicité noble, qui convient aux personnes du premier rang ; jamais rien d'ampoulé ni de bas ; jamais d'affectation ni d'obscurité. La pureté du langage doit être rigoureusement observée ; tous les vers doivent être harmonieux, sans que cette harmonie dérobe rien à la force des sentiments. Il ne faut pas que les vers marchent toujours de deux en deux ; mais que tantôt une pensée soit exprimée en un vers, tantôt en deux ou trois, quelquefois dans un seul hémistiche ; on peut étendre une image dans une phrase de cinq ou six vers, ensuite en renfermer une autre dans un ou deux ; il faut souvent finir un sens par une rime, et commencer un autre sens par la rime correspondante.

Ce sont toutes ces règles, très-difficiles à observer, qui donnent aux vers la grâce, l'énergie, l'harmonie, dont la prose ne peut jamais approcher. C'est ce qui fait qu'on retient par cœur, même malgré soi, les beaux vers. Il y en a beaucoup de cette espèce dans les belles tragédies de Corneille. Le lecteur judicieux fait aisément la comparaison de ces vers harmonieux, naturels et énergiques, avec ceux qui ont les défauts contraires, et c'est par cette comparaison que le goût des jeunes gens pourra se former aisément. Ce goût juste est bien plus rare qu'on ne pense ; peu de personnes savent bien leur langue ; peu distinguent au théâtre l'enflure de la dignité ; peu démêlent les convenances. On a applaudi pendant plusieurs années à des pensées fausses et révoltantes. On battait des mains lorsque Baron prononçait ce vers :

Il est, comme à la vie, un terme à la vertu [1].

On s'est récrié quelquefois d'admiration à des maximes non moins fausses. Ce qu'il y a d'étrange, c'est qu'un peuple qui a pour modèle de style les pièces de Racine ait pu applaudir longtemps des ouvrages où la langue et la raison sont également blessées d'un bout à l'autre.

1. Vers de *Tiridate,* tragédie de Campistron, jouée, pour la première fois, en 1691, et reprise avec grand succès en 1727.

REMARQUES

SUR LE MENTEUR

COMÉDIE REPRÉSENTÉE EN 1642.

AVERTISSEMENT DU COMMENTATEUR.

Il faut avouer que nous devons à l'Espagne la première tragédie touchante et la première comédie de caractère qui aient
illustré la France. Ne rougissons point d'être venus tard dans
tous les genres. C'est beaucoup que, dans un temps où l'on ne
connaissait que des aventures romanesques et des turlupinades,
Corneille mît la morale sur le théâtre. Ce n'est qu'une traduction ;
mais c'est probablement à cette traduction que nous devons
Molière. Il est impossible, en effet, que l'inimitable Molière ait vu
cette pièce sans voir tout d'un coup la prodigieuse supériorité
que ce genre a sur tous les autres, et sans s'y livrer entièrement.
Il y a autant de distance de *Mélite* au *Menteur* que de toutes les
comédies de ce temps-là à *Mélite :* ainsi Corneille a réformé la
scène tragique et la scène comique par d'heureuses imitations.
Nous nous conformons à l'édition que Corneille donna en 1644 [1],
édition devenue extrêmement rare, dans laquelle on trouve *le Cid*
avec les imitations de Guillem de Castro, *Pompée* avec les imitations de Lucain, et *le Menteur* avec des vers assez curieux qui ne
sont dans aucune autre édition. Corneille ne mit point au bas
des pages du *Menteur* les traits qu'il prit dans Lope ou dans
Roxas ; on ne sait qui de ces deux poëtes espagnols est l'auteur
de cette comédie [2].

----

1. C'est la mauvaise édition que Voltaire eut d'abord sous la main. Aussi va-t-il
critiquer beaucoup de vers que Corneille a corrigés dans les éditions postérieures.
2. *La Verdad sospechosa y por otro título el Mentiroso* n'est ni de Lope ni

ACTE PREMIER.

SCÈNE I.

Vers 4.   . . . J'ai fait banqueroute à ce fatras de lois.

On disait alors *faire banqueroute*, pour *abandonner, renoncer, quitter, se détacher*, mais mal à propos ; *banqueroute* était impropre, même en ce temps-là, dans l'occasion où l'auteur l'emploie. Dorante ne fait pas banqueroute aux lois, puisque son père consent qu'il renonce à cette profession.

Vers 5.   Mais puisque nous voici dedans les Tuileries,
          Le pays du beau monde et des galanteries, etc.

Nous avons souvent remarqué ailleurs[1] que *dedans* est une légère faute, et qu'il faut *dans*.

Vers 22.   C'est là le plus beau soin qui vienne aux belles âmes.

On prend un soin, on a un soin, on se charge d'un soin, on rend des soins ; mais un soin ne *vient* pas.

Vers 28.   Et déjà vous cherchez à pratiquer l'amour.

On ne pratique point l'amour comme on pratique le barreau, la médecine.

Vers 29.   Je suis auprès de vous en fort bonne posture,
          De passer pour un homme à donner tablature.
          J'ai la taille d'un maître, etc.

Quoique Corneille ait épuré le théâtre dans ses premières comédies et qu'il ait imité, ou plutôt deviné le ton de la bonne compagnie de son temps, il est pourtant encore ici loin de la bienséance et du bon goût ; mais au moins il n'y a pas de mot déshonnête, comme Scarron s'en permit dans de misérables farces des Jodelets, qui, à la honte de la nation et même de la cour, eurent tant de succès avant les chefs-d'œuvre de Molière.

de Roxas, mais de Juan Ruiz de Alarcon y Mendoza. Elle a été traduite par M. A. Royer, dans le *Théâtre d'Alarcon*, publié en 1865, à la librairie Michel Lévy, in-12.

1. Page 243. Voyez aussi les *Remarques sur Don Sanche*, acte I, scène III.

Vers 39.   Vous tenez celles-là trop indignes de vous
          Que le son d'un écu rend traitables à tous.

Le son d'un écu et l'idée de ce vers sont des choses honteuses qu'on devrait retrancher pour l'honneur de la scène française. Ce vers même est imité de la satire de Régnier, intitulée *Macette.* Les bienséances étaient impunément violées dans ce temps-là, et Corneille, qui s'élevait au-dessus de ses contemporains, se laissait entraîner à leurs usages.

Vers 41.   Aussi que vous cherchiez de ces sages coquettes
          Qui bornent au babil leurs faveurs plus secrettes [1].

Cela n'est pas français. On dit bien *la maison où j'ai été,* mais non *la coquette où j'ai été.*

Vers 43.   Et qui ne font l'amour que de babil et d'yeux.

Ce vers n'est pas français ; *faire l'amour d'yeux et de babil* ne peut se dire. On a changé ce vers, et on a mis :

          Sans qu'il vous soit permis de jouer que des yeux [2].

Vers 46.   Et le jeu, comme on dit, n'en vaut pas les chandelles.

Chandelles; cette expression serait aujourd'hui indigne de la haute comédie.

Vers 63.   J'en voyois là beaucoup passer pour gens d'esprit,
          Et faire encore état de Chimène et du Cid,
          Estimer de tous deux la vertu sans seconde,
          Qui passeroient ici pour gens de l'autre monde,
          Et se feroient siffler si, dans un entretien,
          Ils étoient si grossiers que d'en dire du bien.

On voit que Corneille avait encore sur le cœur, en 1644, le déchaînement des auteurs contre *le Cid.* Il supprima depuis ces vers, et y substitua ceux-ci :

          La diverse façon de parler et d'agir
          Donne aux nouveaux venus souvent de quoi rougir.

---

1. C'est ainsi que Voltaire a donné ces deux vers dans ses deux éditions du Théâtre de Corneille ; mais sa remarque porte sur le texte de 1664, 1682 et 1692, que voici :

    . . . . Ces sages coquettes
    Où pouvent tous venants débiter leurs fleurettes.

2. Au contraire ; c'est dans l'édition de 1644 qu'on lit ce dernier vers. Les éditions de 1664, 1682, 1692, portent la version que Voltaire dit être la première.

Vers 70. Et là, faute de mieux, un sot passe à la montre.

Ce mot signifie *revue.*

Vers 83-85. . . . . Il est fort peu d'endroits
Dont il n'ait le rebut aussi bien que le choix.
Comme on s'y connoit mal, chacun s'y fait de mise.

Peut-être cette expression pouvait passer autrefois.

Vers 86. Et vaut communément autant comme il se prise.

Vaut autant comme n'est pas français ; on l'a déjà observé ailleurs [1].

Vers 93. Tel donne à pleines mains qui n'oblige personne, etc.

Molière n'a point de tirade plus parfaite ; Térence n'a rien écrit de plus pur que ce morceau. Il n'est point au-dessus d'un valet, et cependant c'est une des meilleures leçons pour se bien conduire dans le monde. Il me semble que Corneille a donné des modèles de tous les genres.

Vers 99. Et d'un tel contre-temps il fait tout ce qu'il fait
Que, quand il tâche à plaire, il offense en effet.

On ne dit pas *faire d'un contre-temps*, mais *faire à contre-temps.*
Au reste, cette scène est d'un ton très-supérieur à toutes les comédies qu'on donnait alors : elle peint des mœurs vraies ; elle est bien écrite, à l'exception de quelques fautes excusables.

SCÈNE II.

CLARISSE , faisant un faux pas et comme se laissant choir.

Une comédie qui n'est fondée que sur un faux pas que fait une demoiselle en se promenant aux Tuileries semble manquer d'art dans son exposition ; et les compliments que se font Clarice et Dorante n'annoncent ni intrigue ni caractère.

Vers 1. Ay ! — Ce malheur me rend un favorable office....

Si cette Clarice n'avait pas fait un faux pas, il n'y aurait donc pas de pièce ? Ce défaut est de l'auteur espagnol. L'esprit est plus content quand l'intrigue est déjà nouée dans l'exposition. On prend bien plus de part à des passions déjà régnantes, à des

1. Page 471.

intérêts déjà établis. Un amour qui commence tout d'un coup dans la pièce, et dont l'origine est si faible, ne fait aucune impression, parce que cet amour n'est pas assez vraisemblable. On tolère la naissance soudaine de cette passion dans quelque jeune homme ardent et impétueux qui s'enflamme au premier objet ; encore y faut-il beaucoup de nuances.

On croirait presque que ce Dorante, qui aime tant à mentir, exerce ce talent dans sa déclaration d'amour, et que cet amour est un de ses mensonges ; cependant il est de bonne foi.

Vers 2.   Puisqu'il me donne lieu de ce petit service.

Lieu d'un service n'est pas français. On donne lieu de rendre service.

Vers 19.   Et le plus grand bonheur au mérite rendu
Ne fait que nous payer de ce qui nous est dû.

Cela n'est pas français. On rend justice au mérite, on ne lui rend pas *bonheur ;* peut-être les premiers imprimeurs ont-ils mis *bonheur* au lieu d'*honneur.* Cette scène languit par une contestation trop longue.

Vers 35.   Comme l'intention seule en forme le prix, etc.

Ces dissertations dont les phrases commencent presque toujours par *comme,* et dont l'auteur a rempli ses tragédies, sont une de ces habitudes qu'il avait prises en écrivant : c'est la manière du peintre.

SCÈNE IV.

Vers 12.   La plus belle des deux je crois que ce soit l'autre.

Je crois que ce soit est une faute de grammaire, du temps même de Corneille. *Je crois,* étant une chose positive, exige l'indicatif ; mais pourquoi dit-on : Je crois qu'elle *est* aimable, qu'elle *a* de l'esprit ? et : *Croyez-vous* qu'elle *soit* aimable, qu'elle *ait* de l'esprit ? C'est que *croyez-vous* n'est point positif ; *croyez-vous* exprime le doute de celui qui interroge. *Je suis sûr qu'il vous satisfera ; êtes-vous sûr qu'il vous satisfasse ?*

Vous voyez par cet exemple que les règles de la grammaire sont fondées, pour la plupart, sur la raison, et sur cette logique naturelle avec laquelle naissent tous les hommes bien organisés.

Vers 15. Ah! depuis qu'une femme a le don de se taire,
Elle a des qualités au-dessus du vulgaire.

Depuis ne peut être employé pour *quand*, pour *dès là que*, *lorsque*. Ce mot *depuis* dénote toujours un temps passé. Il n'y a point d'exception à cette règle. C'est principalement aux étrangers que j'adresse cette remarque : c'est pour eux surtout qu'on fait ces commentaires. Corneille corrigea depuis :

Monsieur, quand une femme a le don de se taire.

Vers 22. Et quand le cœur m'en dit, j'en prends par où je puis.

J'en prends par où je puis est un peu licencieux, et l'expression est dégoûtante. Ce n'est point ainsi que Térence fait parler ses valets.

SCÈNE V.

Vers 41. . . . . . Des flûtes. . . . . des hautbois,
Qui tour à tour dans l'air poussoient des harmonies
Dont on pouvoit nommer les douceurs infinies.

Quoique ce substantif *harmonie* n'admette point de pluriel, non plus que *mélodie, musique, physique*, et presque tous les noms des sciences et des arts, cependant j'ose croire que dans cette occasion ces *harmonies* ne sont point une faute, parce que ce sont des concerts différents. On peut dire : *Les mélodies de Lulli et de Rameau sont différentes;* de plus, le Menteur s'égaye dans son récit, et *pousser des harmonies* est assez plaisant pour un menteur qui est supposé chercher à tout moment ses phrases.

Vers 66. S'il (le soleil) eût pris notre avis, ou s'il eût craint ma haine,
Il eût autant tardé qu'à la couche d'Alcmène.

Cela est guindé, faux, hors de la nature, et du plus mauvais goût. Aussi Corneille substitua à ces deux vers, si différents du reste, ces deux-ci, qui sont très-plaisants et du meilleur ton :

S'il eût pris notre avis, sa lumière importune
N'eût pas troublé sitôt ma petite fortune.

Vers 75. Il s'est fallu passer à cette bagatelle.

Se passer à, se passer de, sont deux choses absolument différentes. *Se passer à* signifie *se contenter de ce qu'on a. Se passer de* signifie *soutenir le besoin de ce qu'on n'a pas.* Il a quatre attelages, on peut se passer à moins. Vous avez cent mille écus de rente, et je m'en passe.

SCÈNE VI.

Vers 2.   Je remets à ton choix de parler ou te taire.

La grande exactitude de la prose veut *de te taire;* mais il faut renoncer à faire des vers si cette petite licence n'est pas permise.

Vers 7.   . . . . Pauvre esprit! — Je le perds
Quand je vous ois parler de guerre et de concerts.

Je vous *ois* ne se dit plus : pourquoi? Cette diphthongue n'est-elle pas sonore? *Foi, loi, crois, bois,* révoltent-ils l'oreille? Pourquoi l'infinitif *ouïr* est-il resté, et le présent est-il proscrit? La syntaxe est toujours fondée sur la raison : l'usage et l'abolition des mots dépendent quelquefois du caprice; mais on peut dire que cet usage tend toujours à la douceur de la prononciation : *je l'ois, j'ois,* est sec et rude; on s'en est défait insensiblement.

Vers 27.   Étaler force mots qu'elles n'entendent pas,
Faire sonner Lamboy, Jean de Vert, et Galas.

Généraux de l'empereur Ferdinand III.

Vers 34.   On leur fait admirer les baies qu'on leur donne.

Baies signifie ici *bourdes, cassades.* Il faut éviter soigneusement au milieu des vers ces mots *baies, haies,* et ne les jamais faire rencontrer par des syllabes qui les heurtent. On est obligé de faire *baies* de deux syllabes, et ce son est très-désagréable : c'est ce qu'on appelle le *demi-hiatus.* Nous avons des règles certaines d'harmonie dans la poésie; pour peu qu'on s'en écarte, les vers rebutent, et c'est en partie pourquoi nous avons tant de mauvais poëtes.

Vers 42.   Nous pourrons sous ces mots être d'intelligence.

On n'entend pas bien ce que l'auteur veut dire. Comment Dorante sera-t-il d'intelligence avec sa maîtresse, sous les mots de *contrescarpe* et de *fossé ?*

Vers 49.   Ayant si bien en main le festin et la guerre,
Vos gens en moins de rien courroient toute la terre.

Le festin en main; mauvaise expression de ce temps-là.

Vers 64.   . . . . , . . Mais enfin ces pratiques
Vous peuvent engager en de fâcheux intriques.

Ce mot *intrigues* n'est plus d'usage. Thomas Corneille, dans l'édition qu'il fit des œuvres de son frère, substitua :

> . . . . Mais enfin ces pratiques
> Vous couvriront de honte en devenant publiques.
>
> **DORANTE**
>
> N'en prends point de souci. Mais tous ces vains discours, etc.

Vers 65. . . . . Sache qu'à me suivre
Je t'apprendrai bientôt d'autres façons de vivre.

A me suivre est un barbarisme.

ACTE DEUXIÈME.

SCÈNE I.

Vers 3.   Par quelque haut récit qu'on en soit conviée,
C'est grande avidité de se voir mariée.

Cette expression *conviée,* prise en ce sens, n'est plus d'usage : mais j'ose croire que si on voulait l'employer à propos, elle reprendrait ses premiers droits.

Remarquez ici que la scène change. Le premier acte s'est passé dans les Tuileries, à présent nous sommes dans la maison de Clarice, à la place Royale. On aurait pu aisément supposer que la maison est voisine du jardin des Tuileries, et que le spectateur voit l'une et l'autre. Nous avons déjà dit[1] que l'unité de lieu ne consiste pas à rester toujours dans le même endroit, et que la scène peut se passer dans plusieurs lieux représentés sur le théâtre avec vraisemblance. Rien n'empêche qu'on ne voie aisément un jardin, un vestibule, une chambre.

Vers 7.   S'il faut qu'à vos projets la suite ne réponde,
Je m'engagerois trop dans le caquet du monde.

Il faut *ne réponde pas.* Ce *ne* seul ne se dit que dans les occasions suivantes : Je crains qu'elle ne réponde ; il n'est point de douceurs qu'elle ne réponde aux compliments qu'on lui a faits ; il n'y a personne dans cette maison dont je ne réponde ; est-il

---

1. Page 255.

une question difficile à laquelle il ne réponde? Mais nous ne voulons pas faire une trop longue dissertation[1].

Vers 12.   Ce que vous souhaitiez est la même justice.

La même justice ne signifie pas la *justice même.* Voyez ce qui est dit sur cette règle dans les notes sur la tragédie de *Cinna*[2].

Vers 15.   Je le tiendrai longtemps dessous votre fenêtre,
Afin qu'avec loisir vous puissiez le connoître.

Cette manière de présenter un amant à sa maîtresse, qu'il doit épouser, paraît un peu singulière dans nos mœurs; mais la pièce est espagnole, et, de plus, ce n'est point ici une entrevue, le père ne veut que prévenir Clarice par la bonne mine de son fils.

Vers 17.   Examiner sa taille, et sa mine, et son air,
Et voir quel est l'époux que je veux te donner.

Son air.... donner. Il faut rimer à l'oreille, puisque c'est pour elle que la rime fut inventée, et qu'elle n'est que le retour des mêmes sons, ou du moins de sons à peu près semblables. On prononçait *donner,* en faisant sonner la finale *r,* comme s'il y avait eu *donnair.*

Vers 24.   Je cherche à l'arrêter, parce qu'il m'est unique.

On ne dit pas *il m'est unique,* comme *il m'est cher, il m'est agréable,* parce qu'*unique* n'est pas un adjectif, une qualité susceptible de régime. Il est agréable pour moi, agréable à mes yeux. *Unique* est absolu. Mais pourquoi dit-on: Cela m'est agréable, et ne peut-on pas dire : Cela m'est aimable? cela est plaisant à mon goût, et non pas cela m'est plaisant? C'est qu'*agréable* vient d'*agréer;* cela m'agrée, au datif. *Plaisant* vient de *plaire;* cela me plaît, aussi au datif, comme s'il y avait *plaît à moi.* Il n'en est pas ainsi d'*aimer:* j'aime cette pièce ; et non cette pièce aime à moi; ainsi on ne peut dire *m'est aimable.*

1. On lit dans l'édition de 1664 :

A moins qu'à vos projets un plein effet réponde.

2. Ce n'est point dans *Cinna,* c'est dans *le Cid,* acte II, scène II, qu'est un vers qui aurait pu fournir la remarque dont parle ici Voltaire; mais Voltaire n'a fait aucune remarque sur ce vers :

Sais-tu que ce vieillard est la même vertu ?

SCÈNE II.

Vers 15. Cette chaîne (du mariage) qui dure autant qué notre vie,
Et qui nous doit donner plus de peur que d'envie,
Si l'on n'y prend bien garde, attache assez souvent
Le contraire au contraire et le mort au vivant.

Cette allégorie ne paraît-elle pas un peu forte dans une scène
de comédie, et surtout dans la bouche d'une fille? Mais toute
cette tirade est de la plus grande beauté. Il n'y a point de fille
qui parle mieux, et peut être si bien, dans Molière.

Vers 34. . . . . Fille qui vieillit tombe dans le mépris.
C'est un nom glorieux qui se garde avec honte.
Sa défaite est fâcheuse à moins que d'être prompte.

L'usage permet qu'on dise: Cette fille est *de défaite*, c'est-à-dire
elle est belle ; on peut aisément s'en défaire, la marier. Mais *sa
défaite* exprime figurément qu'elle s'est rendue ; *défaire, se défaire*,
un visage *défait*, un ennemi *défait*, *défaite* d'une marchandise,
défaite d'une armée : toutes acceptions différentes.

Vers 37. Le temps n'est pas un dieu qu'elle puisse braver,
Et son honneur se perd à le trop conserver.

Il semble qu'une fille perde son honneur en se mariant[1]. Ce
vers gâte un très-beau morceau.

Vers 39. Ainsi vous quitteriez Alcippe pour un autre,
Dont vous verriez l'humeur rapportant à la vôtre[2] ?

Rapportant n'était pas français du temps même de Corneille,
Il faut : *dont vous verriez l'humeur conforme à la vôtre, répondante
à la vôtre, assortie à la vôtre.*

Vers 42. Il me faudroit en main avoir un autre amant.

J'avois. . . . . certaine vieille *en main,*
D'un génie, à vrai dire, au-dessus de l'humain.
(MOLIÈRE, *École des femmes.*)

---

1. Palissot se demande où Voltaire a pu prendre le sens étrange qu'il substitue
ici au véritable sens de Corneille. (G. A.)
2. Il y a dans l'édition de 1664 :

De qui l'humeur auroit de quoi plaire à la vôtre.

SCÈNE III.

Vers 7. Ton père va descendre, âme double et sans foi!

Tout cela paraît choquer un peu la bienséance; mais on pardonne au temps où Corneille écrivait : on tutoyait alors au théâtre. Le tutoiement, qui rend le discours plus serré, plus vif, a souvent de la noblesse et de la force dans la tragédie; on aime à voir Rodrigue et Chimène l'employer. Remarquez cependant que l'élégant Racine ne se permet guère le tutoiement que quand un père irrité parle à son fils, ou un maître à un confident, ou quand une amante emportée se plaint à son amant.

> Je ne t'ai point aimé! Cruel, qu'ai-je donc fait [1]?

Hermione dit :

> Ne devois-tu pas lire au fond de ma pensée [2]?

Phèdre dit :

> Eh bien! connois donc Phèdre, et toute sa fureur [3].

Mais jamais Achille, Oreste, Britannicus, etc., etc., ne tutoient leurs maîtresses. A plus forte raison cette manière de s'exprimer doit-elle être bannie de la comédie, qui est la peinture de nos mœurs. Molière en fait usage dans *le Dépit amoureux* [4]; mais il s'est ensuite corrigé lui-même.

Vers 31. Si je le vis jamais, et si je le connoi....
— Ne viens-je pas de voir son père avecque toi?

Voilà encore *connois* ou *connoi* qui rime avec *toi*. Voilà une nouvelle preuve qu'on prononçait *je connois*, ou bien *je connoi*, en retranchant la lettre *s*, comme nous prononçons *j'aperçois, je vois, loi, roi* : tous les *oi* prononcés comme écrits avec l'*o*. Aujourd'hui qu'on prononce *je connais, je parais, je verrais, j'aimerais*, il est clair qu'il faut un *a*.

Vers 33. Tu passes, infidèle, âme ingrate et légère,
La nuit avec le fils, le jour avec le père.

Cette idée ne serait pas tolérable s'il n'était question d'une fête qu'on a donnée. Le théâtre doit être l'école des mœurs.

---

1. *Andromaque*, IV, v.
2. *Ibid.*, V, III.
3. *Phèdre*, II, v.
4. Acte III, scène v.

Vers 35. Son père, de vieux temps, étoit ami du mien.

On ne dit point *de vieux temps;* mais *dès longtemps, depuis longtemps, de tout temps, toujours, en tout temps, en tous les temps.*

Vers 51. Quoi! je suis donc un fourbe, un bizarre, un jaloux!

Il semble que l'auteur espagnol n'ait pas tiré assez de parti du mensonge de Dorante sur cette fête. La méprise d'un page qui a pris une femme pour une autre n'a rien d'agréable et de comique. D'ailleurs, ce mensonge de Dorante fait à son rival devait servir au nœud de la pièce et au dénoûment; il ne sert qu'à des incidents.

Vers 61. A moins qu'en attendant le jour du mariage,
    M'en donner ta parole et deux baisers pour gage.

Cette indécence ne serait point soufferte aujourd'hui. On demande comment Corneille a épuré le théâtre? C'est que de son temps on allait plus loin ; on demandait des baisers et on en donnait. Cette mauvaise coutume venait de l'usage où l'on avait été très-longtemps en France de donner par respect un baiser aux dames sur la bouche quand on leur était présenté. Montaigne dit qu'il est triste pour une dame d'apprêter sa bouche pour le premier mal tourné qui viendra à elle avec trois laquais.

Les soubrettes se conformèrent à cet usage sur le théâtre. De là vient que dans *la Mère coquette* de Quinault[1], jouée plus de vingt ans après, la pièce commence par ces vers :

Je t'ai baisé deux fois. — Quoi! tu baises par compte?

Il faut encore observer que quand ces familiarités ridicules sont inutiles à l'intrigue, c'est un défaut de plus.

SCÈNE IV.

Vers 7. . . . . Ce jour même nos armes
    Régleront par leur sort tes plaisir ou tes larmes.

Cela n'est pas français. *Régler* ne veut pas dire *causer;* on ne peut dire *régler des larmes, régler des plaisirs.*

Vers 10. Puissé-je dans son sang voir couler tout le mien!

L'auteur paraît ici quitter absolument le ton de la comédie, et s'élever à la noblesse des images et des expressions tragiques;

---

1. Acte Ier, scène 1re.

mais il faut observer que c'est un amant au désespoir qui veut appeler son rival en duel. Les expressions suivent ordinairement le caractère des passions qu'elles expriment.

Interdum tamen et vocem comœdia tollit [1].

Vers 11. Le voici ce rival que son père t'amène.

On ne conçoit pas trop comment Alcippe peut voir entrer Dorante. Le premier vers de la cinquième scène prouve que Dorante et Géronte son père sont dans une place publique, ou dans une rue sur laquelle donnent les fenêtres de Clarice, ou à toute force dans le jardin des Tuileries, qui est le premier lieu de la scène, quoiqu'il soit assez peu vraisemblable que tous les personnages de cette comédie passent leur journée et ne fassent leurs affaires qu'en se promenant dans un jardin. Or Alcippe est encore dans la maison de Clarice : car ce n'est sûrement ni dans la rue, ni dans un jardin public, que Géronte vient rendre visite à Clarice et lui proposer son fils en mariage. Ce n'est pas non plus dans la rue que Clarice découvre à sa soubrette les secrets de son cœur. Enfin ce ne peut pas être dans la rue qu'Alcippe vient débiter à sa maitresse deux pages d'injures, et lui demander ensuite deux baisers : cela ne serait ni vraisemblable ni décent ; ce n'est pas dans le milieu d'un jardin, puisque Clarice le prie de parler plus bas, de crainte que son père ne l'entende.

Il faut donc conclure que le lieu de la scène change souvent dans cette comédie, et qu'en cet endroit Alcippe, qui est chez Clarice, ne peut voir entrer Dorante, qui est dans la rue. Remarquez aussi que les scènes ive et ve ne sont point liées, et que le théâtre reste vide. Seulement Alcippe annonce que Dorante parait ; mais il l'annonce mal à propos, puisqu'il ne peut le voir.

Vers 14. Mais ce n'est pas ici qu'il faut le quereller.

Quereller signifie aujourd'hui *reprendre, faire des reproches, réprimander :* il signifiait alors *insulter, défier,* et même *se battre.* Dans nos provinces méridionales, les tribunaux se servent du mot *quereller* pour accuser un homme, attaquer un testament, une convention : c'est un abus des mots ; le langage du barreau est partout barbare.

---

1. Horace, *Art poétique*, 93.

SCÈNE V.

Vers 1. Dorante, arrêtons-nous, le trop de promenade
Me mettroit hors d'haleine et me feroit malade.

Il semble par ces vers que Géronte et Dorante soient dans les Tuileries. Comment Alcippe a-t-il pu les voir de la maison de Clarice, à la place Royale ?

Vers 11. Et l'univers entier ne peut rien voir d'égal
Aux superbes dehors du palais Cardinal.

Aujourd'hui le Palais-Royal. Ce quartier, qui est à présent un des plus peuplés de Paris, n'était que des prairies entourées de fossés, lorsque le cardinal de Richelieu y fit bâtir son palais. Quoique les embellissements de Paris n'aient commencé à se multiplier que vers le milieu du siècle de Louis XIV, cependant la simple architecture du palais Cardinal ne devait pas paraître si superbe aux Parisiens, qui avaient déjà le Louvre et le Luxembourg. Il n'est pas surprenant que Corneille, dans ces vers, cherchât à louer indirectement le cardinal de Richelieu, qui protégea beaucoup cette pièce, et même donna des habits à quelques acteurs. Il était mourant alors, en 1642, et il cherchait à se dissiper par ces amusements.

Vers 13. Toute une ville entière avec pompe bâtie
Semble d'un vieux fossé par miracle sortie,
Et nous fait présumer à ses superbes toits
Que tous les habitants sont des dieux ou des rois.

Des dieux ! cela est un peu fort.

Vers 70. Ce fut, s'il m'en souvient, le second de septembre.

Ces particularités rendent la narration de Dorante plus vraisemblable ; on ne peut se refuser au plaisir de dire que cette scène est une des plus agréables qui soient au théâtre. Corneille, en imitant cette comédie de l'espagnol de Lope de Vega[1], a, comme à son ordinaire, eu la gloire d'embellir son original. Il a été imité à son tour par le célèbre Goldoni[2]. Au printemps de l'année 1750, cet auteur si naturel et si fécond a donné à Mantoue

---

1. De Juan de Alarcon, comme nous l'avons dit.
2. *Il Bugiardo*, de Goldoni, représenté à Mantoue au printemps de 1750. Goldoni n'a fait que quelques emprunts au *Menteur* de Corneille.

une comédie intitulée *le Menteur*. Il avoue qu'il en a imité les scènes les plus frappantes de la pièce de Corneille. Il a même quelquefois beaucoup ajouté à son original. Il y a dans Goldoni deux choses fort plaisantes : la première, c'est un rival du Menteur, qui redit bonnement pour des vérités toutes les fables que le Menteur lui a débitées, et qui est pris pour un menteur lui-même, à qui on dit mille injures ; la seconde est le valet qui veut imiter son maître, et qui s'engage dans des mensonges ridicules dont il ne peut se tirer.

Il est vrai que le caractère du Menteur de Goldoni est bien moins noble que celui de Corneille. La pièce française est plus sage, le style en est plus vif, plus intéressant. La prose italienne n'approche point des vers de l'auteur de *Cinna*. Les Ménandre, les Térence, écrivirent en vers, c'est un mérite de plus, et ce n'est guère que par impuissance de mieux faire, ou par envie de faire vite, que les modernes ont écrit des comédies en prose. On s'y est ensuite accoutumé. *L'Avare* surtout, que Molière n'eut pas le temps de versifier, détermina plusieurs auteurs à faire en prose leurs comédies. Bien des gens prétendent aujourd'hui que la prose est plus naturelle et sert mieux le comique. Je crois que dans les farces la prose est assez convenable ; mais que le *Misanthrope* et le *Tartuffe* perdraient de force et d'énergie s'ils étaient en prose !

ACTE TROISIÈME.

SCÈNE I.

Vers 3.   Je rends grâces au ciel de ce qu'il a permis
           Que je suis survenu pour vous refaire amis.

Il faudrait *que je sois*[1] ; le *que* entre deux verbes exige le subjonctif, excepté quand on assure positivement quelque chose. Je suis sûr que vous m'aimez ; je crois que vous m'aimez ; je jure que je vous aime ; mais il faut dire : *je permets, je souhaite, je doute, je veux, j'ordonne, je crains, je désire que vous aimiez.*

Vers 13. . . . . .Quoi que j'aie pu faire[2],
          Je crois n'avoir rien fait qui puisse vous déplaire.

---

1. C'est ce que porte l'édition de 1664.
2. Dans l'édition de 1664 il y a :

. . . . Plus je me considère,
Moins je découvre en moi ce qui vous peut déplaire.

Le mot *aie* ne peut entrer dans un vers, à moins qu'il ne soit suivi d'une voyelle avec laquelle il forme une élision.

Vers 17.   Mon affaire est d'accord.

Les hommes sont *d'accord;* les affaires sont *accordées, terminées, accommodées, finies.*

Vers 43.   Prenez sur un appel le loisir d'y rêver,
            Sans commencer par où vous devez achever.

Ce premier hémistiche du second vers ne serait pas permis dans le style élevé : c'est une licence qu'il faut prendre très-rarement dans le comique. Une conjonction, un adverbe monosyllabe, un article, doivent rarement finir la moitié d'un vers.

> Adieu, je m'en vais à Paris pour mes affaires.

SCÈNE II.

Vers 5.   . . . L'ardeur de Clarice est égale à vos flammes.

Ce mot au pluriel était alors en usage : et en effet pourquoi ne pas dire *à vos flammes,* aussi bien qu'*à vos feux, à vos amours?*

Vers 13.   Comme il en voit sortir ces deux beautés masquées,
            Sans les avoir au nez de plus près remarquées,
            Voyant que le carrosse et chevaux et cocher
            Étoient ceux de Lucrèce, il suit sans s'approcher ; .
            Et, les prenant ainsi pour Lucrèce et Clarice,
            Il rend à votre amour un très-mauvais service.

Sans les avoir au nez, etc. Cette manière de s'exprimer ne serait plus excusable à présent que dans la bouche d'un valet.
Au lieu de ces vers, on trouve ceux-ci dans quelques éditions :

> Il les en voit sortir, mais à coiffe abattue,
> Et sans les approcher il suit de rue en rue.
> Aux couleurs, aux carrosses, il ne doute de rien,
> Tout étoit à Lucrèce, et le dupe si bien
> Que, prenant ces beautés pour Lucrèce et Clarice,
> Il rend à votre amour, etc.

Vers 35.   Il vint hier de Poitiers, et sans faire aucun bruit
            Chez lui paisiblement a dormi toute nuit.

On disait alors *toute nuit,* au lieu de *toute la nuit;* mais comme on ne pouvait pas dire *tout jour,* à cause de l'équivoque de *toujours,* on a dit *toute la nuit,* comme on disait *tout le jour.*

Vers 37.   Quoi ! sa collation... — N'est rien qu'un pur mensonge,
           Ou bien s'il l'a donnée, il l'a donnée en songe.

Il est évident que ce dernier vers n'est placé là que pour la
rime. Ce sont de légères taches que la difficulté de notre poésie
doit faire excuser. Dès qu'on voit *songe,* on est presque sûr de
mensonge.

Vers 49.   A nous laisser duper nous sommes bien novices.

Ce vers signifie à la lettre : *nous ne savons pas être dupés.* C'est
le contraire de ce que l'auteur veut dire.

Vers 55.   Quiconque le peut croire ainsi que vous et moi,
           S'il a manqué de sens, n'a pas manqué de foi.

Philiste avoue ici qu'il a cru ce que disait Dorante ; et le vers
d'après, il dit qu'il ne l'a pas cru.

SCÈNE III.

Les scènes ici cessent encore d'être liées : le théâtre ne reste
pas tout à fait vide ; les acteurs qui entrent sont du moins annoncés.

Vers 33.   En matière de fourbe, il est maître, il y pipe.

Cette expression ne serait plus admise aujourd'hui. On dit
piper au jeu, piper la bécasse; voilà tout ce qui est resté en usage.

Vers 57.   Tu vas sortir de garde et perdre tes mesures.

Cette métaphore, tirée de l'art des armes, paraît aujourd'hui
peu convenable dans la bouche d'une fille parlant à une fille ;
mais quand une métaphore est usitée, elle cesse d'être une figure.
L'art de l'escrime étant alors beaucoup plus commun qu'aujour-
d'hui, *sortir de garde, être en garde,* entraient dans le discours
familier, et on employait ces expressions avec les femmes mêmes,
comme on dit *à la boule vue,* à ceux qui n'ont jamais vu jouer à
la boule ; *servir sur les deux toits,* à ceux qui n'ont jamais vu jouer
à la paume ; *le dessous des cartes, etc.*

SCÈNE IV.

Remarquez que le théâtre ici ne reste pas tout à fait vide, et
que si les scènes ne sont pas liées, elles sont du moins annoncées.
Il sort deux acteurs, et il en rentre deux autres ; mais les deux

premiers ne sortent qu'en conséquence de l'arrivée des deux seconds. C'est toujours la même action qui continue, c'est le même objet qui occupe le spectateur. Il est mieux que les scènes soient toujours liées : les yeux et l'esprit en sont plus satisfaits.

Vers 2.   J'ai su tout ce détail d'un ancien valet.

Autrefois un auteur, selon sa volonté, faisait *hier* d'une syllabe, et *ancien* de trois; aujourd'hui cette méthode est changée. *Ancien* de trois syllabes rend le vers plus languissant ; *ancien* de deux syllabes devient dur. On est réduit à éviter ce mot quand on veut faire des vers où rien ne rebute l'oreille.

Vers 14.   Ne hésiter jamais, et rougir encor moins.

Ne hé est dur à l'oreille. On ne fait plus difficulté de dire aujourd'hui : *j'hésite, je n'hésite plus.*

SCÈNE V.

Cette scène est tout espagnole : c'est un simple jeu de deux femmes, une simple méprise de Dorante, dont il ne résulte rien d'intéressant ni de plaisant, rien qui déploie les caractères ; et c'est probablement la raison pour laquelle *le Menteur* n'est plus si goûté qu'autrefois.

Vers 19.   Chère amie, il en conte à chacune à son tour.

Il paraît que Clarice ne dit pas ce qu'elle devrait dire, et ne joue pas le rôle qu'elle devrait jouer. Elle est convenue que Lucrèce mentirait au Menteur, et qu'elle lui ferait croire que cette Lucrèce est la même personne qu'il a vue aux Tuileries. C'est la demoiselle des Tuileries que Dorante aime ; c'est elle à qui il croit parler. Par conséquent il n'en conte point à chacune à son tour, il n'est point fourbe, il tombe dans le piége qu'on lui a dressé.

Vers 78.   Appelez-moi grand fourbe, et grand donneur de bourdes.

Cette expression est aujourd'hui un peu basse ; elle vient de l'ancien mot *bourdeler, bordeler,* qui ne signifiait que *se réjouir.*

Vers 123. Vous couchez d'imposture, et vous osez jurer,
        Comme si je pouvois vous croire ou l'endurer.

Vous couchez d'imposture; cette manière de s'exprimer n'est plus admise ; elle vient du jeu. On disait : *Couché de vingt pistoles, de trente pistoles, couché belle.*

Vers dern. J'ai donné cette baie à bien d'autres qu'à vous.

Cette scène ne peut réussir, elle est trop forcée ; il était naturel que Clarice lui dît : C'est moi que vous avez trouvée aux Tuileries, vous devez reconnaître ma voix ; et alors tout était fini.

SCÈNE VI.

Vers 15.   Je disois vérité. — Quand un menteur la dit,
En passant par sa bouche elle perd son crédit.

Voilà deux vers qui sont passés en proverbe. C'est une vérité fortement et naïvement exprimée : elle est dans l'espagnol, et on l'a imitée dans l'italien.

Vers 18.   Elle recevra point un accueil moins farouche.

Il faudrait ici la particule *ne* avant le verbe, pour que la phrase fût exacte. Cette licence n'est pas même permise en poésie[1].

Vers 19.   Allons sur le chevet rêver quelque moyen.

Il faut *rêver à quelque moyen*.

Vers dern. Il sera demain jour, et la nuit porte avis.

On ne peut guère finir un acte moins vivement. Il faut toujours tenir le spectateur en haleine, lui donner de la crainte ou de l'espérance. Quand un personnage se borne à dire : Nous verrons demain ce que nous ferons, allons-nous-en, le spectateur est tenté de s'en aller aussi, à moins que les choses auxquelles le personnage va rêver ne soient très-intéressantes.

ACTE QUATRIÈME.

SCÈNE I.

Vers 1.   Mais, monsieur, pensez-vous qu'il soit jour chez Lucrèce ?

Nous avons déjà remarqué que le lieu de la scène changeait souvent dans cette comédie, et que par conséquent l'unité de lieu n'y était pas scrupuleusement observée.

---

1. On lit dès 1664 :

Elle pourra trouver un accueil moins farouche.

Vers 9.   Je me suis souvenu d'un secret que toi-même
            Me donnois hier pour grand, pour rare, pour suprême.

Un secret suprême! Voilà à quoi l'esclavage de la rime réduit trop souvent les auteurs; on emploie les mots les plus impropres, parce qu'ils riment. C'est le plus grand défaut de notre poésie. Il vaut mieux rejeter la plus belle pensée que de la mal exprimer.

Vers 14.   Je sais ce qu'est Lucrèce, elle est sage et discrète.

D'où le sait-il, lui qui arriva hier de Poitiers[1]?

Vers 15.   A lui faire présent mes efforts seroient vains.

Il faut dire *faire un présent,* ou *faire présent de quelque chose.*

Vers 21·   Si celle-ci venoit qui m'a rendu sa lettre

n'est pas français. Il faudrait *celle-là,* ou *celle. Celle* ne doit point se séparer du *qui;* mais ce n'est qu'une petite faute.

Vers 30.   Mais, monsieur, attendant que Sabine survienne,
            Et que sur son esprit vos dons fassent vertu,
            Il court quelque bruit sourd qu'Alcippe s'est battu.

On dit *se faire une vertu, faire une vertu d'un vice;* mais *faire vertu,* quand il signifie *faire effet,* n'est plus d'usage, et *faire vertu sur quelque chose* est un barbarisme.

SCÈNE III.

Vers 4.   Avec ces qualités j'avois lieu d'espérer
            Qu'assez malaisément je pourrois m'en parer.

Dans ces deux vers, que Cliton répète ici après les avoir dits à la fin du second acte, on peut remarquer qu'*espérer,* ne se prenant jamais en mauvaise part, ne peut pas servir de synonyme à *craindre,* et qu'ici l'expression n'est point juste.

Vers 18.   Et je n'ai point appris qu'elle eût tant d'efficace.

Efficace, pris comme substantif, n'est plus d'usage; on dit *efficacité,* ou plutôt on se sert d'un autre mot.

---

1. Palissot remarque qu'il le sait de Cliton lui-même, à qui il a donné ordre de s'en informer à la VIIe scène du IIe acte, et qui lui en a rendu compte à la IVe scène du IIIe.

Vers 25. Qu'en moins de fermer l'œil on ne s'en souvient pas [1].

En moins de fermer l'œil, pour *en moins d'un clin d'œil,* n'est pas français.

Vers 36. Vous les hachez menu comme chair à pâtés.
   Vous avez tout le corps bien plein de vérités,
   Il n'en sort jamais une.

Ces vers ne paraissent-ils pas d'un genre de plaisanterie trivial, et même trop bas pour le ton général de la pièce?

SCÈNE IV.

Vers 2. . . . . Que mal à propos
   Son abord importun vient troubler mon repos !

Il ne peut pas dire qu'il est en repos : il ne pourrait trouver son père incommode qu'en cas qu'il sût que son père vient troubler son amour. Il serait excusable alors par l'excès de sa passion ; mais il n'a de véritable passion que celle de mentir assez mal à propos.

Vers 12. Je me tiens trop heureux qu'une si belle fille,
   Si sage et si bien née, entre dans ma famille.

Si sage et si bien née, une fille qui a été surprise avec un homme pendant la nuit !

SCÈNE V.

Qu'il me soit permis de dire en passant que, dans les quatre scènes précédentes, la résurrection d'Alcippe, le nouvel embarras de Dorante avec Géronte, la noble confiance de ce dernier, forment les situations les plus heureuses et les plus comiques. On ne voit point de tels exemples chez les Grecs, ni chez les Latins : aussi l'auteur italien n'a-t-il pas manqué de traduire toutes ces scènes.

---

1. Dans l'édition de 1664 Corneille a mis :

  Qu'en moins d'un tournemain on ne s'en souvient pas.

L'édition de 1682 a la même version. Dans l'édition de 1692 il y a :

  Qu'en moins d'une heure ou deux, etc.

SCÈNE VI.

Toutes les fois qu'un acteur entre, ou sort du théâtre, l'art exige que le spectateur soit instruit des motifs qui l'y déterminent. On ne voit pas trop ici quelle raison ramène Sabine.

Vers 18. On prend à toutes mains, dans le siècle où nous sommes,
Et refuser n'est plus le vice des grands hommes.

Que veut dire *le vice des grands hommes,* quand il s'agit d'une femme de chambre?

Vers dern. Je vous conterai lors tout ce que j'aurai fait.

Ces scènes, qui ne consistent qu'à donner de l'argent à des suivantes qui font des façons et qui acceptent, sont devenues aussi insipides que fréquentes; mais alors la nouveauté empêchait qu'on n'en sentît toute la froideur.

SCÈNE VII.

Vers 2.   C'est un homme qui fait litière de pistoles.

Litière de pistoles; expression aujourd'hui proscrite et entièrement hors d'usage.

Vers 26· Elle tient, comme on dit, le loup par les oreilles.

Le proverbe ne paraît-il pas un peu trivial, et la scène un peu trop longue, dans la situation où sont les choses?

Vers 36. Peut-être que tu mens aussi bien comme lui.

On a déjà dit[1] que *comme* est ici un solécisme, et qu'il faut *que.*

SCÈNE VIII.

Vers 3.   Elle meurt de savoir que chante le poulet.

Il faut *ce que chante.* Nous ne devons pas rendre le *quid* des Latins et le *che* des Italiens par le simple *que ;* la raison en est claire: ce *que* produirait une amphibologie perpétuelle. *Je crois que vous pensez* est très-différent de *je crois ce que vous pensez. Je*

---

1. Pages 471, 484.

vois que vous aimez, et *je vois ce que vous aimez*, ne sont pas la même chose.

L'auteur corrigea depuis :

> Comme elle a les yeux fins, elle a vu le poulet.

Vers 25.   Conte-lui dextrement le naturel des femmes.

Dextrement n'est plus d'usage. On ne conte point le naturel ; on le peint, on le décrit.

SCÈNE IX.

Vers 1.   Il t'en veut tout de bon, et m'en voilà défaite.

Ces scènes de Clarice et de Lucrèce ne sont ni comiques ni intéressantes. Aucune des deux n'aime ; elles jouent un tour assez grossier à Dorante, qui doit reconnaître Clarice à sa voix, et ce sont elles qui sont véritablement menteuses avec lui.

Vers 23.   Si tu l'aimes, du moins étant bien avertie,
Prends bien garde à ton fait, et fais bien ta partie.

Cette expression prise en ce sens n'est plus d'usage. Aujourd'hui, *prendre garde à son fait* est une phrase très-populaire.

On a remarqué que ces scènes de Clarice et de Lucrèce sont toutes très-froides. On en demande la raison : c'est que ni l'une ni l'autre n'a une vraie passion, ni un grand intérêt.

Vers 27.   . . . Vous n'en casserez, ma foi, que d'une dent ;

façon de s'exprimer prise d'un ancien proverbe trivial, et indigne d'être écrit, surtout en vers.

Vers 29.   Quand nous le vîmes hier dedans les Tuileries...

Ce vers prouve deux choses : d'abord que la pièce dure deux journées ; ensuite que la scène a changé, que le théâtre ne doit plus représenter les Tuileries, mais la place Royale. Il était, à la vérité, assez extraordinaire que ces dames se promenassent si régulièrement dans un jardin, deux journées de suite ; mais il ne l'est pas moins qu'elles aient de si longues conférences dans une place.

Au reste, la règle des vingt-quatre heures peut très-bien subsister, la pièce commençant à six heures du soir, et finissant le lendemain à la même heure.

Vers 46. Soit, mais il est saison que nous allions au temple.

Il est saison, pour *il est temps, il est l'heure,* ne se dit plus. De plus, voilà une manière bien froide et bien maladroite de finir un acte. Il est temps d'aller à l'église, parce que nous n'avons plus rien à dire.

Vers 47. Allons. — Si tu le vois, agis comme tu sais.
          — Ce n'est pas sur ce coup que je fais mes essais.

Tu sais ne rime pas avec *essais;* c'est ce qu'on appelle des rimes provinciales. La rime est uniquement pour l'oreille. On prononce *tu sais* comme s'il y avait *tu sés, essais* est long et ouvert. Si on ne voulait rimer qu'aux yeux, *cuiller* rimerait avec *mouiller.* Tous les mots qui se prononcent à peu près de même doivent rimer ensemble. Il me paraît que c'est la règle générale concernant la rime.

Vers 54. Mais sachez qu'il est homme à prendre sur le vert.

On appelait alors *le vert* le gazon du rempart sur lequel on se promenait, et de là vient le mot *boulevert,* vert à jouer à la boule, qu'on prononce aujourd'hui *boulevart.* Le nom de *vert* se donnait aussi au marché aux herbes.

ACTE CINQUIÈME.

SCÈNE I.

GÉRONTE, ARGANTE

Voici un monsieur Argante dont le spectateur n'a point encore entendu parler, qui arrive sous prétexte de solliciter un procès, mais effectivement pour détromper Géronte, et lui ouvrir les yeux sur toutes les faussetés que lui a débitées son fils. Peut-être désirerait-on qu'il fût annoncé dès le premier acte : c'est du moins une des règles de l'art. On doit rarement introduire au dénoûment un personnage qui ne soit à la fois annoncé et attendu. D'ailleurs, on ne voit pas de quelle utilité est cet Argante, qui ne paraît qu'un moment, qui ne revient pas même aux dernières scènes. Géronte n'aurait-il pas pu découvrir aussi bien la fausseté du mariage de Dorante dans une conversation avec Clarice ou Lucrèce, à qui son fils vient de jurer qu'il n'est point marié, et qu'il n'a imaginé ce mensonge que pour se conserver la liberté d'offrir à la personne qu'il aime son cœur et sa main? Mais il faut songer en quel temps écrivait Corneille, et passer rapidement aux scènes suivantes, qui sont sublimes[1].

SCÈNE III.

Vers 1.   Êtes-vous gentilhomme ?

Cette scène est imitée de l'espagnol. Le génie mâle de Corneille quitte ici le ton familier de la comédie ; le sujet qu'il traite l'oblige d'élever sa voix : c'est un père justement indigné, c'est

Iratus Chremes (qui) tumido delitigat ore.

(HOR., *Art poétique*[2].)

On voit ici la même main qui peignit le vieil Horace et don Diègue. Il n'est point de père qui ne doive faire lire cette belle

---

1. Le commencement de cette scène étant différent dans quelques éditions, on en donne ici les deux leçons.

PREMIÈRE ÉDITION, DONNÉE PAR CORNEILLE.

GÉRONTE, ARGANTE.

ARGANTE.
La suite d'un procès est un fâcheux martyre.
GÉRONTE.
Vu ce que je vous suis, vous n'aviez qu'à m'écrire,
Et demeurer chez vous en repos à Poitiers ;
J'aurois sollicité pour vous en ces quartiers :
Le voyage est trop long, et dans l'âge où vous êtes
La santé s'intéresse aux efforts que vous faites.
Mais, puisque vous voici, je veux vous faire voir,
Et si j'ai des amis, et si j'ai du pouvoir.
Faites-moi la faveur cependant de m'apprendre
Quelle est et la famille et le bien de Pyrandre, etc.

ÉDITIONS POSTÉRIEURES.

GÉRONTE, PHILISTE.

GÉRONTE.
Je ne pouvois avoir rencontre plus heureuse
Pour satisfaire ici mon humeur curieuse.
Vous avez feuilleté le *Digeste* à Poitiers,
Et vu, comme mon fils, les gens de ces quartiers :
Ainsi vous me pouvez facilement apprendre
Quelle est et la famille et le bien de Pyrandre, etc.

— Le premier des textes qu'on vient de lire est de 1664 ; et c'est celui que Voltaire a reproduit dans ses deux éditions (1764 et 1774) du *Théâtre de P. Corneille avec commentaires*. La seconde version existait au moins dès 1664.

2. Vers 94.

scène à ses enfants. Et si l'on disait aux farouches ennemis du
théâtre, aux persécuteurs du plus beau des arts : Oseriez-vous nier
que cette scène, bien représentée, ne fasse une impression plus
heureuse et plus forte sur l'esprit d'un jeune homme que tous
les sermons que l'on débite journellement sur cette matière? je
voudrais bien savoir ce qu'ils pourraient répondre.

Goldoni, dans son *Bugiardo*, n'a pu imiter cette belle scène de
Corneille, parce que Pantalon Bisognosi est le père de son Menteur, et que Pantalon, marchand vénitien, ne peut avoir l'autorité
et le ton d'un gentilhomme. Pantalon dit simplement à son fils
qu'il faut qu'un marchand ait de la bonne foi.

Vers 49.   . . . . Mon indulgence, au dernier point venue,
    Consentoit à tes yeux l'hymen d'une inconnue[1].

Consentir est un verbe neutre qui régit le datif, c'est-à-dire
notre préposition *à*, qui sert de datif. On ne dit pas *consentir
quelque chose, mais à quelque chose*. Dans quelques éditions on a
substitué *approuvait* à *consentait*.

SCÈNE IV.

Vers 5.   Toutes tierces, dit-on, sont bonnes ou mauvaises.

Cette plaisanterie est tirée de l'opinion où l'on était alors
que le troisième accès de fièvre décidait de la guérison ou de
la mort.

Vers 10.   Car je doute à présent si vous aimez Lucrèce.

On ne sait en effet qui Dorante aime, il ne le sait pas lui-
même : c'est une intrigue où le cœur n'a aucune part. Dorante,
Lucrèce, et Clarice, prennent si peu de part à cet amour que le
spectateur n'y prend aucun intérêt. C'est un très-grand défaut,
comme on l'a déjà dit, et l'intrigue n'est point assez plaisante
pour réparer cette faute. La pièce ne se soutient que par le comique des menteries de Dorante.

Vers 23.   Mon cœur entre les deux est presque partagé.

Cela seul suffit pour refroidir la pièce. S'il ne se soucie d'aucune, qu'importe celle qu'il aura?

---

1. C'est ce qu'on lit encore dans l'édition de 1664; mais celle de 1682 porte :
    Approuvoit à tes yeux l'hymen d'une inconnue.

Vers 28.   Quoi ! même en disant vrai, vous mentiez en effet?

Voilà une excellente plaisanterie, qui prépare le dénoûment de l'intrigue.

SCÈNE V.

(*A la fin.*) Cette scène participe de cette froideur causée par l'indifférence de Dorante. Il demande avec empressement comment on a reçu sa lettre écrite à une personne qu'il n'aime guère, et qu'il appelle *ce cher objet.*

SCÈNE VI.

Vers 32.   Votre âme du depuis ailleurs s'est engagée.

Du depuis a toujours été une faute : c'est une façon de parler provinciale. Il est clair que le *du* est de trop avec le *de.*

Vers 41.   Vous serez marié, si l'on veut, en Turquie....
— Je serai marié, si l'on veut, en Alger.

Être marié en Turquie ou bien à Alger n'est pas fort différent. Ce n'est pas là enchérir, c'est répéter.

Vers 47.   Moi-mêmes à mon tour je ne sais où j'en suis.

Il ne faut point ici d's à *même* [1].

Vers 54.   Sabine m'en a fait un secret entretien.
— Bonne bouche, j'en tiens, mais l'autre la vaut bien.

La méprise de Dorante serait plaisante et intéressante si, aimant passionnément une des deux, il disait à l'une tout ce qu'il croit dire à l'autre. L'auteur espagnol et le français semblent avoir manqué leur but.

Clarice fait connaître, au second acte, qu'elle n'aime ni Dorante ni Alcippe, et qu'elle ne veut qu'un mari. Ainsi nul intérêt dans cette pièce ; elle se soutient seulement par des méprises et des mensonges comiques. *Faire un entretien* n'est pas français. *Bonne bouche* est trivial, et cette longue méprise est froide.

Vers 90.   Est-il un plus grand fourbe, et peux-tu l'écouter?

Elle devait lui dire : Je suis Clarice, c'est mon nom, et vous avez cru que je m'appelais Lucrèce.

---

1. Voyez cependant la remarque 8e de la scène II du IIIe acte de *Polyeucte*. Au reste, dans l'édition de 1664, Corneille mit :

Je ne sais plus moi-même à mon tour où j'en suis.

Vers 104. Vois que fourbe sur fourbe à nos yeux il entasse,
        Et ne fait que jouer des tours de passe-passe.

Cette expression populaire ne paraît-elle pas ici déplacée?

Vers 108. Si mon père à présent porte parole au vôtre,
        Après son témoignage en voudrez-vous quelque autre?

De pareils dénoûments sont toujours froids et vicieux, parce qu'ils n'ont point ce qu'on appelle la péripétie, ils n'excitent aucune surprise; il n'y a ni comique, ni intérêt. *Si mon père consent à mon mariage, y consentez-vous? Oui.* Ce n'est pas la peine de faire cinq actes pour amener quelque chose de si trivial; et, encore une fois, le caractère du Menteur est l'unique cause du succès.

Vers 115. Je ne lui ferai pas ce mauvais entretien.

Faire un mauvais entretien est un barbarisme.

SCÈNE VII et dernière.

Vers 8.   Le devoir d'une fille est dans l'obéissance.
        Venez donc recevoir ce doux commandement.

Il est assez singulier de remarquer que Corneille a placé ces deux mêmes vers dans la bouche de Camille et de Curiace, dans sa belle tragédie des *Horaces*[1].

Vers 12.   Je changerai pour toi cette pluie en rivière.

Plaisanterie bien recherchée. Un défaut de cette pièce est la répétition des façons et des gaietés d'une soubrette à qui l'on fait quelques petits présents.

Vers dern. Par un si rare exemple apprenez à mentir.

C'est ici une plaisanterie de valet, mais elle paraît déplacée. On attend la morale de la pièce, qui est toute contraire au propos de Cliton. Goldoni ne manque jamais à ce devoir. Tous ses dénoûments sont accompagnés d'une courte leçon de vertu. Chez lui le Menteur est puni, et il doit l'être : il en a fait un malhonnête homme, odieux et méprisable. Le Menteur, dans le poëte espagnol et dans la copie faite par Corneille, n'est qu'un étourdi. Il y a peut-être plus d'intérêt dans l'italien, en ce que tous les mensonges du *Bugiardo* servent à ruiner les espérances d'un honnête homme discret, timide et fidèle.

1. Acte Ier, scène IV.

REMARQUES

LA SUITE DU MENTEUR

COMÉDIE REPRÉSENTÉE EN 1644[1].

————

AVERTISSEMENT DU COMMENTATEUR.

La Suite du Menteur ne réussit point. Serait-il permis de dire qu'avec quelques changements elle ferait au théâtre plus d'effet que *le Menteur* même? L'intrigue de cette seconde pièce espagnole[2] est beaucoup plus intéressante que la première. Dès que l'intrigue attache, le succès ne dépend plus que de quelques embellissements, de quelques convenances, que peut-être Corneille négligea trop dans les derniers actes de cette pièce.

————

ACTE PREMIER.

SCÈNE I.

Dès les premiers vers un grand intérêt commence. Dorante est en prison, après avoir disparu le jour de ses noces. Il est vrai qu'il n'a eu aucune raison de s'enfuir quand il allait se marier; que c'est un caprice impardonnable; que ce caprice même le rend un peu méprisable. Mais il est en prison; sa maîtresse a épousé

1. Plus probablement vers la fin de 1643.
2. *Amar sin saber á quien* (*Aimer sans savoir qui*), de Lope de Vega.

son père ; ce père est mort : tout cela excite beaucoup de curiosité. C'est une chose à laquelle il ne faut jamais manquer dans
les expositions. Toute première scène qui ne donne pas envie de
voir les autres ne vaut rien.

Vers 25.   Et tel vous soupçonnoit de quelque guérison
            D'un mal privilégié dont je tairai le nom.

Il faut plaindre un siècle où l'on présentait sur le théâtre de
ces idées qui font rougir. De plus, *privilégié* doit être de cinq
syllabes, et Corneille le fait de quatre.

Vers 27.   Pour moi, j'écoutois tout, et mis dans mon caprice
            Qu'on ne devinoit rien que par votre artifice.

Je mis dans mon caprice ne peut signifier *je mis dans ma tête,
dans ma fantaisie, dans mon imagination, dans mon esprit;* on n'a
pas le caprice comme on a une faculté de l'âme ; on peut bien
avoir un caprice dans son idée, mais on n'a point une idée dans
son caprice.

Vers 32.   Attendant le boiteux, je consolois Lucrèce.

Ancienne façon de parler qui signifie *le temps,* parce que les
anciens figuraient le temps sous l'emblème d'un vieillard boiteux
qui avait des ailes, pour faire voir que le mal arrive trop vite, et
le bien trop lentement.

Nous ne remarquerons pas dans cette pièce toutes les fautes
de langage : elles sont en très-grand nombre ; mais c'est assez
d'avertir qu'en général il ne faut pas imiter le style de cet ouvrage,
trop négligé. Il me semble que la meilleure manière de s'instruire est d'observer soigneusement les fautes des bons écrits,
parce qu'elles pourraient être d'un exemple dangereux, et de
remarquer les beautés des pièces moins heureuses, parce que
d'ordinaire ces beautés sont perdues.

Vers dern. La dernière partie de cette première scène me
paraît d'un très-grand mérite. Il y a cependant quelques fautes
de langage.

SCÈNE II.

(*A la fin.*) S'il ne s'agissait dans cette scène que d'une femme
qui a vu passer un prisonnier ; qui, sans le connaître, devient
amoureuse de lui ; qui lui déclare sa passion en lui envoyant de
l'argent, ce ne serait qu'une aventure incroyable et indécente de
nos anciens romans ; et ce qui n'est ni décent, ni vraisemblable,

ne peut jamais plaire. Mais cette Mélisse ne fait que son devoir
en faisant une démarche si extraordinaire; elle obéit à son frère,
pour lequel Dorante est en prison; elle s'égaye même en obéis-
sant, car elle n'est point encore éprise de Dorante : elle veut à la
fois le servir comme elle le doit, l'embarrasser un peu, et voir en
même temps s'il est digne qu'on s'attache à lui. Tout cela est à la
fois noble, intéressant, et du haut comique. On ne peut que louer
l'auteur espagnol de cette belle invention; mais il eût fallu y
mettre plus d'art et de ménagement.

Les plaisanteries du valet et l'avidité pour l'argent sont très-
grossières. On n'a que trop longtemps avili la comédie par ce
bas comique, qui n'est point du tout comique. Ces scènes de
valets et de soubrettes ne sont bonnes que quand elles sont absolument nécessaires à l'intérêt de la pièce, et quand elles renouent
l'intrigue; elles sont insipides dès qu'on ne les introduit que pour
remplir le vide de la scène, et cette insipidité, jointe à la bassesse des discours, déshonore un théâtre fait pour amuser et pour
instruire les honnêtes gens.

SCÈNE III.

Vers 43.   Cette pièce doit être et plaisante et fantasque;
Mais, son nom? — Votre nom de guerre, *le Menteur.*
— Les vers en sont-ils bons? Fait-on cas de l'auteur?
—La pièce a réussi, quoique foible de style, etc.

Cette tirade et toute cette scène durent plaire beaucoup en
leur temps : elles rappelaient au public l'idée d'un ouvrage qui
avait extrêmement réussi. Beaucoup de vers du *Menteur* avaient
passé en proverbe, et même, près de cent ans après, un homme
de la cour, contant à table des anecdotes très-fausses, comme il
n'arrive que trop souvent, un des convives, se tournant vers le
laquais de cet homme, lui dit : *Cliton, donnez à boire à votre
maître.*

SCÈNE IV.

(*A la fin.*) Cette scène n'est-elle pas très-vraisemblable, très-
attachante? Dorante n'y joue-t-il pas le rôle d'un homme généreux? N'inspire-t-il pas pour lui un grand intérêt? La situation
n'est-elle pas des plus heureuses? Ne tient-elle pas les esprits en
suspens? Je doute qu'il y ait au théâtre une pièce mieux commencée.

SCÈNE VI.

Vers 14. Et c'est ainsi, monsieur, que l'on s'amende à Rome?

Cliton fait fort mal de ne pas approuver un mensonge si noble, et Dorante perd ici une belle occasion de faire voir qu'il est des cas où il serait infâme de dire la vérité. Quel cœur serait assez lâche pour ne point mentir quand il s'agit de sauver la vie et l'honneur d'un père, d'un parent, d'un ami? Il y avait là de quoi faire de très-beaux vers.

ACTE DEUXIÈME.

SCÈNE I.

Vers 6.   Que je voudrois l'aimer, si j'étois demoiselle!

C'est précisément ce que dit Antoine à César dans la tragédie de *Pompée : Et si j'étais César, je la voudrais aimer*[1]. Cette idée, ridicule dans le tragique, est ici à sa place. On peut remarquer d'ailleurs que, quand il s'agit d'amour, il y a une infinité de vers qui conviennent également au comique et au tragique. Tout ce qui est naturel et tendre peut également s'employer dans les deux genres; mais ce qui n'est que familier ne doit jamais appartenir qu'au genre comique.

Le grand défaut de ce temps-là était de ne pas distinguer ces nuances. On n'y parvint que fort tard, quand le goût épuré de la cour de Louis XIV, l'esprit de Racine et la critique de Boileau, eurent enfin posé ces bornes qu'il était si difficile de connaître, et qu'il est si aisé de passer. On doit avouer que c'est un mérite qui ne fut guère connu qu'en France; l'amour n'a été traité sur aucun théâtre comme il doit l'être. Les auteurs tragiques de toutes les autres nations ont toujours fait parler leurs amants en poëtes.

Vers 24. Mais vous suivez d'un frère un absolu pouvoir.

Cela justifie entièrement le procédé de Mélisse; cela rend son rôle intéressant. Tout annonce jusqu'ici une pièce parfaite pour la conduite. Nous ne parlons point des fautes de style.

---

1. Acte III, scène iii.

SCÈNE II.

(*A la fin.*) Cette scène redouble encore l'intérêt. L'amour de Mélisse, fondé sur la reconnaissance, dut être attendrissant. Les scènes suivantes soutiennent cet intérêt dans toute sa force, malgré les fautes du style.

SCÈNE VI.

(*A la fin.*) Cette scène du portrait n'est-elle pas encore très-ingénieuse ? Les menteries que fait Dorante dans cette pièce ne sont plus d'une étourderie ridicule comme dans la première : elles sont pour la plupart dictées par l'honneur ou par la galanterie ; elles rendent le Menteur infiniment aimable.

ACTE TROISIÈME.

SCÈNE I.

(*A la fin.*) Cette scène ne dément en rien le mérite des deux premiers actes. N'est-ce pas l'invention du monde la plus heureuse de faire secourir Dorante par son rival Philiste, et de préparer ainsi le plus grand embarras ?

J'écarte, comme je l'ai déjà dit, tous les petits défauts de langage, les plaisanteries qui ne sont plus de mode ; je ne m'arrête qu'à la marche de la pièce, qui me paraît toujours parfaite. La manière dont Mélisse envoie à Dorante son portrait, celle dont il le prend, ce portrait montré à un homme qui paraît surpris et fâché de le voir : encore une fois, y a-t-il rien de mieux ménagé et de plus agréable dans aucune pièce de théâtre ?

SCÈNE II.

(*A la fin.*) Ces scènes avec Cliton, ces stances sur un portrait, cette parodie des stances par Cliton, peuvent avoir nui à la pièce. Ces défauts seraient bien aisés à corriger.

SCÈNE III.

(*A la fin.*) Cette scène où Mélisse, voilée, vient voir si on lui rendra son portrait, devait être d'autant plus agréable que les femmes alors étaient en usage de porter un masque de velours, ou d'abaisser leurs coiffes quand elles sortaient à pied. Cette mode venait d'Espagne, ainsi que la plupart de nos comédies.

SCÈNE IV.

(*A la fin.*) On pouvait tirer un plus grand parti de l'aventure de Philiste, qui rencontre sa maîtresse dans la prison de Dorante. Ce coup de théâtre, qui pouvait fournir les situations les plus intéressantes, ne produit qu'un mensonge aussi plat qu'inutile. Tout se borne à faire passer Mélisse pour une lingère. L'intrigue pouvait redoubler, et elle est affaiblie ; l'intérêt cesse dès qu'il n'y a plus de danger ; le comique cesse aussi dès qu'il n'est plus dans les situations, et voilà ce qui perd une pièce, que quelques changements pouvaient rendre excellente.

ACTE QUATRIÈME.

SCÈNE I.

Vers 37.   Quand les ordres du ciel nous ont faits l'un pour l'autre,
            Lise, c'est un accord bientôt fait que le nôtre, etc.

Si *la Suite du Menteur* est tombée, ces vers ne le sont pas : presque tous les connaisseurs les savent par cœur. C'est la même pensée qu'on voit dans *Rodogune*[1], et cela prouve que les mêmes choses conviennent quelquefois à la comédie et à la tragédie ; mais la comédie a sans doute plus de droit à ces petits morceaux naïfs et galants. Celui-ci a toujours passé pour achevé. Il n'y a que ce vers : *Et, sans s'inquiéter de mille peurs frivoles,* qui dépare un peu ce joli couplet.

Nous avons déjà remarqué[2] combien la rime entraîne de mauvais vers, et avec quel soin il faut empêcher que de deux vers il y en ait un pour le sens, et l'autre pour la rime.

Vers 51.   Si, comme dit Sylvandre, une âme en se formant,
            Ou descendant du ciel, prend d'une autre l'aimant,
            La sienne a pris le vôtre, etc.

Tout ce qui suit est une allusion au roman de *l'Astrée*, du marquis d'Urfé, roman qui eut en France beaucoup de réputa_

---

1. Acte Ier, scène VII.
2. Pages 188, 276 et 444.

lion et de cours sous les règnes de Henri IV et de Louis XIII, et
qu'on lisait encore, même dans les beaux jours de Louis XIV, sur
la foi de sa réputation. Toutes ces allusions sont toujours froides
au théâtre, parce qu'elles ne sont point liées au nœud de la pièce;
ce n'est que de la conversation, ce n'est que de l'esprit, et toute
beauté étrangère est un défaut.

SCÈNE II.

(*A la fin.*) Pour n'avoir pas su mettre en œuvre l'amour de
Mélisse et le don de son portrait, la pièce languit.

Cette scène de Cléandre et de Mélisse n'est qu'ingénieuse.
Toutes ces petites finesses refroidissent les spectateurs; il faut
attacher dans la comédie comme dans la tragédie, quoique par
des moyens absolument différents. Il faut que le cœur soit occupé;
il faut qu'on désire et qu'on craigne; les situations doivent être
vives : c'est ici tout le contraire.

SCÈNE III.

(*A la fin.*) Cette scène augmente l'ennui.

SCÈNE IV.

(*A la fin.*) Tout est manqué.

SCÈNE V.

(*A la fin.*) C'est encore pis; cette Mélisse, qui prend Philiste
son amant pour Dorante, ce Cliton, qui crie au secours, font tomber la pièce.

ACTE CINQUIÈME.

SCÈNE I.

(*A la fin.*) Ces scènes, où les valets font l'amour à l'imitation
de leurs maîtres, sont enfin proscrites du théâtre avec beaucoup
de raison. Ce n'est qu'une parodie basse et dégoûtante des premiers personnages.

SCÈNE III.

(*A la fin.*) Cette scène pouvait faire un très-grand effet, et ne
le fait point. Les plus beaux sentiments n'attendrissent jamais

quand ils ne sont pas amenés, préparés par une situation pressante, par quelque coup de théâtre, par quelque chose de vif et d'animé.

SCÈNE V ET DERNIÈRE.

(*A la fin.*) Cette scène est encore manquée. L'auteur n'a point fait de Philiste l'usage qu'il en pouvait faire. Un rival ne doit jamais être un personnage épisodique et inutile. Philiste est froid ; et c'est, comme on l'a dit si souvent, le plus grand des défauts. Ce refrain : *Rentrez dans la prison dont vous vouliez sortir,* est encore plus froid que le caractère de Philiste ; et cette petite finesse anéantit tout le mérite que pouvait avoir Philiste en se sacrifiant pour son ami.

Je ne sais si je me trompe, mais en donnant de l'âme à ce caractère, en mettant en œuvre la jalousie, en retranchant quelques mauvaises plaisanteries de Cliton, on ferait de cette pièce un chef-d'œuvre.

EXAMEN

DE LA SUITE DU MENTEUR.

Le lecteur doit être averti que tous ces *Examens* à la fin des pièces sont de Pierre Corneille.

Le contraire est arrivé de *Théodore,* que les troupes de Paris n'y ont point rétablie (*au théâtre*) depuis sa disgrâce, mais que celles des provinces y ont fait assez passablement réussir.

Il ne faut jamais juger d'une pièce par les succès des premières années, ni à Paris, ni en province : le temps seul met le prix aux ouvrages, et l'opinion réfléchie des bons juges est, à la longue, l'arbitre du goût du public[1].

---

1. L'édition de 1644, sur laquelle Voltaire travailla d'abord, s'arrête à cette *Suite du Menteur.* Il poursuivit son *Commentaire* sur l'édition de 1664.

REMARQUES

SUR THÉODORE

VIERGE ET MARTYRE

TRAGÉDIE REPRÉSENTÉE SUR LA FIN DE 1645.

PRÉFACE DU COMMENTATEUR.

Si quelque chose peut étonner et confondre l'esprit humain, c'est que l'auteur de *Polyeucte* ait pu être celui de *Théodore;* c'est que le même homme qui avait fait la scène sublime dans laquelle Pauline demande à Sévère la grâce de son mari, ait pu présenter une héroïne dans un mauvais lieu, et accompagner une turpitude si odieuse et si ridicule de tous les mauvais raisonnements qu'une telle impertinence peut suggérer, de tous les incidents qu'une telle infamie peut fournir, et de tous les mauvais vers que le plus inepte des versificateurs n'aurait jamais pu faire.

Comment ne se trouva-t-il personne qui empêchât l'auteur de *Cinna* de déshonorer ses talents par le choix honteux d'un tel sujet, et par une exécution aussi mauvaise que le sujet même? Comment les comédiens osèrent-ils enfin représenter *Théodore?*

ÉPITRE DÉDICATOIRE

A MONSIEUR L. P. C. B.

Je vois que la meilleure partie de mes juges impute ce mauvais succès à l'idée de la prostitution, quoique... j'aie employé, pour en exténuer l'horreur, tout ce que l'art et l'expérience m'ont pu fournir de lumières.

Il ne paraît pas qu'il ait mis de voile sur ce sujet révoltant, puisqu'il emploie dans la pièce les mots de *prostitution*, d'*impudicité*, de *fille abandonnée aux soldats*.

Et certes il y a de quoi congratuler à la pureté de notre théâtre, etc.

Congratuler à ne se dit plus. Cette phrase est latine : *tibi gratulor;* mais aujourd'hui *congratuler* régit l'accusatif comme *féliciter*.

La modestie de notre scène a désavoué comme indigne d'elle ce peu (*de la prostitution de Théodore décrite par saint Ambroise*) que la nécessité de mon sujet m'a forcé de faire connoître.

Les honnêtes gens assemblés sont toujours chastes. On souffrait du temps de Hardy qu'on parlât de viol sur le théâtre, de la manière la plus grossière ; mais c'est qu'alors il n'y avait que des hommes grossiers qui fréquentassent les spectacles. Mairet et Rotrou furent les premiers qui épurèrent un peu la scène des indécences les plus révoltantes. Il était impossible que cette pièce de Corneille eût du succès en 1645 ; elle en aurait eu vingt ans auparavant. Il choisit ce sujet parce qu'il connaissait plus son cabinet que le monde, et qu'il avait plus de génie que de goût. C'est toujours la même versification, tantôt forte, tantôt faible ; toujours la même inégalité de style, le même tour de phrase, la même manière d'intriguer ; mais, n'étant pas soutenu par le sujet comme dans les pièces précédentes, il ne pouvait ni s'élever ni intéresser. Puisqu'il faut des notes sur toutes les pièces de Corneille, on en donne aussi quelques-unes sur *Théodore ;* mais un commentaire n'est pas un panégyrique : on doit au public la vérité dans toute son étendue.

Après cela j'oserai bien dire que ce n'est pas contre des comédies pareilles aux nôtres que déclame saint Augustin.

On sait assez que saint Augustin ignorait le grec ; s'il avait connu cette belle langue, il n'aurait pas déclamé contre Sophocle ; ou s'il eût déclamé contre ce grand homme, il eût été fort à plaindre.

Ils demeurent privés du plus agréable et du plus utile des divertissements dont l'esprit humain soit capable.

On ne peut rien dire de plus fort en faveur de l'art des Sophocle, dont Aristote a donné les règles ; et il est bien honteux pour notre nation, devenue si critique après avoir été si barbare, que Corneille ait été obligé de faire l'apologie d'un art qui était si respectable entre ses mains.

Le grand Corneille traite ici avec une fierté qui sied bien à sa réputation et à son mérite ces hommes bassement jaloux du premier des beaux-arts, qui colorent leur envie du prétexte de la religion. Ils craignent que la nation ne s'instruise au théâtre, et que des hommes accoutumés à nourrir leur esprit de ce que la raison a de plus pur, et de ce que l'éloquence des vers a de plus touchant, ne deviennent indifférents pour de vaines disputes scolastiques, pour de misérables querelles, dans lesquelles on veut trop souvent entraîner les citoyens.

Ces ennemis de la société ont imaginé qu'un chrétien devait regarder *Cinna, les Horaces* et *Polyeucte* du même œil dont les Pères de l'Église regardaient les mimes et les farces obscènes qu'on représentait de leur temps dans les provinces de l'empire romain.

On consulta sur cette question, dans l'année 1742, monsignor Cerati, confesseur du pape Clément XII, et du consistoire qui élut ce pape. J'ai heureusement retrouvé une partie de sa réponse, écrite de sa main, commençant par ces mots : *I concilii e i padri;* et finissant par ceux-ci: *Giovan Battista Andreini ;* et voici la traduction fidèle des principaux articles de sa lettre [1]:

« Les conciles et les Pères qui ont condamné la comédie, comme il paraît par le troisième article du concile de Carthage de l'an 397, entendaient les représentations obscènes, mêlées de sacré et de profane, la dérision des choses ecclésiastiques, les blasphèmes, etc.

« Les comédies, dans des temps plus éclairés, ne furent pas de ce genre. C'est pourquoi saint Thomas, quest. 168, art. III, parlant de la comédie, s'exprime ainsi :

« *Officium histrionum, ordinatum ad solatium hominibus exhibendum, non est secundum se illicitum; nec sunt in statu peccati, dummodo moderate ludo utantur, id est non utendo aliquibus illicitis verbis, vel factis, et non adhibendo ludos negotiis et temporibus indebitis.*

« L'emploi des comédiens, institué pour donner quelque dé-
« lassement aux hommes, n'est pas en soi illicite·ils ne sont point
« dans l'état de péché, pourvu qu'ils usent honnètement de leurs

---

1. Dans une lettre à Mlle Clairon, du 27 auguste 1761, Voltaire parle de ces décisions, qu'il se propose d'insérer dans ses notes sur Corneille. Son but était de faire renouveler une déclaration du roi en faveur des comédiens, que les prêtres traitaient en excommuniés.

« talents, c'est-à-dire qu'ils évitent les mots et les actions défen-
« dus, et qu'ils ne représentent point dans les temps qui ne sont
« point permis. »

« Caétan, en commentant ce passage, conclut : *Donc l'art des
comédiens qui se contiennent dans les bornes n'est point condamnable,
mais permis.*

« Saint Antonin, archevêque de Florence, dans sa *Somme
théologique*, partie III, titre VIII, chap. IV, dit :

« Au temps de saint Charles Borromée, il fut défendu à cer-
« tains comédiens de représenter sur le théâtre de Milan. Ils
« allèrent trouver saint Charles, et obtinrent de lui un décret por-
« tant permission de représenter des comédies dans son diocèse,
« en observant les règles prescrites par saint Thomas; il se fit pré-
« senter tous les sujets des scènes qu'ils jouaient impromptu, et
« il leur fit jurer que toutes les nouvelles scènes qu'ils mêleraient
« à celles dont il avait vu la disposition seraient aussi honnêtes
« et aussi décentes que les autres.... »

« L'usage de l'Italie est de permettre toutes les représentations
qui ne portent point de scandale. On joue des pièces à Rome,
dans de certains temps, et particulièrement dans des colléges.
Les comédiens approchent des sacrements, et on ne trouve aucune bulle ni aucun décret des papes qui les en privent. On leur
donne la sépulture dans les églises comme à tous les autres bons
catholiques, avec toutes les cérémonies sacrées, *con tutte le sacre
fonzioni.*

« Nicolò Barbieri rapporte qu'Isabella Andreini reçut à Lyon
beaucoup d'honneurs, qu'elle y fut enterrée avec pompe, et que
son corps fut accompagné des principaux de la ville, qui firent
graver son épitaphe sur le bronze.

« L'empereur Mathias donna des lettres de noblesse à Pierre
Cequini. Jean-Baptiste Andreini fut de l'académie de Mantoue et
capitaine des chasses.

« Le même Nicolò Barbieri rapporte que Rinocerontc, comédien, mourut de son temps en odeur de sainteté[1].»

Si Lope de Vega et Shakespeare ne furent pas regardés comme
de saints personnages, personne au moins, ni à Madrid ni à
Londres, ne reprocha à ces deux célèbres auteurs d'avoir représenté leurs ouvrages selon l'usage des anciens Grecs nos maîtres.
Le fameux docteur Ramon, le licencié Michel Sanchez, le cha-

---

1. Voyez, sur ces acteurs italiens, *Molière et la Comédie italienne*, par Louis
Moland. Paris, Didier et Cie, 1867, pages 140-141.

uoine Mira de Mezeva, le chanoine Tarraga, firent beaucoup de
comédies, presque toutes estimées, et leurs fonctions de prêtres
n'en furent pas interrompues. Plusieurs prêtres en France en
ont fait, témoin le cardinal de Richelieu, l'abbé Boyer, l'abbé
Genest, aumônier de Mme la duchesse d'Orléans, et tant d'autres.
Enfin l'art doit être encouragé, l'abus de l'art seul peut avilir.

Pour dernière preuve incontestable, rapportons la déclaration
de Louis XIII, du 16 avril 1641, enregistrée au parlement; elle
dit expressément :

« Nous voulons que l'exercice des comédiens, qui peut innocemment détourner nos sujets de diverses occupations mauvaises, ne puisse leur être imputé à blâme, ni préjudicier à leur
réputation dans le commerce public. »

C'est en vertu de cette déclaration que Louis XIV maintint
Floridor, sieur de Soulas, dans la possession de sa noblesse, par
arrêt du conseil du 10 septembre 1668. En bonne foi, peut-on
flétrir un pensionnaire du roi, déclaré gentilhomme par le roi,
pour avoir rempli des fonctions dont le roi lui ordonne expressément de s'acquitter ? Il est mis en prison s'il ne joue pas ; il est
excommunié s'il joue. Voilà un bel exemple de nos contradictions. En faut-il davantage pour confondre ceux qui se dé-
clarent contre nos spectacles, autant par ignorance que par
mauvaise volonté ?

ACTE PREMIER.

Il est vrai que cette pièce ne mérite aucun commentaire. Elle
pèche par l'indécence du sujet, par la conduite, par la froideur,
par le style. On ne fera que très-peu de remarques.

SCÈNE I.

Vers 3.   Mon père est gouverneur de toute la Syrie.

Dans *Polyeucte*, Félix est gouverneur de *toute* l'Arménie, et ici
Valens est gouverneur de *toute* la Syrie. Un mot de trop gâte un
beau vers, et rend un médiocre mauvais.

Vers 4.,   Et comme si c'étoit trop peu de flatterie,
            Moi-même elle m'embrasse, etc.

Trop peu de flatterie de donner le gouvernement de *toute la Syrie ! et la fortune qui embrasse Placide !* Quelles expressions ! quel style ! quelle négligence !

Vers 7.　Certes, si je m'enflois de ces vaines fumées
　　　　　Dont on voit à la cour tant d'âmes si charmées...

Il faut convenir que ce style est bas et incorrect, et malheureusement la plus grande partie de la pièce est écrite dans ce goût.

On a exigé un commentaire sur toutes les pièces de Corneille, mais toutes n'en méritent pas. Que verra-t-on par ce commentaire ? Que nul auteur n'est jamais tombé si bas, après être monté si haut. La seule consolation d'un travail ingrat est que du moins tant de fautes peuvent être de quelque utilité. Elles feront voir aux étrangers que les beautés ne nous aveuglent pas sur les défauts ; que notre nation est juste en admirant et en désapprouvant ; et les jeunes auteurs, en voyant ces chutes déplorables et si fréquentes, en seront plus sur leurs gardes.

Vers 9.　Si l'éclat des grandeurs avoit pu me ravir,
　　　　　J'aurois de quoi me plaire et de quoi m'assouvir.

Un éclat qui peut ravir ! un homme qui aurait de quoi se plaire et de quoi s'assouvir ! Nul auteur n'a jamais écrit plus mal et mieux. Voilà pourquoi on disait que Corneille avait un démon qui fît pour lui les belles scènes de ses tragédies, et qui lui laissa faire tout le reste[1].

Vers 12.　A moins que de leur rang, le mien ne sauroit croître

n'est pas français. Un rang ne croît pas ; on passe, on s'élève d'un rang à un autre.

Vers 14.　On y monte souvent par de moindres degrés

n'est pas plus exact que le reste ; on ne monte pas à un titre.

Vers 15.　Mais ces honneurs pour moi ne sont qu'une infamie,
　　　　　Parce que je les tiens d'une main ennemie.

Parce que est une conjonction dure à l'oreille, et traînante en vers : il faut toujours l'éviter ; mais quand il est répété, il devient intolérable. On pardonne toutes ces fautes dans des ouvrages remplis de beautés comme les précédents.

---

　1. C'était Molière qui disait cela ; voyez la remarque sur le vers 59 de la scène IV du IIIe acte de *Sertorius*.

Vers 19. . . . . Ce cœur n'est point à vendre.

On peut dire, dans le style noble, *vendre son sang, vendre son honneur à la fortune;* mais *un cœur à vendre* est bas.

Vers 25.   Va plus outre,

terme autrefois familier, et qui n'est plus français.

Vers 26.   Joins le vouloir des dieux à leur autorité.

Pourquoi *le vouloir des dieux?* Cet hymen n'est point ordonné par un oracle; les *dieux* sont ici de trop; *le vouloir* n'est plus d'usage.

Vers 27.   Assemble leur faveur, assemble leur colère.

Il faudrait *leurs faveurs* au pluriel, parce qu'on ne peut assembler une seule chose.

Vers 37.   Sitôt qu'à son parti le bonheur eut manqué,
          Sa tête fut proscrite et son bien confisqué.

Toutes ces expressions sont faibles, prosaïques, et rampantes.

Vers 45.   Et depuis ce moment Marcelle a fait chez nous
          Un destin que tout autre auroit trouvé fort doux

est du style bas et négligé de la comédie. En voilà assez sur le style de la pièce, dont les fautes ne sont rachetées par aucun morceau sublime. Nous nous contenterons de remarquer les endroits moins faibles que les autres. Il est étrange que Corneille ait senti le vice de son sujet, et qu'il n'ait pas senti le vice de sa diction.

Vers 57.   Puisque avec tant d'effort on vous voit travailler
          A mettre ailleurs l'éclat dont elle doit briller...

Travailler à mettre ailleurs un éclat!

Vers 59. . . . . Votre âme ravie
          Lui veut donner ce trône élevé pour Flavie.

Le terme de *trône* ne peut jamais convenir à un gouverneur de province.

Vers 63.   Flavie, au lit malade, en meurt de jalousie.

Ce style prosaïque est inadmissible dans le tragique; la poésie n'est faite que pour déguiser et embellir tous ces détails. Voyez comment Racine rend la même idée :

          Phèdre atteinte d'un mal qu'elle s'obstine à taire,
          Lasse enfin d'elle-même et du jour qui l'éclaire[1].

---

1. *Phèdre*, acte I, scène 1.

Vers 72. Chaque jour pour l'aigrir je vais jusqu'à l'outrage.

Il n'était pas nécessaire que Placide outrageât tous les jours sa belle-mère, qui lui veut donner sa fille. Ce sont là des mœurs révoltantes, et qui rendent tout d'un coup le premier personnage odieux.

Nous ne parlerons plus guère du style[1]; nous nous en tiendrons à l'art de la tragédie. Il n'y a rien de tragique dans cette intrigue : c'est un jeune homme qui ne veut point de la femme qu'on lui offre, et qui en aime une autre qui ne veut point de lui; vrai sujet de comédie, et même sujet trivial. Nous avons déjà remarqué[2] que les gens peu instruits croient que Racine a gâté le théâtre en y introduisant ces intrigues d'amour. Mais il n'y a aucune pièce de Corneille dont l'amour ne fasse l'intrigue. La seule différence est que Racine a traité cette passion en maître, et que Corneille n'a jamais su faire parler des amants, excepté dans *le Cid,* où il était conduit par un auteur espagnol. Ce n'est pas l'amour qui domine dans *Polyeucte:* c'est la victoire que remporte Pauline sur son amant; c'est la noblesse de Sévère.

SCÈNE II.

Vers 1. Ce mauvais conseiller toujours vous entretient!

Cette scène de bravade entre Marcelle et Placide paraît contre toute bienséance. C'est une picoterie bourgeoise, et des bourgeois bien élevés parleraient plus noblement. Marcelle querelle Placide, tandis qu'elle devrait tâcher de lui plaire. Quel rôle désagréable que celui d'une femme qui veut à toute force qu'on épouse sa fille, qui dit des injures grossières à celui dont elle veut faire son gendre, et qui en essuie de plus fortes ! Marcelle dit que Placide a le cœur trop bas pour aimer en bon lieu ; qu'il a une âme vile et basse. Placide répond sur le même ton : cela seul devait faire tomber la pièce, qui d'ailleurs est une des plus mal écrites.

Vers 48. Un bienfait perd sa grâce à le trop publier.

Racine a imité heureusement ce vers dans *Iphigénie*[3] :

> Un bienfait reproché tint toujours lieu d'offense.

---

1. Sur quelques vers de cette 1re scène, voyez tome XIX, page 437.
2. Voyez la *Lettre à Maffei,* en tête de *Mérope,* tome IV.
3. Acte IV, scène VI.

SCÈNE III.

Corneille avoue la faiblesse et la lâcheté de Valens ; mais comment ne sentait-il pas que le rôle de Marcelle révoltait encore
davantage ?

Vers 13.   De ce feu turbulent l'éclat impétueux
            N'est qu'un foible avorton d'un cœur présomptueux.

Si on assemblait des mots au hasard, il est à présumer qu'ils
ne s'arrangeraient pas plus mal.

SCÈNE V.

Vers dern. Jetez un peu de haine où règne tant d'amour.

Je ne parle pas des termes impropres, des locutions vicieuses,
dont cette pièce fourmille. Je laisse à part ces vers barbares :

        Si son ordre n'agit, l'effet ne s'en peut voir,
        Et je pense être quitte y faisant mon pouvoir.
        Faire votre pouvoir avec tant d'indulgence...
        Déployez-la, madame, à le faire haïr, etc., etc.

Mais il faut avouer que malheureusement de cent tragédies
françaises il y en a quatre-vingt-dix-huit fondées sur un mariage
qu'une des parties veut, et que l'autre ne veut pas. C'est l'intrigue
de toutes les comédies. C'est une uniformité qui fait tout languir.
Les femmes, dit-on, qui fréquentent nos spectacles, et qui seules
y attirent les hommes, ont réduit tous les auteurs à ne marcher
que dans ce chemin, qu'elles leur ont tracé, et Racine seul est
parvenu à répandre des fleurs sur cette route trop commune et
à embellir cette stérilité misérable. Il est à croire que le génie
de Corneille aurait pris une autre voie s'il avait pu secouer le
joug ; si l'on avait représenté la tragédie ailleurs que dans un vil
jeu de paume, où les courtauds de boutique allaient pour cinq
sous ; si la nation avait eu quelque connaissance de l'antiquité ;
si Paris avait pu alors avoir quelque chose d'Athènes.

ACTE DEUXIÈME.

SCÈNE I.

Vers 1.   Marcelle n'est pas loin, et je me persuade
           Que son amour l'attache auprès de sa malade.

Sa malade et *Marcelle qu'on verra venir dans un moment ou deux,* sont toujours le style de la comédie.

SCÈNE II.

Cette scène, aux vices de la diction près, n'est pas répréhensible. Les sentiments et le caractère de Théodore s'y développent.

V. dern. . . . Quittons ce discours, je vois venir Marcelle.

Rien n'est plus froid et plus déplacé dans le tragique que ces scènes dans lesquelles un confident parle à une femme en faveur de l'amour d'un autre. C'est ce qu'on a tant reproché à Racine dans son *Alexandre*, où Éphestion paraît en *fidèle confident du beau feu de son maître*[1]. Rien n'a plus avili notre théâtre, et ne l'a rendu plus ridicule aux yeux des étrangers que ces scènes d'ambassadeurs d'amour. Heureusement il y en a peu dans Corneille.

SCÈNE IV.

Vers 54. Plutôt que dans son lit j'entrerois au tombeau.

On retouve dans quelques vers de cette scène l'auteur des beaux morceaux de *Polyeucte*. Mais une fille de qualité qui veut mourir vierge est fort bonne pour le couvent, et fort mauvaise pour le théâtre.

Au reste, *l'amour qui brûle sans luire*, Cléobule qu'on voit *aller tant et venir*, un reste de scrupule que Marcelle *tient pour ridicule*, sont des façons de parler si basses, si choquantes, qu'elles dégoûteraient tout lecteur, quand même la pièce serait bien faite.

Vers dern. Mais demeurez; il vient.

L'auteur dit, avec une candeur digne de lui, qu'une femme sans grande passion ne pouvait faire un grand effet. On ne peut sans doute s'intéresser à elle; mais on s'intéresse beaucoup moins à Marcelle. Son caractère indigne et son ton ironique et insultant dégoûtent.

SCÈNE VI.

Vers 6. Ah! que vous savez mal comme il faut se venger!

Ce ne sont plus, on l'a déjà dit[2], les expressions que nous examinons. Il faut plaindre ici la faiblesse de l'esprit humain.

1. *Alexandre*, acte II, scène I.
2. Page 524.

C'est l'auteur de *Cinna*, qui met dans la tête d'un Romain qu'on ne doit se venger d'une princesse qu'en l'envoyant dans un mauvais lieu ; et c'est à sa femme qu'il tient ce langage !

Au reste, on doute fort que cette aventure soit vraie. Ces contes qu'on nous fait de jeunes et belles chrétiennes condamnées à la prostitution sont l'opposé des mœurs et des lois romaines. Une nation qui condamnait les vestales à être enterrées toutes vives pour une faiblesse n'avait garde de permettre qu'on prostituât des princesses à des soldats pour cause de religion. On pourrait mettre un événement au théâtre si, sans être vrai, il avait été vraisemblable ; mais il faudrait surtout qu'il fût noble et tragique : celui-ci est faux, ridicule et abominable. Il est tiré de ces légendes qui sont la honte de l'esprit humain.

Vers 30.   Et le désespérer, ce n'est pas l'acquérir.

Comme si on ne désespérait pas ce Placide en envoyant au b..... une fille respectable qu'il veut épouser ! Valens ne savait-il pas qu'on peut avec le temps pardonner le meurtre, et qu'on ne pardonne jamais les affronts ?

Vers 54.   Je me saurai bientôt venger d'elle et de vous.

Voilà une impertinente créature : elle menace son mari, qui veut la venger. Si elle n'entend point de quoi il s'agit, c'est une grande sotte.

SCÈNE VII.

Vers 32.   Dis-lui qu'à tout le peuple on va l'abandonner ;
Tranche le mot enfin, que je la prostitue.

Ce vers, et le mot *prostitue*, présentent l'image la plus dégoûtante, la plus odieuse et la plus sale. Cela ne serait pas souffert à la Foire. Voilà pourtant le nœud de la pièce. On ne sort point d'étonnement que le même homme qui a imaginé le cinquième acte de *Rodogune* ait fait un pareil ouvrage.

ACTE TROISIÈME.

SCÈNE I.

A la fin.   Soit que vous contraigniez pour vos dieux impuissants
Mon corps à l'infamie, ou ma main à l'encens,
Je saurai conserver d'une âme résolue
A l'époux sans macule une épouse impollue.

Qui aurait jamais pu s'attendre à voir une âme résolue conserver une épouse impollue à l'époux sans macule? Jusqu'où
Corneille s'est-il oublié ! jusqu'à quel abaissement est-il descendu !
Ce n'est pas seulement l'excès du ridicule qui étonne ici, c'est la
résignation de cette bonne fille, qui prend son parti d'aller dans
un mauvais lieu s'abandonner à la canaille, et qui se console en
songeant qu'elle n'y consentira pas.

> Dieu soit, Dieu soit, dit le saint personnage,
> Dieu soit loué! je l'ai fait sans péché[1].

SCÈNE III.

Vers 9. Et lorsque vous pouviez jouir de vos dédains,
Si j'osois quelquefois les nommer inhumains,
Je les justifiois dedans ma conscience, etc.

Voilà comme Corneille parle d'amour quand il n'est pas guidé
par Guillem de Castro, et quand il n'a que l'amour à faire parler:
c'est le style des romans de son temps; c'est le style de ses comédies. Rien n'est plus insipide, plus bourgeois, plus dégoûtant,
que le langage purement amoureux qui a déshonoré toujours le
théâtre français. Racine, au moins, par la pureté de sa diction,
par l'harmonie des vers, par le choix des mots, par un style
aussi soigné que naturel, ennoblit un peu ce petit genre, et ré-
chauffe la froideur de ce langage. Je ne parle pas ici de cet
amour passionné, furieux, terrible, qui entre si bien dans la
vraie tragédie ; je parle des déclarations d'Antiochus, de Xipharès,
de Pharnace, d'Hippolyte; je parle des scènes de coquetterie; je
parle de ces amours plus propres à l'idylle et à la comédie qu'à
la tragédie, dont il a seul soutenu la faiblesse par le charme de
la poésie, et par des sentiments vrais et délicats, inconnus à tout
autre qu'à lui.

Vers 63. N'espérez pas, seigneur, que mon sort déplorable
Me puisse à votre amour rendre plus favorable, etc.

Vers 99. L'amant si fortement s'unit à ce qu'il aime
Qu'il en fait dans son cœur une part de lui-même.

Ce couplet de Théodore est fort beau, quoique trop long, et
quoiqu'il y ait une affectation condamnable à parler d'un amant

---

1. J.-B. Rousseau, épigramme XXVIII du livre IV, édition de Paris, Lefèvre,
1820, cinq volumes in-8°.

qui s'unit à ce qu'il aime, si fortement qu'il en fait une part de lui-même. Mais pourquoi Corneille a-t-il réussi dans ce morceau? C'est que les sentiments y sont grands, c'est que l'objet en serait vraiment tragique s'il n'était pas avili par le ridicule honteux de la prostitution. Toutes les fois que Corneille a quelque chose de vigoureux à traiter, on le retrouve; mais ces beaux morceaux sont perdus.

Vers 149. Mettez en sûreté ce qu'on va vous ravir.

C'est toujours l'idée de la prostitution.

Vers 150. Vous n'êtes pas celui dont Dieu s'y veut servir;
Il saura bien sans vous en susciter un autre,
Dont le bras moins puissant, mais plus saint que le vôtre,
Par un zèle plus pur se fera mon appui...

Elle est donc déjà informée que Didyme entrera dans le mauvais lieu pour sauver son honneur.

SCÈNE IV.

MARCELLE.

Vers 2. . . . . Je vous suis importune
De mêler ma présence aux secrets des amants,
Qui n'ont jamais besoin de pareils truchements.

PAULIN.

Madame, on m'a forcé de puissance absolue.

MARCELLE.

L'ayant soufferte ainsi, vous l'avez bien voulue.

Il n'y a rien de plus indécent, de plus révoltant, de plus atroce, de plus bas, de plus lâche, que cette Marcelle qui vient insulter à cette prostituée. Du moins elle devrait épargner les solécismes et les barbarismes. *On a forcé Paulin de puissance absolue, et il l'a bien voulue.*

SCÈNE V.

Vers 8. Vous trouvez, je m'assure, en un si digne lieu
Cet objet de vos yeux encor digne d'un dieu?

Que dites-vous d'un b..... que cette dame appelle *un digne lieu?*

Vers dern. Allez sans plus rien craindre, ayant pour vous Marcelle.

Cette scène est une des plus étranges qui soient au théâtre français. « Rendez une visite de civilité à ma fille, sinon je vais prostituer votre maîtresse aux portefaix d'Antioche. » C'est la substance de cette scène et l'intrigue de la pièce ; disons hardiment qu'il n'y a jamais rien eu de si mauvais en aucun genre ; il ne faut pas ménager les fautes portées à cet excès.

ACTE QUATRIÈME.

SCÈNE II.

Vers 16. Tout fait peur à l'amour, c'est un enfant timide.

Il ne manquait aux étonnantes turpitudes de cette pièce que la mauvaise plaisanterie du madrigal *l'amour est un enfant timide*.

Vers 21. Va, dis-lui que j'attends ici ce grand succès,
Où sa bonté pour moi paroît avec excès.

Qui aurait pu s'attendre, en voyant *Cinna* et les belles scènes des *Horaces,* que peu d'années après, quand le génie de Corneille était dans toute sa force, il mettrait sur le théâtre une princesse qu'on envoie dans un mauvais lieu, et un amant qui dit que *l'amour est un enfant timide?*

SCÈNE IV.

Vers 71. Il leur jette de l'or ensuite à pleines mains.

Comment a-t-on pu hasarder un tel récit sur le théâtre tragique? Ce Didyme, à la vérité, n'entre dans ce mauvais lieu qu'avec une louable intention; mais le récit fait le même effet que si Didyme n'était qu'un débauché. Ce n'est pas la peine de pousser plus loin nos remarques : plaignons tout esprit abandonné à lui-même, et n'en estimons pas moins l'âme du grand Pompée et celle de Cinna[1].

---

1. Voltaire, dans ces derniers mots, rappelle deux vers de Corneille (discours en tête d'*OEdipe,* voyez tome XXXII), qu'il avait déjà rappelés dans son *Temple du Goût* (voyez tome VIII), et ci-dessus, page 316.

Vers dern. A son zèle, de grâce, épargnez cette honte.

Voilà donc la gouvernante d'Antioche qui livre la princesse à la canaille, et la canaille se dispute à qui l'aura. Voilà un homme qui leur jette de l'argent pour avoir la préférence. Il est vrai que c'est à bonne intention; mais on ne peut le deviner, et cette bonne intention est un ridicule de plus. On a osé nommer tragédie cet étrange ouvrage, parce qu'il y a du sang répandu à la fin. Comment osons-nous, après cela, condamner les pièces de Lope de Vega et de Shakespeare? Ne vaut-il pas mieux manquer à toutes les unités que de manquer à toutes les bienséances, et d'être à la fois froid et dégoûtant?

SCÈNE V.

Vers 1.   Eh bien! votre parente, elle est hors de ces lieux
          Où l'on sacrifioit sa pudeur à nos dieux?
          — Oui, seigneur.

On ne voit ici que l'apparence de la prostitution : l'apparence est trompeuse; mais cela ressemble à des énigmes dont les vers annoncent une ordure, et dont le mot est honnête; jeu de l'esprit, honteux, et fait pour la populace.

Vers 24· Sous l'habit de Didyme elle-même est sortie.

Je dois remarquer ici, en général, que toutes ces petites tromperies, des changements d'habits, des billets qu'on entend en un sens et qui en signifient un autre, des oracles même à double entente, des méprises de subalternes qui ont mal vu, ou qui n'ont vu que la moitié d'un événement, sont des inventions de la tragédie moderne : inventions petites, mesquines, imitées de nos romans; puérilités inconnues à l'antiquité, et dont il faut couvrir la faiblesse par quelque chose de grand et de tragique, comme vous avez vu, dans *les Horaces*, la méprise d'une suivante produire les plus grands mouvements. Le vieil Horace n'est admirable que parce qu'une domestique de la maison a été trop impatiente : c'est là créer beaucoup de rien; mais ici c'est entasser petitesses sur petitesses [1].

1. « Voltaire critique ici, avec un courage qui lui fait honneur, dit Palissot, des moyens qu'il a souvent employés dans ses pièces. La croix de diamants de Zaïre, le billet équivoque qu'elle reçoit de Nérestan, celui que Nanine écrit à Philippe Hombert, la lettre sans adresse d'Aménaïde à Tancrède, etc., etc. » |

ACTE CINQUIÈME.

SCÈNE VIII.

Vers dern. Ne crains rien. Mais, ô dieux! que j'ai moi-même à craindre!

Cette fin est funeste, mais elle n'est nullement touchante. Pourquoi? Parce qu'on ne s'intéresse à personne. A quoi bon intituler *tragédie chrétienne* ce malheureux ouvrage? Supposons que Théodore fût de la religion de ses pères, Marcelle n'en est pas moins furieuse de la perte de sa fille, que Placide a dédaignée, et qui est morte de la fièvre; elle n'en tue pas moins Théodore; elle ne s'en tue pas moins elle-même. Placide aussi ne s'arrache pas moins la vie, et le tout aux yeux du maître de la maison, le plus imbécile qu'on ait jamais mis sur le théâtre tragique. Voilà quatre morts violentes, et tout est froid. Il ne suffit pas de répandre du sang, il faut que l'âme du spectateur soit continuellement remuée en faveur de ceux dont le sang est répandu. Ce n'est pas le meurtre qui touche, c'est l'intérêt qu'on prend aux malheureux. Jamais Corneille n'a cherché cette grande et principale partie de la tragédie : il a donné tout à l'intrigue, et souvent à l'intrigue plus embrouillée qu'intéressante. Il a élevé l'âme quelquefois, il a excité l'admiration; il a presque toujours négligé les deux grands pivots du tragique, la terreur et la pitié. Il a fait très-rarement répandre des larmes.

EXAMEN DE THÉODORE.

La représentation de cette tragédie n'a pas eu grand éclat.

Elle devrait avoir fait beaucoup de bruit; la prostitution avait dû révolter tout le monde. Les comédiens aujourd'hui n'oseraient représenter une pareille pièce, fût-elle parfaitement écrite.

Placide en peut faire naître, et purger ensuite ces forts attachements d'amour qui sont cause de son malheur.

Placide ne peut rien purger, et il serait à souhaiter que Corneille eût purgé le recueil de ses œuvres de cette infâme pièce, si indigne de se trouver avec *le Cid* et *Cinna*.

REMARQUES

SUR RODOGUNE

PRINCESSE DES PARTHES

TRAGÉDIE REPRÉSENTÉE EN 1646 [1].

PRÉFACE DU COMMENTATEUR.

Rodogune ne ressemble pas plus à *Pompée* que *Pompée* à *Cinna*, et *Cinna* au *Cid* : c'est cette variété qui caractérise le vrai génie. Le sujet en est aussi grand et aussi terrible que celui de *Théodore* est bizarre et impraticable.

Il y eut la même rivalité entre cette *Rodogune* et celle de Gilbert, qu'on vit depuis entre la *Phèdre* de Racine et celle de Pradon. La pièce de Gilbert fut jouée quelques mois avant celle de Corneille, en 1645 : elle mourut dès sa naissance, malgré la protection de Monsieur, frère [2] de Louis XIII, et lieutenant général du royaume, à qui Gilbert, résident de la reine Christine, la dédia. La reine de Suède et le premier prince de France ne soutinrent point ce mauvais ouvrage, comme depuis l'hôtel de Bouillon et l'hôtel de Nevers soutinrent la *Phèdre* de Pradon.

En vain le résident présente à son Altesse Royale, dans son épître dédicatoire, *la généreuse Rodogune, femme et mère des deux plus grands monarques de l'Asie;* en vain compare-t-il cette *Rodogune* à Monsieur, qui cependant ne lui ressemblait en rien : ce mauvais ouvrage fut oublié du protecteur et du public.

---

1. En 1644. Elle se place chronologiquement avant *Théodore;* mais *Théodore* a été imprimée avant *Rodogune.*

2. L'édition in-8° de 1764, l'in-4° de 1774, et beaucoup d'autres portent : « Monsieur, *fils* de Louis XIII. » Ce qui est évidemment une faute. J'ai donc mis *frère.* Philippe Ier d'Orléans, *fils* de Louis XIII et frère unique de Louis XIV, n'avait que cinq ans en 1645. (B.)

Le privilége du résident pour sa *Rodogune* est du 8 janvier
1646 : elle fut imprimée en février 1647. Le privilége de Corneille est du 17 avril 1646, et sa *Rodogune* ne fut imprimée qu'au
30 janvier 1647. Ainsi la *Rodogune* de Corneille ne parut sur le
papier qu'un an, ou environ, après les représentations de la
pièce de Gilbert, c'est-à-dire un an après que cette pièce n'existait plus.

Ce qui est étrange, c'est qu'on retrouve dans les deux tragédies précisément les mêmes situations, et souvent les mêmes
sentiments que ces situations amènent. Le cinquième acte est
différent ; il est terrible et pathétique dans Corneille. Gilbert
crut rendre sa pièce intéressante en rendant le dénoûment heureux, et il en fit l'acte le plus froid et le plus insipide qu'on pût
mettre sur le théâtre.

On peut encore remarquer que Rodogune joue dans la pièce
de Gilbert le rôle que Corneille donne à Cléopâtre, et que Gilbert a falsifié l'histoire.

Il est étrange que Corneille, dans sa préface, ne parle point
d'une ressemblance si frappante. Bernard de Fontenelle, dans la
Vie de Corneille, son oncle, nous dit que, Corneille ayant fait confidence du plan de sa pièce à un ami, cet ami indiscret donna le
plan au résident, qui, contre le droit des gens, vola Corneille.
Ce trait est peu vraisemblable. Rarement un homme revêtu d'un
emploi public se déshonore et se rend ridicule pour si peu de
chose. Tous les mémoires du temps en auraient parlé; ce larcin
aurait été une chose publique.

On parle d'un ancien roman de *Rodogune;* je ne l'ai pas vu[1] :
c'est, dit-on, une brochure *in-8°*, imprimée chez Sommaville,
qui servit également au grand auteur et au mauvais. Corneille
embellit le roman, et Gilbert le gâta. Le style nuit aussi beaucoup à Gilbert, car malgré les inégalités de Corneille il y eut
autant de différence entre ses vers et ceux de ses contemporains
jusqu'à Racine, qu'entre le pinceau de Michel-Ange et la brosse
des barbouilleurs.

Il y a un autre roman de *Rodogune,* en deux volumes; mais
il ne fut imprimé qu'en 1668 : il est très-rare et presque oublié[2] ;
le premier l'est entièrement.

---

1. Je n'ai pas été plus heureux que Voltaire. Je n'ai pu découvrir cette *Rodogune*, brochure in-8°. (B.)
— On est persuadé à présent qu'elle n'a point existé.
2. *Rodogune*, 1669, 2 volumes in-8°, a pour auteur le sieur d'Aigue d'Iffremont.
Une note au bas du privilége dit que l'ouvrage a été achevé d'imprimer pour la

ACTE PREMIER.

SCÈNE I.

Vers 1.   Enfin ce jour pompeux, cet heureux jour nous luit,
          Qui d'un trouble si long doit dissiper la nuit, etc.

A ce magnifique début, qui annonce la réunion entre la
Perse et la Syrie, et la nomination d'un roi, etc., on croirait que
ce sont des princes qui parlent de ces grands intérêts (quoiqu'un
prince ne dise guère qu'un jour est pompeux). Ce sont malheureusement deux subalternes qui ouvrent la pièce. Corneille,
dans son *Examen*, dit qu'on lui reprocha cette faute ; il était
presque le seul qui eût appris aux Français à juger. Avant lui
on n'était pas difficile. Il n'y a guère de connaisseurs quand il
n'y a point de modèles.

Les défauts de cette exposition sont : 1° qu'on ne sait point
qui parle ; 2° qu'on ne sait point de qui l'on parle ; 3° qu'on ne
sait point où l'on parle. Les premiers vers doivent mettre le
spectateur au fait autant qu'il est possible [1].

Vers 7.   Ce grand jour est venu, mon frère, où notre reine
          Doit rompre aux yeux de tous son silence obstiné.

Quelle reine ? Elle n'est pas nommée dans cette scène. On ne
dit point que l'on soit en Syrie, et il faudrait le dire d'abord.

Vers 15. Mais n'admirez-vous point que cette même reine
          Le donne pour époux à l'objet de sa haine ?...

Sa haine se rapporte à l'*époux*, qui est le substantif le plus
voisin. Cependant l'auteur entend la *haine* de Cléopâtre : ce sont
de ces fautes de grammaire dans lesquelles Corneille, qui ne
châtiait pas son style, tombe souvent, et dans lesquelles Racine
ne tombe jamais depuis *Andromaque*.

Vers 17. Et n'en doit faire un roi qu'afin de couronner
          Celle que dans les fers elle aimoit à gêner ?

première fois en 1667. Je n'ai pas vu cette édition de 1667, que mentionne Len-
glet-Dufresnoy dans sa *Bibliothèque des Romans*, II, 67.
    Lenglet-Dufresnoy n'en parle peut-être que d'après la note de 1669, dont j'ai
parlé. (B.)
    1. Voyez aussi dans les *Mélanges,* année 1774, le *Sentiment d'un académicien
de Lyon.*

Le mot *gêner* ne signifie parmi nous qu'*embarrasser, inquiéter*. Ainsi Pyrrhus dit à Andromaque[1] : *Ah! que vous me gênez!* Il vient à la vérité originairement de *géhenne*, vieux mot tiré de la *Bible*, qui signifie *torture, prison;* mais jamais il n'est pris en ce dernier sens.

Vers 19. Rodogune, par elle en esclave traitée,
Par elle se va voir sur le trône montée.

Cela n'est pas français. Une machine est *montée* par quelqu'un ; une reine n'est pas *montée* au trône par un autre. Et *se va voir montée* est ridicule.

Vers 23. Pour le mieux admirer trouvez bon, je vous prie,
Que j'apprenne de vous les troubles de Syrie.

Pour le, etc. Ce *le* ne se rapporte à rien, et *pour le mieux admirer* est un peu du style comique. *Trouvez bon, je vous prie, etc.*, tout cela ressemble trop à une conversation familière de deux domestiques qui s'entretiennent des aventures de leurs maîtres, sans aucun art.

Vers 25. J'en ai vu les premiers, et me souviens encor
Des malheureux succès du grand roi Nicanor.

Succès veut dire au propre *événement heureux;* mais il est permis de dire *malheureux, mauvais, funeste succès.*

Vers 27. Quand, des Parthes vaincus pressant l'adroite fuite,
Il tomba dans leurs fers au bout de sa poursuite.

Il semble qu'il ait pressé les Parthes de fuir. L'auteur veut dire que Nicanor poursuivait les Parthes fuyants.

Vers 29. Je n'ai pas oublié que cet événement
Du perfide Tryphon fit le soulèvement.

Le spectateur ne sait pas quel est ce Tryphon; il fallait le dire.

Vers 32. Il crut pouvoir saisir la couronne ébranlée.

Un empire, un trône peut être ébranlé, mais non pas une couronne. Il faut toujours que la métaphore soit juste.

Vers 35. La reine, craignant tout de ces nouveaux orages,
En sut mettre à l'abri ses plus précieux gages.

En sut mettre à l'abri est louche et incorrect. Le mot de *gages* seul n'a aucun sens que quand il signifie appointements : Il a

---

1. Acte Ier, scène IV.

reçu ses gages. Mais il faut dire les gages de mon hymen, pour signifier mes enfants.

Vers 37.   Et pour n'exposer pas l'enfance de ses fils,
Me les fit chez son frère enlever à Memphis.

Me les fit enlever, phrase louche. Elle peut signifier *les fit enlever de mes bras,* ou *m'ordonna de les enlever.* En ce dernier sens, elle est mauvaise. *Enlever à Memphis* est impropre. Elle les porta, les conduisit à Memphis, les cacha dans Memphis. *Enlever à Memphis* signifie tout le contraire; *enlever à* signifie *ôter à, dérober à; enlever le Palladium à Troie, enlever Hélène à Páris. Élever,* au lieu d'*enlever,* ôterait toute équivoque. Peut-être y a-t-il dans la première édition une faute d'impression qui a été répétée dans toutes les autres.

Vers 39.   Là, nous n'avons rien su que de la renommée,
Qui, par un bruit confus diversement semée,
N'a porté jusqu'à nous ces grands renversements
Que sous l'obscurité de cent déguisements.

Il ne faudrait pas imiter cette phrase, quoique l'idée soit intelligible. On ne dit pas *semer la renommée,* comme on dit, dans le discours familier, *semer un bruit. La renommée diversement semée par un bruit;* cela n'est pas français. La raison en est qu'un bruit ne sème pas, et que toute métaphore doit être d'une extrême justesse.

Vers 43.   Sachez donc que Tryphon, après quatre batailles,
Ayant su nous réduire à ces seules murailles.

Quelles sont ces murailles? Ne fallait-il pas d'abord nommer Séleucie? Ce sont là des fautes contre l'art, mais non un manque de génie. Cet oubli des convenances ne diminue point le mérite de l'invention.

Vers 45.   En forma tôt le siége.

Tôt ne se dit plus, il est devenu bas.

Vers 46.   Un faux bruit s'y coula touchant la mort du roi.

S'y coula n'est pas d'un style noble.

Vers 51.   Croyant son mari mort, elle épousa son frère.

Il semble qu'elle épousa son propre frère. Ne devait-on pas exprimer qu'elle épousa le frère de son mari? L'auteur ne devait-il pas lever cette petite équivoque avec d'autant plus de soin

qu'on pouvait épouser son frère en Perse, en Syrie, en Égypte, à
Athènes, en Palestine? Ce n'est là qu'une très-légère négligence,
mais il faut toujours faire voir combien il importe de parler purement sa langue, et d'être toujours clair.

Vers 52.   L'effet montra soudain ce conseil salutaire.

Montrer une chose bonne ou mauvaise, utile ou dangereuse,
ne signifie pas montrer que cette chose est telle, prouver qu'elle
est telle. *Il montrait ses blessures mortelles* ne dit pas : il montrait
que ses blessures étaient mortelles.

Vers 53.   Le prince Antiochus, devenu nouveau roi.

Ce mot *nouveau* est de trop, il gâte le sens et le vers.

Vers 54.   Sembla de tous côtés traîner l'heur après soi.

On a déjà remarqué[1] que l'*heur* ne se dit plus; mais on ne
traîne après soi ni l'*heur*, ni le *bonheur*. *Traîner* donne toujours
l'idée de quelque chose de douloureux ou d'humiliant : on traîne
sa misère, sa honte; on traîne une vie obscure. Les rois vaincus
étaient traînés au Capitole. *Et traîné sans honneur autour de nos
murailles*[2]. Le mot *traîner* est encore heureusement employé
pour signifier une douce violence, et alors il est mis pour *entraîner*. *Charmant, jeune, traînant tous les cœurs après soi*[3].

Vers 56.   Sur nos fiers ennemis rejeta nos alarmes.

Le mot est impropre. On ne rejette point des *alarmes* sur un
autre, comme on rejette une faute, un soupçon, etc., sur un
autre. Les *alarmes* sont dans les hommes, parmi les hommes, et
non sur les hommes. On ne peut trop répéter que la propriété
des termes est toujours fondée en raison.

Vers 57.   Et la mort de Tryphon dans un dernier combat,
           Changeant tout notre sort, lui rendit tout l'État.

Cela ressemble à un *gendre du gouverneur de toute la province*.
On est malheureusement obligé de remarquer des négligences,
des obscurités, des fautes, presque à chaque vers.

Vers 59.   Quelque promesse alors qu'il eût faite à la mère
           De remettre ses fils au trône de leur père...

Il n'est pas dit que cette veuve de Nicanor était Cléopâtre,
mère des deux princes, et que le roi Antiochus avait promis de

1. Page 276.
2. *Andromaque*, acte III, scène VIII.
3. *Phèdre*, acte II, scène v.

rendre la couronne aux enfants du premier lit. Le spectateur a
besoin qu'on lui débrouille cette histoire. Cléopâtre n'est pas
nommée une seule fois dans la pièce. Corneille en donne pour
raison qu'on aurait pu la confondre avec la Cléopâtre de César ;
mais il n'y a guère d'apparence que les spectateurs instruits, qui
instruisent bientôt les autres, eussent pris cette reine de Syrie
pour la maitresse de César. Et puis, comment cet Antiochus
avait-il promis de rendre le royaume aux deux princes? Devaient-
ils régner tous les deux ensemble? Tout cela est un peu confus
dans le fond, et est exprimé confusément; plusieurs lecteurs en
sont révoltés. On est plus indulgent à la représentation.

Vers 63.   Ayant régné sept ans, son ardeur militaire.

Ce mot *militaire* est technique, c'est-à-dire un terme d'art : le
pas militaire, la *discipline militaire,* l'*ordre militaire de Saint-Louis.*
Il faut en poésie employer les mots *guerrière, belliqueuse.*

Vers 64.   Ralluma cette guerre où succomba son frère.

Rien ne fait mieux voir la nécessité absolue d'écrire purement que l'erreur où jette ce mot *succomba.* Il faut croire qu'un
frère d'Antiochus succomba dans cette nouvelle guerre. Point
du tout: il est question du roi Nicanor, qui avait succombé dans
la guerre précédente ; il fallait *avait succombé.* Cela seul jette des
obscurités sur cette exposition. N'oublions jamais que la pureté
du style est d'une nécessité indispensable.

Quand on voit que celui qui conte cette histoire s'interrompt
aux *mille beaux exploits* de cet Antiochus, *craint à l'égal du tonnerre,* et *qui donna bataille,* cette interruption, qui laisse le spectateur si peu instruit, lui ôte l'envie de s'instruire ; et il a fallu
tout l'art et toutes les ressources du génie de Corneille pour
renouer le fil de l'intérêt.

Vers 65.   Il attaqua le Parthe, et se crut assez fort
            Pour en venger sur lui la prison et la mort.

La construction est encore obscure et vicieuse ; *en* se rapporte
au frère, et *lui* se rapporte au Parthe. La difficulté d'employer les
pronoms et les conjonctions sans nuire à la clarté et à l'élégance
est très-grande en français.

Vers 70.   Je vous achèverai le reste une autre fois

est du style comique.

Vers dern. Un des princes survient.

On ne sait point quel prince, et Antiochus, ne se nommant point, laisse le spectateur incertain.

SCÈNE II.

Vers 1. . . . . Demeurez, Laonice.

On ne sait encore si c'est Antiochus ou Séleucus qui parle. On ignore même que l'un est Antiochus, l'autre Séleucus. Il est à remarquer qu'Antiochus n'est nommé qu'au quatrième acte, à la scène troisième, et Séleucus à la scène cinquième, et que Cléopâtre n'est jamais nommée. Il fallait d'abord instruire les spectateurs. Le lecteur doit sentir la difficulté extrême d'expliquer tant de choses dans une seule scène, et de les énoncer d'une manière intéressante. Mais voyez l'exposition de *Bajazet ;* il y avait autant de préliminaires dont il fallait parler : cependant quelle netteté! Comme tous les caractères sont annoncés! Avec quelle heureuse facilité tout est développé! Quel art admirable dans cette exposition de *Bajazet!*

Vers 2.   Vous pouvez, comme lui, me rendre un bon office.

Bon office. Jamais ce mot familier ne doit entrer dans le style tragique.

Vers 3.   Dans l'état où je suis, triste, et plein de souci,
           Si j'espère beaucoup, je crains beaucoup aussi.

Plein de souci n'est pas assez noble.

Vers 5.   Un seul mot aujourd'hui, maître de ma fortune,
           M'ôte ou donne à jamais le sceptre et Rodogune.

Il vaudrait mieux qu'on sût déjà qui est Rodogune. Il est encore plus important de faire connaître tout d'un coup les personnages auxquels on doit s'intéresser que les événements passés avant l'action.

Vers 7.   Et de tous les mortels ce secret révélé
           Me rend le plus content ou le plus désolé.

Il semble par la phrase que ce secret ait été révélé par tous les mortels. On n'insiste ici sur ces petites fautes que pour faire voir aux jeunes auteurs quelle attention demande l'art des vers.

Vers 9. Je vois dans le hasard tous les biens que j'espère

est impropre et louche. *Voir dans le hasard* ne signifie pas : *Mon bien est au hasard, mon bien est hasardé.* Cette expression n'est pas française.

Vers 13. Donc pour moins hasarder, j'aime mieux moins pretendre.

Donc ne doit presque jamais entrer dans un vers, encore moins le commencer. *Quoi donc* se dit très-bien, parce que la syllabe *quoi* adoucit la dureté de la syllabe *donc.*
Racine a dit [1] :

Je suis donc un témoin de leur peu de puissance.

Mais remarquez que ce mot est glissé dans le vers, et que sa rudesse est adoucie par la voyelle qui le suit. Peu de nos auteurs ont su employer cet enchaînement harmonieux de voyelles et de consonnes. Les vers les mieux pensés et les plus exacts rebutent quelquefois. On en ignore la raison ; elle vient du défaut d'harmonie.

Vers 14. Et pour rompre le coup que mon cœur n'ose attendre.

J'ai déjà remarqué [2] qu'on ne rompt point un coup : on le pare, on le détourne, on l'affaiblit, on le repousse ; de plus, on prononce ces mots comme *rompre le cou :* il faut éviter cette équivoque. Si l'expression *rompre un coup* est prise des jeux, comme par exemple du jeu de dés, où l'on dit *rompre le coup* quand on arrête les dés de son adversaire, cette figure alors est indigne du style noble.

Vers 15. Lui cédant de deux biens le plus brillant aux yeux,
M'assurer de celui qui m'est plus précieux.

On est étonné d'abord qu'un prince cède un trône pour avoir une femme. Cette seule idée fit tomber *Pertharite,* qui redemandait sa propre épouse, et dont la vertu pouvait excuser cette faiblesse. Mais, dans *Pertharite,* cette cession est la catastrophe. Ici elle commence la pièce. Antiochus est déterminé par son amitié pour son frère Séleucus, ainsi que par son amour pour Rodogune. Ce qui déplaît dans *Pertharite* ne déplaît pas ici. Tout dépend des circonstances où l'auteur sait mettre ses personnages. Peut-être eût-il fallu qu'Antiochus eût paru éperdument amoureux, et qu'on s'intéressât déjà à sa passion, pour qu'on excusât davantage ce début, par lequel il renonce au trône.

1. *Andromaque,* acte II, scène II.
2. Page 375.

Vers 17.   Heureux, si sans attendre un fâcheux droit d'aînesse,
              Pour un trône incertain j'en obtiens la princesse.

Le mot propre, au dernier hémistiche du premier vers, est *incertain :* car ce droit d'aînesse n'est point *fâcheux* pour celui qui aura le trône et Rodogune. *Fâcheux,* d'ailleurs, n'est pas noble.

Vers 19.   Et puis, par ce partage, épargner les soupirs.

Il faut absolument : *Et si je puis épargner des soupirs.* On dit bien *je vous épargne des soupirs;* mais on ne peut dire *j'épargne des soupirs,* comme on dit *j'épargne de l'argent.*

Vers 20.   Qui naîtroient de ma peine ou de ses déplaisirs.

Cela veut dire *de ma peine,* ou *de sa peine.* Les déplaisirs et la peine ne sont pas des expressions assez fortes pour la perte d'un trône.

Vers 21.   Va le voir de ma part, Timagène, et lui dire
              Que pour cette beauté je lui cède l'empire.

Pour cette beauté, termes de comédie, et qui jettent une espèce de ridicule sur cette ambassade. Va lui dire que je lui cède l'empire pour une beauté.

Vers 23.   Mais porte-lui si haut la douceur de régner.

On ne porte point haut une douceur ; cela est impropre, négligé, et peu français. Racine dit [1] : *Œnone, fais briller la couronne à ses yeux.* C'est ainsi qu'il faut s'exprimer.

Vers 24·   Qu'à cet éclat du trône il se laisse gagner.

Qu'il se laisse éblouir est le mot propre ; mais *se laisser gagner à un éclat* affaiblit cette belle idée.

SCÈNE III.

Vers 1.   Et vous, en ma faveur, voyez ce cher objet.

Ce cher objet n'est-il pas un peu du style de l'idylle? Le ton de la pièce n'est pas jusqu'à présent au-dessus de la haute comédie, et est trop vicieux.

SCÈNE IV.

Vers 1.   Seigneur, le prince vient, et votre amour lui-même
              Lui peut, sans interprète, offrir le diadème.

1. *Phèdre,* acte III, scène I.

Quel prince? Le spectateur peut-il savoir si c'est Séleucus ou Antiochus? La réponse de Timagène ne semble-t-elle pas un reproche? Et si ce Timagène était un homme de cœur, son discours sec ne paraîtrait-il pas signifier : Chargez-vous vous-même d'une proposition si humiliante; dites vous-même à votre frère que vous renoncez au droit de régner?

Vers 3.   Ah! je tremble, et la peur d'un trop juste refus
           Rend ma langue muette et mon esprit confus.

Antiochus, qui tremble que son frère n'accepte pas l'empire, a-t-il des sentiments bien élevés? Ne devrait-il pas préparer les spectateurs à cette aversion qu'il a montrée pour régner? J'ai vu de bons critiques penser ainsi. Je soumets au public leur jugement et mes doutes.

SCÈNE V.

Vers 1.   Vous puis-je en confiance expliquer ma pensée?

On ne sait point encore que c'est Séleucus qui parle. Il était aisé de remédier à ce petit défaut.

Vers 9.   . . . Ce jour fatal à l'heur de notre vie
           Jette sur l'un de nous trop de honte ou d'envie.

Pourquoi trop de honte? Y a-t-il de la honte à n'être pas l'aîné? Et s'il est honteux de ne pas régner, pourquoi céder le trône si vite?

Vers 13.   Mais, si vous le voulez, j'en sais bien le remède.

Ce vers est de la haute comédie. On a déjà dit[1] que cet usage dura trop longtemps.

Vers 14.   Si je le veux! Bien plus, je l'apporte, et vous cède
           Tout ce que la couronne a de charmant en soi.

Il paraît singulier que Séleucus ait précisément la même idée que son frère. Il y a beaucoup d'art à les représenter unis de l'amitié la plus tendre : n'y en a-t-il point un peu trop à leur faire naître en même temps une idée si contraire au caractère de tous les princes? Cela est-il bien naturel? Peut-être que non. Cependant les deux frères intéressent : pourquoi? Parce qu'ils s'aiment; et le spectateur voit déjà dans quel embarras ils vont se précipiter l'un et l'autre.

1. Pages 186 et 193.

Vers 29· Elle vaut bien un trône, il faut que je le die.
— Elle vaut à mes yeux tout ce qu'en a l'Asie.

Ces discours sont d'un style familier, et *il faut que je le die* est plus qu'inutile, car lorsqu'on se sert de ces tours : *il faut que je le dise, que je l'avoue, que j'en convienne,* c'est pour exprimer sa répugnance. *Mon ennemi a des vertus, il faut que j'en convienne. Je vais vous apprendre une chose désagréable, mais il faut que je la dise.* Antiochus n'a aucune répugnance à dire que Rodogune est préférable aux trônes de l'Asie.

Vers 31.   Vous l'aimez donc, mon frère? — Et vous l'aimez aussi.

Plusieurs critiques demandent comment deux frères si unis, et qui n'ont tous deux qu'un même sentiment, ont pu se cacher une passion dont l'aveu involontaire échappe à tous ceux qui l'éprouvent? Comment ne se sont-ils pas au moins soupçonnés l'un l'autre d'être rivaux? Quoi! tous deux débutent par se céder le trône pour une maîtresse! A peine serait-il permis d'abandonner son droit à une couronne pour une femme dont on serait adoré, et deux princes commencent par préférer à l'empire une femme à laquelle ils n'ont pas seulement déclaré leur amour!

C'est au lecteur à s'interroger lui-même, à se demander quel effet cette idée fait sur lui, si ce double sacrifice est vraisemblable, s'il n'est pas un peu romanesque. Mais aussi il faut considérer que ces princes ne cèdent pas absolument le trône, mais un droit incertain au trône. Voilà ce qui les justifie.

Vers 39.   O mon cher frère! ô nom pour un rival trop doux !

répare tout d'un coup ce que leur proposition semble avoir de trop avilissant et de trop concerté ; mais ces répétitions par écho: *que ne ferais-je point contre un autre!* sont-elles assez nobles, assez tragiques, et d'un assez bon goût?

Vers 42.   Amour, qui doit ici vaincre de vous ou d'elle?

Cette apostrophe à l'amour est-elle digne de la tragédie?

Vers 43.   L'amour, l'amour doit vaincre.

Cette réponse ne sent-elle pas un peu plus l'idylle que la tragédie? Remarquez que Racine, qui a tant traité l'amour, n'a jamais dit *l'amour doit vaincre.* Il n'y a pas une maxime pareille, même dans *Bérénice.* En général, ces maximes ne touchent jamais. Tous ceux qui ont dit que Racine sacrifiait tout à l'amour, et que les héros de Corneille étaient toujours supérieurs à cette passion, n'avaient pas examiné ces deux auteurs. Il est très-commun de lire, et très-rare de lire avec fruit.

Vers 47. Mais lorsqu'un digne objet a pu nous enflammer,
Qui le cède est un lâche et ne sait pas aimer.

Cette maxime n'est-elle pas encore plus convenable à un berger qu'à un prince? *Qui cède sa maîtresse est un lâche, et ne sait pas aimer, et qui cède un trône est un grand cœur.* Avouons que ni dans *Cyrus* ni dans *Clélie*[1] on ne trouve point de sentences amoureuses d'une semblable afféterie. Louis Racine, fils de l'immortel Jean Racine, s'élève avec force contre ces idées dans son *Traité de la Poésie*, page 355, et ajoute : « La femme qui mérite ce grand sacrifice est cependant une femme très-peu estimable; et l'on peut remarquer que, dans les tragédies de Corneille, toutes ces femmes adorées par leurs amants sont, par les qualités de leur âme, des femmes très-communes : ce n'est que par la beauté que Cléopâtre captive César, et qu'Émilie a tout empire sur Cinna. »

Cet auteur judicieux en excepte sans doute Pauline, qui immole si noblement son amour à son devoir.

Ajoutons à cette remarque que les deux frères disent leurs secrets devant deux subalternes, et que Timagène est le confident des amours des deux frères. Comment ces deux frères, qui sont si unis, ne se sont-ils pas avoué ce qu'ils ont avoué à un domestique?

Vers 65. Ces deux siéges fameux de Thèbes et de Troie...

Les citations des siéges de Troie et de Thèbes sont peut-être étrangères à ce qui se passe. Ne pourrait-on pas dire : *Non erat his exemplis, his sermonibus locus*[2]?

Vers 66. Qui mirent l'une en sang, l'autre aux flammes en proie...

On ne met point en sang une ville; on ne la met point en proie : on la livre, on l'abandonne en proie.

Vers 74. Tout va choir en ma main, ou tomber dans la vôtre.

Le mot de *choir*, même du temps de Corneille, ne pouvait être employé pour tomber en partage.

Vers 81. Que de sources de haine ! hélas ! jugez le reste.

Jugez du reste était l'expression propre; mais elle n'en est pas plus digne de la tragédie. Juger quelque chose, c'est porter un arrêt; juger de quelque chose, c'est dire son sentiment.

1. Romans de Mlle Scudéri, 1650 et 1656.
2. Horace, *Art poétique*, 19.

Vers 89.   Ainsi ce qui jadis perdit Thèbes et Troie,
           Dans nos cœurs mieux unis ne versera que joie.

Ne versera que joie ne se dirait pas aujourd'hui, et c'était même alors une faute ; on ne verse point joie. La scène est belle pour le fond, et les sentiments l'embellissent encore.

On demande à présent un style plus châtié, plus élégant, plus soutenu : on ne pardonne plus ce qu'on pardonnait à un grand homme qui avait ouvert la carrière, et c'est à présent surtout qu'on peut dire :

> Sans la langue, en un mot, l'auteur le plus divin
> Est toujours, quoi qu'il fasse, un méchant écrivain [1].

Quand des pièces romanesques réussissent de nos jours au théâtre par les situations, si elles fourmillent de barbarismes, d'obscurités, de vers durs, elles sont regardées par les connaisseurs comme de très-mauvais ouvrages. Je crois que, malgré tous ses défauts, cette scène doit toujours réussir au théâtre. L'amitié tendre des deux frères touche d'abord. On excuse leur dessein de céder le trône, parce qu'ils sont jeunes, et qu'on pardonne tout à la jeunesse passionnée et sans expérience ; mais surtout parce que leur droit au trône est incertain. La bonne foi avec laquelle ces princes se parlent doit plaire au public. Leurs réflexions, que Rodogune doit appartenir à celui qui sera nommé roi, forment tout d'un coup le nœud de la pièce ; et le triomphe de l'amitié sur l'amour et sur l'ambition finit cette scène parfaitement.

SCÈNE VI.

Vers 1.   Peut-on plus dignement mériter la couronne ?

Mériter plus dignement signifie à la lettre *être digne plus dignement*. C'est un pléonasme, mais la faute est légère.

Vers 5.   Mais, de grâce, achevez l'histoire commencée.
           — Pour la reprendre donc où nous l'avons laissée...

Ces discours de confidents, cette histoire interrompue et recommencée, sont condamnés universellement.

> *Tous deux* débrouillant mal une pénible intrigue,
> D'un divertissement me font une fatigue [2].

---

1. Boileau, *Art poétique,* I, 161-62.
2. *Ibid.,* III, 31-32.

Vers 12.   Si bien qu'Antiochus, etc.

Si bien que, tôt après, piqué jusqu'au vif, expressions trop familières qu'il faut éviter.

Vers 24.   Il alloit épouser la princesse sa sœur.

Sœur de qui ? Ce n'est pas de Cléopâtre, c'est Rodogune. Elle
est nommée, dans la liste des personnages, sœur de Phraates,
roi des Parthes ; on n'est pas plus instruit pour cela, et le nom de
Phraates n'est pas prononcé dans la pièce.

Vers 25.   C'est cette Rodogune où l'un et l'autre frère
           Trouve encor les appas qu'avoit trouvés leur père.

Cet *encor* semble dire que Rodogune a conservé sa beauté,
que les deux fils la retrouvent aussi belle que le père l'avait
trouvée. Le théâtre, qui permet l'amour, ne permet point qu'on
aime une femme uniquement parce qu'elle est belle. Un tel
amour n'est jamais tragique.

Vers 27.   La reine envoie en vain pour se justifier.

Ce tour n'est pas assez élégant ; il est un peu de gazette.

Vers 36.   Soit qu'ainsi cet hymen eût plus d'autorité.

On ne voit pas ce que c'est que l'*autorité* d'un hymen, ni
pourquoi ce second mariage eût été plus respectable en présence
de l'épouse répudiée, ni pourquoi cette insulte à Cléopâtre eût
mieux assuré le trône aux enfants d'un second lit.

Vers 41.   . . . Un gros escadron de Parthes pleins de joie
           Conduit ces deux amants, et court comme à la proie.

Plaignons ici la gêne où la rime met la poésie. Ce *plein de joie*
est pour rimer à *proie,* et *comme à la proie* est encore une faute,
car pourquoi ce *comme?*

Vers 43.   La reine au désespoir de ne rien obtenir,
           Se résout de se perdre. . . . . . .

Se résout de se perdre est un solécisme. Je me résous *à,* je
résous *de.* Il est résolu à mourir ; il a résolu de mourir.

Vers 47.   En changeant à regret son amour en horreur,
           Elle abandonne tout à sa juste fureur.

On peut faire la guerre, se venger, commettre un crime à
regret ; mais on n'a point de l'horreur à regret.

Vers 50.   Se mêle dans les coups, porte partout sa rage.

Il valait mieux dire : *se mêle aux combattants*.

Vers 57.   La reine à la gêner prenant mille délices...

On prend plaisir, et non des délices, à quelque chose ; et on n'en prend point mille.

Vers 58.   Ne commettoit qu'à moi l'ordre de ses supplices.

Il fallait *le soin de ses supplices;* on ne commet point un ordre.

Vers 59.   Mais, quoi que m'ordonnât cette âme tout en feu,
            Je promettois beaucoup, et j'exécutois peu.

Ame tout en feu, expression triviale pour rimer à *peu*. Dans quelle contrainte la rime jette ?

Vers 61.   Le Parthe, cependant, en jure la vengeance.

Cet *en* est mal placé ; il semble que le Parthe jure la vengeance du *peu*.

Vers 62.   Sur nous à main armée il fond en diligence ;

expression trop commune.

Vers 65.   Il veut fermer l'oreille, enflé de l'avantage.

Ce mot indéfini *de l'avantage* ne peut être admis ici ; il faut *de cet avantage,* ou *de son avantage*.

Vers 67.   Enfin il craint pour elle, et nous daigne écouter ;
            Et c'est ce qu'aujourd'hui l'on doit exécuter.

Cela est louche et obscur. Il semble qu'on aille exécuter ce qu'on a écouté.

Vers 71.   Rodogune a paru, sortant de sa prison,
            Comme un soleil levant dessus notre horizon.
            Le Parthe a décampé ;

expressions trop négligées ; mais il y a un grand germe d'intérêt dans la situation que Timagène expose. Il eût été à désirer que les détails eussent été exprimés avec plus d'élégance ; on a remarqué[1] déjà que Racine est le premier qui ait eu ce talent.

Vers 75.   D'un ennemi cruel il s'est fait notre appui.

Il fallait *d'ennemi qu'il était. Je me fais votre ami d'un ennemi* n'est pas français. On pourrait dire *d'un ennemi je suis devenu un ami*.

1. Pages 524 et 528.

Vers 76. La paix finit la haine.

La haine finit ; on ne la finit pas.

Vers 85. Vous me trouvez mal propre à cette confidence.

Mal propre ne doit pas entrer dans le style noble ; et que Timagène soit propre ou non à une confidence, c'est un trop petit objet.

Vers 86. Et peut-être à dessein je la vois qui s'avance.

A quel dessein ?

Vers 87. Adieu, je dois au rang qu'elle est prête à tenir
Du moins la liberté de vous entretenir.

Timagène doit du respect à Rodogune, indépendamment de ce mariage, et il doit se retirer quand elle veut parler à sa confidente.

SCÈNE VII.

Vers 1. Je ne sais quel malheur aujourd'hui me menace,
Et coule dans ma joie une secrète glace.

Coule une glace n'est pas du style noble, et la glace ne coule point.

Vers 4. Je tremble, Laonice, et te voulois parler,
Ou pour chasser ma crainte, ou pour m'en consoler.

Cet *en* se rapporte à la *crainte* par la phrase ; il semble qu'elle veuille se consoler de sa crainte. Il faut éviter soigneusement ces amphibologies.

Vers 7. La fortune me traite avec trop de respect.

La fortune ne traite point avec respect ; toutes ces expressions impropres, hasardées, lâches, négligées, employées seulement pour la rime, doivent être soigneusement bannies.

Vers 9. L'hymen semble à mes yeux cacher quelque supplice,
Le trône sous mes pas creuser un précipice.

La poésie française marche trop souvent avec le secours des antithèses, et ces antithèses ne sont pas toujours justes. Comment *un hymen cache-t-il un supplice ?* Comment *un trône creuse-t-il un précipice ?* Le précipice peut être creusé sous le trône, et non par lui.

L'antithèse des *premiers fers et des nouveaux, des biens et des maux,* vient ensuite. Cette figure tant répétée est une puérilité dans un rhéteur, à plus forte raison dans une princesse.

Vers 14. La paix qu'elle a jurée en a calmé la haine.

On ne doit jamais se servir de la particule *en* dans ce cas-ci. Il fallait *la paix qu'elle a jurée a dû calmer sa haine.* Cet *en* n'est pas français. On ne dit point : *j'en crains le courroux, j'en vois l'amour,* pour *je crains son courroux, je vois son amour.*

Vers 16. La paix souvent n'y sert que d'un amusement.

Ces réflexions générales et politiques sont-elles d'une jeune femme ? Qu'est-ce que la paix qui sert d'amusement à la haine ?

Vers 17. Et dans l'état où j'entre, à te parler sans feinte.

On n'entre point dans un état ; cela est prosaïque et impropre.

Vers 18. Elle a lieu de me craindre, et je crains cette crainte.

Cela ressemble trop à un vers de parodie.

Vers 19. Non qu'enfin je ne donne au bien des deux États
         Ce que j'ai dû de haine à de tels attentats.

Elle n'a point parlé de ces attentats : l'auteur les a en vue, il répond à son idée ; mais Rodogune, par ce mot *tels*, suppose qu'elle a dit ce qu'elle n'a point dit. Cependant le spectateur est si instruit des attentats de Cléopâtre qu'il entend aisément ce que Rodogune veut dire. Je ne remarque cette négligence, très-légère, que pour faire voir combien l'exactitude du style est nécessaire.

Vers 22. Mais une grande offense est de cette nature
         Que toujours son auteur impute à l'offensé
         Un vif ressentiment dont il le croit blessé ;

maxime toujours trop générale, dissertation politique qui est un peu longue, et qui n'est pas exprimée avec assez d'élégance et de force. *De cette nature que, jamais ne s'y fie, etc.* ; il vaut toujours mieux faire parler le sentiment ; c'est là le défaut ordinaire de Corneille. Rodogune se plaignant de Cléopâtre, et exprimant ce qu'elle craint d'un tel caractère, ferait bien plus d'effet qu'une dissertation. Peut-être que Corneille a voulu préparer un peu par ce ton politique la proposition atroce que fera Rodogune à ses amants ; mais aussi toutes ces sentences, dans le goût de Machiavel, ne préparent point aux tendresses de l'amour et à ce caractère d'innocence timide que Rodogune prendra bientôt. Cela fait voir combien cette pièce était difficile à faire, et de quel embarras l'auteur a eu à se tirer.

Vers 24. Un vif ressentiment dont il le croit blessé.

Blessé d'un ressentiment ! Une injure blesse, et le ressentiment est la blessure même.

Vers 31. Vous devez oublier un désespoir jaloux,
Où força son courage un infidèle époux.

Oublier un désespoir ! et un désespoir jaloux, où un infidèle époux a forcé son courage ! Presque toutes les scènes de ce premier acte sont remplies de barbarismes, ou de solécismes intolérables : est-ce là l'auteur des belles scènes de *Cinna ?*

Vers 39. Quand je me dispensois à lui mal obéir...

n'est pas français. On se dispense d'une chose, et non à une chose.

Vers 41. Peut-être qu'en son cœur, plus douce et repentie,
Elle en dissimuloit la meilleure partie.

Repentie ne l'est pas non plus, du moins aujourd'hui. On ne peut pas dire cette princesse *repentie ;* mais pourquoi n'emploierions-nous pas une expression nécessaire dont l'équivalent est reçu dans toutes les langues de l'Europe?

Vers 47. Et si de cet amour je la voyois sortir,
Je jure de nouveau de vous en avertir.

Sortir d'un amour ! De telles impropriétés, de telles négligences, révoltent trop l'esprit du lecteur.

Vers 49. Vous savez comme quoi je vous suis tout acquise.

Comme quoi ne se dit pas davantage, et *tout acquise* est du style comique.

Vers 57. Comme ils ont même sang avec pareil mérite....

Avoir même sang est encore un barbarisme; ils sont du même sang, ils sont nés, formés du même sang. Il y avait plus d'une manière de se bien exprimer.

Vers 58. Un avantage égal pour eux me sollicite.

Un avantage ne sollicite point, et il n'y a point d'avantage dans l'égalité.

Vers 61. Il est des nœuds secrets, il est des sympathies,
Dont par le doux rapport les âmes assorties

> S'attachent l'une à l'autre, et se laissent piquer
> Par ces je ne sais quoi qu'on ne peut expliquer.

C'est toujours le poëte qui parle; ce sont toujours des maximes : la passion ne s'exprime point ainsi. Ces vers sont agréables, quoique *dont par le doux rapport* ne soit point français ; mais *ces âmes qui se laissent piquer, ces je ne sais quoi*, appartiennent plus à la haute comédie qu'à la tragédie. Ces vers ressemblent à ceux de *la Suite du Menteur* [1] : *Quand les ordres du ciel nous ont faits l'un pour l'autre*, comme on l'a déjà remarqué. Cependant ces quatre vers, tout éloignés qu'ils sont du style de la véritable tragédie, furent toujours regardés comme un chef-d'œuvre du développement du cœur humain, avant qu'on vît les chefs-d'œuvre véritables de Racine en ce genre.

Vers 69.   Étrange effet d'amour ! incroyable chimère !

Elle voudrait bien être à Séleucus, si elle n'aimait pas Antiochus : ce n'est pas là une chimère incroyable ; mais cet examen, cette dissertation, cette comparaison de ses sentiments pour les deux frères, ne sont-ils pas l'opposé de la tragédie ?

Vers 73.   Ne pourrai-je servir une si belle flamme ?

N'est-ce pas là un discours de soubrette ?

Vers 74.   Ne crois pas en tirer le secret de mon âme.

Tirer n'est pas noble ; cet *en* rend la phrase incorrecte et louche.

Vers 79.   L'hymen me le rendra précieux à son tour.

A son tour est de trop ; mais il faut rimer au mot *amour*. Cette gêne extrême se fait sentir à tout moment.

Vers 81.   Sans crainte qu'on reproche à mon humeur forcée
            Qu'un autre qu'un mari règne sur ma pensée.

Ces vers sont dans le style comique. Racine seul a su ennoblir ces sentiments, qui demandent les tours les plus délicats.

Vers 84.   Que ne puis-je à moi-même aussi bien le cacher !

est d'une jeune fille timide et vertueuse qui craint d'aimer. C'est au lecteur à voir si cette timide innocence s'accorde avec ces maximes de politique que Rodogune a étalées, et surtout avec la conduite qu'elle aura.

---

1. Acte IV, scène 1re.

Vers 85.   Quoi que vous me cachiez, aisément je devine

est d'une soubrette.

Vers 88.   Ma rougeur trahiroit les secrets de mon cœur.

Remarquez que tous les discours de Rodogune sont dans le caractère d'une jeune personne qui craint de s'avoner à elle-même les sentiments tendres et honnêtes dont son cœur est touché. Cependant Rodogune n'est point jeune : elle épousa Nicanor lorsque les deux frères étaient en bas âge; ils ont au moins vingt ans. Cette rougeur, cette timidité, cette innocence, semblent donc un peu outrées pour son âge ; elles s'accordent peu avec tant de maximes de politique; elles conviennent encore moins à une femme qui bientôt demandera la tête de sa belle-mère aux enfants même de cette belle-mère.

ACTE DEUXIÈME.

SCÈNE I.

Vers 1.   Serments fallacieux, salutaire contrainte,
           Que m'imposa la force, et qu'accepta ma crainte!
           Heureux déguisements d'un immortel courroux.
           Vains fantômes d'État, évanouissez-vous.

Corneille reparaît ici dans toute sa pompe. L'éloquent Bossuet est le seul qui se soit servi après lui de cette belle épithète, *falla-cieux !* Pourquoi appauvrir la langue? Un mot consacré par Corneille et Bossuet peut-il être abandonné?

Salutaire contrainte ! Il est difficile d'expliquer comment une salutaire contrainte est un vain fantôme d'État. Il manque là un peu de netteté et de naturel.

Vers 7.   Semblables à ces vœux dans l'orage formés,
           Qu'efface un prompt oubli quand les flots sont calmés.

Une comparaison directe n'est point convenable à la tragédie. Les personnages ne doivent point être poëtes ; la métaphore est toujours plus vraie, plus passionnée. Il serait mieux de dire : *Mes vœux, formés dans l'orage, sont oubliés quand les flots sont calmés;* mais il faudrait le dire dans d'aussi beaux vers[1].

---

1. « Il nous semble, dit Palissot, qu'une comparaison aussi courte peut n'être pas déplacée dans une tragédie. »

Vers 10. Recours des impuissants, haine dissimulée,
Digne vertu des rois, noble secret de cour,
Éclatez, il est temps.

Cela paraît un peu d'un poëte qui cherche à montrer qu'il connaît la cour ; mais une reine ne s'exprime point ainsi. *Recours des impuissants* paraît un défaut dans ce monologue noble et mâle, car un recours d'impuissants n'est pas une digne vertu des rois. La reine n'est point ici impuissante, puisqu'elle dit que le Parthe est éloigné, et qu'elle n'a rien à craindre. *Recours des impuissants, éclatez* est une contradiction, car ce recours est *la haine dissimulée*, la dissimulation ; et c'est précisément ce qui n'éclate pas. Le sens de tout cela est : *cessons de dissimuler, éclatons;* mais ce sens est noyé dans des paroles qui semblent plus pompenses que justes. *Secret de cour* ne peut se dire comme on dit : *homme de cour, habit de cour.*

Vers 13. Montrons-nous toutes deux, non plus commes sujettes.

Qui sont ces deux? Est-ce la haine dissimulée et Cléopâtre? Voilà un assemblage bien extraordinaire ! Comment Cléopâtre et sa haine sont-elles deux? Comment sa haine est-elle *sujette?* C'est bien dommage que de si beaux morceaux soient si souvent défigurés par des tours si alambiqués.

Vers 17. Je hais, je règne encor. Laissons d'illustres marques
En quittant, s'il le faut, ce haut rang des monarques.

Je hais, je règne encor est un coup de pinceau bien fier ; mais *laissons d'illustres marques* est faible : on laisse des marques de quelque chose. *Marques* n'est là qu'un mot impropre pour rimer à *monarques.* Plût à Dieu que du temps de Corneille un Despréaux eût pu l'accoutumer à faire des vers difficilement !
Haut rang des monarques. Haut rang suffisait, *des monarques* est de trop. La rime subjugue souvent le génie, et affaiblit l'éloquence.

Vers 19. Faisons-en avec gloire un départ éclatant

est barbare ; *faire un départ* n'est pas français ; *en avec* révolte l'oreille. Mais si elle n'a rien à craindre, comme elle le dit, pourquoi quitterait-elle le trône? Elle commence par dire qu'elle ne veut plus dissimuler, qu'elle veut tout oser.

Vers 21. C'est encor, c'est encor cette même ennemie...
Dont la haine, à son tour, croit me faire la loi,
Et régner par mon ordre et sur vous et sur moi.

A quoi se rapporte ce *vous?* Il ne peut se rapporter qu'au recours des impuissants, à cette haine dissimulée dont elle a parlé treize vers auparavant ; elle s'entretient donc avec sa haine dans ce monologue. Convenons que cela n'est point dans la nature. Il régnait dans ce temps-là un faux goût dans toute l'Europe, dont on a eu beaucoup de peine à se défaire. Ces apostrophes à ses passions, ces jeux d'esprit, ces efforts qu'on faisait pour ne pas parler naturellement, étaient à la mode en Italie, en Espagne, en Angleterre. Corneille, dans les moments de passion, se livra rarement à ce défaut ; mais il s'y laissa souvent entraîner dans les morceaux de déclamation. Le reste du monologue est plein de force.

SCÈNE II.

Vers 1.   Laonice, vois-tu que le peuple s'apprête
                   Au pompeux appareil de cette grande fête?

S'apprête à l'appareil est encore un barbarisme.

Vers 5.   L'un et l'autre fait voir un mérite si rare
                   Que le souhait confus entre les deux s'égare.

Le souhait confus n'est pas français.

Vers 7.   Et ce qu'en quelques-uns on voit d'attachement...

Cela forme un concours de syllabes trop dures.

Vers 8.   N'est qu'un foible ascendant du premier mouvement

est impropre : *l'ascendant* veut dire la supériorité ; un mouvement n'a pas d'ascendant. On ne peut s'exprimer ni avec moins d'élégance, ni avec moins de correction, ni avec moins de netteté.

Vers 9.   Ils penchent d'un côté, prêts à tomber de l'autre

ne signifie pas ce que l'auteur veut dire : *se déclarer pour un des deux princes;* le mot de *tomber* est impropre ; il ne signifie jamais qu'une chute, excepté dans cette phrase: *je tombe d'accord.*

Vers 15.   Pour un esprit de cour et nourri chez les grands,
                    Tes yeux dans leurs secrets sont bien peu pénétrants

n'est pas le langage d'une reine. *Esprit de cour* est une expression bourgeoise ; d'ailleurs, pourquoi Cléopâtre dit-elle tout cela à sa confidente ? Elle ne l'emploie à rien, et pour une si grande politique, Cléopâtre paraît bien imprudente de dire ainsi son secret inutilement.

Vers 18.   Si je cache en quel rang le ciel les a fait naître....

C'est ainsi qu'on s'exprimerait si on voulait dire qu'ils ignorent leurs parents. Mais *je cache leur rang* n'exprime pas *je cache qui des deux a le droit d'aînesse;* et c'est ce dont il s'agit.

Vers 23. Cependant je possède, et leur droit inceitain
Me laisse avec leur sort leur sceptre dans la main.

Je possède demande un régime ; *jouir* est neutre quelquefois ;
posséder ne l'est pas : cependant je crois que cette hardiesse est
très-permise, et fait un bel effet.

Vers 25. Voilà mon grand secret. Sais-tu par quel mystère
Je les laissois tous deux en dépôt chez mon frère ?

Il semble que Cléopâtre se fasse un petit plaisir de faire valoir
ses méchancetés à une fille qu'elle regarde comme un esprit
peu éclairé. On ne doit jamais faire de confidences qu'à ceux qui
peuvent nous servir dans ce qu'on leur confie, ou à des amis
qui arrachent un secret.

Vers 32. Quand je le menaçois du retour de mes fils,
Voyant ce foudre prêt à suivre ma colère....

Ce foudre peut-il convenir à des enfants en bas âge ?

Vers 34. Quoi qu'il me plût oser, il n'osoit me déplaire.

Toute répétition qui n'enrichit pas doit être évitée.

Vers 37. Je te dirai bien plus : sans violence aucune
J'aurois vu Nicanor épouser Rodogune.

Cet *aucune* à la fin d'un vers n'est toléré que dans la comédie.
On peut voir une chose sans colère, sans dépit, sans ressentiment.
Le mot de *violence* n'est pas le mot propre.

Vers 41. Son retour me fâchoit plus que son hyménée.

Ce mot *fâcher* ne doit jamais entrer dans la tragédie.

Vers 42. Et j'aurois pu l'aimer, s'il ne l'eût couronnée.

Il ne l'a point couronnée, il a voulu la couronner ; ou s'il l'a
épousée en effet, Rodogune veut donc épouser le fils de son mari ?
Cette obscurité n'est point éclaircie dans la pièce.

Vers 43. Tu vis comme il y fit des efforts superflus;
Je fis beaucoup alors, et ferois encor plus.

Il y fit des efforts; je fis beaucoup alors, et ferais encor plus. Que
de négligences !

Vers 45. S'il étoit quelque voie, infâme ou légitime,
Que m'enseignât la gloire, ou que m'ouvrît le crime...

Infâme est trop fort. Un défaut trop commun au théâtre avant
Racine était de faire parler les méchants princes comme on

parle d'eux, de leur faire dire qu'ils sont méchants et exécrables :
cela est trop éloigné de la nature. De plus, comment une voie
infâme est-elle enseignée par la gloire? Elle peut l'être par l'ambition. Enfin, quel intérêt a Cléopâtre de dire tant de mal d'elle-
même?

Vers 47.   Qui me pût conserver un bien que j'ai chéri
              Jusqu'à verser pour lui tout le sang d'un mari.

Ce *pour lui* gâte la phrase, aussi bien que le *que, qui*. Verser
du sang pour un bien !

Vers 49.   Dans l'état pitoyable où m'en réduit la suite....

C'est la suite du sang qu'elle a versé. Cela n'est pas net, et
cet *en* n'est pas heureusement placé.

Vers 50.   Délice de mon cœur[1], il faut que je te quitte....
              L'amour que j'ai pour toi tourne en haine pour elle :
              Autant que l'un fut grand, l'autre sera cruelle.

Ce sont des expressions faites pour la tendresse, et non pour
le trône. Un amour du trône qui se tourne en haine pour Rodogune, et l'un qui est grand, l'autre cruelle, tout cela n'est nullement dans la nature, et l'expression n'en vaut pas mieux que le
sentiment.

Vers 51.   On m'y force, il le faut.

Ne faudrait-il pas expliquer comment elle est forcée à résigner
la couronne, puisqu'elle vient de dire qu'elle n'a rien à craindre,
que le péril est passé? Ne devrait-elle pas dire seulement : *on
l'exige, je l'ai promis ?*

Vers 53.   L'amour que j'ai pour toi tourne en haine pour elle.

L'amour du trône fait sa haine pour Rodogune, mais ne
tourne point en haine.

Vers 54.   Autant que l'un fut grand, l'autre sera cruelle.

La poésie n'admet guère ces *l'un* et *l'autre*.

Vers 55.   Et puisqu'en te perdant j'ai sur qui me venger,
              Ma perte est supportable, et mon mal est léger.

Comment peut-elle dire que la perte d'un rang qui la rend
forcenée lui sera supportable ?

_____

1. *Délices de mon cœur*, dans toutes les éditions originales.

Vers 57.   Quoi! vous parlez encor de vengeance et de haine
            Pour celle dont vous-même allez faire une reine?

La particule *pour* ne peut convenir à *vengeance*. On n'a point
de vengeance pour quelqu'un [1].

Vers 61.   N'apprendras-tu jamais, âme basse et grossière,
            A voir par d'autres yeux que les yeux du vulgaire?

Ce n'est point cette confidente qui est grossière : n'est-ce pas
Cléopâtre qui semble le devenir en parlant à une dame de sa
cour comme on parlerait à une servante dont l'imbécillité mettrait en colère? Et ici c'est une reine qui confie des crimes à une
dame épouvantée de cette confidence inutile. Elle appelle cette
dame *grossière*. En vérité, cela est dans le goût de la comtesse
d'Escarbagnas, qui appelle sa femme de chambre *bouvière* [2].

Vers 63.   Toi qui connois ce peuple, et sais qu'aux champs de Mars
            Lâchement d'une femme il suit les étendards,
            Que sans Antiochus Tryphon m'eût dépouillée,
            Que sous lui son ardeur fut soudain réveillée.

Il semble que ce soit l'ardeur d'Antiochus. Il s'agit de celle
du peuple. Et qu'est-ce qu'une ardeur réveillée sous quelqu'un ?

Vers 67.   Ne saurois-tu juger que si je nomme un roi,
            C'est pour le commander et combattre pour moi ?

On commande une armée, on commande à une nation. On
ne commande point un homme, excepté lorsqu'à la guerre un
homme est commandé par un autre pour être de tranchée, pour
aller reconnaître, pour attaquer. *Pour le commander et combattre*
n'est pas français; elle veut dire : *pour que je lui commande et qu'il
combatte pour moi*. Ces deux *pour* font un mauvais effet.

Vers 69.   J'en ai le choix en main avec le droit d'aînesse.

Avoir un choix en main n'est ni régulier ni noble.

Vers 70.   Et puisqu'il en faut faire un aide à ma foiblesse....

Un aide à ma faiblesse est du style familier.

Vers 71.   Que la guerre sans lui ne peut se rallumer,
            J'userai bien du droit que j'ai de le nommer.

Sans lui; elle entend *sans que je fasse un roi.*

---

1. « La particule *pour* s'applique très-bien au mot de *haine*, qui la précède
immédiatement, dit Palissot, et c'en est assez pour l'exactitude de la phrase.
Racine et Boileau en offriraient une foule d'exemples. »

2. Scène v.

Vers 73. On ne montera point au rang dont je dévale....

Dévaler est trop bas, mais il était encore d'usage du temps de Corneille.

Vers 74. Qu'en épousant ma haine, au lieu de ma rivale.

Épouser une haine au lieu d'une femme est un jeu de mots, une équivoque qu'il ne faut jamais imiter.

Vers 75. Ce n'est qu'en me vengeant qu'on me le peut ravir.

Ce *le* se rapporte au rang, qui est trop loin.

Vers 77. Je vous connoissois mal.

Ce mot devrait, ce semble, faire rentrer Cléopâtre en elle-même, et lui faire sentir quelle imprudence elle commet d'ouvrir sans raison une âme si noire à une personne qui en est effrayée.

Ibid.   — Connois-moi tout entière,

paraît d'une femme qui veut toujours parler, et non pas d'une reine habile. Car quel intérêt a-t-elle à vouloir se donner pour un monstre à une femme étonnée de ces étranges aveux ?

Vers 83. Beaucoup dans ma vengeance ayant fini leurs jours...

est une phrase obscure et qui n'est pas française. On ne sait si sa vengeance les a fait périr, ou s'ils sont morts en voulant la venger ; et *beaucoup d'une troupe* n'est pas français.

Vers 84. M'exposoient à son frère, et foible et sans secours.

Quel était ce frère ? On ne l'a point dit. Voilà, je crois, bien des fautes ; et cependant le caractère de Cléopâtre est imposant, et excite un très-grand intérêt de curiosité ; le spectateur est comme la confidente, il apprend de moment en moment des choses dont il attend la suite.

SCENE III.

Vers 1. . . . . Enfin voici le jour...
        Où je puis voir briller sur une de vos têtes
        Ce que j'ai conservé parmi tant de tempêtes,
        Et vous remettre un bien, après tant de malheurs,
        Qui m'a coûté pour vous tant de soins et de pleurs.

Il faut éviter ces répétitions, à moins qu'on ne les emploie comme une figure, comme un trope qui doit augmenter l'intérêt ; mais ici ce n'est qu'une négligence.

Vers 17. Il fallut satisfaire à son brutal désir....

Brutal désir est bas, et convient à tout autre chose qu'au désir d'avoir un roi.

Vers 18. Et de peur qu'il n'en prît, il m'en fallut choisir.

Il faut, dans la rigueur, *de peur qu'il n'en prît un*, parce qu'il s'agit ici d'un roi, et non pas d'un nom générique.

Vers 19. Pour vous sauver l'État que n'eussé-je pu faire!

n'est pas français. On ne peut dire : *je vous sauvai l'État*, le peuple, la nation; au lieu de: *je conservai vos droits*. On dit: *je vous ai sauvé votre fortune*, parce que cette fortune vous appartenait, vous la perdiez sans moi; *j'ai sauvé l'État*, mais non *je vous ai sauvé l'État*.

Vers 23. Mais à peine son bras en relève la chute
          Que par lui de nouveau le sort me persécute.

On ne relève point une chute; on relève un trône tombé. Le reste du discours de Cléopâtre est très-artificieux, et plein de grandeur. Il semble que Racine l'ait pris en quelque chose pour modèle du grand discours d'Agrippine à Néron ; mais la situation de Cléopâtre est bien plus frappante que celle d'Agrippine ; l'intérêt est beaucoup plus grand, et la scène bien autrement intéressante.

Vers 37. Passons ; je ne me puis souvenir sans trembler
          Du coup dont j'empêchai qu'il nous pût accabler.

Il semble, par cette phrase, que Cléopâtre trembla du coup que voulait porter Nicanor, et qu'elle l'empêcha de porter ce coup ; elle veut dire le contraire.

Vers 54. Je me crus tout permis pour garder votre bien.

Il fallait : *pour vous garder votre bien.*

Vers 63. Jusques ici, madame, aucun ne met en doute
          Les longs et grands travaux que notre amour vous coûte, etc.

Ce discours d'Antiochus est d'une bienséance qui lui gagne tous les cœurs.

S'il y a *notre amour* (toutes les éditions le portent), c'est un barbarisme. *Notre amour* ne peut jamais signifier l'amour que vous avez pour nous. S'il y a *votre amour*, il peut signifier l'amour de Cléopâtre pour ses enfants.

Vers 65. Et nous croyons tenir des soins de cet amour
          Ce doux espoir du trône aussi bien que le jour.

Un doux espoir du trône qu'on tient du soin d'un amour!

Vers 71. Ce sont fatalités dont l'âme embarrassée....

Il faudrait au moins *des fatalités*. Mais des *fatalités* dont l'âme est embarrassée! Une femme qui débute, sans raison, par avouer à ses enfants qu'elle a tué leur père, doit leur causer plus que de l'embarras.

Vers 72. A plus qu'elle ne veut se voit souvent forcée.

Souvent est de trop.

Vers 73. Sur les noires couleurs d'un si triste tableau
Il faut passer l'éponge ou tirer le rideau.

On sent assez que cette alternative d'*éponge* et de *rideau* fait un mauvais effet. Il ne faut employer l'alternative que quand on propose le choix de deux partis; mais on ne propose point, en parlant à sa reine et à sa mère, le choix de deux expressions. De plus, ces expressions un peu triviales ne sont pas dignes du style tragique. Il en faut dire autant de la *suite que le ciel destine à ces noires couleurs*.

Vers 76. Et quelque suite enfin que le ciel y destine,
J'en rejette l'idée.

Le ciel qui destine une-suite!

Vers 87. J'ajouterai, madame, à ce qu'a dit mon frère...

Séleucus ne parle pas si bien que son frère; il dit *j'ajouterai*, et il n'ajoute rien.

Vers 88. Que bien qu'avec plaisir et l'un et l'autre espère...

Que bien qu'avec est trop rude à l'oreille. On ne dit point *et l'un et l'autre*, à moins que le premier *et* ne lie la phrase.

Vers 89. L'ambition n'est pas notre plus grand désir.

L'ambition est une passion et non un désir.

Vers 91. Et c'est bien la raison que pour tant de puissance
Nous vous rendions du moins un peu d'obéissance.

C'est bien la raison est du style de la comédie. *Pour tant de puissance* ne forme pas un sens net : est-ce pour la puissance de la reine? Est-ce pour la puissance de ses enfants, qui n'en ont aucune? Est-ce pour celle qu'aura l'un d'eux?

Vers 99. Elle passe à vos yeux pour la même infamie,
S'il faut la partager avec votre ennemie...

Ces vers ne forment aucun sens; la honte passe à vos yeux pour la même infamie, si un indigne hymen la fait retomber sur celle qui venait, etc. Le défaut vient principalement de *la même infamie*, qui n'est pas français, et de ce que ce pronom *elle*, qui se rapporte par le sens à *couronne*, est joint à *honte* par la construction.

Vers 101. Et qu'un indigne hymen la fasse retomber
    Sur celle qui venoit pour vous la dérober, etc.

Est-il vraisemblable que Cléopâtre n'ait pas soupçonné que ses enfants pouvaient aimer Rodogune[1]? Peut-elle imaginer qu'ils ne veulent point régner avec Rodogune, parce que leur père a voulu autrefois l'épouser? Rodogune sera-t-elle autre chose que femme du roi? Celui qui régnera tiendra-t-il d'elle la couronne? Doit-elle s'écrier : *O mère trop heureuse!* Cet artifice n'est-il pas grossier? Ne sent-on pas que Cléopâtre cherche un vain prétexte que la raison désavoue? Si ses deux fils étaient des imbéciles, parlerait-elle autrement? Que ce second discours de Cléopâtre est au-dessous du premier! *Sur celle qui venait,* expression incorrecte et familière.

Vers 110. Rodogune, mes fils, le tua par ma main.

Cette fausseté est trop sensible et trop révoltante, et c'est bien là le cas de dire : *Qui prouve trop ne prouve rien.*

Vers 111. Ainsi de cet amour la fatale puissance
    Vous coûte votre père, à moi mon innocence.

De cet amour ne se rapporte à rien : elle entend l'amour que Nicanor avait eu pour Rodogune.

Vers 115. Ainsi vous me rendrez l'innocence et l'estime.

Vous me rendrez l'estime ne peut se dire comme *vous me rendrez l'innocence,* car l'innocence appartient à la personne, et l'estime est le sentiment d'autrui. Vous me rendez mon innocence, ma raison, mon repos, ma gloire ; mais non pas mon estime.

Vers 122. Si vous voulez régner, le trône est à ce prix.

La proposition de donner le trône à qui assassinera Rodogune est-elle raisonnable[2]? Tout doit être vraisemblable dans

---

1. Palissot fait remarquer que Cléopâtre n'est sortie de prison que depuis très-peu de temps, et que l'arrivée des deux princes à Séleucie n'est pas moins récente.

2. « La proposition de Cléopâtre peut n'être pas raisonnable, dit Palissot, car une passion violente ne raisonne pas... Il nous semble que Voltaire n'a pas assez fortement conçu le caractère de Cléopâtre. »

une tragédie. Est-il possible que Cléopâtre, qui doit connaître les
hommes, ne sache pas qu'on ne fait point de telles propositions
sans avoir de très-fortes raisons de croire qu'elles seront accep-
tées ? Je dis plus : il faut que ces choses horribles soient absolument nécessaires. Mais Cléopâtre n'est point réduite à faire assassiner Rodogune, et encore moins à la faire assassiner par ses
fils. Elle vient de dire que le Parthe est éloigné, qu'elle est sans
aucun danger. Rodogune est en sa puissance. Il paraît donc absolument contre la raison que Cléopâtre invite à ce crime ses deux
enfants, dont elle doit vouloir être respectée. Si elle a tant d'envie
de tuer Rodogune, elle le peut sans recourir à ses enfants. Cependant cette proposition si peu préparée, si extraordinaire, prépare
des événements d'un si grand tragique que le spectateur a toujours pardonné cette atrocité, quoiqu'elle ne soit ni dans la vérité
historique ni dans la vraisemblance. La situation est théâtrale ;
elle attache malgré la réflexion. Une invention purement raisonnable peut être très-mauvaise. Une invention théâtrale, que la
raison condamne dans l'examen, peut faire un très-grand effet.
C'est que l'imagination, émue de la grandeur du spectacle, se
demande rarement compte de son plaisir. Mais je doute qu'une
telle scène pût être soufferte par des hommes d'un goût et d'un
jugement formé, qui la verraient pour la première fois.

Vers 125. La mort de Rodogune en nommera l'aîné.
  Quoi ! vous montrez tous deux un visage étonné !

Comment peut-elle être surprise que sa proposition révolte ?
Elle veut que le crime tienne lieu du droit d'aînesse. Celui des
deux qui ne voudra pas tuer sa maîtresse sera le cadet et perdra
le trône ; mais si tous deux veulent la tuer, qui sera roi ? Il est
clair que la proposition de Cléopâtre est absurde autant qu'abominable ; et cependant elle forme un grand intérêt, parce qu'on
veut voir ce qu'elle produira, parce que Cléopâtre tient en sa main
la destinée de ses enfants.

En nommera l'aîné : cet *en* se rapporte à ses deux fils ; mais
comme il y a un vers entre deux, le sens ne se présente pas clairement. Il faut encore éviter de finir un vers par *aîné,* quand
l'autre finit par *aînesse.*

Vers 129. J'ai fait lever des gens par des ordres secrets, etc.

  Style de gazette.

Vers 137. Vous ne répondez point ! Allez, enfants ingrats....
  J'ai fait votre oncle roi, j'en ferai bien un autre.

Cléopâtre n'est pas adroite, quoiqu'elle se soit donnée pour une femme très-habile : dès qu'elle s'aperçoit que ses enfants ont horreur de sa proposition, elle ne doit pas insister. On ne persuade point un crime horrible par de la colère et des emportements. Quand Phèdre a laissé voir son amour à Hippolyte, et qu'Hippolyte répond [1] : *Oubliez-vous que Thésée est mon père et votre époux ?* elle rentre alors en elle-même, et dit : *Et sur quoi jugez-vous que j'en perds la mémoire ?* Cela est dans la nature ; mais peut-on supposer qu'une reine qui a de l'expérience persiste à révolter ses enfants contre elle, en se rendant horrible à leurs yeux? De quel droit leur dit-elle qu'elle peut disposer du trône comme de sa conquête, après avoir dit, dans la scène précédente, qu'elle est forcée de descendre du trône? Et comment peut-elle y être forcée en disant qu'elle est maîtresse de tout? Cette contradiction n'est-elle pas palpable? Faut-il que toute cette pièce, pleine de traits si fiers et si hardis, soit fondée sur de si grandes inconséquences !

Vers 149. Rien ne vous sert ici de faire les surpris.

Expression trop triviale, surtout dans une circonstance si tragique.

Vers 153. Et puisque mon seul choix vous y peut élever...

Cet *y* se rapporte à *trône*, qui est quatre vers auparavant. Les pronoms, les adverbes, doivent toujours être près des noms qu'ils désignent. C'est une règle à laquelle il n'y a point d'exception.

Vers 154. Pour jouir de mon crime, il le faut achever.

Ce vers est très-beau. Mais comment une reine habile peut-elle avouer son crime à ses enfants, et les presser d'en commettre un autre ?

SCÈNE IV.

Vers 1.   Est-il une constance à l'épreuve du foudre
          Dont ce cruel arrêt met notre espoir en poudre?

Voilà encore un foudre, dont un arrêt met un espoir en poudre ; et Antiochus répond par écho à cette figure incohérente. Nouvelle preuve du peu de soin qu'on prenait alors de châtier son style. Despréaux est le premier qui ait appris comment on

---

1. *Phèdre*, acte II, scène v.

doit toujours parler en vers. La douleur respectueuse d'Antiochus est aussi contraire à l'histoire qu'à la politique ordinaire des princes. Plusieurs ont fait enfermer leurs mères pour de bien moindres crimes. Cléopâtre vient d'avouer à ses enfants qu'elle a assassiné leur père ; elle veut les forcer à assassiner leur maîtresse. Elle doit être à leurs yeux infiniment plus coupable que Clytemnestre ne le fut pour Oreste. Est-ce là le cas de dire : *J'aime ma mère !* Mais ce sentiment d'amour respectueux pour une mère est si profondément gravé dans tous les cœurs bien faits que tous les spectateurs pensent comme Antiochus. Telle est la magie de la poésie : le poëte tient les cœurs dans sa main ; il peut, s'il veut, peindre Antiochus comme un Oreste, et alors le public s'intéressera à sa vengeance ; il peut le peindre comme un prince sévère et juste, qui, pour le bien de son État, veut ôter le gouvernement à une femme homicide, le fléau de ses sujets : alors les spectateurs applaudiront à sa justice. Il peut le peindre soumis, respectueux, attaché à sa mère autant qu'indigné ; et alors le public partage les mêmes sentiments. Cette dernière situation est la seule convenable à la construction de cette tragédie, d'autant plus qu'Antiochus est représenté comme un jeune homme soumis ; mais aussi son caractère est sans force.

Vers 38.   Je vois bien plus encor, je vois qu'elle est ma mère ;
  Et plus je vois son crime indigne de ce rang...

Ce mot de *rang* ne convient point à *mère*. On n'a point le rang de mère comme on a le rang de reine.

Vers 44.   Je vois les traits honteux dont nous sommes formés.

On n'est point formé de traits, et les forfaits ne s'impriment point sur le front.

Vers 54.   Une larme d'un fils peut amollir sa haine.

Il n'est peut-être pas bien naturel qu'Antiochus dise qu'une larme peut changer le cœur de Cléopâtre, après qu'elle lui a proposé de sang-froid le plus grand des crimes ; mais ce contraste du caractère d'Antiochus avec celui de Séleucus est si beau qu'on aime cette petite illusion que se fait le cœur vertueux d'Antiochus.

Vers 59.   De ses pleurs tant vantés je découvre le fard.

Le fard des pleurs est des plus impropres. On peut demander pourquoi on a dit avec succès *le faste des pleurs,* pour exprimer l'ostentation d'une douleur étudiée, et que le mot de *fard* n'est pas recevable? C'est qu'en effet il y a de l'ostentation, du faste, dans l'appareil d'une douleur qu'on étale ; mais on ne peut mettre réellement du fard sur des larmes. Cette figure n'est pas juste, parce qu'elle n'est pas vraie.

Vers 61. Elle fait bien sonner ce grand amour de mère.

Cette expression est trop triviale. De plus, il ne faut pas une grande pénétration pour deviner qu'une femme si criminelle ne travaille que pour elle seule.

Vers 72. Il est (le trône) à l'un de nous, si l'autre le consent.

Le *consent* n'est pas français; mais ce seul vers suffit pour démontrer combien Cléopâtre a été imprudente avec ses deux enfants.

ACTE TROISIÈME.

SCÈNE I.

Vers 4.   (Voilà) comme elle use enfin de ses fils et de moi.

Ce vers est du ton de la comédie. *User de quelqu'un* est du style familier, et Cléopâtre n'a point usé de Rodogune. Il est triste que Rodogune n'apprenne son danger et le dessein barbare de Cléopâtre que par une confidente qui trahit sa maîtresse : n'eût-il pas été plus théâtral et plus touchant de l'apprendre par les deux frères, tous deux brûlants pour elle, tous deux consternés en sa présence; Antiochus n'avouant rien par respect pour sa mère, et Séleucus, qui la ménage moins, dévoilant ce secret terrible avec horreur? Cette situation ne ferait-elle pas une impression plus forte qu'une suivante qui recommande le secret à Rodogune de peur d'être perdue? À quoi Rodogune répond qu'*elle reconnaîtra ce service en son lieu.*

Cet avertissement que donne la suivante à Rodogune démontre combien Cléopâtre a été imprudente de vouloir charger ses enfants d'un crime qui n'entrera jamais dans le cœur d'aucun homme, et il y a même beaucoup plus que de l'imprudence à proposer à deux jeunes princes, qu'on sait être vertueux, de tuer leur maîtresse. Mais comment Cléopâtre, après avoir vu avec quelle juste horreur ses enfants la regardent, a-t-elle pu confier à Laonice qu'elle a fait cette proposition à ses fils? Quelle fureur a-t-elle de découvrir toujours à une confidente, qu'elle méprise, tout ce qui peut la rendre exécrable et avilie aux yeux de cette confidente [1] ?

Vers 22. Oronte est avec nous, qui, comme ambassadeur,
Devoit de cet hymen honorer la splendeur.

Cet Oronte qui, comme ambassadeur, devait honorer *la splendeur d'un hymen*, et qui ne dit pas un mot, joue dans cette scène un bien mauvais personnage ; mais une confidente qui dit le secret de sa maîtresse en joue un plus mauvais encore. C'est un moyen trop petit, trop commun dans les comédies.

SCÈNE II.

Au lieu d'une situation tragique et terrible, que la fureur de Cléopâtre faisait attendre, on ne voit ici qu'une scène de politique entre Rodogune et l'ambassadeur Oronte. Rodogune a deux grands objets, son amour et la haine de Cléopâtre. Ces deux objets ne produisent ici aucun mouvement : ils sont écartés par des discours de politique. On a déjà observé[2] que le grand art de la tragédie est que le cœur soit toujours frappé des mêmes coups, et que des idées étrangères n'affaiblissent pas le sentiment dominant. Cet Oronte, qui ne paraît qu'au troisième acte, lui dit qu'*il aurait perdu l'esprit s'il lui conseillait la résistance*, et il lui conseille de *faire l'amour politiquement ;* mais d'où sait-il que les deux fils de Cléopâtre aiment Rodogune[3] ? Les deux frères avaient été jusque-là si discrets qu'ils s'étaient caché l'un à l'autre leur passion : comment cet ambassadeur peut-il donc en parler comme d'une chose publique ? Et si l'ambassadeur s'en est aperçu, comment leur mère l'a-t-elle ignorée ?

Vers 9. L'avis de Laonice est sans doute une adresse.

Pourquoi cet inutile Oronte, qui croit parler ici en ambassadeur fort adroit, soupçonne-t-il que l'avis est faux, et que c'est un piége que Cléopâtre tend ici à Rodogune ? Ne connaît-il pas les crimes de Cléopâtre ? Ne la doit-il pas croire capable de tout ? Ne doit-il pas balancer les raisons ? Il joue ici le rôle de ce qu'on

---

1. « Voltaire oublie, dit Palissot, que non-seulement Laonice était présente à la scène de Cléopâtre et de ses deux fils, mais que Cléopâtre elle-même l'a engagée à demeurer. »
2. Page 338.
3. « Il vient de l'apprendre de Laonice à l'instant même, scène 1re, » écrit encore Palissot.

appelle un gros fin, et rien n'est ni moins tragique ni plus mal imaginé.

Vers 35.   Mais pouvez-vous trembler, quand dans ces mêmes lieux
           Vous portez le grand maître et des rois et des dieux ?
           L'amour fera lui seul tout ce qu'il vous faut faire.

Comment une femme porte-t-elle ce grand maître? *L'amour, maître des dieux*, est une expression de madrigal indigne d'un ambassadeur.

Remarquons encore qu'on n'aime point à voir un ambassadeur jouer un rôle si peu considérable.

SCÈNE III.

Vers 1.   Quoi ! je pourrois descendre à ce lâche artifice
          D'aller de mes amants mendier le service ?

Voici Rodogune qui oublie, dans le commencement de ce monologue, et son danger et son amour. Elle prend la hauteur de ces princesses de roman qui ne veulent rien devoir à leurs amants ; *celles de sa naissance ont*, dit-elle, *horreur des bassesses;* et cette scrupuleuse et modeste princesse, qui a dit qu'*il est des nœuds secrets*, qu'*il est des sympathies, dont par le doux rapport les âmes assorties, etc.*, et qui craint de s'avouer à elle-même la sympathie qu'elle a pour Antiochus ; cette fille si timide va, la scène d'après, proposer à ses deux amants d'assassiner leur mère ; et elle dit ici qu'elle ne veut pas mendier leur service ! Quoi! elle craint de leur avoir la moindre obligation, et elle va leur demander le sang de Cléopâtre ! C'est au lecteur à se rendre compte de l'impression que ces contrastes font sur lui.

Vers 3.   Et sous l'indigne appât d'un coup d'œil affeté,
          J'irois jusqu'en leurs cœurs chercher ma sûreté?

Je ne sais si cette figure est bien juste : *chercher sa sûreté sous l'appât d'un coup d'œil affété.*

Vers 5.   Celles de ma naissance ont horreur des bassesses.
          Leur sang tout généreux hait ces molles adresses.

Mais si celles de sa naissance ont le sang tout généreux, comment cette générosité s'accorde-t-elle avec le parricide?

Vers 7.   Quel que soit le secours qu'ils me puissent offrir,
          Je croirai faire assez de le daigner souffrir.

On ne doit jamais montrer de la fierté que quand on nous propose quelque chose d'indigne de nous. Dans tout autre cas, la fierté est méprisable. Cette fierté de Rodogune ne paraît point placée : elle éprouvera la force de leur amour sans flatter leurs désirs, sans leur jeter d'amorce ; et si cet amour est assez fort pour lui servir d'appui, elle fera régner cet amour en régnant sur lui. Et c'est pour débiter ce galimatias que Rodogune fait un monologue de soixante vers !

Vers 13.   Sentiments étouffés de colère et de haine,
            Rallumez vos flambeaux à celle de la reine.

Des sentiments qui rallument des flambeaux à la haine de la reine, et qui rompent la *loi dure* d'un oubli *contraint* pour *rendre* justice, ce sont des paroles qui ne forment point un sens net ; c'est un style aussi obscur qu'emphatique, et on doit d'autant plus le remarquer que plus d'un auteur a imité ces fautes.

Vers 17.   Rapportez à mes yeux son image sanglante,
            D'amour et de fureur encore étincelante.

On dirait bien : *Je crois le voir encore étincelant de courroux ;* mais ce n'est pas l'image qui est encore animée ; de plus, on n'étincelle point d'amour.

Vers 25.   Plus la haute naissance approche des couronnes,
            Plus cette grandeur même asservit nos personnes.

Ces réflexions sur *la haute naissance qui approche des couronnes, et qui asservit les personnes,* sont de ces lieux communs qui étaient pardonnables autrefois.

Vers 27.   Nous n'avons point de cœur pour aimer ni haïr.

Ici elle n'a point de cœur pour aimer ni haïr ; et, dans le même monologue, elle reprend un cœur pour aimer et haïr. Ces antithèses, ces jeux de vers, ne sont plus permis.

Vers 41.   Le consentiras-tu cet effort sur ma flamme ?...

Consentir *à,* et non consentir *le.* Ce verbe gouverne toujours le datif, exprimé chez nous par la préposition *à.* Il est vrai qu'au barreau on viole cette règle ; mais le style du barreau est celui des barbarismes[1].

Vers 50.   S'il t'en coûte un soupir j'en verserai des larmes.

Que veut dire cela ? Veut-elle parler de l'ordre qu'elle va donner à ses deux amants de tuer leur mère ? Est-ce là le cas d'un soupir ? Ne faut-il pas avouer que presque tous les sentiments de ce monologue ne sont ni assez vrais ni assez touchants ?

---

1. Voltaire cependant a dit : *Consentir de,* voyez tome XII, page 99, et tome XIII, *Annales de l'Empire,* année 1270.

Quelle indignité y a-t-il que Rodogune partage le trône avec celui qui sera roi de Syrie? Quoi! parce que ces deux princes s'appellent ses *captifs*, il y aura de l'indignité qu'elle soit reine? C'est jouer sur les mots de *reine* et de *captifs*, et c'est un ton de galanterie qui est bien loin du tragique.

Vers 13· Notre amour s'en offense, et changeant cette loi,
　　Remet à notre reine à nous choisir un roi.

Il faudrait *lui remet le choix*. On ne dit point *je vous remets à décider*, mais *il vous appartient de décider*, *je m'en remets à votre décision*.

Vers 15. Ne vous abaissez plus à suivre la couronne.

On ne suit point une couronne; on suit l'ordre, la loi qui dispose de la couronne.

Vers 19. L'ardeur qu'allume en nous une flamme si pure...
　　. . . vient sacrifier à votre élection
　　Toute notre espérance et notre ambition.

Élection ne peut être employé pour *choix*. *Élection d'un empereur, d'un pape*, suppose plusieurs suffrages.

Vers 24. Nous céderons sans honte à cette illustre marque.

On ne *cède point à une illustre marque*, même pour rimer avec *monarque;* il faudrait spécifier cette *marque*.

Vers 25· Et celui qui perdra votre divin objet,
　　Demeurera du moins votre premier sujet.

Votre divin objet ne peut signifier *votre divine personne;* une femme est bien l'objet de l'amour de quelqu'un, et en style de ruelle, cela s'appelait autrefois *l'objet aimé;* mais une femme n'est point son propre objet.

Vers 33. Et j'en recevrois l'offre avec quelque plaisir
　　Si celles de mon rang avoient droit de choisir.

Cette expression, *celles de mon rang*, est souvent employée; non-seulement elle n'est pas heureuse, mais ce n'est pas de *rang* qu'il s'agit; elle parle du traité qui l'oblige d'épouser l'aîné des deux frères. Ces mots, *celles de mon rang*, semblent être un terme de fierté, qui n'est pas ici convenable.

Vers 38. Et l'ordre des traités règle tout dans leur cœur.

Il n'y a d'ordre des traités que par les dates. Il fallait *la loi des traités;* à moins qu'on n'entende par *ordre* cette loi même; mais le mot d'*ordre* est impropre dans ce sens.

Vers 52. Amour, qui me confonds, cache du moins tes feux.

Enfin cette même Rodogune, qui songe à faire assassiner une mère par ses propres fils, fait une invocation à l'amour, et le prie de ne pas paraître dans ses yeux. Voilà une singulière timidité pour une fille qui n'est plus jeune, qui a voulu épouser le père, qui est amoureuse du fils, et qui veut faire assassiner la mère! La force de la situation a fait apparemment passer tous ces défauts, qui, aujourd'hui, seraient relevés sévèrement dans une pièce nouvelle[1].

SCÈNE IV.

Vers 1. Ne vous offensez pas, princesse, de nous voir
De vos yeux à vous-même expliquer le pouvoir, etc.

Et de quoi veut-il qu'elle s'offense? De ce que deux frères, dont l'un doit l'épouser et la faire reine, joignent à l'offre du trône un sentiment dont elle doit être charmée et honorée? Ce faux goût était introduit par nos romans de chevalerie, dans lesquels un héros était sûr de l'indignation de sa dame quand il lui avait fait sa déclaration; et ce n'était qu'après beaucoup de temps et de façons qu'on lui pardonnait.

Vers 3. Ce n'est pas d'aujourd'hui que nos cœurs en soupirent.

Cet *en* ne paraît pas se rapporter à rien, car les cœurs ne soupirent pas d'expliquer un pouvoir.

Vers 5. Mais un profond respect nous fit taire et brûler.

Un profond respect ne fait pas brûler, au contraire.

Vers 7. L'heureux moment approche où votre destinée
Semble être aucunement à la nôtre enchaînée.

Aucunement est un terme de loi qui ne doit jamais entrer dans un vers.

Vers 9. Puisque d'un droit d'aînesse incertain parmi nous,
La nôtre attend un sceptre, et la vôtre un époux.

Incertain parmi nous; il veut dire *incertain entre nous deux*, mais *parmi* ne peut jamais être employé pour *entre*.

Vers 11. C'est trop d'indignité que notre souveraine
De l'un de ses captifs tienne le nom de reine.

1. Palissot prétend que Voltaire présente mal les objets; que Rodogune n'est pas âgée; que ce n'est pas elle qui a voulu épouser Nicanor, et que la proposition qu'elle va faire aux deux princes d'assassiner leur mère n'est pas sérieuse.

Quelle indignité y a-t-il que Rodogune partage le trône avec
celui qui sera roi de Syrie? Quoi! parce que ces deux princes
s'appellent ses *captifs*, il y aura de l'indignité qu'elle soit reine?
C'est jouer sur les mots de *reine* et de *captifs*, et c'est un ton de
galanterie qui est bien loin du tragique.

Vers 13.   Notre amour s'en offense, et changeant cette loi,
             Remet à notre reine à nous choisir un roi.

Il faudrait *lui remet le choix*. On ne dit point *je vous remets à
décider*, mais *il vous appartient de décider, je m'en remets à votre
décision*.

Vers 15.   Ne vous abaissez plus à suivre la couronne.

On ne suit point une couronne; on suit l'ordre, la loi qui
dispose de la couronne.

Vers 19.   L'ardeur qu'allume en nous une flamme si pure...
             . . . vient sacrifier à votre élection
             Toute notre espérance et notre ambition.

Élection ne peut être employé pour *choix*. *Élection d'un empereur,
d'un pape*, suppose plusieurs suffrages.

Vers 24.   Nous céderons sans honte à cette illustre marque.

On ne *cède point à une illustre marque*, même pour rimer avec
monarque; il faudrait spécifier cette *marque*.

Vers 25.   Et celui qui perdra votre divin objet,
             Demeurera du moins votre premier sujet.

Votre divin objet ne peut signifier *votre divine personne;* une
femme est bien l'objet de l'amour de quelqu'un, et en style de
ruelle, cela s'appelait autrefois *l'objet aimé;* mais une femme n'est
point son propre objet.

Vers 33.   Et j'en recevrois l'offre avec quelque plaisir
             Si celles de mon rang avoient droit de choisir.

Cette expression, *celles de mon rang*, est souvent employée;
non-seulement elle n'est pas heureuse, mais ce n'est pas de *rang*
qu'il s'agit; elle parle du traité qui l'oblige d'épouser l'aîné des
deux frères. Ces mots, *celles de mon rang*, semblent être un terme
de fierté, qui n'est pas ici convenable.

Vers 38.   Et l'ordre des traités règle tout dans leur cœur.

Il n'y a d'ordre des traités que par les dates. Il fallait *la loi
des traités;* à moins qu'on n'entende par *ordre* cette loi même;
mais le mot d'*ordre* est impropre dans ce sens.

Vers 39. C'est lui que suit le mien, et non pas la couronne.

Un cœur qui suit une couronne, tour impropre et forcé : cette faute est répétée deux fois.

Vers 41. Du secret révélé j'en prendrai le pouvoir.

Je prendrai du secret révélé le pouvoir de vous aimer, cela n'est pas français ; *j'en prendrai* est obscur.

Vers 42. Et mon amour pour naître attendra mon devoir.

Un amour peut bien attendre le devoir pour se manifester, mais non pas pour naître ; car s'il n'est pas né, comment peut-il attendre ? Il eût fallu peut-être : *Et pour oser aimer j'attendrai mon devoir ;* ou bien : *Et j'attendrai pour aimer l'ordre de mon devoir.*

Voilà donc Rodogune qui déclare qu'elle se donnera à l'aîné, et qu'elle l'aimera. Comment pourra-t-elle après déclarer qu'elle ne se donnera qu'à l'assassin de Cléopâtre, quand elle a promis d'obéir à Cléopâtre ?

Vers 45. J'entreprendrai sur elle à l'accepter de vous.

On entreprend sur des droits, et non sur une personne. *Entreprendre sur quelqu'un à accepter un choix,* cela n'est pas français.

Vers 51.   Mais craignez avec moi que ce choix ne ranime
          Cette haine mourante à quelque nouveau crime.

Ranime ne peut gouverner le datif ; c'est un solécisme.

Vers 53. Pardonnez-moi ce mot, qui viole un oubli
          Que la paix entre nous doit avoir établi.

On ne viole point un oubli, on ne l'établit pas davantage ; l'oubli ne peut être personnifié.

Vers 55. Le feu qui semble éteint souvent dort sous la cendre ;
          Qui l'ose réveiller peut s'en laisser surprendre.

Se laisser surprendre d'un feu qu'on réveille ne paraît pas juste. On n'est point surpris d'un feu qu'on attise, mais on peut en être atteint.

Vers 63. Et toutes ses fureurs sans effet rallumées
          Ne pousseront en l'air que de vaines fumées.

De vaines fumées poussées en l'air par des fureurs ne font pas, comme je l'ai remarqué ailleurs[1], une belle image ; et Corneille emploie trop souvent ces fumées poussées en l'air.

1. Page 431.

Vers 65.   Mais a-t-elle intérêt au choix que vous ferez,
           Pour en craindre les maux que vous vous figurez?

Il paraît naturel que Cléopâtre ait intérêt à ce choix, puisque
Rodogune peut choisir le cadet, et que Cléopàtre doit choisir
l'aîné. De plus, la phrase est trop louche : *a-t-elle intérêt pour en*
craindre?

Vers 69.   Chacun de nous à l'autre en peut céder sa part,
           Et rendre à votre choix ce qu'il doit au hasard.

Chacun de nous peut céder sa part de son espérance, et r*endre au*
choix de Rodogune ce qu'il doit au hasard : quel langage! quel tour!
Il faudrait au moins: *ce qu'il devrait au hasard,* car les deux frères
n'ont encore rien.

Vers 72.   Votre inclination vaut bien un droit d'aînesse,
           Dont vous seriez traitée avec trop de rigueur.

Un droit d'aînesse dont on est traité avec rigueur; cela n'est pas
français, et le vers n'est pas bien tourné.

Vers 75.   On vous applaudiroit quand vous seriez à plaindre.

Applaudirait n'est pas le mot propre ; c'est *on vous féliciterait.*

Vers 80.   Princesse, à notre espoir ôtez cette amertume.

Qu'est-ce qu'ôter l'amertume à un espoir?

Vers 81.   Et permettez que l'heur qui suivra votre époux...

Un heur qui suit un époux, et qui redouble à le tenir! Tout cela
est impropre, et n'est ni bien construit, ni français ; ce sont
autant de barbarismes.

Vers 82.   Se puisse redoubler à le tenir de vous

est encore un barbarisme : *Un heur qui redouble à le tenir!* Il semble
que ce soit cet *heur* qui tienne.

Vers 83.   Ce beau feu vous aveugle autant comme il vous brûle,
           Et, tâchant d'avancer, son effort vous recule.

Cela n'est ni français, ni noble, ni exact. *Aveugler* et *reculer*
sont des figures qui ne peuvent aller ensemble. Toute métaphore
doit finir comme elle a commencé. Qu'est-ce que l'effort d'un feu
qui recule deux princes tâchant d'avancer?

Vers 87.   Et moi, quelque vertu que votre cœur prépare...

ne paraît pas bien dit ; on ne prépare pas une vertu, comme on
prépare une réponse, un dessein, une action, un discours, etc.

Vers 88. Je crains d'en faire deux si le mien se déclare.

Elle craint d'en faire deux. On ne sait, par la construction, si c'est deux heureux ou deux mécontents ; *le mien* veut dire *mon cœur*. Toute cette tirade est un peu embrouillée.

Vers 90. Je tiendrois à bonheur d'être à l'un de vous deux.

Tenir à bonheur est une façon de parler de ce temps-là ; mais la belle poésie ne l'a jamais admise.

Vers 95.   Savez-vous quels devoirs, quels travaux, quels services,
Voudront de mon orgueil exiger les caprices ?

Il est bien étrange qu'elle se serve de ce mot, et qu'elle appelle *caprice* l'abominable proposition qu'elle va faire.

Vers 97.   Par quels degrés de gloire on me peut mériter ?

Elle appelle un parricide *degré de gloire :* si elle parle sérieusement, elle dit une chose aussi affreuse que fausse ; si c'est une ironie, c'est joindre le comique à l'horreur.

Vers 99.   Ce cœur vous est acquis après le diadème,
Princes ; mais gardez-vous de le rendre à lui-même.

Ces idées et ces expressions ne sont pas nettes. *Cœur acquis après le diadème!* Elle veut dire : *je dois mon cœur à celui qui, étant roi, sera mon époux. Rendre à lui-même* veut dire : *gardez-vous de faire dépendre la couronne du service que je vais exiger de vous.*

Vers 103. Quels seront les devoirs, quels travaux, quels services,
Dont nous ne vous fassions d'amoureux sacrifices ?

On peut faire un sacrifice de son devoir, de ses sentiments, de sa vie, et non de ses travaux et de ses services ; mais c'est par des services et des travaux qu'on fait des sacrifices : et quelle expression que des *sacrifices amoureux!*

Vers 105. Et quels affreux périls pourrons-nous redouter,
Si c'est par ces degrés qu'on peut vous mériter ?

Des périls ne sont point des degrés ; on ne mérite point par des degrés : tout cela est écrit barbarement.

Vers 116. J'obéis à mon roi, puisqu'un de vous doit l'être.

N'est-il pas étrange que Rodogune prenne le prétexte d'obéir à son roi pour demander la tête de la mère de ce roi? Comment peut-elle attester tous les dieux qu'elle est contrainte par les deux enfants à leur faire cette proposition? Ces subtilités sont-elles naturelles? Ne voit-on pas qu'elles ne sont employées que pour pallier une horreur qu'elles ne pallient point?

Vers 120. J'écoute une chaleur qui m'étoit défendue, etc.

Une chaleur défendue, un devoir qui rend un souvenir, un souvenir que les traités ne peuvent retenir, font un amas de termes impropres et une construction trop vicieuse.

Vers 123. Tremblez, princes, tremblez au nom de votre père;
        Il est mort, et pour moi, par les mains d'une mère;
        Je l'avois oublié, sujette à d'autres lois;
        Mais libre, je lui rends enfin ce que je dois.

On sent bien qu'elle veut dire *je ne l'avais pas vengé;* mais le mot d'*oublier,* quand il est seul, signifie *perdre la mémoire,* excepté dans les cas suivants : *je veux bien l'oublier, vous devez l'oublier, il faut oublier les injures, etc.* On n'est point sujette à des lois; cela n'est pas français : et de quelles lois veut-elle parler?

Vers 128. J'aime les fils du roi, je hais ceux de la reine.

Cette antithèse est-elle bien naturelle? Une situation terrible permet-elle ces jeux d'esprit? Comment peut-on en effet haïr et aimer les mêmes personnes? *Et ce n'est point ainsi que parle la nature* [1].

Vers 135. Ce sang que vous portez, ce trône qu'il vous laisse,
        Valent bien que pour lui votre cœur s'intéresse.

On ne porte point un sang; il était aisé de dire *ce sang qui coule en vous,* ou *le sang dont vous sortez.*

Vers 138. Qui peut contre elle et lui soulever votre esprit?

Le sens est louche : *contre elle* signifie *contre votre gloire,* et *lui* signifie *votre amour;* c'est là le sens, mais il faut le chercher : la clarté est la première loi de l'art d'écrire. Et puis comment l'esprit de ces princes peut-il être soulevé contre leur gloire? Est-ce parce qu'ils s'effrayent d'un parricide?

Vers 141. Vous devez la punir si vous la condamnez;
        Vous devez l'imiter si vous la soutenez.

Rien de tout cela ne paraît vrai; un fils n'est point du tout obligé de punir sa mère, quoiqu'il condamne ses crimes; il doit encore moins l'imiter, quoiqu'il lui pardonne. Faut-il un raisonnement faux pour persuader une action détestable? Que veut

1. Molière, *Misanthrope,* acte I, scène II.

dire en effet *Vous devez l'imiter si vous la soutenez?* Cléopâtre a
tué son mari, ses enfants doivent-ils tuer leurs femmes?

Vers 144. J'avois su le prévoir, j'avois su le prédire...

Si elle a su le prévoir, comment s'expose-t-elle à toute l'horreur qu'elle mérite qu'on ait pour elle?

Vers 145. . . . . Il n'est plus temps, le mot en est lâché.

Il semble que cette idée affreuse et méditée lui soit échappée
dans le feu de la conversation; cependant elle a préparé, avec
beaucoup d'artifice, la proposition révoltante qu'elle fait.

Vers 146. Quand j'ai voulu me taire, en vain je l'ai tâché.

En vain je l'ai tâché n'est pas français; on dit *je l'ai voulu, je
l'ai essayé,* parce qu'on veut une chose, on l'essaye; mais on ne
la tâche pas.

Vers 147. Appelez ce devoir haine, rigueur, colère;
        Pour gagner Rodogune, il faut venger un père.

On voit trop que *colère* n'est là que pour rimer.

Vers 149. Je me donne à ce prix : osez me mériter.

Il est vrai que tous les lecteurs sont révoltés qu'une princesse
si douce, si retenue, qui tremble de prononcer le nom de son
amant, qui craignait de devoir quelque chose à ceux qui prétendaient à elle, ordonne de sang-froid un parricide à des princes
qu'elle connaît vertueux, et dont elle ne savait pas, un moment
auparavant, qu'elle fût aimée; elle se fait détester, elle sur qui
l'intérêt de la pièce devait se rassembler. Cette situation, pourtant, inspire un intérêt de curiosité; on ne peut en éprouver
d'autre. Cléopâtre est trop odieuse; Rodogune le devient en ce
moment autant qu'elle, et beaucoup plus méprisable, parce que,
contre toutes les lois que la raison a prescrites au théâtre, elle a
changé de caractère. L'amour, dans cette pièce, ne peut toucher
le cœur, parce qu'il n'agit qu'à reprises interrompues, qu'il n'est
point combattu, qu'il ne produit point de danger, et qu'il est
presque toujours exprimé en vers languissants, obscurs, ou du
style de la comédie. L'amitié des deux frères ne fait pas le grand
effet qu'on en attend, parce que l'amitié seule ne peut produire
de grands mouvements au théâtre que quand un ami risque sa
vie pour son ami en danger. L'amitié qui ne va qu'à ne se point
brouiller pour une maîtresse est froide, et rend l'amour froid.
La plus grande faute, peut-être, dans cette pièce, est que tout y

est ajusté au théâtre d'une manière peu vraisemblable, et quelquefois contradictoire : car il est contradictoire que cet ambassadeur Oronte soit instruit de l'amour des deux frères, et que Rodogune ne le sache pas. Il n'est guère possible qu'Antiochus aime une mère parricide, et c'est une chose trop forcée que Cléopâtre demande la tête de Rodogune, et Rodogune la tête de Cléopâtre, dans la même heure et aux mêmes personnes, d'autant plus que ce meurtre horrible n'est nécessaire ni à l'une ni à l'autre : toutes deux même, en faisant cette proposition, risquent beaucoup plus qu'elles ne peuvent espérer. Les hommes les moins instruits sentent trop que toutes ces préparations si forcées, si peu naturelles, sont l'échafaud préparé pour établir le cinquième acte. Cependant l'auteur a voulu qu'Antiochus pût balancer entre sa mère et sa maîtresse, quand elles s'accuseront l'une et l'autre d'un parricide et d'un empoisonnement ; mais il était impossible qu'Antiochus fût raisonnablement indécis entre ces deux princesses, si elles n'avaient paru également coupables dans le cours de la pièce. Il fallait donc nécessairement que Rodogune pût être soupçonnée avec quelque vraisemblance ; mais aussi Rodogune, en se rendant si coupable, changeait de caractère et devenait odieuse ; il fallait donc trouver quelque autre nœud, quelque autre intrigue qui sauvât le caractère de Rodogune ; il fallait qu'elle parût coupable et qu'elle ne le fût pas. Ce moyen eût encore eu de grands inconvénients. Il reste à savoir s'il est permis d'amener une grande beauté par de grands défauts, et c'est sur quoi je n'ose prononcer ; mais je doute qu'une pièce remplie de ces défauts essentiels, et en général si mal écrite, pût aujourd'hui être soufferte jusqu'au quatrième acte par une assemblée de gens de goût qui ne prévoiraient pas les beautés du cinquième.

Vers dern. Adieu, princes.

Adieu, après une telle proposition ! Et observez qu'elle n'a pas dit un seul mot de la seule chose qui pourrait en quelque façon lui faire pardonner cette horreur insensée. Elle devait leur dire au moins : Cléopâtre vous a demandé ma tête ; ma sûreté me force à vous demander la sienne.

SCÈNE V.

Vers 1.   .   .   .   .   .   .   Hélas ! c'est donc ainsi qu'on traite
Les plus profonds respects d'une amour si parfaite !

Est-ce ici le temps de se plaindre qu'on a mal reçu ces profonds respects de l'amour, quand il s'agit d'un parricide ?

Vers 4.   Elle fuit, mais en Parthe, en nous perçant le cœur.

Ce vers a toujours été regardé comme un jeu d'esprit, qui
diminue l'horreur de la situation. On dit que les Parthes lan-
çaient des flèches en fuyant ; mais ce n'est pas parce que Rodogune sort qu'elle afflige ces princes, c'est parce qu'elle leur a fait
auparavant une proposition affreuse qui n'a rien de commun
avec la manière dont les Parthes combattaient.

Vers 7.   Plaignons-nous sans blasphème.

Ne croirait-on pas entendre un héros de roman qui traite sa
maîtresse de divinité?

Vers 10.   Il faut plus de respect pour celle qu'on adore.

Peut-on employer ces idées et ces expressions de roman dans
un moment si terrible? Il n'y a rien de si plat et de si mauvais
que ce vers.

Vers 11.   C'est ou d'elle ou du trône être ardemment épris
         Que vouloir ou l'aimer ou régner à ce prix.

On ne sait, par la construction, si c'est au prix du sang de sa
mère.

Vers 13.   C'est et d'elle et de lui tenir bien peu de compte...

Lui se rapporte *au trône;* mais on ne se sert point de ce pronom pour les choses inanimées. Ces vers jettent de l'obscurité
dans le dialogue : *tenir bien peu de compte d'un trône,* termes d'une
prose rampante.

Vers 14.   Que faire une révolte et si pleine et si prompte.

Faire une révolte contre une femme qui a imaginé quelque
chose de si noir! Cette expression ne serait pas pardonnée à
Céladon ; *faire une révolte* n'est pas français.

Vers 17.   La révolte, mon frère, est bien précipitée...

La révolte, trois fois répétée, rebute trois fois dans une telle
circonstance ; on voit que cette idée de traiter de souveraine et
de divinité une maîtresse qui exige un parricide est indigne,
non-seulement d'un héros, mais de tout honnête homme.

Non-seulement cet amour romanesque est froid et ridicule,
mais cette dissertation sur le respect et l'obéissance qu'on doit à
l'objet aimé, quand cet objet aimé ordonne de sang-froid un
parricide, est peut-être ce qu'il y a de plus mauvais au théâtre,
aux yeux des connaisseurs.

Vers 18. Quand la loi qu'elle rompt peut être rétractée.

On ne rompt point une loi ; on ne la rétracte pas ; *révoquer* est le mot propre. On rétracte une opinion.

Vers 19. Et c'est à nos désirs trop de témérité,
De vouloir de tels biens avec facilité.

Que veut dire ce *trop de témérité à ses désirs, de vouloir de tels biens?* De quels biens a-t-on parlé ? De quelle gloire s'agit-il ? Que prétend-il par ces sentences ? Si Rodogune a fait ce qu'elle ne devait pas faire, Antiochus dit ce qu'il ne devrait pas dire.

Vers 22. Pour gagner un triomphe il faut une victoire.

On gagne une victoire, et non un triomphe[1].

Vers 24. Nos malheurs sont plus forts que ces déguisements.

Un déguisement n'est point fort. Il faut toujours, ou le mot propre, ou une métaphore juste. Antiochus veut dire qu'il ne peut se dissimuler ses malheurs.

Vers 25. Leur excès à mes yeux paroît un noir abîme
Où la haine s'apprête à couronner le crime,
Où la gloire est sans nom...

Un abîme noir où la haine s'apprête, et une gloire sans nom. On dit bien *un nom sans gloire;* mais *gloire sans nom* n'a pas de sens.

Vers 35. J'en ferois comme vous (des discours)

n'est pas français, et *je ferais comme vous* est du style de la comédie.

Vers 38. Je vois ce qu'est un trône et ce qu'est une femme.

Il voit bien ce qu'est Rodogune ; mais il n'y a jamais eu que cette femme au monde qui ait dit : *Tuez votre mère si vous voulez que je vous épouse.* Le trône n'a rien de commun avec la monstrueuse idée de la douce Rodogune. Ce qu'il y a de pis, c'est que tous les raisonnements d'Antiochus et de Séleucus ne produisent rien ; ils dissertent ; les deux frères ne prennent aucune résolution, et le malheur de leur personnage, jusqu'ici, est de ne rien faire, et d'attendre ce qu'on fera d'eux.

Vers 47. Comme j'aime beaucoup, j'espère encore un peu.

Beaucoup et *un peu :* cette antithèse n'est pas digne du tragique.

1. Palissot dit : « On remporte une victoire, un triomphe ; on gagne une bataille. »

Vers 48. L'espoir ne peut s'éteindre où brûle tant de feu.

Un feu où brûle l'espoir[1] !

Vers 49. Et son reste confus me rend quelques lumières.

Ce reste confus du feu de l'amour peut-il donner des lumières, parce qu'on se sert du mot *feu* pour exprimer l'amour ? N'est-ce pas abuser des termes ? Est-ce ainsi que la nature parle ?

Vers 50. Pour juger mieux que vous de ces âmes si fières.

Il semble que l'auteur ait été si embarrassé de cette situation forcée qu'il ait voulu exprès se rendre inintelligible. Une fuite qui dérobe des cœurs à des soupirs ! Une haine qui attend des larmes et qui rend les armes !

Vers 58. Il vous faudra parer leurs haines mutuelles.

On ne pare point une haine comme on pare un coup d'épée.

Vers 61. . . . . Ni maîtresse, ni mère,
N'ont plus de choix ici, ni de lois à nous faire.

Il veut dire : *Nous n'avons plus à choisir entre Cléopâtre et Rodogune. N'ont plus de choix,* dans le sens qu'on lui donne ici, n'est pas français[2].

Vers 64. Rodogune est à vous, puisque je vous fais roi.

Lorsqu'on prend la résolution de renoncer à un royaume, un si grand effort doit-il être si soudain ? Fait-il une grande impression sur les spectateurs, surtout quand cette cession ne produit rien dans la pièce ?

SCÈNE VI.

Vers 4. Elle agira pour vous, mon frère, également,
Elle n'abusera point de cette violence
Que l'indignation fait à votre espérance.

Cela est très-obscur, et à peine intelligible. On ne fait point violence à une espérance.

Vers 7. La pesanteur du coup souvent nous étourdit, etc.

---

1. « Corneille ne dit pas cela, » fait observer Palissot.
2. « Ce n'est pas du tout la pensée de Séleucus, » remarque le même contradicteur.

Antiochus perd là dix vers entiers à débiter des sentences : est-ce l'occasion de disserter, de parler de malades qui ne sentent point leur mal, et d'ombres de santé qui cachent mille poisons? On ne peut trop répéter que la véritable tragédie rejette toutes les dissertations, toutes les comparaisons, tout ce qui sent le rhéteur, et que tout doit être sentiment, jusque dans le raisonnement même.

Vers 14. Cependant allons voir si nous vaincrons l'orage.

Vaincre un orage est impropre ; on détourne, on calme un orage, on s'y dérobe, on le brave, etc., on ne le *vainc* pas : cette métaphore d'orage vaincu ne peut convenir à des ombres de santé qui cachent des poisons.

Vers 15. Et si contre l'effort d'un si puissant courroux
La nature et l'amour voudront parler pour nous.

La nature et l'amour qui parlent contre l'effort d'un courroux! voilà encore des expressions impropres; je ne me lasserai point de dire qu'il les faut remarquer, non pas pour observer des fautes, mais pour être utile à ceux qui ne lisent pas avec assez d'attention, à ceux qui veulent se former le goût et posséder leur langue, à ceux qui veulent écrire, aux étrangers qui nous lisent. On a passé beaucoup de fautes contre la langue, et contre l'élégance et la netteté de la construction ; le lecteur attentif peut les sentir. On a craint de faire trop de remarques, et de marquer une affectation de critiquer.

ACTE QUATRIÈME.

SCÈNE I.

Vers 1. Prince, qu'ai-je entendu ? Parce que je soupire,
Vous présumez que j'aime, et vous m'osez le dire !

L'âme du spectateur était remplie de deux assassinats proposés par deux femmes; on attendait la suite de ces horreurs; le spectateur est étonné de voir Rodogune qui se fâche de ce qu'on présume qu'elle pourrait aimer un des princes, destiné pour être son époux. Elle ne parle que de la témérité d'Antiochus, qui, en la voyant soupirer, ose présumer qu'elle n'est pas insensible. C'était un des ridicules à la mode dans les romans de chevalerie, comme on l'a déjà dit[1] : il fallait qu'un chevalier n'imaginât pas que la dame de ses pensées pût être sensible avant de très-longs services ; ces idées infectèrent notre théâtre. Antiochus, qui ne devrait parler à cette princesse que pour lui dire qu'elle est indigne de lui, et qu'on n'épouse point la vieille maîtresse de son père quand elle demande la tête de sa belle-mère pour présent de noce, oublie tout d'un coup la conduite révoltante et contradictoire d'une fille modeste et parricide, et lui dit que personne « n'est assez téméraire jusqu'à s'imaginer qu'il ait l'heur de lui plaire ; que c'est présomption de croire ce miracle; qu'elle est un oracle; qu'il ne faut pas éteindre un bel espoir ». Peut-on souffrir, après ces vers, que Rodogune, qui mériterait d'être enfermée toute sa vie pour avoir proposé un pareil assassinat, « trouve trop de vanité dans l'espoir trop prompt des termes obligeants de sa civilité »? Ces propos de comédie sont-ils soutenables? Il faut dire la vérité courageusement : il faut admirer, encore une fois, les grandes beautés répandues dans *Cinna,* dans *les Horaces,* dans *le Cid,* dans *Pompée,* dans *Polyeucte;* mais, si on veut être utile au public, il faut faire sentir des défauts dont l'imitation rendrait la scène française trop vicieuse.

Remarquez encore que cette conjonction *parce que* ne doit jamais entrer dans un vers noble; elle est dure et sourde à l'oreille.

Vers 7.   Je vois votre mérite et le peu que je vaux,
           Et ce rival si cher connoît mieux ses défauts.

Est-ce à Antiochus à parler des défauts de son frère? Comment peut-on dire à une telle femme que les deux frères connaissent trop bien leurs défauts pour oser croire qu'elle puisse aimer l'un des deux?

Vers 23.   Lorsque j'ai soupiré, ce n'étoit pas pour vous.

Ce vers paraît trop comique, et achève de révolter le lecteur judicieux, qui doit attendre ce que deviendra la proposition d'un assassinat horrible.

Vers 24.   J'ai donné ces soupirs aux mânes d'un époux.

Voici qui est bien pis. Quoi! elle prétend avoir été l'épouse du père d'Antiochus ! Elle ne se contente pas d'être parricide, elle se dit incestueuse! En effet, dans les premiers actes, on ne sait si elle a consommé ou non le mariage avec le père de ses

_____
1. Page 242.

amants [1]. Il faudrait au moins que de telles horreurs fussent un peu cachées sous la beauté de la diction.

Vers 28. Recevez donc ce cœur en nous deux réparti.

Il semble, par ce discours d'Antiochus, qu'en effet Rodogune a été la femme de son père : s'il est ainsi, quel effet doit faire un amour d'ailleurs assez froid, qui devient un inceste avéré, auquel ni Antiochus ni Rodogune ne prennent seulement pas garde ? Mais qu'est-ce qu'un cœur réparti en deux ?

Vers 31. Ce cœur, en vous aimant indignement percé,
Reprend, pour vous aimer, le sang qu'il a versé.

C'est donc le cœur de Nicanor réparti entre ses deux fils qui, ayant été percé, reprend le sang qu'il a versé, c'est-à-dire son propre sang, pour aimer encore sa femme dans la personne de ses deux enfants. Que dire de telles idées et de telles expressions? Comment ne pas remarquer de pareils défauts ! et comment les excuser ? Que gagnerait-on à vouloir les pallier ? Ce serait trahir l'art qu'on doit enseigner aux jeunes gens.

Vers 38. Faites ce qu'il feroit, s'il vivoit en lui-même.

Rodogune continue la figure employée par Antiochus ; mais on ne peut dire *vivre en soi-même :* ce style fait beaucoup de peine ; mais ce qui en fait bien davantage, c'est que Rodogune passe ainsi tout d'un coup de la modeste fierté d'une fille qui ne veut pas qu'on lui parle d'amour, à l'exécrable empressement d'exiger d'un fils la tête de sa mère.

Vers 39. A ce cœur qu'il vous laisse osez prêter un bras.
Pouvez-vous le porter, et ne l'écouter pas?

Prêter un bras à un cœur, le porter, et ne pas l'écouter, sont des expressions si forcées, si fausses, qu'on voit bien que la situation n'est point naturelle : car d'ordinaire, comme dit Boileau [2],

Ce que l'on conçoit bien s'énonce clairement.

Vers 43. Une seconde fois il vous le dit par moi;
Prince, il faut le venger.

Rodogune demande donc deux fois un parricide, ce que Cléopâtre elle-même n'a pas fait. Est-il possible qu'Antiochus

---

1. « Elle était, dit Palissot, promise à ce prince, et c'est dans ce sens qu'elle peut le nommer son époux; mais il n'exista point de mariage. »
Époux signifiait premièrement *fiancé.*
2. *Art poétique,* I, 153.

puisse lui dire : *Nommez les assassins?* Quel faux artifice! Ne les connaît-il pas? Ne sait-il pas que c'est sa mère? Ne s'en est-elle pas vantée à lui-même? Je n'ai point de termes pour exprimer la peine que me font les fautes de ce grand homme; elles consolent au moins, en faisant voir l'extrême difficulté de faire une bonne pièce de théâtre.

Vers 49. Ah! je vois trop régner son parti dans votre âme :
Prince, vous le prenez? — Oui, je le prends, madame.

Quelle froideur dans de tels éclaircissements, et quelles étranges expressions! *Vous le prenez? Oui, je le prends.* Je ne parle pas ici du sens ridicule que les jeunes gens attribuent à ces paroles, je parle de la bassesse des mots.

Vers 59. De deux princes unis à soupirer pour vous,
Prenez l'un pour victime, et l'autre pour époux.

Il fallait au moins *unis en soupirant,* car on ne peut dire *unis à soupirer.*

Vers 61. Punissez un des fils des crimes de la mère.

Peut-on sérieusement dire à Rodogune : Tuez l'un de nous deux, et épousez l'autre; et se complaire dans cette pensée aussi froide que barbare, et la retourner en deux ou trois façons?
Corneille fait dire à Sabine, dans *les Horaces* [1] :

Que l'un de vous me tue, et que l'autre me venge.

Il répète ici cette pensée; mais il la délaye, il la rend insipide : tous ces froids efforts de l'esprit ne sont que des amplifications de rhéteur. Ce n'est pas là Virgile, ce n'est pas là Racine.

Vers 68. Hélas, prince! — Est-ce encor le roi que vous plaignez?
Ce soupir ne va-t-il que vers l'ombre d'un père?

Enfin Rodogune passe tout d'un coup de l'assassinat à la tendresse. La petite finesse du soupir qui va vers l'ombre d'un père, et Rodogune qui tremble d'aimer, forment ici une pastorale. Quel contraste! est-ce là du tragique? La proposition d'assassiner une mère est d'une furie; et cet *hélas* et ce *soupir* sont d'une bergère. Tout cela n'est que trop vrai; et, encore une fois, il faut le dire et le redire.

Ibid.   Est-ce encor le roi que vous plaignez?

----

1. Acte II, scène vi.

Cela serait bon dans la bouche d'un berger galant. Ce mélange de tendresse naïve et d'atrocités affreuses n'est pas supportable.

Vers 77. Mais enfin il m'échappe, et cette retenue
          Ne peut plus soutenir l'effort de votre vue.

Ce soupir échappe donc, et la retenue de cette parricide ne
peut plus se soutenir à la vue de celui qui doit être son mari; et
cependant elle lui tient encore de longs discours, malgré *l'effort
de sa vue*.

Remarquez qu'une femme qui dit deux fois : *Mon soupir m'é-
chappe* est une femme à qui rien n'échappe, et qui met un art
grossier dans sa conduite. Racine n'a jamais de ces mauvaises
finesses. *Ne peut plus soutenir l'effort de votre vue;* quelle expression ! Jamais le mot propre. Ce n'est pas là le *vultus nimium
lubricus aspici* d'Horace [1].

Vers 83. Vous l'avez fait renaître en me pressant d'un choix
          Qui rompt de vos traités les favorables lois.

Cela n'est pas français; on ne presse point d'une chose.

Vers 85. D'un père mort pour moi voyez le sort étrange!

Le *sort étrange* est faible ; *étrange* n'est là qu'une mauvaise
épithète pour rimer à *venge*.

Vers 86. Si vous me laissez libre, il faut que je le venge.

Pourquoi? Elle a donc été sa femme? Mais si elle ne l'a point
été, elle n'est point du tout obligée de venger Nicanor; elle n'est
obligée qu'à remplir les conditions de la paix, qui interdisent
toute vengeance : ainsi elle raisonne fort mal.

Vers 87. Et mes feux dans mon âme ont beau s'en mutiner,
          Ce n'est qu'à ce prix seul que je puis me donner.

Des feux qui se mutinent! Cela est impropre, et *s'en mutinent* est
encore plus mauvais. On ne se mutine point *de; mutiner* est un
verbe qui n'a point de régime. Cette scène est un entassement
de barbarismes et de solécismes autant que de pensées fausses.
Ce sont ces défauts, applaudis par quelques ignorants entêtés, que
Boileau avait en vue quand il disait dans son *Art poétique* [2] :

> Mon esprit n'admet point un pompeux barbarisme,
> Ni d'un vers ampoulé l'orgueilleux solécisme.

_____

1. Livre Ier, ode xix, vers 8.
2. I, 159-160.

Vers 89.   Mais ce n'est pas de vous qu'il faut que je l'attende.

Pourquoi l'a-t-elle donc demandé? Toutes ces contradictions
sont la suite de cette proposition révoltante qu'elle a faite d'assassiner sa belle-mère : une faute en attire cent autres.

Vers 93.   Et je n'estime pas l'honneur d'une vengeance
           Jusqu'à vouloir d'un crime être la récompense.

Y a-t-il de l'honneur dans cette vengeance? Elle change à
présent d'avis; elle ne voudrait plus d'Antiochus, s'il avait tué sa
mère : ce n'est pas là assurément le caractère qu'exigent Horace
et Boileau :

> Qu'en tout avec soi-même il se montre d'accord,
> Et qu'il soit jusqu'au bout tel qu'on l'a vu d'abord [1].

Vers 103. Attendant son secret vous aurez mes désirs,
           Et s'il le fait régner, vous aurez mes soupirs.

Elle voulait tout à l'heure tuer Cléopâtre, et à présent elle lui
est soumise : et qu'est-ce qu'un secret qui *fait régner*?

Vers 112. Je mourrai de douleur, mais je mourrai content.

Il est assurément impossible de mourir affligé et content.

Vers 115. Mon amour... Mais adieu, mon esprit se confond.

Voilà encore Rodogune qui se recueille pour dire qu'elle est
troublée, qui fait une pause pour dire qu'elle se confond. Toujours cette grossière finesse, toujours cet art qui manque d'art.

Vers 117. Si vous n'êtes ingrat à ce cœur qui vous aime

n'est pas français : on dit *ingrat envers quelqu'un*, et non *ingrat à
quelqu'un*.
J'ai déjà remarqué ailleurs [2] qu'*ingrat vis-à-vis de quelqu'un*
est une de ces mauvaises expressions qu'on a mises à la mode
depuis quelque temps. Presque personne ne s'étudie à bien parler
sa langue.

Vers dern. Ne me revoyez point qu'avec le diadème

n'est pas français; il faut *ne me revoyez qu'avec*.

---

1. Boileau, *Art poétique*, III, 125-126. C'est une imitation des vers d'Horace,
De Arte poetica, 126-127.
2. Page 440.

SCÈNE II.

Vers 1. Les plus doux de mes vœux enfin sont exaucés.
Tu viens de vaincre, Amour! mais ce n'est pas assez.
Si tu veux triompher en cette conjoncture,
Après avoir vaincu, fais vaincre la nature;
Et prête-lui pour nous ces tendres sentiments
Que ton ardeur inspire aux cœurs des vrais amants,
Cette pitié qui force, et ces dignes foiblesses
Dont la vigueur détruit les fureurs vengeresses.

Tout cela ressemble à des stances de Boisrobert, où les vrais amants reviennent à tout propos.

Pourquoi Rodrigue et Chimène parlent-ils si bien, et Antiochus et Rodogune si mal? C'est que l'amour de Chimène est véritablement tragique, et que celui de Rodogune et d'Antiochus ne l'est point du tout: c'est un amour froid dans un sujet terrible.

SCÈNE III.

Je ne sais si je me trompe, mais cette scène ne me paraît pas plus naturelle ni mieux faite que les précédentes. Il me semble que Cléopâtre, après avoir dit à ses deux fils qu'elle couronnera celui qui aura assassiné sa maîtresse, ne doit point parler familièrement à Antiochus.

Vers 1. Eh bien! Antiochus, vous dois-je la couronne?

C'est-à-dire: voulez-vous tuer Rodogune? Cela ne peut s'entendre autrement; cela même signifie: avez-vous tué Rodogune? Car elle n'a promis la couronne qu'à l'assassin.

Vers 7. Il a su me venger quand vous délibériez.

On ne peut imaginer que Cléopâtre veuille dire ici autre chose, sinon: *Séleucus vient de tuer sa maîtresse et la vôtre.* A ce mot seul, Antiochus ne doit-il pas entrer en fureur?

Vers 8. Et je dois à son bras ce que vous espériez.

Ce vers confirme encore la mort de Rodogune; il n'en est rien, à la vérité; mais Cléopâtre le dit positivement. Comment Antiochus n'est-il pas saisi du plus affreux désespoir à cette nouvelle épouvantable? Comment peut-il raisonner de sang-froid avec sa mère, comme si elle ne lui avait rien dit? Rien de tout cela n'est

vraisemblable; il ne l'est pas que Cléopâtre veuille faire accroire
que Rodogune est morte; il ne l'est pas qu'Antiochus soutienne
cette conversation. S'il croit Cléopâtre, il doit être furieux ; s'il
ne la croit pas, il doit lui dire : Osez-vous bien imputer ce crime
à mon frère ?

Vers 10.   C'est périr en effet que perdre un diadème ;
    Je n'y sais qu'un remède, encore est-il fâcheux,
    Étonnant, incertain, et triste pour tous deux :
    Je périrai moi-même avant que de le dire.

On n'entend pas mieux ce que c'est que ce secret. Ces deux
couplets paraissent remplis d'obscurités.

Vers 15.   Le remède à nos maux est tout en votre main.

Comment ce remède aux maux est-il dans la main de Cléopâtre? Entend-il qu'en nommant l'aîné, elle finira tout ? Mais il
dit : *Nous perdons tout en perdant Rodogune*. Il n'y aura donc point
de remède aux maux de celui qui la perdra. Peut-il répondre
que le cœur de Cléopâtre est aveuglé d'un peu d'inimitié? Que si
ce cœur ignore les maux des deux frères, elle ne peut en prendre pitié, et qu'au point où il les voit, c'en est le seul remède?
Quel discours! quel langage ! et dans une telle occasion il parle
avec la plus grande soumission, et Cléopâtre lui répond : *Quelle
fureur vous possède?* En vérité, ces discours sont-ils dans la nature ?

Vers 29.   Je tâche avec respect à vous faire connoître
    Les forces d'un amour que vous avez fait naître.

On a déjà remarqué [1] qu'on ne dit point *les forces* au pluriel,
excepté quand on parle des *forces d'un État*.

Vers 32.   Et quel autre prétexte a fait notre retour?

Un prétexte qui fait un retour n'est pas français.

Vers 37.   Qui de nous deux, madame, eût osé s'en défendre,
    Quand vous nous ordonniez à tous deux d'y prétendre?

Il me semble qu'il n'est point du tout intéressant de savoir si
Cléopâtre a fait naître elle-même l'amour des deux frères pour
Rodogune : ce n'est pas là ce qui doit l'inquiéter ; il doit trembler
que Cléopâtre n'ait déjà fait assassiner Rodogune par Séleucus,
comme elle l'a déjà dit, ou du moins qu'elle n'emploie le bras

---

1. Pages 313 et 366.

de quelque autre. Cette idée si naturelle ne se présente pas seulement à lui : c'était la seule qui pût inspirer de la terreur et de la pitié, et c'est la seule qui ne vienne pas dans la tête d'Antiochus. Il s'amuse à dire inutilement que les deux frères devaient aimer Rodogune ; il veut le prouver en forme ; il parle de l'*ordre des lois*.

Vers 40. Le devoir auprès d'elle eût attaché nos vœux.

Il dit que *le devoir attacha leurs vœux auprès d'elle*. Comment un devoir attache-t-il des vœux ? Cela n'est pas français.

Vers 41. Le désir de régner eût fait la même chose ;
          Et dans l'ordre des lois que la paix nous impose,
          Nous devions aspirer à sa possession
          Par amour, par devoir, ou par ambition.
          Nous avons donc aimé, etc.

Le désir de régner qui eût fait la même chose, et les deux princes qui devaient aspirer à la possession de Rodogune dans l'ordre des lois, et qui ont donc aimé ! Quel langage !

Vers 49. Avons-nous dû prévoir une haine cachée,
          Que la foi des traités n'avoit point arrachée ?

Ce verbe *arracher* exige une préposition et un substantif : on arrache la haine du cœur.

Vers 51. Non, mais vous avez dû garder le souvenir
          Des hontes que pour vous j'avois su prévenir.

La *honte* n'a point de pluriel, du moins dans le style noble.

Vers 53. Je croyois que vos cœurs, sensibles à ces coups,
          En sauroient conserver un généreux courroux

Je croyais que vos cœurs, sensibles à ces coups, se rapporte, par la construction de la phrase, au courage de Cléopâtre, dont il est parlé au vers précédent, et par le sens de la phrase aux coups de Rodogune. Et comment retenait-elle ce courroux, quand elle dit qu'elle croyait que leurs cœurs conserveraient un généreux courroux ? Pouvait-elle retenir un courroux dont ses deux fils ne lui donnaient aucune marque ? Au reste, je suis toujours étonné que Cléopâtre veuille tromper toujours grossièrement des princes qui la connaissent, et qui doivent tant se défier d'elle. Observez surtout que rien n'est si froid que ces discussions dans des scènes où il s'agit d'un grand intérêt.

Vers 82. Votre main tremble-t-elle ? Y voulez-vous la mienne ?

Cet *y* ne se rapporte à rien.

Vers 89. Du moins souvenez-vous qu'elle n'a pris pour armes
          Que de foibles soupirs et d'impuissantes larmes.

S'il n'a eu que d'impuissantes larmes, comment Cléopâtre
a-t-elle pu lui dire : *Quelle aveugle fureur vous possède,* comme on
l'a déjà remarqué ?

Vers 96. Je sens que je suis mère auprès de vos douleurs.

Cela n'est pas français; il fallait dire : *vos douleurs me font sentir
que je suis mère.* La correction du style est devenue d'une nécessité absolue. On est obligé de tourner quelquefois un vers en
plusieurs manières avant de rencontrer la bonne.

Vers 99. Rendez grâces aux dieux, qui vous ont fait l'aîné.

Je suis encore surpris du peu d'effet que produit ici cette
déclaration de la primogéniture d'Antiochus ; c'est pourtant le
sujet de la pièce, c'est ce qui est annoncé dès les premiers vers
comme la chose la plus importante. Je pense que la raison de
l'indifférence avec laquelle on entend cette déclaration est qu'on
ne la croit pas vraie. Cléopâtre vient de s'adoucir sans aucune raison ; on pense que tout ce qu'elle dit est feint. Une autre raison
encore du peu d'effet de cette déclaration si importante, c'est
qu'elle est noyée dans un amas de petits artifices, de mauvaises
raisons, et surtout de mauvais vers. Cela peut rendre attentif,
mais cela ne saurait toucher. J'observe que, parmi ces défauts,
l'intérêt de curiosité se fait toujours sentir : c'est ce qui soutient
la pièce jusqu'au cinquième acte, dont les grandes beautés, la
situation unique, et le terrible tableau, demandent grâce pour
tant de fautes, et l'obtiennent.

Vers 109. Oui, je veux couronner une flamme si belle.

Une flamme si belle n'est pas une raison quand il s'agit d'un
trône ; il faut d'autres preuves. Le petit compliment qu'elle fait à
Antiochus est plutôt de la comédie que de la tragédie.

Vers 113. Heureux Antiochus ! heureuse Rodogune !

Il faut que ce prince ait le sens bien borné pour n'avoir
aucune défiance, en voyant sa mère passer tout d'un coup de
l'excès de la méchanceté la plus atroce à l'excès de la bonté. Quoi !
après qu'elle ne lui a parlé que d'assassiner Rodogune, après
avoir voulu lui faire accroire que Séleucus l'a tuée, après lui avoir
dit : Périssez, périssez, elle lui dit que ses larmes ont de l'intelligence dans son cœur ; et Antiochus la croit ! Non, une telle cré-

dulité n'est pas dans la nature. Antiochus n'a jamais dû avoir plus de défiance, et il n'en témoigne aucune. Il devrait au moins demander si le changement inopiné de sa mère est bien vrai ; il devrait dire : Est-il possible que vous soyez tout autre en un moment? Serais-je assez heureux, etc? Mais point ; il s'écrie tout d'un coup : *O moment fortuné! ô trop heureuse fin!* Plus j'y réfléchis, et moins je trouve cette scène naturelle.

SCÈNE V.

On dit qu'au théâtre on n'aime pas les scélérats. Il n'y a point de criminelle plus odieuse que Cléopâtre, et cependant on se plaît à la voir ; du moins le parterre, qui n'est pas toujours composé de connaisseurs sévères et délicats, s'est laissé subjuguer quand une actrice imposante a joué ce rôle[1] ; elle ennoblit l'horreur de son caractère par la fierté des traits dont Corneille la peint ; on ne lui pardonne pas, mais on attend avec impatience ce qu'elle fera après avoir promis Rodogune et le trône à son fils Antiochus. Si Corneille a manqué à son art dans les détails, il a rempli le grand projet de tenir les esprits en suspens, et d'arranger tellement les événements que personne ne peut deviner le dénoûment de cette tragédie.

Vers 5. Je ne veux plus que moi dedans ma confidence.

On a déjà averti qu'il faut *dans,* et non pas *dedans.* Mais pourquoi ne veut-elle plus de confidente, et pourquoi s'est-elle confiée? Elle ne le dit pas.

Vers 13. Ce n'est pas tout d'un coup que tant d'orgueil trébuche.

Trébucher n'a jamais été du style noble.

Vers 15. Et c'est mal démêler le cœur d'avec le front
          Que prendre pour sincère un changement si prompt.

Je crois qu'il eût fallu *distinguer,* au lieu de *démêler:* car le cœur et le front ne sont point mêlés ensemble. Je ne vois pas pourquoi elle s'applaudit de tromper toujours sa confidente : doit-elle penser à elle dans ce moment d'horreur?

1. Les derniers mots : « du moins le parterre, etc. » ne sont pas dans la première édition du *Commentaire* (1764): ils ont été ajoutés dans celle de 1774, et font allusion à Mlle Dumesnil, qui jouait le rôle de Cléopâtre avec un grand succès.

SCÈNE VI.

Vers 1.   Savez-vous, Séleucus, que je me suis vengée?
— Pauvre princesse, hélas!

Cette réponse est insoutenable ; la bassesse de l'expression s'y
joint à une indifférence qu'on n'attendait pas d'un homme amoureux ; on ne parlerait pas ainsi de la mort d'une personne qu'on
connaîtrait à peine : il croit que sa maîtresse est assassinée, et il
dit : *Pauvre princesse!*

Vers 3.   Quoi! l'aimiez-vous? — Assez pour regretter sa mort

enchérit encore sur cette faute.

Vers 26.   Les biens que vous m'ôtez n'ont point d'attraits si doux
Que mon cœur n'ait donnés à ce frère avant vous.

N'ait donnés se rapporte *aux attraits si doux;* mais ce ne sont
pas les attraits si doux qu'il a donnés à son frère, ce sont *les
biens.*

Vers 30.   C'est ainsi qu'on déguise un violent dépit ;
C'est ainsi qu'une feinte au dehors l'assoupit,
Et qu'on croit amuser de fausses patiences
Ceux dont en l'âme on craint les justes défiances.

Cléopâtre est-elle habile? Elle veut trop persuader à Séleucus
qu'il doit s'affliger : c'est lui faire voir qu'en effet elle veut l'affliger, et l'animer contre son frère ; mais ses paroles n'ont pas un
sens net. Qu'est-ce qu'*une feinte* qui *assoupit au dehors,* et de
fausses patiences qui *amusent ceux dont on craint en l'âme des défiances?*
Comment l'auteur de *Cinna* a-t-il pu écrire dans un style si incor-
· rect et si peu noble ?

Vers 44.   Piqué jusques au vif, il tâche à le reprendre ;
Il fait de l'insensible, afin de mieux surprendre ;
D'autant plus animé que ce qu'il a perdu
Par rang ou par mérite à sa flamme étoit dû.

Tout cela est très-mal exprimé, et est d'un style familier et
bas. *Une chose due par rang* n'est pas français.

Le reste de la scène est plus naturel et mieux écrit; mais
Séleucus ne dit rien qui doive faire prendre à sa mère la résolution de l'assassiner. Un si grand crime doit au moins être nécessaire. Pourquoi Séleucus ne prend-il pas des mesures contre sa
mère, comme il l'avait proposé à Antiochus ? En ce cas, Cléopâtre
aurait quelque raison qui semblerait colorer ses crimes.

SCÈNE VII.

Vers 1. . . . De quel malheur suis-je encore capable?

On est capable d'une résolution, d'une action vertueuse ou criminelle; on n'est point capable d'un malheur.

Vers 8. Peux-tu n'en prendre qu'un, et m'ôter tous les deux?

Elle veut dire *en n'en prenant qu'un*, car Rodogune ne pouvait pas prendre deux maris. Cette antithèse, *en prendre un, et en ôter deux*, est recherchée. J'ai déjà remarqué que l'antithèse est trop familière à la poésie française : ce pourrait bien être la faute de la langue, qui n'a point le nombre et l'harmonie de la latine et de la grecque; c'est encore plus notre faute : nous ne travaillons pas assez nos vers, nous n'avons pas assez d'attention au choix des paroles, nous ne luttons pas assez contre les difficultés.

Vers 16. J'ai commencé par lui, j'achèverai par eux.

Je ne sais si on sera de mon sentiment, mais je ne vois aucune nécessité pressante qui puisse forcer Cléopâtre à se défaire de ses deux enfants. Antiochus est doux et soumis; Séleucus ne l'a point menacée. J'avoue que son atrocité me révolte; et, quelque méchant que soit le genre humain, je ne crois pas qu'une telle résolution soit dans la nature. Si ses deux enfants avaient comploté de la faire enfermer, comme ils le devaient, peut-être la fureur pouvait rendre Cléopâtre un peu excusable; mais une femme qui, de sang-froid, se résout à assassiner un de ses fils et à empoisonner l'autre, n'est pour moi qu'un monstre qui me dégoûte. Cela est plus atroce que tragique. Il faut toujours, à mon avis, qu'un grand crime ait quelque chose d'excusable.

ACTE CINQUIÈME.

SCÈNE I.

Vers 1. Enfin, grâces aux dieux! j'ai moins d'un ennemi, etc.

Il n'est point de serpent, ni de monstre odieux
Qui, par l'art imité, ne puisse plaire aux yeux [1].

Il faut bien que cela soit ainsi, puisque le public écoute encore, non sans plaisir, ce monologue. Je ne puis trahir ma

---

[1] Boileau, *Art poétique*, III, 1-2.

pensée jusqu'à déguiser la peine qu'il me fait. Je trouve surtout
cette exclamation, *grâces aux dieux!* aussi déplacée qu'horrible;
*grâces aux dieux! je viens d'égorger mon fils, de qui je n'avais nul
sujet de me plaindre;* mais enfin je conçois que cette détestable
fermeté de Cléopâtre peut attacher, et surtout qu'on est très-
curieux de savoir comment Cléopâtre réussira ou succombera :
c'est là ce qui fait, à mon avis, le mérite de cette pièce.

Vers 3.   Son ombre, en attendant Rodogune et son frère,
            Peut déjà de ma part les promettre à son père.

De ma part est une expression familière; mais, ainsi placée,
elle devient fière et tragique : c'est là le grand art de la diction.
Il serait à souhaiter que Corneille l'eût employé souvent; mais il
serait à souhaiter aussi que la rage de Cléopâtre pût avoir quelque
excuse, au moins apparente.

Vers 11.   Poison, me sauras-tu rendre mon diadème?

J'avoue encore que je n'aime point cette apostrophe au *poison.*
On ne parle point à un *poison;* c'est une déclamation de rhéteur :
une reine ne s'avise guère de prodiguer ces figures recherchées.
Vous ne trouverez point de ces apostrophes dans Racine.

Vers 13. . . . . Et toi, que me veux-tu,
            Ridicule retour d'une sotte vertu?

n'est pas de même; rien n'est plus bas, ni même plus mal placé.
Cléopâtre n'a point de vertu; son âme exécrable n'a pas hésité un
instant. Ce mot *sotte* doit être évité.

Vers 15. Tendresse dangereuse autant comme importune, etc.

Autant comme n'est pas français ; on l'a déjà observé ailleurs [1].

Vers 28. Il faut ou condamner ou couronner sa haine.

Ces sentences, au moins, doivent être claires et fortes; mais
ici le mot de *haine* est faible, et *couronner sa haine* ne donne pas
une idée nette.

Vers 33.   Trône, à t'abandonner je ne puis consentir.
            Par un coup de tonnerre il vaut mieux en sortir;
            Il vaut mieux mériter le sort le plus étrange.
            Tombe sur moi le ciel, pourvu que je me venge!

Il vaut mieux mériter, etc. Il est bien plus étrange qu'un vers
si oiseux et si faible se trouve entre deux vers si beaux et si forts.

1. Pages 471, 484 et 502.

Plaignons la stérilité de nos rimes dans le genre noble; nous n'en avons qu'un très-petit nombre, et l'embarras de trouver une rime convenable fait souvent beaucoup de tort au génie; mais aussi, quand cette difficulté est toujours surmontée, le génie alors brille dans toute sa perfection.

Vers 36.   Tombe sur moi le ciel, pourvu que je me venge !

On sait bien que le ciel ne peut tomber sur une personne; mais cette idée, quoique très-fausse, était reçue du vulgaire : elle exprime toute la fureur de Cléopâtre, elle fait frémir.

Vers 41.   Mais voici Laonice, il faut dissimuler...

Ces avertissements au parterre ne sont plus permis; on s'est aperçu qu'il y avait très-peu d'art à dire *je vais agir avec art*. On doit assez s'apercevoir que Cléopâtre dissimule, sans qu'elle dise *je vais dissimuler*.

SCÈNE II.

Vers 1.   Viennent-ils, nos amants? — Ils approchent, madame ;
          On voit dessus leur front l'allégresse de l'âme, etc.

Cette description que fait Laonice, toute simple qu'elle est, me paraît un grand coup de l'art : elle intéresse pour les deux époux; c'est un beau contraste avec la rage de Cléopâtre. Ce moment excite la crainte et la pitié; et voilà la vraie tragédie.

Vers 6.   Ils viennent prendre ici la coupe nuptiale...
          Par les mains du grand-prêtre être unis à jamais.

On sent assez la dureté de ces sons, *grand-prêtre, être;* il est aisé de substituer le mot de *pontife*.

Vers 10.   Le peuple tout ravi par ses vœux les devance

est un peu trop du style de la comédie. Il ne faut pas croire que ces petites négligences puissent diminuer en rien le grand intérêt de cette situation, la majesté du spectacle, et la beauté de presque tout ce cinquième acte, considéré en lui-même indépendamment des quatre premiers.

Vers 15.   Les Parthes à la foule aux Syriens mêlés.

Il faut *en foule*.

Vers 16.   Tous nos vieux différends de leur âme exilés,
           Font leur suite assez grosse, et, d'une voix commune,
           Bénissent à la fois le prince et Rodogune.

Il semble par la phrase que ces différends soient de la suite.

SCÈNE III.

Vers 1.   Approchez, mes enfants : car l'amour maternelle,
    Madame, dans mon cœur vous tient déjà pour telle.

Quoi! après avoir demandé, il y a deux heures, la tête de
Rodogune, elle leur parle d'*amour maternelle!* Cela n'est-il pas
trop outré? Rodogune ne peut-elle pas regarder ce mot comme
une ironie? Il n'y a point de réconciliation formelle, les deux
princesses ne se sont point vues.

Vers 27.   Prêtez les yeux au reste.

Pourquoi dit-on *préter l'oreille,* et que *préter les yeux* n'est pas
français? N'est-ce point qu'on peut s'empêcher à toute force d'entendre, en détournant ailleurs son attention, et qu'on ne peut
s'empêcher de voir, quand on a les yeux ouverts?

SCÈNE IV.

Vers 14.   Immobile, et rêveur en malheureux amant...

On est fâché de cette absurdité de Timagène, qui jetterait
quelque ridicule sur cet événement terrible s'il était possible
d'en jeter. Peut-on dire d'un prince assassiné qu'il est *rêveur en
malheureux amant sur un lit de gazon?* Le moment est pressant et
horrible. Séleucus peut avoir un reste de vie; on peut le secourir;
et Timagène s'amuse à représenter un prince assassiné et baigné
dans son sang, comme un berger de l'*Astrée* rêvant à sa maîtresse
sur une couche verte.

Vers 15.   Enfin que faisoit-il? Achevez promptement.

Enfin que faisait ce malheureux amant rêveur? *Monsieur, il était
mort.* C'est une espèce d'arlequinade. Si un auteur hasardait
aujourd'hui sur le théâtre une telle incongruité, comme on se
récrierait, comme on sifflerait, surtout si l'auteur était malvoulu!
Cela seul serait capable de faire tomber une pièce nouvelle. Mais
le grand intérêt qui règne dans ce dernier acte, si différent du
reste, la terreur de cette situation, et le grand nom de Corneille,
couvrent ici tous les défauts.

Vers 25.   La tienne est donc coupable, et ta rage insolente...
    L'ayant assassiné le fait encor parler.

Je ne sais s'il est bien adroit à Cléopâtre d'accuser sur-le-
champ Timagène; mais, comme elle craint d'être accusée, elle

se hâte de faire retomber le soupçon sur un autre, quelque peu vraisemblable que soit ce soupçon. D'ailleurs son trouble est une excuse.

On peut remarquer que quand Timagène dit que Séleucus a parlé en mourant, la reine lui répond : C'est donc toi qui l'as tué? Ce n'est pas une conséquence : *il a parlé*, donc *tu l'as tué.*

Vers 31.   J'en ferois autant qu'elle à vous connoître moins.

Cet *à* n'est pas français; il faut *si je vous connaissais moins;* mais pourquoi soupçonnerait-il Timagène? Ne devrait-il pas plutôt soupçonner Cléopâtre, qu'il sait être capable de tout?

Vers 40.   Une main qui nous fut bien chère
            Venge ainsi le refus d'un coup trop inhumain, etc.

Plusieurs critiques ont trouvé qu'il n'est pas naturel que Séleucus en mourant ait prononcé quatre vers entiers sans nommer sa mère ; ils disent que cet artifice est trop ajusté au théâtre ; ils prétendent que, s'il a été frappé à la poitrine par sa mère, il devait se défendre ; qu'un prince ne se laisse pas tuer ainsi par une femme, et que, s'il a été assassiné par un autre, envoyé par sa mère, il ne doit pas dire que c'est *une main chère;* qu'enfin Antiochus, au récit de cette aventure, devrait courir sur le lieu. C'est au lecteur à peser la valeur de toutes ces critiques. La dernière critique surtout ne souffre point de réponse. Antiochus aimait tendrement son frère ; ce frère est assassiné, et Antiochus achève tranquillement la cérémonie de son mariage. Rien n'est moins naturel et plus révoltant. Son premier soin doit être de courir sur le lieu, de voir si en effet son frère est mort, si on peut lui donner quelque secours ; mais le parterre s'aperçoit à peine de cette invraisemblance, il est impatient de savoir comment Cléopâtre se justifiera.

Vers 67.   Est-ce vous désormais dont je dois me garder?

Cette situation est sans doute des plus théâtrales ; elle ne permet pas aux spectateurs de respirer. Quelques personnes plus difficiles peuvent trouver mauvais qu'Antiochus soupçonne Rodogune, qu'il adore, et qui n'avait assurément aucun intérêt à tuer Séleucus. D'ailleurs, quand l'aurait-elle assassiné? On faisait les préparatifs de la cérémonie ; Rodogune devait être accompagnée d'une nombreuse cour ; l'ambassadeur Oronte ne l'a pas sans doute quittée ; son amant était auprès d'elle. Une princesse qui va se marier se dérobe-t-elle à tout ce qui l'entoure? Sort-elle du

palais pour aller au bout d'une allée sombre assassiner son beau-
frère, auquel elle ne pense seulement pas? Il est très-beau qu'Antiochus puisse balancer entre sa maîtresse et sa mère ; mais malheureusement on ne pouvait guère amener cette belle situation
qu'aux dépens de la vraisemblance.

Le succès prodigieux de cette scène est une grande réponse à
tous ces critiques, qui disent à un auteur : Ceci n'est pas assez
fondé; cela n'est pas assez préparé. L'auteur répond : J'ai touché,
j'ai enlevé le public ; l'auteur a raison, tant que le public applaudit. Il est pourtant infiniment mieux de s'astreindre à la plus
exacte vraisemblance ; par là on plaît toujours, non-seulement
au public assemblé, qui sent plus qu'il ne raisonne, mais aux critiques éclairés, qui jugent dans le cabinet : c'est même le seul
moyen de conserver une réputation pure dans la postérité.

Vers 80.   Nous avons mal servi vos haines mutuelles,
                Aux jours l'une de l'autre également cruelles.

Des haines cruelles aux jours l'une de l'autre; cela n'est pas français.

Vers 92.   Puis-je vivre et traîner cette gêne éternelle?

On ne traîne point une gêne. Mais le discours d'Antiochus est
si beau que cette légère faute n'est pas sensible.

Vers 97.   Tirez-moi de ce trouble, ou souffrez que je meure ;
                Et que mon déplaisir, par un coup généreux,
                Épargne un parricide à l'une de vous deux.

Il faudrait *désespoir* plutôt que *déplaisir.*

Vers 112. Elle a soif de mon sang ; elle a voulu l'épandre.

Épandre était un terme heureux qu'on employait au besoin au
lieu de *répandre;* ce mot a vieilli.

Vers 115. Sur la foi de ses pleurs je n'ai rien craint de vous.

Ce plaidoyer de Cléopâtre n'est pas sans adresse ; mais ce vain
artifice doit être senti par Antiochus, qui ne peut, en aucune
façon, soupçonner Rodogune.

Vers 131. Si vous n'avez un charme à vous justifier.

Cela n'est pas français, et ce dernier vers ne finit pas heureusement une si belle tirade.

Vers 132. Je me défendrai mal. L'innocence étonnée
                Ne peut s'imaginer qu'elle soit soupçonnée, etc.

On n'a rien à dire sur ces deux plaidoyers de Cléopâtre et de
Rodogune. Ces deux princesses parlent toutes deux comme elles

doivent parler. La réponse de Rodogune est beaucoup plus forte
que le discours de Cléopâtre, et elle doit l'être. Il n'y a rien à y
répliquer : elle porte la conviction, et Antiochus devrait en être
tellement frappé qu'il ne devrait peut-être pas dire : *Non, je
n'écoute rien;* car comment ne pas écouter de si bonnes raisons ?
Mais j'ose dire que le parti que prend Antiochus est infiniment
plus théâtral que s'il était simplement raisonnable.

Vers 174. Heureux, si sa fureur, qui me prive de toi,
    Se fait bientôt connoître, en achevant sur moi! etc.

En achevant sur moi dépare un peu ce morceau, qui est très-
beau. *Achevant* demande absolument un régime. *Tout lieu de me
surprendre* est trop faible; *réduire en poudre,* trop commun.

Vers 189. Faites-en faire essai par quelque domestique.

Apparemment que les princesses syriennes faisaient peu de
cas de leurs domestiques; mais c'est une réflexion que personne
ne peut faire dans l'agitation où l'on est, et dans l'attente du
dénoûment.

L'action qui termine cette scène fait frémir : c'est le tragique
porté au comble. On est seulement étonné que dans les compliments d'Antiochus et de l'ambassadeur, qui terminent la pièce,
Antiochus ne dise pas un mot de son frère, qu'il aimait si tendrement. Le rôle terrible de Cléopâtre et le cinquième acte feront
toujours réussir cette pièce.

Vers 196. Et soit amour pour moi, soit adresse pour elle,
    Ce soin la fait paroître un peu moins criminelle.

Soit adresse pour elle n'est pas français ; on ne peut dire *j'ai de
l'adresse pour moi;* il fallait peut-être dire *soit intérêt pour elle.*

Vers 212. Mais j'ai cette douceur dedans cette disgrâce,
    De ne voir point régner ma rivale à ma place.

Disgrâce paraît un mot trop faible dans une aventure si
effroyable; voilà ce que la nécessité de la rime entraîne : dans
ces occasions il faut changer les deux rimes.

Vers 214. Je n'aimois que le trône, et de son droit douteux
    J'espérois faire un don fatal à tous les deux ;
    Détruire l'un par l'autre, et régner en Syrie,
    Plutôt par vos fureurs que par ma barbarie.
    Séleucus, avec toi trop fortement uni,
    Ne m'a point écoutée, et je l'en ai puni ;
    J'ai cru par ce poison en faire autant du reste ;
    Mais sa force trop prompte à moi seule est funeste.

Corneille supprima ces huit vers avec grande raison. Une femme empoisonnée et mourante n'a pas le temps d'entrer dans ces détails, et une femme aussi forcenée que Cléopâtre ne rend point compte ainsi à ses ennemis. Les comédiens de Paris ont rétabli ces vers, pour avoir le mérite de réciter quelques vers que personne ne connaissait. La singularité les a plus déterminés que le goût. Ils se donnent trop la licence de supprimer et d'allonger des morceaux qu'on doit laisser comme ils étaient[1].

On trouvera peut-être que j'ai examiné cette pièce avec des yeux trop sévères ; mais ma réponse sera toujours que je n'ai entrepris ce commentaire que pour être utile ; que mon dessein n'a pas été de donner de vaines louanges à un mort, qui n'en a pas besoin, et à qui je donne d'ailleurs tous les éloges qui lui sont dus ; qu'il faut éclairer les artistes, et non les tromper ; que je n'ai pas cherché malignement à trouver des défauts ; que j'ai examiné chaque pièce avec la plus grande attention ; que j'ai très-souvent consulté des hommes d'esprit et de goût[2], et que je n'ai dit que ce qui m'a paru la vérité. Admirons le génie mâle et fécond de Corneille ; mais, pour la perfection de l'art, connaissons ses fautes ainsi que ses beautés.

SCÈNE DERNIÈRE.

Vers 1.   Dans les justes rigueurs d'un sort si déplorable,
           Seigneur, le juste ciel vous est bien favorable, etc.

L'ambassadeur Oronte n'a joué dans toute la pièce qu'un rôle insipide, et il finit l'acte le plus tragique par les plus froids compliments.

---

1. Ceci est une leçon aux comédiens, qui mutilaient toutes les pièces de Voltaire, absent de Paris.

2. On en trouve la preuve dans la *Correspondance.* C'est ainsi qu'il consulte le cardinal de Bernis sur cet examen de *Rodogune,* et il écrit : « Voyez, je vous prie, si je suis un âne. Vous me trouverez bien sévère, mais je vous renvoie à la petite apologie que je fais de cette sévérité à la fin de l'examen. Ma vocation est de dire ce que je pense. »

TABLE

DES MATIÈRES CONTENUES DANS CE VOLUME.

MÉLANGES.

COMMENTAIRES SUR CORNEILLE.

FIN DE LA TABLE DU TOME XXXI.

PARIS. — Impr. J. CLAYE. — A. QUANTIN et Cⁱᵉ, rue St-Benoît.

Lightning Source UK Ltd.
Milton Keynes UK
UKHW021341050119
334991UK00017B/2528/P